【西域历史语言研究译丛】

蒙古入侵时期的突厥斯坦

[俄]巴托尔德/著

张锡彤　张广达/译

下

第四章　成吉思汗与蒙古人 *R446* 381

关于成吉思汗游牧帝国建立的过程及其结构的基本特征，我们曾在另文①中试加阐明。至于今日，蒙古族的传说，依然几乎是研究十二世纪蒙古史的唯一的资料来源。关于这些传说，虽然我们一直殷切期待着当代人的撰述能向非汉学专家提供比迄今已经提供的更为确切的证实，但是，截至目前，我们认为，我们在另文中试作的结论还没有更改的必要。口耳相传的历史叙述难免夹杂着一些离奇怪诞的情节，除了这些，蒙古传说本身并没有哪些地方违反事理之常。特别是有关游牧人与中国政府的关系的叙述，更令人感觉其颇为真实：当时中国政府经常挑拨一群游牧人反对它所认为危险的另一群游牧人，斗争甫告结束，它又采取同样的手法来对待前此曾和它结盟的游牧人。十二世纪中叶，统治着中国北部的女真族金朝曾对蒙古－鞑靼（Mongku－tata）部落即蒙古人用兵。1147 年，金人与蒙古主熬罗－孛极烈（Aolo－botzile）议和②。瓦西里耶夫教授③与别列津教授④都倾向于推断熬罗－孛极烈是相当于突厥－波斯语中 ulugh wazīr（大韦齐尔）的官名，可是我

---

① Бартольд，*Образование нмперии Чингиз－хана*，页 105 以下。此文英文撮要见 Skrine and Ross，*The Heart of Asia*，页 151 以下，德文撮要见 Stübe，*Tschingiz－Chan*，页 532 以下。尽管施蒂贝本人虽说明他撰写此文只是为了扼要传述我的研究所得，而哈特曼（M. Hartmann，*Der islamische Orient*，Ⅱ，页 598）却仍然说施蒂贝所发挥的是施蒂贝自己的见解。

② Васильев，*История и древности*，页 79；Pelliot，À propos des Comans，页 146。

③ Васильев，*История и древности*，页 52，79。

④ 拉施都丁书，Березин 刊本，XIII，译文，页 185，注。

们从不曾看到游牧统治者用过这一官名的例证。我们认为敖罗－孛极烈这一名称的前半很可能就是蒙古传说中提到的忽图剌－合罕（Qutu-
R447 la－Qaghan）的汉名省文[①]。这一蒙古朝代至少延续到1161年，在这一年，金主下诏出征蒙古－鞑靼[②]。此后不久，蒙古人多半遭到捕鱼儿海
382 子一带的塔塔儿人（Tatars）的蹂躏；但在十二世纪末年，中国政府已经觉察有煽动克烈部（Keraits 或 Karāyits）和蒙古人反对这些塔塔儿人的必要。正是在这些战争中，铁木真率领一支他从草原贵族中征集来的队伍崭然露头角。在战胜塔塔儿部之后，克烈汗自立为东部蒙古的首脑，于是蒙古军亦拥立其首领铁木真为合罕（Qaghan）；在克烈部王罕同意下，铁木真接受了合罕的尊称，也重新采用了忽图剌－合罕去世后曾在蒙古本部一度消失的“蒙古”（Mongol）这一家族称号。依据孟珙的记载[③]，在成吉思汗时期，蒙古一词只是国号，蒙古本族完全不知道这一名称。其后，在元朝公文中，蒙古人及与蒙古人合并在一起的各部在中国境内被称为蒙古，而在蒙古境内仍称鞑靼（tata[④]，Tatars）。铁木真采用蒙古一词称其所部，意在宣布他是忽图剌－合罕的继承人，从而强调了他和忽图剌－合罕的亲属关系（但多半并无亲属关系可言）。据蒙古人的史诗传说（即世人所知之《元朝秘史》），铁木真当时设置了十种官职，但此中除扯儿必（cherbi）一职外，其余官名均不见于《秘史》的蒙语原本，《秘史》仅仅记载了他们的职司。这些官职如下所述[⑤]：——

（1）“带弓箭的”四人；是为日后之火儿赤（korchi，意为弓箭手）。

（2）“管饮膳的”三人；蒙语原本更分为掌早膳与掌晚膳之官；日

---

① 〔如伯希和指出的，botzile 一字（古音读作 bögilä）多半是一种爵号，后来被满洲人采用，转为 beile（贝勒）。伯希和认为不能从“Aolo”一词看出它是 Qutula－Qaghan 的汉名省文（参看 Pelliot，Notes sur le《*Turkestan*》，页24－5〖冯承钧，《西域南海史地考证译丛》，三编，页16－7〗。〕

② 《元朝秘史》，Кафаров 译本，页14，173，注。

③ Васильев，*История и древности*，页219－20。〖孟珙应作赵珙，参看王国维，《蒙鞑备录笺证跋》，见《海宁王静安先生遗书·蒙鞑备录笺证》。〗

④ 《元朝秘史》，Кафаров 译本，页172，注。

⑤ 同上书，页62；（汉文本，卷3，页124）；参照别列津教授的解释（拉施都丁书，Березин 刊本，XIII，译文，页225－7，注。）关于此项材料的蒙语原文，蒙 A. O. Ивановский 教授指教，敬致谢忱。

后为不哈兀勒(bukawul[①])或保兀儿赤(bawurchi)。

(3)“牧放羊只的”一人;拉施都丁书中称此职为御牧场的阿黑塔赤(akhtachi of the Court stud)[②]。 R448

(4)“管修造车辆(tergen,帖儿坚)的”一人;后为禹儿赤(yurtchi);据拉施都丁书,此人被任为千户,监管牝马[③];晚年,调任不哈兀勒或保兀儿赤[④]。

(5)扯儿必(cherbi[⑤])一人,“总管家内人口”。

(6)“一处带剑的”四人,四人的首领为铁木真之弟术赤－合撒儿[⑥]。 383

(7)“掌驭马的”(akhta[⑦],阿黑塔,后为akhtachi,阿黑塔赤或阿黑驹赤)二人;二人之一为铁木真之弟别里古台。

(8)“管牧养马群的”三人。

(9)“远箭近箭”(蒙语远箭作Khola,近箭作Oira)四人;这些十分

---

① 在乃蛮及其他若干部落中,bukawul一词作qunsāt,东部蒙古读若qunjāt(拉施都丁书,Березин刊本,原文,XIII,页234;译文,V,页176;XIII,原文,页210;译文,页130)。〔伯希和在著者所引出处外,又补入XV,原文,页210;译文,页140,并指出更正确的读法当作qīsat或qïčat;参看Pelliot,Notes sur le《*Turkestan*》,页25－7〖冯承钧,《西域南海史地考证译丛》,三编,页17－19〗。〕〔Bukāwul(不哈兀勒)＝品评食物的人,汗廷及军队给养的管理人员,军需官。字源不明,参照Doerfer,*Türkische und mongolische Elemente im Neupersischen*,Ⅱ,页301－7,No. 755。伯希和在*Notes sur le*《*Turkestan*》文中认为qïshat可能与突厥语根qï sh－有关,后者意为“压碎”或“打碎”。——C. E. B.〕。

② Березин刊本,原文,Ⅶ,页283;译文,Ⅴ,页213。

③ 同上书,原文,Ⅶ,页283;译文,Ⅴ,页213。

④ 同上书,原文,Ⅶ,页234;译文,Ⅴ,页175。

⑤ 术兹贾尼(Raverty译本,Ⅱ,页979)将扯儿必(Cherbi,Raverty误作jazbi)译为哈吉卜(Ḥājib);〔Nassau Lees刊本,页340作jazbī〕。

⑥〔如伯希和指出的,这些人事实上是执刀的人,犹之乎火儿赤(见下文)是带箭囊的人;后来这些人被称为云都赤(üldüči),旧蒙古语中作ildüči(参看Pelliot,Notes sur le《*Turkestan*》,页27〖冯承钧,《西域南海史地考证译丛》,三编,页19〗。〕

⑦〔Akhta原意为“骟”,后谓“乘马”,因蒙古人通常仅乘骟马,参照B. Vladimirtsov,*Le régime social des Mongols*:*le féodalisme nomade*,巴黎,1948年,页45。此一蒙古突厥名词大约起源于伊朗语,参照Doerfer,*Türkische und mongolische Elemente im Neupersischen*,Ⅰ,*Mongolische Elements im Neupersischen*,Wiesbaden,1963年,页114－7,No. 8,又页117－8,No. 9(关于akhtachi,“驭马的人”＝阿拉伯－波斯语Amīr－i Akhur).——C. E. B.〕。

可能是传达汗命的人员,主要指专使而言。金朝就有递送“信箭”的惯例①,后来蒙古帝国更有专名以称内藏密札②的箭支。

(10) 据说有两位勋贵被立为元老,或如蒙语原本所称,被委任为会议的“守护者”。关于他们的职司,并没有更详细的说明。他们作为汗的谋臣,所承担的任务很可能是维持会场秩序。此处提到的两位人物,在成吉思汗朝廷上一直居于极其显赫的职位:博尔术(孛斡儿出)-那颜坐在汗的右手,位于诸将官之上③;者勒蔑,为护卫军(keshik,怯薛)长官之一,据称“位高于彼者二三人而已”④。

R449 1203年,铁木真击破克烈部,成为东部蒙古的首要人物,于是着手进一步整编护卫⑤;在这番整编中,我们开始遇到蒙古名称。七十人被选作白天的护卫,八十人被选作夜间的护卫;前者称土儿合兀惕(turgewuts,散班),后者称客卜帖兀惕(kebtewuts,单数作客卜帖兀勒,kebtewur,宿卫)⑥。这些以及其他的人共同组成汗身边的护卫(怯薛歹,keshikten,单数作怯薛,keshik⑦,意为轮番值班)。护卫以内也包括弓箭手(火儿赤)、侍膳者(保兀儿赤)、门卫(原文不清楚,可能是eguden-

---

① 《元朝秘史》,Кафаров 译本,页191,注。

② 多桑,《蒙古史》,Ⅲ,页434,〖冯承钧译本,下册,页151〗。

③ 拉施都丁书,Березин 刊本,原文,Ⅶ,页271;译文,Ⅴ,页161。

④ 同上书,原文,Ⅶ,页190;译文,Ⅴ,页143。〔据伯希和的意见,keshik 的读音只是到十四世纪才固定下来,在此以前,有两种并行的读音,即 käzik//käzäk。前者保存在察合台语与若干波斯著作家的著作中;但在蒙古语中后来转为 käsik,又由此转出 keshik。从后一读音转出 käsäk,元代汉文转写的怯薛,正代表这一读音。参看 Pelliot, Notes sur le《*Turkestan*》,页27-9〖冯承钧,《西域南海史地考证译丛》,三编,页19以下〗。〕

⑤ 《元朝秘史》,Кафаров 译本,页102-8;〖汉文本,卷7,§191〗。

⑥ 拉施都丁书中的 kabtāwul(Березин 刊本,原文,Ⅶ,页48;译文,Ⅴ,页38),当即此字无疑。别列津教授误读为 kītāwul,并认为此字来自动词 kīt·m·k(意为走开,离去),参看同书,Ⅴ,页230。同是此字,在另处(同书,ⅩⅤ,原文,页204;译文,页137)不作 kābtāwul,而作 kāytāwul。〔如伯希和指出的,turgewut 应读作 turqa'ut,这是 turqaq(=turghaq)的复数,此名系借自突厥语;kebtewut 的单数不是 kebtewur,而是 käbtä'ül,波斯文转写作 kābtāwul。参看 Pelliot, Notes sur le《*Turkestan*》,页29-31〖冯承钧,《西域南海史地考证译丛》,三编,页21-4〗。〕

⑦ 拉施都丁书中通常作 kazīk。别列津教授强解 keshikten(怯薛歹)为有福之意(同上书,ⅩⅢ,译文,页185,注)。加特麦尔曾集有 keshīk 一字之多种用例(拉施都丁书,Quatremère 刊本,页309-11,注)。

chi，额闳阓赤，来自蒙语之 eguden 或 uden，此言门）和圉人（阿黑驿赤）[①]。扯儿必掌管内务，数目增至六人。除此之外，选“一个名勇士” 384
（把阿秃儿，bahādurs）组成汗的近卫，战时充先遣队，平日则为汗廷护卫的一部分。护卫当值，每三日轮换一班。

1206 年，铁木真击败了乃蛮部，杀札木合，混一蒙古诸部，“升起旗帜，上有九个白尾[②]，即皇帝位”；同时，据官方记载，取号成吉思汗。是年，汗的护卫进一步改组[③]。客卜帖兀惕先增至 800 人，继增至 1,000 R450
人；火儿赤先增至 400 人，继增至 1,000 人；同样，土儿合兀惕亦增至 1,000 人；又仿照“千名把阿秃儿”的编制续编 6,000 人，也并入护卫以内：至此，护卫共达 10,000 人之数。护卫分四班当值（qarawul，合剌兀勒），每班和从前一样，仍值勤三昼夜。史籍记载选充护卫的方法如下：旧编制中任千户长的，其子入选，各带亲族一人，伴当十人，十户长及普通自由人之子带亲族一人，伴当三人。此外通令“若有人愿要充作（护卫），诸人休阻当者”。夜间守卫汗帐的规章特别严格：入暮，任何人不得绕帐来回走动，违者由宿卫加以逮捕；任何人非由护卫跟随，不得入帐；任何人不召入帐，护卫要对他使用武器。任何人不得询问某日护卫人数；违者罚一匹带鞍的马和衣服。

护卫纪律森严，无故不值班，初犯笞三十下，再犯笞七十下[④]，第三次犯笞三十七下除名。掌管护卫的官人忘记提醒部下按时值班，所受责罚同上。另一方面，护卫享有很大的特权。护卫中的战斗兵，级别高

---

① “阿黑驿赤”（akhtachi）一词亦见于《元朝秘史》关于桑昆事迹的记述中，原文见 Pelliot, À propos des Comans，页 180，注。〖参照《元朝秘史》，汉文本，卷 7，§ 188。〗

② 据孟珙的记载（Васильев, *История и древности*，页 231），在旗帜的正中着一黑月。〔依伯希和的订正，应作“一面九尾白旗”；关于九尾白旗的意义，参看 Pelliot, Notes sur le《*Turkestan*》，页 32。至于孟珙（应作赵珙）所说的旗帜，乃是木华黎（见下文）的旗帜。伯希和认为，黑月只是木华黎旗上的标志，而不是成吉思汗旗上的标志。〖参照冯承钧，《西域南海史地考证译丛》，三编，页 25〗。〕

③ 《元朝秘史》，Кафаров 译本，页 125－30；〔Козин 刊本，页 169 以下〕；〖汉文本，卷 9－10；§ 224－34〗。

④ 〔《元朝秘史》卷 9，§ 227 汉译文作“若有合入班的人不入者，笞三下，第二次又不入者笞七下，第三次无事故又不入者笞三十七下流远方去者”。〕

于在外的千户；非战斗兵高于在外的百户。掌管护卫的官人无权擅自
385 处罚部属，须将有罪的人的行为详报大汗；当时有这样的规定：“（任何人）将所管的人擅自用条子打的，依旧用条子打他，用拳打的，依旧用拳打他。”护卫以汗的贴身近侍的身份在远征中也保有这种特权。成吉思汗在一次派遣速不台－把阿秃儿出征时对他说，“若有违号令者，我认得的，便拿将来；不认得的，就那里典刑了”①。护卫只有在汗亲自出征时才参加战斗；安营时，原有的“千名把阿秃儿”驻扎汗帐之前，火儿赤和土儿合兀惕驻扎汗帐之右，其余 7,000 人驻扎汗帐之左。千名把阿秃儿与组成原来护卫一部分的兵士比其余的护卫人员享有更大的荣誉。

R451 成吉思汗的大多数将领出身于护卫，正是靠这种制度，整个帝国武装力量的领导权才为汗曾亲自考核过的人物所掌握。这些将领建立的功勋也恰好说明成吉思汗何等善于用人和知人。对成吉思汗所选拔的人物来说，人民群众不过是听任摆布的工具。虽在据称是传自成吉思汗的一些箴言中，也不见有一处提到全体百姓，更无一语道及他给百姓带来了什么利益。他所津津乐道的只是他曾为他的后人和追随他的贵族们作了些什么事情。诸王、“那颜”（noyon），构成帝国贵族的最高阶层。成吉思汗的季子拖雷称“大那颜”②，他是他父亲在军事方面的主要助手③；成吉思汗的两个弟弟帖木格与别里古台④亦称那颜。概括说来，成吉思汗诸昆弟的后嗣中，只有术赤－哈撒儿的后人得到了列为王子的权利，余皆列为贵族⑤。军事贵族称答剌罕（tarkhans），在这一点上与突厥人相同。术外尼述及⑥军事贵族的特权如下：免纳所有赋税；

---

① 《元朝秘史》，Кафаров 译本，页 111；〔Козин 刊本，页 153－4〕；〖汉文本，卷 8，§ 199〗。

② 拉施都丁书，Березин 刊本，XIII，〔原文，页 126，ulugh noyon〕；译文，页 77。〔博伊尔在所撰“On the titles given in Juvainī to certain Mongol princes”一文中（见 HJAS，第十九卷，1956 年，页 146－8）说明：为了在拖雷逝世后不再直呼其名，故与以“大那颜”的称号。——J. A. B.〕。

③ 《原文史料选辑》，页 105（术外尼书，同书，Qazwīnī 刊本，I，页 29）。

④ 拉施都丁书，Березин 刊本，XIII，〔原文，页 97，100〕；译文，页 60，62。

⑤ 同上书，〔原文，页 87〕；译文，页 55。

⑥ 《原文史料选辑》，页 104（术外尼书；同书 Qazwīnī 刊本，I，页 27）。

出征或围猎时所得虏获物均归他们个人私有①;无须经过特许,得随时进入汗廷;犯罪九次不受责罚②,而且这一规定仅指犯罪应死的场合③。 386
举行宴会时,答剌罕处于荣誉席位,各蒙赐酒一觥④。

像成吉思汗以前所有游牧民族的旧制一样,统军的将领分为十户、百户、千户、万户。成吉思汗在位时,主要万户有三人。一为左手万户或称东翼万户(蒙古人以南方为最尊⑤)木华黎(木合黎);一为右手万户或称西翼万户博尔术(孛斡儿出);一为"中军"万户⑥纳牙。据拉施 R452
都丁的记载,纳牙只是木华黎的副职;博尔术那颜也有一位副职,但就今所知,这位副职的称号不见于蒙古史料,而拉施都丁书所记读音也很可疑⑦。士兵不得任意从此一将领麾下转到另一将领麾下,违者当众斩首,接受这种士兵的将领也要受严厉处分⑧。大汗畋猎有严密的规程。在蒙古人建立的各国中,畋猎并不是单纯的娱乐活动,它首先是补充给养的一种手段,此外还具有军事演习的意义⑨。违反畋猎规程,有时甚至处以极刑⑩。后来成吉思汗责成长子术赤专管畋猎事宜⑪。

民政组织工作尤为繁难。成吉思汗时代的蒙古人,其文化水平无疑很低,即与克烈、乃蛮等同类部落相比,亦位于其下。因此,继统一蒙古之后,在侵入文明地区以前,迫切需要向新臣服的人民学习先进文

---

① 参照《元朝秘史》,Кафаров 译本,页 98,124。

② 参照同上书,Кафаров 译本,页 115,116,120,122,124;〔Козин 刊本,页 159,161,164,166,167〕。

③ 同上书,Кафаров 译本,页 223,注。

④ 同上书,Кафаров 译本,页 98,123;〔Козин 刊本,页 141,167〕。

⑤ 同上书,Кафаров 译本,页 83〔Козин 刊本页 127 的译文与此异〕,203,注。参照普朗·迦尔宾关于南向礼拜成吉思汗灵魂的记载,Языков 刊本,页 84;参照 D'Avezac 拉丁文刊本,页 621;不见于 Rockhill 译本。

⑥《元朝秘史》,Кафаров 译本,页 116－7,124;〔Козин 刊本,页 161,168〕。

⑦ 别列津教授在一处认为这一称号的读音应作 sūtūkarsūn,相当于蒙语之 sutukersen,此言"优美的","聪明的"(拉施都丁书,Березин 刊本,原文,Ⅶ,页 260;译文,Ⅴ,页 195,297,注);但在其他数处(ⅩⅤ,原文,页 198,199,205,209)又读作 sūnkūsūn,并假定此字与突厥语 sūnik(音为"以后")有关(同上,页 177)。

⑧ 术外尼书,ГПБ Ⅳ,2,34 抄本,叶 12;Qazwīnī 刊本,Ⅰ,页 24。

⑨ 多桑,《蒙古史》,Ⅰ,页 404－6,〖冯承钧译本,上册,页 156－7〗。

⑩ 术外尼书,ГПБ Ⅳ,2,34 抄本,叶 10;Qazwīnī 刊本,Ⅰ,页 20。

⑪《原文史料选辑》,页 104(术外尼书;同书,Qazwīnī 刊本,Ⅰ,页 29)。

化。根据某些传至今日的有关文献,最早(甚至在1203年以前)把文明带到成吉思汗的朝廷上的是一些穆斯林商人①,这些商人对成吉思
387 汗的影响如何,今已无从得知,不过,他们很可能对护卫的编制规划有所献替。1206年征服了乃蛮以后,蒙古国家在处理政务上开始使用文字;乃蛮汗的掌印官畏兀儿人塔沙统②在成吉思汗的朝廷上受任同一官职,并奉命教大汗诸子用畏兀儿字母写、读蒙古语言。术外尼说③,鞑靼人没有自己的字母,蒙古青年必须从畏兀儿人学习写和读,以便日后辑录札撒,即蒙古人的习惯法。史称汗印分为两种,用突厥语称之为阿勒谈合(al -ṭamgha)与阔克谈合(kok -ṭamgha),意即朱印和青印。朱印一词屡见不鲜④,青印多半只用在最隆重的场合,主要钤盖在送达汗的家族成员的文书上⑤。

由此可见,畏兀儿人是蒙古人的启蒙教师和蒙古帝国的第一批官吏;后来,畏兀儿籍的官吏随蒙古征服者一道进入诸文明国度,无论在中国或穆斯林地区,类皆位居显要,非当地文化修养远出其上者所能及。毫无疑问,从很早的时候起,文化就已经开始渗入,而且是从中国、

① 《原文史料选辑》,页159(Mu'izz al - Ansāb;Бартольд, *Образование империи Чингиз - хана*,页112。

② Abel - Rémusat, Tha - tha - toung - 'o,页61。〔如伯希和所指出的,塔沙统(Tashatun)系塔塔统阿(T'a - t'a - t'ong - o,据《元史》)之误读。塔塔统阿一名尚未能正常还原为畏兀儿语,但后半当为突厥语tonga,意为"英雄"。参看Pelliot, Notes sur le《*Turkestan*》,页33 - 5〖冯承钧,《西域南海史地考证译丛》,三编,页27 - 9〗。〕

③ 《原文史料选辑》,页103(术外尼书;同书,Qazwīnī刊本,Ⅰ,页17)。

④ 其中较早的已见于术兹贾尼书(Raverty译本,Ⅱ,页1158);〔Nassau Lees刊本,页402作al - ṭamghāj〕。

⑤ 使用青印的例证之一,见拉施都丁书,Березин刊本,原文,Ⅶ,页51;译文,Ⅴ,页40。例中提到的人大约从大汗处带来致伊儿汗阿八哈的文书。阿八哈遵照文书的指示使来人在自己朝中任官。〔依照伯希和的意见,巴托尔德如此解释朱印与青印的用处,于文献无征。我们直接知道的蒙古君主的印文,仅有朱印一种。关于伯希和为青印提出的假定的解释,参看(Pelliot, Notes sur le《*Turkestan*》,页35 - 42〖冯承钧,《西域南海史地考证译丛》,三编,页29 - 34〗。〕〔依照伯希和的意见(Notes sur le《*Turkestan*》,页33 - 42),关于朱印的用途,有贵由与波斯诸伊儿汗的朱印可资证明,但巴托尔德又谓青印仅用于庄严隆重的文书云云,则未免将自己的想法强加于拉施都丁的记载。伯希和认为青印或与蒙古人用于证书册籍之类的"青册"(kökö debter)有关;在远东,在白纸上写蓝字或在蓝纸上用其他颜色书写的文书中到处都有的,在忽必烈汗廷中当然也有这种青册。——C. E. B〕。〖参看冯承钧,《西域南海史地考证译丛》,三编,页50 - 2。〗

印度(佛教)、突厥斯坦(摩尼教[①]与聂斯脱里教)等不同方面渗入畏兀
儿这一天山斜坡上的国度的。不过,由于缺乏防止外来侵袭的屏障,畏
兀儿人没有能够在外来文化的基础上建立起一种独特而持久的民族文
化。至于今日,人们关于畏兀儿人的全盘历史发展,特别是关于畏兀儿
文化的发展,尚皆语焉不详;晚近考古学上的发现[②],虽在这方面已经
提供了一些线索,但要透彻了解这些考古发现的意义,仍有待于对文字 388
资料,主要是汉文资料,进行一番深入的研究。在这里,我们仅能就我
们所了解的这个国度在十三世纪的情况加以阐述。根据奥菲的记 *R454*
载[③],哈剌契丹人和畏兀儿人有一部分崇拜太阳,一部分是基督教徒;
概括说来,可以在他们中间找到犹太教以外的所有其他宗教,惟专就畏
兀儿人而言,仍以基督教徒为最多。奥菲的同时代人对畏兀儿王国的
组织业已十分熟悉,以致他们认为没有详加说明的必要。奥菲传述[④]
一则轶事时,说到畏兀儿人是缺乏尚武精神的和平民族。奥菲以外,普
朗·迦尔宾也述及[⑤],在畏兀儿人中间,基督教徒为数最多。但实际
上,畏兀儿人中间的基督教徒是否多于佛教徒,仍属疑问。八合识(ba-
khshi,梵文原作 bhikshu,比丘)一词,本来仅指佛教出家人而言,传入蒙
古人诸国,则兼有“书写、文吏”[⑥]等意义,于以知为蒙古人效力的畏兀
儿文化阶层的代表人物,其大多数乃佛教僧侣。鲁卜鲁克比较详细地
记载了[⑦]畏兀儿佛教徒的一些情况,他说,畏兀儿佛教徒在拜偶像者中

---

① 人所熟知,鄂尔浑河上的回纥于 762 年在洛阳遇到了摩尼教教士。参看 Chavannes 与 Pelliot,“Un traité”,JA, I,页 177 以下(单行本,II,页 201);〖冯承钧,《西域南海史地考证译丛》,八编,页 58 以下〗。

② *Nachrichten*, Heft I. 关于更近的发现,参看 Barthold, *Stand und Aufgaben*,页 1075 – 80,此处列举了若干参考著作。有关本题更加完备的文献目录,参看 Stein, *Serindia*,引言,页 XXV 以下,但此一目录脱漏了 Le Coq 的著作。就我所知,截至今日,还不曾有人综合从近年考古发现中得来的关于畏兀儿人的零散知识写出一篇详尽的专题论文。〔参看下记关于畏兀儿人的较新的著述:Gabain, *Das uigurische Königreich*; Hamilton, *Les Ouïghours*.〕。

③《原文史料选辑》,页 99。

④ 同上书,页 95。

⑤ Язнков 刊本,页 128;Beazley 刊本,页 69,103,144;[Малеин 译本,页 18]。

⑥ 参照 Будагов 的字典 baḥshī 字下。

⑦ Michel——Wright 刊本,页 283 – 7;〔Малеин 译本,页 18〕。

间自成一“好像特殊的教派”(quasi secta divisa ab aliis)。畏兀儿人向北方祷告,合十下跪,俯首置前额于手上,他们的庙宇中有死人的塑像,行佛事时鸣钟。

鲁卜鲁克摘引了佛教徒的咒语嗡吗呢叭咪哞(Om Mani Padme hum)。据长春真人的记述①,畏兀儿地佛僧身着红衣;这位旅行家还在畏兀儿地看到了道士,鲍乃迪修士大司祭对于畏兀儿地有道士一说深表怀疑②。畏兀儿地在九、十世纪有摩尼教徒,业经穆斯林史料③以及
389 汉文史料④在记载佛教徒时一并述及;到了十三世纪,摩尼教徒似已绝
R455 迹,但其教义仍在佛教与基督教的信条中有所残存。鲁卜鲁克曾和来自中国的一位僧侣互相辩难,后者持善恶二元论和轮回说甚力;通过这次辩难,鲁卜鲁克注意到,所有佛僧无不既相信二元论这一摩尼教异端,也相信动物灵魂的轮回。鲁卜鲁克甚而也曾遇到一位较有学识的聂斯脱里教僧侣向他询问,是否别有一个世界,动物到了那里得以摆脱强迫劳动⑤。聂斯脱里教僧侣的这种概念可能来自佛教,与摩尼教无关;但以隐修士身分先于鲁卜鲁克到达蒙古廷的亚美尼亚人塞尔吉伊曾向鲁卜鲁克询问:“魔鬼在第一日从世界四方取土,和泥塑成人形,而由上帝赋予以精神”之说是否属实⑥;塞尔吉伊素不知书,他的这种有关世界开辟论的见解,乃得自中亚,受摩尼教的影响,似无可疑。当

---

① 长春真人书,Кафаров 译本,页 300;〖《海宁王静安先生遗书》本,卷上,叶 27〗;不见于布雷特施奈德书(Bretschneider, *Researches*, Ⅰ)。参照 Chavannes 与 Pelliot,“Un traité”, JA, Ⅰ,页 317(单行本,Ⅱ,页 279),此处将“红衣”改译“habit brun”〖赭衣〗。

② 长春真人书,Кафаров 译本,页 406,注。沙畹与伯希和(Chavannes 与 Pelliot,“Un traité”,JA,Ⅰ,页 317;单行本,Ⅱ,页 279)指出,此处所说的道士当系摩尼教徒〖参看冯承钧,《西域南海史地考证译丛》,八编,页 85-6〗。

③ Бартольд, *О христианстве в Туркестане*,页 18;特别是亚库特书的原文(*Mu‘jam*, Ⅰ,页 840);关于佛教徒的记载,亦见于比鲁尼书(Athâr ul-bâkiya, Sachau 译本,页 189)。

④ 特别是王延德行纪中的记载(《福乐智慧》,Радлов 刊本,ч. Ⅰ,页 LXIX; Радлов, *К волросу об уйгурах*,页 100。B. B. 拉德罗夫误认这条材料是讲基督教徒的)。王延德行纪中此项记载,亦为沙畹与伯希和所征引,见 Chavannes 与 Pelliot,“Un traité”, JA, Ⅰ,页 308(单行本,Ⅱ,页 270);〖冯承钧,《西域南海史地考证译丛》,八编,页 82 以下〗。

⑤ 鲁卜鲁克书,Michel——Wright 刊本,页 356-8;〔Малеин 译本,页 153〕。

⑥ 同上书,Michel——Wright 刊本,页 332;〔Малеин 译本,页 137〕。

时,畏兀儿佛教徒和今天蒙古佛教徒一样,都把圣典叫作 noms①,这一希腊名词显系先由叙利亚人借用,然后通过摩尼教徒传入畏兀儿地。 R456

就我们现在所知,畏兀儿佛教徒与基督教徒之间尚无在宗教上互不相容的情况,但聂斯脱里教徒曾采取一些措施以防与佛教徒相混同,为此他们避免鸣钟,祷告时亦不合十而向前伸手与胸相平②。无论如何,民族感情仍较宗教感情为重,畏兀儿基督教徒镇海(Chingay)之所以庇护佛教徒阔尔吉思,即因阔尔吉思也是畏兀儿人之故③。又畏兀 390
儿基督教徒在宗教上的宽容程度,可于畏兀儿基督教首脑人物出迎道士长春真人一事见之④。另一方面,佛教徒⑤和基督教徒⑥却与穆斯林

---

①《福乐智慧》,Радлов 刊本,ч. Ⅰ,页 XLⅧ;Радлов, *К вопросу об уйгурах*,页 60;术外尼书,Qazwīnī 刊本,Ⅰ,页 44,"nomists"(numian)一词,出于误解;抄本中的读音足以表明此词原作 tuinan("toyins"〖道人〗),人所熟知,直到现在,蒙古境内仍以此词称呼贵族出身的喇嘛。十三世纪时,此词通用于广大地区(术兹贾尼书,Raverty 译本,Ⅱ,页 1157)。术外尼书印本也用了 tuinan 的读音(Qazwīnī 刊本,Ⅰ,页 44)。奥菲(《原文史料选辑》,页 83)曾引用谢吉克·本·伊卜拉欣·巴里希(生于八、九世纪之交)的记载,述及谢吉克在突厥斯坦遇到了一位身着红衣的佛僧,亦述及中国语(多半是哈剌契丹语)称这些佛僧为 toyins,印度则称之为 sthavira〖大弟子、上座〗。关于此词的解说,蒙 С. Ф. Ольденбург 指教,敬致谢忱。

〔十三世纪的波斯及亚美尼亚作家均呼佛僧为道人,波斯语作 tuin,亚美尼亚语作 тоин. 关于佛僧,术兹贾尼说过(Raverty 译本,Ⅱ,页 1157;Nassau Lees 刊本,页 401)"那么一群从契丹来的异教苦行者(зухха̄д),还有从唐古忒和桃花石来的偶像教徒(бутпараста̄н,即佛教徒),被人称为道人的,对贵由发生了影响"。在 Nassau Lees 刊本中, tuin 一词到处被校订者误改为 nuin; Raverty 译本中作 Tuni. 甘扎克人契拉利斯(Киракос Гандзакский)写道(*История монголов по армянским источникам*,Ⅱ,107):"在鞑靼人中间住着一些道人,这些道人都是术士和巫师,借助于特别邪恶的魔力能使马、驼和毡制的偶像说话。他们都是僧人,剃去鬓发,胸前垂着黄色念珠。他们崇拜各式各样的东西,尤其崇拜释迦牟尼和弥勒。"〕〔大家公认,蒙古语的 toyin,突厥语的 toyïn,皆源出汉语的"道人"(tao-jen),意即佛僧;参照 Doerfer, *Türkische und mongolische Elemente im Neupersischen*, Ⅱ,648-51,No. 993。——C. E. B〕。

② 鲁卜鲁克书,Michel——Wright 刊本,页 283-4;〔Малеин 译本,页 106-7〕。

③ 术外尼书,ГПБ Ⅳ,2,34 抄本,叶 185;Qazwīnī 刊本,Ⅱ,页 228。伯希和教授(Pelliot, *Chrétiens*,页 634)认为阔尔吉思可能是基督教徒,因为他的名字似系 George 一名之音转;但据术外尼(术外尼的父亲与阔尔吉思相识)的记述(Qazwīnī 刊本,Ⅱ,页 242),阔尔吉思原系偶像崇拜者(but-parast),晚年始成为穆斯林。〔But-parast 一词,可泛指一般偶像崇拜者,但通常专指佛教徒而言。——C. E. B. 〕。

④ 长春真人书,Кафаров 译本,页 301,407,注;Bretschneider, *Researches*, Ⅰ,页 66;〖《海宁王静安先生遗书》本,卷上,叶 27〗。

⑤《福乐智慧》,Радлов 刊本,ч. Ⅰ,页 XLⅧ; Радлов, *К вопросу об уйгурах*,页 61;术外尼书,Qazwīnī 刊本,Ⅰ,页 44。

⑥《原文史料选辑》,页 111(术外尼书;同书,Qazwīnī 刊本,Ⅰ,页 214)。

是不可和解的仇敌，尽管如果我们相信鲁卜鲁克的记述[①]，聂斯脱里教徒曾经吸取了穆斯林的一些习俗，如定金曜日为假日，入教堂必须净身等是。追溯这种敌对关系的由来，与其说是出于宗教的动机，毋宁说是先因争夺商业的利益，后因争夺仕进的机会较为切合事实。

总的说来，宗教对于畏兀儿人没有发生多大影响，几乎无裨于畏兀儿人道德和知识水平的提高。畏兀儿人依然沿袭与寡母成婚的习俗[②]，同时在蒙古人中间，由于佛教的影响，此俗已不复存在[③]。异教徒乃至"不虔诚的基督教徒"都还保有与老年人以油腻食物以速其死的
R457 陋习[④]。后来任帝国中书右丞相的基督教徒镇海在与长春真人交谈时，有不少十分迷信的语句，长春真人不以为然，默不作答[⑤]。畏兀儿人勇武精神的消失，虽与佛教和基督教提倡清修（无分何时何地，提倡清修常比宣扬教条更能吸引人民群众）不无关系，但其主要原因仍在于畏兀儿人之转变为商业民族。

我们不很了解畏兀儿诸教士说教的内容。聂斯脱里派教士对其门徒们阐述基督教义的梗概，讲解福音书，使之熟悉基督教信仰的符志[⑥]；十分可能，佛教经师也宣扬佛教的一些基本原则。但是，成吉思
391 汗和接续他的几位大汗并没有惟这些开导心灵的谋臣们之言是听，而是单纯把他们作为实现自己的目的的工具。采用畏兀儿文字的头一项成就，是把蒙古习惯法法典化，写出札撒（Yāsā），札撒和成吉思汗的训言（必里克，bilik）在长时期内是蒙古君主施政的最高准则（参看上文R89）。在成吉思汗的亲信中，第一位发挥畏兀儿教育的效用的大概是

---

① Michel——Wright 刊本，页 293；〔Малеин 译本，页 111〕；Oppert, *Der Presbyter Johannes*，页 142。

②《原文史料选辑》，页 116（术外尼书；同书，Qazwīnī 刊本，Ⅱ，页 226）。

③ Васильев, *История и древности*，页 246。

④ 普朗·迦尔宾书，Языков 刊本，页 98 – 100；〔不见于 Малеин 译本；此甚为可疑之报道非普朗·迦尔宾书所原有，乃他人所增入〕。参照 Васильев, *История и древности*，页 254。

⑤ 长春真人书，Кафаров 译本，页 296，298 – 9；Bretschneider, *Researches*，Ⅰ，61，64；〖《海宁王静安先生遗书》本，卷上，叶 24，26〗

⑥ 鲁卜鲁克书，*Michel——Wright* 刊本，页 293；〔Малеин 译本，页 112〕；*История монголов по армянским источникам*，Ⅰ，11。

失吉忽秃忽那颜。失吉忽秃忽出生于塔塔儿部，由成吉思汗之妻收养成人①；成吉思汗派他审理法律案件。依据蒙古史诗即《元朝秘史》的记载，成吉思汗向他指示："如有盗窃诈伪的事，你惩戒着；可杀的杀，可罚的罚；百姓每分家财的事，你科断着。凡断了的事，写在青册上，已后不许诸人更改"②。在《元朝秘史》一书中，还见不到断事官的专称（札儿忽赤，yarghuchi）。其后，札撒归成吉思汗次子察合台掌管③。 R458

各地区的民政长官，即"大八合识"（Great Bakhshi）一职，用汉语职衔，称为太师（taishi）④。成吉思汗在位时，中国境内蒙古政权的文职首脑是一位女真人，即以太师为职衔⑤。统率哈剌契丹辅助军和女真辅助军的将领，被称为大师（daishi），拉施都丁释其意为"万户长"（Commander of a tümen）⑥。但是，无可置疑，daishi 与 taishi 乃同一职衔之异译⑦。

---

① 拉施都丁书，Березин 刊本，〔原文，Ⅶ，页 73〕；译文，Ⅴ58；ⅩⅤ，〔原文，页 201－2；译文，页 136〕。〖据《元朝秘史》，§135，138，203，失吉忽秃忽系由成吉思汗之母诃额仑抚养成人。〗

②《元朝秘史》，Кафаров 译本，页 115；〖汉文本，卷 8，§203〗。拉施都丁书的记述（Березин 刊本，原文，Ⅶ，页 75；译文，Ⅴ，页 59），失吉忽秃忽忠实地完成了所接受的任务，断察严正无私，决不轻信在威逼之下得来的供词；他的科断垂为判例。〔伯希和指出，卡法罗夫将"青册"误译为"黑板"（черные дщицы），其后 В. 巴托尔德与 Б. 符拉基米尔佐夫都沿用了这一错误的译名；而衷考其实，《元朝秘史》汉语译文中之"青册"一词，乃 kökö däbtär 的直译，其中记载着将属民分配于蒙古贵族的情况与审理法律案件的科断；参看 Pelliot，Notes sur le《*Turkestan*》，页 38－40；〖冯承钧，《西域南海史地考证译丛》，三编，页 30 以下〗。〕

③ 多桑，《蒙古史》，Ⅱ，页 100〖冯承钧译本，上册，页 208〗；《原文史料选辑》，页 104－5（术外尼书；同书，Qazwīnī 刊本，Ⅰ，页 29）。

④ 拉施都丁书，Березин 刊本，原文，Ⅶ，页 190；译文，Ⅴ，页 143；ⅩⅤ，原文，页 207；译文，页 138。

⑤ Васильев，*История и древности*，页 223。〔伯希和对此处《蒙鞑备录》的译文予以不同的解说；参看 Pelliot，Notes sur le《*Turkestan*》，页 46－9〖冯承钧，《西域南海史地考证译丛》，三编，页 38－41〗。〕

⑥ 拉施都丁书，Березин 刊本，ⅩⅤ，原文，页 214；译文，页 143。

⑦〔如伯希和所指出的，Н. И. 别列津误将 vanshai 读作 daishi，vanshai（vanshai，参照拉施都丁书，Березин 刊本，ⅩⅤ，原文，页 214）一词，乃汉语"元帅"的对音（参看 Pelliot，Notes sur le《*Turkestan*》，页 42－3〖冯承钧，《西域南海史地考证译丛》，三编，而 34－5〗）。伯希和又指出，蒙古语中并无"大八合识"（拉施都丁解释 taishi 为 bakhshi－i buzurg）一词，太师当系中央高级官员的通称（参看 Pelliot，Notes sur le《*Turkestan*》，页 44－5〖冯承钧，《西域南海史地考证译丛》，三编，页 36－8〗）。〕

成吉思汗虽然接触了一些有文化教养的人物，但是他本人始终不
改坚定的萨满教徒（Shamanist）的本色。他在组织军政、民政时也委派
一人任别乞（biki）之职。别乞一名，远在成吉思汗时代以前即已存在，
大约用以称呼僧侣首脑，即最高的宗教权威。巴阿邻部（Barin tribe）一
位年事最高的成员受任别乞，得到成吉思汗的如下训示："做别乞时，
392 骑白马，着白衣，坐在众人上面；拣选个好年月，议论了，教敬重者"。
据鲍乃迪修士大司祭的解释，后半句的意思是，"由你决定，并使你的
R459 决定受到敬重"[1]。若干部落首领的称号也有别乞（biki）字样，如蔑儿
乞（Mergits）[2]、斡亦剌（Oirats）[3]等部首领的称号是。

成吉思汗的亲属置身于这样一位君主近旁，自不可能享有任何权威，他们不过是贯彻这位英明的帝国君主之意志的执事人员而已。但成吉思汗也遵循国俗，终身不断封赏诸子及其他亲属。首先受封的是成吉思汗的长子术赤。1207 年[4]与 1208 年[5]，术赤征服了居于薛凉格河（Selenga）与叶尼塞河（Yenisei）之间地区以及叶尼塞河流域的"林木中百姓"。术赤自立为"自失必儿（Shibir）等种以南林木中百姓"之主，他的父亲也就赏给他这些百姓[6]。拉施都丁说明[7]，亦必儿－失必儿

---

① 《元朝秘史》，Кафаров 译本，页 122－3〖汉文本，卷 9，§216〗，228－9，注；〔Козин 刊本，页 166〕。拉施都丁显然也曾提到此人，但误以 biki 为此人的名字（Березин 刊本，译文，Ⅴ，页 198）。

② 拉施都丁书，Березин 刊本，原文，Ⅶ，页 92；译文，Ⅴ，页 72。

③ 同上书，原文，Ⅶ，页 101；译文，Ⅴ，页 79；《元朝秘史》，Кафоров 译本，页 131；〖汉文本，卷 10，§239〗。别乞（biki）一词，似不应与公主的称号别吉（bige 或 bigi）相混同（拉施都丁书，Березин 刊本，原文，Ⅶ，页 127 以下；译文，Ⅴ，页 100－1；《元朝秘史》，Кафаров 译本，页 228）。〔关于 biki 这一称号，参看 Pelliot，Notes sur le《*Turkestan*》，页 49－51；比较正确的拼写应作 beki 或 begi；〖冯承钧，《西域南海史地考证译丛》，三编，页 41－2〗。〕〔巴托尔德这样区别蒙古的 biki（更正确的拼写为 beki）与 bike（贵夫人，公主），几乎完全得当，参看 Doerfer，*Türkische und mongolische Elemente im Neupersischen*，Ⅱ，389－406，410－1，No. 828，830。——C. E. B.〕。

④ 英雄史诗（《元朝秘史》，Кафаров 译本，页 141－2）与拉施都丁书（Березин 刊本，XV，〔原文，页 13，168〕；译文，9，页 112－3）均将征服乞儿吉思事系于是年。

⑤ 是年征服斡亦剌部（拉施都丁书，Березин 刊本，XV，〔原文，页 14〕；译文，页 10）。

⑥ 《元朝秘史》，Кафаров 译本，页 132；〔Козин 刊本，页 174－5〕；〖汉文本，卷 10，§239〗。

⑦ 拉施都丁书，Березин 刊本，原文，Ⅶ，页 168；译文，Ⅴ，页 130。亦必儿－失必儿一词（西伯利亚的名称所自出）亦见于中国史籍（《元朝秘史》，Кафаров 译本，页 235，注；Bretschneider，*Researches*，Ⅱ，页 37〖《元史》标点本，页 3209〗）。

(Ibir – Shibir)位于乞儿吉思国东北,两国以安加拉河为界。蒙古之俗,大抵不仅幼子守产,而且诸子依长幼次序定其封疆之远近。术赤身为长子,故受封最远。帝国扩张后,蒙古征服地区的西北角,“远至鞑靼马蹄所及之处”①,全部划归术赤及其后嗣领有。拉施都丁②谓术赤的斡耳朵(禹儿惕,yurt)位于“也儿的石河附近”。依照普朗·迦儿宾的记述③,正是术赤的这一部分领地,一反惯例,传给了他的长子斡鲁朵(Ordū)。近代关于术赤陵墓位于特尔斯 – 肯德尔利克水稍北、萨莱利 R460
河附近之萨里 – 苏谷地的传说④,殊不足据。

关于成吉思汗其他二子察合台与窝阔台受封的时间,史籍缺少记 393
载。关于他们的封疆,长春真人言之最早。1221 年,长春真人行经其地,1223 年东返时,复过其境。是时察合台的斡耳朵位于伊犁河迤南地区⑤,但长春真人对关于窝阔台斡耳朵的方位只字未提。细绎窝阔台在阿尔泰山南麓开辟驿路⑥之文,可知构成他的封圻的地区确在其政令所及之范围以内。据术外尼的记述⑦,成吉思汗生前,窝阔台的封地在叶密立、霍博一带,而 1229 年窝阔台之奔赴忽鲁勒台(Qurultay),亦正从此地⑧出发。拉施都丁书关于窝阔台葬地的记载⑨表明,也儿的石河上游流域也包括在窝阔台的禹儿惕以内。

---

① 《原文史料选辑》,页 105(术外尼书;同书,Qazwīnī 刊本,Ⅰ,页 31)。

② ГПБ Ⅴ,3,1 抄本,叶 187。亚洲博物馆 a 566 (D 66)抄本叶 202b 增有数字。

③ 普朗·迦尔宾书,Языков 刊本,页 28;Beazley 刊本,页 123,167;〔Малеин 译本,页 51〕。

④ Вельяминов – Зернов, *Исследование о Касимовских царях*, ч. 2,页 307 – 8(原文引自 Ḥāfiẓ – Tānish 撰‘Abdullāh – nāmah)。

⑤ 长春真人书,Кафаров 译本,页 337;Bretschneider, *Researches*, Ⅰ,页 99;〖《海宁王静安先生遗书》本,卷下,叶 8〗。

⑥ 长春真人书,Кафаров 译本,页 296;Bretschneider, *Researches*, Ⅰ,页 62;〖《海宁王静安先生遗书》本,卷二,叶 24〗。

⑦ 《原文史料选辑》,页 105(术外尼书;同书,Qazwīnī 刊本,Ⅰ,页 31。

⑧ 术外尼书,ГПБ Ⅳ,2,34 抄本,叶 63。(Qazwīnī 刊本,Ⅰ,页 145 又作 quanaq)。中国史籍中作霍博(《元史》,Бичурин 译本,页 148;〖汉文标点本,页 29〗)与火孛(Bretschneider, *Researches*, Ⅰ,页 161;〖汉文标点本,页 4160〗)。韦谢洛夫斯基教授谓窝阔台受封畏兀儿地(ЗВОРАО, Ⅶ,页 162),于史无征。

⑨ 《原文史料选辑》,页 122(拉施都丁书,不见于 Blochet 刊本)〔参照 ИВАН 刊本,Ⅱ,页 43 俄语译文〕。

上文(R430)述及,1211 年,蒙古军队向西已进抵七河流域,其北部
已并入蒙古帝国版图。但在同年,对中国的战争开始,迫使成吉思汗将
全部兵力移向中国方面,从而逃亡西方的乃蛮部与蔑儿乞部得以苟延
残喘。成吉思汗在中国境内连战皆捷,1215 年[①]乘胜占领中都。这些
胜利比前此统一蒙古诸部更加提高了成吉思汗的声威。穆斯林世界一
向垂涎中国的财富,故花剌子模沙在战胜葛儿罕以后,自然像从前哈贾
只及其裨将一样(参看上文 R243),开始怀有征服中国的野心,虽则必
R461 在翦除屈出律之后方能见诸行动。在这时候,花剌子模沙风闻蒙古征
服者已捷足先得中国。花剌子模沙之所以向成吉思汗派遣使节,据术
兹贾尼的记载[②],原因即在于他想证实上述传闻,并获得成吉思汗实际
作战兵力的确切情报。使节团由贝哈艾丁·拉齐率领,史家术兹贾尼
394 的资料即得自此人。使者一行到达成吉思汗驻跸地时,中都已告陷落,
但成吉思汗尚留中国境内(1216 年,成吉思汗始返蒙古)[③]。其时阿勒
坛-汗之子,即金朝的君主,已为蒙古人所困。沿途兵燹遗迹,伤心惨
目;骸骨如山,血殷遍地;尸臭蒸腾,发为疾疫,贝哈艾丁从者数人即因
染疫身死。中都门前,白骨成堆,使者询知,城破时有 60,000 妇女踊身
坠城,以免落入蒙古人手中。

成吉思汗接待来使颇为优渥,告诉他们向花剌子模沙传达:他视沙为西方之主,正如他本人为东方之主;他希望彼此之间和平友好,许商人等往来无阻。不容置疑,成吉思汗的这些话确系由衷之言,这时候,成吉思汗还不曾梦想要征服世界。从来蒙古境内诸游牧部落的统一常以入侵中国为结局,而在蒙古兴起以前,只有两个游牧民族,即匈奴与

---

① 此据中国记载(Васильев, *История и древности*,页 153);据拉施都丁书(Березин 刊本,XV,〔原文,页 43-4,170〕;译文,页 27,114),〖成吉思汗占领中都(今北京),〗早在鸡儿年(1213 年)。

② Raverty 译本,Ⅰ,页 270-2,〖不见于 Nassau Lees 刊本〗;Ⅱ,页 963-6,〔Nassau Lees 刊本,页 335-6〕。

③ 拉施都丁书,Березин 刊本,XV,〔原文,页 49〕;译文,页 30;《元史》,Бичурин 译本,页 83-4;〖汉文标点本,页 19〗。

六世纪的突厥所建立的帝国曾经席卷中亚的东部与西部。除此之外，游牧人之出现于西域，例因不复能在蒙古立足之故。另一方面，对游牧民来说，与定居民族进行贸易，一向具有重要意义，舍此则衣着无由补充。但成吉思汗在位期间，多半由于华北一带战争频繁，地方糜烂，以致蒙古地区也有“从阴山之后”输入谷物的必要。所谓“阴山之后”，当指叶尼塞河两岸而言，长春真人说该地亦收禾麦[1]，拉施都丁也说该地“城镇甚多”[2]。这种贸易的中介为“西域贾胡”[3]，人们熟知，当时即便是中国和蒙古之间的贸易，也操在畏兀儿人与穆斯林手中[4]。在这一点上，成吉思汗与穆斯林豪商巨贾有着完全一致的利益。 R462

摩诃末的政治野心与他的王国以内的商人利益之间，则缺少这种和谐。花剌子模沙之所以向成吉思汗派遣使节，只是为了获得关于这位征服者的可靠情报。他把成吉思汗看作是自己的危险对手。他的臣 395
民的商业利益虽所关甚重，他并不加以考虑。与俄罗斯、中国这样一些遥远的国度进行贸易，确能为商人们带来巨额利润；但也有着相当大的风险，因东方永远赊购货物，商业的暂时停顿即足以使商人等遭受严重损失。当一位塞勒术克苏勒坦远征特雷比宗德时，商人们曾因与希腊及俄罗斯的商务中断而深受其害[5]。卡勒卡河大战之年，通往南俄的“商道受阻”，一时停止了“狐皮[6]、狼皮[7]、海狸皮以及其他商品”的输入，这种情况对穆斯林发生了如此巨大的影响，以致伊本·阿西尔曾特笔加以记述[8]。在花剌子模沙与哈剌契丹人休战（多半在1209年[9]，参

---

① 长春真人书，Кафаров 译本，页339；Bretschneider, *Researches*, Ⅰ，页101；〖《海宁王静安先生遗书》本，卷下，叶9－10〗。

② Березин 刊本，原文，Ⅶ，页168；译文，Ⅴ，页130。

③ 长春真人书，Кафаров 译本，页291－2；Bretschneider, *Researches*, Ⅰ，页58；〖《海宁王静安先生遗书》本，卷上，叶22〗。

④ Бартольд, *Образование империи Чингиз－хана*，页108（摘自孟珙书）。

⑤ 伊本·阿西尔书，Tornberg 刊本，Ⅻ，页160。

⑥ 关于 burtasi 一词，参看 Jacob, *Handelsartikel*，页24－5。

⑦〔此依1928年英文版作“狼皮”，1900年俄文版作“灰鼠皮”。〕

⑧ 伊本·阿西尔收，Tornberg 刊本，Ⅻ，页254；СМИЗО，Ⅰ，页28。

⑨ E. G. 布朗谓约在1210年（Browne, *A Literary History*, Ⅱ，527）。

看上文 R426)之后,立即派遣一个商队前往东突厥斯坦;诗人赛阿迪[①]便随这个商队访问了喀什噶尔。又十三世纪初叶,波斯湾的忽里模子与怯失二港口的统治者彼此失和,各自竭力阻挠商人从对方港口启碇[②],这一变故造成海上贸易的困难,因而对中国的陆路贸易比以前更形重要。另一方面,自摩诃末征讨乞察克以及七河流域北部并入蒙古帝国以后,花剌子模沙的国家与成吉思汗的国家并驾齐驱地扩张,同时这两位征服者,特别是成吉思汗,也积极巩固各自领域内部的安全。上述种种情况自然促使摩诃末领域内的商人避开属于屈出律的东突厥斯坦,设法取北道进入蒙古地区。

R463 关于摩诃末派遣的这支商队,术外尼有详细的记述[③]。商队由下记三位商人率领:艾哈迈德·忽毡迪、"埃米尔侯赛因(或哈桑)之子"[④]、艾哈迈德·巴勒契奇(?)。他们携带的商品有绣金织物(大约

396 是丝织品)、棉布与增丹尼布(参看上文 R286)。现已无从得知三位商人是在蒙古境内还是在中国境内见到了成吉思汗,十分可能,他们由于尾随贝哈艾丁使节团而获得觐见成吉思汗的机会。最初,巴勒契奇竟敢为其原值 10－20 第纳尔的织物索价 3 金巴利什(bālish)[⑤],因此触怒了成吉思汗。成吉思汗先命人引导巴勒契奇观看汗的斡耳朵内储存的各种织物,使之了解这类货色对蒙古人来说并不稀奇,然后下令抛散巴勒契奇的货物任人抢取。巴勒契奇的伙伴们吸取这番教训,不敢再讲货价,诡称所携货物是贡献于汗的礼品。成吉思汗闻言,怒意稍解,命每幅绣金织物作价 1 金巴利什,每两匹棉布和增丹尼布作价 1 银巴利什,并以此价为准补偿巴勒契奇的货值。术外尼评述说,当时蒙古人还

---

① *Gulistān*, Ⅴ,页 16;Platts 刊本,页 111;Холмогоров 译本,页 222－4,原文见 Semelet 刊本,页 127－8;〔参照 Алиев 刊本,原文,页 323 以下;译文,页 160－1〕.

② 伊本·阿西尔书,Tornberg 刊本,Ⅻ,页 199。

③ 此段记述被舍费尔选入他的《波斯文选》中(Schefer, *Chrestomathie persane*, Ⅱ,页 106 以下)。还可参看多桑,《蒙古史》,Ⅰ,页 204 以下〖冯承钧译本,上册,页 93 以下〗。

④ Ibn 'Arabshāh 书(*Fākihat al－khulafā*',页 186)谓系"埃米尔哈桑·毡迪之子阿卜杜拉"。

⑤ 关于巴利什的价值,诸说不一;参照拉施都丁书,Quatremère 刊本,页 320－1;术兹贾尼书,Raverty 译本,Ⅱ,页 1110,注 6。据加特麦尔所引术外尼的记述,1 巴利什在当时值 75 第纳尔。

很尊重穆斯林，从而使商人等居于白毡帐幕；仅因穆斯林举措失当，才不再受礼敬。

为答谢花剌子模沙的聘问，成吉思汗也派遣信使偕商队西行。根
据奈塞维的叙述①，率领使节团的为花剌子模人马哈茂德、布哈拉城的
阿里－火者和讹答剌城的优素福·肯卡②。在将以赠予苏勒坦的诸般
礼品中，有中国矿山所出之天然金块③，大如驼峰，须车载以行；有成锭
的贵金属；有玉石、骨触角（参看上文 R333，注 9）、麝香以及白驼（?）绒 R464
毛织物，奈塞维称此种织物为塔儿古（targhū）④，每件价值在 50 第纳尔
以上。1218 年春，花剌子模沙在河中⑤接见了使节。使者等告诉花剌
子模沙：沙的武功和权势，成吉思汗俱已闻知，特遣使前来提议与沙缔 397
约修好，并置沙于“与其最爱之子相等的地位”；至于蒙古之连战连捷，
特别是汗之绥服中国，以及汗治下各地之富庶，谅沙亦必已闻知；故汗
以为，两国若能建立和平与安全的贸易关系，则双方自必交受其益。历
史家奈塞维没有转述摩诃末在正式接见使节时当众应答的辞句。入
夜，花剌子模沙单独召见花剌子模人马哈茂德谈话。我们不知道当时
是否尚有他人在场，也不知道奈塞维何自获悉谈话的梗概。奈塞维述
称，花剌子模沙首先晓谕马哈茂德，生而为花剌子模人，自应为祖国效
力，据实报告成吉思汗的全部情况，并在以后留驻汗廷充任谍报人员，

---

① *Histoire du sultan Djelal ed－Din Mankobirti*，原文，页 33－4；译文，页 57－9。

② 此三人的名字亦见于阿布勒－加齐书（*Histoire des Mogols et des Tatares*，Desmaisons 刊本，〔原文，页 95〕；译文，页 105），但阿布勒－加齐又分别述及马哈茂德－牙剌瓦赤（Maḥmūd－Yalavāch）个人所负使命（同上书，〔原文，页 94－5〕；译文，页 102－4），并谓夜间与苏勒坦密谈并负责缔约的亦为此人。按突厥语牙剌瓦赤一词意为“使节”，因此马哈茂德－牙剌瓦赤很可能就是奈塞维书中的花剌子模人马哈茂德（米尔洪德，*Vie de Djenghis－Khan*，Jaubert 刊本，页 99 说同此）。《元朝秘史》，Кафаров 译本，页 149〖汉文本，续集卷 1，§263〗谓牙剌瓦赤在古尔干只失陷之后始投成吉思汗为官，可能有误。

③ 见术兹贾尼书，Raverty 译本，Ⅱ，页 966；〔Nassau Lees 刊本，页 366〕。

④ 史家著作中，特别是拉施都丁书中，targhū 一词通常为织物之意，特指献于君王的织物。〔伯希和指出，targhu 或 tarqu 只应读作 torghū，不是织物的通称，乃是一种轻而薄的丝织品，参看 Pelliot，Notes sur le《*Turkestan*》，页 52，〖冯承钧，《西域南海史地考证译丛》，三编，页 44－5〗。〕

⑤ 多桑书（*Histoire des Mongols*，Ⅰ，页 201，〖冯承钧译本，上册，页 92〗）谓在布哈拉，多半正确，但于我们见到的文献无征。

继续刺探消息。花剌子模沙许马哈茂德以重赏，又立即予以宝石一枚作为日后履行诺言的信物。马哈茂德慑于苏勒坦的威势，表示从命。花剌子模沙嗣即询问成吉思汗征服中国与“桃花石城”之说是否属实，马哈茂德告以确有其事。花剌子模沙评论道，纵使成吉思汗武功昭著，以一不信教者亦何可妄自尊大，竟至称他——同样为一大国之主的花剌子模沙——为子，意即藩属。马哈茂德唯恐苏勒坦动怒，急忙回答说，成吉思汗的兵力在数目上岂能与沙的兵力相比。摩诃末颇以此语为然，同意与成吉思汗缔结和约。

奈塞维此处没有提到贸易关系；他仅进而说明①，使者们返抵汗廷复命，成吉思汗对缔约事甚为满意；在这以后，成吉思汗派出一个商队，
R465 该商队持有经苏勒坦签押、似由使者带回的证件。然而，从时间上说，事实殆非如此，因为讹答剌事件也发生在1218年内。实际情况更可能有如术兹贾尼所述，商队原与使节同时从蒙古启程，在使节离开摩诃末的国家以后不久，商队始行抵其边城讹答剌。奈塞维列举了率领商队的四位商人的名字：欧马尔－火者·讹答里、哈马勒·马拉吉、法赫鲁
398 丁·迪泽基·布哈里和阿敏丁·赫雷维。依据术外尼的记载，商队共有450人，都是穆斯林。术兹贾尼述及商人们有驼约500峰，满载金、银、中国丝、塔尔古织物、海狸皮、黑貂皮等货物。全体商人均被讹答剌长官伊纳勒奇克(Īnālchik)认为是奸细而加以扣留。伊纳勒奇克的称号为卡伊尔－汗(Qāyir－Khan)②，奈塞维称之为伊纳勒－汗(Īnāl－Khān)，他是苏勒坦母后图尔坎可敦的亲属，奈塞维则谓系苏勒坦的舅父之子。摩诃末对此事究应负多少责任，各家记述不一其说。奈塞维

---

① *Histoire du sultan Djelal ed－Din Mankobirti*，原文，页34；译文，页59－60。

② 术兹贾尼书(Raverty译本，Ⅰ，页272；Ⅱ，页966；〔Nassau Lees刊本，页337〕)作卡迪尔－汗(Qadir－khān)。〔如伯希和所指出的，卡伊尔－汗这一称号中之Qāyir，很可能是突厥语qādir(意为强壮、全能)之蒙古语的转写，与见于术兹贾尼书之阿拉伯语qadir无关。伊纳勒奇克可以说是人名，也可以说是一种爵号，意为王公。〖又讹答剌长官的名字，在《元史》卷1《太祖本纪》中作“哈只儿只兰秃”，在同书卷150《耶律阿海传》中作“只阑秃”，未著录“哈只儿”。〗参看Pelliot, Notes sur le《*Turkestan*》，页52－4，〖冯承钧，《西域南海史地考证译丛》，三编，页45－6〗。〕

说,讹答剌长官只有谋财的目的,他想夺取商人们的货物;当他奏知苏
勒坦这些商人们的行动有类奸细时,摩诃末仅下令扣留这些商人。商
人们之被屠戮,完全由于讹答剌长官自作主张,被害者的财物也全部落
入他的手中。苏勒坦既无力与军人派展开斗争,自不能在事后对伊纳
勒奇克的行动进行盘问。伊本·阿西尔则谓①,讹答剌长官仅向苏勒
坦呈报了商人们的到来和他们的货物的数量,而苏勒坦则立即下令将
商人等处死,并将货物送到他的面前。货物出售于布哈拉和撒马尔罕
的商人,货款尽归苏勒坦所有。另据术外尼的记述,商队中一名祖籍印
度的商人曾与伊纳勒奇克相识,这番会面,不称伊纳勒奇克为汗而仍呼
其名,伊纳勒奇克为此勃然大怒。由于恼怒,也由于要夺取商人们的财
物,这位长官便扣留了这些商人,并在送往伊拉克('Irāq?)②呈报苏勒
坦的公文中称商人等为奸细,此后下令将商人等处死并没收其财物者, R466
则为苏勒坦。术兹贾尼曾在两处提到了③讹答剌屠杀事件,两处均以
讹答剌长官的贪得作为事件的起因,但也说明这位长官的行为得到了
苏勒坦的许可,他还在其中一处补充说,商人们的财货被送交摩诃末处
理。从所有上引资料,不难看出,商人们的行动并无可加非议之处。术
外尼记述的印度人呼伊纳勒奇克之名的事情,显然无关紧要;讹答剌长
官的贪婪和苏勒坦的猜疑系商人等致死之由,殆可断言。前已述及,摩 399
诃末曾向成吉思汗派遣使节,其目的仅在窥探虚实,根本不想和蒙古建
立商业关系;故当蒙古人派来一个人数众多的商队时,苏勒坦以己度
人,自然要怀疑其别有用心。奈塞维说到摩诃末未曾下令杀害来使,我
们很难判断这种说法是否正确;可以肯定的是,苏勒坦和讹答剌长官共
分了赃物,苏勒坦曾将一部分商品出售于布哈拉商人。布哈拉城发生

① 伊本·阿西尔书,Tornberg 刊本,Ⅻ,239;СМИЗО,Ⅰ,页5。

② 术外尼书,Qazwīnī 刊本,Ⅰ,页61。术外尼在其书之记述花剌子模诸沙的事迹的部分也提到(Qazwīnī 刊本,Ⅱ,页99)摩诃末在返自伊拉克途中接到了卡伊尔-汗的呈报;哈木杜拉·可疾云尼则谓是在哈马丹接到的,见 *Ta' rīkh - i Guzīdah* (Browne 刊本,原文,页496)。后说与其他记载,特别是奈塞维之比较详细的记载,均不相符。

③ Raverty 译本,Ⅰ,页272〔不见于 Nassau Lees 刊本〕;Ⅱ,页967,〔Nassau Lees 刊本,页337〕。

的事件，伊本·阿西尔知之甚悉，他的材料得自一位在布哈拉被蒙古人俘获、后来从撒马尔罕脱逃了的法吉①。十分可能，苏勒坦之所以将一部分商品出售于商人，并使他们获得一定的利润，其原因之一在于藉此补偿商人们因与游牧部落停止贸易而蒙受的损失。至于商人死亡的数目，术外尼说整个商队（450 人）只有一人幸免，此人（据术兹贾尼的记载，系一名驼夫）逃归，将噩耗报知成吉思汗②。

在这次事件中，成吉思汗依然显示了他一贯保持的谨慎和自我克制的态度。他派伊本·凯弗雷只·博格拉③（此人之父曾在泰凯什的朝廷任职）为使，偕同二鞑靼人往见花剌子模沙，对其背信弃义的行为提出抗议，并要求交出伊纳勒奇克听候处理。花剌子模沙不仅拒绝将
R467 伊纳勒奇克交出，而又下令将来使斩首；二副使在被剃须后获释④。至是，成吉思汗向花剌子模沙兴师问罪，已属势在必行。恰与 A. 米勒发表的见解⑤相反，我们并不认为有什么外来因素加速了两国的冲突。成吉思汗之所以企图与花剌子模沙的帝国建立关系，这可以从汗的有权势的穆斯林臣属之商业利益得到充分的解释。如果汗的专使奉命呼花剌子模沙为"成吉思汗之子"，这也很难说是有意激怒摩诃末，而且
400 摩诃末本人也不曾以此作为启衅的理由。因此，我们未可轻信哈里发纳西尔召来蒙古人以反对花剌子模沙的说法。我们只是在米尔洪德书中⑥看到关于哈里发遣使蒙古的详细记载。这不过是十三世纪的一种谣传⑦；由于当时哈里发与花剌子模沙之间存在着敌对关系，出现这样

① 伊本·要西尔书 Tornberg 刊本，Ⅻ，页 242；СМИЗО，Ⅰ，页 13。

② 据蒙古方面的记载（《元朝秘史》，Кафаров 译本，页 143；〔Козин 刊本，页 182〕；〖汉文本，续集卷 1，页 254〗，穆斯林杀害蒙古使节兀忽纳等共 100 人。〔巴托尔德将兀忽纳的名字转写为 Ukhun，伯希和指出，兀忽纳一名之正确的转写应作 Ukhuna，此言牡山羊，转写为 Ukhun，大误。参看 Pelliot，Notes sur le《*Turkestan*》；〖冯承钧，《西域南海史地考证译丛》，三编，页 47〗。〕

③ 关于此人，参看奈塞维，*Histoire du sultan Djelal ed – Din Mankobirti*，原文，页 34 – 5；译文，页 60 – 1。

④ 此依伊本·阿西尔书（Tornberg 刊本，Ⅻ，页 237；СМИЗО，Ⅰ，页 7），据奈塞维的记述，三名使节均被杀害。

⑤ Müller，*Der lslam*，Ⅱ，205。

⑥ *Vie de Djenghis – Khan*，Jaubert 刊本，页 102 – 4。

⑦ 伊本·阿西尔书，Ⅻ，页 287；参照多桑，《蒙古史》，Ⅰ，页 211；〖冯承钧译本，上册，页 95〗。

的谣传,殆亦事所必至。同样,在欧洲,教皇的追随者谴责弗雷德里克二世召来蒙古人,而皇帝一派的人则谓蒙古人系教皇召来[①]。不容置疑,哈里发曾在花剌子模沙的东邻中寻求同盟,为此而先向古尔朝、继向屈出律遣使修好;但若认为哈里发曾追求与成吉思汗这位东亚君主合作,却是全无事实根据的臆测。花剌子模沙的行为,即便从现代国际法的观点来看,也对成吉思汗提供了绰有余裕的宣战理由,不复有从事宣传鼓动的必要。诚然,即便没有这一理由,或许为时稍晚,蒙古人也会对花剌子模沙的领土发动进攻。蒙古人在与花剌子模毗连的草原上稳定了他们的政权以后,不会看不到花剌子模内部何等虚弱。在强弱悬殊的情况下,一个游牧民族必然要侵入更为富饶的文明民族地区。然在当时,成吉思汗还不曾了解花剌子模国家的脆弱,他的备战活动也表明他对花剌子模沙的军事力量估计甚高。因此,如果花剌子模沙表示同意,蒙古人大概会在一定时期内满足于和平商业关系的建立。据 *R468*
伊本·阿西尔的记述,花剌子模沙早在对屈出律作战的时期就已经封锁了从突厥斯坦入境的商道[②]。

成吉思汗在准备对花剌子模沙加以报复的过程中,先须翦除屈出律,于是派遣哲别那颜[③]率领人数颇多的一支军队[④]向屈出律进攻。为了尽可能顺利地消灭对方,这位蒙古将军巧妙地利用了屈出律对于宗 401
教的压制。其时屈出律的军队正在围攻阿力麻里,哲别那颜首先在这里奠定了蒙古的统治。先是,阿力麻里的统治者布扎尔已与成吉思汗订盟,并娶术赤之女为妻,屈出律突发奇兵将布扎尔俘获。然而屈出律遭到阿力麻里居民的英勇抵抗,未能攻陷该城,及闻蒙古军即将到来,

---

① Cahun, *Introduction*,页 356 - 7;关于对皇帝的指责,还可参看 *Purchas*,Ⅺ,页 181。

② 伊本·阿西尔书,Tornberg 刊本,Ⅻ,页 236;СМИЗО,Ⅰ,页 5。此段史文说明停止向游牧人出售布匹及其他商品,译文适与此意相反,误。

③ 关于这个名字的拼写,参照 Pelliot, À propos des Comans,页 172 以下。

④ 这支军队有 20,000 人一说,多桑(《蒙古史》,Ⅰ,页 172;〖冯承钧译本,上册,页 81〗)多半取自奈塞维书,然而,上文(R434)业已述及,奈塞维的这段记述与对屈出律作战并无关联。拉施都丁书(Березин 刊本,原文,Ⅶ,页 164;译文,Ⅴ,页 127)记载畏兀儿亦都护仅率军 300 人参加作战,术外尼书所记(Qazwīnī 刊本,Ⅰ,页 33)与此相同。

不得不下令班师,途中杀害了布扎尔。蒙古军进入阿力麻里,布扎尔之子苏克纳克－的斤继为阿力麻里的统治者,并亦与术赤之女成婚。上述系据术外尼的记载[①]。另据杰马勒·卡尔希的记载[②],布扎尔曾以托格鲁勒－汗为号,遣子苏克纳克－的斤与女兀鲁克－可敦朝见成吉思汗,与蒙古人结为同盟。屈出律乘布扎尔出猎之际擒而杀之。这些事都发生在屈出律远征喀什噶尔以前,亦即约在1211年以前。后来屈出律围攻阿力麻里,因布扎尔的寡妻塞勒贝克－图尔坎婴城固守,迄不能克。成吉思汗在获悉布扎尔死讯后,立遣哲别引军赴援,但哲别发现屈出律已不在固勒札境内。至于苏克纳克－的斤婚配术赤女不勒罕－别吉,乃窝阔台继位以后的事情。

据长春真人记述[③],1221年,阿力麻里不仅有当地的统治者,又有蒙古的达鲁花赤(塔剌忽只,darukhachi),即蒙古帝国元首的代表。依据中国史籍[④],达鲁花赤的职司至少在后期为:(1)括户籍民;(2)从土人中签军;(3)设立驿站递铺;(4)征课租税;(5)向宫廷解送贡物。故
R469 达鲁花赤既为军事首领,亦为收税官吏;他还负责向中央政府提供情报。就我们所知,阿力麻里的达鲁花赤乃蒙古政权在中亚文明地区设置的第一位代表。从长春真人的记载来看,当时在畏兀儿境内还不曾设置这种代表。

我们现在已无由得知,蒙古人从固勒札地区进入喀什噶尔,所循何路,以及他们曾否分兵进入七河流域。只是在中国史籍中[⑤]有一条记
402 载:曷思麦里(多半是穆斯林人名亦思马因的对音)初为西辽阔儿罕(葛儿罕)近侍,后为谷则斡儿朵亦即八剌沙衮[⑥]所属可散与八思哈(亦

---

① 《原文史料选辑》,页107－8(术外尼书;同书,Qazwīnī刊本,Ⅰ,页57以下)。

② 《原文史料选辑》,页135－6,140。

③ Кафаров译本,页304;Bretschneider, *Researches*, Ⅰ,页70;〖《海宁王静安先生遗书》本,卷上,叶30〗。

④ 《元朝秘史》,Кафаров译本,页256,注。

⑤ 同上书,页233,注;Bretschneider, *Researches*, Ⅰ,页233。

⑥ Bretschneider, *Researches*, Ⅰ,页18。

即柯散与阿赫西凯特?)①的长官。曷思麦里率柯散等城耆老迎降蒙古军。哲别奏闻成吉思汗,汗命曷思麦里从哲别为先锋,亦即为哲别的向导。

只有阿布勒-加齐②谈到了屈出律和哲别两军之间的一次冲突。奥佩尔特③企图用普朗·迦尔宾行纪中的一段叙述④来证实这一出现既晚、而又别无旁证的报道。普朗·迦尔宾述及蒙古人曾在"两山之间狭窄的谷地中"击溃乃蛮人与哈剌契丹人,普朗·迦尔宾本人即经此谷地到达贵由汗的斡耳朵。令人遗憾的是,普朗·迦尔宾是在其书叙述蒙古人的征服的一章中,而不是在说明他的行程路线时提供这一报道的;人所熟知,普朗·迦尔宾叙述蒙古人的征服,颇多失实之处。正因为这样,我们并不知道普朗·迦尔宾所说的战场究在何处,也不知道他所提到的诸民族是否确实参加了战斗。其他史书都说屈出律不敢应战,望风逃走。上引关于曷思麦里的记载提示,蒙古人从固勒札地区侵入七河流域,又从七河流域进攻喀什噶尔。蒙古人兵不血刃就占领了七河流域的首城八剌沙衮,故蒙古人称此城为果八里(Gobāligh),意即"良好之城"⑤。哲别在喀什噶尔,或许更早在七河流域的时候,已下令恢复穆斯林前此被屈出律剥夺了的公开举行礼拜的权利。当地居民视蒙古人为拯救自己脱离残酷迫害的解放者而热诚欢迎,嗣即群起杀 R470

① 费尔干纳的这一地区,可能在遭受摩诃末的蹂躏以后被屈出律的穆斯林属民占领了。〔伯希和认为《元史(卷120)·曷思麦里传》中"八思哈"一词也许不是地名,而为突厥语 basqaq 一词之转写,突厥语 basqaq 所指的官员,正与蒙古语的 darukhachi 相同。如此解释八思哈一词,则曷思麦里即仅为可散一城之长官。伯希和附带说明,他不能断言哈剌契丹人在被蒙古人征服以前,其官制中是否已有八思哈一职。参看 Pelliot, Notes sur le《*Turkestan*》,页54-5;〖冯承钧,《西域南海史地考证译丛》,三编,页47〗。〕

② *Histoire des Mogols et des Tatars*, Desmaisons 刊本,〔原文,页94〕;译文,页102。阿布勒-加齐显然是在这种意义上来理解拉施都丁书中(Березин 刊本,原文,Ⅶ,页278)的动词 dawānīdan. 在另处(XV,原文,页62;译文,页40),连拉施都丁本人也说,蒙古人还没来得及作战,屈出律就已经逃走了。

③ Oppert, *Der Presbyter Johannes*,页160。

④ Языков 刊本,页126;Beazley 刊本,页69,102,143;〔Малеин 译本,页17〕。

⑤ Бартольд, *О христианстве в Туркестане*,页30;Бартольд,ЗВОРАО,X,页226,此处摘引了米尔洪德书(*Vie de Djenghiz-Khan*, Jaubert 刊本,页91)。

戮住在他们家宅中的屈出律的兵卒。哲别由于严守成吉思汗所定的纪
律,故不同于摩诃末而能长期保持解放者的令名于不坠。蒙古兵只向
403 居民探询屈出律的下落,绝不触动他们的财产,喀什噶尔人因此称蒙古
人的来临为真神的降恩,而术外尼的报道[①]正出于喀什噶尔人的传述。
屈出律在色勒库尔(Sārykūl[②])被擒获,继被斩首。依据汉文史籍的记
载,哲别命曷思麦里"持屈出律首往徇乃蛮人众",诸城望风降附。蒙
古人虽不曾触动和平居民的财产,而所得战利品仍甚丰富,哲别向成吉
思汗献白口马[③]一千匹,这些马显然得自战败的或奔逃的游牧部落。
在当时人心目中,征服屈出律的国家一事,有着非常重大的意义,甚至
成吉思汗也担心哲别这位战将可能因胜而骄,抗命犯上[④]。毫无疑义,
蒙古人征服东突厥斯坦的消息,传到了苏勒坦臣民耳中,并在他们中间
产生了深刻的印象。不久以前,屈出律的军队曾迫使苏勒坦从一些富
R471 庶的省区撤退,并在撤退时自动使这些省区陷于残破,现在一位蒙古将
军却轻而易举地歼灭了这支军队,而且这位将军扮演拯救穆斯林于水
火的角色,也还比"伊斯兰的苏勒坦"更为出色。摩诃末已经再也不能
为他和成吉思汗的冲突披上宗教战争的外衣,特别是因为在诱发战争
的讹答剌事件中被杀害的人,无一例外都是穆斯林。

成吉思汗由于听信他的穆斯林谋臣们的报告而对摩诃末这位"西方统治主"的力量估计甚高,他像前次对女真人用兵同样仔细地准备对摩诃末作战。为了消灭屈出律,他只曾派出一员战将,这番,他亲

① 《原文史料选辑》,页106(术外尼书;同书,Qazwīnī 刊本,Ⅰ,页50)。

② 此据拉施都丁书(Березин 刊本,XV,〔原文,页63〕;译文,页40)、蒙古传说(Salikhun——参看《元朝秘史》,Кафаров 译本,页131;〔Козин 刊本,页174〕)与杰马勒·卡尔希的记述(《原文史料选辑》,页133)。据术外尼书(ГПБ Ⅳ,2,34 抄本,叶23),屈出律被戕于巴达赫尚之韦扎里谷地(Qazwīnī 刊本,Ⅰ,页50)。〔本书英文版作 Sārykul。因此伯希和指出,拉施都丁书原文仅能读作 Sarïqqol(此言"黄水"),而不似别列津刊本之作"Сарык - кул";《元朝秘史》(页237)中不作 Salikhun,而作 Sarīqqun(撒里黑崑),此系十四世纪之变体;《元朝秘史》的原本亦读作 Sarïq - qol。参看 Pelliot, Notes sur le《*Turkestan*》,页55;〖冯承钧,《西域南海史地考证译丛》,三编,页48〗。〕

③ 拉施都丁书,Березин 刊本,原文,Ⅶ,页278;译文,Ⅴ,页209。

④ 同上书;参看多桑,《蒙古史》,Ⅰ,页172;〖冯承钧译本,上册,页81〗。

率诸子及主力军以与摩诃末相周旋,1219年,成吉思汗驻夏于也儿的石河[①],秋季从该地进兵。阿力麻里的苏克纳克－的斤、畏兀儿的亦都护巴乌尔奇克[②]以及当地的葛逻禄部阿尔斯兰－汗各统所部在海押立与成吉思汗会师,海押立可能就是鲁卜鲁克所说的“最美丽的平原”[③]。预定参加远征花剌子模沙的军队,至是咸集此地。关于这些军队的实 404
力,我们找不到确切的记载。穆斯林诸作家征引的一些夸大的数字(术兹贾尼[④]估计为600,000人乃至700,000人),殊不足据。另一方面,我们也不能以蒙古正规军的人数为基准,拉施都丁述及[⑤],蒙古正规军人数在成吉思汗逝世之年仅为129,000人。这一数字只包括蒙古本部和后来依继承法付予拖雷的全部兵力。拖雷的三位兄长所统率的兵力中,仅有拨归他们的纯粹蒙古士兵的人数见于记载(各4,000人),这些人,毫无疑问,只是他们在各自封疆内所依靠的兵力的一小部分。就今日所知,在西征军事中,恰恰是这几位皇子的蒙古部队起了主要作用;因为当时中国和唐古忒尚未平定,成吉思汗很难抽调左翼指挥木华 R472
黎麾下几占正规军半数的62,000名士兵。但据长春真人的记载[⑥],右翼指挥博尔术－那颜却参加了西征战役。另据术兹贾尼的记载[⑦],阿尔斯兰－汗的兵力为6,000人;亦都护与苏克纳克－的斤所部兵力现已无从考知。根据我们所有的关于蒙古兵力分布的知识,应当估计,成

① 拉施都丁书,Березин 刊本,XV,译文,页42,116(页42译文中有错误,参照原文,页66,〔172〕)。关于拉施都丁的年代资料,参看上文R436。

② 此据术外尼书,Qazwīnī 刊本,Ⅰ,页63(Schefer, *Chrestomathie persane*, Ⅱ,页110);关于此名,参看Qazwīnī 刊本,Ⅰ,页32。〔巴托尔德在其自用之本书(英文版)页缘上,此处记有:“更正,伯希和,55;写作 Barčuq,巴尔术的名称,如伯希和指出的,仅见于术外尼书(Qazwīnī 刊本,Ⅰ)页32,并不见于页63。参看 Pelliot, Notes sur le《*Turkestan*》,页55－6;〖冯承钧,《西域南海史地考证译丛》,三编,页48〗。〕

③ Michel——Wright 刊本,页281;〔Малеин 译本,页105〕。

④ Raverty 译本,Ⅰ,页273;Ⅱ,页968;〔Nassau Lees 刊本,页338,作800,000人。〕

⑤ Березин 刊本XV,〔原文,页195以下〕;译文,页132以下。

⑥ 长春真人书,Кафаров 译本,页318,414(注);Bretschneider, *Researches*, Ⅰ,页81;〖《海宁王静安先生遗书》本,卷上,叶43－4〗。

⑦ Raverty 译本,Ⅱ,页1004;〔Nassau Lees 刊本,页343〕。

吉思汗西征的兵力不少于150,000人,但也不会超过200,000人。

依照多桑的精密考证①,花剌子模沙的兵力远较蒙古人为多,仅因他不为自己的将领所亲附,故徒占数量上的优势而不能制胜。在蒙古末次使节到来以前,花剌子模沙就曾召开过军事会议,当时施哈布丁·希瓦基主张应将军队集结在锡尔河岸以逸待劳,在长途跋涉的蒙古军队得到休整以前,即予以迎头痛击。另外一些人认为最好的对策是容许蒙古人进入河中,然后利用防守者对当地地形的熟悉以制敌人之死命②。还有人建议放弃河中,退而扼守阿母河诸渡口;最怯懦的意见是
405 将军队集中于哥疾宁境内,亦即退至大雪山(兴都库什山)以南,如有必要,再由哥疾宁退入印度③。苏勒坦决定不用第一种建议,但留下相当数量的军队戍守河中诸城;此后他又在率军收复失地的诺言下放弃河中,开始在巴里黑集结兵力。他在退出撒马尔罕以前,曾下令环城筑墙;奈塞维说④,这道墙预计长达12法尔萨赫,这就是说,这道墙不仅要围护撒马尔罕本城,而且还要像穆斯林统治以前时期那样围护撒马尔罕的四郊(参看上文R136)。为了筹措这项庞大的筑城费用,苏勒坦曾在一年以内三度征收全年赋税。依据奈塞维的记载,到蒙古兵已临城下的时候,此项工程不仅尚未竣工,甚至尚未动土,所收税款根本未作筑城之用。术外尼只说到撒马尔罕子城的加固,苏勒坦曾亲临现场
R473 监工;据称,苏勒坦评论在挖掘中的堑壕说,蒙古兵卒只消投鞭,即可将堑壕填平;苏勒坦的这种评论使在场的人们大为沮丧。这一故事十有八九是在蒙古人入侵以后才流传开来的,因为很难设想苏勒坦会在蒙古人到来以前挫伤民众的锐气。奈塞维深深惋惜苏勒坦作出把军队分散在河中诸城的这一致命的决定⑤,他确信,如果苏勒坦能在国界上迎

---

① 多桑,《蒙古史》,Ⅰ,页212;〖冯承钧译本,上册,页95〗。

② 伊本·阿西尔书,Tornberg 刊本,Ⅻ,页237;СМИЗО,Ⅰ,页6。

③ 术外尼书,ГПБ Ⅳ,2,34 抄本,叶138;Qazwīnī 刊本,Ⅱ,页106;参照米尔洪德,*Histoire des sultans du Kharezm*, Defrémery 刊本,页78。

④ 奈塞维,*Histoire du sultan Djelal ed - Din Mankobirti*,原文,页35;译文,页61。

⑤ 同上书,原文,页36-7;译文,页63。

击蒙古兵（这就是说，如果他曾采纳施哈布丁·希瓦基的建议），他不难使敌人全部就歼。A. 米勒以前的欧洲学者们，包括米勒本人在内[①]，也都谴责苏勒坦怯懦偾事，乃至谴责他的“愚蠢”。然而，考虑到摩诃末在位晚年的处境，我们也就自然要得出摩诃末别无善策的结论。必须使他的军队像成吉思汗的蒙古军那样驯顺，他才能够把他的军队集中在一个地方。由于他和他的将领们互相仇视，他没有把军队集中起来的可能。如果苏勒坦的将领们同心同德，和衷共济，如果他们听命于一位才能出众、且素孚众望的首领，他们也许能够击退蒙古人，可是在取得这样的胜利以后，这支巨大的武装力量也会立即转而反对苏勒坦及其王朝。术外尼记载的一则逸事[②]，足以说明在苏勒坦与其母后
争吵以后，苏勒坦与其将领之间存在着什么样的关系。术外尼说，甚至 406
当苏勒坦还在阿母河岸边的时候，军中就发现了暗杀苏勒坦的阴谋；某晚，摩诃末避开士兵的耳目踱出他准备过夜的帐幕，翌晨，人们发现帐幕被乱箭射穿。苏勒坦是否得到在撒马尔罕有其一部驻军的古尔人的欢心[③]，是否得到他决定自其中征召射手民兵的一般居民的欢心，亦属疑问。苏勒坦通令各地视纳税多寡派出射手民兵若干人，并为每一射手配备骆驼一峰以及武器和秣粮。奈塞维指责苏勒坦未待民兵集合就放弃了阿母河岸[④]，他说，民兵正从四面八方潮水般涌来，“苏勒坦稍事等待，他将看到自己统有一支人数空前众多的大军”。然而事实并非
如此；直到1220年春末，民兵迄未征齐。这表明征召民兵的工作进行 R474
得并不像奈塞维所说的那么顺利。正和苏勒坦不曾得到他自己的突厥军的爱戴一样，他也不曾赢来一般居民的同情[⑤]。

---

① Müller, *Der lslam*, Ⅱ，页209。

② ГПБ Ⅳ，2，34 抄本，叶130；Qazwīnī 刊本，Ⅱ，页109；米尔洪德，*Histoire des sultans du Kharezm*，Defrémery 刊本，页80；参照多桑，《蒙古史》，Ⅰ，页243；〖冯承钧译本，上册，页105〗。

③ 奈塞维，*Histoire du sultan Djelal ed – Din Mankobirti*，原文，页36，译文，页62。

④ 奈塞维，*Histoire du sultan Djelal ed – Din Mankobirti*，原文，页36，译文，页62。

⑤ 蒙古进攻前夕，河中舆情如何，我们找不到与此有关的可靠的资料。奥菲书中（*Lubāb al – Albāb*，Ⅰ，页202）征引的胡尔拉马巴迪的诗篇提到了对鞑靼人的战斗，但此诗所描写的可能是对屈出律的、而不是对成吉思汗的战斗。〔波斯诗韵学作者谢木斯丁·穆罕默德·伊本·凯斯·（转下页）

尽管蒙古兵进围讹答剌城是伊斯兰历史上一件大事，但穆斯林历史家并没有指出这件事发生的确切时日。术外尼说[1]，讹答剌城被围五个月之久，外城失陷后，子城继续困守了一个月，奉命留下来围攻讹答剌的蒙古军在破城以后往会成吉思汗，两军的会合正在成吉思汗开始围攻撒马尔罕之时，也就是如下文所述，在1220年3月。根据这一记载，可以推断，讹答剌城被围困，开始于1219年9月。然而，很有可能，术外尼稍许夸大了讹答剌人守城的持续时间。奈塞维说[2]，只是在讹答剌陷落以后，成吉思汗才向布哈拉进兵；但实际情况多半并非如此。

成吉思汗在讹答剌附近下令分兵：留一军（拉施都丁说此军有数
407 万人[3]）围攻讹答剌城，军中编有畏兀儿兵[4]；命术赤一军沿锡尔河而下；另遣偏师（5,000人）溯河而上进取本纳凯特和忽毡城；成吉思汗自与拖雷将中军直指布哈拉，旨在（据奈塞维的记载）遮断苏勒坦与其军队的联络。在讹答剌，多半在城破以前，暂代萨菲·阿克拉（奈塞维称此人为“苏勒坦的驻突厥地区的韦齐尔”）任讹答剌民政长官的贝德鲁丁·阿米德就归附了成吉思汗。贝德鲁丁的父亲和叔父原为讹答剌城的卡孜，曾与他的另外一些亲属在苏勒坦攻陷讹答剌时一并遇害[5]；他
R475 们很可能属于敌视苏勒坦的僧侣派，其反对苏勒坦之激烈，为布哈拉的萨德尔和撒马尔罕的诸谢赫所不及。成吉思汗从贝德鲁丁口中获悉花剌子模的政治情况，也得到关于苏勒坦母后图尔坎－可敦与武人派仇

（接上页）拉齐述及，在中亚流传着鞑靼人即将来攻的非常可怕的消息，许多人恐慌已极，纷纷西逃。作者本人随同出逃，奔往法尔斯（拉齐，*My'jam*，Qazwīnī——Browne刊本，页8以下）。〕

① Qazwīnī刊本，Ⅰ，页64，92；Schefer，*Chrestomathie*. Ⅱ，页110－2，132。

② *Histoire du sultan Djelal ed－Din Mankobirti*，原文，页43；译文，页73－4。

③ Березин刊本，XV，〔原文，页67〕；译文，页43。术外尼叙述术赤军时，用了相同的字样：chand tūmān.

④ 拉施都丁书，Березин刊本，原文，Ⅶ，页164；译文，Ⅴ，页127。据术外尼的记载，察合台与窝阔台二王子也在这一军中。

⑤ 奈塞维，*Histoire du sultan Djelal ed－Din Mankobirti*，原文，页37；译文，页64；参照哈木杜拉·可疾云尼，*Ta'rīkh－i Guzīdah*，Browne刊本，原文，页497。

恨苏勒坦的详细报告,此后,成吉思汗就利用这一类情报来实现自己的目的。此外,成吉思汗本人及其诸子身旁还都有穆斯林商人,这些商人在蒙古人与当地居民之间起着桥梁作用,无疑也帮助蒙古人了解地方情况。由此可见,穆斯林并未因熟悉地形占了便宜,倒是成吉思汗的战略计划的制定及其出色的贯彻执行,都证明他是对当地地理形势了如指掌的。

成吉思汗于是进薄泽尔努克要塞。关于帖木儿最后一次取道吉拉努塔隘口向讹答剌进军的报道曾提到此地,称之为到达锡尔河岸的最后一站[①]。蒙古人渡河,显然没有遇到困难,当时锡尔河似已冰封。答失蛮-哈吉卜衔命往见泽尔努克的居民,成功地说服后者归降。答失蛮亲自对居民们约许生命和财产的安全。蒙古人履行诺言,只平毁了泽尔努克的防御工事,又从当地征发了一队壮丁供在围攻城镇时服役。泽尔努克从蒙古人口中(更可能是从参加战役的突厥人口中)得名库 408
特卢格-八里,意即"幸运城"[②]。

住在泽尔努克要塞的一些土库曼人引导蒙古人通过人们一向不大知道的一条路直趋努尔,这条路此后被称为"汗路"[③]。术外尼在1251年也走过这条路。有些熟悉当地情形的人曾经认为,研究成吉思汗和帖木儿的行军路程,有必要假定:从成吉思汗和帖木儿的时代以来,这一地区的自然状况曾有极大的变化,因为"今天努尔-阿塔(Nur-ata)与阿里斯河(Arys)诸河口之间,已经没有任何道路,连商队可以通行的道路亦已无存;两地之间绵延着滴水皆无的克孜勒库姆沙漠"[④]。这种见解后经证明并不正确,因为即便在今天,讹答剌与努尔之间仍有几条

---

① 谢雷甫丁·叶兹迪书,Pétis de la Croix 译本,Ⅳ,页216;加尔各答刊本,Ⅱ,页646(在此处,该地名称作 Zartūq)。

② Schefer, *Chrestomathie persane*, Ⅱ,页120-1;术外尼书,Qazwīnī 刊本,Ⅰ,页77。

③ 术外尼书,Qazwīnī 刊本,Ⅰ,页78 作 khānī,不同于拉施都丁书之贝勒泽教授的刊本及译本作 khālī,khālī 意为"荒漠"(XV,原文,页80;译文,页52)。

④ Смирнов, *Древности на среднем и нижнем течении р. Сыр-Дарьи*,页13。

商队通路[1]。此外,也不可忘记,蒙古军是在1220年1月通过草原的,
R476 当时锡尔河左岸的人工渠道尚未因失修而就荒,沙漠还只是狭窄的一条,而不是宽阔的一片。蒙古军的先头部队,在塔亦儿－把阿秃儿的率领下进抵努尔。夜间,蒙古人行经居民所有的一座座园林;像中亚其他各地一样,这些园林是城内居民在乡间的消夏场所,当时正空闲无人。塔亦儿命蒙古人伐木造梯,以便如有必要,用以攻城。蒙古人的出现,全为居民意料所未及,竟被误认为商队。蒙古军前锋已抵城下,他们才得知真相。塔亦儿劝令归顺,许可他们派遣专使一人往见成吉思汗。成吉思汗命居民等向速不台－把阿秃儿[2]投降(速不台的军阶显然高于塔亦儿)。在速不台的要求下,居民撤到城外,随身只带食物、农具和牲畜。蒙古人大掠全城。成吉思汗到来后,只命令居民缴纳1,500第纳尔的贡款,相当于苏勒坦政府从努尔征收的税额。妇女们摘下耳
409 环已满此数之一半。由此可见,居民的财产或未曾遭到洗劫(否则居民将无力交付下欠的750第纳尔),或至少是在成吉思汗到来后又将所掠财物归还原主。蒙古人征发了为数很少的民夫(共60人),使在攻城时服役。这批民夫由当地长官之子伊勒－火者率领,后被用于围攻答不昔牙城之役[3]。

根据与蒙古进军同时的两位史学家伊本·阿西尔[4]与术兹贾尼[5]的记载,成吉思汗于1220年2月行抵布哈拉,而不像术外尼和在术外尼以后并取材于他的诸编纂家[6]所说的在该年3月。伊本·阿西尔与术兹贾尼所记的年月,复为奈尔沙希书续编的作者所证实[7]。关于布哈拉守城的兵力,各家记载亦不相同。术兹贾尼估计共有骑兵12,000

---

① Кларе, *Древний Отрар*,页16。

② 其时速不台任千户长,属于左翼(拉施都丁书,Березин 刊本,XV,〔原文,页211〕;译文,页141。

③ Schefer, *Chrestomathie persane*, Ⅱ,页121－2;术外尼书,Qazwīnī 刊本,Ⅰ,页79。

④ Tornberg 刊本,Ⅻ,页239;СМИЗО,Ⅰ,页8。

⑤ Raverty 译本,Ⅱ,页976;〔Nassau Lees 刊本,页339〕。

⑥ 多桑也这样说(《蒙古史》,Ⅰ,页228;〖冯承钧译本,上册,页101〗)。

⑦ Schefer 刊本,页23,34。

人；术外尼说单是“外部守军”①就有20,000人(术外尼没有说出正式守军的总数)；奈塞维则认为全部兵力共有30,000人②。奈塞维也说 R477
到守城的主要将领为苏勒坦的御马监伊赫提亚鲁丁·库什卢③和伊南奇－汗·欧古勒－哈吉卜；其余将领见于术外尼书者有哈米德－普尔④(哈剌契丹出身，于1210年战役中被花剌子模军俘获，降服后任军职)、苏云奇－汗与某一古儿汗(据说此人原隶蒙古籍，背叛成吉思汗，转而为摩诃末效力)。术外尼本人亦认为关于古儿汗的资料未必可靠；此人很可能就是成吉思汗的著名对手扎木合(扎木合确曾号称古儿汗)，尽管按照蒙古人的传说，他先已被杀于蒙古境内。布哈拉被围三日后，守军决定在伊南奇－汗统率下溃围出走；蒙古军立即跟踪追
击；伊南奇－汗仅与少数部众得渡阿母河，哈米德－普尔殁于此役。城 410
民既为守军所遗弃，决定请降，推出代表若干名，由卡孜贝德鲁丁·卡孜－汗率领往见蒙古人。据伊本·阿西尔的记载，蒙古人于2月10日入城⑤，术兹贾尼则谓在2月16日。子城守军仅有骑兵400人⑥，但继续困守了十二天⑦；术外尼说到古儿汗即在此骑兵400人内，他表现了罕见的英勇。居民被迫交出为苏勒坦准备的全部粮秣，并为蒙古人填平子城堑壕。子城陷落后，全部守军尽遭杀戮，无一幸免。接着蒙古人

---

① 术外尼书，ГПБ Ⅳ,2,34抄本，叶34。作lashkar bīrūn，Ханыков抄本与Qazwīnī刊本中(Ⅰ，页80)作lashkar bīrūnī〖外部军队〗，舍费尔书中(*Chrestomathie persane*，Ⅱ，页123)作lashkar andarūnī〖内部军队；按内部、外部之分，当指在子城以内或子城以外而言〗。术外尼之所以不像多桑那样将守军总数说成是20,000人，显然是因为他没有把多桑下文征引(《蒙古史》，Ⅰ，页233；〖冯承钧译本，上册，页102〗)的子城守军的人数包括在内。

② *Histoire du sultan Djelal ed－Din Mankobirti*，原文，页34；译文，页62。伊本·阿西尔谓为20,000人。

③ *Histoire du sultan Djelal ed－Din Mankobirti*原文中误作Kushkī，译文中误作Kechiki；正确的读音见原文页43，译文页74；亦见于术兹贾尼书与术外尼书抄本(Qazwīnī刊本，Ⅰ，页80作Kushlī)。

④ 还可参看《原文史料选辑》，页115(术外尼书；参照抄本ГПБ Ⅳ,2,34，叶173；Qazwīnī刊本，Ⅱ，页211)。

⑤ 参照СМИЗО，Ⅰ，页8，注。伊本·阿西尔书中所记日期为一火曜日，非如译本中作一水曜日。

⑥ 据术外尼兹的叙述(Qazwīnī刊本，Ⅰ，页83；Schefer，*Chrestomathie persane*，Ⅱ，页125)，子城陷落时，有30,000人丧生，多桑(《蒙古史》，Ⅰ，页233〖冯承钧译本，上册，页102〗)不取此说，所见甚是。

⑦ 奈尔沙希书续编作者的叙述(奈尔沙希书，Schefer刊本，页23)，与伊本·阿西尔所记相同。

勒令富商们交出他们在讹答剌惨案发生后从花剌子模沙手中买到的白银(也许还要交出其他货物)。最后,居民奉命离城,除贴身衣着外,不得携带任何物品;他们的财产受到蒙古人的洗劫;违令藏在城内的人全被杀害。术外尼述及,伊玛目杰拉勒丁·阿里·本·哈桑(或作侯赛因)·增迪目击蒙古人抄掠寺院,马蹄践踏古兰经叶,怒不可遏,遂向布哈拉城最优秀的学者鲁克努丁·伊玛目-扎德倾诉自己的愤懑。后
R478 者答称:"噤声!上帝威力的狂飙正作,(被吹散的)稿秆无话可说"[①]。另据伊本·阿西尔的记载,鲁克努丁·伊玛目-扎德并不是如此驯顺地听受运命的支配,他和他的儿子看到蒙古人凌虐俘虏,侮辱妇女,曾挺身与敌搏斗而死。别有数人,包括卡孜萨德鲁丁-汗在内,同样力抗蒙古人。遇害众人之中,也有韦齐尔尼扎木·穆勒克的弟兄萨德尔麦只杜丁·马斯乌德[②](参看上文 R443)。术外尼又述及,成吉思汗将居民等集合在节日祈祷场,然后登坛发言,自称代天行罚,以惩此国种种罪恶。术外尼的这段记述,殊不足信。如果这种令人难信的偶然细节确有其事,那么,伊本·阿西尔不会不自他的法吉处闻及。伊本·阿西尔的记载有一点与术外尼的记载相符,即成吉思汗要求城内居民开列
411 本城绅士名单,照名单向这些绅士索取财物。蒙古人纵掠全城后付之一炬,只有大礼拜寺和某些砖造的宫院幸免焚毁[③]。不过很难设想,布哈拉之被焚出于成吉思汗预定的计划。城市的洗劫不免要引起火灾,而在建筑物鳞次栉比的情况下,火灾不免又将全城化为焦土(参看上文 R163)。

在从布哈拉向撒马尔罕进军途中,蒙古军已经带着一批为数甚多的俘虏。据伊本·阿西尔的报道(伊本·阿西尔显然从上文提到的那

---

① 术外尼书,Qazwīnī 刊本,Ⅰ,页 81;Schefer, *Chrestomathie persane*, Ⅱ,页 123-4。

② 奈塞维,*Histoire du sultan Djelal ed-Din Mankobirti*,原文,页 24;译文,页 43。

③ 这些字句,多桑谓为(《蒙古史》,Ⅰ,页 243;〖冯承钧译本,上册,页 102〗)根据伊本·阿西尔书的记载,实则仅见于术外尼的著作(Qazwīnī 刊本,Ⅰ,页 82;Schefer, *Chrestomathie persane*, Ⅱ,页 124)。

位法吉处得到这些资料),俘虏遭遇极惨,他们必须徒步跟随蒙古骑兵,途中饥疲竭蹶的人立遭杀害①。这批人众无疑不仅包括被俘的城镇居民,而且也包括农村居民。在所有发生战争的地方,蒙古人照例驱迫邻村农民协助攻城②。布哈拉与撒马尔罕之间诸据点,只有答不昔牙和塞尔－伊－普勒进行了抵抗;由此可见,蒙古人是沿泽拉夫尚河两岸进军的。长春真人于1221年听到的有关成吉思汗的事迹③向我们提示:成吉思汗本人沿该河北岸行进。成吉思汗并不在攻而不下的城 *R479*
堡前面久驻,他只是留下少数部队以毕未竟之役。

上文说到,花剌子模沙特别重视河中重镇撒马尔罕的防务④;此地自然集结了较他地为多的军队。术外尼说撒马尔罕的守军多至110,000人,其中突厥人60,000,塔吉克人50,000,外有战象20头。奈塞维则谓⑤守军仅40,000人强,伊本·阿西尔书作50,000人,术兹贾尼书作60,000人,包括突厥人、塔吉克人、古尔人、哈拉吉斯人与葛逻禄人。奈塞维述及该城统将是图尔坎－可敦的弟兄图海－汗(Tughāy－Khān)⑥。

3月,成吉思汗到达撒马尔罕,驻跸郊区的蓝宫(Kök－serāi),此宫 412
除与为帖木儿营建的宫院名称相同外,当然别无关联;但从蒙古人系由西面进逼撒马尔罕的情况看来,可能两宫基址相距不远。为了欺骗守

---

① 伊本·阿西尔书,Tornberg刊本,Ⅻ,页240;СМИЗО,Ⅰ,页10。

② Васильев, *История и древности*,页224;*История монголов по армянским источникам*,Ⅱ,页20;奈塞维,*Histoire du sultan Djelal ed－Din Mankobirti*,原文,页53;译文,页91。

③ Кафаров译文,页310;Bretschneider, *Researches*, Ⅰ,页76;〖《海宁王静安先生遗书》本,卷上,叶39－40〗。

④ 关于撒马尔罕被围攻的经过,参看伊本·阿西尔书,Tornberg刊本,Ⅻ,页240－1;СМИЗО,Ⅰ,页10－11;术兹贾尼书,Raverty译本,Ⅱ,页97－80;〔Nassau Lees刊本,页339－40〕;术外尼书,Qazwīnī刊本,Ⅰ,页90－6;Schefer, *Chrestomathie persane*, Ⅱ,页131－6;多桑,《蒙古史》,Ⅰ,页234－240;〖冯承钧译本,上册,页102－4〗。

⑤ *Histoire du sultan Djelal ed－Din Mankobirti*,原文,页36;译文,页62－3。

⑥ 术外尼书(Schefer, *Chrestomathie persane*, Ⅱ,页135)作Bughāy－Khan;奈塞维书(*Histoire du sultan Djelal ed－Din Mankobirti*, 原文,页36)。〔巴托尔德自用之本书1900年俄文本页边上注有“印本(指术外尼书,Qazwīnī刊本)Ⅰ,95作Tughāy”.〕

军,蒙古人将俘虏编成战斗行列,每十人为一队,每队各执一旗,使城民遥望,误以为大军云集。追察合台与窝阔台驱迫讹答剌城大批被俘居民到来,俘虏自为数更多。讹答剌之被围攻,历时较河中其他城市为久,伊纳勒-汗自度有死无生,故虽仅有骑卒20,000人(此从奈塞维说[①]),而仍殊死战斗以自保。据术外尼的记载,苏勒坦曾将"边防军"50,000人交由伊纳勒-汗统率,此外,在讹答剌被围前不久,复有哈吉卜哈剌札奉命率军万人增援。讹答剌被围五个月后[②],哈剌札决定降服,率所部出城投敌。察合台与窝阔台因哈剌札不忠于苏勒坦,自不足
R480 信,下令将他处死。讹答剌居民遭遇的命运与布哈拉城无异,他们被逐至城外,城内被洗劫一空。子城继续坚守一个月,陷落后,守军尽被屠戮。伊纳勒-汗退据屋顶奋战,矢尽,犹揭砖掷向蒙古人。蒙古人大概奉有生擒伊纳勒-汗的命令,四面加以包围擒获后送往蓝宫交成吉思汗处置。伊纳勒-汗被残酷处死,事如奈塞维书所述[③]。

撒马尔罕在被围后第三日出击,据伊本·阿西尔与术兹贾尼的记载,出击结果一败涂地。蒙古人设伏以待穆斯林,后者无一生还。是役,撒马尔罕方面的损失,伊本·阿西尔谓达70,000人,术兹贾尼谓约50,000人。伊本·阿西尔又说,出击队伍完全由城内居民组成,苏勒坦的军队并未参加。这些当代人的记载使得我们不得不屏弃术外尼的叙述,术外尼说,这次出击的是突厥人,他们在阿勒普-埃尔-汗(Alp
413 -Er-Khān)[④]、谢赫-汗、巴拉-汗及其他一些汗的率领下出城作战,斩杀、俘虏蒙古人各若干,他们自己损失了1,000人。撒马尔罕被围第五日[⑤],突厥人与当地居民都决定投降。除为数不多的士兵退据子城

---

① *Histoire du Sultan Djelal ed-Din Mankobirti*,原文,页36;译文,页62。

② 关于攻陷讹答剌的详情,仅有术外尼的报道(Qazwīnī 刊本,Ⅰ,页64以下;*Schefer*, *Chrestomathie persane*,Ⅱ,页110-1),参照多桑,《蒙古史》,Ⅰ,页219-21〖冯承钧译本,上册,页98〗。

③ *Histoire du sultan Djelal ed-Din Mankobirti*,原文,页37;译文,页63。

④ 原文(Qazwīnī 刊本,Ⅰ,页92;Scheler, *Chrestomathie persane*,Ⅱ,页133)作 Albar khān。

⑤ 此从术外尼的记载;术兹贾尼则谓在出击以后,围攻又继续了十天。撒马尔罕城,用他的话说,是在穆哈兰月10日(公历3月17日)陷落的。

外,突厥人由图海-汗本人率领归顺蒙古,愿效驰驱。蒙古人暂时接受了突厥人的投降。城民方面派出投诚代表若干人,由卡孜和伊斯兰谢赫率领。蒙古人从乃玛孜加赫(Namāzgāh)门①入城,立即平毁了防御工事。一如通例,居民被逐出城外,全城遭到劫掠。但这次却破格允许卡孜、伊斯兰谢赫和受他们庇护的人们留在城内,据说其数多至50,000人。这一点很值得注意,因为它说明,撒马尔罕的僧侣不同于布哈拉的僧侣,他们并不仇视蒙古人,而且自始就受到萨满教徒对所有宗教僧侣通常给予的照顾。如果所谓僧侣也像日后那样包括所有赛伊德(sayyids)在内,那么,其人数虽不至50,000名,要亦必甚可观。撒马尔罕的子城,像布哈拉的子城一样,在猛攻下陷落。蒙古人猛攻子城时, R481
破坏了"镶有铅板的水道",即加凯尔迪扎渠(参看上文R136-7,R140);大约他们拆除了一座水坝,使子城附近被淹没,有一段城墙被水浸毁②。子城陷落前夕,阿勒普-汗(可能与阿勒普-埃尔-汗同为一人)夤夜率军1,000名出击,突破蒙古人重围,后与苏勒坦军队会合。子城剩余守军仍有1,000人,聚集在大礼拜寺内,他们全部被歼,大礼拜寺亦被焚毁。这座礼拜寺大约就是花剌子模沙所营建的新寺(参看上文R431),当我在1904年进行发掘时,兵燹遗迹犹历历在目。蒙古人也把原来允许留用的苏勒坦的突厥军调集在一块平地上,然后团团围住进行屠杀,所有将领,包含图海-汗在内,无一幸免。据术外尼的 414
记载,死者逾30,000人,将领20余名,名字后来被列举在成吉思汗颁发给鲁克努丁·库尔特③(著名的哈烈统治者家族的祖先)的诏令(yarligh)中。这一文件列有军队将领及蒙古人征服地区诸长官的名

① 即节日祈祷场近旁的城门。人们认为在城的西北隅。1905年,B. 维亚特金在这里进行了发掘,参看Вяткин, *Отчет о раскопках в местности Намазгох*,页12以下,还可参看Бартольд, *Орошение*,页110。

② 从这一报道可知,被蒙古人攻陷的子城不仅包括十世纪诸地理家所描写的子城,而且连沙赫里斯坦,即现在称为阿弗拉锡亚卜(Afrāsiyāb)的全部地区也包括在内,此一地区彼时由"镶有铅板的水道"供应用水。参照上文R134以下关于撒马尔罕的叙述。

③〔据V. 米诺尔斯基的考订,库尔特(Kurt)应读作卡尔特(Kart)。〕

单,不幸早已失传。在剩余居民中,成吉思汗抽取工匠30,000人分赏诸子与亲随,另征调30,000人供攻城战中驱使。余人在交纳赎金200,000第纳尔(这是否意味着赎金以外的财产仍归还原主?)后,许其回城居住。在这以后,城民又数度被逐出城,因此全城几尽就荒废。在长春真人到来的时候,撒马尔罕仅有从前人口数目的四分之一①。

成吉思汗在攻陷撒马尔罕以后,暂时按兵不动。前此术赤奉命率军从讹答剌城徇下锡尔河,此路军队同样屡获胜利;成吉思汗之所以将徇下锡尔河的军事行动交由术赤主持,显系因为帝国西北边区将成为
R482 术赤封地的一部分。只有术外尼书详细记述了术赤胜利行军的经过②。此路蒙古军先向距讹答剌24法尔萨赫③的昔格纳黑进逼,术赤与该城居民开始谈判。术赤派遣穆斯林商人哈桑-哈吉④为专使,此人已为蒙古人服务多年,多半就是见于《元朝秘史》的阿三⑤。城民杀害了专使;蒙古人围城七日,最后猛力攻入,将城民斩尽杀绝。专使哈桑-哈吉之子被任为总管,留守此地。蒙古人继续推进,连下讹迹邗、巴尔钦利格肯特(八儿真)、阿什纳斯诸城。阿什纳斯守军绝大部分为
415 “强梁歹徒”,进行了特别顽强的抵抗。此后,汪古部人(白塔塔儿)赤因-帖木儿⑥(此人后来在波斯史上起了重要作用)奉命往毡的进行谈

---

① 长春真人书,Кафаров译本,页311;Bretschneider, *Researches*, I,页78;〖《海宁王静安先生遗书》本,卷上,叶40上〗。术外尼书(Qazwīnī刊本,I,页94)讲到了蒙古人在撒马尔罕掳获的战象死亡的故事。成吉思汗询问如何喂养战象;人们告以它们吃草。他命令把它们放到田野里去,它们就饿死在田野里了。但从长春真人的记述来看,这些象至1221/22年冬季还活着(长春真人书,Кафаров译本,页312;Bretschneider, *Reseasches*, I,页79);〖《海宁王静安先生遗书》本,卷上,叶40下〗。

② Qazwīnī刊本,Ⅰ,页66-70;Schefer, *Chrestomathie persane*, Ⅱ,页112-5。参照多桑,《蒙古史》,Ⅰ,页221-4;〖冯承钧译本,上册,页98-9〗。

③ 参看上文R236。

④ 在拉施都丁书印本中(Березин刊本,XV,原文,页69;译文,页45)作侯赛因-哈吉(Ḥusayn-Ḥājī)。

⑤《元朝秘史》,Кафаров译本,页95;〔Козин刊本,页139〕;Bretschmeider, *Researches*, Ⅰ,页269。这里说,阿三以前住在汪古部地区,为了经商,来到额尔古纳河一带。〖见《元朝秘史》汉文本,卷6,§182。〗

⑥ 拉施都丁书如此叙述(Березин刊本,原文,Ⅶ,页149;译文,Ⅴ,页117)。在另处(亚洲博物馆a 566(D 66)抄本,叶182;Blochet刊本,页37),拉施都丁依据术外尼书(ГПБ Ⅳ,2,34抄本,叶180;Qazwīnī刊本,Ⅱ,页218)又说赤因-帖木儿是哈剌契丹人;十分可能,赤因-帖木儿受一哈剌契丹人的教养,不过也有可能他就是哈剌契丹人,住在汪古部境内。

判。前此不久，苏勒坦军队已弃守毡的，其统帅库特鲁格－汗越过草原逃入花剌子模境内。据奈塞维的记载[1]，库特鲁格－汗率军万人扼守谢赫尔肯特（即养尼肯特）。赤因－帖木儿到达毡的后，受到城民冷酷的接待，仅因他劝告城民勿蹈昔格纳黑覆辙，并允许蒙古军从毡的撤退，始得脱身回营。先是，蒙古军诸将领本不想立即进向毡的，他们原有意[2]在哈剌科鲁姆暂休士马。这个哈剌科鲁姆当然不是作为成吉思汗都城的那个哈剌科鲁姆（哈拉和林），这里是康里人（即钦察人）的一个居民点，术外尼[3]在叙述苏勒坦与蒙古人的初次冲突时曾提到此地，谓为蔑儿乞部逃避蒙古人所至之处[4]。蒙古诸将领既欲在此地休养士马，可见当时蒙古骑兵已甚疲惫，术赤也打算利用这一游牧人度夏之地 R483
从事休整。事态的发展使术赤改变了主意，他率军直趋毡的。术外尼书所有抄本以及拉施都丁引自术外尼书的文字，都说此事发生在回历616年萨法尔月[5]4日[6]或14日，这一日期多半并不确切；616年乃617年之讹，此事当发生在公元1220年4月10日或20日。毡的居民没有抵抗，但关闭了城门；蒙古人竖梯逾墙而入，占领了全城，嗣即驱迫居民外出，使露处田野九昼夜，同时蒙古人在城内大掠。被杀死的只有对赤因－帖木儿出言唐突的人们。布哈拉人阿里－火者被任为毡的的长官。多桑考证此人即奈塞维提到（参看上文R463）的前曾奉使至摩诃 416
末处的使臣，看来不为无据。就今所知，术赤本人留在毡的一段时间，翌年始进入花剌子模。他分兵少许攻取养尼肯特（即谢赫尔肯特），此城不战而降。一部分军队在兀鲁思－亦迪（Ulus－Idī）[7]的统率下奉命

① *Histoire du sultan Djelal ed－Din Mankobirti*，原文，页36；译文，页62。

② 在Schefer的*Chrestomathie persane*中（Ⅱ，页114）应读作būd（Ханыков抄本中与Qazwīnī刊本，Ⅰ，69同此），不读nabūd.

③ 术外尼书，ГПБ Ⅳ，2，34抄本，叶136（参照Qazwīnī刊本，Ⅱ，页101）。

④ 依照*Ta'rīkh－i Jahān－gushāy*校订者的意见，正确的读音为Qarāqūm（哈剌库木）。

⑤ 此据〔术外尼书〕的Ханыков抄本与Schefer，*Chrestomathie persane*，Ⅱ，页114。

⑥ 此据ГПБ Ⅳ，2，34抄本（叶32）与Qazwīnī刊本，Ⅰ，页69，亦据拉施都丁书（Березин刊本，XV，原文，页71；译文，页46）。

⑦ 依照别列津教授的意见（拉施都丁书，Березин刊本，XV，译文，页171，注），应“将兀鲁（转下页）

开往哈剌科鲁姆或哈剌库姆；另征土库曼人10,000名抵补缺额，并入泰那勒那颜所部向花剌子模进发。泰那勒[1]及其先锋部队先已开拔数日，获悉土库曼兵哗变，杀害了统率他们的蒙古将领。泰那勒立即回军，袭杀土库曼兵大半，叛兵余众逃往马鲁和阿模里。不过这段故事未可尽信。泰纳勒既能击败土库曼兵，其麾下兵力当不下20,000人
R484 之众，其时术赤全部兵力似不可能大到足以分出这样一支偏师的程度；又术赤也不会只用20,000人的一支队伍，向作为花剌子模王朝权力中心的花剌子模进击，很难设想他会这样轻举妄动。姑不论实际情况如何，可以肯定的是，蒙古人并未进一步采取行动。直到1220年底，术赤依然据守锡尔河下游河口一带。不惟如此，甚至已被攻陷的诸城镇，如我们将在下文看到的，也并不甘心长此处于蒙古人统治之下。

派往攻取本纳凯特的一支军队[2]共计5,000人，由巴阿邻部的阿剌黑－那颜[3]率领，阿剌黑－那颜及其弟兄都终生追随在成吉思汗左右。这支军队的其他将领有晃豁坛部的世袭右手千户雪亦客秃－扯儿必[4]和

(接上页)思－亦迪理解为亦都护与其畏兀儿人”，此项意见多半不妥；多桑(《蒙古史》，Ⅰ，页223)陷入同样的错误。我们看到畏兀儿一支军队曾参加围攻讹答剌之役。原文清楚地表明兀鲁思－亦迪是蒙古军一位将官的名字，这位将官很可能就是右翼一位千户长 Jida－noyon(拉施都丁书，Березин 刊本〈原文，Ⅶ，页253〉；译文，Ⅴ，页190－1；XV，〈原文，页199－200〉；译文，页134－5)；他的名字在别列津教授的译文中亦作 Джеди 与 Джэдэ(同上书，译文，Ⅴ，页76，87，157)；原文作 hadī；《元朝秘史》中作 Jeday (Кафаров 译本，页60，62；〔Козин 刊本，页109 作 Чжетай；〖汉文本，参3，§120，124 作者台〗〕。

〔博伊尔在其所撰《论术外尼书加于蒙古某些王公的称号》一文中(页148－52)提到，像拖雷的称号“大那颜”一样，“兀鲁思－亦迪”这一称号(意为“兀鲁思之主”)也是在术赤去世后加在术赤身上以免直呼其名的。兀鲁思意为“后裔”，兀鲁思－亦迪犹言“族长”。巴托尔德将兀鲁思－亦迪混同于者台那颜，非是。这里所讲的只是一个人，不是两个人的事情。参看 Juwaynī－Boyle, *History of the World－Conqueror*，Ⅰ，86 注1。——J. A. B〕。

① 多桑采用了这一读音，别列津教授也采用了(拉施都丁书，Березин 刊本，XV，〔原文，页72Tāynal Nūyān〕；译文，页46)；术外尼书(Qazwīnī 刊本，Ⅰ，页70)作 Tāynal，但在 Schefer 的 *Chrestomathie persane* 中则作 Bāynal，ГПБ Ⅳ，2，34 抄本同此。

② 关于这支军队的活动，参看术外尼书，Qazwīnī 刊本，Ⅰ，页70；Schefer, *Chrestomathie persane*，Ⅱ，页115；多桑，《蒙古史》，Ⅰ，页224〖冯承钧译本，上册，页99〗。

③ 关于此人，参看拉施都丁书(Березин 刊本，〔原文，Ⅶ，页261〕；译文，Ⅴ，页196)。

④ 同上书，原文，Ⅶ，页215；译文，Ⅴ，页160；XV，〔原文，页200〕；译文，页135。

秃海。本纳凯特城的突厥军在伊雷特古－麦利克(Ilatgū[1]－malik)的 417
指挥下坚守三日,第四日,开门投降。蒙古人屠杀了守军,从居民中俘走了工匠,并抽调一批壮丁供攻城时役使。本纳凯特对蒙古人的抵抗,看来决不比其他城镇更为顽强,然而据说河中所有城镇之中,惟有本纳凯特从成吉思汗时期到帖木儿时期一直荒无人烟[2]。此城很可能被毁于十三世纪后半期,而传说则误称此城毁于成吉思汗之手。

据术外尼的记述,这支队伍从本纳凯特进向忽毡,但术外尼本人在另一段文字中[3]却又把阿剌黑－那颜说成是成吉思汗派往攻打瓦赫什和塔里寒的二将领之一。据此,实际情况多半是这样:这5,000人在本纳凯特受降之后回到了正在围攻撒马尔罕的成吉思汗处,而围攻忽毡的队伍是奉命从撒马尔罕出发的。伊本·阿西尔[4]和术兹贾尼[5]也说, R485
成吉思汗在攻陷撒马尔罕以后派出一支队伍往征费尔干纳,术外尼自己也认为,围攻忽毡的部队系抽调来自讹答剌、布哈拉、撒马尔罕以及其他被攻陷的"城镇与乡村"的各路队伍混合编成,计蒙古军20,000人,俘虏50,000人。颇有可能,这一部队的主力军为察合台与窝阔台所部,该部在讹答剌陷落后与成吉思汗会师,嗣即奉命攻取忽毡。我们不知道两位皇子曾否参加作战,也不知道蒙古人对忽毡的军事行动由何人指挥,但此役在军事史上实不失为饶有趣味的篇章[6]。忽毡长官

---

① 术外尼书诸抄本中一字,Qazwīnī 刊本,Ⅰ,页70与Schefer的*Chrestomathie persane*中读Īltakū,大约来自动词Īltamak,此言率领。别列津教授(拉施都丁书,Березин 刊本,XV,原文,页73;译文,页47)读作Īlgatū(伊勒盖图)。

② 谢雷甫丁·叶兹迪书,Pétis de la Croix 译本,Ⅳ,页207;加尔各答刊本,Ⅱ,页636。

③ Qazwīnī 刊本,Ⅰ,页92,此处将阿剌黑－那颜的名字拼作Ghadāq, Schefer, *Chrestomathie persane*, Ⅱ,页132则拼作'Alāq;此名两次见于拉施都丁书中,均拼作Alāq(Березин 刊本,XV,原文,页73,86;译文,页47,57)。

〔巴托尔德在此处误以为这位阿剌黑－那颜与领导对本纳凯特的出征的阿剌黑－那颜同为一人;参看Juwaynī－Boyle, *History of the World－Conqueror*, Ⅰ,86注1。——J. A. B.〕。

④ Tornberg 刊本,Ⅻ,页254;СМИЗО,Ⅰ,页28。

⑤ Raverty 译本,Ⅱ,页980;〔Nassau Lees 刊本,页340〕。

⑥ 关于忽毡被围攻的经过,参看术外尼书,Qazwīnī 刊本,Ⅰ,页71以下;Schefer, *Chrestomathie persane*, Ⅱ,页115－7;多桑,《蒙古史》,Ⅰ,页224－6;〖冯承钧译本,上册,页99－100〗。

帖木儿－麦利克力不足以守城，率军 1,000 人退保锡尔河诸岛之一。
418 有理由推测，此即位于忽毡城以下 1 俄里处之岛，近年以来，岛上曾有“大量金币、银币、铜币、各种器皿、家具等”①出土。此岛距河岸较远，恰为岸上矢石所不及。于是蒙古人分编俘虏，每十人为一组、每二十人置一蒙古头目，从距忽毡城 3 法尔萨赫的山中搬运石块，由蒙古骑卒投石块于河，企图填河成坝。帖木儿－麦利克方面，则赶造有棚之船 12 艘，各裹湿毡，上涂醋浸粘土，留有洞隙，这种船为箭、火与火油所不能损毁。守军乘船在夜间与破晓时分驶近河岸袭击蒙古军，堕其所建之坝。但帖木儿－麦利克最后仍须弃守此岛，其终至弃守，大约因粮食与武器短缺所致。就今所知，被围困的守军当时不能指望从任何方面得到援助，也不知道蒙古军的围攻将持续多长时间。某夜，帖木儿－麦利克命士卒分乘为应变而特备的船只 70 艘，携带粮食及其他物资，藉火把照明，顺流下驶。蒙古军夹岸尾追；如史家记载非虚，帖木儿－麦利克当此之际仍再接再厉，以其百发百中的箭法驱散追击之敌。在本纳凯特附近，蒙古人横河张一铁索，帖木儿－麦利克斩索续进。迨帖木儿－麦利克驶近巴尔钦利格肯特与毡的地区，兀鲁思－亦迪已夹岸布兵，结船为浮桥，置弩以待。帖木儿－麦利克舍舟登陆，但在蒙古人跟追的
R486 情况下丧失了全部辎重及其所有随从，孤身一人到达花剌子模，在这里，他显然详细叙述了自己的英雄事迹，求其家喻户晓，久而弥彰。我们认为，人有奇才异能，大可不必用于如此场合，得来如此结果。帖木儿－麦利克之幸全生命，既无补于花剌子模，亦无补于他即将投效、从之至于其死的苏勒坦札阑丁。帖木儿－麦利克的英雄事迹，和后来扎阑丁本人的英雄事迹一样，都是对国家大局无所补益的个人英雄主义的著例。在穆斯林中间，我们看到了不少英雄人物，勇猛剽悍，战斗中每能以寡敌众（他们本人或他人复就他们的事迹多所铺张扬厉），但是
419 他们完全没有能力组织较大的力量，因此而不得不在鞑靼人的主力面

---

① Андреев, *Местности Туркестана*，页 19。

前节节败退。而在蒙古人方面,在这次战争中,我们则几乎找不到什么个人英雄主义的事例;将领们只不过是君上意志之驯顺而干练的执行人,君上根据事势需要以定作战单位之增减分合,并为挽回偶然出现的颓势迅即采取适当的措施。经过严格训练的蒙古士兵决不追求自我表现、立异为高的机会,而只是准备忠诚切实地贯彻君上或君上所委派的长官们的指示。

花剌子模沙摩诃末甚至未能对蒙古人进行后来扎阑丁所能进行的那种程度的抵抗。成吉思汗利用在讹答剌城叛归自己的贝德鲁丁的献策,为了加深苏勒坦对其与图尔坎 - 可敦有亲属关系的将领们的疑忌,暗中遗落一些看来是这些将领私通成吉思汗的伪造函件使入于苏勒坦手中①。当蒙古人在河中调军遣将期间,花剌子模沙方统军驻防凯利夫与安德胡德②,目的当然在于防堵蒙古人渡过阿母河。撒马尔罕被围困时,苏勒坦一次派遣 10,000 骑,又一次派遣 20,000 骑增援守军,但这两支援军都不敢逼近指定地点③,而且即使他们到达指定地点,也决不会发生什么作用。成吉思汗在撒马尔罕的分兵情况如下:除派往
忽毡和费尔干纳的一军外,另派一军由阿剌黑 - 那颜和札剌亦儿部左 R487
手千户牙撒兀儿(Yasawur)④率领攻取瓦赫什与塔里寒,伊本·阿西尔说⑤,也要攻取库拉卜。此军活动详情,今已不得而知。伊本·阿西尔又说曾派一军往攻忒耳迷,但我们将在下文看到,此堡实由成吉思汗亲
自攻克。最后,哲别、速不台、脱忽察儿 - 把阿秃儿奉命各将万骑(共 420

---

① 奈塞维,*Histoire du sultan Djelal ed - Din Mankobirti*,原文,页 37 - 8;译文,页 64 - 5;哈木杜拉·可疾云尼,*Ta' rīkh - i Guzīda*, Browne 刊本,原文,页 497;多桑,《蒙古史》,Ⅰ,页 213 - 5;〖冯承钧译本,上册,页 96〗。尽管多桑所见不同,我们还是认为此事无可置疑。

② 奈塞维,*Histoire du sultan Djelal ed - Din Mankobirti*,原文,页 43;译文,页 73。

③ 伊本·阿西尔书,Tornberg 刊本,Ⅻ,页 241;СМИЗО,Ⅰ,页 11。

④ 关于此人,参看拉施都丁书(Березин 刊本,原文,Ⅶ,页 53;译文,Ⅴ,页 42;ⅩⅤ,原文,页 210;译文,页 140);别列津教授认为此人名字有两种读音,即 Бисур 与 Бисудер。我们则认为此人与十四世纪移居波斯之著名察合台系宗王牙撒兀儿同名(多桑,《蒙古史》,Ⅳ,页 564 - 8,612 - 28,643 - 4)。瓦萨夫将他的名字拼作 Yasūr,拉施都丁书续编作者则拼作 Yasāwūr。

⑤ Tornberg 刊本,Ⅻ,页 254;СМИЗО,Ⅰ,页 28。比较正确的读音约为 Kulāb 或 Kulābah。

30,000 人[1])渡阿母河,不扰和平居民,不围任何城镇,专力追击花剌子模沙。成吉思汗是在接获苏勒坦兵力颇弱的确实情报之后才作出这一决定的。先是,一部分哈剌契丹军(7,000 人)和昆都士的统治者阿老丁[2]都脱离了苏勒坦的军队;他们为成吉思汗带来关于苏勒坦军队现状的详细情报[3]。正是在这以前不久,如果术外尼的记载可信的话,苏勒坦幸免在营幕中遭受暗算(参看上文 R473)。当时伊拉克为苏勒坦之子鲁克努丁的封地,鲁克努丁的韦齐尔向苏勒坦建议移驻伊拉克,在伊拉克集合大军御敌。苏勒坦采纳了这一建议;尽管奈塞维多方劝阻,语语中肯[4],但衡以苏勒坦之为人,移驻伊拉克的意见势必为他所采纳。另据术外尼的记述[5],札阑丁曾劝说他的父亲不要作这样怯懦的打算,即便别无善策,至少也应让他(札阑丁)暂掌兵权,与敌决一死
R488 战,否则人民将据理指责政府仅知向人民征敛赋税,而不能尽相应的保卫国家、抵抗外人入侵的义务云云。我们怀疑札阑丁曾向他的父亲提出这样的劝告。哥疾宁是札阑丁自己的封地,当时任何人也不能够阻止他回到哥疾宁组织反抗蒙古人的力量。如果他和他的弟兄们直到他们的父亲逃往孤岛的时候,仍然父子团聚,患难相共,那么,十分明显,他们同样也对蒙古人怀有畏惧心理[6]。

---

① 此一数字不仅见于顺服蒙古人的诸作家的撰述,而亦见于奈塞维书中(*Histoire du sultan Djelal ed – Din Mankobirti*,原文,页 44;译文,页 75);伊本·阿西尔(Tornberg 刊本,Ⅻ,页 241)不知有脱忽察儿部参加,故谓从事追击的部队仅有 20,000 人。20,000 人也是瓦尔丹(Vardan)所记的数字(*История монголов по армянским источникам*,Ⅰ,页 2)。因此,尽管雷沃蒂有相反的意见(术兹贾尼书,Raverty 译本,Ⅱ,页 987,注 3),我们依然不应设想诸历史家为了张扬蒙古军队的武功,故意削减这支军队的人数,也不应设想只有术兹贾尼征引的 60,000 人才是比较正确的数字。

② 他又被称为阿老·穆勒克(术外尼书,Qazwīnī 刊本,Ⅱ,页 197,18;术兹贾尼书,Raverty 译本,Ⅱ,页 1023,注)。

③ 奈塞维,*Histoire du sultan Djelal ed – Din Mankobirti*,原文,页 43 – 4;译文,页 75。

④ 同上书,原文,页 45;译文,页 77。

⑤ ГПБ Ⅳ,2,34 抄本,叶 138 – 9,147;Qazwīnī 刊本,Ⅱ,页 107,127;米尔洪德,*Histoire des sultans du Kharezm*, Defrémery 刊本,页 79;多桑,《蒙古史》,Ⅰ,页 242 – 3〖冯承钧译本,上册,页 105〗。

⑥ 术外尼书在一处(Qazwīnī 刊本,Ⅰ,页 135;Schefer, *Chrestomathie persane*,Ⅱ,页 165)说到苏勒坦曾派札阑丁从你沙不儿前往防守巴里黑,但札阑丁一听到蒙古军渡河的消息,他就又回到他父亲身边去了。

哲别、速不台所统蒙古军到达以前不久，花剌子模沙放弃了阿母河岸，仅在盆贾卜留驻一支哨望部队，这支部队显然人数不多，作用不大，蒙古人渡过阿母河，像从前渡过锡尔河同样容易。伊本·阿西尔记其渡河情况说①："他们用木料制成一器，状如大槽，外裹牛皮以防进水， 421
置军械器物等于其中。牵马入水，系木槽于身，然后（手）握马尾；马曳人，人曳木槽，人马器物遂同时得济"。蒙古人能否在阿母河岸置备许许多多木槽，自属疑问；十分可能的是，伊本·阿西尔没有正确地了解他所依据的史文。蒙古人所采用的多半是许多人（其中如普朗·迦尔宾）述说过的游牧人常用以横渡大河的方法。普朗·迦尔宾说②，"首领们各备质轻而形圆的牛皮一张，沿皮张边缘系有甚多圆环，以绳索贯串诸环。当拉紧绳索时，圆形皮张即成一囊，俟其中装满衣物、军械及其他物件，即将绳索系牢。然后将坐鞍及其他坚固物件置于中央，人再坐于其上。将如此构成之筏系于马尾，派一人前游引马，有时人亦用棹划渡。驱马入水，一骑者带头先游，其余马匹随于其后。贫者则不得不人各自备密缝之皮囊，将衣物及所有用具均放入此驮篮或皮囊以内，扎紧上端，系于马尾，渡河之法，一如上述"。众所熟知，正是这些皮囊， R489
在穿越草原的行程中，亦作储水之用。

据术外尼的记载，苏勒坦③于617年萨法尔月12日④（1220年4月18日）行抵你沙不儿，正是在你沙不儿，他听到蒙古军渡过阿母河的消息。术兹贾尼则谓，到回历拉比阿I月，亦即公历5月，蒙古人方始渡河。术外尼说，苏勒坦在你沙不儿耗费光阴几达一个月之久（自4月

① Tornberg 刊本，XII，页241；СМИЗО，I，页12。

② Языков 刊本，页170－2；Beazley 刊本，页81，113，156；〔Малеин 译本，页30；А. И. Малеин 的译文有与巴托尔德所引的译文不同之处〕。

③ 关于苏勒坦的逃窜与死亡，参看伊本·阿西尔书，Tornberg 刊本，XII，页241－2，246；СМИЗО，I，页12－13，17；术兹贾尼书，Raverty 译本，I，页277－9〔不见于 Nassau Lees 刊本〕；奈塞维，*Histoire du sultan Djelal ed－Din Mankobirti*，原文，页45－8；译文，页76－82；术外尼书，ГПБ IV，2，34 抄本，叶139－43；Qazwīnī 刊本，II，页105－117；米尔洪德，*Histoire des sultans du Kharezm*，Defrémery 刊本，页79－85；多桑，《蒙古史》，I，页243－56〖冯承钧译本，页105－9〗。

④ 术外尼书两次提到这一日期（Qazwīnī 刊本，I，页134，20；II，页109，20）。

18 日至 5 月 12 日)，在此期间，耽于逸乐，将临头大难置诸度外。术外尼此项记述至为可疑。奈塞维曾有机会同苏勒坦的一位随员晤谈，据称，苏勒坦由于畏惧蒙古人，不暇在你沙不儿作一日之盘桓。此说可能
422 得实；苏勒坦之逃至你沙不儿，说明他已预期蒙古人即将渡河，在此情况下，他不会久在呼罗珊境内诸城驻足。苏勒坦在比斯塔姆城将宝石两箱交于一位宫内大臣埃米尔塔术丁·欧马尔·比斯塔米，命其解往阿尔达罕(Ardahan①)，阿尔达罕，用奈塞维的话说，是“世间最强固的堡垒之一”。此堡亦即后来苏勒坦遗体移来入葬之地②。苏勒坦并没有保住他的珍宝，阿尔达罕降附蒙古人以后，两箱宝石被送到成吉思汗手中。当时花剌子模沙取道剌夷奔往可疾云，其子鲁克努丁·古尔珊奇适统兵 30,000 人屯驻此城。此刻本是苏勒坦集中兵力一举击溃哲别、速不台之比较分散的队伍的大好时机，然而好时机毕竟被他平白放过了。苏勒坦将王后(加苏丁·皮尔沙之母)及其他命妇送往由塔术丁·图甘扼守的卡伦堡，同时召来卢里斯坦的阿塔伯克纳斯雷特丁·哈扎拉斯普③使为谋臣。纳斯雷特丁向苏勒坦进言，在卢里斯坦与法尔斯之间有一条山脉④，山脉背后是一片沃土，在那里，不难从卢里人、舒利人以及法尔斯的居民中间征召步兵 100,000 人，凭此 100,000 人
R490 足可击退蒙古军。苏勒坦甚至连这一建议也不肯接受，并且得出结论说，这是纳斯雷特丁假公济私，追求个人目的，有意藉此对于他自己的仇敌法尔斯的阿塔伯克加以报复性打击。纳思雷特丁返回自己的治所，摩诃末留在伊拉克。到蒙古军逼近的时候，他带着他的儿子们奔往卡伦堡，在卡伦堡只停留了一天，匆匆取马数匹，带上向导，循通往巴格

---

① 奈塞维书之法文译本将此地名误译为 Erdelin，原文不误。

② 此据术外尼的记述(抄本 ГПБ Ⅳ,2,34，叶 143；Qazwīnī 刊本，Ⅱ，页 117)。阿尔达罕堡垒距剌夷三日程(亚库特，*Mu'jam*，Ⅰ，页 204)。

③ 参照 Lane - Poole，*Mohammedan Dynasties*，页 174 - 5。

④ 山脉的名称在术外尼书中(Qazwīnī 刊本，Ⅱ，页 113)作 Tank Takū(ГПБ Ⅳ,2,34 抄本，叶 141；Ханыков 抄本；雷沃蒂(术兹贾尼书，Raverty 译本，Ⅰ，页 277)译为 Tang - Talū；〔不见于 Nassau Lees 刊本〕。

达之路而去。途中避开蒙古人的追击，在塞尔－察罕堡留驻七日，由此到达里海之滨。

以上出于术外尼的记载，术外尼对关于苏勒坦曾去哈马丹的事实只字未提，而伊本·阿西尔所自取材的一些商人则确曾在此地见到了苏勒坦。又依奈塞维的记述，在哈马丹附近的道雷塔巴德草原上，苏勒坦甚至曾与蒙古人进行过一次战斗。关于此刻蒙古人活动的资料[①]，
也不是十分明晰。根据《元朝秘史》摘引的谕旨[②]，蒙古将领奉命"自回 423
回住的城外绕去，不许动他百姓，待太祖到时，却夹攻"。普朗·迦尔宾也提到[③]类似的蒙古先锋部队（praecursores），他说，"他们随身只有毡、马、武器，不携他物。他们不剽掠，不纵火，不杀牲畜；他们杀人，伤人，至少驱人逃窜，但他们所希望的是得不烧且不烧，得不杀且不杀"。哲别和速不台的任务不在杀掠，而在穷追苏勒坦，因此，正如伊本·阿西尔说过的[④]，他们"沿途不为杀，掠而驻足，一直兼程前进，不使苏勒坦有喘息之暇"。术兹贾尼也说[⑤]，蒙古人"遵守成吉思汗的谕旨，不曾侵犯呼罗珊的任何城市"，只有哈烈省的布申格城，因一蒙古部将在此遇害，城被堕毁，人遭屠戮。另据术外尼的记述，蒙古人在巴里黑留置镇守官，毁扎瓦城（因该城居民违迕抗命，鼓噪诟辱蒙古人），并于回历拉比阿Ⅱ月（公历6月）逼近你沙不儿。

惟有脱忽察儿所部第三军违反了禁止残破各地的谕旨，拉施都丁 R491
说[⑥]，哈烈长官麦利克－汗·阿敏·穆勒克（Malik－Khān[⑦] Amīn al－

---

① 关于蒙古人的活动，除已在上文介绍的资料以外，还可参看伊本·阿西尔书，Tornberg 刊本，Ⅻ，页243－6；СМИЗО，Ⅰ，页13－17；术兹贾尼书，Raverty 译本，Ⅱ，页987－95；〔Nassau Lees 刊本，页341－2〕；术外尼书，Qazwīnī 刊本，Ⅰ，页112－6，134－8；Schefer，*Chrestomathie persane*，Ⅱ，页147－50，164－8；米尔洪德，*Vie de Djenghiz－Khan*，Jaubert 刊本，页124－34。

② 《元朝秘史》，Кафаров 译本，页146；〔Козин 刊本，页157〕；〖汉文本，续集卷1，§257〗。

③ Языков 刊本，页170；Beazley 刊本，页81；〔Малеин 译本，页30〕。

④ Tornberg 刊本，Ⅻ，页241；СМИЗО，Ⅰ，页12。

⑤ Raverty 译本，Ⅱ，页989－92；〔Nassau Lees 刊本，页341〕。

⑥ Березин 刊本，XV，〔原文，页118－9〕；译文，页78。

⑦ 亦作汗－麦利克（Khān－Malik），比较罕见。

Mulk[1])先已归顺成吉思汗,持有成吉思汗颁发的禁止蒙古军在其境内劫掠的命令。哲别与速不台均恪遵此令,独脱忽察儿违令而行,在与山民的一次冲突中被杀。蒙古人把违反纪律看作是严重事件,因此,尽管《元朝秘史》一书,总的说来,关于西征经过语焉不详,但对此事仍特意述及[2]。不过《元朝秘史》只说脱忽察儿"抢了田禾",并未说他死亡。
424 当脱忽察儿回到成吉思汗面前的时候,成吉思汗先有意处以死刑,后来贷其一死,重加申斥,不令统军。术兹贾尼所述隳坏布申格城一事,显然是脱忽察儿的罪过。脱忽察儿之非死于与山民的冲突,有奈塞维关于奈萨城被毁的记载[3]可资证明,奈塞维说,奈萨城是统兵万人的成吉思汗之婿脱忽察儿-那颜及其副将不儿合-那颜[4]所破坏的。如脱忽察儿未毕其在哈烈之役,当然不可能到达奈萨。在此以前不久,苏勒坦曾派员往谕奈萨居民,劝其逃入草原或山中以避蒙古军,俟后者饱掠回师,然后重返家园。奈萨居民不愿他迁,并取得苏勒坦许可再建子城。术兹贾尼[5]和术外尼[6]都说脱忽察儿殒身于你沙不儿附近,术外尼更说明他死于回历拉马丹月中旬(公历 11 月)。脱忽察儿既殁,其部下复残毁塞卜泽瓦尔城,此后更无关于脱忽察儿所部的报道,但十有八九,花剌子模诸王子于 1221 年岁初接触到的鞑靼人即隶于此部。奈塞维把奈萨城说成是呼罗珊境内被鞑靼人攻陷的第一座城市[7],此说与术
R492 外尼关于扎瓦城被毁的记述不合。无论如何,哲别军与速不台军均兵力单薄,故不能在如巴里黑这样的各大城市中设置守将,置守将而无成

① 在不同段落中,作 Amīn – Malik, Amīn al – Mulk, Yamīn – malik, Yamīn al – Mulk.

②《元朝秘史》,Кафаров 译本,页 146 – 7;〔Козин 刊本,页 187;Козин 的译文与 Кафаров 的译文颇不相同〕;〖汉文本,续集卷 1,页 257〗。

③ *Histoire du sultan Djelal ed – Din Mankobirti*,原文,页 50 – 2;译文,页 84 – 9。

④ 奈塞维书原文中作 Yarkā;术外尼书中(Qazwīnī 刊本,Ⅰ,138)作 Nūrkāy nūyan; Schefer, *Chrestomathie persane*, Ⅱ,页 167 作 Būrkā。他属于扎剌亦儿部(拉施都丁书,Березин 刊本,原文,Ⅶ,页 52,278;译文,Ⅴ,页 41,209)。

⑤ Raverty 译本,Ⅱ,页 992;〔Nassau Lees 刊本,页 341〕。

⑥ Qazwīnī 刊本,Ⅰ,138;Schefer, *Chrestomathie persane*, Ⅱ,页 167;米尔洪德(*Vie de Djenghiz – Khan*, Jaubert 刊本,页 153)误称脱忽察儿被遣往拖雷处。

⑦ *Histoire du sultan Djelal ed – Din Mankobirti*,原文,页 58;译文,页 98。

军，显系无益之举。术外尼还说到你沙不儿居民曾接到成吉思汗的檄文[①]，这多半实有其事。檄文用畏兀儿字书写，上钤朱印，谕知城民勿抗蒙古人，俟蒙古军至，亦即成吉思汗军至，应立即输诚。

毫无疑义，摩诃末在离开你沙不儿的时候，严密掩蔽了自己的行踪；伊本·阿西尔所与交谈的法吉以及历史家术兹贾尼都不知道他已逃往伊拉克。正因为这样，所以蒙古人从你沙不儿附近分兵四出，用意
显然在于探明苏勒坦的去向。据术外尼的记载，速不台军在蹂躏徒思 425
及其他若干城镇之后，取道达木甘与西模娘直趋剌夷，哲别军也在剽掠马赞德兰境内若干城镇，特别是剽掠阿模里之后到达剌夷。术外尼说，剌夷城民自愿纳降；伊本·阿西尔则谓鞑靼人出乎城民意料，突至剌夷城下，破城而入，掳走妇女、儿童多人。伊本·阿西尔也说明蒙古人之所以突然出现于剌夷，其原因在于风闻苏勒坦行抵该城。在剌夷，他们得悉苏勒坦已前往哈马丹，遂又向哈马丹前进，沿途“抢劫每一个城镇与每一村落，焚烧夷毁，屠杀男妇老幼”。据伊本·阿西尔的记述，苏勒坦在敌人到达以前已离哈马丹他去；据术外尼的记述，苏勒坦自可疾云前往卡伦堡途中，与蒙古军相遇，而未被认出。蒙古军对一行人发矢，苏勒坦负伤，但仍得安抵卡伦堡。蒙古人围攻卡伦堡，时苏勒坦已不在堡中。蒙古人知其已逸，立即解围跟追；途中捕获苏勒坦向导数人，蒙古人命其引军搜寻。苏勒坦突改途奔往塞尔－察罕，蒙古人失其行踪，杀向导等而还。最后，据奈塞维的记述，苏勒坦及其军队20,000人被围于哈马丹附近之道雷塔巴德平原，苏勒坦奋战得脱，从者大半殁于此役。道雷塔巴德平原位于苏勒坦领土之极西部，在这里，苏勒坦对蒙古人进行了唯一的一场战斗。当时，即便苏勒坦与哲别及速不台的
全部兵力对阵（实际上不可能这样，因为术外尼说过，进入哈马丹境内 R493
的惟有哲别所部），他自己的兵力也还超过蒙古人的兵力；虽然如此，

---

① 据术外尼的记述（Qazwīnī 刊本，Ⅰ，页136；Schefer, *Chrestomathie persane*, Ⅱ，页166），蒙古军前锋逼近你沙不儿城在拉比阿Ⅰ月19日（公历5月29日），哲别本人逼近该城在拉比阿Ⅱ月1日（公历6月5日）。

他仍只想藉逃避以苟全性命。

伊本·阿西尔、术外尼、奈塞维等人的记载略如上述，于以知蒙古人终在哈马丹附近迷失了苏勒坦的去向；苏勒坦在去里海的道路上，在结束其生命的海岛上，已不复为蒙古人所跟踪。此岛距海岸甚近，故马赞德兰近海居民得日携饮食及其他物品进献。无疑，蒙古人能在马赞德兰诸港口找到足够数量的船只以达敌人匿迹之地[①]，在
426 花剌子模沙与诸地方王公素挟嫌怨的情况下，此事尤有可能。关于当时蒙古人的动向，我们知道，他们从哈马丹回军赞章与可疾云，隳坏了这两座城市。据术外尼书，蒙古人在这时候击败了由贝格的斤与库奇-布伽-汗率领的一支花剌子模军。冬初，蒙古人侵入阿塞拜疆，洗劫了阿尔达比勒城；后因天气严寒，才退往里海沿岸的穆甘，途中又与格鲁吉亚人发生了冲突。当鞑靼人到达里海沿岸时，苏勒坦已离开了人世。

苏勒坦藏身的岛屿，位于滨海城镇阿贝斯昆附近，阿贝斯昆距古尔干城三日程[②]，亦即距古尔根河河口不远。此岛多半就是今天的阿舒尔-阿德岛。苏勒坦在岛上住了几许时日，现已不得而知。根据当时随侍苏勒坦、后来奈塞维得与交谈的人们的叙述，苏勒坦初至岛上时已患肺炎，且病势甚笃，已无康复之望。殁前数日，苏勒坦厚赏效劳臣民，赐予官爵食邑。此等封赏在当时自无任何意义，惟如奈塞维的记载可信，后来札阑丁追认了所有这些谕旨。关于苏勒坦谢世的确切时日，已无原始资料可征。雷沃蒂谓在617年韶瓦勒月[③]（公元1220年12月），A. 米勒谓在617年祖勒-卡达月15日[④]（公元1221年1月11日），似皆本于为时较晚的传述。此二日期当以前者为近是，因依照奈

---

① 伊宛宁（Иванин）也得出这样的结论（*О военном искусстве*，页66）。

② 亚库特，*Mu'jam*，Ⅰ，页55-6。关于阿贝斯昆，还可参看伊斯塔赫里书（页214）与伊本·豪卡勒书（页237）。

③ 术兹贾尼书，Raverty 译本，Ⅰ，页278，注。

④ Müller, *Der Islam*，Ⅱ，页213。道雷特-沙所记（Browne 刊本，页136，18）为回历617年祖勒-希贾月22日（公历1221年2月17日）。

塞维的记载①,在 1221 年 1 月,蒙古人对于花剌子模京城的围攻业已开始。奈塞维也说到,苏勒坦故后,遗物不足以置备殓衣,至赖从者一人解衫以覆。 R494

曾经兼并了塞勒术克帝国境内大多数邦国的一位君主,其下场就是如此。这位君主在蒙古入侵时期扮演了如此卑屈可怜的角色,以致蒙古人完全忘记了他的事迹。出现于十三世纪的蒙文记载已经只提札阑丁,只字不及摩诃末,在关于哲别、速不台、脱忽察儿转战各地的叙述②中,札阑丁与其父被合为一人。伊本·巴图塔③无疑是根据他在 427
中亚的耳闻复述蒙古人入侵的经过的,他也仅仅提到了札阑丁,把摩诃末君临期间发生的事件都放在札阑丁名下。今日看来,也难指责花剌子模沙作为一位统治者在他完全无力对抗的敌人面前一味逃跑;只有作为一位冒险家,他才能够坚持对蒙古人的斗争,而摩诃末与其子截然不同,显然并不具备恰恰是札阑丁生而有之的那种铤而走险的性格。

早在 1220 年春季,成吉思汗已能把河中看作是自己的领土,也已经采取相应措施恢复当地的和平生活:努沙 - 巴思哈黑被任命为蒙古总督,自撒马尔罕前往布哈拉莅任,着手规划该省行政事宜④。是年,成吉思汗驻夏于那色波附近,休养士马;后来那色波及其四围地带成为蒙古将领们心爱的消夏场所;人所熟知,有一位察合台汗在这里建立了一所宫院,那色波即因此宫院而得今名卡尔希⑤。甚至巴布尔在描述卡尔希时也说,此地用水虽感不足,但喷泉颇惬人意⑥。毫无疑问,碣石及其四周地区在蒙古入侵以前已经由于某些不明的原因渐就荒废,那色波遂代之而兴。这也就说明了为什么十世纪的诸地理家都认为胡

① *Histoire du sultan Djelal ed - Din Mankobirti*,原文,页 92;译文,页 153。

②《元朝秘史》,Кафаров 译本,页 146;〔Козин 刊本,页 187〕;〖汉文本,续集卷 1,§257〗。

③ 伊本·巴图塔书,Ⅲ,页 23。

④ Schefer, *Chrestomathie persane*, Ⅱ,页 125 - 6〔术外尼〕。术外尼书印本中(Qazwīnī 刊本,Ⅰ,页 83)用了 Tūshā 的读音。

⑤〔Qarshi〕。参看上文 R189 - 190。

⑥ *Бāбур - Нāме*. Ильминский 刊本,页 62;Beveridge 影印本,叶 49b; Beveridge 译本,Ⅰ,页 84。〔此据英文版;1900 年俄文版作"巴布尔也还……说过,此处水源丰富"。〕

扎尔(古扎尔)乃至正当布哈拉至那色波大道上的弭末贺皆在碣石境内,而萨木阿尼则不但把这些地方,而且也把位于由撒马尔罕至碣石大道上的一个村庄计入那色波省境内①。

R495 秋季,成吉思汗进抵忒儿迷,当时忒儿迷由一支来自塞吉斯坦的军队任防守之责。守军统帅,依奈塞维的记载②,名法赫鲁丁·哈巴什·伊南·奈塞维,另依术兹贾尼的记载③名增吉·本·阿布·哈弗斯,守军人数不详。蒙古人招降被拒绝,双方连日进行弩战。蒙古人终于制压了敌军的射击,围攻十一日后,将堡垒强力攻陷。忒儿迷全城被毁,居民全数被歼,无一幸免④。

428 成吉思汗驻冬(1220-21年)于阿母河岸。这个地方,像其他大河的河岸一样,常被游牧人看作是适合于过冬的所在,后来在这里还兴起察合台汗国的都城之一,即撒里-撒莱(Sālī-Sarāy)⑤。是年冬季和翌年春季的事态发展,一度转为暂对穆斯林比较有利。截至此时,军事行动还局限于由泰凯什与摩诃末二王合并于花剌子模国家的诸省区,还不曾蔓延到花剌子模本部。我们前已述及,统治花剌子模本部的是花剌子模沙之母,军人派首脑图尔坎-可敦。图尔坎-可敦的追随者们在各被征服省区的所作所为,无疑是导致花剌子模王国灭亡的主要原因之一,但因游牧部落在这些被征服省区内有着足够的活动场所,所以花剌子模本部还没有受到他们的骚扰。不仅如此,花剌子模本部还一度达到了高度的繁荣,这是因为从1204年以来,这个地区从未遭受过外来的侵犯,同时又有各被征服省区的财富源源流入。亚库特在1219年访问了花剌子模及其都城⑥,他的记载足以说明这种繁荣景况。当

① 参照上文R188-190。

② *Histoire du sultan Djelal ed-Din Mankobirti*,原文,页36;译文,页73。

③ Raverty译本,Ⅱ,页1002;〔Nassau Lees刊本,页342。〕

④ 关于攻取忒儿迷的经过,参看术兹贾尼书,Raverty译本,Ⅱ,页1004-5;〔Nassau Lees刊本,页343-4〕;术外尼书,Qazwīnī刊本,Ⅰ,页102;Schefer,*Chrestomathie persane*,Ⅱ,页140。

⑤ 谢雷甫丁·叶兹迪书,Pétis de la Croix译本,I,页21;参照Ẓafar-Nāmah,I,页38,此处读音作Shālī Sarāy。

⑥ 参看上文R202。

地文化达到的高度水平，显然是物质繁荣的反映。十二、十三世纪与前几个世纪不同，已经不是穆斯林蒸蒸日上的时期；但保存前人遗留下来的知识宝库的热情迄未减退。在这一时期完成了几种极其重要的书籍的编纂，也出现了极其丰富的图书收藏。花剌子模王朝初期，撰有论宗教信念与哲学信念一部名著的沙赫里斯坦尼在510/1116年以前一直住在花剌子模。当地的一位历史家详细记载了他的活动，此项记载——后经亚库特摘引[①]——表明，花剌子模的极端虔诚主义者们不能 R496
谅解这位著名学者对于哲学的爱好，但也表明，哲学未曾受到外来的干扰。记载的内容如下：沙赫里斯坦尼"是一位卓越的学者；如果不是信道不笃，攻乎异端，那么，他会早已成为伊玛目。让我们时感惊讶的是：以他这样一个有着许多优点、品高学粹的人，却偏偏喜爱一些没有根基的事物，研讨那种既不能靠严密的推理，又不能凭传统的权威加以论证的题
目。求真主救我们脱离欺诈，不叫我们背弃信仰的光辉！所有这一切都 429
起于他离开教法的准绳，陷入哲学的泥淖。我们是他的邻居和伙伴；他为了证明哲学家们的学说是正确的，为了答辩对这些学说的批判，给自己找来了不少烦恼。我参加过一些由他出面讲道的集会，他一次也没有说过'真主这样说'，'真主的先知这样说'，也不曾解决教法中的任何问题。他的见解是什么，只有真主知道"。花剌子模朝末叶，另一位著名哲学家法赫鲁丁·拉齐住在花剌子模沙的宫廷，他曾为各门学问编纂出多种专书。至于东方各省藏书的情况，则除亚库特关于马鲁诸图书馆的记载已为人所周知之外，我们还可以征引伊本·阿西尔关于诗人法赫鲁丁·穆巴雷克－沙·本·哈桑·麦尔韦鲁迪的记述[②]，这位诗人居于古尔王加苏丁的宫廷，卒于1206年[③]。此人兴建了一所文化馆（khān），

---

① *Mu'jam*，Ⅲ，页343。就是这部地方史也被亚库特在其Irshād书中提到了（Margoliouth刊本，Ⅲ，页212，Ⅴ，页412）。

② Tornberg刊本，Ⅻ，页160－1。

③ 关于此人与其观点以及他在花剌子模的生活，参看Goldziher，*Aus der Theologie*，页213以下，还可参看Ross，*The geneologies*，页303；〔此处援引了一些史料〕。

内藏图书,兼置棋具,有学问的人可来此读书,没有学问的人可来此下棋。这样,学人们虽在休息场所也可以找到精神食粮。在古儿干只,深通各门学术、曾在五所经文学院中任教的宫内大臣施哈布丁·希瓦基在沙菲伊派大礼拜寺附近建立了一座图书馆,这座图书馆,用奈塞维的话①说,“不论从前或以后”,均无与媲美。听到蒙古入侵的消息,施哈布丁离花剌子模他去,由于不忍割舍自己的书籍,随身带走了其中最有价值的卷帙。施哈布丁在脱忽察儿攻陷奈萨城时遇害,藏书散落在最贫苦的人们手中。奈塞维竭力搜求这批藏书之较有价值的部分,结果
R497 如愿以偿,但若干年后,奈塞维也被迫与其故乡永别,不得不将祖传以及他自己取得的财产全部抛在他的宅堡以内②。奈塞维补充道:“在我抛在那里的所有财物中,我只心疼那些书籍”③。奈塞维的藏书大概和
430 这位历史家的其余财产遭到相同的命运:奈萨城的地方统治者不肯奉加苏丁·皮尔-沙为苏勒坦,后者率军攻陷该城,奈塞维的财产于城陷时被掠,藏书当亦于是时散失④。

图尔坎-可敦统治着一个富饶的地区,受到突厥军的竭诚拥戴,本可以重创成吉思汗的军队,或至少重创术赤的队伍。成吉思汗完全了解这一点,于是从布哈拉,也许是从撒马尔罕派答失蛮-哈吉卜为专使往见苏勒坦之母,向她解释汗之所以用兵,只是为了讨伐亦曾触怒可敦的苏勒坦,无意进攻可敦治下各省区⑤。当然,成吉思汗出此诺言,并无意信守到底。年事已高的可敦面对这次入侵,已无应付1204年〔古尔人〕入侵时的精力。与答失蛮到来同时,图尔坎-可敦接到了苏勒坦弃守阿母河岸的消息;可敦决计取则于其子,弃城出奔⑥。动身以

---

① *Histoire du sultan Djelal ed-Din Mankobirti*,原文,页49;译文,页83-4。

② 奈塞维书原文中仅有一字,译文中则易以“citadelle de Nesâ”。

③ 法语译文中之所以出现奇特的词组“De tout cela, plus tard, je ne pus rsecouvrer que mes livres”,是由于校订者将 atahasar 误为 atajasar 的缘故。这一错误业经 V. R. 罗森男爵指出(ЗВОРАО,Ⅵ,页387),亦已记入译文的勘误表内。

④ 奈塞维,*Histoire du sultan Djelal ed-Din Mankobirti*,原文,页106-9;译文,页175-80。

⑤ 同上书,原文,页38;译文,页65。

⑥ 关于可敦的遭遇,参看上引书,原文,页38-41;译文,页66-71;术外尼书,ГПБⅣ,2,34(转下页)

前,图尔坎 - 可敦命将囚縶于古尔干只的诸王公投于阿母河中,以防他们趁势作乱。依据奈塞维的记载,当时母后确信,目前不过是暂时的困难,不久即可转危为安。这次被置于死地的王公,数在二十人左右,此外还有布哈拉的萨德尔布尔罕丁及其一位弟兄与二侄。据术外尼的记载[1],甚至在较此更早的时候,图尔坎 - 可敦就已经用这种方法乘夜加害于当时作为人质留在古尔干只的一些王公。可敦出走,先至亚齐尔(Yāzir)[2]省——在今土库曼尼亚西部[3];继由该省转往马赞德兰,与其扈从避居拉尔詹与伊拉勒二堡垒中。他们随即被蒙古人围困于此地。
蒙古军当围攻位于高地之堡垒时[4],例在堡垒周围构筑木栅,藉以遮断 R498
守军与外界的一切联系,这番他们也用了这种战术。两堡被围四个月,终因用水缺乏,被迫乞降。术外尼和奈塞维都说,在马赞德兰这样多雨的地区,缺水是罕见的现象。奈塞维说,两堡被围的四个月内,滴雨未
落;术外尼说,两堡被围困未及一旬或未及半月,堡内储水业已用尽。 431
两位历史家都说,出于命运的摆布,两堡刚刚降服,豪雨开始下降。据伊本・阿西尔的记述[5]可以推断,图尔坎 - 可敦系在 1220 年夏季被俘,时在蒙古人到达剌夷以前。术外尼在一处[6]说,两堡从开始被围到最后乞降,适与苏勒坦栖身海岛之时相当,而在另一处[7]又说,与哲别部活动于马赞答兰之时相当。术外尼在两段文字中说围攻堡垒的蒙古

(接上页)抄本,叶 173 - 4;Qazwīnī 刊本,Ⅱ,页 198 - 200;米尔洪德,*Histoire des sultans du Kharezm*,Defrémery 刊本,页 84 - 5;多桑,《蒙古史》,Ⅰ,页 259 - 61;〖冯承钧译本,上册,页 110 - 1〗。

① 《原文史料选辑》,页 115(术外尼;术外尼书,Qazwīnī 刊本,Ⅱ,页 198 - 200)。

② 旧名亚兹吉尔(Yāzghir),见马哈茂德・喀什噶里书,亦见于法赫普丁・穆巴雷克沙书,参看 Ross,*The genealogies*,页 407;〔麦尔韦鲁迪书,页 47 作 Yazghiz(原文如此)〕。

③ 参照 Туманский,*По поводу《Китаби Коркуд》*,页 302 - 3. 此城后来得名杜龙,在今巴哈尔登站附近,位于阿什哈巴德至克孜勒 - 阿尔瓦特中途。参照 Бартольд,*Орошение*,页 41。

④ 参照 Карамзин,*История государства Российского* Ⅲ,注释 367,页 124 引自诺夫戈罗德年代记的叙述。

⑤ Tornberg 刊本,Ⅻ,页 243;СМИЗО,Ⅰ,页 13 - 4。

⑥ 关于苏勒坦逃跑的记述(ГПБⅣ,2,34 抄本,叶 42;Qazwīnī 刊本,Ⅱ,页 116);米尔洪德,*Histoire des sultans du Kharezm*,Defrémery 刊本,页 84 - 5。

⑦ 关于哲别与速不台行军的记述(Qazwīnī 刊本,Ⅰ,页 115;Schefer,*Chrestomathie persane*,Ⅱ,149)。

军系哲别所部,但在第三段文字[1]中又认为系速不台所部。奈塞维则谓,在苏勒坦逃往岛上以后,蒙古军才围攻两堡。由于诸家记载互异,故两堡的陷落究应算在哲别部进攻马赞答兰的时期,或应算在蒙古人到达里海口岸驻冬的时期,殊难确定。从久旱不雨的记载看来,自以算在前一时期为宜。苏勒坦诸女及较幼诸子,与可敦一同被俘,苏勒坦诸子除最幼者外均立被杀害;最幼者后来亦被成吉思汗下令绞杀。苏勒坦诸女由成吉思汗分予诸“私生子”,或依另一更为可取的读法,分予“诸背教之徒”,亦即如哈吉卜答失蛮等为蒙古人效力的穆斯林。只有撒马尔罕统治者奥斯曼的寡妻,苏勒坦女汗-苏勒坦(Khān - Sultān)的命运与其姊妹不同,术赤本人纳之为妃。但另据术外尼的叙述[2],正是这位汗-苏勒坦为叶密里城某染工所得,为此染工之妻以终其生。术外尼还说,成吉思汗以苏勒坦二女赐予察合台,察合台纳其一人,将另一人转赐其穆斯林大臣哈巴什-阿米德。图尔坎-可敦的韦齐尔尼
R499 扎木·穆勒克与可敦同时被俘,于1221年为成吉思汗所杀。图尔坎-可敦后被成吉思汗徙往蒙古,630/1232-3年在蒙古病殁。可敦及其他命妇去国时,得旨须放声大哭以抒哀思。

图尔坎-可敦出走后,某阿里攫取了花剌子模的行政大权[3],这位阿里,由于惯说谎话,获得库赫-伊·杜鲁甘(Kūh - i durūghān“谎言
432 之山”)的绰号。阿里等人肆无忌惮地劫掠国库,饱其私囊。当时花剌子模有兵90,000人[4],主将何人,史文失载。1220年夏季,忽毡守将帖木儿-麦利克到达花剌子模。花剌子模军得到这样一员猛将,遂出师进攻术赤所部,收复养尼肯特,该城蒙古守将被杀[5]。帖木儿-麦利克

---

① 关于图尔坎-可敦(ГПБⅣ,2,34抄本,叶174;Qazwīnī刊本,Ⅱ,页119);还可参看多桑书。

② 《原文史料选辑》,页115;Qazwīnī刊本,Ⅱ,页126。

③ 关于花剌子模在诸王子出走以前的情况,参看奈塞维,*Histoire du sultan Djelal ed - Din Mankobirti*,原文,页55-7;译文,页94-6;术外尼书,ГПБⅣ2,34抄本,叶147-9;Qazwīnī刊本,Ⅱ,页131以下;拉施都丁书,Березин刊本,XV,〔原文,102-3〕;译文,页67-8。

④ 此系术外尼所记数字,Qazwīnī刊本,Ⅱ,页131。

⑤ Schefer, *Chrestomathie persane*,Ⅱ,页117〔术外尼书〕,此处误作shahr bār - khulīgh kint;术(转下页)

没有乘胜扩大战果，折回花剌子模，这说明他和诸突厥将领已有嫌隙。冬季，两位财务官员，穆什里甫伊马杜丁与宫内大臣（wakīl①）谢雷甫丁返抵花剌子模，行政秩序略有改善。二人带来苏勒坦尚在人间的消息，并开始用苏勒坦的名义处理政务。继二人之后，苏勒坦三子扎阑丁、奥兹拉格－沙、阿克－沙②亦已归来。这三位王子随侍苏勒坦直到后者去世的时候，在埋葬了他们的父亲之后，率从者70骑行抵曼吉什拉克，在该地征用民马若干匹，平安到达京城。诸王子在京城宣布了苏勒坦的死讯，说明苏勒坦生前曾变更畴昔所立以奥兹拉格－沙为继承人的遗嘱，指定由札阑丁继位。尽管奥兹拉格－沙亲自表示同意让位，而诸突厥将帅仍持异议。反对派首领为统率7,000名骑兵的图吉－佩
赫雷宛（Tūjī－Pahlawān）③，此人有库特鲁格－汗的称号，多半就是业 *R500*
已卸任的毡的与养尼肯特的总督。反对派阴谋囚禁或杀害扎阑丁，后者由于伊南奇－汗及时告密，急自花剌子模逃往呼罗珊，帖木儿－麦利克率300骑相从。札阑丁出走后三日，奥兹拉格－沙与阿克－沙因风闻鞑靼兵即将到来，也离开了花剌子模。

防守古尔干只④，无疑是历史上最堪注目的事件之一。在此以前， 433
王位继承的争议使得军事将领们不能团结御敌；迨诸王子相继离去，这些将领们才开始为保卫京城协力作战。将领之一胡马尔－的斤系图尔坎－可敦的亲属，经其他将领同意，得到苏勒坦的称号。其他将领见于

（接上页）外尼书在彼得格勒的抄本中（ГПБⅣ，2，34 抄本，叶32）与在 Qazwīnī 刊本中（Ⅰ，页72）作 shahr kint；在拉施都丁书中（Березин 刊本，XV，原文，页76；译文，页49）作 yankī kint。

① 奈塞维书原文中，此字模糊不清，但显系一种职称，决非如译者所设想的为一人名。

② 据术外尼的叙述，这些王子还更早一些就返抵花剌子模，其说异于奈塞维之比较详明的叙述，似不足信。

③ 奈塞维书作 duḥī，术外尼书 Ханыков 抄本与此相同；术外尼书，Qazwīnī 刊本（Ⅰ，页31）则作 duḥ；拉施都丁书抄本中（Березин 刊本，XV，原文，页102〔参照译文，页67〕）作 Buḥī。

④ 关于古尔干只的防守，参看术外尼书，Qazwīnī 刊本，Ⅰ，页96－101；Schefer, *Chrestomathie persane*, Ⅱ，页136－40；拉施都丁书，Березин 刊本，XV，原文，页104－110；译文，页68－73；伊本·阿西尔书，Tornberg 刊本，Ⅻ，页257－8；СМИЗО，Ⅰ，页32－3；奈塞维，*Histoire du sultan Djelal ed－Din Mankobirti*，页92－4；译文，页153－6；多桑，《蒙古史》，Ⅰ，页265－71；〖冯承钧译本，上册，页112－4〗。

术外尼记载的，有欧古勒－哈吉卜（Oghūl－ḥājib[1]，前曾防守布哈拉，已
于上文述及），有埃尔－布卡·佩赫雷宛，还有阿里·杜鲁吉（'Alī
Durūghī[2]），即"谎言之山"，此刻阿里居然出任"大将军"（sipahsālār）。
成吉思汗为围攻像古尔干只这样一座大城，当然要比攻取其他城市调
集远为众多的兵马。察合台与窝阔台所部协同右手诸千户军[3]从东南
方经布哈拉城，术赤所部从东北方的毡的，齐向花剌子模前进。依奈萨
维的叙述，率蒙古先锋部队首先到达城下的为塔吉－别乞（Tājī－
Beg[4]?），窝阔台部继至，又其后为成吉思汗的"怯薛军"，由博尔术那颜
（Bughurji－noyon[5]）统率，最后到达的为察合台所部。察合台部下有著
名右手千户脱仑扯儿必[6]、兀思屯（Ustun）或兀孙（Usun?）－那颜以及
R501 哈丹－那颜。哈丹－那颜属雪你惕（Sunit）部，亦为右手千户，兼领客
卜帖兀惕千人[7]。据称蒙古军总数，尚在术赤部到达以前，即已超过
100,000人。术外尼报道了先锋部队的一些移动，报道中包括若干地
形资料，这些资料除非我们幸能找到关于十三世纪古尔干只的详细记
434 述，已难加以诠释。蒙古人先以少数兵力攻扰各城关，赶走牲畜。城内
守军果然误以为敌兵不多，即由"世界门"[8]出击，并开始追赶他们。蒙
古人引诱守军进入距城1法尔萨赫、在"快乐花园"[9]附近的埋伏线内。
花剌子模军陷入蒙古军劲旅的重围，在日没以前阵亡1,000人[10]。余

① 舍费尔的文选中，删削了Oghūl字；Qazwīnī刊本中有Moghūl。

② 别列津教授的读音有误；Qazwīnī刊本中作Durūghīnī。

③ 此据拉施都丁与《元朝秘史》（Кафаров译本，页147；〔Козин刊本，页187〕；〖汉文本，续集卷1，§258〗。

④ 奈塞维书作Bājī.

⑤ 此名在奈塞维书原文中，无疑应该读作Bughurjī，不能读作Duqaṃin；在别列津教授的刊本与译文中，此名读音不一，但教授本人确认最正确的读音为Bughurji（拉施都丁书Березин刊本，XIII，242，注）。尽管奈塞维未曾详细述及，此名显然仅能指右翼军的"贴身千户"而言（同上书，XV，〔原文，页198〕；译文，页134）；我们曾在上文述及，成吉思汗的"贴身千户"仅在汗亲自出征的场合始随同出征。

⑥ 同上书，原文VII，页214；译文，V，页160；XV，〔原文，页200〕；译文，页135；《元朝秘史》，Кафаров译本，页120；〔Козин刊本，页164〕；〖汉文本，卷9，§212〗。

⑦ 拉施都丁书，Березин刊本，XV〔原文，页204〕；译文，页137。

⑧ Darwaza''ālamī（术外尼书，Qazwīnī刊本，I，页98）。

⑨ Bāgh khuram（同上）.

⑩ 拉施都丁书作100,000人，显然失实。

众突围回城，蒙古人紧随其后，夺阿卡比兰（Aqābīlān?）门[①]而入，进抵叫作奈布列（Nabūrah?）[②]的地方，但于日没时又退到城外。翌日，战斗再起，守将费里敦·古里引500人击退蒙古人对城门的猛扑。在这以后，察合台与窝阔台两军到达，一面遣使与城民议和，一面作常规围攻的部署。古尔干只附近缺石，蒙古人砍伐桑树制作投射物，将每棵树干截为数段，浸入水中使坚硬如石以代石弹。术赤部到达后，蒙古军完全合围。俘虏等奉命填平堑壕（据拉施都丁的叙述，此项工程用了十天的时间），堑壕填平后，又在城下挖掘坑道以毁城墙。蒙古人的攻城部署使苏勒坦胡马尔－的斤如此惊慌失措，他走出城门降附蒙古人[③]。我们现在占有的资料没有言及在他投敌以后，何人继任守军统帅[④]，胡 R502
马尔－的斤的叛变使城民多少有些气馁，但依然保持斗志。尽管蒙古旗帜已经插到了城墙上，可是蒙古人仍须逐街逐坊地进行战斗。他们用装满火油的器皿纵火焚烧房屋；在全城已有相当大的一部分被毁以 435
后，他们认为火攻毕竟缓不济急，有阻塞阿母河水流入城内的必要。古尔干只城内河上有桥一座，蒙古军3,000人占领此桥以便进攻防御工事，他们反为花剌子模人所包围，全部被歼。这一胜利大大鼓舞了城内居民，拒战益力。伊本·阿西尔说，在古尔干只保卫战中，截至城墙被蒙古人占领时为止，蒙古人的伤亡多于城民的伤亡；拉施都丁说，直到他那时候，在古尔干只城废墟附近仍能看到蒙古军死者的骸骨堆积如山。拉施都丁还说到蒙古人攻城不利的主要原因，在于术赤与察合台

---

① 〔此据术外尼的记载〕：舍费尔书中作 Āqābīlān，ГПБⅣ，2，34 抄本与 Ханыков 抄本与此异，Qazwīnī 刊本（Ⅱ，页99）作 Qābīlān；拉施都丁书抄本中（Березин 刊本，XV，原文，页106；〔译文，页70〕）作 Fābīlan；别列津教授读作 Хаилан（Khaïlan）。

② 此依别列津教授；舍费作书中作 Atanūrah，术外尼书抄本中作 Danurah，Qazwīnī 刊本中（Ⅰ，页99）作 Tanūrah，拉施都丁书抄本中作 Tanūzah。

③ 此据术外尼书 Qazwīnī 刊本，Ⅰ，页100）。多桑则沿循拉施都丁的记述，后者关于胡马尔－的斤的叛变并无一语道及，并说明在3,000人被歼以后，蒙古人占领了城墙，把他们的旗帜插在城墙上，也说到在攻陷全城七天以前，窝阔台负起了指挥蒙古全军的责任。

④ 从术外尼关于马鲁被围困的叙述（Qazwīnī 刊本，Ⅰ，页124；Schefer, *Chrestomathie persane*，Ⅱ，页157；Жуковский，*Развалины Старого Мерва*，页50）看来，甚而在1221年岁初，就已经有士兵2,000人包括欧古勒－哈吉卜在内，从花剌子模逃到了马鲁。

二人互相争吵。这位历史家没有解释争吵的起因,但从奈塞维的记述看来,术赤很想防止这座日后将并入他的封地的富庶城市全部残毁。为此他曾几次劝告城民投降,又为了证明他的约许诚实无欺,特向城民说明,蒙古人曾在可能范围内避免采取军事行动;他也向城民说明,此番蒙古人一反惯例,甚至对古尔干只郊区各乡(rustāqs)也曾曲予保全。居民中间比较明智的人主张接受蒙古人的提议,指出苏勒坦摩诃末在岛上[①]时,曾再三函示不要反对蒙古人。但居民中的"蠢人"占了上风。术赤的犹豫不决,当然激起察合台的愤怒。成吉思汗听到二王子意见不一,于是指定窝阔台总领三军[②]。蒙古人继续一街一坊地逐步推进。当居民手中仅余三坊时,终于决定派遣古尔干只的穆赫塔西卜,法吉阿
R503 里丁·海亚提恳求术赤垂怜受降。但事态发展到了这一地步,虽术赤亦难允其所请。居民被驱往旷野,蒙古人命令工匠等与其余居民分开。一部分工匠遵命行事,另一部分认为蒙古人又将像在其他城市那样带走工匠,许其余的人留居故土,因此隐瞒了自己的职业。据术外尼的记
436 载,工匠人数在100,000以上;这些人被迁往"东方",在那里结成数目甚多的居民点[③]。儿童与少妇[④]被收为俘虏,其余居民尽被屠杀,史称每有蒙古兵一名(据拉施都丁书,当时蒙古兵超过50,000名),即有居民24人被杀。术外尼显然还听到了一个更高的数字,由于他自己也认为不足信,故略而不书。拉施都丁又记载了关于谢赫奈只木丁·库卜拉的一段故事。据称,成吉思汗闻及奈只木丁信道甚笃的令名,命人告

---

① 〔奈塞维书的〕法文译者在此处竟将 al-jazīrat〖意为"岛"〗认为是一个专名词,不知原因何在。

② 《元朝秘史》中的一段叙述(Кафаров 译本,页147;〔Козин 刊本,页187〕;〖汉文本,续集卷1,§258〗证明此事属实。

③ 这些迁往"东方"的花剌子模人有可能是东干人的祖先,也许是在他们的影响下东干人的祖先信仰了伊斯兰教。关于东干人的问题,参看 Бартольд, *Ответ Г. Е, Груму-Гржимайло*, 页700-4,此处征引了拉施都丁书关于王子阿楠达与其军队在唐古忒改奉伊斯兰教的记述;参照 Blochet 刊本,页559以下。人所熟知,直到现在,东干人还都属于沙斐仪派;并且我们见到的史料都对我们表明,十三世纪初叶,沙斐仪派教徒以其在花剌子模的势力最为强大。

〔巴托尔德自用的本书英文版此处页边注有"Указ Pell. 56 на JA, 1927, Ⅱ, 261-279"(关于这些伊斯兰教徒移居地之一,参看 Pelliot, Notes sur le《*Turkestan*》,页56)。〕

④ 此据术外尼书(Qazwīnī 刊本,Ⅱ,页101,拉施都丁书作"妇女、男子与童男",未免费解。

以蒙古人将向花剌子模进军,提醒他离开本城。奈只木丁表示愿与全城居民共存亡,城陷时果及于难。这一故事看来并非事实,特别是因为蒙古人本来无意“洗劫”花剌子模京城,从而没有授意奈只木丁离城避难的必要。

根据伊本·阿西尔的记载,古尔干只城的命运比其他被蒙古人攻陷的城镇更加不幸。在其他城镇,屠杀之后,总还有人幸免于难:“有的潜藏,有的逃窜,有的虽被搜获而〔仍得〕脱身,有的甚至匿卧积尸中间〔以待蒙古人他去而获全〕”。独在古尔干只,蒙古人在屠杀城民以后堕坏堤坝,以致水漫全城,破毁建筑物;甚至在这以后,古尔干只城址仍全部没于水中。居民等纵不死于韃靼屠刀之下,亦必遭受灭顶之灾,或葬身断壁颓垣之间。另据术兹贾尼的记载[①],有两座建筑物得保无恙,即“旧宫”(Kūshk - i Akhchak?),与苏勒坦泰凯什之墓[②](另一处误 *R504*
作摩诃末之墓)。据此,容或蒙古人并非故意淹没这座城市亦未可知; 437
另一方面,蒙古人陷战地于残破的结果,许多堤坝,尤其是像京城以内那些需要逐年维修的堤坝[③],其因坍塌而致荒废,亦自不容置疑。这也正是花剌子模境内有一些城镇为水所没以及阿母河再次改道注入里海[④]的原因。

古尔干只之被围攻,据拉施都丁书,历时七个月,据伊本·阿西尔书,历时五个月;诸家记载中,仍以奈塞维所记古儿干只早在1220年4月已被攻陷之说较为可信。古尔干只陷落后,由于花剌子模将并入术

---

① Raverty 译本,Ⅰ,页281〔不见于 Nassau Lees 刊本Ⅱ,页1100;Nassau Lees 刊本,页378〕。

② 根据为时甚近,不知其何自取材的一项报道(Abdoul Kerim Boukhary, *Histoire de l' Asie Centrale*,原文,页78;译文,页177),幸得保全下来的有奈只木丁·库卜拉与伊本·哈吉卜的陵墓、礼拜寺的呼楼、摩诃末的女儿的墓葬与巴扎尔的残迹。谢赫奈只木丁·库卜拉的陵墓至今仍位于废墟与新城之间(Lansdell, *Russian Central Asia*, Ⅱ,页347),并“深受基发人的礼敬”(Смирнов, *Дервишизм*,页18)。它也被伊本·巴图塔提到了(巴图塔书,Ⅲ,页6)。

③ 亚库特,*Mu‘jam*,Ⅱ,页483。

④ Бартольд, *Хафизи - Абру*,页8 - 11。参看 Barthold, *Āmū - Daryā*。普朗·迦尔宾关于被称为奥尔纳的城市毁于洪水的记述(Beazley 刊本,页76,110,152),无疑与古尔干只有关;〔参照 Малеин 译本,页24〕。〖奥尔纳(Orna),俄文本作奥尔纳斯(Орнас)〗。

赤的封地，故察合台与窝阔台仍然回到他们的父亲身旁，其时后者正在围攻塔里寒。二人行军途中，又平毁了另一城镇①。

花剌子模诸王子离本国京城他去途中，必须经过呼罗珊。如前所
述，当时呼罗珊已被脱忽察儿所部占领。但蒙古人并不曾在呼罗珊境
内各大城市留置戍军。成吉思汗接获花剌子模诸王子遁走消息后，立
即命令蒙古军沿呼罗珊北部边境设置瞭望哨。札阑丁与从者 300 骑突
袭驻扎在奈萨城附近的蒙古军 700 骑，后者遭到猛烈的突然袭击，遗弃
R505 兵甲辎重而逃，幸全者不过数人。奈塞维称此役为穆斯林在这次战争
中取得的第一次胜利②，因为他不知道帖木儿－麦利克收复养尼肯特
的那一次胜利。赖有这次胜利，札阑丁及其随从得以更换马匹，平安到
达你沙不儿。札阑丁的两位弟兄奥兹拉格－沙与阿克－沙就不像他这
样幸运。他们虽然也躲过了边境上的蒙古巡逻骑，但被蒙古军包围在
438 呼罗珊境内，两王子以及从者均被杀害③；另据术外尼的记载④，两王子
均被俘，其后二日始遇害。呼罗珊境内蒙古兵力本甚单薄，但已足以使
札阑丁不能在此地征集军队。奈塞维说⑤札阑丁在你沙不儿停留了一
个月，术外尼说他在这里只住了三天，于 1221 年 2 月 6 日离去。札阑
丁从你沙不儿行抵祖任（位于呼罗珊与库希斯坦交界处，距卡因三日
程），本拟据祖任子城为固守之计，仅因（如术外尼所述）居民持敌对态
度，故不得不再去他地⑥。另据奈塞维的记载，札阑丁由于接受了祖任

---

① 此一城镇的名称，在术外尼书，Qazwīnī 刊本中（Ⅰ，页 101），在舍费尔的文选中，以及在 ГПБⅣ，2，34 抄本中均作 Kāsif，在 Ханыков 抄本中作 Kāshif. 舍费尔（*Chrestomathie persane*，Ⅱ，注释，页 175－6）建议读作 *Kāsan*，并认为此一城镇就是那色波省境内的卡森（Kāsan）村（参看上文 R194）。舍费此说似难成立，因为这个乡村位于成吉思汗在 1220 年消夏的地区，它不会在 1221 年春季就转而反抗蒙古人。此一城镇可能指凯利夫（Kālīf）而言。

② *Histoire du sultan Djelal ed－Din Mankobirti*，原文，页 60；译文，页 101。

③ 同上书，原文，页 62；译文，页 105。

④ ГПБⅣ，2，34 抄本，叶 149；Qazwīnī 刊本，Ⅱ，页 133。

⑤ *Histoire du sultan Djelal ed－Din Mankobirti*，原文，页 64；译文，页 108。

⑥ Qazwīnī 刊本，Ⅱ，页 134。

子城守将如下的劝告自动离开该城:今后应在战场上与蒙古人厮杀,不宜困守一城一堡,因不论城堡如何坚固,蒙古人终会找到克服的办法。札阑丁从祖任经过哈烈省行抵布斯特①。据奈塞维的记载②,札阑丁在布斯特与活动于塞吉斯坦境内的阿敏·穆勒克所部10,000人会合,他利用这支兵力击败了当时正在围攻坎大哈的蒙古部队,此后到达他的封地首邑哥疾宁。所有其他史料,除非述及阿敏·穆勒克的胜利(参看下文),都没有提到坎大哈附近之役。如果在这样早的时候已有蒙古军向南深入如此之远,那也只能是零星队伍,否则不会不在术外尼和拉施都丁的记载中有所反映。

成吉思汗终于在1221年春季率军渡过阿母河,占领了巴里黑。伊本·阿西尔说③,巴里黑自动降服,未遭蹂躏;术外尼却说④,成吉思汗本已接受城民的投降,旋即背弃诺言,下令屠城;屠城时,有的居民潜藏 R506
获免,但在蒙古回军时仍遭屠戮。直到伊本·巴图塔的时候,巴里黑城还是一片废墟⑤;然而依据伊本·阿西尔的记载,可以推断巴里黑的被毁系后来城民降而复叛的结果。拖雷奉命进入呼罗珊,察合台、窝阔台 439
进入花剌子模,其余军队用于拔除帕罗帕米·兹山与兴都库什山北面各支脉上的山寨。成吉思汗亲自围攻塔里寒⑥附近的努斯雷特-库赫(Nuṣrat-Kūh)堡⑦,蒙古军在塔里寒与巴里黑之间的"努阿曼山丘"(hillock of Nu'mān)与"凯阿卜草原"(steppe of Ka'b)安营⑧。伊本·

---

① 术外尼没有说到札阑丁向布斯特的转移,说到这一点的,除奈塞维以外,还有术兹贾尼(Raverty译本,Ⅰ,页287;〔不见于Nassau Lees刊本〕)。

② *Histoire du sultan Djelal ed-Din Mankobirti*,原文,页64-5;译文,页109-10。

③ Tornberg刊本,Ⅻ,页225;СМИЗО,Ⅰ,页28。

④ Qazwīnī刊本,Ⅰ,103以下;Schefer,*Chrestomathie persane*,Ⅱ,页141-2。

⑤ 伊本·巴图塔书,Ⅲ,页58-62。

⑥ 如雷沃蒂早已证明了的(术兹贾尼书,Raverty译本,Ⅱ,页1008以下,注1),此系呼罗珊境内的塔里寒(关于该城,参看上文R130);不可与吐火罗斯坦境内的塔里寒相混同。叙述努斯雷特-库赫的方位,可能意在表明其为防护塔里寒的城堡。

⑦ 此据术外尼书(Qazwīnī刊本,Ⅰ,104;舍费尔的文选误作Nuqah-kah);伊本·阿西尔书作Manṣūr-Kūh,术兹贾尼书作Nāṣir-kūh.

⑧ 术兹贾尼书,Raverty译本,Ⅱ,页1009;〔Nassau Lees刊本,页346〕。有关围攻的其他史(转下页)

阿西尔说围攻历时十个月(前六个月内成吉思汗尚未到达),拉施都丁说历时七个月;在这段时间内,拖雷、察合台、窝阔台分别完成了各自的任务,相继返回他们的父亲的大营。另一方面,穆斯林却不能利用这段时间予蒙古军以重创。札阑丁之所以不能及时采取行动,其主要原因之一是尚在札阑丁到来以前,突厥人与古尔人之间就已经发生了争吵。

札阑丁远离封地期间,委托凯尔贝尔－麦利克在哥疾宁摄行政务[①]。1220 年,,凯尔贝尔－麦利克接受阿敏·穆勒克的邀请,抛下委托给他的省区转往塞吉斯坦,当时阿敏·穆勒克正在该地行军。白沙瓦长官伊赫提亚鲁丁·穆罕默德·本·阿里·哈尔普斯特乘凯尔贝尔－麦利克外出之便,发兵占领了哥疾宁。据术兹贾尼(术兹贾尼在乡土观念的影响下完全袒护古尔人)的记载,哈尔普斯特前来哥疾宁,是由于他奉到花剌子模沙摩哈末的命令。术兹贾尼还说,哈尔普斯特调集了军队 130,000 人准备进攻成吉思汗;但术外尼则估计哈尔普斯特的全部兵力不过 20,000 人。阿敏·穆勒克表示,愿与哈尔普斯特在分
R507 权共治的基础上结成联盟,他得到的答复是,古尔人与突厥人不能在一起过活[②]。子城守将萨拉哈丁·穆罕默德·奈萨伊和民政长官(札阑丁的韦齐尔)谢木斯·穆勒克·施哈卜丁·阿勒普·塞拉赫西都对这一答复表示不满,并得出结论说,"古尔人意在背叛苏勒坦,因此他们排挤苏勒坦的亲属不使担任哥疾宁的任何行政职务"[③]。现在很难说
440 这是术外尼个人的见解,还是他所记述的人物确曾以此为口实来解释他们的行动。从苏勒坦与其母方亲属的敌对关系看来,不能不认为这

(接上页)料有:伊本·阿西尔书,Tornberg 刊本,Ⅻ,页 255;СМИЗО,Ⅰ,页 29;术外尼书,Qazwīnī 刊本,Ⅰ,页 104 以下;Schefer, *Chrestomathie persane*,Ⅱ,页 142;拉施都丁书,Березин 刊本,XV,〔原文,页 114〕;译文,页 75－6;多桑,《蒙古史》,Ⅰ,页 273;〖冯承钧译本,上册,页 114－5〗。

① 关于札阑丁到来以前的哥疾宁的情况,参看奈塞维,*Histoire du Sultan Djelal ed－Din Mankobirti*,原文,页 79－80;译文,页 131－3;术兹贾尼书,Raverty 译本,Ⅱ,页 1012－6;〔Nassau Lees 刊本,页 347－8〕;术外尼书,ГПБⅣ,2,34 抄本,叶 171－2;Qazwīnī 刊本,Ⅱ,页 192 以下;多桑,《蒙古史》,Ⅰ,页 297－300;〖冯承钧译本,上册,页 122－4〗。

② 术外尼书,ГПБ Ⅳ,2,34 抄本,叶 171;Qazwīnī 刊本,Ⅱ,页 193。

③ 术外尼书,ГПБ Ⅳ,2,34 抄本,叶 171;Qazwīnī 刊本,Ⅱ,页 193。

是强词夺理的口实。萨拉哈丁在一次宴会上——据奈塞维的说法，是在演武场(maydān)上——用匕首刺毙哈尔普斯特，并在驻扎于距哥疾宁仅半法尔萨赫之遥的古尔部队知晓以前迅即占领全城。古尔人不敢围攻哥疾宁城，随即走散；城内古尔派代表人物受到迫害，哈尔普斯特之侄被萨拉哈丁处死。事后二、三日，阿敏·穆勒克来到哥疾宁，亲自主持军政大计，将韦齐尔谢木斯·穆勒克囚入堡垒。这时候，成吉思汗正在围攻努斯雷特－库赫堡，并分遣若干人数较少的部队攻扰其他地点。阿敏·穆勒克击败了其中一个部队(约二、三千人)，并进行追击，留萨拉哈丁守卫哥疾宁。关于在这以后发生的事件，史家记载很不一致。据术外尼的叙述，古尔人利用阿敏·穆勒克离开哥疾宁城的时机发动叛乱，杀害了萨拉哈丁，大权转入来自忒耳迷的卡孜拉齐·穆勒克与乌木达特·穆勒克兄弟二人手中，拉齐·穆勒克自立为王。在白沙瓦，有来自呼罗珊与河中地区的人数众多的哈拉吉斯人与土库曼人互相联合，共奉赛福丁·阿格拉克－麦利克(Sayf ad－Din Aghrāq－malik)为统帅。拉齐·穆勒克率军对阿格拉克－麦利克作战失利；士卒折伤甚重，拉齐·穆勒克本人亦殁于阵。在哥疾宁，乌木达特·穆勒克继为统治者。巴里黑的伊马杜丁(此人已在上文述及，见R416－7)之子阿扎木－麦利克(A‘Ẕam－malik)①与喀布尔的统治者麦利克－施尔引兵攻击乌木达特·穆勒克，取得古尔人的协助，占领了哥疾宁；乌木达特·穆勒克退入子城，坚守四十日终被攻陷。在这时候，札阑丁救 R508
出他的被囚在堡垒中的韦齐尔谢木斯·穆勒克，派他到哥疾宁宣告苏勒坦即将到来。一星期后，札阑丁行抵哥疾宁，受到所有军事将领的拥戴。

术兹贾尼与奈塞维都不曾提到乌木达特·穆勒克；据术兹贾尼的 441

---

① 我们不知道阿扎木－麦利克如何能够逃开他的父亲和弟兄在图尔坎－可敦从花剌子模出走时所遭遇的厄运(奈塞维，*Histoire du Sultan Djelal ed－Din Mankobirti*，原文，页39；译文，页66)。奈塞维在另处(同上书，原文，页21；译文，页38)叙述被囚禁在花剌子模的诸王公时，提到了“麦利克·阿扎木(或‘伟大的王子’)忒耳迷的统治者”，这可能是奈塞维把阿扎木－麦利克和他的弟兄混为一人。

记载，拉齐·穆勒克败于阿格拉克－麦利克时为阿扎木－麦利克所俘，在札阑丁到来以后不久被杀。据奈塞维的记载，拉齐·穆勒克从前在哥疾宁充任穆什里甫(参看上文 R442)，其后接受萨拉哈丁的委任，主持哥疾宁全盘政务，因盗用公款为萨拉哈丁所不喜，遂唆使塞吉斯坦部众攻杀萨拉哈丁。札阑丁到来前后，拉齐·穆勒克继续统治哥疾宁城，迨札阑丁自八鲁弯附近凯旋哥疾宁，始决定免除他的职务。他被控盗用公款，熬刑不过毙命。诸家记载互异其说，而因术外尼与术兹贾尼所记有相同之处，似可据以推断，当札阑丁初返哥疾宁时，该城处于阿扎木－麦利克控制之下。

札阑丁与阿敏·穆勒克及士兵 30,000 人一道返抵哥疾宁，在哥疾宁，据奈塞维的记载[①]，有另一支人数相等的军队与札阑丁会合。术外尼所记数字，大致与此相同(六万至七万人)[②]。但术外尼在另一处[③]又说，阿敏·穆勒克所部有 50,000 人，赛福丁·阿格拉克[④]所部有 40,000人。除上述三将领(即阿扎木·麦利克、阿敏·穆勒克与阿格拉克)外，奈塞维还提到两位将领，即阿富汗部众的首领穆扎法尔－麦利克与葛逻禄部众的首领哈桑[⑤]。札阑丁与阿敏·穆勒克之女成婚。

札阑丁率领他的这支庞杂的队伍出击蒙古人，在八鲁弯[⑥]安营布
R509 阵。他从这里首先击败了正在围攻吐火罗斯坦境内瓦利延或瓦利什坦

---

① *Histoire du Sultan Djelal ed – Din Mankobirti*，原文，页 80，译文，页 134。作者说明哥疾宁的四位将领各统兵 30,000 人，共 120,000 人；札阑丁与阿敏·穆勒克带来的兵力和他们的兵力相当。这样，全部兵力共 240,000 人，事实上绝不会有这样多。

② 术外尼书，ГПБⅣ，2，34 抄本，叶 172，〔参照 Qazwīnī 刊本，Ⅱ，页 195〕；伊本·阿西尔书(Tornberg 刊本，Ⅻ，页 258；СМИЗО，Ⅰ，页 33)亦作 60,000 人。

③ ГПБⅣ，2，34 抄本，叶 150；Qazwīnī 刊本，Ⅱ，页 135。拉施都丁也说(Березин 刊本，XV，原文，页 117；译文，页 78)阿敏·穆勒克所部为 40,000 人。

④ 奈塞维称他为博格拉克(Bughrāq)；伊本·阿西尔(Tornberg 刊本，Ⅻ，页 259)也是这样称呼他。

⑤ 窝阔台在位期间的历史又提到了此人(术兹贾尼书，Raverty 译本，Ⅱ，页 1119〔Nassau Lees 刊本，页 388〕)。

⑥ 术兹贾尼述及(Raverty 译本，Ⅱ，页 1042；〔Nassau Lees 刊本，页 355，“在帆延与哥疾宁境内”〕)八鲁弯位于帆延与哥疾宁之间，雷沃蒂依据此一叙述及其他有关资料，推断(同上书，Ⅰ，页 288，注 3；Ⅱ，页 1021，注 8)此一八鲁弯当非著名的位于喷赤施尔河流域的八鲁弯，而为另一位于卢加尔河(Lugar river，喀布尔河的支流)上源附近的八鲁弯。雷沃蒂此说可能得实。

堡的蒙古军[①]。蒙古军[②]阵亡1,000人,余众渡河(多半是喷赤施尔河),毁桥以阻敌军追击,始得平安返抵成吉思汗大营。成吉思汗派遣失吉忽秃忽那颜反攻札阑丁,失吉忽秃忽所统兵力,术外尼谓为30,000人,术兹贾尼[③]则谓为45,000人。札阑丁出军迎击,两军鏖战于距八鲁弯1法尔萨赫之地。穆斯林军右翼由阿敏·穆勒克指挥,左翼由阿格拉克指挥。穆斯林手握马缰,下马步战[④]。战斗持续二日之久。据术外尼的记载,失吉忽秃忽在第二夜命所部缚毡为人形伪充骑卒,使敌军误认蒙古人已有援军到来。此计最初颇见功效,但札阑丁鼓舞士卒,坚持战斗。蒙古人久战力竭,札阑丁下令全军上马总攻,胜负遂决。失吉忽秃忽仅引少数残军返回成吉思汗大营[⑤]。 442

八鲁弯附近一役,代表着全盘战争中蒙古人遭遇到的最严重的挫折。这次战役的直接后果是蒙古人暂时解除了瓦勒赫堡之围,在这以前 R510
围攻该堡的有阿尔斯兰汗的葛逻禄部6,000人和脱仑扯儿必所率领的蒙古军[⑥](脱仑扯儿必显然从花剌子模归来不久)。此外,在蒙古人先已占领的一些城镇中,居民举起叛旗,捕杀蒙古人所置留守官员。同时,穆斯林则仅对俘获的蒙古人进行报复,并不曾进一步扩大战果。奈塞维[⑦]兴

---

① 关于此一战役,参看术外尼书,ГПБⅣ,2,34抄本,叶150;Qazwīnī 刊本,Ⅱ,页136以下;拉施都丁书,Березин 刊本,XV,原文,页121;译文,页80;术兹贾尼书,Raverty 译本,Ⅱ,页1016;〔Nassau Lees 刊本,页348:Ḥiṣār Zāwulistān"扎乌利斯坦堡"〕。

② 指挥这次战役的蒙古将领的名字在不同的抄本与刊本中如下所记:术外尼书ГПБⅣ,2,34抄本作Kamj·k与Dalghur,Ханыков抄本作Mulghūr,Qazwīnī 刊本,Ⅱ,页136作Takj·k与Mulghūr;术外尼书,叶173作Bakāj·k,Qazwīnī 刊本,Ⅱ,页197作Takāj·k;Schefer, *Chrestomathie persane*, Ⅱ,142-3作Takj·k,Qazwīnī 刊本,Ⅰ,105作Takjūk;〔1928年英文版与此同〕。别列津教授读作Mukājik与Mulghār(此系拉施都丁书抄本中的读音,参看Березин 刊本,XV,原文,页121)。

③ Raverty 译本,Ⅱ,页1006;〔Nassau Lees 刊本,页334。〕

④ 此据术外尼书(ГПБⅣ,2,34抄本,叶150;Qazwīnī 刊本,Ⅱ,页137)(Dar Dasat二字在Qazwīnī 刊本中作Bar Dasat)。据拉施都丁书(Березин 刊本,XV,原文,页122;译文,页80),他们把马缰拴在腰带上;米尔洪德书(*Histoire des sultans du Kharezm*, Defrémery 刊本,页96)同此。

⑤ 此据术外尼书(ГПБⅣ,2,34抄本,叶151;Qazwīnī 刊本,Ⅱ,页138);参照拉施都丁书,Березин 刊本,XV,〔原文,页121-2〕;译文,页80-1。

⑥ 术兹贾尼书,Raverty 译本,Ⅱ,页1004;〔Nassau Lees 刊本,页343〕。

⑦ *Histoire du sultan Djelal ed-Din Mankobirti*,原文,页81;译文,页135。奈塞维竟至写出拖雷阵亡的故事,由此可见穆斯林夸耀自己的胜利到了何等狂热的程度。

奋地描述:“俘虏们被押到札阑丁面前,札阑丁命人用尖橛穿刺其耳,藉以泄忿。札阑丁至感快意,容光焕发。俘虏们今生饱受此苦,来生大难且将更甚于此,亦更久于此。”札阑丁的将领们因瓜分战利品而相
443 争,由此激起了札阑丁无法排解的民族情绪。赛福丁·阿格拉克、阿扎木-穆勒克与穆扎法尔-麦利克均弃其主君他去,继续留在札阑丁身旁的惟阿敏·穆勒克及其所统之突厥军而已①。

如拉施都丁的记载②可信,则成吉思汗获悉败讯后,仍泰然自若,面无忧色,只是说,“失吉忽秃忽狃于常胜,至今不解命运遇人何等冷酷,这番稍尝辛酸,异日当知审慎自处”。这时候,塔里寒已入蒙古人手中,因此成吉思汗得倾全力进击敌人。反之,札阑丁由于部将离散,已不能布阵作战,不过他总还有在兴都库什山各关隘堵截蒙古人的力量。我们不知道札阑丁为什么没有采取这一步骤,而竟在蒙古人面前一味后退,一直退到印度河岸。关于蒙古军移动的情况,第一手资料的记载不甚清晰。术外尼在叙述蒙古进攻时说③,成吉思汗于攻陷塔里寒以后在瓦利延接获败讯,立即整军出发,经古尔齐宛(Gurziwān)④到
R511 达帆延。成吉思汗在古尔齐宛遇到居民的抵抗,停留了整整一个月之久。围攻帆延时,成吉思汗钟爱之孙,察合台之子木阿秃干战死;成吉思汗为此严令破城后必须灭绝一切生灵,并改城名为莫八里(Mobāliq),意即“恶城”。术外尼在次章中⑤却说成吉思汗在部将战败后直向哥疾宁进发,且立即登程,以致“任何人都来不及准备食粮”。而在记札阑丁的一章与记阿敏·穆勒克及阿格拉克的一章中,术外尼

---

① 关于这一情况,参看术外尼书,ГПБⅣ,2,34 抄本,叶 151,172;Qazwīnī 刊本,Ⅱ,页 139,196;奈塞维,*Histoire du sultan Djelal ed - Din Mankobirti*,原文,页 81 - 2;译文,页 136 - 7;多桑,《蒙古史》,Ⅰ,页 303;〖冯承钧译本,上册,页 124 - 5〗。

② Березин 刊本,XV,原文,页 123;译文,页 81。

③ 术外尼书,Qazwīnī 刊本,Ⅰ,页 104 以下;Schefer,*Chrestomathie persane*,Ⅱ,页 142 - 3。

④ 舍费尔书与 ГПБⅣ,2,34 抄本,叶 46 作 Kurūrān,Ханыков 抄本中作 Kurdhwān;Qazwīnī 刊本,Ⅰ,页 105 作 Kurzwān。这里所说的大约是古尔齐宛(Guzarwān)境内的兰格堡,此堡守将为乌鲁格-汗(术兹贾尼书,Raverty 译本,Ⅱ,1003;〔Nassau Lees 刊本,页 343〕)。

⑤ Qazwīnī 刊本,Ⅰ,页 106。

又只字未及进军帆延事,仅在后一章中补加了一段不见于其他章节的叙述,说明失吉忽秃忽军之一部约10,000人至12,000人在与札阑丁对阵以前劫掠了当时没有军队驻防的哥疾宁城,焚毁大礼拜寺,杀害了许多城民①。拉施都丁说②,塔里寒堡被围七个月,堡陷后,成吉思汗前 444
往帆延;帆延被毁后,成吉思汗回军,与诸子同"在塔里寒山中度夏",入秋,"兵强马壮",始由塔里寒山中向哥疾宁进军。非自术外尼书取材的诸史家(伊本·阿西尔·术兹札尼与奈塞维)则根本不提攻克帆延事,只说成吉思汗从塔里寒直趋哥疾宁,且未详述直趋哥疾宁的路线。术兹贾尼在一段文字中③指出,成吉思汗取道加尔吉斯坦,因山区不能行车,故弃置辎重于营帐,留少量兵力看守。米尔洪德说④,成吉思汗从塔里寒经过安德拉卜(围攻安德拉卜一月之久),然后经过帆延,攻克帆延后再经过喀布尔以达哥疾宁。米尔洪德的这一报道,不知何自取材。在欧洲学者中间,多桑⑤认为成吉思汗于秋季从塔里寒进至古尔齐宛及帆延,其获悉将领们的败讯,即在驻跸帆延之时。雷沃蒂⑥得出这样的结论:帆延之围,实无其事,凡帆延(Bāmiyān)一名出现之处,均应读作瓦利延(Wāliyān),惟如塔里寒与八鲁弯果然位于这位学者所考定的方位,则成吉思汗非无可能自今马克河以南之麦门奈出
发,取道沙哈尔、巴伊、赫弗塔德－吉尔迪什山口以及巴勒哈卜、亚克瓦 R512
兰、菲鲁兹巴贾尔诸省以至帆延⑦。现在很难说帆延是到这时候始被攻陷,还是早在夏季已被攻陷;如其早在夏季已被攻陷,那么我们就必须承认,成吉思汗在攻克塔里寒堡以前已从塔里寒进至兴都库什山避

---

① 术外尼书,ГПБⅣ,2,34抄本,叶172;Qazwīnī刊本,Ⅱ,页196;参照术兹贾尼书,Raverty译本,Ⅱ,页1021;〔Nassau Lees刊本,页348－9〕。

② Березин刊本,XV,原文,页115－7,124－5;译文,页76－7,82－3.

③ Raverty译本,Ⅱ,页1071－2;〔Nassau Lees刊本,页371〕。

④ *Histoire des sultans du Kharezm*,Defrémery刊本,页97－9。

⑤ 多桑,《蒙古史》,Ⅰ,页294－6;〖冯承钧译本,上册,页121〗。

⑥ 术兹贾尼书,Raverty译本,Ⅰ,页290,注3;Ⅱ,页1020－1,注6;1025,注2。

⑦ 下文征引的资料说到有一部分辎重被留在巴格兰,这就让我们设想蒙古军还有一支是从吐火罗斯坦经过安德拉卜与喷赤施尔河流域行进的。

暑，只留部分兵力继续围攻该堡，而该堡之陷落当在秋季成吉思汗返回以后。不能说这种情况无其可能。

据拉施都丁的叙述，成吉思汗视察了八鲁弯战场，就阵地选择之不当切责诸将。成吉思汗没有遇到札阑丁的抵抗而占领了哥疾宁，得知札阑丁已于十五日前弃守此城。据术外尼的叙述，成吉思汗委任马八－牙剌瓦赤（Mābā Yalavāch[①]，显然不是马哈茂德－牙剌瓦赤）镇守此
445 城：但在札阑丁逃走后，复派窝阔台至哥疾宁。窝阔台奉父命采取了最严厉的手段处置先已归顺的哥疾宁城（术外尼没有说到城民降而复叛）。城民被驱至城外，除工匠没为俘虏外，余众扫数就歼[②]。术兹贾尼[③]也说到城民被屠，没有说哥疾宁初被占领的情况。札阑丁已退至印度河岸，下令准备渡船。这时候，由乌尔汗统率的苏勒坦军断后部队与蒙古军先头部队接战，穆斯林败绩[④]。奈塞维则谓札阑丁在加尔迪兹（哥疾宁城东一日程）亲自督军迎击并大败蒙古军先头部队。不问此役胜负谁属，可以肯定的是，它没有延缓蒙古军的前进，蒙古主力军在札阑丁备齐船只以前已进抵印度河畔。当时只有渡船一艘到达，供苏勒坦家属中的妇女先渡，但此船亦因波浪冲击而损毁。札阑丁的另一计划是再次取得已经离去的诸将领的协助，此项计划也未能实现[⑤]。

R513 据奈塞维书，印度河畔的决战发生于 1221 年 11 月 24 日[⑥]，水曜日。关于战场之所在，我们现仅掌握几条材料：一为术兹贾尼的记

---

① 此依舍费尔书（*Chrestomathie persane*，Ⅱ，页 143）；Qazwīnī 刊本，Ⅰ，页 106：Māmā Yalavāj。

② 术外尼书，Qazwīnī 刊本，Ⅰ，页 108；Schefer，*Chrestomathie persane*，Ⅱ，页 144；多桑，《蒙古史》，Ⅰ，页 310。〖冯承钧译本，上册，页 126－7〗。

③ Raverty 译本，Ⅱ，页 1042－3；〔Nassau Lees 刊本，页 355〕。

④ 关于此一情况，参看术外尼书（ГПБ Ⅳ，2，34 抄本，叶 151；Qazwīnī 刊本，Ⅱ，页 140）；多桑，《蒙古史》，Ⅰ，页 306；〖冯承钧译本，上册，页 124〗。

⑤ 奈塞维，*Histoire du sultan Djelal ed－Din Mankobirti*，原文，页 82－3；译文，页 138－9。

⑥ 据奈塞维书，在韶瓦勒月 9 日，（译文中作 8 日）；但是（公历 11 月 26 日）为金曜日。据术兹贾尼书及其他资料，在拉贾卜月（公历 8－9 月）；米尔洪德（*Histoire des sultans du Kharezm*，Defrémery 刊本，页 101）误记为 620 年。雷沃蒂已经指出这一错误（术兹贾尼书，Raverty 译本，Ⅱ，页 1049－50，注 2），虽然他不曾读过奈塞维的著作。

载①,据称札阑丁退至白沙瓦(此名读音尚有问题);一为奈塞维的记载②,谓札阑丁渡河后,受到山区术迪省统治者的攻击;又一为谢雷甫丁·叶兹迪关于帖木儿作战的记载③:帖木儿适在札阑丁与蒙古人交战处到达印度河岸,渡河后进入一草原,此草原因纪念札阑丁而得名楚勒-伊·札拉利(Chul-i Jalālī,雷沃蒂④谓此名今仍沿用),山区术迪省诸王公即在此地投顺帖木儿。雷沃蒂⑤认为可将戈拉-特拉普(Ghoṛātrap,直译"马跃")地方看作是战场所在,据雷沃蒂的意见,此地可能在苏勒坦渡河以后获得"马跃"之名。此地在尼拉卜渡口下方不远,现 446 在该处河面宽广而水流湍急,不能涉渡。雷沃蒂⑥也承认该处非与帖木儿渡河之地恰好相当,帖木儿渡河之地名丁叩特。

据奈塞维的记述⑦,札阑丁亲自指挥穆斯林中军猛攻蒙古人,使后者陷于混乱,成吉思汗亦已逃离阵地(?),但在埋伏中的10,000名把阿秃儿(参看上文R449)即于此时投入战斗,反攻由阿敏·穆勒克指挥的右翼,遂得转败为胜。札阑丁之子年方七、八岁,被蒙古人俘获杀害。札阑丁命人将他自己的母亲、妻子及其他命妇投入河中,免为蒙古人所得。苏勒坦本人跃马截流而渡,从此时至克服第比利斯时,苏勒坦一直宝爱此马不复乘骑。4,000名士兵随札阑丁到达彼岸;三日后,有被急流带到战地以下很远地点的300名骑卒来与札阑丁会合。

成吉思汗认为没有立即继札阑丁之后渡过印度河的必要。次年,成吉思汗派出一支20,000人的部队追踪苏勒坦,但这支部队仅进抵穆勒坦(Multān),因酷热未及破城而还⑧。1222年的军事活动,几以拔除 *R514*

---

① Raverty 译本,Ⅰ,页291-2。
② *Histoire du Sultan Djelal ed-Din Mankobirti*,原文,页86;译文,页142。
③ 谢雷弗丁·叶兹迪书,Pétis de la Croix 译本,Ⅲ,页45-7;参照加尔各答刊本,Ⅱ,页47。
④ 术兹贾尼书,Raverty 译本,Ⅰ,页293。
⑤ 同上书,Ⅰ,页292,注4.
⑥ 同上书,Ⅰ,页291,同上注。
⑦ Histoire du sultan Djelal ed-Din Mankobirti,原文,页83-5;译文,页139-41。
⑧ 术外尼书,Qazwīnī 刊本,Ⅰ,页112;Schefer,*Chrestomathie persane*,Ⅱ,页147。

山头堡垒为限，不在本书范围以内[①]。惟 1221 年呼罗珊境内发生的若干事件对河中有一定的影响，应在此处加以说明。

1221 年岁初，成吉思汗从塔里寒派遣拖雷略定呼罗珊境内诸城。如术外尼的记载[②]可信，成吉思汗此番仅分兵十分之一授予拖雷。拖雷从归降诸城中征发的兵力远较此数为多，因术外尼述及拖雷到达马鲁以前已拥兵 70,000 人[③]。自摩诃末离去后，呼罗珊境内事态发展与花剌子模、哥疾宁诸地略同，大权落入若干野心家、冒险分子手中，其中
447 有的梦想僭取王位，如马鲁城前民政长官（ḥakim and wazīr）穆吉鲁－穆勒克·谢雷甫丁·穆扎法尔[④]是。由于有着这样的形势，故拖雷得以在不及三个月的时间内完成任务，连陷呼罗珊境内三个最大的城市（马鲁、你沙不儿与哈烈）和其他许多较小的城镇。马鲁于 1221 年 2 月 25 日[⑤]被攻陷，除工匠 400 名外，其余居民悉杀无赦。蒙古人指派一位地方贵族埃米尔齐亚丁·阿里与蒙古部将巴儿马思镇守此城，使招抚幸免的城民，但这部分城民仍不免重遭蒙古军其他部队的毒手。你沙不儿城的命运更为凄惨，该城于 4 月 10 日土曜日陷落。由于脱忽察儿于 1220 年 11 月在此为守城士卒所射杀，现对该城进行报复。城民乞求宽宥，拖雷不许。城陷时，居民全数被屠，惟工匠 400 人获免。城坊夷为平地，复犁为田畴。蒙古人更留置一埃米尔，使率塔吉克人
R515 400[⑥] 名搜杀漏网居民[⑦]。哈烈受祸较轻，除 12,000 名花剌子模沙的军

---

① 关于这些活动，术兹贾尼书作了最详细的叙述，见 Raverty 译本，页 1043 以下；〔Nassau Lees 刊本，页 355 以下。

② Qazwīnī 刊本，Ⅰ，页 117 以下；Schefer，*Chrestomathie persane*，Ⅱ，页 151。

③ 术外尼书，Qazwīnī 刊本，Ⅰ，页 125；Schefer，*Chrestomathie persane*，Ⅱ，页 157；参照 Жуковский，*Развалины Старого Мерва*，页 51。

④ 关于此人，参看 Жуковский，*Развалины Старого Мерва*，页 49－50。

⑤ 据术外尼书（Qazwīnī 刊本，Ⅰ，125），在回历 618 年穆哈兰月 1 日。茹科夫斯基教授未曾举出确切时日。

⑥ 在舍费尔书中（*Chrestomathie persane*，Ⅱ，页 169）脱漏了 ṣad〖意为“百”〗字；参照术外尼书，Qazwīnī 刊本，Ⅰ，页 140。

⑦ 关于你沙不儿的遭际，参看术外尼书（Qazwīnī 刊本，Ⅰ，页 133－40；Schefer，*Chrestomathie persane*，Ⅱ，页 163－9）；多桑，《蒙古史》，Ⅰ，页 288－91；〖冯承钧译本，上册，页 116－20〗。奈（转下页）

队就歼外，居民无被杀者。蒙古人留蒙古及穆斯林长官各一人管辖此地[1]。

1221年下半年，札阑丁获胜的传说引起了呼罗珊一些城市的背叛，马鲁、哈烈二城亦在其列；马鲁城的背叛[2]发生于11月中旬。当时齐亚丁·阿里已去塞拉赫斯平定发生于该地的一次暴动，适于其时，巴儿马思又将工匠及其他俘虏移出马鲁准备解往布哈拉。居民们误以为此系巴儿马思已接获苏勒坦采取某种行动的消息而即将逃走，于是揭出叛旗。巴儿马思亲至城门召集贵族等会谈，贵族中无一人出面。巴儿马思捕杀他在城门近旁遇到的一些人，与亲随等离城前往布哈拉，亲随中见于记载的有火者穆哈齐卜丁·巴斯塔巴迪(Khwājah Muhadh- 448
dhib ad – Dīn Bāstabādī)[3]。巴儿马思卒于布哈拉，被他带来的马鲁居民即在布哈拉落户。齐亚丁返抵马鲁，将掠获物分赠居民，并派贝哈·穆勒克(马鲁城从前的领袖人物之一)之子与居民等相见，但是他避免与背叛蒙古人的诸首领建立过分密切的联系，同时他忙着修补城垣和子城。有一支蒙古军行抵城下，他予以殷勤的接待，留它驻在身旁。继有札阑丁护卫军的一员将领库什－的斤·佩赫雷宛(Kush – tagīn Pahlawān)[4]率领人数颇多的一支队伍到来，并包围了马鲁城。一部分“城内不良分子”背弃齐亚丁，投效库什－的斤，齐亚丁偕蒙古军退往麦拉加(Marāgha)堡[5]。库什－的斤占领了马鲁城，并着手修补城垣，恢复农耕。反对派邀请齐亚丁复返，后者返抵城门附近。库什－的斤

(接上页)塞维叙述该城运命的字句，大致与上述著作相同，不过按他的说法，直至回历618年底，你沙不儿始被攻陷，时在札阑丁逃往印度以后(*Histoire du sultan Djelal ed – Din Mankobirti*，原文，页54；译文，页92)。

① 多桑，《蒙古史》，Ⅰ，页292；〖冯承钧译本，页120－1〗。

② 茹科夫斯基教授的叙述中(*Развалины Старого Мерва*，页52)有些语句不甚确切。参照术外尼书，*Qazwīnī* 刊本，Ⅰ，页128以下；舍费尔，*Chrestomathie persane*，Ⅱ，页160－3。

③ 术外尼书中(Qazwīnī 刊本，Ⅰ，页129)作 Bāsnābādī。

④ 比较正确的读音当为库奇－的斤(Kuchtagīn，奈塞维书中即作 Kūj Tikīn；术外尼书中作 kushtikīn)。

⑤ 术外尼书印本中(Qazwīnī 刊本，Ⅰ，页129)作 Marghah.

闻讯,命人拘执齐亚丁,并向他勒索巨款。齐亚丁答以他已把钱财给了
“无耻之徒”,也就是给了那些昨天还为他战斗,此刻却归附了库什 -
的斤的人们。库什 - 的斤下令将齐亚丁处死,此后他集中力量发展农
业,诸般措施之中包括重修木尔加布河的堤坝。据奈塞维的记述①,库
R516 什 - 的斤日益强大,以至他能够从马鲁向布哈拉进军,攻杀留在布哈拉
的蒙古总督②。攻杀蒙古总督云云,不无可疑,因为术外尼书中提到的
努沙 - 巴思哈黑(Nūshā - basqāq)与瓦萨夫书中提到③的总督不花 - 不
沙(Būqā - Būshā,或作 Būqā - Nūshā)可能同为一人,虽然瓦萨夫也说
到不花 - 不沙是在窝阔台在位的时期出任总督的。蒙古人于 1222 年,
大约于是年夏末,平定了这次叛乱。哈剌札 - 那颜(Qarāja - noyon)④
到达塞拉赫斯,库什 - 的斤率士卒千人夤夜弃马鲁出走。蒙古人在森
449 格贝斯特村⑤(据茹科夫斯基教授的考证,此村位于塞拉赫斯与你沙不
儿之间)追及库什 - 的斤,杀其士卒甚众。库什 - 的斤本人得脱,据奈
塞维的记述,他逃到塞卜泽瓦尔,又由此逃到古尔干,在古尔干加入了
伊南奇 - 汗的部队,当时伊南奇 - 汗是呼罗珊若干城镇的统治者。三、
四日后,忽秃忽 - 那颜所部骑卒 200 人行抵马鲁,其中 100 人留驻城
下,并将情况报知驻扎在那黑沙不(那色波)的秃儿拜(Tūrbāy⑥,一作
秃儿台 Tūrtāy)与哈拜 - 亦勒赤(Qabāy⑦ - Ilchi,一作哈台 - 亦勒赤

---

① *Histoire du sultan Djelal ed - Din Mankobirti*,原文,页 68;译文,页 115。

② 奈塞维书译文中误作“garnison”(原文中作 Shaḥnat)。

③ Hammer - Purgstall 刊本,Ⅰ,页 25;〔孟买刊本中作不花不沙〕。

④ 或哈剌察 - 那颜(Qarācha - noyon),术外尼书印本中(Qazwīnī 刊本,I,页 130)作哈剌察赫 - 那颜。

⑤ 术外尼书印本中(Qazwīnī 刊本,Ⅰ,页 130)误作 Sankpūst。这是很著名的地方,有阿尔斯兰 - 贾齐卜建造的拉巴特,阿尔斯兰 - 贾齐卜是与哥疾宁朝居主马哈茂德同时的人;参看拉文迪书,Īqbāl 刊本,页 92,还可参看关于废墟的记述:Diez, *Churasanische Baudenkmäler*,页 52 以下。森格贝斯特西北距麦谢德一日程。

⑥ 从名字的拼音来看,这里所指的就是 1222 年春季在印度统率蒙古部队的那个人。他的名字在术外尼书印本中(Qazwīnī 刊本,Ⅰ,页 112)作 Tūrbāy Tuqshī 与(同书,页 130)Turbāy。在舍费尔书中(*Chrestomathie persane*,Ⅱ,页 147,162)作 Turtāy,在 ГПБ Ⅳ,2,34 抄本与 Ханыков 抄本中作 Turdāy,与 Tūrdā,在拉施都丁书中(Березин 刊本,XV,原文,页 128,130)作 Daryāy 与 Dūryāy;别列津教授(同上书,XV,译文,页 85,86)读作 Durbay。

⑦ 术外尼书印本中(Qazwīnī 刊本,Ⅰ,页 130)作 Qabār。

Qatāy – Ilchi)诸将领。五日(?)后,秃儿拜率军 5,000 人到达马鲁,其中有一位地方上的总指挥名胡马云,号阿克 – 麦利克。蒙古军很快地攻入城内,屠杀居民,据称此番死难者达 100,000 人之多。阿克 – 麦利克奉命搜杀残存居民,他甚至比蒙古将领更彻底地进行搜杀;不幸的人们先被禁闭在施哈比经文学院内,继从屋顶上被掼下毙命。尽管如此,马鲁城在蒙古人离去后仍得恢复,处于"某埃米尔之子"阿尔斯兰的管辖之下。此后有一位土库曼人从奈萨来到马鲁,受到城民的拥戴。他编成一支 *R517*
10,000 人的军队,统治马鲁六个月之久。据奈塞维的记载[1],这位土库曼人名塔术丁·欧马尔·本·马斯乌德,除马鲁外,他也管辖阿比韦尔德与哈尔坎二地。据术外尼的记载,他甚至一度远征,谋夺取蒙古人在麦尔韦鲁德、喷赤迪赫与塔里寒等地储存的辎重。同时他包围了由本地王朝后裔努斯雷特丁·哈木扎·本·穆罕默德统治的奈萨城。塔术丁在奈萨城突然遭到来自亚齐尔(参看上文 R497)方面的进攻,奈萨子城守军同时出击,塔术丁战死。哈剌札 – 那颜率军 1,000 人从塔里寒向马鲁进军,显然没有遇到抵抗,入城大掠。接着忽秃忽 – 那颜又率领包括哈拉吉斯人与阿富汗人在内的大军 100,000 人(?)到达;忽秃忽 – 那颜更加残暴地对待居民,马鲁城最后残存的生灵亦被灭绝。

在巴里黑与马鲁被毁以后,阿母河以南各省发生的骚乱不再扰及 450
河中地区的安宁。从此河中境内不逞之徒只能够结成伺隙骚扰的匪帮,不复有攻城略地的力量。关于这期间河中方面以及成吉思汗东返的情况,在中国道士长春真人的一位门人所写的长春真人行纪中有着一些报道[2]。

长春真人道冲德著的令誉,传到了成吉思汗耳中。1219 年夏季,当成吉思汗尚驻跸也儿的石河岸的时候,他派人征召真人前来相见。

---

① *Histoire du sultan Djelal ed – Din Mankobirti*,原文,页 99;译文,页 165。

②《长春真人西游记》,Кафаров 译本;英语译文见 Bretschneider, *Researches*, Ⅰ,页 35 以下(后一译文均标公历纪年)。

从成吉思汗后来对长春真人提出的问题看来，这位战胜者关于道家的丹（哲人之石）只有字面的了解，他只希望从真人手中得到“长生之药”[①]，虽则长春真人所属的教派只是在精神世界觅取养生秘诀，只是要凭钻研哲理达到清静无为。长春真人的某些语句表明，在他迎合成吉思汗的意愿的同时，他也梦想对这位战胜者施加影响，谏止他继续作战、涂炭生灵[②]。

R518 长春真人一路行经蒙古、畏兀儿地、固勒札区与七河流域，于1221年11月行抵塞蓝。蒙古人行军期间不断修整道路，彼时的路政比现在还要好些。长春真人渡过了楚河上的板桥、塔拉斯河上的石桥[③]。从行程的记述来看，锡尔河以北曾经受到花剌子模沙摩诃末蹂躏的地区到这时候已经重新有人居住；行纪中提到，远至撒马尔罕的各地王公均为土著[④]，任何地方都不见有蒙古长官或蒙古戍军。就今所知，塞蓝之见于文献，当以在此书中为最早[⑤]；行纪中提到塞蓝的建筑物中有小塔
451 一座，但笔者于记述归途时已称塞蓝为大城[⑥]。行纪还说到，11月20日正值塞蓝土人庆祝新年，实则人们正在庆祝开斋节（Bayrām），1221年的开斋节开始于11月18日。是日土人“结伴而行，互相道贺”，这种习俗，至今未改。当时锡尔河上有一浮桥；在塞蓝与锡尔河之间，行纪提到有城两座；第一座城距塞蓝三日程，续行一日至第二座；由第二座至锡尔河岸二日程。过了锡尔河，有长约70英里（二百余里）的饥饿草原。草原以南，到达撒马尔罕以前，旅行家们又经过五座城镇。各地

① 长春真人书，Кафаров 译本，页320；Bretschneider, *Researches*, I, 86；〖《海宁王静安先生遗书》本，卷上，叶45〗。

② 长春真人书，Кафаров 译本，页329；不见于 Bretschneider 译文。

③ 长春真人书，Кафаров 译本，页307－8；Bretschneider, *Researches*, I, 页72以下；〖《海宁王静安先生遗书本》卷上，叶33－8〗。

④ 长春真人书，Кафаров 译本，页308－10；Bretschneider, *Researches*, I, 页74以下；〖《海宁王静安先生遗书本》本，卷上，叶38－9〗。

⑤ 仅有的例外为马哈茂德·喀什噶里的著作（撰于哈里发穆克塔迪在位的时期，1075－94年），马哈茂德·喀什噶里将塞蓝与伊斯菲贾卜视同一地（*Dīwān lughāt at-Turk*, I, 页78）。

⑥ 长春真人书，Кафаров 译本，页336；Bretschneider, *Researches*, I, 页98（此处没有说到该城的面积）；〖《海宁王静安先生遗书》本，卷下，叶8〗。

都有穆斯林王公头目远接高迎，招待殷切。

长春真人等一行于 12 月 3 日渡过泽拉夫尚河，由撒马尔罕东北门入城。撒马尔罕的景况不如上述诸城镇，在遭受蒙古人荼毒以后，人口数目仅及旧日四分之一。穆斯林不得自营田园，必须与汉人、哈剌契丹人及其他人等共同经营；城内诸长官亦从诸色人中选任。城总管阿海（Ahai）籍出哈剌契丹，号为太师。长春真人与成吉思汗交谈，他充任翻译，可见此人通晓汉族文化。阿海起初住在花剌子模沙摩诃末所建、尚未竣工的新宫（参看上文 431）中，后因撒马尔罕附近“艰食”[①]，盗贼多有，乃移居泽拉夫尚河以北。

在长春真人到达撒马尔罕以前不久，“土寇”毁坏了阿母河上的浮 R519
桥。这显然是札阑丁战胜后反抗蒙古人的穆斯林之所为。长春真人在撒马尔罕停留到 1222 年 4 月 26 日，其后再次从 6 月中旬住到 9 月 14 日，第三次从 11 月初住到 12 月 29 日；因此他和他的同行者能就撒马尔罕及其居民的情况作出确切的记述。从他们的记述中可以看出：尽管撒马尔罕遭受到蒙古人的蹂躏，但当地人民的生活并未脱离常轨。男女听到穆安津（mu’adhdhins）的呼声，依然急忙奔向礼拜寺（当时尚许可妇女参加公众礼拜），不参加礼拜仪式的人，要受到严厉的惩罚。回历拉马丹月内的夜宴照常举行。巴扎尔上货物充斥，长春真人以诗
纪实云：“满城铜器如金器。”[②]1222 年春季，这些中国人出游郭西，撒 452
马尔罕的西郊景色最为绮丽，这大概就是巴布尔称之为“库勒 - 伊 · 马加克”[③]的地方，亦即今安加尔斯克州的库勒 - 伊 · 马吉延。这里“随处有台、池、楼、阁”，间以蔬圃，园林景物之盛，过于中国中原地区[④]。另

---

① 长春真人书，Кафаров 译本，页 310 – 1，410；Bretschneider，*Researches*，Ⅰ，页 78 以下（此处没有提到获得食物的困难）；〖《海宁王静安先生遗书》本，卷上，叶 40；卷下，叶 6〗。

② 长春真人书，Кафаров 译本，页 326 – 7（不见于 Bretschneider 译文）；〖《海宁王静安先生遗书》本，卷下，叶 2〗。

③ *Бāбур – Нāме*，Ильминский 刊本，页 60；Вяткин 选译本，页 36；*Memoirs of Bābur*，Beveridge 刊本，叶 48b；译本，Ⅰ，页 82。

④ 长春真人书，Кафаров 译本，页 316； Bretschneider，*Researches*，Ⅰ，页 80 以下；〖《海宁王静安先生遗书》本，卷上，叶 41 – 3〗。

一方面,1222 年 9 月,城东出现叛匪约 2,000 人(这多半是泽拉夫尚山民),夜夜火光照城,人心浮动①。当长春真人于 11、12 月最后一次住在撒马尔罕的时候,常以供给他的粮食的剩余周济饥饿的农民,此外也还施粥,所全活之人为数甚多②。

1222 年 4 月底,长春真人往见成吉思汗。前此不久,阿母河两岸的交通已告恢复,因是年岁初,察合台重新搭成浮桥,歼灭了叛乱者③。3 月间,成吉思汗驻跸兴都库什山以南,得报长春真人离开撒马尔罕,四天以后,过碣石城。经过铁门时,万户博儿术(播鲁只)奉成吉思汗
R520 命率蒙古及穆斯林战士 1,000 人亲自护送。过铁门后,长春真人南行,护送他的军队转而北入大山,对"贼"作战;由此可见,住在苏尔罕河诸上源流域的山民还没有完全被征服。长春真人等乘船渡过苏尔罕河与阿母河;当时苏尔罕河两岸林木茂盛。5 月 16 日,到达成吉思汗的行在,其地与他们渡过阿母河的渡口相距仅四日程。

成吉思汗向长春真人询问"长生之药",长春真人答称,"有卫生之道,而无长生之药"。成吉思汗闻言,并无失望之色,而只是赞美他很诚实。成吉思汗原定 5 月 25 日问道,但其后闻报,穆斯林叛乱者
453 在山区活动,遂将论道日期推迟到 11 月。长春真人因此折返撒马尔罕。前此由于盛夏将临,成吉思汗已启程在向"雪山"移动,长春真人曾在若干日内追随蒙古军,嗣决乞还旧馆。长春真人返回撒马尔罕时,行经另一条路,一位穆斯林酋长("回纥酋长")率 1,000 骑从行,道经大山,山有"关口",甫经蒙古人占领不久。据长春真人的描述,这一山峡位于阿母河以南,比铁门那条路更为艰险。途中,这位中国人遇到了出征西方归来的一支蒙古部队,用银二镒(中国的镑)

---

① 长春真人书,Кафаров 译本,页 328(不见于 Bretschneider 译文);〖《海宁王静安先生遗书》本,卷下,叶 3〗。

② 同上书,页 332;Bretschneider, *Researches*, I,页 96(原文被压缩);〖《海宁王静安先生遗书》本,卷下,叶 6〗。

③ 长春真人书,Кафаров 译本,页 315;Bretschneider, *Researches*, I,页 80;〖《海宁王静安先生遗书》本,卷上,叶 41〗。

从兵士手中购得珊瑚近50株①

9月,长春真人取道碣石渡阿母河,护送他的军队有所增加,计步卒1,000人,骑兵300人。他没有经过铁门,走了另一条路,但后来他又从西南方行近铁门,途中他看到一个盐泉,还看到一座山上有红盐如石。和先前一样,他们乘船渡过阿母河,复前行,经过残破了的巴里黑城,"其众新叛去,尚闻犬吠"。9月28日,长春真人到达在巴里黑以东不远的成吉思汗的行宫,在一段时期内,他伴随成吉思汗的御帐而行,成吉思汗此时正从穆斯林地区首途东返故土②。

我们从术兹贾尼的叙述③中得知,札阑丁逃走以后,成吉思汗为了消灭赛福丁·阿格拉克与阿扎木-麦利克的军队,仍在印度河畔停留了三个月之久。成吉思汗有意取道印度、喜马拉雅山与吐蕃北返,并为此而遣使赴德里与苏勒坦谢木斯丁·伊勒图特米什洽商。 *R521*
术兹贾尼不曾详述这次遣使的细节,也不曾言及使者所得结果如何。山间道路正被积雪封锁;同时成吉思汗又接到唐古忒王背叛的消息,因此成吉思汗决定循来时原路东返;此外,卜者也劝说成吉思汗不要进入印度。假如成吉思汗确曾在印度河畔停留了三个月,那么,他从白沙瓦到喀布尔之行,当于1222年2月底或3月初启程。遵照他的命令,清除了山口积雪。关于成吉思汗此后的行程,术兹贾尼的概念 454
也很混乱;他说成吉思汗道出喀什噶尔,实则成吉思汗根本没有到过这座城市。

术外尼也说④,成吉思汗原意要到印度,后来仍循原路东返;在他离开印度河岸以前,下令军中:俟俘虏等收割了一定数量的稻谷以后,

---

① 长春真人书,Кафаров 译本;页318-23; Bretschneider, *Researches*, Ⅰ,页82-8;〖《海宁王静安先生遗书》本,卷上,叶44-7〗。

② 长春真人书,Кафаров 译本,页328-30; Bretschneider, *Researches*, Ⅰ,页91-3;〖《海宁王静安先生遗书》本,卷下,叶3-5〗。

③ Raverty 译本,Ⅱ,页1043-7,1081;〔Nassau Lees 刊本,页355-6,页375。〕

④ Qazwīnī 刊本,Ⅰ,页109以下;Schefer, *Chrestomathie persane*, Ⅱ,页144-7;多桑,《蒙古史》,Ⅰ,319-23;〖冯承钧译本,上册,页128-9〗。

要把他们全数杀掉。这一故事的细节，不无可疑之处（如所熟知，后来在帖木儿身上流传着同样的故事）[①]。此事如果属实，术兹贾尼不会无所闻知，更不会不加以记载，特别因为术兹贾尼向不讳言蒙古人如何残暴。在这以前，术外尼曾说[②]，成吉思汗把俘虏和工匠等交由忽秃忽－那颜率领；如上所述，1222－23 年间，忽秃忽－那颜率领的一支成分复杂的队伍正在马鲁活动，在这些军事行动中，俘虏无疑有一定的用处。可以断言，成吉思汗随时在听取呼罗珊和阿富汗方面发生的一切情况的报告，他也知道若干城镇和山中堡垒尚待围攻；那么，他势须保全这些俘虏的性命，这即便不是出于人道主义的考虑，至少也是为了利用这些俘虏的力气。

依照术外尼的记载，成吉思汗越过"帆延诸山"，行抵巴格兰，先前他曾将一部分辎重储存此处。他在这一带草场上度过了夏季，入秋始北渡阿母河。术外尼的这段记载，如我们已经看到的，与长春真人的记载完全符合。上文述及，早在 1222 年 5 月，成吉思汗已驻跸距阿母河较近之地，可是在这以后，他仍然选定更靠近兴都库什山的一个地点作为驻夏的场所。1220 年，成吉思汗曾在那色波附近驻夏，此刻他如真想急返蒙
R522 古，那么，自应再次赶到那色波附近。成吉思汗所以停留在巴格兰的原因，史家没有说明，而且从他们的记载来看，1222 年内也不曾有任何由成吉思汗亲自主持的军事行动。成吉思汗交给将领们的任务是摧毁山中的各堡垒，维护交通和转运辎重；总的说来，将领们圆满地完成了这一任务，蒙古主力部队，即便像在阿富汗北部这样的地区，也不曾有一次陷入困境，这些事实都为成吉思汗的军事天才提供了有力的证明。蒙古人在辎重方面的损失，似以在塔里寒遭受的一次最为严重。如上所述，成吉
455 思汗在向哥疾宁进军时，曾将辎重留在塔里寒。加尔吉斯坦境内阿施亚尔山堡的守将埃米尔穆罕默德·马拉加尼（Muḥammad Maraghanī）[③]，发

① 谢雷甫丁·叶兹迪书，Pétis de la Croix 译本，Ⅲ，页 90；加尔各答刊本，Ⅱ，页 92。
② Qazwīnī 刊本，Ⅰ，页 108。
③ 术兹贾尼书之加尔各答刊本中（Nassau Lees 刊本，页 371）作 Emil Muḥammad Maraghaẓī。

兵袭取此项辎重，尽其力之所及运走若干车黄金及其他财物，也抢走了军马多匹，还释放了大批俘虏。蒙古人围攻他的山堡凡十五阅月，终于在 1223 年岁初将堡垒攻陷。1222 – 23 年间，蒙古人也夺取了加尔吉斯坦境内所有其他堡垒①。

1222 年秋，成吉思汗渡过阿母河，在撒马尔罕过冬。察合台与窝阔台此时驻在泽拉夫尚河口附近的哈剌 – 库勒，以猎鸟为事，每星期用骆驼五十峰把猎获的鸟类送交他们的父亲。东归途中，他们提议举行一次规模更大的狩猎（可能是为了补充口粮之不足），所有王公都要参加，并令术赤从乞卜察克方面将野驴驱赶过来。1223 年春，成吉思汗继续前进；在锡尔河岸上与察合台、窝阔台相会，并在此召开了一次忽鲁勒台（会议）；又术赤也来到亚历山大山脉以北的库兰 – 巴施（Qulān – bashī）平原②和他的父亲相见，他曾执行了关于驱赶野驴的命令，现又带来白马 20,000 匹以为觐见献礼。蒙古人在草原上度过 1223 年整个夏季，在这里，他们也对某些畏兀儿将领进行了一次审讯，判处死刑；关于这些将领的罪名，各书均未提及。

长春真人的叙述③，不但基本上证明了术外尼所言属实，而且也有助于我们更确切地探索成吉思汗的行程。蒙古军于 1222 年 10 月 6 日
通过一座浮桥渡过阿母河。10 月 20、24、28 日，成吉思汗三次宣召长 *R523*
春真人入帐论道，命阿海充任翻译，并命左右记录下来长春真人的谈话。11 月初，他们返抵撒马尔罕，长春真人仍居苏勒坦故宫，蒙古人则扎营于城东约 10 英里（30 里）的地点。成吉思汗在撒马尔罕停留的时
日并不像术外尼的记载让我们推想的那样长。我们不知道蒙古人离开 456

① 术兹贾尼书，Raverty 译本，Ⅱ，页 1072 – 7；〔Nassau Lees 刊本，页 371 – 2。〕

② 关于库兰草原，参看 Каллаур，*Древние местности*，页 2。术外尼在叙述阿儿浑的行程时再次提到了库兰 – 巴施的方位（《原文史料选辑》，页 118；Qazwīnī 刊本，Ⅱ，页 251 作 Qulān Tāshī；同书，Ⅰ，页 111 作 Baqlān Tāshī。舍费尔书中（*Chrestomathie persane*，Ⅱ，页 147，4）误作 Baflan，应作 Ghalān。猎场的界标，术外尼书称之为 Ūtūqā（?）。

③ 长春真人书，Кафаров 译本，页 330 – 6；Bretschneider，*Researches*，Ⅰ，页 94 – 7；〖《海宁王静安先生遗书》本，卷下，叶 5 – 8〗。

撒马尔罕的确切日期,因为经长春真人请求,成吉思汗许可他"或在先,或在后,任意而行"①。但是根据他的叙述,1223 年 1 月底,成吉思汗的营帐已在锡尔河右岸。无论如何,术外尼和长春真人的记载都表明与米尔洪德书中②摘引的一位失名作家的说法相反,成吉思汗在归途中并未经过布哈拉。

依长春真人的叙述,成吉思汗在 1223 年春季等候他的儿子们的地方是一道大河的岸旁,距塞蓝三日程,那么,这多半是奇尔奇克河河岸。在这里,3 月 10 日,成吉思汗行猎于"东山"之下,马踣失驭,险为野猪所伤。长春真人乘机劝谏成吉思汗年事已高,宜少出猎。成吉思汗接受他的劝告,但又说不能立即放弃这一旧习;此后两月,成吉思汗没有出猎。4 月 11 日,长春真人终于未待诸皇子齐集而辞别了成吉思汗。

关于成吉思汗从库兰－巴施草原返回蒙古的行程,术外尼③只说成吉思汗秋季启行,春季回到他的斡耳朵。拉施都丁书④、《元史》⑤以及《元朝秘史》⑥一致记载成吉思汗于 1225 年才回到蒙古,所不同的只是《元史》与拉施都丁书谓在是年春季,《元朝秘史》则谓在是年秋季。十分可能,他是在也儿的石河岸上度过 1224 年的夏季的,这与《元朝秘史》的记载相符。

成吉思汗离开西方时,还不曾彻底征服西方诸国,全面树立起蒙古
R524 的统治;但在河中与花剌子模,从 1223 年起,已不复有人尚敢反抗蒙古人的号令。伊本·阿西尔⑦与术外尼⑧一致证实:由于河中方面确立了

---

① 〔长春真人书,Кафаров 译本,页 332〕; Bretschneider, *Researches*, Ⅰ,页 95;〖《海宁王静安先生遗书》本,卷下,叶 6〗。
② *Vie de Djenghiz－Khan*,Jaubert 译本,页 166。
③ Qazwīnī 刊本,Ⅰ,111;Schefer, *Chrestomathie persane*, Ⅱ,147。
④ Березин 刊本,XV,〔原文,页 142－3,175〕;译文,页 94,118。第二段译文中,译者在第六行误增"夏"字,原文中(页 175)无此字。
⑤ 《元史》,Бичурин 译文,页 127。
⑥ 《元朝秘史》,Кафаров 译本,页 149;〔Козин 刊本,页 189〕;〖《四部丛刊三编》续集卷 1; §264〗。
⑦ Tornberg 刊本,Ⅻ,页 323;СМИЗО,Ⅰ,页 38。
⑧ Qazwīnī 刊本,Ⅰ,页 75;Schefer, *Chrestomathie persane*, Ⅱ,页 118－9。

蒙古的统治，故河中诸城镇从战争破坏下得到恢复，远比呼罗珊与伊拉克诸城镇为迅速。历史事实也证明：河中居民在十三世纪后半期与十四世纪初叶紊乱时期蒙受的灾难，比蒙古进攻时期带来的破坏 457 有着更持久、更深远的影响。蒙古进攻时期被害最烈的莫过于花剌子模，然而即便是花剌子模也在一定程度上渐复原状。在征服花剌子模以后，术赤任命上文（R482）提到的赤因－帖木儿为花剌子模的长官（八思哈），这一任命意在将呼罗珊与马赞德兰也一并交于赤因－帖木儿管辖①。术赤显然料想呼罗珊与马赞德兰亦将并入他的封地以内。他未能如愿以偿，未能阻止花剌子模的京城被毁；但正如伊本·阿西尔所说的②，在短短的时期内，古尔干只废墟附近出现了一座新的大城。古儿干只一名被蒙古人改为兀笼格赤（Urgench）③，后一名称沿用至今没有变更。前已述及，十世纪时，古儿干只位于阿母河左岸；十三世纪初，当它成为一个庞大帝国的京城的时候，它跨越阿母河，或者说跨越该河派分出来的一条河道的两岸，中赖一座桥梁相联。新城兀笼格赤，有如阿布勒－加齐在其著作的许多章节④中所述，建筑于注入里海的阿母河之另一河道的右岸。今天的库尼亚－兀笼格赤（Kunya－Urgench）是到十九世纪才兴建的⑤。兀笼格赤城为横贯欧、亚的道路上最重要的商业中心之一⑥，然而，尽管如此，花剌子模的恢复仍颇缓 R525 慢；水坝长期没有修复，在三个世纪的时期内，阿母河能够注入里海。

---

① 术外尼书，ГПБⅣ，2，34 抄本，叶 180；Qazwīnī 刊本，Ⅱ，页 218。

② Tornberg 刊本，Ⅻ，页 323；СМИЗО，Ⅰ，页 38。

③ 拉施都丁书，Березин 刊本，XV，原文，页 104；译文，页 69。依据术外尼书之见于 Schefer，*Chrestomathie persane*，Ⅱ，页 136 的原文与见于 Qazwīnī 刊本，Ⅰ，页 96 的原文，可以推断兀笼格赤一名在蒙古人到来以前业已出现；但在几个抄本中，读音均作 Kurkānj。

④ 这一点在阿布勒－加齐书中（*Histoire des Mogols et des Tatares*，Desmaisons 刊本，原文，页 225；译文，页 241）说得特别清楚。毁灭于蒙古人之手的古尔干只废墟是与当时存在的新城分别提到的。

⑤ Талкин，*Материалы*，页 161。据基发官方编写的史书，库尼亚－兀笼格赤建立于 1831 年；参照 Бартольд，*Орошение*，页 99。关于旧城的诸废墟，还可参看 Кун，*От Хивы до Кунграда*，页 211－6（从 Hilālī 到 Kunya－Urgench）与页 216－8（从 Kunya－Urgench 到 Khojeili）。Landsdell，*Russian Central Asia*，Ⅱ，页 341－8 关于诸废墟的叙述即取材于此书。

⑥ Yule，*Cathay*，Ⅱ，页 287－8。

伊本·巴图塔说[①],花剌子模都城(兀笼格赤)与布哈拉之间,延伸着一片草原,草原上只有一个居民点,即柯提(Kāth)小镇,伊本·巴图塔的这一记载最能够表明蒙古治下的花拉子模和萨曼时期的花拉子模比起来已经衰落到什么程度。

成吉思汗诸子,除留在自己的辽阔封地以内的术赤以外,余皆随从
458 成吉思汗东归。术赤显然企图建立一个与帝国的中心分立的王国,这是他们父子失和的原因。依据术兹贾尼的记述[②],术赤如此喜爱乞卜察克地区,以致他决定拯救这个地区免遭蹂躏;他告诉他的侍从人员说,他的父亲已经发昏,遂至毁灭那么多的国家和人民;因此,他,术赤,打算乘成吉思汗出猎的时机把他杀掉,并与穆斯林缔结同盟。察合台探悉这一计划,屡向成吉思汗告密,于是成吉思汗下令暗中毒杀术赤。在其他原始资料中,只有拉施都丁说到成吉思汗父子间的一次冲突[③]。术外尼则只不过说,在库兰-巴施聚会以后,术赤返回自己的领土,未几身死[④]。据拉施德丁的记述,术赤奉命征服"北方各省",亦即哲别与速不台二将仅率军经过的地区;但术赤没有执行这一命令。成吉思汗东归途中,召术赤来见;后者答称,由于患病,不能成行。是时,某来自西方的蒙古人声称他曾亲见术赤行猎;于是成吉思汗认定术赤蓄意抗命,遂派察合台与窝阔台进讨,并准备亲征。适在此时,传来了术赤的死讯。

拉施都丁还说,一份资料谓术赤年仅二十岁,另一资料称其年在三十至四十岁之间。1206年,成吉思汗第三子窝阔台已举一子[⑤],术赤身为长兄,1225年时,不会在四十岁以下。拉施都丁未曾言及术赤的死
R526 期;根据一项较晚的报道[⑥],他比他的父亲早死六个月,亦即死于1227

① 伊本·巴图塔书,Ⅲ,页19-20。
② Raverty译本,Ⅱ,页1101;〔Nassau Lees刊本,页379。〕
③ ГПБ V,3,1抄本,叶187-8;Blochet刊本,页132以下;多桑,《蒙古史》,Ⅰ,页353-4;〖冯承钧译本,上册,页142〗。
④ ГПБ Ⅳ,2,34抄本,叶95;Qazwīnī刊本,Ⅰ,页221。
⑤《元史》,Бичурин译本,页298。
⑥ 此据兀鲁伯的简史(*Shajarat al-Atrāk*,不列颠博物馆藏抄本,叶108;Miles译本,页196)。雷沃蒂谓在回历624年拉比阿Ⅰ月(术兹贾尼书,Raverty译本,Ⅱ,页1102,注3)。

年2月；如此报道属实，则成吉思汗接到他的死讯时，当已在唐古忒境内，因为按照拉施都丁的记述[①]，1225年秋季，成吉思汗到达唐古忒（中国史书的记载[②]谓在1226年秋季），此后他未能返抵蒙古而卒。关于成吉思汗获悉其子死讯的颇具诗意的传说[③]，无待赘言，全无任何历史价值。

---

459 成吉思汗卒于1227年8月[④]，得年七十二岁。他不仅给他的后嗣遗留下一个靠征服得来的广大帝国，而且还给他们遗留下缔造这个帝国的指导原则。靠我们现在掌握的资料来为这位可畏的征服者刻画出一副忠实、全面的形象，这是一项很难完成的作业。如果我们从事描绘他的后裔，我们的工作应当较易为力，因为在他的后裔们身上，有些历史家已经找到了把他们看作是建设性人物、而不是破坏性人物的根据。即如拔都，在俄国诸编年史家眼中，只不过是"凶猛的野兽"[⑤]。可是另一方面，拔都不仅从蒙古人本身中间得到了"善良的汗"（赛因汗，sain khan）[⑥]的称号，而且也在全然无意称颂蒙古人的穆斯林[⑦]及亚美尼亚[⑧]诸作家中间博得了仁慈、公道、明智一类的赞扬。对于历史人物，只有在我们从各个不同方面了解了他们的生活以后，才能够为他们作出恰如其分的评价，不但评价历史人物如此，进而评价一个民族也是如

---

① Березин 刊本，XV，〔原文，页142－3，175〕；译文，页94，118。

② 《元史》，Бичурин 译本，页132。

③ 《原文史料选辑》，页163－4（*Shajarat al－Atrāk*）。

④ 术外尼书（ГПБⅣ，2，34 抄本，叶63；Qazwīnī 刊本，Ⅰ，页144）谓在拉马丹月4日（公历8月18日）；多桑书亦然（《蒙古史》，Ⅰ，页381；〖冯承钧译本，上册，页149－50〗；杰马勒·卡尔希书（《原文史料选辑》，页136）谓在拉马丹月10日（公历8月24日）。据拉施都丁的叙述（Березин 刊本，XV 原文，页177；译文，页119）可以推断，成吉思汗死之日较上述为早，因在拉马丹月14日，其尸体已运抵蒙古。

⑤ Карамзин，*История государства Российского*，Ⅳ，页10。

⑥ 〔在赛因汗这一称号中，"赛因"的意义大约不应解释为"善良的"或"贤明的"，而应解释为"去世不久的"、"已故的"或"令人悼念的"。因此，它多半是身后追加的称号。——J. A. B. 〕。

⑦ 术兹贾尼书，Raverty 译本，Ⅱ，页1171－2；；〔Nassau Lees 刊本，页406－7〕。

⑧ Магакия 书，Патканов 译本，*История Монголов*，页18。〔此书作者，从前传为僧人 Magakia，近经考证，知其为 Grigor of Akner. 参看 Blake 与 Frye 的新刊本，原文，页312；译文，页313。〕

此;对于个别人物或民族,单以孤立的事实和他们的活动的某些方面为根据而遽下判断,这种作法是完全不合科学处理的精神的,尽管不幸的是,虽在最晚近的历史家著作中也还会遇到这样的作法。长春真人和蒙古人的会晤①表明,即便是十三世纪的蒙古人,有的时候也像今天
R527 的吉尔吉斯人一样地好客和性情和善,虽然这绝不阻止他们在另一些场合以其残忍好杀引起整个世界的警惧。不过以当代游牧生活的和平气象与其去今未远的残暴嗜杀相比,也曾引导一些旅行家推想,这些民族可能经历了一次"变形",这就是说,已经变得和过去大不相同。

关于成吉思汗的仪表,术兹贾尼和孟珙都作过细腻的描述。术兹贾尼所与交谈的一些人②曾在蒙古军进攻呼罗珊的时候亲眼见到成吉思汗,当时成吉思汗年已六十五岁。术兹贾尼从他们得知,成吉思汗身材高大,体质强健,有"猫般的眼睛",当时两鬓略有灰发。根据孟珙的记述③,成吉思汗异于其他蒙古人之处,在于他身体魁梧而广額长髯。至于成吉思汗精神方面最显著的特征,则是他的非凡的自我克制能力,
460 在任何情况下决不为偏激的感情冲动所支配。像所有的战胜者一样,只要成吉思汗认为对于巩固他的统治有其必要,他可以杀人如麻,漠然无动于衷;但在我们确实掌握的可靠材料的范围内,我们从未发现他在哪些行动中显露过不必要或无意义的残忍,他没有像札阑丁下令对被俘的蒙古人酷施非刑的那类举动。旅行家们时常指出,野蛮人表现了天真活泼,爽朗自然,但在外来人面前却又竭力抑制一切表情,以免有损于自己的尊严。在享乐上无求不得、在地位上无人不敬的成吉思汗的后裔们就在追求享乐或考虑维护自己的尊严两点上都容易走向极端。在这些君主中间,有的从来不许自己脸上浮出笑容,只知道让臣民

---

① 长春真人书,Кафаров 译本,页 288;Bretschneider, *Researches*, Ⅰ,页 52;〖《海宁王静安先生遗书》本,卷上,叶 17〗。

② Raverty 译本,Ⅱ,页 1077;〔Nassau Lees 刊本,页 373〕。

③《元朝秘史》,Кафаров 译本,页 217。

等凛然生畏，如察合台与贵由即是[1]。有的则听任游牧人生而具有的旺盛活力充分展现，强烈地显示出自己活着也让人活着的愿望；一团和气地接见任何臣民，以恢宏、豪迈的气概赢得人们的欣慕，可是他们，像拜伦的剧中人萨丹纳培拉斯(Sardanapalus)一样，纵容自己在众目睽睽之下从欢乐流于放荡，乃至损害了君主的庄严，如窝阔台即是，察合台汗答儿麻失仑[2]在一定程度上也属于这一类型。独有成吉思汗并不曾偏向任一极端。他的气魄足以感召所有持不同意见的人接受他的意见，也能使他的军队如此严格地遵守纪律，正如术兹贾尼这位蒙古人的仇敌说过 R528
的[3]，盗窃与撒谎不会在他的军队中发生；同时，成吉思汗却又完全符合英雄们慷慨好义的理想标准；蒙古人这样说他："铁木真君主脱衣赏人，下马赠人。"[4]术兹贾尼记载了[5]成吉思汗与卡孜瓦希杜丁·布申吉的会谈，表明成吉思汗在听到他不喜欢的话语的时候如何控制住自己的愤懑。成吉思汗像自己的臣民一样，也十分喜欢饮酒，甚至在他的训言中也不曾把饮酒说成是必须戒绝的恶习[6]；孟珙书中说到的[7]成吉思汗"罚"中国使节饮"六杯"的场面，使我们忆及彼得大帝设宴的故事。孟珙还说到蒙古汗出师，恒有女乐随行；长春真人的行纪中[8]也提到了汗侧侍女。与帝国境内其他事物无异，蒙古军队、将领以及成吉思汗本 461

---

① 关于贵由的性格，参看普朗·加尔宾书 Beazley 刊本，页127；〔Малеин 译本，页58－9〕；术外尼书，Qazwīnī 刊本，Ⅰ，页213；拉施都丁书，Blochet 刊本，页252以下。

② 关于答儿麻失仑，参看伊本·巴图塔书，Ⅲ，页33－9。〔"察合台汗"应作"察合台后王"。——V. M.〕。

③ Raverty 译本，Ⅱ，页1079；〔Nassau Lees 刊本，页374〕。

④ 拉施都丁书，Березин 刊本，XIII，原文，页160；译文；页98。

⑤ 术兹贾尼书，Raverty 译本，Ⅱ，页1041－2；〔Nassau Lees 刊本，页353－4。——据这位卡孜的叙述，听到成吉思汗以杀人如麻自豪，他曾大胆地加以指责，当时成吉思汗勉强压住了心头怒火，但此后对他露示了明显的恶意，以致他为了保全自己的性命，不得不相机逃离了成吉思汗的行在。〕

⑥ 拉施都丁书，Березин 译本，XV，〔原文，页186－8〕；译文，125－7。

⑦《元朝秘史》，Кафаров 译本，页234。〖罚中国使节饮酒六杯事，见孟珙(应作赵珙)，《蒙鞑备录》燕聚舞乐条(《海宁王静安先生遗书·蒙鞑备录笺证》本，叶18〗。

⑧ 长春真人书，Кафаров 译本，页273；Bretschneider，*Researches*，Ⅰ，页43；〖《海宁王静安先生遗书》本，卷上，叶6〗。

人进御姬妾一事,也经过了严密的组织[①]。成吉思汗年逾古稀,智力迄无衰退迹象,这也证明,在情欲方面,他比他的后裔们较有节制。

成吉思汗的卓越的组织能力,在一点上特别值得我们注意:直到老死,他对所有文化迄无任何了解,除了蒙古语,他不懂得任何其他语言[②]。因此,关于组织帝国问题,他当然只能从游牧的征服者如何统治文明各族的观点来加以考虑。被统治的文明各族是由上天交到蒙古人手中的,以便蒙古人利用他们的劳动得来收入,而蒙古人也仅仅为此才保护他们[③]。诚然,在流传到今天的成吉思汗的遗训中,既没有完全肯定的吩咐,也没有颁布过如早年的奥斯曼人相传－乌古斯－汗曾经颁
R529 布过[④]的"要永远游动,永远不要定居下来"的命令,可是,不容置疑,永远游动正是成吉思汗的心愿。无论如何,成吉思汗的[⑤]札撒(法律)到十四世纪依然在这种意义上被人征引。由成吉思汗看来,农民与工匠不过是那么一些原料,对他们的主人,亦即蒙古人,说得更确切些,对蒙古人的首脑们有些用处。成吉思汗只为他自己、为他的后裔和为他的最近的亲随工作着,毫无任何迹象可以证明他有为国为民效劳的思想,甚至他也没有呈现在鄂尔浑碑文中的那种类型的为国为民的思想[⑥]。可是另一方面,人类精神文化已经形成为一种力量,这种力量不可能完全留在被统治者手中。游牧生活与人类文化二者不能相容,缺乏调和这两种对立物的对策,乃是成吉思汗的政治体制中最大的弱点,也是这一体制终于崩溃的主要原因。不过他留给帝国的组织毕竟能在他死后四十年中维持帝国的大一统局面于不坠,并且在帝国分裂为若干国家

---

① 术外尼书,ГПБⅣ,2,34 抄本,叶 12;Qazwīnī 刊本,Ⅰ,页 24;多桑,《蒙古史》,Ⅰ,页 416－7;〔冯承钧译本,上册,页 160－1〕。

② 术兹加尼书,Raverty 译本,Ⅱ,页 1114;〔Nassau Lees 刊本,页 386〕。

③ Магакия 书,Патканов 译本,页 11;〔Blake 与 Frye 刊本,原文,页 300;译文,页 301〕。

④ 拉文迪书,土耳其文译本,页 28(不见于波斯语原文)。

⑤ 哈姆杜拉·哥疾云尼,*Ta'rīkh－i Guzīdah*,ЛГУ,No. 153 抄本,叶 472。(不见于 E. G. Browne 的影印本)。

⑥ Мелиоранский,*Памятник в честь Кюль－Тегина*,页 70(阙特勤碑东面第 26 及 27 行);Radloff, *Die alttürkischen Inschriften der Mongolei*,页 17;Thomsen, *Inscription de l'Orkhon*,页 106,107。

以后，成吉思汗家族也还能在这些国家以内维持统治达几个世代之久。想到他的儿子和孙子们没有一个人继承下他那非凡的才能，这一点就 462
更值得我们深思。成吉思汗在生前就选定了自己的继承人，这一选择再次证明了他的英明和远见。他不惑于拖雷的军事天才，也不惑于察合台恪遵他的施政基本原则的情况，而毅然决然属意于宽厚和煦、深孚众望的窝阔台。父亲的坚强意志既未为任何一个儿子所继承，在他身后势须出现大汗家族全体成员联合共治的局面，在这种局面下，要想保持帝国的统一，那掌握最高权力的就必须是一个假如不是凭聪明才智和意志力量，便是凭素孚众望的道德品质来团结汗族全体成员的人。关于这些考虑，成吉思汗本人有着什么样的想法，我们未便妄加推测。我们所可断言的是，根据所有的文献记载，窝阔台在他父亲生前已被宣布为储君，而在他君临期间，宗王大臣等在行使权力上所表现的罕见的一致，以及臣民所过的比较安康的生活，都证明窝阔台未曾辜负他的天才的父亲寄托在他身上的期望。

蒙古帝国的组织如何影响中亚的历史发展，帝国的机构在帝国的 R530
诸继承国中有着哪些遗存，这些无疑都是研究起来极饶兴味的问题；不过对这些问题给予全面的解答，已可作为写一部专著的任务①。

---

① 〔在这里我们应当说明，尽管如我们已在《前言》中指出的，瓦·弗·巴托尔德的这部研究著作得到了很高的评价，但是他的关于蒙古征服曾为前亚与中亚地区带来了什么样后果的见解则迄未为苏维埃史学界所赞同。巴托尔德显然对于蒙古军队造成的巨大破坏以及其所导致的经济与文化衰退估计不足，特别是见于伊本·阿西尔、术外尼、拉施都丁的著作与其他史料中的与蒙古征服相伴随的蹂躏与荒废乃至蒙古人税敛的苛刻与繁重，也都被他过分低估了。苏维埃史学界通常否认蒙古征服具有积极的历史意义，此有下记苏维埃诸历史家的著述可为例证：Али – заде，*Социально – экономическая и политическая история Азербайджана*（第三至五章）；Беленицкий，*К вопросу о социальных отношениях в Иране*；Греков 与 Якубовский，*Золотая Орда*，页 47 – 56，247 – 58；Заходер，*История восточного средневековья*，页 109 – 15；Насонов，*Монголы и Русь*；Петрушевский，*Земледелие*，页 29 – 54，67 – 83，324 – 39，340 – 414（第一、二、七至九章）；Толстов，*По следам*，页 294 以下；Якубовский 为 *История народов Узбекистана* 一书撰写的第一卷，页 306 – 32（即第四编，第三章）；前人为 *История Узбекской ССР* 一书撰写的第一卷，第一分册，页 279 – 303（即第三编，第八章）。还可参看 И. М. Майский 的论文（*Чингис – хан*），这篇论文对成吉思汗所起的历史作用与蒙古征服所产生的后果作了评价。〕

R531
463

第五章 〔蒙古人统治下的突厥斯坦 (1227－1269年)〕①

窝阔台还在他的父亲生前已被指定为汗储;汗位短期虚悬之后,他在1229年(牛儿年)由忽鲁勒台隆重地拥践汗位②。至于谁在成吉思汗去世以后、窝阔台即位以前的时间内摄理国政,对此仅在汉文史料中有一些记载。据汉文史料,是时拖雷监国;拖雷系在契丹籍大臣耶律楚材的敦促下始勉依所请,召开忽鲁勒台。这位契丹籍大臣所起的作用如此重要,并无其他史料可资证实,甚至耶律楚材的名字亦为其他史料所未载。

汗位继承人的选择,再次显示了成吉思汗特有的知人之明。与诸弟失和的术赤,即便在其父生前已无入选之望。因此,成吉思汗只能在其他三子中间进行选择。三子之中,就性格论,自以处事不稍宽假、执法雷厉风行的察合台为酷肖其父。就战功论,或就将兵能力论,拖雷无疑远在诸兄之上。然而成吉思汗深知,两兄弟具有这些品质,可以善于推行政令,却不足以君临辽阔的帝国并确保宗室的和睦,而后者实为维系游牧国家大一统局面所必须具备的条件。确保宗室的和睦,可以靠像成吉思汗那样天才的、强有力的人格的影响,也可以靠一位气度恢

---

① 〔此据瓦·弗·巴托尔德手稿(Архив АН СССР, ф. 68, оп. 1, No. 12, 共25双面书写叶)初次刊布。本章原稿无标题,迳从"窝阔台还在他的父亲生前已被指定为汗储"叙起。〕

② 据蒙古－汉文年代记,此次忽鲁勒台举行于鼠儿年(公历1228年)。参看《元朝秘史》,Кафаров译本,页152;〔Козин刊本,页191〕;〖§269〗。

宏、从而能使宗室与庶民翕然归心、成为众所爱戴效忠的人物的影响。符合这一条件的就仅有窝阔台一人。 R532 窝阔台不是札撒的严峻的执行者,嗜酒远过成吉思汗规定的限度。窝阔台不以善于将兵见称,也不像他父亲那样频频亲自出征。窝阔台即位后,在哈剌和林及其近郊度过大部分时光,藉汉籍工匠和穆斯林工匠之力大兴土木。但是,成吉思汗了解,窝阔台宽仁服众,因此,他抛开军事领袖拖雷和札撒的严峻执行者察合台,而遴选窝阔台继承汗位。

窝阔台在位期间征服新国度的活动,对我们说来没有多大意义:战 464 事发生于中国、西亚、欧洲,而我们此刻对其历史有着研究兴趣的地区——突厥斯坦,除窝阔台在位末年曾镇压布哈拉叛乱(参看下文)之外,一直平静无事,然而窝阔台组织和治理他父亲所创建的帝国的种种措施,对我们来说,当然具有重大意义,因为这些措施影响到蒙古人的整个国家。

所有历史资料,包括绝不瞻徇、乃至敌视蒙古诸汗的历史资料①,无不称扬窝阔台的宽厚仁慈;在窝阔台君临期间,我们完全看不到他的后嗣们在位时期那样频繁发生的可怕的刑讯和残暴的诛戮。当然,窝阔台还是不能摆脱他那个时代的影响,他毕竟是一个继续以人献祭的民族的子弟。不过,无论如何,在他君临期间,对具有危险性的显贵人物加以暗害的事件,确实远比他父亲在位时为少了。即便是《元朝秘史》②也只指责他有过一次这种暗杀活动:窝阔台为了报复私仇,把赤胆忠心的朵豁勒忽③秘密杀害了。这位朵豁勒忽是成吉思汗的伴当之一,是拉施都丁多次提到的征服中国的一位将领。此外术外尼也讲到

---

① 术兹贾尼书,Raverty 译本,Ⅱ,页1106;〔Nassau Lees 刊本,页380〕。

② Кафаров 译本,页159;〔Козин 刊本,页197〕;〖§281〗。

③ 忙忽部(Manqu 或 Manquq)的朵豁勒忽为最早投附成吉思汗的人员之一(《元朝秘史》,Кафаров 译本,页60;〔Козин 刊本,页107〕;〖§120〗),后来为掌管护卫的四官人之一(同上书,Кафаров 译本,页126;〔Козин 刊本,页170〕;〖§227〗)。拉施都丁(Березин 刊本,XV,原文,页211;译文,页141)述及来自阿鲁剌氏族(Arulat clan)的朵豁勒忽－扯儿必(Tūqūlqū Cherbi)任千户长。据拉施都丁书,窝阔台在位时期,朵豁勒忽参加了征服中国的战役,见 ГПБ Дорн 289 抄本,叶156;亚洲博物馆 a 566(D 66)抄本,叶178;〔Blochet 刊本,页21－4 及以下〕。

窝阔台曾凌虐过某一整个部落，当时谣传窝阔台将从该部落抽调少女
R533 若干人遣嫁异方；该部落成员闻知后，为避祸计，在本部落内自相约婚，而且确有几对男女仓卒结为夫妇。窝阔台闻讯后，命将该部落七岁以上的青少年妇女集中一处，使在其父兄丈夫面前遭受凌辱。窝阔台自纳若干人为妃嫔，以若干人分赐别乞和在场的蒙古人与穆斯林，余众遣送妓院以及供使节们停宿的驿站①。

这种处置未必就是窝阔台恣意妄为；部落内部通婚是违反蒙古和突厥游牧人的习惯的②，上述情况正是汗对于违反了民族习惯的部落施加的惩罚。此外，也很难说这个部落的违法行为肇端于什么样的谣言，恰与多桑的推测相反，这些蒙古人绝不至于不愿让他们的女儿婚配其他部落的男子。可能是他们担心汗将强迫他们与某一为敌氏族结亲。也有可能，此事与窝阔台下令准许并鼓励蒙古人与穆斯林通婚有关③。

窝阔台君临期间，游牧王国中严格贯彻术外尼所说的家族共治原则，殆为任何其他时期所不及。在所有大规模出征中，四个兀鲁思各派
465 一名亲王从役。在将呼罗珊的民政事务交付赤因－帖木儿掌管时，各兀鲁思也选派代表常驻赤因－帖木儿左右④。在征服中国期间，得自
R534 各州邑的财货均分赐诸王的军队⑤。当提出设置站赤问题时，各兀鲁

---

① 术外尼书，ГПБⅣ，2，34 抄本，叶 83－4；〔Qazwīnī 刊本，Ⅰ，页 190－1〕；多桑，《蒙古史》，Ⅱ，页 98；〖冯承钧译本，上册，页 207〗。《元史》1237 年条下（Бичурин 译本，页 272）亦简略言及此事，称“东翼诸部中流言”〖见《元史·太宗本纪》九年六月条〗。《元朝秘史》（Кафаров 译本，页 159；〔Козин 刊本，页 199〕；〖§281〗）指责窝阔台不应“取斡赤斤叔叔百姓的女子”，大约亦系讽喻此事。我见到的术外尼书与拉施都丁书都没有说此事与斡亦剌惕部有关，谓与斡亦剌惕部有关者惟有多桑书。

② 蒙古人中间没有部落内部通婚的例子。据蒙古－汉文年代记，诸把阿秃儿皆娶他部之女为妻；有的把阿秃儿使其子婚于子之母所属的部落。有几个部落以其女与汗室为婚，乃是这些部落的特权。

③ 术兹贾尼书，Raverty 译本，Ⅱ，页 1107；〔Nassau Lees 刊本，页 380－1〕。

④ 术外尼书，ГПБⅣ，2，34 抄本，叶 181；〔Qazwīnī 刊本，Ⅱ，页 218－9〕；大汗所派代表为 kul－bulāt，拔都所派代表为 Nūsal；察合台所派代表为 Qizil Būqah，拖雷寡妻莎儿合黑帖尼－别吉所派代表为 Yāka。

⑤《元史》，Бичурин 译本，页 260。

思又派员参预站赤计划的执行①。

成吉思汗在位与窝阔台在位的差别以及窝阔台施政的意向所在，蒙古人本身亦知之甚悉，据《元朝秘史》记载②，窝阔台说过这样的话："我成吉思皇帝艰难创立国家，如今教百姓每安宁快活，休教他辛苦"。这种安定全国，保护生民使免遭压迫、盘剥的企图，正是窝阔台所以采取置探马赤(tangmachi)、定税率、立站赤等重要措施的原因。

当窝阔台以得自中国的土地分封诸王时，耶律楚材曾劝窝阔台撤销此项命令，及切谏无效，这位契丹大臣又建议至少要派遣朝廷官员到各地代诸王收税，禁止诸王直接向百姓征收。窝阔台采纳了这一建议③。所派官员显然就是探马赤④恰如蒙古－汉文年代记所记⑤，"各 R535

---

① 拉施都丁书，ГПБ Дорн 289 抄本，叶161；亚洲博物馆 a 566 (D 66)抄本，叶183；〔Blochet 刊本，页42〕，大汗所派为必阇赤 Qurīdāy，察合台所派为 Tāyjīurtāy Īmalkachīn，拔都所派为 Sūqūmūlachitāy，拖雷寡妻莎儿合黑帖尼－别吉所派为 Alchīqah。

② Кафаров 译本，页157；〔Козин 刊本，页197〕；〖§279〗。

③《元史》，Бичурин 译本，页260，265。

④ 据中国史书(同上书，页260)，"汗命在各地设达鲁花赤，朝廷置官吏收其租"。《元朝秘史》(Кафаров 译本，页155；〔Козин 刊本，页194〕；〖§274〗)在叙述了拔都征服东欧诸国以后，说到他在那里"立达鲁花赤探马赤官镇守而回"。修士大司祭鲍乃迪指出(同上书，Кафаров 译本，页255－6，注)，原文中的"达鲁花赤与探马赤连在一起合为一个名词，甚误"。达鲁花赤为一个省区的长官，探马赤乃其属僚。据鲍乃迪的解释(同上书，页255，注)，"探马赤为蒙古族将官，指挥由外族(如契丹、突厥或其他诸族)编成的部队。实际上，探马赤一职即因部队而得名，探马(tangma)意即部队"。参照别列津为拉施都丁书(XV，页181)所作注释；在汉文、亚美尼亚文与格鲁吉亚文记载中，时常遇到"temaji"一词(参看马加基亚书，Патканов 译本，页30)，其意义并非完全明确。拉施都丁书中，tamā 一词指早年派往西方用以征服或镇守某地的军队而言；因这些军队的到来为时较早，故亚美尼亚诸作家曾称之为老军。在中国记载中，这样的军队负有相同的任务，被称为探马赤。由此可见，tamāchi 的意义为负有 tama 即"镇守"任务的兵士，负有相同任务的官长亦以此称为职衔。蒙语 dem 意为"帮助、增强"，动词 tamaku 意为"聚集"。拉施都丁书，Березин 刊本，XV，原文，页229。

〔"业经决定，派往镇守伊朗的军队，还有那些同样为了执行镇守任务跟随撒米－那颜 Sami-Noyan 驻扎在克什米尔、巴达哈尚省区与巴里黑境内的军队，均应由旭烈兀调遣"(参照别列津译文，XV，页142)。〕〔这种军官的正式职衔应为探马赤(tamachi/tammachi)意即一个探马(tama/tamma)的司令官。所谓探马，系指辅助部队的兵士而言，兵士们本身非蒙古人，而司令官则为蒙古人。此种部队通常执行围困敌军、护送给养及保卫边疆等任务。参照 G. Doerfer, *Turkische und mongolische Elemente im Neupersischen*, Wiesbaden，1963，页255－7，No. 130。——C. E. B.〕。〖《元史・兵志一》(标点本，页2508)："若夫军士，则初有蒙古军、探马赤军，蒙古军皆国人，探马赤军则诸部族也。"〗

⑤《元朝秘史》，Кафаров 译本，页159；〔Козин 刊本，页199〕；〖§281〗。

城池内立探马赤镇守了”。鲍乃迪神父谓探马赤即八思哈①,其说大约得实。又据蒙古-汉文年代记②,不仅在中国境内设置了探马赤,此职也设置在前亚诸被征服地区。探马赤有时也受命掌握军权,例如窝阔台怒其子贵由无礼,有意把他遣往外方,便说,“教去边远处作探马赤,攻取坚城,受辛苦者”③。直接听命于汗的还有更辽阔的省区的统治者,这些省区之中不仅有处于特殊地位的呼罗珊,而且还有驻在忽毡的马哈茂德·牙剌瓦赤以汗的名义代行统治的河中④。察合台擅自召回马哈茂德,在汗加以责问时,察合台恳求宽宥。汗接受了察合台的谢罪,即将河中授予后者作为“引者”(injü)⑤。由此可见,在不实行蒙古主一人独揽治国大权的情况下,即便设置探马赤以及直属于汗的镇守官,这一措施也不会起多大的作用。

拉施都丁以定税率、立站赤诸事系于1235年⑥(羊儿年)⑦举行的忽鲁勒台。拉施都丁⑧只提到田赋(收成的10%)和牧民捐或科敛(忽
R536 卜赤儿,qubchur,畜群的1%)两种税收,得自这两种税收的粮食与牲畜

---

① 《元朝秘史》,Кафаров译本,页255(注释)。〔八思哈(basqaq)=“总督,在汗与属民的关系上,特别是在税务方面,充任汗的代表”。八思哈为突厥语,达鲁花赤为蒙古语,二语同义,参照Doerfer,上引书,Ⅰ,页319-23,No. 193,与Ⅱ,*Tuskische Elemente im Neupesischen*, Wiesbaden,1965,页240-3,No. 691.——C. E. B.〕。

② 同上书,Кафаров译本,页155;〔Козин刊本,页193〕;〖§274〗。

③ 同上书,Кафаров译本,页156;〔Козин刊本,页194〕;〖§276〗。

④ 〔术外尼书,Qazwīnī刊本,Ⅰ,页86。〕

⑤ 拉施都丁书,ГПБ V.3,1抄本,叶196;ГПБ Дорн 289抄本,叶189;〔Blochet刊本,页196;《原文史料选辑》,页124-5〕。由于马哈茂德·塔拉比作乱的时候,马哈茂德·牙剌瓦赤尚在河中,可知牙剌瓦赤被召回,系在回历636年(公历1238年8月14日至1239年8月2日)以后。

〔引者(injü)=汗及其家族所保留的土地,文献中(例如拉施都丁书)常作khāss-injü.——C. E. B.〕。

⑥ 据汉文记载,是年在哈剌和林建城,参看《元史》,Бичурин译本,页253:“从前蒙古人以此地为聚会的场所,今则筑有城墙,周约五里。”

⑦ 〔下文所述蒙古征服者采用的赋役制度,巴托尔德后来在其所撰《Персидская надпись на стене анийской мечети Мануче》(圣彼得堡,1911年)的专题论文中作了比较详尽的阐释。〕〔巴托尔德的这篇重要论文于1931年由Abdülkadir Inan转为土耳其文,于1951年复由W. Hinz转为德文。C. E. B.〕。

⑧ 拉施都丁书,亚洲博物馆a 566(D 66)抄本,叶183;ГПБ Дорн 289抄本,叶161;ГПБ V.3,2抄本,叶1057;〔Blochet刊本,页42;《原文史料选辑》,页121〕。

均用以救济贫困①。至于塔尔古(targhu)②与商税二者,仅见于中国史籍,二者是否在整个帝国境内普遍征收,已不可考。在中国,每二户出 466
丝一斤以与国用,每五户出丝一斤以与蒙古贵族。中国按户纳税,田赋视地之肥瘠而异,每亩(1 亩等于 1,200 平方英尺)输粮 2.5 至 5 升。商税取货价的 1/30。此外,亦立盐法,盐每 40 斤收银一两。在当时人们心目中,赋税不为繁重③。

诸游牧民族的驿传,其为用与诸有文化的亚洲国家的驿传迥然不同。我们从未看到管理驿传的蒙古官员受命监察地方官吏的事例。蒙古的驿传专供运送使臣与急递文书之用;设立驿传一则为了不至误事,二则为了不使外出执行公务的人员欺压百姓④。为了防止这些人员骚扰百姓,主要在无人居住的地方设置驿站。每千户出母马一匹和司"牧、挤"的人一名,人、马均以时常川交替。除有特别紧急事务,或值

---

① 忽卜赤儿的这种用途,在蒙古 – 汉文年代记中也被提到了(《元朝秘史》,Кафаров 译本,页 158;〔Козин 刊本,页 197〕;〖§279〗)。〔关于忽卜赤儿,参看 Barthold,"Die persische Inschrift an der Mauer der Manūčehr – Moschee zu Ani,"页 260 – 2 与 G. Doerfer 书,Ⅰ,页 387 – 92,No. 266。看来蒙古人曾在被征服地区扩大征收忽卜赤儿的范围,不分农村或城市,凡已负有上交哈兰(qalan)义务的居民,亦须缴纳忽卜赤儿。I. P. 彼得鲁舍夫斯基认为忽卜赤儿已变为一种丁税,无论穆斯林或非穆斯林,均须缴纳,不得违抗。——C. E. B.〕。

② 〖伯希和认为"targhū"应读作"torghū",后者系《元朝秘史》§135 之"torqan"(torghan,脱儿罕)的异体字;"脱儿罕"亦非织物的通称,而为一种"纻丝织物"(见所撰 *Notes sur le《Turkestan》*,页 52;冯承钧,《西域南海史地考证译丛》,三编,页 44 – 5). 如 targhū 果系 torghan 之误书,自应为一种丝织物的名称,如其兼为一种税收的名称,亦当因此种税收与丝或丝织物具有关联之故。《元史·食货志一》科差项下称(标点本,页 2361):"科差之名有二,曰丝料,曰包银。其法各验其户之上下而科焉。丝料之法,太宗丙申年始行之。每二户出丝一斤,并随路丝线、颜色输于官;五户出丝一斤,并随路丝线、颜色输于本位。包银之法,宪宗乙卯年始定之。初汉民科纳包银六两,至是止征四两,二两输银,二两折收丝绢、颜色等物。"由此可见,丝料与包银二者均与丝或丝织物密相关联。参看 H. F. Schurmann,*Economic Structure of the Yüan Dynasty*, Cambridge,Mass,1956 年,页 88 – 92,103 – 5(注 1 – 5);H. F. Schurmann,"Mongolian Tributary Practice of the Thirteenth Century"载 *Harvard Journal of Asiatic Studies*,vol. XIX,1956 年,页 312 – 21,360 – 8。〗

③ 《元史》,Бичурин 译本,页 264 – 6。

④ 这两种原因也在术外尼书中被提到了(ГПБⅣ,2,34 抄本,叶 13;〔参照 Qazwīnī 刊本,Ⅰ,页 24 – 5:"为了使臣们的行程不至因在驿路上换马不便而有迟误,也为了使军队与农民都不至常受骚扰。"——C. B.〕);又在蒙古 – 汉文年代记中被提到了(《元朝秘史》,Кафаров 译本,页 158;〖§279〗:"使臣往来沿百姓处经过,事也迟了,百姓也生受。"〔参照 Козин 刊本,页 196〕)。

驿站缺乏马匹,使臣们不得通过住人的牧区①。

窝阔台想使使臣们到达驿站后,不但可以找到交通工具,而且可以得到食品供应;因此必须在各站修建仓廪,以供糇粮,并向各站驱送羊只以供肉食。依照术外尼的记述②,每二万户应维持一个札木(yam),
R537 即站。蒙古人称驿传为兀剌格(ulagh);此外,又区分普通驿传及专向京都转运日用所需的驿传,前者称巴亚特(bayat)或提颜－纳亚特(tiyan－nayat),后者称纳里特(narit)或巴林－塔里特(barin－tarit)③。从哈剌和林至中国境内的驿路计设驿站三十七处,站与站相隔5法尔萨赫(约30俄里),每站置铺兵1,000人。在这一驿路上每天转运的生活资料达500车,卸入仓库储存。用于转运的大车均系特制,各驾犍牛六头④。在这种情况下,在成吉思汗时期兴起的和西方的谷物贸易当已停止;哈剌和林所需粮食已完全仰给于中国;忽必烈与阿里不哥交战时期,蒙古首都出现了饥荒,其原因即在于从中国方面输入粮食暂时中断⑤。

据蒙古－汉文年代记⑥,在其他各条驿路上,也修建了仓廪府库;此外,又命令自各地发民伕"看守用于赏赐的金帛器械仓库等"⑦。仓库是否一律设于驿站以内,今已不得而知。

---

①《元朝秘史》,Кафаров 译本,页158;〔Козин 刊本,页197－8〕;〖§279〗。

② 术外尼书,ГПБⅣ,2,34抄本,叶13;〔Qazwīnī 刊本,Ⅰ,页24〕。

③〔关于站赤业务的名词解释,参看 G. Doerfer 书,Ⅰ,页513－5,No. 380(narin yam),与Ⅱ,页102－7,No. 521(ulagh). Narin = 阿拉伯－波斯语 khā ṣṣ,此言"属于汗的";tiyan 大约同于拉施都丁书中的 tayan。——C. E. B.〕。

④ 拉施都丁书,亚洲博物馆 a 566 (D 66)抄本,叶185;ГПБ Дорн 289抄本,叶163;ГПБⅤ,3,2抄本,叶1059;〔Blochet 刊本,页49;《原文史料选辑》,页121〕。多桑,《蒙古史》(Ⅱ,页65;〖冯承钧译本,上册,页198〗)亦言及此事而语甚简略。拉施都丁书中 Ikatī 与 sarmah 二字大约来自动词 Ikamak"套(车)"与 Sarmak"拖曳"。蒙古－汉文年代记(《元朝秘史》,Кафаров 译本,页159;〔Козин 刊本,页198〕;〖§280〗提到的"内铺",显然与此一驿路有关。各站依照规定置备的马、羊、车辆和牛只,如有短少者,即将家财一半没官。此外,蒙古－汉文年代记还提到(出处同上)每一站有骆驼二十峰〖按原文作"每一站设马夫二十人",骆驼二十峰云云,非是〗。

⑤ 拉施都丁书,ГПБ ДорнⅤ,3,1抄本,叶218;ГПБ Дорн 289抄本,叶214;〔Blochet 刊本,页393〕。

⑥《元朝秘史》,Кафаров 译本,页159;〔Козин 刊本,页198〕;〖§280〗。

⑦ 同上书,Кафаров 译本,页158;〔Козин 刊本,页197〕;〖§279〗。

窝阔台的上述措施不曾带来预期的效果。依规定，急递人员"遇有特别紧急的事务"得行经住人的地区，这就是说，得调用居民的马匹。这一规定为各色各样的徇私舞弊开了方便之门。又急递人员向驿站索要马匹也不曾限定数目。最后，为了私事旅行的商贾，在蒙古官吏的庇护下，也往往乘用驿马。只是到了蒙哥即位以后，才限定任何急递人员向驿站要马不得超过十四匹；禁止为私事出行的人乘用驿马；又严禁急递人员征用民间马匹①。 467 R538

在对地方镇守和课税官吏缺乏监督的情况下，税额的规定同样不过具文而已。窝阔台无异于穆斯林的诸哈里发和苏勒坦，因兴修宫殿和沉湎于游宴而用财无度，因此他最赏识那些给他送来最多财货的地方官，不暇过问黎民百姓为提供这些奉献而付出了何等代价。为了大兴土木和终日饮宴而取资于民，即便有对地方官加以监督的可能，窝阔台也未必同意实行监督。在中国，窝阔台准许一名穆斯林奥都·剌合蛮买扑课税，耶律楚材力谏不从②；看来，在帝国其他地区也同样准行包税制度。关于蒙古人如何向被征服地区敛取贡物，我们可以从俄国历史文献中得到足够的了解。蒙古－汉文年代记③还提到窝阔台的另一措施，由于这项措施仅对游牧人有着重要意义④，故中国与穆斯林历史家均未言及。这就是窝阔台决定拨给牧民一些地段作为牧场，为此而命各千户选派代表。有二位官人——察乃与畏兀儿台受命踏验"先

---

① 拉施都丁书，ГПБ Дорн，Ⅴ，3，1 抄本，叶 208；ГПБ Дорн 289 抄本，叶 205；Blochet 刊本，页 311－2；多桑，《蒙古史》，Ⅱ，页 265－6；〖冯承钧译本，上册，页 254〗。

② 《元史》，Бичурин 译本，页 281。亚金甫解释专名有误，应从阿贝尔－雷暮沙的解释，见所撰 Yeliu－thou－thsai。（据术外尼书，ГПБⅣ，2，34 抄本，叶 87；〔Qazwīnī 刊本，Ⅰ，页 199〕），窝阔台死后，脱列哥那称制时期，奥都·剌合蛮已取代马哈茂德·牙剌瓦赤的地位掌握政权。据中国史书记载（《元史》，Бичурин 译本，页 287），奥都·剌合蛮随窝阔台行猎归来，向后者进酒，后者旋即身死。术外尼亦述及（ГПБⅣ，2，34 抄本，叶 76；〔Qazwīnī 刊本，Ⅰ，页 174；《原文史料选辑》，页 108〕窝阔台与马哈茂德·牙剌瓦赤行猎及后者进酒事。

③ 《元朝秘史》，Кафаров 译本，页 158；〔Козин 刊本，页 197〕；〖§279〗。

④ 成吉思汗显然有意在蒙古人中间保持游牧生活方式，在他以后，至少是札撒中与此有关的训示常被征引。参照哈木杜拉·可疾云尼，Ta'rikh－i Guzīda，ЛГУ No. 153 抄本，叶 472 a：〔"蒙古人没有住在城市内的习惯，而且这也违反成吉思汗的札撒。"此语不见于 Browne 刊本〕。

因无水,只有野兽〔践踏〕、无人住”的草原;他们要选择适于作营盘的地方并在其附近穿井。这里所说的只是把缺水的草原变成牧场;但有时为了牧民也把从前农业兴盛地区的农田改成牧场;至少鲁卜鲁克说到曾在七河流域北部这样作过。

R539 穆斯林诸历史家满心喜悦地称颂窝阔台对穆斯林的好感。在术外尼征引的[①]、关于窝阔台的逸事中,有几则意在表明窝阔台特别重视伊斯兰教,多方袒护穆斯林,支援穆斯林反抗他们的敌人和对手——中国人与畏兀儿人。有些故事也见于术兹贾尼的著作[②],虽然后者写于印度,且成书较早,与术外尼的记述全无任何关联。由此可见,这些故事在穆斯林世界流传得相当普遍。

穆斯林对察合台远远不像对窝阔台这样满意,而察合台却是中亚
468 大部分穆斯林地区的直接统治者,并因他在宗王中年龄较长,故对他的弟兄也很有影响[③]。察合台作为法令的执行者,甚至对汗本人饮酒过度也曾加以追究;汗不愿公然违抗兄命,尽可能设法躲闪[④],这和他但凭自己的机智,不靠自己的威权来庇护一些违反札撒的穆斯林免为察合台所严惩的手法正复相同。窝阔台当然不想公开保护这些违反札撒的穆斯林,因此,当他在位期间,穆斯林只能秘密地在流水中洗濯,只能

---

① 术外尼书,ГПБⅣ,2,34 抄本,叶 71－2, 78－9;〔Qazwīnī 刊本,Ⅰ,页 162－4,179－81〕;多桑,《蒙古史》,Ⅱ,页 92－6;〖冯承钧译本,上册,页 204－7〗。在多桑征引的故事以外,还有关于一位畏兀儿人的故事,这位畏兀儿人欺压他所熟识的一位穆斯林,要他接受“偶像崇拜”(but－parastī).窝阔台命将此畏兀儿人在巴扎尔当众杖责一百下,以其妻及宅舍给予其所欺压的穆斯林,并给与后者银 100 巴里什。〔波斯语 but－parastī 一词,可泛指一般的偶像崇拜,亦可专指佛教而言。〕

② 如庇护浴于水中的穆斯林使免遭察合台的严刑,又揭露某偶像崇拜者假传成吉思汗的圣旨谓将灭绝穆斯林,见术兹贾尼书,Raverty 译本,Ⅱ,页 1107－14;〔Nassau Lees 刊本,页 383－7〕。

③ 成吉思汗诸子中,以察合台最能严守其父之遗教。凡为成吉思汗法令所肯定的习俗,察合台无不衷心遵循,坚决捍卫。他也比成吉思汗其他诸子更加热爱人民的智慧和草原的传统(参看下文关于韦齐尔的故事)。当然,他也最关心家族与本部落的利益;他说服他的弟兄从术赤－合撒儿的俘虏中派几个人到他那里去增强蒙古人的势力(拉施都丁书,Березин 刊本,ⅩⅢ,原文,页 93;译文,页 58)。别列津教授的译文(“从他们所有的人中间派遣了哈剌勒札尔”)并不完全恰当,应译“从他们中间,〔别人而外,〕也指派了哈剌勒札尔”。〖此从英译本作哈剌勒札尔(Qaraljar),俄文本作哈剌勒术(Харалджу)〗。

④ 拉施都丁书,亚洲博物馆 a 566 (D 66)抄本,叶 186;ГПБ Дорн 289 抄本,叶 164;〔Blochet 刊本,页 51〕;多桑,《蒙古史》,Ⅱ,页 85－6;〖冯承钧译本,上册,页 203〗。

秘密地按照教法（Shariat）的规定杀羊。察合台去世以前，不但在他直接管辖的地区，甚至在呼罗珊，没有哪个穆斯林敢公开宰杀羊只，多数 R540
人不得不吃自然死亡的牲畜的尸体[1]。

察合台左右著名的大臣有巴鲁剌思部的哈剌察儿；札剌亦儿部的木格－那颜（Möge－Noyan）；同部的豁舒克－那颜——多半就是蒙古－汉文年代记中的阔阔搠思（Kokosos）；雪你惕部的小察合台（Chaghatay－the－Lesser）；以及速勒都思部的乞失里黑[2]，乞失里黑当即在获悉王罕阴谋后向成吉思汗告密，从而上升到贵族阶级的二牧人之一。除了这些人以外，史籍还提到塔吉克人库特卜丁·哈巴什－阿米德，哈巴什－阿米德生于讹答剌[3]，自蒙古人征服河中之时起即臣事蒙古人，累迁得任察合台的韦齐尔[4]。哈巴什－阿米德权势甚重，以致在位诸君王都想和他结亲；起儿漫的库特布丁即以自己的一位家属婚配哈巴什－阿米德[5]。至于蒙古人本身对哈巴什－阿米德待遇之优异，

---

① 术外尼书，ГПБⅣ，2，34 抄本，叶 96；〔Qazwīnī 刊本，Ⅰ，页 227〕。

② 拉施都丁书中（亚洲博物馆 a 566〔D 66〕抄本，叶 193；〔Blochet 刊本，页 178〕）举了两个名字（哈剌察儿与木格）。所有五个名字均见于 Mu'izz al－ansāb，叶 29。札剌亦儿部的 Qūsūq nūyān（或 Qūsū）也在拉施都丁书中被提到了（亚洲博物馆 a 566〔D 66〕抄本，叶 196；〔Blochet 刊本，页 194；《原文史料选辑》，页 123〕）。小察合台（Jaghatāy Kūchik）见拉施都丁书，Березин 刊本，原文，Ⅶ，页 59；译文，Ⅴ，页 47。乞失里黑，据拉施都丁书（Березин 刊本，原文，Ⅶ，页 222；译文，Ⅴ，页 165），来自 Uriyut 部的 Qilingqut 分支。阔阔搠思，据蒙古－汉文年代记（《元朝秘史》，Кафаров 译本，页 60；〔Козин 刊本，页 107〕；〖§120〗，来自巴阿邻部。关于阔阔搠思为察合台效力的情况，参看《元朝秘史》，Кафаров 译本，页 134；〔Козин 刊本，页 176（Козин 刊本中作 Коко－Цос）〕。〔亚美尼亚作家阿克诺人格里果尔（即马加基亚）也提到了小察合台，见 Blake 与 Frye 刊本，原文，页 302；译文，页 303。〕

③ 城的名称仅见于拉施都丁书之亚洲博物馆 a 566〔D 66〕抄本，叶 216〔亦见于 Blochet 刊本，页 197〕——〔据杰马勒·卡尔希的记载（《原文史料选辑》，页 140），哈巴什－阿米德生于布哈拉附近之凯尔米尼亚，属于伊拉尔加维（al－Ilargavī）氏族，其地有察合台的斡耳朵。参看 Barthold，*Zwölf Vorlesungen*，页 195－6；Barthold，Čaghatāi－Khān（《伊斯兰百科全书》本条）。据奈塞维的记载（*Histoire du sultan Djelal ed－Din Mankobirti*，原文，页 53），哈巴什－阿米德生于呼罗珊的乌斯图瓦（Ustuwā）区。——C. B.〕〔在本章手稿中，巴托尔德用了“贾伊什－阿米德”（Jaysh－'Amīd）的读音，后来他才考订正确的读音为哈巴什－阿米德（Jaysh 不作Ḥabash），参看 Barthold，Čaghatāi－Khān。〕

④ 术外尼书，ГПБⅣ，2，34 抄本，叶 97；〔Qazwīnī 刊本，Ⅰ，页 228〕。

⑤ 瓦萨夫书，亚洲博物馆抄本，叶 197；〔孟买刊本，页 288〕。

可于下记一事见之：在花剌子模沙的家属被俘以后，摩诃末的两位女儿为察合台所得，察合台自纳其一，另一则使与哈巴什－阿米德成婚①。

R541 哈巴什－阿米德所处地位如上所述，可见术兹贾尼书②及其后几种史料③关于察合台对穆斯林怀有个人憎恨的记载，均不无夸张过当之嫌。诚然，哈巴什－阿米德并不是伊斯兰教特别虔诚的信徒，至少穆斯林僧侣集团对他的政绩并不特别满意，此有苏菲派(Ṣūfi)著名人物赛福丁·巴哈尔齐寄赠给他的一首诗可资证明。巴哈尔齐对这位权臣先循例加以颂扬，然后说："你在这个国家以内负有使胜利属于真理的使命，假如你未能完成这一使命，试问，在末审日到来时，你将如何为自己辩解？我们的宗教共同体(愿它被保全到世界的尽头!)以内，学识、老练与伊斯兰是居于高位者必须具备的条件。如果缺乏忘我精神的青年人想要主政，那么，由明眼人看来，老成政治家即将不耻失去高位。什么地方戴胜④称王，那里的鹰就不耻失去王冠。当
469 蠢人主政的时刻，贤士宁愿站在一旁；当宫廷变为大礼拜寺的时候，反不如完全没有大礼拜寺更好些。"⑤结尾的诗句最清楚不过地反映了巴哈尔齐心怀愤恨的因由，即与世俗权力上升的同时，他本人所属阶层的地位则相应下降。蒙古进攻时期，苏菲派比其他人士更热烈地鼓动人
R542 民进行坚决的抵抗；苏菲派首脑奈只木丁·库卜拉和鲁克努丁·伊玛目－扎德——巴哈尔齐被认为是他们的门徒——分别在保卫古尔干只与布哈拉的战争中阵亡⑥。无待赘言，蒙古统治者及其左右虽能为穆斯林僧侣和其他宗教的僧侣豁免一切赋役负担，但不能把世俗权力交

---

① 术外尼书，ГПБⅣ，2，34 抄本，叶 174；〔Qazwīnī 刊本，Ⅱ，页 200〕。

② Raverty 译本，Ⅱ，页 1145－6；〔Nassau Lees 刊本，页 397〕，此处说到没有人敢在察合台面前提起一个穆斯林的名字而不附以侮慢之词。

③ 哈烈城历史的作者伊斯菲扎里说(亚洲博物馆抄本，叶 201)，察合台对每一个向他报告某一穆斯林被处死刑的人均赏金 1 巴里什，即 300 第纳尔。

④ 〔原文(见下文)作 hudhud，'戴胜'(鸟名)。〕

⑤ 〔巴托尔德为此诗末句的译文加了着重线。谢赫赛福丁·巴哈尔齐赠哈巴什－阿米德诗的原文——参看《原文史料选辑》，页 102(Butkhāna)。〕

⑥ 〔参看《原文史料选辑》，页 168，171(Kitāb－i Mullā－Zāda)。〕

付他们行使①。

窝阔台在位期间,河中地区的蒙古统治者,有哈扎儿－不花,居于那黑沙不(蒙古人显然循成吉思汗前例选择此地驻夏),娶起儿漫的库特卜丁的姊妹为妻②;钦桑太傅(显然是中国人)与不花－努沙系撒马儿罕与布哈拉的长官③;后者当与曾经成吉思汗任命为布哈拉地区镇 R543 R544

① 僧侣们的另一位代表阿布·亚尔库卜·塞卡基(Abū Ya'qūb Sakkākī)也是反对哈巴什－阿米德的人。关于此人,洪德米尔书中有如下一段话(德黑兰,1271/1854－55年,Ⅲ,28):〔"卓越的学者阿布·亚尔库卜·塞卡基在其以文采绚丽著称的作品中,有论述修辞和文体的 *al－Miftāh*(钥匙)一书,书中富有关于奇异学说与神秘科学的渊博知识,也就是关于制服精灵(jinn),关于幻术、星占、画符、魔法、炼金术,关于地面上物体和天空中星体之性质的知识。察合台从韦齐哈巴什－阿米德与苏勒坦(指察合台)陛下其他官员的报告中获悉这一情况。他把他(塞卡基)召来身旁,使成为自己的密友和亲随。塞卡基常向君主表演令人惊异的技能,因此君主对他的尊敬与日俱增。这些技能之中有下记一例:察合台汗某日端坐在宝座(sandalī)上,望见空中有几只鹤在飞翔,于是伸手探取箭和箭囊。塞卡基问道,'主君想让哪一只鹤落地?'察合台说,'最前面的一只,最后面的一只,和飞在正中的一只。'塞卡基在地上画了一个圆圈,念了咒(afsūn),并用手指作了记号。那三只鹤就果然坠落在地上。察合台咬着指头称奇。他成为阿布·亚尔库卜的门徒和追随者,甚至面对后者总要屈膝而坐以表谦敬。某日,塞卡基向察合台诉说,'我在巴格达的时候,哈里发的韦齐尔欺压我,我便念咒以禁(全城之)火,这时候任凭人们如何设法,谁也再点不着火了。三天以后,全城居民都喊叫了起来。哈里发知道这件事是我的异能造成的结果,他就求我说,'且把火从咒禁下解脱出来吧!'我回答说,'只有对巴格达全城宣布这件事是我塞卡基作的,也要韦齐尔吻一吻狗腚,我才能解除火禁。'为了让我停止禁火,哈里发一一照办了。简单说来,塞卡基和察合台亲密到这种地步,以致察合台的韦齐尔妒火中烧,起意要铲除这位集奇才与异能于一身的人物(即塞卡基)。可是塞卡基了解到这种情况之后,便抢先对察合台说,'夜观星象,得知哈巴什－阿米德的命星和福星业已就衰,我担心他命途多舛,将影响陛下福祉。'察合台相信这些话,立即解除了哈巴什的韦齐尔职务。韦齐尔解职一年以后,汗国政务和财务的紊乱已为人所共睹,于是察合台对塞卡基说,'在人们的星命表上的衰运和凶兆,未必是一成不变的。哈巴什多半现又吉星高照。'塞卡基谨防自己的策划败露,便说,'这是可能的。'察合台再次下令授哈巴什以显职。哈巴什此刻已对塞卡基满怀敌意,暗中鼓其如簧之舌肆意加以诋毁。于是塞卡基向火星(mirrīkh)念了咒语,使火焰军在察合台的天幕中出现,这支队伍的装备和武器也都是火焰。察合台看到这种情况,内心惶悚不安。哈巴什得到了控诉塞卡基的机会,他说,'塞卡基既然有使这样的事情发生的力量,或许他一动篡夺苏勒坦大位的念头,便使火焰军来和陛下作对。'这句话对察合台起了作用,后者把塞卡基关入监牢。塞卡基被禁锢在监牢中三年之久,终于他的脸转向身后的世界(意即身死)。"——巴托尔德从洪德米尔书中摘引来的这一段离题插话,是洪德米尔用更华丽的词藻把见于米尔洪德书中的故事(Lucknow刊本,卷44)重述了一遍。在米尔洪德书中,塞卡基被说成是不但掌握了诸如星占、幻术、炼金术等"神秘科学"的知识,而且也掌握了"伊斯兰与希腊所有学科"的知识。〕

② 瓦萨夫书,亚洲博物馆抄本,叶197,〔孟买刊本,页288〕。

③ 瓦萨夫书,亚洲博物馆抄本,叶8;Von Hammer刊本,原文,页24;译文,页35;〔孟买刊本,页12〕。此外,术外尼书,(ГПБⅣ,2,34抄本,叶186;〔Qazwīnī刊本,Ⅱ,页232〕)在关于阔尔吉思与其敌手的记述中,说到布哈拉的统治者(麦利克)的名字为赛因·麦利克－沙 Melik Buharā Cāin (转下页)

守官的努沙同为一人。窝阔台在位初期，马哈茂德·牙剌瓦赤·花拉子米以大汗代表的名义统治穆斯林定居人口，建立了赋税制度[①]；其后，河中并入察合台封地，牙剌瓦赤因而返回窝阔台汗廷，受命为中国的长官。多桑[②]，还有布雷特施奈德博士[③]均怀疑有无牙剌瓦赤其人，均认为他可能就是耶律楚材；然而甚至中国的记载也提到西域的赋调由马哈茂德·花拉子米主之[④]。

R545 马哈茂德·牙剌瓦赤及其子马斯乌德－别乞的治绩，受到了术外尼的赞扬[⑤]；术外尼说，在他们主政的时候，当地从蒙古人的残破下完全恢复了元气；布哈拉达到了高度繁荣，以至在人户众多、民生富裕以及学术昌明各方面，别无其他穆斯林城市可与伦比。虽然如此，却正是在布哈拉境内发生了反对蒙古人的群众运动。运动具有如此巨大的规模，叛乱者甚至对蒙古军作战，也能偶尔取得胜利。运动的领导者与蒙古入侵前反对萨德尔运动的领导者类似，是当地土著，一位制筛的工匠[⑥]，名马哈茂德，塔拉卜村人，该村系布哈拉最古老的村庄之一，距城3法尔萨赫，当通往呼罗珊的大道[⑦]。从术外尼关于这次运动的记述看来，它的矛头不仅指向蒙古人，而且也指向布哈拉的贵族阶级；马哈茂德像辛贾尔－麦利克一样，表达了贫民们的要求，尤其是因蒙古进攻而受难最为深重的农民们的要求。我们已从长春真人的记述中了解到二

（接上页）Melik－Shāh；多桑书（《蒙古史》，Ⅲ，页112，〖冯承钧译本，下册，页41〗）用了intendent（长官）一词，未言何名。很有可能，辛贾尔－麦利克的后裔仍在名义上保有一部分权力，情况与在别失八里及阿力麻里的诸朝代相同。

① 术外尼书，ГПБⅣ，2，34抄本，叶96；〔Qazwīnī刊本，Ⅱ，页254〕。

② 多桑，《蒙古史》，Ⅱ，页194；〖冯承钧译本，上册，页235〗。

③ Bretschneider, *Researches*，Ⅰ，页11。〔事实上，布雷特施奈德在此卷此页反驳了马哈茂德牙剌瓦来与耶律楚材同为一人的说法。——C. B.〕。

④ 《元史》，Бичурин译本，页149，370。可无疑义，麻合没的滑剌西迷就是Maḥmud Khwārazmī的汉文转写，与梵文的maha mukta nasmi全无关联。〖参看《元史·太宗本纪》，元年八月条〗。

⑤ 〔Qazwīnī刊本，Ⅰ，页84－5〕；〖Boyle英译本，Ⅰ，页108－9〗。

⑥ 〔同上书，页85：ṣāni‘ ghirbāl，即制筛的手工业者。〕

⑦ 〔关于塔拉卜村的废墟，参看Шишкин，*Археологические работы* 1937年，页31－4。——C. B.〕。

十年代初期河中农民的情况[①];总之,牙剌瓦赤虽关心民瘼,政声颇佳, 470
但是农民们还不曾从蒙古人的蹂躏下恢复了过来。

像所有群众运动一样,塔拉比运动的兴起也有着宗教基础,不过运动的领导者并不代表伊斯兰教正宗,而仅代表一般居民的宗教迷信。其时在河中和突厥斯坦有许多人,特别是妇女们,自称与神灵交往,靠呼唤神灵、跳舞以及其他怪异的方术为人治病。其中有一位妇女是塔拉比的姊妹,塔拉比就从她学到了这种技能;他治好了不少病人,人们便相信他有起死回生的本领,追随他的群众逐日增多。马哈茂德不仅在粗鲁的平民中间为自己找到了追随者,而且在布哈拉城也深孚众望,因而术外尼能从一些"诚实无欺的"人们那里听到:据他们亲眼所见,他用狗屎涂在两个盲人的眼上使之重见光明。术外尼说,假如他本人目睹此事,他也只能请求治疗自己的目疾;不过,由他看来,一般民众也未免过于听信淫辞邪说了。

布哈拉贵介出身并负有盛名的答失蛮之一,谢木斯丁·马赫布比 *R546*
由于对布哈拉诸伊玛目怀有私恨,投效塔拉比,向塔拉比说明他的父亲深信并曾笔之于书:塔拉卜将出现一位伟大的征服者,终将征服全世界;又说他父亲所列举的这位征服者的特征与塔拉比的特征相同。同时有些星占家宣称,他们的推算证明马赫布比的意见完全正确。

运动日益扩展,使得蒙古将领及八思哈等不能视若无睹。他们把全部情况报知驻在忽毡的牙剌瓦赤,决定(显然得到牙剌瓦赤的同意)引诱塔拉比前往布哈拉,途中置之死地。马哈茂德猜想到这一意图,并将他的猜想明告蒙古将领,后者认为凡人的意图已被神灵识破,遂未依计行事。蒙古人之所以宽容塔拉比,并延缓采取行动,也由于萨满教徒对于与神灵交往的人心怀敬畏的缘故。

马哈茂德已经作为真正的统治者来到布哈拉,居于辛贾尔－麦利克之宫。此宫附近的区坊和巴扎尔经常充满了人众;马哈茂德在探悉

---

① 参看上文 R518－9。

敌人即将加害以后，从隐蔽的门径逃至宫外，和他的同伴们骑上事先备好的马匹，很快地到达阿布·哈弗斯的陵园。当众人发现他在这里的时候，都说他是飞来的，欣喜若狂地向他祝贺。此刻马哈茂德决定号召自己的信徒拿起武器驱逐非伊斯兰教徒。众人随他进入布哈拉，蒙古
471 人退往城外。马哈茂德住在拉比阿－麦利克（关于此人，我们别无所知）的宫廷，翌日，金曜日，在礼拜寺中用他的名义宣读呼图白。

塔拉比首先召见布哈拉贵族的头面人物。当时萨德尔的首脑（他和蒙古入侵前的诸萨德尔属于同一家族）[①]"出于明智"，未对叛乱者表示反抗。后者为了抬高自己的权威，推前者为自己的代表或哈里发，指
R547 派马赫布比为萨德尔的首脑。但总的说来，马哈茂德所倚靠的是"贱民"和"匪徒"，对贵族阶级加以迫害。有一些贵族被杀，另有一些出走。塔拉比许可自己的追随者抢劫富人的家宅，分享获得的财物。他对穆斯林的生命和财产采取了类似的态度，以至若干不图私利的信从者对他不满，而且连他赖以取得初步成功的他的姊妹也对他疏远了。可是广大群众则比任何时候都更坚定地追随自己的领袖。当时武器缺乏。塔拉比宣布，武器将自天而降。他这样宣布以后不久，果然从泄剌失来了卖剑的商人，带有一批货物。因此，再也没有人怀疑胜利将属于这位言不虚发的先知。

布哈拉的贵族和蒙古人在凯尔米涅集中兵力，由此向布哈拉进逼。塔拉比和马赫布比出而御敌。两位首领站在自己的队伍里，既未持有武器，亦无护身铠甲，他们对于自己的神秘的力量有着坚定的信心；甚

---

① 〔关于布哈拉的萨德尔，即出于布尔罕家族的封建精神贵族，参看上文第二章，R389－90，418－20，443；也参看巴托尔德写的一篇比较详细的文章"Burhān"（《伊斯兰百科全书》本条），这篇文章摘引了一些史料。在巴托尔德摘引的史料以外，还可参看术兹贾尼书，Nassau Lees 刊本，页 167。值得注意的是，虽在 1238 年事变以后，萨德尔家族仍得继续存在；拉施都丁书（Ali－zade 刊本，原文，页 141；Arends 译本，页 88－90）在 671/1272－3 年下提到了布哈拉的萨德尔－伊·札罕（Sadr－i Jahān of Bukhārā），仍称之为布哈拉城的统治者。拉施都丁的通信集中，有致布哈拉的萨德尔－伊·札罕的一封信，写于完者都汗在位期间（1304－16 年），信中对萨德尔提出的宗教问题予以答复（Rashīd ad－Dīn, *Mukātabāt*, Shafī'刊本，第 16 号信件，页 43－52）；亦见于亚洲博物馆 734（D 938）抄本，叶 22 上－26 下）。〕

至对方也相信,拿起武器指向先知的手很快就会萎缩,因此迟迟不敢开始战斗。当叛乱者向蒙古人冲击的时候,后者迅即败退;附近村庄的农民以耙子和斧头作为武器,参加了对敌军的追击,落在他们手中的俘虏,特别是被俘的贵族和官吏,均被敲碎颅骨。蒙古人死于此役者达10,000 人之多。但叛乱者的领导人亦已不见踪影,在混战中,他和马赫布比皆因中蒙古军所发之箭身死,不过当时本军和敌军并未觉察。叛乱者推举塔拉比的两位弟兄,穆罕默德与阿里,为自己的首领。

一星期后,为数甚多的蒙古军,在亦勒迪思-那颜与直斤-火儿赤的统率下,迫近布哈拉。穆罕默德与阿里仿效自己的弟兄的先例,未持武器挺身御敌。看来,蒙古人已经得到叛乱者中间可畏的萨满不复存在的消息,变乱被镇压了下去。仅因牙剌瓦赤到来,布哈拉城才免遭新的劫掠和屠杀。经过反复辩难,牙剌瓦赤终于说服蒙古将领暂缓惩罚叛乱者,报请大汗处理。窝阔台善遇牙剌瓦赤的差官,同意赦免布哈拉人①,时在 636/1239-40 年。

大约在此一事件以后不久,牙剌瓦赤离开了河中。察合台在位末 R548
年,有一位中国人得任要职,此人原为察合台中国医官的侍者,在这位 472
医官死后,他又作了蒙古贵族豁舒克-那颜的牧人。某日,察合台向豁舒克-那颜详询成吉思汗出征的事迹;豁舒克不能答复汗的一切提问,回到自己家里,向所有近侍垂询。牧人在门外听到了他们的谈话,开始大声纠正错误的答案,显示出他完全了解成吉思汗征战的经过。人们唤他进来,问他从哪里得知这些事实。他拿出一本记事册,有关事实都

---

① 关于塔拉比的起事,参看术外尼书,ГПБⅣ,2,34 抄本,叶 38-40;〔Qazwīnī 刊本,Ⅰ,页 85-90〕;多桑(《蒙古史》,Ⅱ,页 102-7;〖冯承钧译本,上册,页 208-10〗)复述术外尼的记载,有删节。〔多桑在复述术外尼的记载时,误将马哈茂德·牙剌瓦赤的名字写作他的儿子马斯乌德别乞的名字。巴托尔德注意到这一错误,在他自有的多桑《蒙古史》此处画了着重线,并在页缘加注"误"字。Defrémery 在 1852 年刊布了术外尼关于塔拉比起事的记载(*JA*,第四辑,XX,页 376-99)与洪德米尔书中复述术外尼记载的片断(*JA*,第四辑,XIX,页 58 以下);这两次刊布都有波斯语原文与法语译文。巴托尔德的学生 A. Ю. 雅库鲍夫斯基教授发表过《塔拉比的起事》一文(参看本书文献目录),文中有术外尼书原文的俄语译文(页 121-5)。〖英译文见 Boyle 译,*The History of the World-Conqueror*,Ⅰ,页 108-115〗。

记在上面。豁舒克大喜,领他带着记事册来到察合台面前。察合台热爱这方面的知识,提拔他作自己的近侍。这位中国人很快地掌握了很大的权势;大汗也夸奖他的才能,并得知他曾在汗廷被重用,当即予以韦齐尔名义。这位韦齐尔中等身材,其貌不扬,但胆量、智慧以及辩才均超越常人。举行宴会的时候,他坐在多数埃米尔的上手。会议席上,他常说一些大胆放肆的言语,有一天甚至对察合台之妻叫嚷"你——妇人家,关于这件事,什么话也不要说"。另一天,他不曾事先取得察合台的同意就擅自杀死他的被疑不贞的儿媳。察合台问起这件事,他答称:"请设想汗的儿媳有不光采的行为,损害〔汗家〕妇女的令誉,这岂能轻易放过。"汗闻言后,对他的行动表示赞同。当时存在着逐日记录汗的言谈的制度,为此汗常用韵文讲话(即引用格言和谚语)。记录察合台的言谈的是这位韦齐尔;记录窝阔台的言谈的是畏兀儿基督教徒镇海。某日,两兄弟在宴会席上说起这类格言,命韦齐尔牢记他们的语句,散席后笔之于书。韦齐尔很好地完成这一任务,大汗称许他,认为镇海不能及。

察合台在上述诸谋臣影响之下,当窝阔台还在位的时候,就颁发了一道诏书,将窝阔台委交牙剌瓦赤管辖的河中地区的一部分纳入自己的版图。大汗依据牙剌瓦赤的控告要求察合台说明理由,后者坦白请罪,说明不能为自己的行动举出任何理由。察合台的恭顺的答覆使得大汗转念手足情深,命将河中合并于察合台的领地(injü)。在这以后,牙剌瓦
R549 赤在察合台面前受到冷酷的待遇。于是牙剌瓦赤将韦齐尔叫到一旁,对他说:"我是大汗的代理人,未经大汗许可,察合台不能杀我。但是,如果我向大汗控诉你,那么,他会把你杀掉。如果你不按照我的愿望行事,我
473 就要在大汗面前告状,他将处你死刑;如果你把这些话转告察合台,无论他怎样问我,我将全盘否认,而你则并无见证。"韦齐尔迫不得已,只好照牙剌瓦赤的愿望行事,这就是,使他有平安归还大汗廷的可能①。

① 拉施都丁书,ГПБ Дорн V,3,1 抄本,叶 196;ГПБ Дорн 289 抄本,叶 188-9;亚洲博物馆 a 566 (D 66)抄本,叶 216;〔Blochet 刊本,页 196;《原文史料选辑》,页 124-5〕。

我们知道,尚在窝阔台生前,马哈茂德·牙剌瓦赤就已经出任中国的韦齐尔。起儿漫的库特卜丁在本国王位传给他的从兄弟鲁克努丁以后,他本人被送到中国,由牙剌瓦赤安置,牙剌瓦赤遇之如子[1]。窝阔台在位末年及其后诸王包括海都在内君临的时期,牙剌瓦赤之子马斯乌德－别乞[2]任突厥斯坦与河中的长官,术外尼对他像对他的父亲予以同样的赞扬[3]。从拉施都丁的记述看来,中亚定居居民的事务概由马斯乌德－别乞管理,从畏兀儿地起至花剌子模止[4],因此,他的管辖范围并非以穆斯林地区为限。根据《元史》的记载,至少当蒙哥在位的时期,马斯乌德－别乞事实上也管辖畏兀儿地[5]。术外尼特别称赞马斯乌德－别乞驻在布哈拉时兴修的两大建筑,一为莎儿合黑帖尼－别吉(拖雷的寡妇)捐资兴建的汗尼耶经文学院,又一为马斯乌德－别乞本人建立的马斯乌迪耶经文学院。这两所经文学院大约均位于里吉斯坦附近,因为正如术外尼说过的[6],它们起着装饰布哈拉广场的作用。两座经文学院各有生徒1,000人。莎儿合黑塔尼－别吉捐资一事特别值得注意,她自己是基督教徒,但对汗尼耶经文学院捐资1,000巴里什。汗尼耶经文学院由有声于时的赛福丁·巴哈尔齐任穆达里斯(mudarris)与穆特瓦利(mutawallī)[7]。马斯乌德－别乞多半也是喀什 R550 噶尔马斯乌迪耶经文学院的创建者。昭哈里辞典的波斯文译者[8]曾提

① 术外尼书,ГПБⅣ,2,34抄本,叶179;〔Qazwīnī刊本,Ⅱ,页215〕;多桑,《蒙古史》,Ⅲ,页131;〖冯承钧译本,下册,页46－7〗。

② 据术兹贾尼书,(Raverty译本,Ⅱ,页1147;〔Nassau Lees刊本,页398〕),马斯乌德别乞先在察合台处任职。

③ 术外尼书,ГПБⅣ,2,34抄本,叶37－8;〔Qazwīnī刊本,Ⅰ,页84〕。

④ 拉施都丁书中,亚洲博物馆a 566〔D 66〕抄本,叶195;ГПБ Дорн 289抄本,叶173;〔Blochet刊本,页85－6〕。在马斯乌德管辖的地区中列举了别失八里、哈剌火者(?)、阿力麻里、于阗、喀什噶尔与河中;在蒙哥汗即位后转交给他的地区中又列举了费尔干纳与花剌子模(亚洲博物馆a 566(D 66)抄本,叶208;ГПБ Дорн 289抄本,叶205;〔Blochet刊本,页309〕)。

⑤ *Bretschneider*, *Researches*, Ⅰ,页11。

⑥ ГПБⅣ,2,34抄本,叶38;〔Qazwīnī刊本,Ⅰ,页84－5。〕

⑦ 术外尼书,ГПБⅣ,2,34抄本,叶210;〔Qazwīnī刊本,Ⅲ,页9〕。〖mudarris意为经师或导师,mutawallī意为受托管理人。〗

⑧ 〔即杰马勒·喀尔施。〕

到了这所经文学院。

窝阔台饮酒无节，以致丧生。据术外尼的记载①，他死于回历639年术马达Ⅱ月5日，即公历1241年12月11日②。依蒙古习惯，汗死之后，须葬于自己的斡耳朵以内；因此窝阔台的遗体被运到也儿的石河上游流域，葬于终年积雪的孛勒朵克-赫薛儿高山之上，此山后来得名也可-云岨儿，距也儿的石河二日程，有二水发源于此，流入也儿的石河③。窝阔台卒后不久，其所偏爱但无子女之妻木格-可敦亦卒；察合台及诸王奉"已故大汗诸子之母"脱列哥那摄行国政④。察合台之死晚于其弟不过数月⑤。当察合台患病时，其韦齐尔及穆斯林医官麦只杜丁医疗无效；在他死后，王后也速伦声称汗被二人毒杀，处二人及其诸
R551 子以死刑。汗的这位韦齐尔的下场就是如此⑥。据拉施都丁的记述，

---

① ГПБⅣ,2,34 抄本，叶 69；〔Qazwīnī 刊本，Ⅰ，页 158〕。

② 拉施都丁书（亚洲博物馆 a 566〔D 66〕抄本，叶 186；ГПБ Дорн 289 抄本，叶 164；〔Blochet 刊本，页 51-2〕）以为术外尼的记载与蒙古方面的记载互相矛盾，后者称窝阔台卒于牛儿年。其实二者并不矛盾；牛儿年终于回历 639 年沙阿班月，时在公元 1242 年 2 月 4 日至 3 月 4 日之间。

③ 拉施都丁书，ГПБ Дорн Ⅴ,3,2 抄本，叶 1060；〔《原文史料选辑》，页 122〕（山的名称在上引抄本中作 Bāldāq Qāsir 或作 Ikah Ūīr），原文模糊难辨，不幸这段文字又不见于 ГПБ Дорн 289 与亚洲博物馆 a 566〔D 66〕二抄本，〔亦不见于 Blochet 刊本〕。还可参看雷沃蒂为术兹贾尼书的译文所作的注释（Ⅱ，页 1143），雷沃蒂所列名称如下：Būldān Kā'ir, Yakah Wandūr, Yasūn Murān, Tarkān 与 Usun。

④ 术外尼书，ГПБⅣ,2,34 抄本，叶 85；〔Qazwīnī 刊本，Ⅰ，页 195-6〕。

⑤ 这样说的有术外尼书（ГПБⅣ,2,34 抄本，叶 97；〔Кафаров 译本，页Ⅰ，页 227〕），瓦萨夫书（ГПБ 抄本，叶 405；〔孟买刊本，页 580〕），拉施都丁书的几个抄本（例如不列颠博物馆 Add 16,688 抄本，叶 15），还有 *Mu'izz al-ansāb*，页 28。据拉施都丁书的其他抄本（ГПБⅤ,3,1 抄本，叶 194），察合台比窝阔台早死七个月，即死于回历 638 年祖勒-卡达月，时在公元 1241 年 5 月 14 日至 6 月 12 日之间。以上两说，多桑采取前者，甚是。雷沃蒂的意见也便由此得到了有力的支持。雷沃蒂认为（见术兹贾尼书，雷沃蒂译本，Ⅱ，页 1148 注 4）：米尔洪德曾述及〔见米尔洪德书，Lucknow 印本，Ⅴ，页 44〕察合台卒于回历 640 年，其说"与其他史家的记载不合"，也认为米尔洪德多半曾将察合台的卒年混同于哈剌察儿的卒年，故有此误。按米尔洪德书多取材于术外尼书，但不能将上述米尔洪德的错误归咎于术外尼，因术外尼如终不知有哈剌察儿其人。

⑥ 术外尼书（ГПБⅣ,2,34 抄本，叶 97；〔Qazwīnī 刊本，Ⅰ，页 227〕）将这位韦齐尔的名字作两种拼法。据术外尼的记述，这位韦齐尔是突厥人，至窝阔台在位末年始被擢任要职。多桑（《蒙古史》，Ⅱ，页 108,189）并未言及此人就是拉施都丁提到的韦齐尔。〔据术外尼书原文，这位韦齐尔是"一位突厥族的韦齐尔，名字叫作胡吉尔（Hujīr）。"（见 Boyle 译，*History of the World-Conqueror*，Ⅰ，272——J. A. B.〕。

韦齐尔本人曾对察合台说："为了您，我不曾对任何人保全友谊；在您以后，也不会有任何人怜悯我。"[①]这些话足以说明这位韦齐尔为政的特征，至少也足以说明当时一般人对他为政的观感。又察合台卒后，诗 474
人塞迪德·阿瓦尔在其诗篇中顺便道及："其人生前为世所畏，人皆惧而不敢浴于流水，今则其人云亡，终亦没于浩浩乎〔死之〕海洋。"[②]

察合台钟爱其子木阿禿干，立为汗储；而木阿禿干于围攻帆延时战死，察合台欲传位于其另一子必勒迪失尼，此子于十三岁时夭折[③]，于是复立木阿禿干之子哈剌－旭烈兀为汗储[④]；察合台死后，王后也速伦、哈巴什·阿米德及贵族等共扶此幼年之汗继位[⑤]。

窝阔台在位时期，不论民众处境如何，我们总不能否认，他那时候蒙古宫廷的情况不同于他身死以后的情况。只是在窝阔台死后，在大汗以及诸封建王公的宫廷以内，才开始了那些骇人听闻的鞫讯和残酷的刑杀，以至所谓"前往斡耳朵"几乎等于说前往就死。惟如认为只有蒙古人应对这些恐怖事实负责，则亦有失公允。多桑和其他一些人在谈到蒙古历史之"可怖情景"时，往往忘记了几乎所有令人震惊的鞫讯皆肇端于文明诸族官员们的策动，蒙古统治者不过是穆斯林、畏兀儿人以及欧洲人中间若干狡猾阴谋家手中的工具而已。蒙古人常是只把被 *R552*
控诉者交给他的敌人，被控诉者当然并不因此而易渡过难关。

---

① 拉施都丁书，亚洲博物馆 a 566〔D 66〕抄本，叶 216；ГПБ Дорн 289 抄本，叶 189；〔Blochet 刊本，页 196－7〕。

② 术外尼书，ГПБⅣ,2,34 抄本，叶 98；〔Qazwīnī 刊本，Ⅰ，页 228〕；〖Boyle 英译本，Ⅰ，页 273〗。

③ 拉施都丁书，ГПБ Дорн Ⅴ,3,1 抄本，页 192－3 作 Idishini（ТПВ Дорн 289 抄本，叶 188 同此）；亚洲博物馆 a 566〔D 66〕抄本，叶 211 作 Ilkishi〔Blochet 刊本，页 174 作 Īldishini〕。

④ 据术外尼书，（ГПБⅣ,2,34 抄本，叶 98；〔Qazwīnī 刊本，Ⅰ，页 228〕），哈剌－旭烈兀生于其父围攻帆延之时，在其父战死以前或以后不久。据拉施都丁的记述（ГПБⅤ,3,1 抄本，叶 191；〔Blochet 刊本，页 154；《原文史料选辑》，页 122〕），哈剌－旭烈兀是木阿禿干的长子并有第二人。在拉施都丁书的其他抄本中（ГПБ Дорн 289 抄本，叶 188；亚洲博物馆 a 566〔D 66〕抄本，叶 211；〔Blochet 刊本，页 162－3〕），哈剌－旭烈兀又被称为木阿禿干的幼子，这显然是受了术外尼的影响。

⑤ 术外尼书，ГПБⅣ,2,34 抄本，叶 98；〔Qazwīnī 刊本，Ⅰ，页 229〕。据拉施都丁的记载（ГПБⅤ,3,1 抄本，叶 191；〔Blochet 刊本，页 154〕），也速伦死在察合台以前，而且察合台在她死后又与她的姊妹图根（Tögen）成婚。

当哈剌－旭烈兀在位时期,这样的厄运就临到畏兀儿佛教徒阔尔吉思头上。阔尔吉思生于亚尔利克村,该村距别失八里4法尔萨赫,位于大路以西。窝阔台在位末年,阔尔吉思任呼罗珊以及阿母河以西蒙古统治区的长官。他的政绩在当地产生的良好影响,即便是对畏兀儿人怀有反感的穆斯林历史家也必须予以肯定。

回历651年,术外尼从蒙古西归途中访问了亚尔利克村,搜集了一些关于阔尔吉思的材料。阔尔吉思是一位家境并不富裕的畏兀儿人的儿子,早年丧父。依照畏兀儿人和蒙古人的习俗①,阔尔吉思应妻其寡母,而因他年岁很轻,其母拒绝随俗改嫁。阔尔吉思申请亦都护裁断,亦都护支持古老的习惯,因此其母不得不用金钱向其夫之前妻之子赎身。阔尔吉思初以教儿童学习畏兀儿文为业,但这种生涯不能满足他追求尊荣的心怀;他以自己的人身为抵押向他的从兄弟贝什－卡拉奇举债,买了一匹马,骑马向拔都的斡耳朵进发。到达以后,他作了某一埃米尔的牧人,此后靠自己的智慧和受到的教育上升得很快,进入国家机关服务,
475 先任蒙古青年的教官,接着作了花剌子模长官赤因－帖木儿的幕僚。赤因－帖木儿死后,阔尔吉思由于他的同部落人基督教徒镇海的推荐,得任呼罗珊长官。这时候,镇海的政敌答失蛮－哈吉卜(穆斯林)和若干呼罗珊官员,特别是曾在拔都帐下任官的谢雷甫丁(花剌子模人,搬运工人之子)②,阴谋陷害阔尔吉思,使被按问达数月之久,仅因蒙窝阔台宽大处理,幸未丧生。阔尔吉思得直,他的敌人们本应坐诬告罪处死,可是窝阔台也赦免了这些人,并严禁阔尔吉思进行报复,违则处罚。

R553 虽然如此,至于最后,阔尔吉思的敌人们的阴谋仍终于得逞,不过这番阔尔吉思本人也举措失当,难以辞咎。他不当不顾大汗的禁令,连

---

① 〖英译本此处作"依照畏兀儿人和穆斯林的习俗"。〗

② 关于谢雷甫丁的为人及其经历,参看术外尼书,ГПБ Ⅳ,2,34抄本,叶201;〔Qazwīnī 刊本,Ⅱ,页262以下〕。——〔关于谢雷甫丁的事迹,详见赛菲·赫雷维书,页174－80。赛菲像术外尼一样,把谢雷甫丁写为农民与市民的残暴压迫者,犯有违法征税、恫吓取财、贪污盗窃以及拷打欠税的人等罪行。据赛菲的记载,谢雷甫丁于回历646/1248－9年由也速·蒙哥任命为大必阇赤,后来被哈烈的统治者麦利克谢木斯丁·库尔特〖英译本作卡尔特〗逮捕并处死刑。〕

续对他的敌人们实行报复;此外,更不当用粗野的言辞侮辱察合台的一位埃米尔,又极不礼貌地对王后也速伦加以指责。他的敌人们终于找到了有力的口实,而且此时窝阔台业已去世,镇海亦已被脱列哥那解职。阔尔吉思被押解到察合台后王的一个斡耳朵——兀鲁格－亦弗,在这里,以出言不逊的罪名,嘴被填满了石块处死①。在审讯进行中,一位埃米尔声色俱厉地打断谢雷甫丁的话头,让他了解阔尔吉思的得罪,出于他本人的过失,而就卑鄙的阴谋家来说,在阔尔吉思面前,仍以由于未能见贤思齐而深自怀惭为宜②。

在脱列哥那摄政时期发生的一些事件更予人以阴森凄惨的感触。据拉施都丁的记载③,窝阔台的这位寡妇姿色平常,但有着特别坚强的意志。她宠信一位伊斯兰女奴隶法提玛和一位大臣奥都·剌合蛮,深受他们的影响。他们立即策划陷害窝阔台在位时期以牙剌瓦赤与镇海为首的几位重臣。牙剌瓦赤与镇海仅因取得宽厚的王子阔端的庇护才幸保性命。当皇后要求阔端交出这两位逃犯的时候,阔端回答他的母亲说,"为了逃避鹰隼的利爪而寻求掩护的小鸟赖青草而获救;他们逃到我这里来,如果我交出他们去,这有碍于信义与宽厚之道"④。

解决窝阔台死后的汗位继承问题,有着不少的困难;在成吉思汗的后裔中,已经没有一个尚能领袖群伦的人。当时人们传说成吉思汗遗言吩咐:窝阔台死后,由其次子阔端践祚⑤;但阔端身患重病,已无痊愈之望。窝阔台曾欲传位于其第三子阔出,而阔出已先于其父去世。窝 R554

---

① 关于阔尔吉思的生平,参看术外尼书,ГПБⅣ,2,34 抄本,叶 183－90;〔Qazwīnī 刊本,Ⅱ,页 225－42〕;多桑,《蒙古史》,Ⅲ,页 109－21;〖冯承钧译本,下册,页 39－43〗。

② 术外尼书,ГПБⅣ,2,34 抄本,叶 204;〔Qazwīnī 刊本,Ⅱ,页 273－4〕。

③ 拉施都丁书,亚洲博物馆 a 566 (D 66)抄本,叶 171;ГПБ Дорн 289 抄本,叶 149;〔Blochet 刊本,页 3〕。

④ 术外尼书,ГПБⅣ,2,34 抄本,叶 86;〔Qazwīnī 刊本,Ⅰ,页 197〕;拉施都丁书,ГПБ Ⅴ,3,1 抄本,叶 200;〔Blochet 刊本,页 234〕. 在蒙古人的传说中(《元朝秘史》,Кафаров 译本,页 43;〔Козин 刊本,页 93〕;〖§85〗),成吉思汗跑去投靠的两兄弟用了完全相同的比喻:"雀儿被龙多儿赶入丛草去呵,丛草也能救他性命。草尚能如此,咱每行来的人不能救他呵,反不如丛草。"

⑤ 术外尼书,ГПБⅣ,2,34 抄本,叶 89;〔Qazwīnī 刊本,Ⅰ,页 206〕。

阔台最后立阔出之子失烈门为汗储,此刻蒙古人认为失烈门过于年轻,不宜继位。在汗位长期虚悬之后,终由贵由入承大统。写成于此时的蒙
476 古记载说明,当时在蒙古贵族中,有势力强大的一派人反对贵由或由窝阔台的任何子孙继为大汗,他们站在成吉思汗后人中武功最著的拖雷及其诸子一边(拖雷的长子只比贵由年轻两岁)。虽然如此,汗位继承问题这番并未酿成流血惨剧,拖雷之妻及其诸子,察合台系诸王都参加了忽鲁勒台。拔都本人未来,但派遣了弟兄五人与会。这次忽鲁勒台(举行于1246年)甚至比窝阔台的忽鲁勒台更加盛大。来人被安置在2,000顶白色帐幕中;人数如此众多的大会,前此未之曾有①。

贵由不似其父以气量宏伟著称。他追随他父亲的先例,沉湎于酒色之中;不过,假如窝阔台还像拜伦的剧中人萨达纳培拉斯那样自己活着,同时也让别人活着,那么,贵由曾因其荒淫无度变为一个昏暗忧郁的人,身心均失常态。普朗·迦尔宾说他从来没有微笑过②;拉施都丁说他的近侍不敢在他面前挪步,又任何人除非被询问,决不敢主动地向他禀报任何事项③。

然而新汗即位伊始,其一般措施也还表现了和解的精神。成吉思汗与窝阔台时代颁布的法律被确认继续生效;窝阔台的诏令如已用印下达,仍应遵照执行,无须再向汗报告请示。汗当众盛赞莎儿合黑帖尼-别吉及其诸子在汗位虚悬期间自知检束,奉公守法,非其他诸王所能及。莎儿合黑帖尼-别吉奉命代汗行赏,以财宝分赐众人;其长子蒙哥奉命与术赤长子斡鲁朵共同按问成吉思汗之弟斡赤斤在汗位虚悬期间企图篡位的罪行。按问结果,有别乞数人被处死④。依同一程序被处

---

① 同上术外尼书;拉施都丁书,亚洲博物馆 a 566 (D 66)抄本,叶225;ГПБ Дорн 289 抄本,叶195;〔Blochet 刊本,页253〕。

② 〔普朗·迦尔宾书,Malein 译本,页59。〕

③ 亚洲博物馆 a 566 (D 66)抄本,叶225;ГПБ Дорн 289 抄本,叶195;〔Blochet 刊本,页253;《原文史料选辑》,页125〕;多桑,《蒙古史》,Ⅱ,页196-7。

④ 术外尼书,ГПБⅣ,2,34 抄本,叶91;〔Qazwīnī 刊本,Ⅰ,页210〕;多桑,《蒙古史》,Ⅱ,页201-4;〖冯承钧译本,上册,页235-8〗。

死的还有法提玛和奥都·剌合蛮,法提玛因撒马尔罕的阿里派教徒失列[①]指控她用她的魔力加害于阔端而被鞫讯(阔端卒于脱列哥那执政期间)。牙剌瓦赤、马斯乌德与阿儿浑(斡亦剌惕部人,在阔尔吉思获罪后被重用,他本人也曾参加过按问阔尔吉思事)被确认分任中国、中亚与西亚的长官,各蒙汗赐以玺书和虎头牌子。阿尔浑在去西亚途中,对突厥斯坦与河中居民赠与了丰富的礼品;回到呼罗珊以后,以加齐卡巴德(Ghaziqābād)或拉齐卡巴德(Raziqābād)[②]为治所,从前塞勒术克朝诸韦齐尔就驻在这里。阿尔浑在苏勒坦故宫中举行了一次宴会,下令修建新的宫院和园林;在这一点上,阿儿浑为其同僚等所取法[③]。贵由决定向西方派遣军队,命诸王各出兵力 1/5 以从,任宴只吉带为统将[④]。宴只吉带,札剌亦儿部人,其兄亦鲁黑曾任窝阔台的保傅。贵由意在征服亦思马因派与巴格达哈里发的领地[⑤]。 R555

贵由以子在则孙不应继位的理由废黜察合台兀鲁思的哈剌－旭烈兀汗,代之以他本人素所亲厚的也速－蒙哥,当时在察合台的仍然健在的诸子中,也速－蒙哥年龄最长[⑥]。据拉施都丁的记载,也速－蒙哥酗酒成习,以致全盘家务,甚至包括鹰猎在内,均委其妻脱哈失经管[⑦]。 477

---

① 术外尼书,ГПБⅣ,2,34 抄本,叶 87－8;〔Qazwīnī 刊本,Ⅰ,页 200－3〕;多桑《蒙古史》,Ⅱ,页 232－3;〖冯承钧译本,上册,245－6〗。失列为合答的司酒吏。

② 参看 Жуковский, *Развалины Старого Мерва*, 页 344。〔在术外尼书印本中(Qazwīnī 刊本,Ⅱ,页 246－7),拉齐卡巴德作阿尔赞卡巴德(Arzanqābād);亚库特书也提到了阿尔赞卡巴德,谓为马鲁附近的一个村庄;见亚库特,*Mu'jam*,Ⅰ,页 205。

③ 术外尼书,ГПБⅣ,2,34 抄本,叶 192－3;〔Qazwīnī 刊本,页 246－7;《原文史料选辑》,页 117〕。

④ 关于这一点,参看拉施都丁书,Березин 刊本,原文,Ⅶ,页 49;译文,Ⅴ,页 38。〔按拉施都丁书此处只说到窝阔台汗以宴只带(Березин 刊本此处作 Ильчидай——Ilchiday,宴只带;应作 Ильчигидай——Eljigiday,宴只吉带,参看下文 R569)为随员(mulāzim kardānīd)。〕

⑤ 术外尼书,ГПБⅣ,2,34 抄本,叶 92;〔Qazwīnī 刊本,Ⅰ,页 212——此处并未提到哈里发〕。

⑥ 术兹贾尼(Raverty 译本,Ⅱ,页 1157;〔Nassau Lees 刊本,页 401〕)指责贵由杀害了他的堂兄弟们(察合台诸子),但此项指责别无资料可为旁证。

⑦ 拉施都丁书,ГПБⅤ,3,1 抄本,叶 192;亚洲博物馆 a 566(D 66)抄本,叶 188;ГПБ Дорн 289 抄本,叶 211;〔Blochet 刊本,页 175;《原文史料选辑》,页 123〕。也速－蒙哥之妻的名字,在 ГПБⅤ,3,1 抄本叶 207 作 Tāyshī 或 Nāyshī;在 ГПБ Дорн 289 抄本叶 203 作 M·lūqāshī;在亚洲博物馆 a 566(D 66)抄本,叶 211 作 T·ghāshī;〔Blochet 刊本,页 297－8 作Ṭūqāshī;关于也速－蒙哥酗酒成习,参看术外尼书,(ГПБⅣ,2,34 抄本,叶 98;〔Qazwīnī 刊本,Ⅰ,页 229〕)。

他任命伊玛目贝哈丁·马尔吉南尼为韦齐尔。贝哈丁的父亲充任费尔R556干纳的伊斯兰谢赫,他的家族世袭此职。贝哈丁的母亲出自哈剌汗家族,系图甘－汗的后裔。贝哈丁早年丧父,被哈巴什－阿米德收为义子。当哈巴什－阿米德指派自己的儿子们入侍察合台的儿子们的时候,他为也速－蒙哥选择了贝哈丁。也速－蒙哥即位后,认为哈巴什－阿米德忠于哈剌－旭烈兀,必欲除之而后快;贝哈丁多方疏解,救了他的恩人的性命。但是哈巴什－阿米德则认为他的义子夺取了他的韦齐尔职位,恨入骨髓,终于在1251年政局变更之后对贝哈丁采取了最残酷的报复手段。亲自见过贝哈丁及其诸友人的术外尼称道,贝哈丁以一身而兼有世俗科学与精神科学两方面的知识,他的家宅成为当时尚在人间的杰出学者们的集会之所,当他在世的时候,科学恢复了从前的重要地位[①]。

贵由在位为时非久,总的说来,他的统治是不利于伊斯兰教和穆斯林学术的发展的。他受教于基督教徒合答,又受到大臣基督教徒镇海的影响,因此他重视基督教,对其他宗教不免歧视。基督教的僧侣与医士从各地——从叙利亚、希腊、巴格达和俄罗斯——汇合到他这里来,而且医士多于僧侣。贵由授予合答与镇海以处理一切政务的权力;基督教徒从而利用他们的权位排斥伊斯兰教,而穆斯林则不敢声辩还击[②]。

术外尼所言如此。我们在术兹贾尼的著作中[③]看到的批判贵由仇视伊斯兰教的记述,其词气远较此为激烈。据称贵由采纳在中国与突厥斯坦闻名于时的某道人(佛教徒)的建议,下令将阉割所有的穆斯林;负责公布此项命令的道人被恶犬咬毙,贵由慑于天神的降罚,才回心转意收回成命。基督教徒[④]则怂恿贵由召见知名的伊玛目努尔丁·

① 术外尼书,ГПБⅣ,2,34抄本,叶98－9;〔Qazwīnī刊本,Ⅰ,页229－32〕。

② 术外尼书,ГПБⅣ,2,34抄本,叶92－3;〔Qazwīnī刊本,Ⅰ,页214〕。

③ Raverty译本,Ⅱ,页1148－64;〔Nassau Lees刊本,页399－406〕。——〔术兹贾尼提到贵由的时候,像提到察合台的时候一样,决不放过机会加上mal‘ūn“可恶的”或la‘ana allāh“愿我主降祸于他”等字样。〕

④〔据术兹贾尼的记载,基督教徒以外,尚有佛教徒,见Raverty译本,Ⅱ,页1160;Nassau(转下页)

花剌子米,对他进行辩论和揭露。辩论时,贵由在场:

“基督教徒:请说明穆罕默德是什么样人。 R557

伊玛目:穆罕默德是最后一位先知,是诸圣徒的魁首,是世界之主的使者……。摩西景仰他的圣德,〔所以这样说过〕:‘噢,上帝啊,请让我和穆罕默德在一起!’耶稣带来令人喜悦的信息,他说,‘上帝赐福于在我以后到来的使徒,他的名字将叫作艾哈迈德’。

基督教徒:先知应当过纯正的精神生活,因此没有对于妇女的激情 478
热爱;耶稣就是如此;穆罕默德有妻9人,有许多孩子,这该如何解释?

伊玛目:先知大卫有妻99人;所罗门有妻360人,妾1,000人。

基督教徒:这些人不是先知,而只是君王”①。

最后,基督教徒停止辩论,请求贵由命令伊玛目要按全套仪式作一次乃马孜。伊玛目唤入一位穆斯林,和他一同开始祈祷。基督教徒多方干扰他们,在他们叩头的时候打他们,强迫他们磕更响的头;但两位穆斯林并不停止祈祷,在祈祷终了以后,自己走开了。就在这天夜间,贵由由于侮辱了那位圣洁的伊玛目被剥夺了生命。翌日,贵由的儿子们向伊玛目道歉,惟希见谅②。

在慷慨好施方面,贵由竭力模仿他的父亲的前例。在他即位以后尚未离开蒙古的时候,他已将70,000巴里什分赐众人③;1248年春季,他统率大军前往西方自己的世袭封地,行军途中更到处以金钱和衣着周济贫民。贵由之所以西向行军,据他自己解释,是因为叶密立河岸的气候对他恢复身体健康比较有利;莎儿合黑帖尼则怀疑他有对拔都作战的意图,因为当他父亲在位的时候,他就曾和拔都争吵过④,后者也

(接上页)Lees刊本,页404:“一群基督教徒(tarsāyān)和他们的牧师(qasīsān),还有一群崇拜偶像的道人请求贵由召来那位穆斯林伊玛目,以便和他进行辩论。”〕

① 〔术兹贾尼书,Raverty译本,Ⅱ,1160－2;Nassau Lees刊本,页404－5〕。

② 同上书,Raverty译本,Ⅱ,1162－4;〔Nassau Lees刊本,页405－6〕。

③ 术外尼书,ГПБⅣ,2,34抄本,叶93;〔Qazwīnī刊本,Ⅰ,页214〕;多桑,《蒙古史》,Ⅱ,页202;〖冯承钧译本,上册,页237－8〗;〔瓦萨夫书,孟买刊本,页576〕。

④ 蒙古的记载也提到了这次争吵(《元朝秘史》,Кафаров译本,页157;〔Козин刊本,页194〕;〖§275〗。

一直避免对他宣誓效忠。同时，拔都动员军队东向迎敌。不过事情没有发展到两军冲突的地步；贵由在到达叶密立河以前就死在距别失八里七日程的撒马尔罕地方①。此一撒马尔罕显然不能与粟特的撒马尔
R558 罕混为一谈；如果我们不认为波斯的抄写者将这个地名抄写错误②，那么，就必须假定在蒙古境内有一粟特人的居留地名撒马尔罕——这一假定，如我们在上文试图证明的，可能得实。

贵由死后，发生了比窝阔台死后更加炽烈、虽然为期较短的派系之争③。拔都在阿剌－哈马克地方获悉贵由死讯，此地距海押立七日程，亦即在阿拉陶山脉附近④。贵由的葬礼举行于叶密立城，拔都与莎儿合黑帖尼别吉各致珍贵织物及其他物品⑤以为赙仪。拔都召集诸王到阿剌－哈马克会商汗位继承问题；汗位虚悬期间，贵由的寡妻斡兀立－海迷失与镇海共同摄政。

当时有一派人宣称：早在成吉思汗，后来又在窝阔台及贵由御宇时期，蒙古人已有成约，“只要窝阔台诸子尚存一块肉”⑥，即决不奉其他

---

① 术外尼书，ГПБⅣ，2，34 抄本，叶 93；〔Qazwīnī 刊本，Ⅰ，页 215〕；还可参看瓦萨夫书，孟买刊本，页 576。多桑书中脱漏了地名。

② 在我所见到的术外尼书、拉施都丁书及瓦萨夫书诸抄本中，此字都清清楚楚地写作撒马尔罕。根据中国的记载，贵由死在罕斯亚尔（Hansyar）村，汉文转写作横相乙儿（《元史》，Бичурин 译本，页 301，381；〚《元史·定宗纪》，标点本，页 39〛）。〔巴托尔德在术外尼书诸抄本中见到的“撒马尔罕”，正如他所指出的，决不会是河中地区那座与之同名的著名城市。伯希和根据可疾云尼用以校订术外尼书的诸抄本之一，又根据 Barhebraeus 撰 *Chronicon* 书中有关段落，首先考知此地名称应作 Qum－Sengir，意为“沙岬”，即见于《元朝秘史》〚§158〛之忽木升吉儿（Qum－Shinggir）。参看 Boyle 译 *History of the World－Conqueror*，Ⅰ，页 261 注 42 关于这一问题的讨论。——C. E. B.〕。

③ 关于蒙哥登极的经过，参看术外尼书，ГПБⅣ，2，34 抄本，叶 94－6；〔Qazwīnī 刊本，Ⅰ，页 216－21〕；拉施都丁书，ГПБⅤ，3，1 抄本，叶 204－7；〔Blochet 刊本，页 272 以下〕；多桑，《蒙古史》，Ⅱ，245－59；〚冯承钧译本，上册，页 249－56〛；〔瓦萨夫书，孟买刊本，页 576－8〕。

④ 这个地方的名称，在术外尼书中见于多处：ГПБⅣ，2，34 抄本中有多种拼法，在 Ханыков 抄本中又有不同拼法；〔参照 Qazwīnī 刊本，Ⅰ，页 217，219；Ⅲ，页 15〕；多桑，《蒙古史》，Ⅱ，页 246——monts Alactac。

⑤ 术外尼书，ГПБⅣ，2，34 抄本，叶 94：jāmah wa baghtāq；〔Qazwīnī 刊本，I，页 217 与此同〕；Ханыков 抄本，ba‘ltāq；拉施都丁书，ГПБⅤ，3，1 抄本，页 203，bar‘tāq；〔Blochet 刊本，页 251，jāmah wa būqtāq〕。

⑥ 拉施都丁书，Березин 刊本，原文，Ⅶ，页 49；译文，Ⅴ，页 39；参照与贵由有关的记载：拉施都丁书，ГПБⅤ，3，1 抄本，叶 202；亚洲博物馆 a 566（D 66）抄本，叶 224；〔Blochet 刊本，页 244〕；多桑，《蒙古史》，Ⅱ，页 199；〚冯承钧译本，上册，页 237〛。关于海都提出的要求，参看瓦萨夫书，（转下页）

诸王为汗。但是这种意见未曾取得普遍的承认；据蒙古－汉文年代记①(此书显然成于拖雷系拥护者之手)的记载，窝阔台本人，当他父亲 479
立他为汗储时，曾经担心他的“后世子孙不才，不能承继〔大位〕”；当时成吉思汗似乎这样说：“若窝阔台的子孙每都不才呵，我的子孙每岂都不生一个好的?”

无论如何，与会诸王都还尊重作为成吉思汗后裔的长门的拔都的 R559
意见。贵由的两个儿子，忽察与脑忽只在阿剌－哈马克住了两天即又他去②，留下一位大臣帖木儿－合答作为他们的代表，并赋予以同意诸王之任何决定的全权。

拔都选定蒙哥继为大汗，蒙哥早就听从他母亲的指教礼敬拔都远在其他诸王之上。蒙哥“曾用自己的双眼看过、用自己的两耳听过成吉思汗的札撒与诏令”，不仅如此，他又是拖雷的儿子——承袭了成吉思汗的禹儿惕的是拖雷，成吉思汗生前最靠近的人亦莫过于拖雷。据术外尼和拉施德丁的记述，拔都曾援引父亲的地位由季子继承的蒙古旧俗作为他推戴蒙哥的根据。此项记述，看来多半失实，因为这一习惯只适用于个人财产的继承，并不适用于汗位的继承；而且，如其亦适用于后者，那么，应当入承大统的并不是蒙哥，而是他的年轻的弟弟阿里不哥。

尚有一事也对窝阔台的后人不利：他们曾经违反成吉思汗制定的皇族有罪须经宗亲会审始得处罚的法令，未加审讯，亦未进行侦查，而遽将成吉思汗之女阿勒塔伦－罕处死。最后，他们也违反窝阔台的命令，在窝阔台死后，不使失烈门继位而改奉贵由为汗③。诸王决议，来

(接上页)Von Hammer 刊本，原文，页 132；译文，页 127；〔孟买刊本，页 67(摘引了“伟大的札撒之书”)〕。

① 《元朝秘史》，Кафаров 译本，页 145；〔Козин 刊本，页 186〕；〖§255〗。

② 术外尼书所记如此(ГПБⅣ,2,34 抄本，叶 94；〔Qazwīnī 刊本，Ⅰ，页 218〕)。据拉施都丁的记载，他们本人都不曾来，只派遣帖木儿－合答作他们的代表(ГПБ Ⅴ,3,1 抄本，叶 204；〔Blochet 刊本，页 274－5；《原文史料选辑》，页 125〕)。——〔多桑书未言此事。〕

③ 拉施都丁书，Березин 刊本，Ⅶ,49－50；译文，Ⅴ，页 39。

年齐集举行忽鲁勒台，隆重拥戴蒙哥继大汗位。

拔都选立蒙哥为大汗，在窝阔台后人中间引起了强烈的反感；和他们站在一边的有察合台兀鲁思的首脑也速－蒙哥以及察合台系的大多数王公；受到了贵由的苛待的哈剌－旭烈兀则站在蒙哥一边；甚至窝阔台后人也有转到蒙哥方面来的，如窝阔台之子合答－斡兀立①及阔端的诸子是。

1251 年，忽鲁勒台召开于哈剌和林，但在庄严的即位典礼结束后不久，蒙哥便开始对被控阴谋杀害他的诸王公进行大规模的鞫讯。蒙哥亲自审问诸王，对诸埃米尔的审问则由大断事官（札儿忽赤）忙哥撒儿－那颜主之。鞫讯结束，失烈门之傅（阿塔伯克）自杀，埃米尔七十
R560 七人被诛②。失烈门及其他诸王均经赦免，但数年以后，蒙哥仍下令将失烈门沉入水中。皇后斡兀立－海迷失及失烈门之母合答合赤－可敦在莎儿合黑塔尼的斡耳朵中受审，二人均被处死；被处死的还有合答和
480 镇海，后者被送交其宿敌答失蛮行刑③。在察合台兀鲁思中，哈剌－旭烈兀得复位为汗，并奉命鞫问脱哈失－可敦；哈剌－旭烈兀下令，将脱哈失－可敦用马践踏至死④。

蒙哥为了彻底扑灭自己的仇敌，向西方派遣了两支大军。一支（10 秃绵）奉命占领介于哈剌和林与别失八里之间的地区并分兵西上与驻守海押立地方的匡乞阑－斡兀立所部会师；另一支（2 秃绵）奉命赴乞儿吉思与谦谦州之地⑤。进军的目的是明显的，蒙哥意欲粉碎和他敌对的察合台与窝阔台二兀鲁思并扩张他自己的疆域使与术赤系的

---

① 〔巴托尔德的手稿作合答－斡兀立；可能应作合丹－斡兀立。〕〔确应作合丹－斡兀立。——J. A. B.〕。

② 拉施都丁书，亚洲博物馆 a 566（D 66）抄本，叶 172；ГПБ Дорн 289 抄本，叶 150；〔Blochet 刊本，页 293－7〕；多桑，《蒙古史》，Ⅱ，页 269；〖冯承钧译本，上册，页 252－3〗。

③ 拉施都丁书，ГПБ V.3,1 抄本，叶 207；ГПБ Дорн 289 抄本，叶 203；〔Blochet 刊本，页 303－4〕；多桑，《蒙古史》，Ⅱ，页 268－9；〖冯承钧译本，上册，页 255〗。

④ 拉施都丁书，ГПБ V,3,1 抄本，叶 207；ГПБ Дорн 289 抄本，叶 203；〔Blochet 刊本，页 297－8〕。

⑤ 拉施都丁书，ГПБ，V,3,1 抄本，叶 207；ГПБ Дорн 289 抄本，叶 203；〔Blochet 刊本，页 298 以下；《原文史料选辑》，页 125〕。

疆域接壤。当时也速－蒙哥还是察合台兀鲁思的首脑,回国取代他的地位的哈剌－旭烈兀途中死于阿尔泰山附近①。西进的军队完成了自己的任务,也速－蒙哥被俘获,解往拔都帐下处死②。

斡儿干纳－可敦奉命代其年幼之子木八剌沙在察合台兀鲁思主政。斡儿干纳临朝的结果,哈巴什－阿米德及其子纳西尔丁复得当权。依照蒙古人的习惯,伊玛目贝哈丁·马儿吉南尼被送交他的对手们处置。哈巴什－阿米德父子处置贝哈丁的残忍,视蒙古人毫无逊色:他们把他缝在毡子里面,然后像擀毡那样打他,直到打碎他全身的骨骼为止(时间在回历649年/1251年3月26日至1252年3月13日之间)③。代替从前的成吉思汗的独裁政治与整个成吉思汗家族的集体统治,此刻在成吉思汗后人面前,蒙古帝国已转入了二元统治的时代。蒙哥本人曾对鲁卜鲁克说,“一如太阳之光无所不照,我的和拔都的权力亦遍及各个方面”④。作为成吉思汗家族的族长,作为最广阔、距帝国中心亦最遥远的诸地区的统治者,最后,亦作为蒙哥践祚的主使人,拔都此刻在成吉思汗家族的帝国中处于十分特殊的地位。鲁卜鲁克甚至说⑤,在拔都的统治区域内,人们对大汗的代表所表示的礼敬常是少于,而不是多于在蒙哥的统治区域内人们对拔都的代表所表示的礼敬。 R561

① 多桑,《蒙古史》Ⅱ,页271;〖冯承钧译本,上册,页256〗;拉施都丁书,ГПБ Ⅴ,3,1抄本,叶208;ГПБ Дорн 289抄本,叶204;〔Blochet刊本,页308〕。拉施都丁认为,也速－蒙哥是被斡儿干纳(Aurqana)处死的——ГПБ Ⅴ,3.1抄本,叶194;〔Blochet刊本,页185〕。术外尼只说(ГПБ Ⅳ,2,34抄本,叶98;〔Qazwīnī刊本,Ⅰ,230〕)在斡儿干纳回到自己的斡耳朵以后不久,也速－蒙哥就去世了。

② 瓦萨夫书,Von Hammer刊本,原文,页163;译文,页153－4〔孟买刊本,页70－1〕。〔在参照拉施都丁(见前注)、术外尼(Qazwīnī刊本,Ⅰ,页230;Ⅲ,页50－9)与杰马勒·卡尔施(《原文史料选辑》,页137－8)的记载以后,瓦·弗·巴托尔德在其《七河流域史纲要》的著作中(见页49－50)比较详细地叙述了发生在察合台兀鲁思、与也速－蒙哥之死有关的诸事件。——C. B.〕。

③ 术外尼书,ГПБ Ⅳ,2,34抄本,叶98;〔Qazwīnī刊本,Ⅰ,231〕。

④ 鲁卜鲁克书,Michel——Wright刊本,页307;〔Малеин译本,页121〕;〔Rockhill英译本,页174－C. E. B.〕。在另处,鲁卜鲁克述及(Michel——Wright刊本,页361;〔Малеин译本,页156〕;〔Rockhill英译本,页237－8——C. E. B.〕),蒙哥为了表明自己与拔都意气相投,水乳交融,曾说过这样的话:“一个头上有两只眼睛,可是眼有两只,而视域则一,这只眼睛往哪里看,那只眼睛也就往那里看。”

⑤ Michel——Wright刊本,页280;〔Малеин译本,页104－5〕;〔Rockhill英译本,页138——C. E. B.〕。

鲁卜鲁克在这段文字中也谈到了两国的界线；这界线穿过塔拉斯河与楚河之间的草原，在亚历山大罗夫斯基山脉的东方，这就是说，从前划归术赤兀鲁思的地区，此刻并不完全为拔都所有。

这样，东突厥斯坦、固勒札地区以及七河流域均直隶于大汗本人的最高权力之下。这些地区的居民，绝大部分是穆斯林，此刻他们的处境，与察合台及贵由在位时相比，已有所改善。蒙哥是一位女基督教徒的儿子，他对基督教徒的待遇，比对其他宗教信徒为优厚，他也用一位基督教徒为其长子班秃之傅；又在他即位以后，基督教徒孛鲁合被任
481 为首席大臣，总理国事[①]。但是，从蒙哥本人的宗教信仰来说，他依然是一位萨满教徒[②]；他认为对所有宗教均应尊重，不得因宗教信仰不同而迫害任何人。此外，他也不要求信仰其他宗教的人都必须遵守札撒的规定。如果我们相信米尔洪德的记载[③]，那么，早在庆祝蒙哥即位的
R562 时候，就已经为款待参加宴会的穆斯林按照伊斯兰教法宰杀牡绵羊[④]。然而，令人惊异的是偏在这时候发生了捕杀畏兀儿亦都护的事件，后者被控有将在某一金曜日灭绝畏兀儿地所有穆斯林的筹划[⑤]。据称，亦都护曾在汗位虚悬期间接到定宗皇后斡兀立－海迷失的以此为内容的命令，奉派传达此项命令的是八剌－必阇赤。亦都护正要前往斡兀立－海迷失与贵由诸子的斡耳朵；适于此时，传来蒙哥即位的消息，于是亦都护入朝蒙哥。驻在别失八里的穆斯林官员赛福丁（多半是马斯乌德－别

---

① 鲁卜鲁克书，Michel——Wright 刊本，页 320；〔Малеин 译本，页 129〕；〔Rockhill 英译本，页 189——C. E. B.〕。关于孛鲁合，鲁卜鲁克说他“est major curiae et judicat reos morte”。又据拉施都丁的记载（ГПБ，Ⅴ，3，1 抄本，叶 209；ГПБ Дорн 289 抄本，叶 206；〔Blocht 刊本，页 316〕），孛鲁合是诸必阇赤的首脑；参照多桑，《蒙古史》，Ⅱ，页 260；〖冯承钧译本，上册，页 253〗。

② 关于蒙哥的有名的宗教信条，参看鲁卜鲁克书，Michel——Wright 刊本，页 359－60；〔Малеин 译本，页 155－6〕；〔Rckhill 英译本，页 235－6——C. E. B.〕。

③ 〔Lucknow 印本，Ⅴ，58〕。

④ 1252 年岁杪庆祝开斋节时，卡孜杰马勒丁·忽毡迪首先以哈里发的名义宣读呼图白，然后为蒙哥的健康宣读祷词。〔参看术外尼书，Qazwīnī 刊本，Ⅲ，页 79－80；对照多桑，《蒙古史》，Ⅱ，页 300〖冯承钧译本，上册，页 264－5〗，没有提到以哈里发的名义宣读呼图白。〕

⑤ 拉施都丁书，Blochet 刊本，页 304－5；此处亦都护被称为“偶像崇拜者（或佛教徒——butparastān）的首领”。

乞的代表)由于畏兀儿人帖克米什告密,得悉上述阴谋,遂命亦都护回归。亦都护被逮捕,蒙哥在大汗廷帐中进行审讯。亦都护虽经严刑拷打,仍坚称无罪;仅在八剌当面对质,陈述筹划的一切细节之后,才终于招认。他被判处死刑,解往别失八里由其弟乌肯只执行。和他一道被判处死刑的还有两位官员;再有两位官员,其一因莎儿合黑帖尼出面关说被赦免,另一因拔都出面关说被赦免。没有追究这一阴谋的其他参加者,畏兀儿人先已急忙贿买告密人帖克米什,以免多所株连。鞫讯(回历 650 年/1252 年 3 月 14 日至 1253 年 4 月 1 日)结束后,帖克米什获得重赏,成为伊斯兰教徒。亦都护的爵衔转到乌肯只头上①。

值得注意的是,各教信徒都认为大汗也是本教信徒之一。海屯说,蒙哥曾经领洗,甚至说当举行洗礼时,海屯本人在场②。据术兹贾尼的记述③,蒙哥即位时,由于别儿哥恳切请求,他背诵了穆斯林的宗教信条。又有佛教文献说到,蒙哥承认宗教之中以佛教为最优:"五指以掌为本,佛教如掌,其他宗教如指"④。以上三种报道最能证明鲁卜鲁克泛论蒙哥与各教代表人物的一句话说得中肯:"所有的人都像苍蝇追随蜂蜜一样地追随他的廷帐,所有的人都得到了他的赐与,把他看作自己一家人,所有的人也都为他祝福。"⑤不过历史家术外尼却认为,在他那时候,蒙古人已和从前不同,转而轻视穆斯林。他也认为,在这一点上,彼此互相倾轧的穆斯林应当深自反省⑥。各教高级僧侣概不负担 R563

① 术外尼书,ГПБⅣ,2,34 抄本,叶 1－8;〔Qazwīnī 刊本,Ⅰ,页 34－9〕;多桑,《蒙古史》,Ⅱ,页 271－4;〖冯承钧译本,上册,页 256－7〗。〔据拉施都丁的记载(Blochet 刊本,页 304－5),告密者系某奴隶。米尔洪德重复了这段记载(Lucknow 印本,Ⅴ,页 59)。〕

② 〔参看 Xetym 书,法文译本,页 39。〕〔这里说的法文译本,显然是指 Nicolas Salcon 翻译的 *Histoire orientale ou des Tartares de Haiton, Parent du Roi d'Arménie*, The Hague,1735 年;参看本书文献目录。——C. E. B.〕。

③ Raverty 译本,Ⅱ,页 1181;〔Nassau Lees 刊本,页 410－11〕。

④ Палладий,*Старинные следы христианства*,页 23－4。

⑤ 鲁卜鲁克书,Michel——Wright 刊本,页 314;〔Малеин 译本,页 125〕;〔Rockhill 英译本,页 182——C. E. B.〕。

⑥ Schefer, *Christomathie persane*,Ⅱ,页Ⅰ－Ⅳ;〔Qazwīnī 刊本,Ⅰ,60;Boyle 英译本,Ⅰ,页 78——J. A. B.〕。

任何赋税；据米尔洪德的记载，惟犹太教的拉比（*rabbis*，教士）不在此例[①]，因而犹太人十分怀恨。

482 蒙哥对宗教信仰的宽容是与他在行政上要按照各地区民族与习俗之不同而区别对待的意图互相关联的。为了贯彻这一意图，他在汗廷的中书省擢用能够代表各教各族的人士为书吏：波斯人、畏兀儿人、中国人、吐蕃人、唐古忒人。发往任何地方的法令必须照从前的统治者颁布法令的旧例均用当地文字书写，“亦即假如从前的统治者还活着的话，他们也要这样行事”[②]。

蒙哥重新推行窝阔台的计划，为赋税的征收确立正常的规程，制止非法勒索。大汗明白宣布，他所关切的事情是人民福利的提高，而不是国库的充盈[③]。当阿儿浑及其他西方疆吏前来参加 1251 年的忽鲁勒台时，蒙哥在对他们发表的讲话中谈到：“毫无疑义，你们每个人都是最清楚地了解自己辖境的情况和庶民的要求，也最清楚地知道如何
R564 纠正现有的弊端。”因此，他命令他们各用书面呈报本人辖境的现状和为增进居民福利可以采取的步骤。他们在呈文内几乎都把税敛繁重说成是人民困苦的主要原因，并论证有为赋税设定限度的必要。据拉施都丁的记载，因苛征暴敛受苦最深的莫过于农民，耕种所得竟尚不及应纳税额的一半[④]。这番和从前窝阔台采行的制度相反，赋税均以货币定额为准；但关于定额多寡如何，则流传至今的不同报道，出

① 〔米尔洪德书，Lucknow 印本，V. 59；米尔洪德在此处述及伊斯兰教与基督教（naṣarī）僧侣均免纳赋税。如果这种报道是正确的话，那么，犹太人之所以未能与其他教民享受同等的待遇，其原因即在于大汗左右没有为犹太人关说和辩解的人，而伊斯兰与基督教徒则受到蒙哥汗的一些重臣与谋士的庇护。〕〔米尔洪德的报道是正确的，有术外尼的记载可资证明；参看 Boyle 译 *History of the World – Conqueror*，Ⅱ，页 599。——J. A. B.〕。

② 拉施都丁书，ГПБ V，3，1 抄本，叶 210；ГПБ Дорн 289 抄本，叶 209；〔Blochet 刊本，页 317〕。

③ 拉施都丁书，ГПБ V，3，1 抄本，叶 208；ГПБ Дорн 289 抄本，叶 205；〔Blochet 刊本，页 310：拉施都丁又说（同处）：“为了改善百姓（ra'āyā）的处境，他（蒙哥）降旨发布诏令”〕；参看多桑，《蒙古史》，Ⅱ，265；〖冯承钧译本，上册，页 253 – 4〗。

④ 拉施都丁书，ГПБ V，3，1 抄本，叶 208；ГПБ Дорн 289 抄本，叶 205；〔Blochet 刊本，页 312：“而且专横与压迫有加无已，遂使农民贫困达于极点，税敛繁重，而又征收特别捐（'awārid），以至农民从收成得来的收入尚不满应纳税额之半数。”〕

入甚大①,这也恰恰说明,蒙哥的法令,像窝阔台的法令一样,具文而已。据拉施都丁书,在中国与河中,丁赋最高额为 15 第纳尔(另一版本作 11 第纳尔),在呼罗珊与伊朗,最高 7 第纳尔;最低额各地均为 1 第纳尔。据术外尼书,蒙哥定呼罗珊的丁赋,最高 10 第纳尔,最低 1 第纳尔。丁赋所入用以供应国家全部支出。阿儿浑于 1253 年返回呼罗珊以后,从每十人中征收 70 第纳尔的丁赋,这就是说,他把蒙哥所定最高额丁赋政变为平均数;又任何人在不同地方占有不动产或动产,他就必须在各地分别纳税,以至出现这样的情况:一个人须纳税 500—1,000 第纳尔。关于阿尔浑征税的方式,历史家契拉科斯说过以下的话:②"他们强征无力缴纳的赋税,使人民度赤贫的生活,接着就压迫他们,使他们吃苦、受罪;对逃避的人进行搜捕和虐杀。谁交不上税,就把谁的孩子们带走,因为有波斯穆斯林跟随着他们。各省的王公和各省的统治者则唆使他们敲诈逞强,从而使本身日益富有。"

蒙哥宣布,凡自成吉思汗死后颁发的诏令(yarlïqs)和牌子(payzas)
一律无效,藉此表明连窝阔台当选为大汗亦属非法。诸王今后在一切 *R565*
事务上必须征求驻在当地的大汗代表(nā'ibs)的意见③。蒙哥在行使 483
其最高统治权的过程中,不曾遇到什么困难,因为在窝阔台与察合台的后嗣中间,具有代表性的成年人已被诛锄殆尽。窝阔台子孙转到蒙哥方面来的有合丹、灭里与阔端的儿子们,他们在唐古忒与中国有其封地。在窝阔台的旧领地中,位于叶密立的贵由的禹儿惕,据鲁卜鲁克的记述④,(包括所有属于它的人和牲畜在内),都交给了贵由的幼子,此幼童更可能是他的幼孙;在这里,鲁卜鲁克多半指脑忽之子、后来在海都帐

① 术外尼书,ГПБ Ⅳ,2,34 抄本,叶 196－9;〔Qazwīnī 刊本,Ⅱ,页 954－61;《原文史料选辑》,页 118〕;拉施都丁书,ГПБ Ⅴ,3,1 抄本,叶 209;ГПБ Дорн 289 抄本,叶 205;〔Blochet 刊本,页 313－4〕;多桑,《蒙古史》,Ⅱ,页 263－4;〖冯承钧译本,上册,页 253－4〗。

② *История монголов по армянским источникам*,Ⅱ,页 78－9(Киракос Гандзакский)。

③ 拉施都丁书,ГПБ Ⅴ,3,1 抄本,叶 208;ГПБ Дорн 289 抄本,叶 205;〔Blochet 刊本,页 310—1〕;多桑,《蒙古史》,Ⅱ,页 265;〖冯承钧译本,上册,页 254〗。

④ 鲁卜鲁克书,Michel——Wright 刊本,页 297－8;〔Малеин 译本,页 114〕;〔Rockhill 英译本,页 164——C. E. B. 〕。

下供职的哈那惕而言。至于察合台家族，当蒙哥君临期间，除哈剌·旭烈兀因病善终以外，别无任何成年人幸得苟全，有的被杀，有的被放逐；他们的年幼的孩子们被收养在大汗的斡耳朵内，只是后来到忽必烈在位时，才有一部分回到了本家族的世袭封地。看来术兹贾尼[1]与亚美尼亚诸史家[2]关于察合台家族全部灭绝的记述似非过甚其词。

蒙古世系的作者有关于王子合答吉的一段奇异的记载，据称，蒙哥为合答吉起了诨名叫作薛禅（Sechen），把他的头发剪得像八合识的样子，带着他向中国进军。合答吉死于行军途中[3]。

斡儿干纳可敦的宫帐设于阿力麻里，奉大汗命西征的旭烈兀于

R566 1254 年在这里受到她的慰劳[4]。斡儿干纳虽然是察合台所甚喜爱的儿妇[5]，而且她本人是佛教徒[6]，但她却热情袒护穆斯林。她的儿子木八剌沙是成吉思汗后人中第一个信奉伊斯兰教的人[7]。以蒙哥与拔都的名义统治这个地区的长官没有更动，仍然是马斯乌德别乞。我们看到，马斯乌德的辖境不但包括穆斯林诸省区，而且也包括畏兀儿地；1251 年，他在别失八里会见了阿儿浑；但 1225 年秋季[8]，他在撒马尔罕附近的坎－伊·吉勒平原款待旭烈兀四十日之久[9]；就我们所知，此为坎－

---

① Raverty 译本，Ⅱ，页 1186；〔Nassau Lees 刊本，页 412："并且他（蒙哥）竟这样行事，以致察合台汗几乎未能在地面上留下痕迹，惟有察合台汗的一两个儿子逃入秦（中国）境，依附桃花石的阿尔通汗（Altun Khan，即中国南部的宋朝皇帝）"〕。

② *История монголов по армянским источникам*，Ⅱ，105（Киракос Гандзакский）。

③ Mu'izz al－ansāb，叶 29；〔《原文史料选辑》，页 159。在此处，并在拉施都丁书的某些抄本中（亚洲博物馆 a566（D66）抄本，叶 210；ГПБ Дорн 289 抄本，叶 186；〔又 Али－заде 刊本，原文，页 131；同书，Арендс 译文，页 83〕）。合答吉（Qadāqī）被称为不里之子。这些抄本两次提到合答吉，一次称为不里之子，另一次称为察合台之第七子；〔在 Blochet 刊本中，合答吉三次被称为察合台之第七子（页 157 Qadāqī；页 177 与 193 Qadātī〕。在 Mu'izz al－ansāb 中，察合台之第七子的名字作合剌·亦里古（Qarā Īlikū）；瓦萨夫书（ГПБ 抄本，叶 351b）亦称合答吉为不里之子。

④ 拉施都丁书，Quatremère 刊本，页 147－9；多桑，《蒙古史》，Ⅲ，页 138；〚冯承钧译本，下册，页 49〛。

⑤ 〔拉施都丁书，Березин 刊本，原文，Ⅶ，页 102（Ūrqana khātūn）；译文，Ⅴ，页 80。〕

⑥ 瓦萨夫书，Von Hammer 刊本，页 30〔孟买印本，页 14－5〕。〔杰马勒·卡尔施书（原文，页 138）称她为穆斯林。——C. B.〕。

⑦ 拉施都丁书，ГПБ Ⅴ，3，1 抄本，叶 195；〔Blochet 刊本，页 188〕。

⑧ 术外尼书，ГПБ Ⅳ，2，34 抄本，叶 195；〔Qazwīnī 刊本，Ⅲ，页 98〕。

⑨ 拉施都丁书，Quatremère 刊本，页 149。

伊·吉勒见于记载之始,到了帖木儿朝,这一平原就变得遐迩闻名。旭烈兀从撒马尔罕转往碣石,他在碣石会见了阿儿浑和几位波斯统治者(其中哈烈统治者谢木斯丁·库尔特①前在撒马尔罕时已访问过旭烈兀)。1256年1月,旭烈兀统军渡过阿母河,猎狮于河的左岸②。

根据上文所引鲁卜鲁克关于拔都与蒙哥领域之分界的记述,我们可以推断,河中属于拔都的势力范围,而且我们也找到了河中为拔都所有的事实证明。拔都曾下令将忽毡保卫者帖木儿－麦利克的动产与不动产退还给他的儿子③。

1255年④,拔都卒;他死以前不久,曾派他的儿子撒儿塔黑前往参加蒙哥召开的忽鲁勒台。撒儿塔黑当其父在世时即已颇有权势,罗斯 *R567*
王公自1249年⑤起常来他这里述职。鲁卜鲁克访问过撒儿塔黑的营 484
帐,营帐位于顿河与伏尔加河之间,距伏尔加河渡口三日程(据施米特考证⑥,此渡口在北纬50°附近)。撒儿塔黑入觐蒙哥途中,获悉其父死讯,但他并未折返乞卜察克,而仍完成朝参使命。大汗对此深表嘉许,从而如契拉科斯所记⑦,"确认他承袭他父亲的军权及对听命于他的各

---

① 〖此处英译本作卡尔特(Kart),俄文本作库尔特(Курт)〗。

② 拉施都丁书,Quatremère刊本,页149－53。〔波斯诸作家往往称虎为狮(sherūn)。〕据中国的记载(《元史》,Бичурин译本,页329;〖《宪宗本纪》六年冬〗),1256－7年冬季,蒙哥以沿阿母河居住的布哈拉降民("回回")分赐诸王百官。但关于旭烈兀西征时期阿母河沿岸的防御工事,我们找不到任何报道。

③ 术外尼书,ГПБ Ⅳ,2,34抄本,叶32;〔Qazwīnī刊本,Ⅰ,页73〕;多桑,《蒙古史》,Ⅲ,页139－40;〖冯承钧译本,下册,页49〗。术兹贾尼(Raverty译本,Ⅱ,页1172;〔Nassau Lees刊本,页406－7〕)称道拔都对宗教的宽容及其对突厥斯坦穆斯林的庇护;在他的斡耳朵以内有伊斯兰教礼拜寺、伊玛目与穆安津;他甚至被认为秘密归依了伊斯兰教。术外尼(ГПБ Ⅳ,2,34抄本,叶95;〔Qazwīnī刊本,Ⅰ,页222〕)则谓拔都始终虔信蒙古的一神教,而且从未对任何宗教有所偏袒。〔巴托尔德在其所撰Bātū－Khān(《伊斯兰百科全书》本条)一文中述拔都之为人较详。〕

④ 术外尼谓拔都卒于653/1255年;拉施都丁则谓(ГПБ дорн 289抄本,叶181;〔Blochet刊本,页137〕)在650/1252－3年,但此说不仅与鲁小鲁克的叙述不合,亦且与拉施都丁本人关于蒙哥践位的叙述互相抵触;另一方面,雷沃蒂断言(术兹贾尼书,Raverty抄本,Ⅱ,页1172－3注9),"说他卒于回历650年,无疑是正确的"。

⑤ Карамзин,*История государства Российского*,第四卷,注释84,页20－1。

⑥ Schmidt,*Über Rubruk's Reise*,页19。

⑦ *История монголов по армянским источникам*,Ⅱ,页87(Киракос Гандзакский)。

地区的统治权，又许可他得以大汗副贰自称，作为统治者发布诏令，然后遣返本国”。用瓦尔丹的话说，撒儿塔黑继承了他父亲的土地，“甚至有所增加”[1]。

基督教与伊斯兰教[2]的作家都把撒儿塔黑说成是基督教徒；据阿布勒·法拉只的记载[3]，撒儿塔黑甚至成为基督教的辅主祭[4]；瓦尔丹说他“使本族及外族的人信奉基督教”[5]。曾于1253年访问过撒儿塔黑营帐的鲁卜鲁克却说撒儿塔黑实际上不是基督教徒，充其量不过是基督教徒的庇护者[6]；撒儿塔黑的近侍聂斯脱里派教徒科亚克，甚至不许方济各会教士称撒儿塔黑为基督教徒：“他是蒙古人，不是基督教徒。”[7]这句话显然是对我们表明：按照蒙古人的概念，“基督教徒”一词有着种族的涵义。鲁卜鲁克本人也说过[8]，日耳曼人戈塞特遵照撒儿塔黑的命令在伏尔加河下游西岸修建了教堂一所，与位于小岛上的城镇苏迈尔肯特相对[9]。可是鲁卜鲁克又说过，撒儿塔黑有妻妾六人[10]；由此看来，即使撒儿塔黑属于基督教会，也不过挂名而已。

R568 据术兹贾尼的记载[11]，撒儿塔黑在对其叔父别儿哥说的一句话中

① 〔*История монголов по армянским источникам*, Ⅰ，页11（Вардан Великий）。〕

② 除了我已经征引的兹贾尼的记述以外，尚有术外尼的记述（ГПБ Ⅳ,2,34抄本，叶96；〔Qazwīnī 刊本，Ⅰ，页223〕）。

③ Barhebraei, *Chronicon Syriacum*, Bruns——Kirsch 刊本，页493。参照 *История монголов по армянским источникам*, Ⅱ，页134（Киракос Гандзакский）。

④ 〔此说可能与鲁卜鲁克的报道有关，鲁卜鲁克曾报道蒙古聂斯脱里派教徒们，当主教间或来到他们这里的时候，就强迫他授予所有的人（甚至包括黄口孺子在内）以圣职，“因此他们所有的男子都作了教士”（Малеин 译本，页112）。〕

⑤ *История монголов по армянским источникам*, Ⅰ，页11（Вардан Великий）。

⑥ 鲁卜鲁克书，Michel——Wright 刊本，页263；〔Малеин 译本，页94〕；〔Rockhill 英译本，页116——C. E. B.〕。

⑦ 同上书，Michel——Wright 刊本，页259；〔Малеин 译本，页92〕；〔Rockhill 英译本，页107——C. E. B.〕。

⑧ 同上书，Michel——Wright 刊本，页379；〔Малеин 译本，页168〕；〔Rockhill 英译本，页260——C. E. B.〕。

⑨ Schmidt, *Über Rubruk's Reise*，页75。〔关于苏麦尔肯特这一名称，参看 Pelliot, “Notes sur l'histoire de la Horde d'Or,” 见 *Oeuvres posthumes*，巴黎，1950，Ⅱ，页162－5.——J. A. B.〕。

⑩ 鲁卜鲁克书，Michel——Wright 刊本，页253；〔Малеин 译本，页89〕；〔Rockhill 英译本，页101——C. E. B.〕。

⑪ Raverty 译本，Ⅱ，页1291；〔Nassau Lees 刊本，页450〕。

尖锐地显示了他对伊斯兰教的敌意："你是穆斯林，而我信基督教，我一和穆斯林见面，就觉得晦气。"虽然如此，我们从基督教的史料中得知，当撒儿塔黑秉政时期，伊斯兰教僧侣，像从前一样，依然被豁免赋税负担①。

撒儿塔黑在从蒙哥的斡耳朵返回伏尔加河以前身死，另说②，他死于返回伏尔加河以后不久。据述兹贾尼书③，撒儿塔黑之死是他侮辱了别儿哥，上帝顺应别儿哥的祈求对他降罚的结果；但据契拉科斯书④，撒儿塔黑为他的穆斯林亲属巴拉凯与巴儿乞沙所毒害，亦即为他的两位叔父别儿哥与别儿怯札尔所毒害。撒儿塔黑死后，蒙哥派遣自己的埃米尔等前来金帐汗国，埃米尔等指定拔都的寡妻巴儿忽真－可敦摄政，立年幼的兀剌克赤为汗；据术外尼书，兀剌克赤系撒儿塔黑之子⑤，而据拉施都丁书，则系拔都之子⑥。又术外尼谓兀剌克赤死于他即位的当年；但罗斯王公等却至1257年尚到"兀剌夫奇"(Ulavchiy)处述职(卡拉姆津误以为兀剌夫奇是别儿哥汗的代表)⑦。兀剌克赤死后，术赤兀鲁思的汗位由别儿哥继承。

关于别儿哥皈依伊斯兰教的时间和经过，我们找不到确切可靠的资料；比较可信的是如术兹贾尼所述，他受教于一位穆斯林(术兹贾尼说，别儿哥在忽毡向当地的一位乌莱玛学习《古兰经》⑧)。毫无疑义， 485

---

① *История монголов по армянским источникам*，Ⅱ，页75(Киракос Гандзакский)。这里说到撒儿塔黑"敬畏上帝并笃信宗教，有他自己的行军礼拜堂设在营帐以内，他经常在礼拜堂进行敬神的祈祷。"

② 同上书，Ⅱ，页87(Киракос Гандзакский)。

③ Raverty译本，Ⅱ，页1291；〔Nassau Lees刊本，页450－1〕。

④ *История монголов по армянским источникам*，Ⅱ，页87；〔K. A. Melik'－Ohanjanyan，亚美尼亚文刊本，埃里温，1961年，页373——J. A. B.〕。

⑤ 术外尼书，ГПБ Ⅳ，2，34抄本，叶96；〔Qazwīnī刊本，Ⅰ，页223〕。

⑥ 拉施都丁书，亚洲博物馆a 566(D66)抄本，叶204；ГПБ Дорн 289抄本，叶177；〔在Blochet刊本中，两次(页109，113)说到兀剌克赤(Ulaqchī)是拔都之子秃忽罕(Tūquqān)的第五子；同书(页108)也提到撒儿塔黑并无子嗣。在Mu'izz al－ansāb中，兀剌克赤(Ulakhi)被称为拔都的第四子；参看拉施都丁书的Blochet刊本页108注(内有引文)〕。

⑦ Карамзин，*История государства Российского*，Ⅳ，页47。

⑧ 术兹贾尼书，Raverty译本，Ⅱ，页1184；〔Nassau Less刊本，页446〕。

他在拔都去世以前就已经成为伊斯兰教徒，在自己的营帐内严守伊斯兰教规。鲁卜鲁克说到①，别儿哥成为穆斯林，在其营帐内禁食猪肉。R569 别儿哥继位以后，曾访问布哈拉，旨在对该城著名的乌莱玛表示敬意②。这一事实让我们推断，别儿哥的权力，像拔都的权力一样，也伸张到了河中地区；拉施都丁的记述也证明这一点，据称，后来阿鲁忽的埃米尔将别儿哥的亲兵和拥护者全部逐出河中诸城镇③。因此，我们没有任何理由怀疑术兹贾尼书中提到的这一情况：撒马尔罕市民中穆斯林与基督教徒之间的纷争，由于别儿哥出面干涉，结果对穆斯林有利。

如所周知，尚在穆斯林时期以前，基督教就已经传入撒马尔罕，历萨曼朝与哈剌汗朝迄未就衰，尽管关于基督教徒在撒马尔罕政治生活中的地位，今日已找不到任何记载。伊斯兰教与穆斯林诸王朝之丧失统治地位，必然要在基督教徒中间引起向他们的压迫者复仇的愿望。形势也对基督教徒有利：我们已经看到，在成吉思汗的许多后裔中间，不仅那些受到基督教精神培育的人④，而且凡是拥护札撒的人，无不敌视伊斯兰教，又在这时候，蒙古人与中国人已进入河中的统治阶层。此外，穆斯林在这时候是蒙古人的主要的外部敌人；贵由在位时期，甚至出现了蒙古人与基督教徒结成同盟共同反对穆斯林的趋势，这种趋势在波斯的伊儿汗国得到了进一步的发展。

1248 年岁杪，有宴只吉带派遣的使节到达塞浦路斯岛上圣路易的营帐⑤，其时宴只吉带奉贵由命远征亦思马因派与巴格达的哈里发。使者告知圣路易，贵由的母亲是基督教徒，贵由本人与十八位王公及许

---

① 鲁卜鲁克书，Michel——Wright 刊本，页 263；〔Малеин 译本，页 94〕；〔Rockhill 英译本，页 117〕。

② 术兹贾尼书，Raverty 译本，Ⅱ，页 1285；〔Nassau Lees 刊本，页 447〕。

③ 拉施都丁书，ГПБ Ⅴ，3，1 抄本，叶 219；ГПБ Дорн 289 抄本，叶 215；〔Blochet 刊本，页 404〕。

④〔关于这一点，参看 Бартольд，*К вопросу о Чингизидах - христианах*，页 171 - 2。〕

⑤ 关于贵由在位期间蒙古人与法兰西国王路易九世之间的关系，参看 Mosheim 书，附录Ⅻ.〔宴只吉带的使节为操阿拉伯语、来自摩苏勒（Mosul）的聂斯脱里派基督教徒"萨贝丁"（Sabeldin，当作赛阿杜丁或赛福丁）大卫（关于此人，参看下文）和一个名叫马尔克（Marc）的人，显然也是聂斯脱里派教徒。关于他们出使的经过详情，参看 Pelliot，*Les Mongols et la Papauté*，Ⅱ，页 151 以下〔extrait de la ROC，sér. 3，t. Ⅷ，No，1 - 2〕。

多显宦一道归依基督教;宴只吉带在许多年以前已经领洗,现在他前往巴格达,“对花剌子模人加在主耶稣·基督身上的侮辱进行报复”①。在写给法兰西王的信中,宴只吉带请求他不要对基督教的任何派别,如 R570
天主、希腊、亚美尼亚、聂斯脱里、雅各以及所有崇敬十字架的各派有所歧视:“在我们这里,所有教派一律平等。”②先是当圣路易初至塞浦路斯岛时,塞浦路斯王让他阅读亚美尼亚王室总管③于 1248 年 2 月 7 日从撒马尔罕寄来的一封信,信中阐述在蒙古人中间宣传基督教的成效,不久以前,汗本人也成为基督教徒。写信的人就住在基督教教堂内,曾看到一幅画,上绘基督与向初生基督朝圣的东方三大博士。传布基督教的成功被说成是完全来自基督本身的赐福,因为传布基督教义的教士们
一点也不和自己的使命相称:“要知道,那些〔在这里〕被认作是教士的人 486
们,由我看来,应当受到严厉的惩罚。”写信的人又说,穆斯林现在该为他们对基督教徒犯下的罪行承受报复,“萨拉森人从前为他们(基督教徒)带来恐怖,此刻正为自己的所作所为要比他们加倍受苦”。

与崇奉了基督教的蒙古人结盟共同反对萨拉森人的意见,得到了路易的赞同,路易也派遣自己的使节至蒙古报聘;但对各教派务尚宽容的建议则被坚决回绝。塔斯库拉姆的主教奥多时为驻在路易军营中的教皇代表,致书大汗、大汗之母、宴只吉带以及东方各教会,委托报聘使节递送。奥多信中说明,罗马教会愿将他们置于诸爱子之列,但他们必须遵信正统,承认罗马教会为诸教会之母,也承认罗马教会的首脑系耶稣基督的代表,所有基督教徒均须驯顺听命。

---

① 〔指花剌子模的突厥人而言,这些人跟随花剌子模沙札阑丁离开了中亚,在札阑丁身死以后为埃及艾尤卜朝苏勒坦麦利克·萨利赫(Ayyūbid Sultan al－Malik aṣ－Sāliḥ)服役,于 1244 年第二次将十字军逐出耶路撒冷,抢劫了该城和基督教圣物。〕

② 〔此信写于回历 646 年穆哈兰丹,即公元 1248 年春季;据伯希和考证,可能写于 1248 年 5 月 15 日至 24 日之间(Pelliot, *Les Mongols et la Papauté*, Ⅱ,页 204)。〕

③ 〔这里说到亚美尼亚王海屯(赫图本)的弟兄塞木巴特;关于塞木巴特访问贵由之行,参看马加基亚书,Патканов 译本,页 18 注 34;Blake——Frye 刊本,原文,页 312,314;译文,页 313,315;还可参看 *История монголов по армянским источникам*, Ⅱ,页 69—70(Киракос Гандзакский〕。

上述计划因贵由死亡而未得实现；蒙哥交付鲁卜鲁克使转递法兰西国王的信件，辞意激烈，说大卫[①]系行骗之人，呼女王斡兀立－海迷
R571 失[②]（女王曾优待路易的使者）为“贱妇，比狗还贱，岂能得知什么和战大事与国家福利所在？”[③]

塞木巴特停留在撒马尔罕时得到的印象，足以证明该城基督教徒与穆斯林之间存在着斗争。又马可·波罗书中述及的关于施洗礼者圣约翰教堂的荒诞传说[④]，同样足以证明上述斗争的存在：圣约翰教堂据说建于察合台在位期间，其时察合台已信奉基督教。为了建筑教堂，经察合台许可取用某礼拜寺的础石，置于柱下，此柱立于教堂正中，支撑教堂整个建筑。察合台卒，其子（孙？）继位，不奉基督教，听从穆斯林的阴谋，迫使基督教徒归还础石。人们移去此石；但与预料相反，教堂并未坍塌，因“柱离地三拃，悬空不坠；从此时起，更非柱擎堂顶，而系堂顶悬柱”。

比较可信的是术兹贾尼的记述[⑤]：教堂已为撒马尔罕的穆斯林所摧毁。撒马尔罕努尔丁·阿玛修道院的住持赛伊德阿什拉弗丁于657/1259年到德里经商，将此事告知术兹贾尼。

关于撒马尔罕基督教徒在这以后的处境如何，我们找不到任何报道，不过基督教在撒马尔罕并未衰灭。撰于十三世纪末年的一份中国文献谓撒马尔罕“乃也里可温行教之地”（也里可温蒙古语作 erke'ün，
487 意为基督教徒）[⑥]；十四世纪，教皇约翰二十二世仍于1329年向撒马尔

---

① 〔关于大卫，参看上文 R569 注 4。〕

② 〔贵由汗的寡妻属蔑儿乞部某氏族；蒙哥汗亦有一妻名斡兀立－海迷失，属斡亦剌部，二人同名，不可混而为一。详见 Pelliot, *Les Mongols et la Papauté*, Ⅱ，页 198 注 2。〕

③ 蒙哥汗致路易九世书见鲁卜鲁克书（Michel——Wright 刊本，页 369－71；〔Малеин 译本，页 162－3〕；〔Rockhill 英译本，页 248－51——C. E. B.〕）；多桑，《蒙古史》，Ⅱ，页 306－9；〖冯承钧译本，上册，页 266－7〗。

④ 马可·波罗书，Yule 刊本，Ⅰ，页 183－6；〔Минаев 译本，页 69〕。

⑤ Raverty 译本，Ⅱ，页 1288－90；〔Nassau Lees 刊本，页 448－50〕。

⑥ Палладий, *Старинные следы христианства*，页 38。〔关于也里可温（先指“基督教、特别是聂斯脱里派的教士”，后则泛指“基督教徒”而言），参看 Minorsky and Minovi，“Naṣīr al－Dīn （转下页）

罕派遣天主教的主教[①]。七河流域方面,基督教在这一时期流行于这一地区的北部,而亦流行于其南部的楚河两岸,1886年,曾在楚河两岸发现了人所熟知的聂斯脱里派教徒的墓群……[②]在这里,让我们顺便就聂斯脱里派教徒在蒙古帝国所起的作用,试据当时人的记述,特别是鲁卜鲁克的记述,略加说明。 R572

从七河流域地区的碑刻来看……[③]

除了聂斯脱里派以外,其他值得注意的基督教徒还有撒马尔罕与鸭儿看二地的雅各派和七河流域的亚美尼亚派;H. Я 马尔曾经正确地指出[④]:从在七河流域发现了亚美尼亚文碑铭之后,自应确认伊塞克－库勒城(位于同名之湖的北岸)的寺院,正如加泰兰地图(Catalan map)之所记,属于亚美尼亚派,而非属于聂斯脱里派。此外,鲁卜鲁克曾在蒙哥的朝廷上与亚美尼亚人塞尔吉伊相遇,后者在本国本是一名织工,

(接上页)Ṭūsī on finance," *BSOS*, X, 1940, 785 = *Iranica*, 81－2; Doerfer, *Mongolische Elemente im Neupersischen*, 页123－5, No. 15. 从前常谓此词源出希腊语 ἄρχων,今则此说已被抛弃。——C. E. B.〕。

① Mosheim 书,页110－111,附录 LXIII, LXV。〔与撒马尔罕基督教徒有关的报道,我们可以跟寻到兀鲁伯的时期(1409－49年)。1404年,克拉维约(Clavijo)述及(克拉维约书,Срезневский 刊本,页328;〔*Embassy to Tamerlane* 1403－1406, Le Strange 译本,伦敦,1928年,页288——C. E. B.〕;〖《克拉维约东使记》,杨兆钧译本,北京,商务印书馆,1957年,页157〗),在撒马尔罕有很多基督教徒——亚美尼亚人、希腊人、聂斯脱里教派、雅各教派(叙利亚一性论者),这些人大多数是被帖木儿许多地区遣送来的。十五世纪亚美尼亚历史家梅特索普的托马斯(Thomas of Metsop')写了一段饶有趣味的记事(Tovma Metsopetsi, Shahnazarian 刊本,页28－9),讲到兀鲁伯在位时期,"在那里(在撒马尔罕),末日临到基督教徒头上"。有叙利亚的聂斯脱里派某教徒略诱了某穆斯林之妻,并以此向人夸耀,这件事便成为在撒马尔罕对基督教徒加以全面迫害的口实。基督教徒被迫在改奉伊斯兰教或自取灭亡之间作出选择。"选择灭亡的人为数不多,其余的人都宣布与自己旧日的信仰断绝关系"。这段记事是根据目击者的一封信写出来的,这位目击者是亚美尼亚的主教 Hovhannes(约翰),诨名恰特基(Chatki),他到东方去,是为了赎买战俘。从十五世纪下半期起,历史资料中就再也没有与河中的基督教徒有关的报道了。〕

② 〔巴托尔德手稿中,此处有删节号和空白。记了资料的出处:"Рубруквис, *Recueil*, 293"(= Michel——Wright 刊本)〔Малеин 译本,页111－2〕;〔Rockhill 英译本,页157－9——C. E. B.〕,但此处所讲的是蒙古境内,而不是七河流域的基督教聂思脱里派。〕

③ 〔巴托尔德手稿中,此处又出现删节号和空白,显然要在日后于此处补述十三世纪河中地区与七河流域一带基督教的地位。对这一问题,巴托尔德其 *О христианстве в Туркестане в домонгольский период* 一书中作了比较详细的研究,后来又在此书的德文刊本 *Zur Geschichte des Christentums in Mittel－Asien bis zur mongolischen Eroberung* 中加以补充。〕

④ Марр, *Надгробный камень из Семиречья*, 页348。

但以隐修士的身份来到蒙古宫廷，并能在蒙古人中间上升到有权势的地位[①]。鲁卜鲁克书中关于这个人的描绘足以使我们充分了解他的为人。有趣味、但不常被人征引的关于塞尔吉伊与约拿的关系的叙述，向我们表明，基督教徒有时用什么方式在蒙古人中间传教，也表明，这些传教的人如何摆脱开那些在品德和教育方面都胜过他们的竞争者[②]。……

R573 蒙哥在汉地作战时死于军中，据拉施都丁书[③]，蒙哥死于1257年（蛇儿年），据汉文史书，则死于1259年[④]。后一年份比较可靠；拉施都丁本人也说过，蒙哥在位八年卒。Ṭabaqāt – i Nāṣirī 一书写成于1260年，依其所记，是年印度方面只是模糊听到蒙哥死去的消息[⑤]。蒙哥的儿子阿速歹将蒙哥的遗体运还蒙古，并在他的四个斡耳朵顺序举哀，然后葬于不儿罕 – 哈里敦地方之“广大禁区”（yeke ghuruq），在成吉思汗与拖雷二墓近旁[⑥]。

这番帝位继承之争，发生于拖雷诸子之间，一方为年事较长的忽必烈，时方统兵对中国宋朝作战，另一方为年事最少的阿里不哥。阿里不哥继承其父之禹儿惕，其母莎儿合黑帖尼 – 别吉也住在他的斡耳朵以内。1260年，初次有两位大汗同时当选，内地选出忽必烈，蒙古选出阿

① 鲁卜鲁克书，Michel——Wright 刊本，页324；〔Малеин 译本，页132；〕；〔Rockhill 英译本，页193——C. E. B.〕。

② 〔这里说的是鲁卜鲁克所记述的学识渊博的聂斯脱里派教士约拿（Jonah）在哈剌和林与无知的、冒险主义的传教士塞尔吉伊之间的斗争，以及前者被后者毒害的事实（鲁卜鲁克书，Michel——Wright 刊本，页342 – 5；〔Малеин 译本，页144 – 5〕；〔Rockhill 英译本，页216 – 9——C. E. B.〕。巴托尔德手稿中此下有删节号和空白。〕

③ ГПБ Ⅴ,3,1 抄本，叶211；ГПБ Дорн 289 抄本，页208。〔Blochet 刊本，页335。此处说到蒙哥汗去世的时间在回历655年穆哈兰月（公元1257年1月19日至2月17日之间）。但上文则谓蒙哥汗患霍乱身死，此病在夏季炎热时节流行于蒙古军中；这样，死于回历655年云云，可能有误〕。

④《元史》，Бичурин 译本，页349，353；多桑，《蒙古史》，Ⅱ，页332；〖冯承钧译本，上册，页274〗。

⑤ 术兹贾尼书，Raverty 译本，Ⅱ，页1292；〔Nassau Lees 刊本，页451：“从呼罗珊地区来的一些人传说，蒙哥已走上到地狱去的道路了”〕。

⑥ 拉施都丁书，ГПБ Ⅴ,3,1 抄本，叶211；ГПБ Дорн 289 抄本，叶208；〔Blochet 刊本，页336 – 7〕。〔据杰马勒·卡尔希的记载，蒙哥汗卒于回历658年岁初，即公元1259年12月18日以后不久。——C. B.〕。

里不哥。成吉思汗家族中最有威望的代表人物,旭烈兀与别儿哥,既未参加内地方面,亦未参加蒙古方面的选举,虽然阿里不哥宣扬自己受到他们的推戴。如果我们相信术兹贾尼的记载①,那么,蒙哥死后,伊朗、呼罗珊和河中地区都开始用别儿哥的名义宣读呼图白。争继帝位的二弟兄各自得到几位宗王的拥护;察合台兀鲁思的统治者斡儿干纳－别吉站在阿里不哥方面。忽必烈企图占有察合台兀鲁思,并为此目的遣不里之子阿必失合往主察合台汗国事;阿必失合行抵唐古忒,被阿里不 488
哥的拥护者截获,旋由阿里不哥下令处死。阿里不哥亦不信赖斡儿干纳,乃效其兄之所为,选派察合台系宗王前往突厥斯坦,藉以保证察合台封地为己所有,并在旭烈兀与别儿哥拥戴忽必烈的场合遮断他们与忽必烈往还的道路。此外,由于忽必烈禁止从中国向蒙古输送粮食,以 R574
致蒙古发生粮荒,从而不得不安排由突厥斯坦向蒙古运粮。

所有这些都是察合台之孙阿鲁忽必须面对的情况。阿鲁忽是拜达儿的儿子,拜达儿以善射闻名,在鞑靼远征欧洲时,特别是在1241年陷波兰及西里西亚于残破时屡立战功②。阿鲁忽不愧为其父之子。他来到喀什噶尔以后,能将察合台系诸王及其追随者们结合在自己周围,迫使斡儿干纳－可敦与马斯乌德－别乞依附阿里不哥。阿鲁忽派他的从兄弟捏古伯－斡兀立统兵5000人进攻河中,驱逐了别儿哥委任的诸长官。与捏古伯一道被派到河中的,埃米尔之中有兀察察儿,必阇赤之中有苏莱曼－别乞(哈巴什－阿米德之子);由此可见,甚至有些穆斯林要人也投到阿鲁忽方面来。伊斯兰教信仰坚定的代表人物无疑仍然维护穆斯林别儿哥的权利;布哈拉陷落时,谢赫札剌勒丁·巴哈尔齐(闻名于时的赛福丁之子)被杀。河中蒙古驻军统将,不花·努沙与钦桑太傅,归附了阿鲁忽,均仍留原职。

阿鲁忽占领了河中,犹以为未足,决定将从来不属于察合台汗国的

① Raverty译本,Ⅱ,页1292;〔Nassan Lees刊本,页451〕。
② Wolff, *Geschichte der Mongolen*,页159。

花剌子模与阿富汗也据为己有。他派兀察察儿进入花剌子模，派撒歹·亦勒赤进入阿富汗。蒙哥君临时期，远征印度的蒙古部队由撒里把阿秃儿统率，此刻撒歹·亦勒赤唆使他的部属投靠己方，结果他的这些部属把他俘送撒歹·亦勒赤。这样，阿鲁忽的权势也伸张到了印度境内①。

阿鲁忽采取上述行动，只是为了自己的利益，完全没有考虑实现后者②的愿望。迨阿里不哥的使节们前来河中，已将他们需要的金钱、马匹和武器全部征收完毕，阿鲁忽不肯放他们离境③。最后，他对阿里不哥公开宣战，杀死他的使节，夺取了他们攫取的金钱分配给自己的士卒(1262年)。

R575 与此同时，阿里不哥与忽必烈会战不利，不得不让出蒙古，退至叶尼塞河上游乞儿吉思人所居之地。中国方面的动乱使忽必烈未能对阿里不哥进行追击，因此阿里不哥得以转而应付他的西面的敌人。看来

489 阿鲁忽先已率军出击阿里不哥，此刻遂须从长达1500里(约750俄里)的前线上撤退，可是他终被哈剌-不花率领的敌军前锋追及，两军战于苏姆-库勒近旁，苏姆-库勒一名赛拉姆湖，距也里虔城不远。哈剌-不花战败阵亡，传首于忽必烈。此后不久，阿鲁忽又遇到了阿里不哥的另一支军队。这支军队由蒙哥之子阿速歹统率，阿速歹越过塔勒基山口(蒙古人称之为帖木儿-哈勒哈，此言“铁门”)，很快地进入伊犁河谷地(阿鲁忽先已返抵此地)，击溃阿鲁忽军。这是因为阿鲁忽军恃胜而骄，未曾料及敌方进军如此之速。阿速歹占领了阿力麻里，阿鲁忽逃往东突厥斯坦。阿里不哥遂得驻冬于伊犁河谷地。

蒙古诸埃米尔深恨阿里不哥滥杀统军诸将士，驻冬期间，走散过半。战争为人民带来了灾难，伊犁河谷发生饥荒，死亡无算，军队掠夺

---

① 〔参看瓦萨夫书，Von Hammer 刊本，原文，页23-4；译文，页25；孟买印本，页12。〕

② 〔巴托尔德的手稿如此；“后者”显然指阿里不哥而言。〕

③ 拉施都丁书中，事件发生时日的排列不相连贯；我们采用了中国方面与当时旅行家耶律希亮的行踪有关的资料(Bretschneider, *Researches*, Ⅰ，页157-63)。

了大量粮食，竟至不用大麦，而用小麦喂马。这件事对阿里不哥极为不利，吃惯了小麦的马匹，在春季到来后，因吃牧场的青草而致疾，倒毙甚多。时蒙哥之子玉龙答失①统兵驻在阿尔泰境内斋坎·木伦河畔，转而拥戴忽必烈；阿里不哥之子应玉龙答失的要求送还他的父亲蒙哥的"大印"。阿里不哥的力量被削弱，阿鲁忽将乘机进攻；阿里不哥派遣斡儿干纳与马斯乌德别乞往见阿鲁忽，他本人则在1264年偕阿速歹人觐忽必烈投降②。一如通例，在内战结束后，接着就开始了对叛逆者的鞫讯和对主要埃米尔的残杀，被杀诸人中有谋臣孛鲁合(忽必烈先有意赦免此人，因为他听过窝阔台大汗与蒙哥大汗的教言)③。关于如何处置阿里不哥与阿速歹，忽必烈分别征求了旭烈兀、别儿哥与阿鲁忽三王的意见。三王的答复含混其词，阿里不哥与阿速歹均被赦 R576
免。别儿哥与旭烈兀都想在1266年或1267年出席忽鲁勒台，但究未实现。

拉施都丁在此处④述及旭烈兀与别儿哥之间的战争开始于1266年，即阿里不哥身死之年；但从拉施都丁书另处及其他资料，我们得知，这两位汗的军队早在1262年已有接触。同年，埃及初次遣使来见别儿哥⑤；1266年，旭烈兀已不在人世。战争之所以发生，由于术赤后王要求占有阿兰与阿塞拜疆，也由于别儿哥作为全族最年长之人与旭烈兀通问，辞意傲慢；还由于有术赤系数王死于波斯，且疑系中毒而死⑥。 490
此外，别儿哥信伊斯兰教，宣告自己是穆斯林的保护人，保护穆斯林不受旭烈兀的压迫。据契拉科斯的记述，阿鲁忽也唆使旭烈兀反对别儿哥；契拉科斯解释阿鲁忽仇恨别儿哥的原因说，"由于他告密，蒙哥汗

① 多桑，《蒙古史》，Ⅲ，页364作Yoroungtasch；拉施都丁书中作Ūrūnktāsh(ГПБ Ⅴ，3，1抄本，叶219；〔Blochet刊本，页414〕)与Ar·kās(ГПБ Дорн 289抄本，页216)。

② 此依拉施都丁书(ГПБ，Ⅴ，3，1抄本，叶220；ГПБ Дорн 289抄本，叶217；〔Blochet刊本，页420〕)与中国史籍(《通鉴纲目》，Ⅸ，页302)。

③ 〔拉施都丁书，Blochet刊本，页428；《原文史料选辑》，页126。〕

④ ГПБ Ⅴ，3，1抄本，叶220；ГПБ Дорн抄本，叶219；〔Blochet刊本，页432－3〕。

⑤ 关于埃及使节，参看多桑，《蒙古史》，Ⅲ，页386以下；〖冯承钧译本，下册，页133以下〗。

⑥ 同上书，Ⅲ，页377－9；〖冯承钧译本，下册，页130－1〗。

诛灭了他一族"[①],阿鲁忽说别儿哥〔告密〕,从而把1251年事变的罪责部分地归到别儿哥身上。

阿鲁忽与别儿哥事实上正在兵戎相见。阿里不哥退走后,阿鲁忽纳斡儿干纳为妃,同时委任马斯乌德别乞主持撒马尔罕与布哈拉的政务。河中地区此时基本上已从蒙古人的蹂躏下恢复了元气。借用术外尼的话说[②],回历658年(公元1260年)间,有些地方已经恢复了、另一些地方也接近恢复从前的繁荣景象,在这一点上,河中与呼罗珊、伊朗等地不同,后者受蒙古人的进攻非仅一次,每一城市,每一乡村都几次被洗劫。然而从阿鲁忽的时候起,河中却再度陷于贫困[③]。马斯乌德别乞奉阿鲁忽之命向居民征收重税,把得来的税款送交阿鲁忽用以对别儿哥作战……[④];别儿哥的军队被击败,阿鲁忽随即占领并洗劫了讹答剌[⑤]。

577 正是在这时候,也发生了瓦萨夫记述的事件[⑥],此事大约不能与阿鲁忽无关。当旭烈兀对别儿哥作战时,忽必烈派遣急使送达在布哈拉进行新的人口调查的命令。当时布哈拉城内驻有蒙古军16,000人,其中5,000人属于拔都亦即属于术赤系兀鲁思,3,000人属于旭烈兀之母莎儿合黑帖尼别吉,余8,000人则隶于"大军"(ulugh qol),即属于成吉思汗后人中之居大汗位者。遵照忽必烈的命令,属于术赤系的士卒5,000人被逐出城,并在草原上被屠杀;他们的财产,甚至连妇女和儿

---

① *История Монголов по армянским источникам*, Ⅱ,页105(Киракос Гандзакский)。

② ГПБ Ⅳ,2,34抄本,叶33;〔Qazwīnī刊本,Ⅰ,页75〕。

③ 拉施都丁书,ГПБ Ⅴ,3,1抄本,叶225;〔Blochet刊本,页538〕。

④ 〔巴托尔德手稿中,此处有一字不能辨认。〕

⑤ 拉施都丁书,ГПБ Ⅴ,3,1抄本,叶220;ГПБ Дорн 289抄本,叶217;〔Blochet刊本,页420〕。

⑥ 〔瓦萨夫书,Von Hammer刊本,原文,页98;译文,页94;孟买印本,页51:"并且大约就在这时候,大汗派出专使,前来布哈拉进行新的人口调查。在布哈拉本城计共16,000人,其中,5,000人属于拔都〔的后裔〕,3,000人属于旭烈兀之母忽提-别吉(Quti beki,即莎儿合黑帖尼-别吉),其余的人被称为ulugh qol,亦即dalay-i buzurg,登上汗国宝座的成吉思汗的后裔有权将他们作为私有财产(khā ṣṣa)加以统治。〔属于〕拔都的5,000人则悉数被赶到草原上去,由闪闪发光的(直译'白的')刀——死亡之血色的(直译'红的')报知者——向他们宣布了必死的时刻。而且没有给他们留下妻孥和任何财产。"关于ulugh qol与dalay-i buzurg二词的涵义,参看次条注文。〕

童在内,悉被没收①。

约在同时,窝阔台最幼之孙海都崛起,在中亚建立了独立的蒙古汗国。海都是窝阔台第五子合失的儿子,合失饮酒无节,早卒;海都在成吉思汗的斡耳朵中长大成人。窝阔台死后(大约在1251年事变发生以后),海都依附蒙哥,继又依附阿里不哥,在争夺汗位期间,他站在阿里不哥方面②。当阿里不哥归降忽必烈时,他没有和阿里不哥一致行动, R578

---

① 多桑,《蒙古史》,Ⅲ,页381—2;〖冯承钧译本,下册,页132〗把布哈拉的屠杀说成是本于旭烈兀的命令,此与瓦萨夫书的记述(见Von Hammer刊本与亚洲博物馆抄本,叶31)不合;此外,也没有任何资料表明旭烈兀的权力曾伸张到布哈拉城。又hazāra与aligh quwal等词使我们设想这里讲到的是蒙古的军队,非如多桑所设想的是布哈拉城的居民。

〔关于上引瓦萨夫的记述(见前条注文),多桑的解释,尚有冯贝里(Vambéry的解释(见所撰*History of Bukhara*,Ⅰ,页167)显然是正确的。瓦萨夫所讲的是对布哈拉居民与戍守在该城的蒙古军的调查,hazāra一词只出现了一次,他处均作hazār,可见"千"仅为用于计算的数字,别无其他意义。ulugh qol(突厥语,直译'〔军队的〕伟大中心')与dalay－i buzurg(蒙古－波斯语)不仅可以指称专属于大汗的军队,而亦可以指称他的全部兀鲁思和他的任何财产,特别是他的属民。我们知道,人们常称大汗为Dalay Khan(蒙古语,直译"海洋汗")。但是在拉施都丁书中(Ali－zade刊本,原文,页513:("有些地区的田地,其中包括injü与dalay,以及在耕作中与已荒废的农田"),同样在瓦萨夫书中(孟买印本,页268,336,340,363,404,445),dalay一词也指称汗的财产(也指称合赞汗的财产),即指称土地与依附于这些土地的农民;又injü一词与dalay同义,既可指称军队,亦可指称土地与依附民(参看拉施都丁书,Quatremère刊本,页130－2注12,注中引用了有关的资料)。injü(蒙古语)、khāṣṣa(阿拉伯－波斯语),与dalay(蒙古语)在这里应被看作是同义语。前条注文征引的瓦萨夫书原文所讲的很可能是布哈拉的居民,主要是被蒙古征服者转变为奴隶(或依附民),并为三方统治者——拔都、拖雷(其继承人为其寡妻莎儿合黑帖尼别吉)与大汗的兀鲁思——所分有的手工业者。这些依附民继续住在布哈拉,并如我们在瓦萨夫书他处(孟买印本,页68－9)所见到的,他们在成吉思汗家族的某些成员的作坊(kārkhāna)中作工,为这些成员带来收入。这些奴隶－手工业者(asīrān)或依附民,亦屡见于拉施都丁书中(Ali－zade刊本,原文,页30,179,392,特别是页542－5;Arends译文,页26,106,221,特别是页311－3)。消灭拔都的依附民,看来系阿鲁忽与旭烈兀所授意,旨在使他们正与之作战的拔都的继承人别儿哥的兀鲁思蒙受损失。此外,从瓦萨夫所记述的总的情况来看,我们也不能同意巴托尔德的解释。很难设想把多至16,000名的蒙古战士(如将他们的家属计算在内,当有数万人之多)都安置"在布哈拉〔城内〕dar nafs Bukhārā)居住",因为蒙古战士彼时还是游牧人,正如巴托尔德自己曾在上文说过的,他们从来不在城市中过活。最后,我们也不能相信5,000名持有武器的蒙古战士会毫无抵抗地被赶到城外草原上从容就死。蒙古人很少对和平并业已解除武装的城市居民进行过这样的屠杀。И. Петрушевский撰*Из истории Бухары*,页103－18对此论列较详,可参看。А. А. Али－заде(*Социально－экономическая и политическая история Азербайджана*,页312)也认为此处征引的瓦萨夫的记述与布哈拉的居民有关。〕〔Dalay意为"汗的私产",原意为"万有,世界,海洋",参看Doerfer,*Mongolische Elemente im Neupersischen*,页324－6,No. 196. ——C. E. B.〕。

② 拉施都丁书,亚洲博物馆a 566 (D66)抄本,叶172;ГПБ Дорн 289抄本,叶150;〔Blochet刊本,页7－8〕。

决定要靠自己的力量维护他作为窝阔台后人的权益。他的企图看来毫无成功之望；他不曾从窝阔台系旧有军队中得来一兵一卒①；他必须毫无凭借地创建自己的武装，而他的诸竞争者则各有广阔的领地。虽然如此，海都不仅为自己建成一支在英勇与纪律方面均为蒙古人所称道
491 的军队，而且也为自己建成一个奄有中亚全部的汗国。海都一身兼有
R579 军事家的才能和政治家的谋略。特别值得指出的是，虽然海都的父、祖均嗜酒成癖，他却与几乎所有的成吉思汗的后裔不同，既不饮酒，也不饮马奶酒②。

海都的母亲系别克邻或蔑克邻部人，此部位于山区，与畏兀儿人为邻。据拉施都丁的记载，别克邻部"既非蒙古人，亦非畏兀儿人"③。无论如何，海都在外表上无异于典型的蒙古人，拉施都丁④描写他是中等身材，全无胡须；颔下仅有九根稀疏的细毛。别克邻部人素善爬山，这种特长对战斗有利；海都把他们编入自己的军队。同时他也利用了阿鲁忽对别儿哥作战的机会为别儿哥效力。凭借术赤后王的帮助，他占有了一块面积不大的领土⑤。米尔洪德述及⑥，别儿哥在接到海都乞援的呼吁以后，便让自己的天文家占卜海都的命运。由于卜词吉祥，别儿哥同意以金钱和军队援助海都，并在海都击败阿鲁忽的情况下，承认他作察合台兀鲁思的统治者。阿鲁忽派遣自己的一位埃米尔对海都作战，这位埃米尔战败阵亡；此后，阿鲁忽改派一位宗王率大军拒敌，结果海都败绩。

阿鲁忽卒于1264年。拉施都丁说，在阿鲁忽卒后，斡儿干纳可敦取得汗国诸埃米尔及韦齐尔的同意，立其子木八剌沙为汗⑦；另据瓦萨

---

① 拉施都丁书，Березин 刊本，XV，原文，219－20；译文，页146。
② 拉施都丁书，ГПБ V，3，2 抄本，叶1045；〔《原文史料选辑》，页121。这里也有关于海都相貌的描写，不见于拉施都丁书的其他抄本与 Blochet 刊本〕。
③ 拉施都丁书，Березин 刊本，原文，Ⅶ，166；译文，V，129。
④ ГПБ V，3，2 抄本，叶1045；《原文史料选辑》，页121。
⑤ 拉施都丁书，ГПБ Дорн 289 抄本，叶150；〔Blochet 刊本，页8〕。
⑥ 〔Lucknow 印本，V，页65。〕
⑦ 拉施都丁书，ГПБ Дорн 289 抄本，叶217；ГПБ V，3，1 叶220；〔Blochet 刊本，页420〕。

夫的记述，斡儿干纳先于阿鲁忽因难产而死①，阿鲁忽为此蓄意诛杀曾经得到死者庇护的撒马尔罕与布哈拉二地的所有穆斯林，因为据他揣想，是这些穆斯林为她带来了不幸；经马斯乌德别乞力谏，阿鲁忽才打消了这一念头②。

斡儿干纳曾有一段时间站在阿里不哥一边，无论此刻她还在世或已物故，总之，忽必烈对木八剌沙继承汗位深为不满③，并指定他的从兄弟八剌合④作他的竞争者。依照忽必烈的诏书，八剌合应与木八剌沙共同统治察合台兀鲁思⑤。八剌合到达察合台封地后，觉察木八剌沙的地位已甚稳定⑥，从而认为不宜展示大汗的诰命。他以避难者的身份出现在木八剌沙面前，请求许可召集他自己的人众。也孙－都哇⑦诸子承袭的禹儿惕在石汗那⑧，八剌合偕其弟兄木敏与巴撒儿前往该地。三弟兄中，木敏年岁最长，但沉湎于酒，不堪任重⑨。八剌合从石汗那逐渐将木八剌沙的多数埃米尔招揽到自己方面来，占有了河中，以致木八剌沙本人亦不得不降附八剌合，八剌合任命他为猎士 R580

① 瓦萨夫书，Von Hammer 刊本，原文，页29－30；译文，页30－1；〔孟买印本，页15〕。

② 〔同上。——拉施都丁（Blochet 刊本，页188）说到阿鲁忽（Alghū）先于斡儿干纳而卒，时在回历668年，即公元1269年8月31日至1270年8月19日之间。在此前一年阿鲁忽与阿里不哥接战败绩，逃至布哈拉与撒马尔罕，掠夺了当地富户的钱币、武器与牲畜，以之分配于自己的士卒。关于诛杀穆斯林的计划，拉施都丁并未述及。〕

③ 〔巴托尔德手稿中作“并无不满”，显系笔误。〕

④ 〔现在的突厥学家认为这个名字应当读作 Barāq。参看 Радлов, *Опыт словаря тюркских Наречий*, Ⅳ, 1904：“braq——警犬，狗”；Brockelmann, *Mitteltürkischer Wortschatz*，页31：“baraq——依照民间传说，由一老鹰所产双卵之一孵化出来的长毛狗”；参照 Будагов，Ⅰ，221 Būrāq 字释文。苏维埃学者中间，А. Н. Кононов，С. П. Толстов 等均采取 Бараҳ 的读音。〕〔正确的写法无疑应作 Baraq，意为“长毛狗”；参看 Doerfer, *Türkische Elemente im Neupersischen*，页80－1，No. 728，亦参照马可波罗的 Barac.——C. E. B.〕。

⑤ 拉施都丁书，ГПБ Ⅴ，3，2 抄本，叶1087；ГПБ Ⅴ，3，1 抄本误略此语；〔Blochet 刊本，页169〕。

⑥ 〔据拉施都丁的记述（Blochet 刊本，页188），哈剌旭烈兀与斡儿干纳之子木八剌沙曾在此动乱时期保护属民使不受蒙古军人的压迫：“由于从前的习惯，军队常抢劫财物并有不法行为，但木八剌沙作为穆斯林，不准以暴力欺压属民”。〕

⑦ 〔或作也速－都哇，察合台子木阿秃干的第三子（拉施都丁书，Blochet 刊本，页169）；原文作 Yisūtūā。〕

⑧ 瓦萨夫书，Von Hammer 刊本，原文，页134；译文，页128；〔Von Hammer 刊本中原文与译文之作 an der tschagataischen Grenze，均误；孟买刊本，页67〕。

⑨ 拉施都丁书，ГПБ Ⅴ，3，1 抄本，叶191；ГПБ Дорн 289 抄本，叶210；〔Blochet 刊本，页169〕。

(barschi)的长官[1]。回历663年岁初(公历1264年10－11月),八剌合在讹迹邗即位为汗,取得了阿鲁忽与斡儿干纳的全部财宝。

492 R581 忽必烈不会不了解八剌合并不是他手中驯顺的工具,为了维护自己在突厥斯坦的权力,必须采取切实有效的措施。大汗决心要贯彻从前蒙哥拟定的计划,派遣能够深入到阿母河流域的大军,清除所有抗命的察合台系诸王,保证大汗与旭烈兀之间的交往不受阻碍[2]。

然而此番企图毕竟未能实现,这多半是因为忽必烈正对宋朝进行战争,不可能向突厥斯坦派遣大量兵力。忽必烈任命的突厥斯坦总督蒙兀勒台被迫返回中国,八剌合改委自己的埃米尔别克米失继任突厥斯坦总督。于是大汗遣埃米尔阔云赤率骑兵6,000人西征,而八剌合则派军30,000人迎敌,迫使阔云赤引退[3]。在这以后,八剌合洗劫了于阗[4]。这些事件将残存在突厥斯坦的大汗权势扫荡一空。另一蒙古权势的中心金帐汗国,与突厥斯坦相距过远,亦不能对后者长期控制。突厥斯坦境内蒙古统治权的前途如何,系于掌握统治权的各代表人物能否团结为一个独立的整体。这一问题的解决,落到海都的肩上。

海都曾经利用上述诸事件提供的机会占据了直到塔拉斯河岸的所有地区。八剌合唯恐海都进而袭取河中,故首先向他启衅。双方在锡尔河岸初次交锋的结果,八剌合获胜。在这以后,由于术赤兀鲁思的首脑忙哥－帖木儿出兵50,000人相助,优势才又转到海都方面来。瓦萨夫则仅仅述及海都的出征,完全不提忙哥－帖木儿的援助。无论实际

---

① 〔拉施都丁书,Blochet 刊本,页189;据拉施都丁的记述,八剌合任命被战胜了的木八剌沙本人为以猎豹行猎的诸猎士的长官。〕

② 瓦萨夫书,Von Hammer 刊本,原文,页132;译文,页126;〔孟买印本,页66〕。

③ 拉施都丁书,ГПБ V,3,1 抄本,叶219;ГПБ Дорн 289 抄本,叶262;〔Ali－zade 刊本,原文,页107－8;同书,Arends 译文,页70〕。

④ 同上书。〔来自中国的畏兀儿人聂斯脱里派主教马尔·札巴拉赫三世(Mār Jabalāh Ⅲ,1281－1316年)之叙利亚文传记的作者说到,在马尔从中国去伊朗途中(时在十三世纪七十年代)看到于阗与喀什噶尔陷于残破,居民逃散;参阅马尔·札巴拉赫书,G. Chabot 译本,页22－5,N. V. Pigulevskaya 译本,页67。〕

情况如何,八剌合确实遭受了极为严重的打击,以致他为了获得继续作战的物资竟然采取了几乎是孤注一掷的手段。他策划迫使布哈拉与撒马尔罕的居民走到城外,将所有财物留在城内,以供他的军队进行抢
掠。此项要求被送到依然管辖这两个城市的长官泰忽与努失手中。市 R582
民等求助于僧侣们出面调解;八剌合不得不收回成命,但仍对两个城市的手工业者及蒙古的"千人"[①]征收沉重的捐税;工匠等也奉命日夜赶造军械[②]。

正在八剌合积极备战的时候,突然从战胜者方面传来谋求和解的消息。海都为了慰抚八剌合,派遣自己的从兄弟乞卜察克(合丹之子)带着媾和与结盟的建议来和八剌合商谈[③]。八剌合在撒马尔罕由侍卫簇拥着隆重迎接乞卜察克。为了表示祝贺,大家依照蒙古习俗交杯饮酒。最后商定于明年召开忽鲁勒台。

忽鲁勒台果于667/1269年春季召开。依据瓦萨夫的记述,开会地 493
点在卡特宛草原[④];另据拉施都丁的记述,则在塔拉斯平原[⑤]。后者比较可信,因为海都作为战胜者,应在他自己的辖境内召开忽鲁勒台,在卡特宛草原上举行的大约只是八剌合献给乞卜察克的一次盛大的祝宴。另一方面,尽管拉施都丁书中提到忙哥-帖木儿也曾参加了这次忽鲁勒台,然而此说未必属实,术赤汗国的元首多半不肯远道跋涉,亲自出席,十分可能,他曾指派一位宗王参加,以便保护本兀鲁思的权益。诸王宴乐七日,第八日,在海都主持下,会议开始。海都向诸王发出和

---

① 瓦萨夫书,Von Hammer 刊本,原文,页 135;译文,页 129;〔孟买印本,页 68——瓦萨夫在此处只说:"他(八剌合)规定在每千[人]与每一手工业作坊(kārkhāna)中均须编造人名册"。瓦萨夫在这里以"千人"与手工业作坊并提,是为了使人联想"千人"与手工业作坊中的手工业者的人数有关,并非如巴托尔德所设想的与蒙古兵士的人数有关。参看上文 R65 注 3。〕

② 同上。

③〔拉施都丁书,Али - заде 刊本,原文,页 108;Арендс 译文,页 71;瓦萨夫书,同上引。〕

④〔瓦萨夫书,Von Hammer 刊本,原文,页 137;译文,页 130;孟买印本,页 69. 据瓦萨夫的记述,忽鲁勒台举行于"卡特宛草原,在布-穆罕默德拉巴特附近。"〕

⑤ 拉施都丁书,Али - заде 刊本,原文,页 109 - 10;Арендс 译文,页 71 - 2。据拉施都丁的记述,诸王聚会在塔拉斯与肯杰克(Kenchek)草原上。

平号召。八剌合说明，他是察合台的合法继承人，应该分到能以维持他的军队存在的禹儿惕。忽鲁勒台决议，河中地区的三分之二归属八剌
R583 合，其余部分归海都与忙哥－帖木儿公有①。忽鲁勒台通过的决议以及谈判进行的情况都表明，忽鲁勒台的参加者们能够遵循札撒的指示，不忘草原的传统。

与会诸王决议，要住在山区和草原上，不可走近城市，不在耕地上放牧畜群，除法定赋税外，不从居民身旁拿走任何财物；定居居民区仍由马斯乌德别乞负责治理②。诸王各应满足所分到自己名下的布哈拉与撒马尔罕二城的诸"千人"和"作坊"，不得分外贪求③；同样明确地划定了归属于八剌合的夏季与冬季牧场④。诸王互以安答相称，互换衣着，并依突厥－蒙古习俗"饮酒盟誓"，即互换酒杯，以明誓不相负。我们掌握的史料没有说到海都被推为族长，也没有提到为海都举行舁上白毡，即宣布即位为汗的仪式。虽然如此，我们从历史家的记述中不难窥见，1269 年忽鲁勒台所创立的政治组织实以海都为首脑。为了防止八剌合向布哈拉进逼，海都派军驻守于布哈拉城与八剌合营垒之间；其后他也责问过八剌合未依约言缴纳贡赋，甚至为此责打了八剌合的税吏⑤。由此可见，海都认为他自己有在忽鲁勒台所有参加者的领土上征收赋税的权利。八剌合死后，八剌合的军队直接向海都宣誓效忠⑥，又在与三个敌对王朝（即术赤系、旭烈兀系与中国的皇帝⑦）的领

---

① 〔拉施都丁书，Али－заде 刊本，原文，页 111；Арендс 译本，页 72。〕

② 拉施都丁书，Али－заде 刊本，原文，页 110－1；Арендс 译本，页 72。

③ 〔瓦萨夫书，Von Hammer 刊本，原文，页 38，译文，页 31；孟买印本，页 69："现经议定，诸王公各须满足在布哈拉与撒马尔罕二地分到自己名下的千人与手工业作坊（Kārkhānahā－yi khāṣṣ）。"〕

④ 同上。

⑤ 拉施都丁书，亚洲博物馆 a 566（D66）抄本，叶 306；ГПБ Дорн 289 抄本，叶 270；〔Али－заде 刊本，原文，页 134－5；Арендс 译本，页 85－6。〕

⑥ 拉施都丁书，亚洲博物馆 a 566（D66）抄本，叶 307；ГПБ Дорн 289 抄本，叶 271；〔Али－заде 刊本，原文，页 137－8；Арендс 译本，页 87〕；多桑，《蒙古史》，Ⅲ，页 452；〖冯承钧译本，下册，页 157〗。

⑦ 〔即蒙古诸大汗，指忽必烈汗的后人，在 1368 年以前统治中国的元朝诸皇帝而言。〕

地相毗连的诸地区,海都也能够委派他的儿子们充任长官①,这样,作为中亚统治者的海都的权威即更加强固。然而这些事件已经属于这个中亚蒙古国家的此后历史范围,上文我们只是追求这个国家形成的过程。察合台汗国不曾从一个定居民族的历史悠久的文化中吸取力量(在这一点上它和中国境内及波斯境内的蒙古国家不同),内部斗争又使它陷于分裂,可是这个国家不但在其余的成吉思汗后人的国家中间保持住自己的地位,而且后来还产生了这样一位人物:他将自己的统治伸张到术赤后王与旭烈兀后王的领地,建成最后一个强大的中亚帝国。 R584 494

我们希望:上文罗列的资料有可能一方面就关于渗入察合台汗国的各种文化成分(波斯－穆斯林的与中国－畏兀儿的成分),另一方面就关于蒙古人的气质及其草原的传统,对读者提供比较清晰的概念。以这些材料为基础,进而探讨察合台汗国的历史与帖木儿及其后王的帝国的形成(在帖木儿及其后王君临期间,中亚文化得到了高度发展),这当然是继续撰写本书时势须完成的任务。我们完全了解我们遇到的困难,这困难起于从术外尼物故直到沙赫鲁君临以前的一整段时期中,中亚事变之同时代人及目击者的撰述几乎全部不传。然而同时代人写成的有关这段时期的文献无疑还是存在的,我们可以指望今后会有所发现,即便所发现的仅为断编残简,仍将有助于我们了解这段时期,这确实是中亚历史上最模糊不清、不过也许是最有趣味的时期之一。

① 拉施都丁书,亚洲博物馆 a 566(D66)抄本,叶 173;ГПБ Дорн 289 抄本,叶 151;〔Blochet 刊本,页 9－13〕。

R585 520

大事年表[1]

681 —638. 塞勒木·本·齐亚德任呼罗珊总督;阿拉伯人初次在河中地区驻冬。

683. 呼罗珊发生内讧;阿卜杜拉·本·哈齐木。

689. 东突厥人闯入河中。

689—704. 穆萨·本·阿卜杜拉·本·哈齐木在忒耳迷。

691－92. 乌迈亚朝恢复其在呼罗珊的统治。

701. 东突厥人再次闯入河中。

705(704)—715. 屈底波·本·穆斯林在呼罗珊。

705. 阿拉伯人征服苏尔罕河流域。

711. 穆罕默德·本·卡西木在印度。东突厥人征服中亚西部。

712. 阿拉伯人征服花剌子模与石汗那。东突厥人占领撒马尔罕。

713. 东突厥人自石汗那撤退。屈底波出征赭时与费尔干纳。布哈拉首次建造礼拜寺。

716—737(738). 西突厥苏禄汗(阿布·穆扎希木)在位。

717 —720. 哈里发欧马尔二世在位;对笃信宗教极为关怀;什叶派运动在呼罗珊开始蔓延。

720－21 —721－22. 赛义德·本·阿卜杜勒－阿齐兹在呼罗珊;行政

---

① 凡属尚有疑问、但非无可能的年代,均置于括号以内。表中除标明某总督在职或某统治者在位的年份以外,也列举其所管辖的省份或地区,但在穆斯林世界东部,如某统治者之实际上独立的地位向无争议,则其所辖省份或地区即不在列举之例。

管理微弱无力;迪赫坎势力上升。

721－22. 赛义德·本·阿慕尔·哈拉施在呼罗珊;粟特人移居费尔干纳。

724. 北部与南部阿拉伯人之间的巴鲁坎战役。

725. 修复巴里黑城。

727—729. 阿什拉斯·本·阿卜杜拉·苏拉米在呼罗珊;拉巴特的建造。

728. 穆斯林在粟特传教;总督的食言与居民的反抗。

729. 阿拉伯恢复在布哈拉的统治。 R586

730(731). 总督术奈德·本·阿卜杜－拉赫曼对突厥人及粟特人作战。

733. 呼罗珊发生饥荒。

734. 哈里思·本·苏赖只的叛乱。

735—738. 阿萨德·本·阿卜杜拉在呼罗珊。

735(736). 阿萨德出征至瓦拉格塞尔。

736. 呼罗珊省治暂移巴里黑。

737. 与突厥人在吐火罗斯坦作战;突厥汗之死。

738—748. 纳斯尔·本·赛亚尔在呼罗珊。

739. 纳斯尔与乌什鲁桑那、赭时及费尔干纳诸统治者订立协定。

739(740). 库尔苏勒之死;西突厥汗国的最后灭亡。

741.〔外迁的〕粟特人返回故土。 521

742. 在巴里黑建造大礼拜寺。

743. 阿里家族在呼罗珊的变乱;叶海亚·本·扎伊德之死。

744. 也门派在呼罗珊的变乱。

745. 哈里思·本·苏赖只返抵马鲁,再次发动变乱。

746. 哈里思之死。

747. 阿布·穆斯林到达呼罗珊。

748—755. 阿布穆斯林管辖呼罗珊。

748. 中国人隳毁碎叶城。

750－51. 布哈拉发生变乱。

751. 阿拉伯人在塔拉斯河畔对中国人作战获胜。

752. 乌什鲁桑那遣使向中国乞援。

752－53. 河中总督锡巴·本·努尔曼与齐亚德·本·萨利赫的叛乱。撒马尔罕修建城门与塔楼。

755—757. 阿布·达乌德·哈利德·本·伊卜拉欣在呼罗珊。

757—759. 阿卜杜勒·贾巴尔·本·阿卜杜－拉赫曼在呼罗珊。

757－58. 布哈拉长官穆贾施阿·本·胡莱思·安萨里被处死。

759. 阿卜杜勒·贾巴尔与贝拉兹的变乱。

766. 葛逻禄人占领碎叶城。

767. 阿什纳斯在巴德吉斯的叛乱。

776(?)在奇尔奇克河以北筑墙。

777(?)优素福·贝尔木在布哈拉的叛乱。

780—783(782). 穆赛亚卜·本·祖海尔在呼罗珊;穆坎纳叛乱的平定;穆赛亚比第尔赫姆的铸造。

783(782)—787. 阿布勒－阿拔斯·法兹勒·本·苏莱曼·徒锡在呼罗珊;布哈拉境内长墙的修建。

792—793. 吉特里夫·本·阿塔·金迪在呼罗珊。葛逻禄之被逐出费尔干纳;吉特里菲第尔赫姆的铸造。

R587 794—795. 法兹勒·本·叶海亚·巴尔马基在呼罗珊;乌什鲁桑那的降服;布哈拉修建新的大礼拜寺。"阿拔斯兵团"的建立。

796—806－07(808). 阿里·本·伊萨在呼罗珊。

806—810. 拉菲尔·本·莱思在撒马尔罕的变乱。

809. 与拉菲尔结盟的突厥人之撤退。

809—818. 马蒙在呼罗珊。

811. 马蒙对阿敏的战争;塔希尔·本·侯赛因的作战。

816－17. 呼罗珊发生饥荒。

819—821. 伽散·本·阿巴德在呼罗珊;努赫·本·阿萨德在撒马尔罕。

820 - 21. 九姓乌古斯(托库斯 - 乌古斯)在乌什鲁桑那。

821. 呼罗珊境内"志愿兵"的变乱。

821—822. 塔希尔·本·侯赛因。

822—828. 塔勒哈·本·塔希尔。

822. 艾哈迈德·本·阿布·哈利德出征乌什鲁桑那。

828—830. 阿里·本·塔希尔。

830—844. 阿卜杜拉·塔希尔。

830. 布哈拉境内长墙修建完毕。

832. 布哈拉圣者阿布·哈弗斯之死。

839. 费尔干纳发生地震[1]。

840. 萨曼朝征服伊斯菲贾卜。

841. 阿弗申被处死。

842—864. 艾哈迈德·本·阿萨德在河中。

844—862. 塔希尔·本·阿卜杜拉。

848—870. 达乌德·本·阿拔斯在巴里黑。

849 - 50. 布哈拉城墙的修建。 522

851—867. 穆罕默德·本·阿卜杜拉任巴格达总督。

855. 叶海亚·本·阿萨德之死。

856(857). 伊勒亚斯·本·阿萨德卒于哈烈。

859. 在沙乌达尔有数千民众被屠杀[2]。

861—879. 亚尔库卜·本·莱思在塞吉斯坦。

862—873. 穆罕默德·本·塔希尔。

864—892. 纳斯尔·本·艾哈迈德·本·阿萨德在河中。

---

① 参看《原文史料选辑》,页 3。

② 参看《原文史料选辑》,页 49(Qandīya)。

864—884(有时间断). 哈桑·本·扎伊德在塔巴里斯坦。

867(871). 亚尔库卜征服哈烈与布申格。

869. 亚尔库卜征服起儿漫与法尔斯。穆罕默德·本·阿里·忒耳迷齐之死。

870. 亚尔库卜征服巴里黑,喀布尔与哥疾宁。

871. 亚尔库卜被确认为巴里黑与吐火罗斯坦的总督。

873. 亚尔库卜征服呼罗珊。

R588 874. 亦思马因·本·艾哈迈德在布哈拉。侯赛因·本·塔希尔在麦尔韦鲁德。哈里发斥责亚尔库卜的谕旨。

876. 亚尔库卜在代尔·阿库勒的败绩。

877. 侯赛因·本·塔希尔在马鲁。

879—900. 阿慕尔·本·莱思。

882. 拉菲尔·本·哈尔萨玛在你沙不儿。

885. 哈里发斥责阿慕尔的谕旨。

888. 纳斯尔对亦思马因的斗争。

889. 哈里发褒奖阿慕尔的谕旨。

890. 哈里发斥责阿慕尔的谕旨。

892. 阿慕尔被确认为呼罗珊的总督。

892—907. 亦思马因·本·艾哈迈德在河中。

893. 亦思马因接到哈里发加封的诰命。亦思马因征服乌什鲁桑那与塔拉斯。

898. 阿慕尔被任命为河中总督,亦思马因被黜退。

899—900. 阿慕尔对亦思马因的战争。

901. 亦思马因被确认为呼罗珊的总督。

902. 布哈拉大礼拜寺的扩建。

904. 突厥人侵入河中。

907—914. 艾哈迈德·本·亦思马因。

913 – 14. 哈桑·本·阿里·乌特鲁什在塔巴里斯坦。

914—943. 纳斯尔·本·艾哈迈德·本·亦思马因。

914. 平定伊斯哈克·本·艾哈迈德之乱。

918. 平定侯赛因·本·阿里·麦尔韦齐之乱。

918-19. 布哈拉修建新的呼楼。

918-19—920-21. 米卡伊勒·本·贾法尔在撒马尔罕。

919. 呼罗珊勘定艾哈迈德·本·萨赫勒之乱。

922. 费尔干纳勘定伊勒亚斯·本·伊斯哈克之乱。

929. 布哈拉发生火灾。

930(?). 纳斯尔的弟兄们的叛乱。

937. 布哈拉发生大火灾。

938. 阿布·阿里·杰伊哈尼出任韦齐尔。

940. 前任韦齐尔阿布勒-法兹勒·巴勒阿米之死。

941-42. 韦齐尔阿布·阿里·杰伊哈尼之死。

942. 八剌沙衮为突厥异教徒所攻陷。河中地区的什叶派运动。纳斯尔的退位。

943—954. 努赫·本·纳斯尔。

944. 花剌子模爆发叛乱。

945. 阿布·阿里·查甘尼的叛乱。

946. 艾哈迈德·本·哈穆亚与韦齐尔苏拉米(al-ḥākim ash-shahīd) 523
先后被杀。

947. 伊卜拉欣·本·艾哈迈德与阿布·阿里·查甘尼进入布哈拉。 R589
纳斯尔归来;叛乱的诸王公被抉目;阿布·阿里的失败。

948. 伊卜拉欣·本·西木术尔之死;曼苏尔·本·哈剌-的斤受任呼罗珊总督。政府与阿布·阿里及其同盟者的和解。

951. 曼苏尔·本·哈剌-的斤之死。

951-52. 布哈拉礼拜寺修建新的厅堂。

952. 阿布·阿里·查甘尼任呼罗珊总督。

954—961. 阿卜杜勒·麦利克·本·努赫。

954. 贝克尔·本·麦利克·费尔干尼在呼罗珊。阿布·曼苏尔·穆罕默德·本·乌宰尔任韦齐尔。

955. 阿布·阿里·查干尼之死;萨图克·博格拉－汗之死(?)。

956. 贝克尔·本·麦利克被杀害。

957. 阿布勒－哈桑·西木术里在呼罗珊。

959. 阿布·曼苏尔·优素福·本·伊斯哈克任韦齐尔。

960. 阿布·曼苏尔·穆罕默德·本·阿卜杜－拉扎克在呼罗珊。七河流域的突厥人归依伊斯兰教。

961. 阿布·阿里·巴勒阿米任韦齐尔。阿勒普－的斤在呼罗珊。

961—976. 曼苏尔·本·努赫·本·纳斯尔。

961. 布哈拉宫院之被劫掠与焚烧。

962. 布哈拉宫院再被焚烧。阿勒普－的斤在哥疾宁。阿布·曼苏尔·本·阿卜杜－拉扎克在呼罗珊的叛乱。阿布勒－哈桑·西木术里在呼罗珊。

963. 阿勒普－的斤之死;伊斯哈克·本·阿勒普－的斤在哥疾宁。

964. 伊斯哈克·本·阿勒普－的斤逃到布哈拉。

965. 伊斯哈克·本·阿勒普－的斤返回哥疾宁。

971. 布哈拉为节日祈祷建立一新的道场。

974. 韦齐尔阿布·阿里·巴阿拉米与韦齐尔优素福·本·伊斯哈克之死。

975－76. 阿布·阿卜杜拉·艾哈迈德任韦齐尔。

976—997. 努赫·本·曼苏尔。

977—997. 塞布克－的斤在哥疾宁。

977. 阿布勒·侯赛因·乌特比任韦齐尔。

982. 阿布勒·哈桑·西木术里被黜退;塔什在呼罗珊。萨曼朝军队在古尔干被布伊朝军队击败。韦齐尔乌特比被暗杀。

985. 塞勒术克人到达布哈拉近郊。

986. 阿卜杜拉·本·穆罕默德·乌宰尔任韦齐尔。

987. 阿卜勒－哈桑与法伊克击败塔什。

989. 阿卜勒－哈桑·西木术里卒。

990. 确认阿布·阿里·西木术里为呼罗珊总督。

992. 博格拉－汗在布哈拉；博格拉－汗的退却与努赫的归来。博格拉－汗之死。阿布杜拉·本·乌宰尔任韦齐尔。

994. 努赫与塞布克－的斤战胜阿布·阿里与法伊克。 R590

995. 阿布·阿里与法伊克战胜马哈茂德。接着他们在徒思附近被击败。法伊克在突厥斯坦。阿布·阿里在花剌子模与布哈拉。花剌子模沙旧朝代的灭亡。

996. 哈剌汗家族与塞布克－的斤在河中；他们之间缔结的和约。韦齐尔阿卜杜拉·本·乌宰尔被罢免，由阿布·纳斯尔·艾哈迈德·本·穆罕默德继任。阿布·阿里之死。

997. 韦齐尔阿布·纳斯尔被杀害，由阿布勒－穆扎法尔·穆罕默德·本·伊卜拉欣·巴尔加施继任。花剌子模沙马蒙·本·穆罕默德之死，其子阿里·本·马蒙继位。

997—999. 曼苏尔·本·努赫·本·曼苏尔。 524

997—998. 亦思马因·本·塞布克－的斤在哥疾宁。

998—1030. 马哈茂德·本·塞布克－的斤在哥疾宁。

998. 贝格图宗对阿布勒－卡西木·西木术里作战胜利。韦齐尔巴尔加施的逃亡。阿尔斯兰－汗·阿里之死。

999. 阿卜杜勒－麦利克·本·努赫·本·曼苏尔。马哈茂德的胜利与其隆重的即位典礼。法伊克卒。哈剌汗朝占领布哈拉。

1000. 亦思马因·蒙塔西尔返回布哈拉。

1001. 马哈茂德派遣使节至讹迹邗谒见乙力纳斯尔。

1003. 蒙塔西尔第二次进入河中；他在撒马尔罕的胜利；撤退。

1004. 蒙塔西尔在奈萨与阿比韦尔德作战失利；他在答不昔牙与布尔奈麦德获胜与在饥饿草原败绩。他在布哈拉地区的军事活动亦无功。

1005. 蒙塔西尔之死。

1006. 哈剌汗军队进攻呼罗珊。

1007－08. 哈剌汗军队的新的进攻。

1008. 哈剌汗军队在沙尔希延桥被击败。

1010－11. 呼罗珊发生饥荒。

1011－12. 乙力纳斯尔与喀什噶尔的图甘－汗恢复和好；各向马哈茂德派遣使节。

1012－13(?). 乙力纳斯尔卒；乙力艾哈迈德·本·阿里；穆罕默德·本·阿里(阿尔斯兰－汗)在布哈拉。

1013－14. 韦齐尔阿布勒－阿拔斯·法兹勒·本·艾哈迈德·伊斯费拉伊尼之卒。卡迪尔－汗·优素福在鸭儿看。

1014. 韦齐尔麦门迪向花拉子模沙马蒙·本·马蒙提出关于呼图白的要求。

1014－15. 卡迪尔－汗·优素福在喀什噶尔。

1015－16. 花剌子模沙马蒙与马哈茂德的某一姊妹成婚。

1016. 哈剌汗家族的内战；花剌子模沙出面调解。

1016－17(?). 乙力艾哈迈德·本·阿里之死。

R591 1017. 花剌子模沙马蒙之死；马哈茂德征服花剌子模；阿勒暾塔什被任命为花剌子模沙。

1017－18(1012－13). 突厥异教徒在七河流域的失败。图甘－汗卒。

1024－25. 阿尔斯兰－汗·穆罕默德·本·阿里卒。

1025. 马哈茂德在河中；与卡迪尔－汗的会晤。

1026. 卡迪尔－汗征服八剌沙衮；图甘－汗在阿赫锡凯特。纥亚－汗与博格拉－汗(?)向马哈茂德派遣的使节。哈里发卡迪尔的专使。

1030. 穆罕默德·本·马哈茂德在哥疾宁。

1030—1041. 马斯乌德·本·马哈茂德在哥疾宁。

1031. 马斯乌德向喀什噶尔派遣使节；哈里发向马斯乌德派遣使节。

1032. 卡迪尔－汗之死；阿尔斯兰－汗·苏莱曼。阿勒暾塔什出征布哈拉及其死亡。

1032—1035. 哈龙·本·阿勒暾塔什在花剌子模。

1034. 阿里－的斤之死。库米吉人之闯入诃咄罗与土库曼人之闯入库瓦迪延。哈龙的背叛。塞勒术克在花剌子模。马斯乌德的使节归自喀什噶尔；博格拉－汗的使节来到哥疾宁。

1035—1041. 亦思马因·罕丹·本·阿勒暾塔什在花剌子模。

1035. 塞勒术克人在呼罗珊。阿里－的斤的儿子们突袭石汗那与忒耳迷；他们向马斯乌德派遣专使。

1036. 阿里－的斤的儿子们再向马斯乌德派遣使节；马斯乌德派向河中的使节。

1037. 马斯乌德向突厥斯坦派遣的使节；马斯乌德宫廷中来自突厥斯坦的使节。 525

1038. 布里－的斤·伊卜拉欣·本·纳斯尔在河中的叛乱。马斯乌德以统治花剌子模的授权状送交毡的的沙－麦利克。

1038—1039. 马斯乌德对石汗那的冬季出征。

1039. 布里－的斤在河中的各项成就。

1040. 登丹坎战役。呼罗珊转到塞勒术克人治下。

1041. 穆罕默德·本·马哈茂德(第二次)在哥疾宁。沙－麦利克征服花剌子模。

1041—1048. 毛杜德·本·马斯乌德在哥疾宁。

1041－42(?). 伊卜拉欣·本·纳斯尔在布哈拉。

1043. 花剌子模为塞勒术克人所征服。

1044－45. 河中地区的什叶派运动。

1046－47—1068. 桃花石－汗·伊卜拉欣·本·纳斯尔在撒马尔罕。

1059. 哥疾宁朝与塞勒术克朝缔结的条约。

1061. 桃花石－汗向巴格达派遣的使节。

1064. 阿勒普－阿尔斯兰出征珂咄罗。

1065. 阿勒普－阿尔斯兰出征毡的与扫兰。 R592

1068—1080. 谢木斯·穆勒克·纳斯尔·本·伊卜拉欣在撒马尔罕。
1068. 布哈拉大礼拜寺被焚毁。
1069. 布哈拉礼拜寺的修复。伊玛目萨法尔被处死。
1072. 阿勒普-阿尔斯兰出征河中;他的死亡。谢木斯·穆勒克在忒耳迷与巴里黑。
1073. 阿亚兹在忒耳迷的失败。
1074(1073). 麦利克-沙攻陷忒耳迷;与谢木斯·穆勒克媾和。
1078-79. 建造"王家拉巴特"。
1080—?. 希兹尔·本·伊卜拉欣在撒马尔罕。
?—1095(期间有间断). 艾哈迈德·本·希兹尔在撒马尔罕。
1089. 麦利克-沙征服河中。
1090. 河中的背叛与麦利克-沙再次出征。
1095. 艾哈迈德-汗被处死。
1097. 河中降附苏勒坦巴尔克亚鲁克。花剌子模沙伊金奇·本·库奇卡尔的死亡。
1097—1127(1128). 花剌子模沙库特卜丁·穆罕默德在位。
1099(?)—1102. 卡迪尔-汗·吉卜拉伊勒在河中。
1102. 卡迪尔-汗·吉卜拉伊勒在忒耳迷战败。
1102—1130. 阿尔思兰汗·穆罕默德·本·苏莱曼。
1103. 萨吉尔-伯克在河中发动叛乱。
1109. 萨吉尔-伯克再次叛乱。
1115(1116). 谢赫奈迈德-普什之死。
1119. 布哈拉建造举行节日祈祷的道场。
1121. 布哈拉建造新的大礼拜寺。
1127. 布哈拉建造尖塔竣工。
1127(1128)—1156. 花剌子模沙阿特西兹·本·穆罕默德在位。
1130. 辛贾尔征服撒马尔罕。
1132. 卡迪尔-汗·艾哈迈德在河中发动叛乱。

1132(?)—1141. 鲁克努丁·马哈茂德·本·穆罕默德在撒马尔罕。

1137. 哈剌契丹人击败马哈茂德－汗。

1138. 阿特西兹的背叛；辛贾尔讨伐花剌子模。阿特西兹的失败；苏莱曼·本·穆罕默德在花剌子模。

1139. 阿特西兹返抵花剌子模；苏莱曼的逃亡。

1139－40. 阿特西兹攻陷布哈拉。

1141. 阿特西兹臣服于辛贾尔。辛贾尔在卡特宛败绩；哈剌契丹人征服河中。阿特西兹出征呼罗珊。哈剌契丹人进攻花剌子模。

1142. 阿特西兹征服你沙不儿。辛贾尔恢复其在呼罗珊的统治。 526

1144. 辛贾尔讨伐花剌子模。古斯人侵入布哈拉。

1147—1148. 辛贾尔第三次讨伐花剌子模。 *R593*

1152. 阿特西兹征服毡的。苏勒坦马斯乌德之死；哈里发恢复其世俗权力①。

1153. 辛贾尔成为古斯人的俘虏。

1153—1154. 花剌子模人在拜哈克。

1156. 桃花石－汗·伊卜拉欣·本·苏莱曼之遇害。阿特西兹出征呼罗珊。被俘的辛贾尔获释。

1156—1163. 查格里－汗·杰拉勒丁·阿里·本·哈桑在撒马尔罕。

1156—1172(1170,1173)②. 花剌子模沙伊勒－阿尔斯兰·本·阿特西兹在位。

1157. 苏勒坦辛贾尔之死。

1157—1162. 鲁克努丁·马哈茂德在呼罗珊。

1158. 伊勒－阿尔斯兰出征河中。

1161. 古斯人攻掠迪希斯坦与古尔干。

1162—1174. 穆艾伊德·道拉·阿伊－阿巴在呼罗珊。

---

① 〖"恢复其世俗权力"云云，仅见于英译本，俄文原本无此语。〗

② 〔瓦·弗·巴托尔德原文如此。〕

1163. 穆艾伊德·道拉·阿伊－阿巴接受塞勒术克苏勒坦阿尔斯兰的委任状。

1163—1178－79. 吉利奇－桃花石－汗·马斯乌德·本·阿里在撒马尔罕。

1165. 穆艾伊德与伊勒－阿尔斯兰之间的战争。哈剌契丹人进攻巴里黑与安德胡德。伊卜拉欣·本·侯赛因在讹迹邗。布哈拉重建城墙。

1171—1172(1169—1170). 哈剌契丹人进攻花剌子模。

1172. 苏勒坦－沙继为花剌子模沙,旋被废黜。

1172—1200. 花剌子模沙泰凯什·本·伊勒－阿尔斯兰在位。

1173－74. 古尔人征服哥疾宁。

1174. 穆艾伊德在苏贝尔利战败。

1174—1185. 图甘－沙赫在你沙不儿。

1175－76. 古尔人征服哈烈。

1178－79—1201(?). 乌鲁格－苏勒坦·伊卜拉欣·本·侯赛因在撒马尔罕。

1181—1193. 苏勒坦－沙在马鲁、塞拉赫斯与徒思。

1181. 古尔苏勒坦派遣使节至花剌子模。阿勒普－哈剌－乌兰亲率钦察人在花剌子模出现。

1182. 泰凯什在呼罗珊;塞拉赫斯被围攻;出征布哈拉。阿勒普－哈剌－乌兰行军获胜。

1183. 古尔苏勒坦加苏丁受到苏勒坦－沙的围攻。

1185—1187. 辛贾尔沙在你沙不儿。

1187. 泰凯什占领你沙不儿;麦利克－沙·本·泰凯什在你沙不儿。

1192. 泰凯什第一次出征伊拉克。

1193. 苏勒坦－沙之死;麦利克－沙在马鲁,库特卜丁·穆罕默德在你沙不儿。

1194. 泰凯什征服伊拉克;塞勒术克苏勒坦托格鲁勒之死。

1195. 泰凯什出征昔格纳黑。 R594
1196. 花剌子模人击败巴格达的军队。
1197. 麦利克－沙·本·泰凯什先于其父病卒。
1198. 库特卜丁－穆罕默德对阿勒普－德雷克在草原中的战斗。
1199. 卡伊尔－图库－汗出征阿勒普－德雷克。
1200—1220. 花剌子模沙阿老丁·穆罕默德·本·泰凯什在位。
1200 －01(?)—1212. "诸苏勒坦的苏勒坦"奥斯曼·本·伊卜拉欣在撒马尔罕。
1203. 花剌子模恢复其在呼罗珊的统治。成吉思汗击败克烈部。
1204. 古尔人击败花剌子模。古尔苏勒坦施哈卜丁在安德胡德附近败绩。
1205. 塔术丁·增吉侵掠麦尔韦鲁德,他被击败与被处死。古尔人占领忒耳迷。
1206. 古尔苏勒坦施哈卜丁卒。巴里黑、哈烈与古尔降附花剌子模沙。在成吉思汗统治下,蒙古实现了统一局面。 527
1207. 花剌子模沙返回花剌子模。征服了布哈拉。对哈剌契丹人作战失败。你沙不儿与哈烈发生叛乱。
1208. 花剌子模恢复其在呼罗珊的统治。屈出律与乃蛮部逃入哈剌契丹境内。
1209. 哈剌契丹人向花剌子模派遣使节。花剌子模沙出征钦察人。畏兀儿亦都护背叛哈剌契丹人,降附蒙古。屈出律背叛哈剌契丹人。
1210. 哈剌契丹人占领撒马尔罕;屈出律连续获胜。哈剌契丹人自撒马尔罕撤退。花剌子模沙在伊拉米什平原击败哈剌契丹人。
1211. 古尔汗被黜退;权力转入屈出律手中。七河流域北部降附蒙古人。
1212. 撒马尔罕反抗花剌子模沙;哈剌契丹朝灭亡。
1213(1214). 屈出律征服东突厥斯坦。

1215. 花剌子模沙征服哥疾宁。

1215—1216. 花剌子模沙出征钦察人;与蒙古军遭遇。花剌子模沙遣使见成吉思汗。

1216. 麦只杜丁·巴格达迪之被害。

1217. 不再用哈里发纳西尔的名义宣读呼图白。花剌子模沙出征巴格达,损失惨重。

1218. 成吉思汗派往花剌子模沙宫廷的使节。商人等在讹答剌被杀害。东突厥斯坦臣服于蒙古人。

1219. 成吉思汗在也儿的石河流域。撒马尔罕地区计划建造长墙。

R595 1220. 蒙古人征服河中。蒙古部队进攻波斯。

1220—1231(期间有间断)。花剌子模沙札阑丁·本·摩诃末在位。

1221. 蒙古人征服花剌子模、呼罗珊与阿富汗。札阑丁在八鲁弯的胜利。他在印度河畔的失败与其逃入印度。蒙古人毁灭哥疾宁。

1222. 库什-的斤在马鲁。向布哈拉进军。马鲁、哈烈二城动乱之平定。成吉思汗回到撒马尔罕。

1222—1223. 塔术丁·欧马尔·本·马斯乌德在马鲁、阿比韦尔德与哈尔坎。

1223. 马鲁最后一次毁于蒙古人之手。成吉思汗之在奇尔奇克河流域与在库兰-巴施草原;与其诸子的会晤。

1224. 成吉思汗在也儿的石河畔。

1225. 成吉思汗返抵蒙古。

1227. 术赤之死。成吉思汗之死。

〔1227—1242[①]. 察合台作为河中、七河流域与东突厥斯坦之兀鲁思汗的治绩。

1229. 在蒙古举行忽鲁勒台,窝阔台当选为大汗。

---

①〔以下是本书校订者 И. П. 彼得鲁舍夫斯基为本书第五章增补的大事年表,表中所列事件自仅以见于该章者为限。〕

1229—1241. 大汗窝阔台在位。

1235. 举行于塔兰－达巴(Талан－даба)的忽鲁勒台。赋税制度的确定与国家邮传的建立。

1238. 布哈拉绿洲中农民与手工业者在马哈茂德·塔拉比领导下的起义。

1239－40. 窝阔台汗对布哈拉参加起义的居民实行大赦。

1241(?)—1289(?). 马斯乌德－别乞·本·马哈茂德·牙剌瓦赤以大汗名义在河中地区执行总管的任务。

1241—1246. 在大汗兀鲁思中,窝阔台的寡妻脱列哥那－可敦以其子贵由的名义主持国政。

1242—1247. 察合台之孙,木阿秃干之子,哈剌－旭烈兀在察合台兀鲁思的治绩。

1246(1245年10月?). 在蒙古举行的忽鲁勒台推选贵由为大汗。

1246－1248. 大汗贵由在位。

1247－1252. 在察合台兀鲁思中,察合台的长子也速蒙哥在位。

1248(秋季). 贵由汗在别失八里省病卒。 R596

1248(岁杪). 由宴只吉带派遣的使节到达塞浦路斯岛上法兰西王路易九世的营帐。

1248—1251. 大汗兀鲁思的汗位虚悬,贵由的寡妻斡兀立－海迷失可敦摄政。

1250. 在钦察草原阿拉－哈马克地方由拔都领导召开的忽鲁勒台选立拖雷汗之子蒙哥为大汗。

1251—1259. 大汗蒙哥在位。

1251—1252. 与蒙哥汗敌对的诸王公及埃米尔等被鞫讯与被处死。脱哈失－可敦、合答合赤－可敦与斡兀立－海迷失－可敦被处死;合答与镇海被处死。

1251—1252. 依照蒙哥汗的命令,哈剌－旭烈兀(在名义上)恢复了其为察合台兀鲁思首脑的地位。

1252. 大汗的军队出征河中。哈剌－旭烈兀病卒。也速－蒙哥被处死。依蒙哥汗命令,哈剌－旭烈兀的寡妻在察合台兀鲁思主政。

1252(12 月). 畏兀儿亦都护在大汗的斡耳朵中被审讯并被处死。

1252(?). 新税率的规定。凡在成吉思汗死后颁发的封典与牌子一律无效。

1253(夏季). 鲁卜鲁克到达撒儿塔黑的斡耳朵。

1253(12 月末). 鲁卜鲁克到达大汗的斡耳朵。

1254. 旭烈兀汗奉蒙哥汗命统军西征,在阿力麻里受到斡儿干纳可敦的款待。

1255(秋季). 旭烈兀汗在撒马儿罕附近的坎－伊·吉勒受到河中长官马斯乌德－别乞的款待。

1255. 拔都汗卒。撒儿塔黑继承术赤兀鲁思的汗位。

1256(1 月). 旭烈兀汗统军渡过阿母河。

1256—1266. 术赤兀鲁思的别儿哥汗在位。

1259. 蒙哥汗卒。

1260. 有两位大汗同时当选,内地选出忽必烈,蒙古选出阿里不哥。争夺汗位的内战爆发。

1261. 察合台之孙,拜答儿之子阿鲁忽占有河中(以阿里不哥的名义)。

1262. 旭烈兀汗与别儿哥汗之间的战争开始。埃及苏勒坦初次向别儿哥汗派遣使节。

1263(?). 属于术赤兀鲁思的“千户”在布哈拉被屠杀。

R597 1262—1264. 阿鲁忽对阿里不哥的战争。

1264. 内战的结束。阿里不哥向忽必烈投降。阿鲁忽卒。斡儿干纳可敦卒。

1264(10 月). 八剌在讹迹邗宣告继承察合台兀鲁思的汗位,八剌为也孙－都哇之子,木阿秃干之孙,察合台之曾孙。

1265 —1266. 忽必烈汗对八剌的战争。八剌洗劫了于阗。窝阔台之孙海都占领了七河流域。

1267—1268. 八剌与海都之间的战争。

1268. 海都与八剌媾和。

1269. 忽鲁勒台在塔拉斯河流域召开。八剌、海都与忙哥－帖木儿(术赤兀鲁思的汗)分割了察合台兀鲁思。〕

文 献 目 录

略 语 表

СОКРАЩЕНИЯ

期刊、会刊、通报、丛书、资料汇编、学术机关、科研组织

(периодические издания, серии сборники, названия учреждений)

Аз. муз.— Азиатский музей.

АзФАН — Азербайджанский филиал Академии наук СССР.

«В. В. Бартольду» — «عقد الجمان. В. В. Бартольду туркестанские друзья, ученики и почитатели», Ташкент, 1927.

Брит. муз.— British Museum, Лондон.

ВВ — «Византийский временник», Л., М.

ВДИ — «Вестник древней истории», М.

ВИ — «Вопросы истории», М.

ВЛУ — «Вестник Ленинградского университета».

ГАИМК — Государственная Академия истории материальной культуры.

ГИМ — Государственный Исторический музей, Москва.

ГПБ — Государственная Публичная библиотека им. М. Е. Салтыкова-Щедрина, Ленинград.

ДАН — «Доклады Академии наук».

ДАН-В — «Доклады Академии наук Союза Советских Социалистических Республик», серия В.

ЖМНП — «Журнал Министерства народного просвещения», СПб.

ЗВОРАО — «Записки Восточного отделения (Имп.) Русского археологического общества», СПб., Пг.

ЗИАН — «Записки Императорской Академии наук», СПб.

ЗИВАН — «Записки Института востоковедения АН СССР», Л.

ЗИРГО — «Записки Имп. Русского географического общества», СПб.

ЗКВ — «Записки Коллегии востоковедов при Азиатском музее Российской Академии наук (Академии наук СССР)», Л.

ЗРАН — «Записки Российской Академии наук», Пг.

ИАН — «Известия Императорской Академии наук», СПб.

ИАН АзССР — «Известия Академии наук Азербайджанской ССР», Баку.

ИАН СССР — «Известия Академии наук СССР», М.—Л.

ИАН ТаджССР — «Известия Академии наук Таджикской ССР».

ИАН УзССР — «Известия Академии наук Узбекской ССР», Ташкент.

ИВАН — Институт востоковедения АН СССР.

ИВГО — «Известия Всесоюзного географического общества», Л.

ИГАИМК — «Известия Государственной Академии истории материальной культуры», М.—Л.

ИГГО — «Известия Государственного географического общества», Л.

ИЖ — «Исторический журнал», М.

ИЗ — «Исторические записки», М.

ИИРГО — «Известия Имп. Русского теографического общества», СПб.

ИНА — Институт народов Азии АН СССР.

ИОАИЭК — «Известия Общества археологии, истории и этнографии при Казанском университете».
ИРАИМК — «Известия Российской Академии истории материальной культуры», Пб., Пг., Л.
ИРАН — «Известия Российской Академии наук», Пг.
ИРАО — «Известия Имп. Русского археологического общества», СПб.
ИРКСА — «Известия Русского комитета для изучения Средней и Восточной Азии в историческом, археологическом, лингвистическом и этнографическом отношениях», СПб.

«Ал-Искендерийя» — «الاسكندرية. Сборник Туркестанского восточного института в честь профессора А. Э. Шмидта (25-летие его первой лекции 15/28 января 1898—1923 гг.)», Ташкент, 1923.
ИТОРГО — «Известия Туркестанского отдела Имп. Русского географического общества», Ташкент.
ИЯЛИ — Институт языка, литературы и истории.
КСИВ — «Краткие сообщения Института востоковедения АН СССР», М.—Л., М.
КСИИМК — «Краткие сообщения о докладах и полевых исследованиях Института истории материальной культуры АН СССР», М.—Л., М.
КСИНА — «Краткие сообщения Института народов Азии АН СССР», М.
КСИЭ — «Краткие сообщения Института этнографии АН СССР», М.—Л., М.
ЛГУ — Ленинградский государственный университет.
МАР — Материалы по археологии России.
МГУ — Московский государственный университет.
МИА — Материалы и исследования по археологии СССР.
МИИКК — Материалы и исследования по истории киргиз и Киргизстана.
МИТТ — см. ниже, раздел 1, А.
МИУТТ — см. ниже, раздел 1, А.
МОНС — «Материалы объединенной научной сессии, посвященной истории Средней Азии и Казахстана в дооктябрьский период», Ташкент, 1955.
МПВНКВ — «Материалы первой всесоюзной научной конференции востоковедов в г. Ташкенте 4—11 июня 1957 г.», Ташкент, 1958.
МСТ — «Материалы для статистики Туркестанского края», под ред. Н. А. Маева, вып. I—V, СПб., 1872—1879.

«Ал-Музаффарийя» — « المظفّريّة. Сборник статей учеников профессора барона Виктора Романовича Розена ко дню двадцатипятилетия его первой лекции 13-го ноября 1872—1897», СПб., 1897.
Нац. б-ка — Bibliothèque Nationale, Париж.
ОИФ — Отделение истории и философии.
ООН — Отделение общественных наук.
ОРЯС — Отделение русского языка и словесности Имп. Академии наук.
ПВ — «Проблемы востоковедения», М.
ПДТС — см. ниже, раздел 1, А.
ПЗКЛА — «Протоколы заседаний и сообщения членов Закаспийского кружка любителей археологии и истории Востока», Асхабад.
ПИ — «Проблемы источниковедения», М.—Л.
ПКСОСК — «Памятная книжка Семиреченского областного статистического комитета», Верный.
ПЛНВ — Памятники литературы народов Востока.
ПС — «Палестинский сборник», М.—Л.

R615 ПТКЛА — «Протоколы заседаний и сообщения членов Туркестанского кружка любителей археологии», Ташкент.

РАО — (Имп.) Русское археологическое общество.

СА — «Советская археология», М.

САГУ — Среднеазиатский государственный университет, Ташкент.

СВ — «Советское востоковедение», М.—Л., I—VI (1940—1949); М., (1956—1959)

СГЭ — «Сообщения Государственного Эрмитажа», Л.

СИФ — Серия истории и философии.

СКСО — «Справочная книжка Самаркандской области».

СМА — «Сборник географических, топографических и статистических материалов по Азии», изд. Военно-ученого комитета Главного штаба, СПб.

СМИЗО — см. ниже, раздел 1, А.

Согд. сб. — «Согдийский сборник. Сборник статей о памятниках согдийского языка и культуры, найденных на горе Муг в Таджикской ССР», Л., 1934.

СОН — Серия общественных наук.

Средазкомстарис — Средне-Азиатский комитет по делам музеев и охраны памятников старины, искусства и природы.

ССИА — «Сборник статей по истории Азербайджана», вып. 1, Баку, 1949.

СТАЭ — Согдийско-Таджикская археологическая экспедиция.

СЭ — «Советская этнография», М.—Л., М.

ТАКЭ — Термезская археологическая комплексная экспедиция.

ТАЭ — Таджикская археологическая экспедиция.

ТВ — «Туркестанские ведомости», Ташкент.

ТВЛИВЯ — Труды по востоковедению, издаваемые Лазаревским институтом восточных языков.

ТВОРАО — Труды Восточного отделения Имп. Русского археологического общества, СПб.

ТИВАН — Труды Института востоковедения АН СССР.

ТОВЭ — «Труды Отдела истории культуры и искусства Востока Государственного Эрмитажа», Л.

ТЧРДМ — «Труды членов Российской духовной миссии в Пекине», СПб.

УЗИВАН — «Ученые записки Института востоковедения АН СССР», М.—Л., М.

Узкомстарис — Узбекистанский комитет по охране памятников материальной культуры.

ФАН — Филиал Академии наук СССР.

ЭВ — «Эпиграфика Востока», М.—Л.

ЮТАКЭ — Южно-Туркменистанская археологическая комплексная экспедиция.

AI — «Ars Islamica».

«'Ajab-nama» — «عجب نامه». A volume of Oriental studies presented to Edward G. Browne on his 60th birthday (7 February 1922)», ed. by T. W. Arnold and R. A. Nicholson, Cambridge, 1922.

AJSL — «American journal of Semitic languages (and literatures)», Chicago.

AKGWG — «Abhandlungen der königl. Gesellschaft der Wissenschaften zu Göttingen».

AM — «Asia Major», Leipzig.

AO — «Acta Orientalia». Ediderunt societates orientales Batava, Danica, Norvegica, (Svecica), Leiden.

AO Bud. — «Acta Orientalia Academiae Scientiarum Hungaricae», Budapest.

AOr — «Archiv Orientální», Praha.

ASAW — «Abhandlungen der philologisch-historischen Klasse der (königl.) Sächsischen Akademie der Wissenschaften», Leipzig.

R616

ASGW — «Abhandlungen der philologisch-historischen Classe der königl. Sächsischen Gesellschaft der Wissenschaften», Leipzig.

BGA — Bibliotheca geographorum arabicorum. Edidit M. J. de Goeje, pars I—VIII, Lugduni Batavorum.

BGA [2] — Bibliotheca geographorum arabicorum. Primum edidit M. J. de Goeje, nunc continuata consultantibus R. Blachère, H. A. R. Gibb, P. Kahle, J. H. Kramers, H. von Mžik, C. A. Nallino, A. J. Wensinck, Lugduni Batavorum — Lipsiae.

BI — Bibliotheca Indica: a collection of oriental works, published by the Asiatic Society of Bengal.

BSO(A)S — «Bulletin of the School of Oriental (and African) Studies. London Institution (University of London)».

«Centenaire» — «Centenaire de l'École des langues orientales vivantes. 1795—1895. Recueil de mémoires publié par les professeurs de l'École», Paris, 1895.

«Charisteria orientalia» — «Charisteria orientalia, praecipue ad Persiam pertinentia», ediderunt F. Tauer, V. Kubíčková, J. Hrbek, Praha, 1956.

Coll. orient.— Collection orientale. Manuscrits inédits de la Bibliothèque royale (impériale, nationale), traduits et publiés...

Collections scientifiques.— Collections scientifiques de l'Institut des langues orientales du Ministère des affairs étrangères, t. I—VIII, St.-Pbg., 1877—1897.

CRAIBL — «Académie des inscriptions et belles-lettres. Comptes rendus des séances», Paris.

DI — «Der Islām», Strassburg — Berlin.

Eclipse.— The Eclipse of the Abbasid Caliphate. Original Chronicles of the Fourth Islamic Century. Edited, Translated, and Elucidated by H. F. Amedroz, and D. S. Margoliouth, vol. I—VII, Oxford, 1920—1921.

EI — «Enzyklopaedie des Islām. Geographisches, ethnographisches und biographisches Wörterbuch der muhammedanischen Völker», Bd I—IV, Leiden — Leipzig (1908), 1913—1934.

[То же — на франц. и англ. языках; ссылки везде по немецк. изд.]

EI, EB — «Enzyklopaedie des Islām», Ergänzungsband, Lief. 1—5, Leiden — Leipzig, 1934—1938.

EI [2] — «The Encyclopaedia of Islam». New ed., vol. I — ..., Leiden — London, 1960 — ...

«Festschrift Nöldeke» — «Orientalische Studien Theodor Nöldeke zum siebzigsten Geburtstag (2. März 1906) gewidmet von Freunden und Schülern und in ihren Auftrag hrsg. von C. Bezold», Bd I—II, Giessen, 1906.

GGA — «Göttingische gelehrte Anzeigen».

GIPh — «Grundriss der iranischen Philologie». Hrsg. von W. Geiger und E. Kuhn, Strassburg, Bd I, 1. Abt., 1895—1901; 2. Abt., 1898—1901; Bd II, 1898—1904.

GMS — «E. J. W. Gibb Memorial» Series.

GMS NS — «E. J. W. Gibb Memorial» Series. New Series.

HHM — Harvard historical monographs.

HJAS — «Harvard journal of Asiatic studies», Cambridge, Mass.

HOr — «Handbuch der Orientalistik», hrsg. von Bertold Spuler, Leiden.

HS — Works issued by The Hakluyt Society.

JA — «Journal Asiatique», Paris.

JAOS — «Journal of the American Oriental Society», New Haven.

JCAS — «The Journal of the Royal Central Asian Society», London.

JRAS — «Journal of the Royal Asiatic Society of Great Britain and Ireland», London.

JSFOu — «Journal de la Société finno-ougrienne», Helsinki.

MAOr — Monografie Archivu Orientálního.

R617 Mél. As. — «Mélanges Asiatiques, tirés du Bulletin historico-philologique de l'Académie Impériale des sciences de St.-Pétersbourg».

MIFAO — Mémoires publiés par les membres de l'Institut français d'archéologie orientale au Caire.

MSOS — «Mitteilungen des Seminars für orientalische Sprachen an der (Königlichen) Friedrich-Wilhelms-Universität zu Berlin».

Notices et extraits — Notices et extraits des manuscrits de la Bibliothèque du roi (impériale, nationale) et autres bibliothèques, Paris.

«Nouveaux mélanges orientaux» — «Nouveaux mélanges orientaux. Mémoires, textes et traductions publiés par les professeurs de l'Ecole spéciale des langues orientales vivantes à l'occasion du Septième Congrès International des orientalistes réunis à Vienne (septembre 1886)», Paris, 1886.

OTF — Oriental translation fund.

PÉLOV — Publications de l'École des langues orientales vivantes.

Pet. Mitt.— «Petermanns geographische Mitteilungen», Gotha.

PHT — Persian historical texts.

RAS — Royal Asiatic Society of Great Britain and Ireland.

RÉI — «Revue des études islamiques», Paris.

RHR — «Revue de l'histoire des religions», Paris.

RO — «Rocznik Orientalistyczny», Lwów (Kraków).

ROC — «Revue d'Orient chrétien».

RTHS — Recueil de textes relatifs à l'histoire des Seljoucides, par M. Th. Houtsma, vol. I—IV, Lugduni Batavorum (Leide), 1886—1902.

SBAW Berl.— «Sitzungsberichte der Deutschen Akademie der Wissenschaften zu Berlin. Klasse für Sprachen, Literatur und Kunst».

SBAW Wien — «Sitzungsberichte der philosophisch-historischen Classe der kais. Akademie der Wissenschaften», Wien .

TM — «Türkiyat mecmuası», Istanbul.

WI — «Die Welt des Islams», Berlin.

WZKM — «Wiener Zeitschrift für die Kunde des Morgenlandes».

ZA — «Zeitschrift für Assyriologie und verwandte Gebiete».

ZDMG — «Zeitschrift der Deutschen morgenländischen Gesellschaft», Leipzig.

1. 史 料 R618

ИСТОЧНИКИ[①]

甲. 汇编与选辑

Сборники и хрестоматии

Бичурин, *Собрание сведений,* изд. 1-е. — *Собрание сведений о народах, обитавших в Средней Азии в древние времена.* Сочинение монаха Иакинфа, ч. I—III, СПб., 1851.

*Бичурин, *Собрание сведений,* изд. 2-е. — Н. Я. Бичурин (Иакинф), *Собрание сведений о народах, обитавших в Средней Азии в древние времена.* Редакция текста, вступит. статьи, комментарий А. Н. Бернштама и Н. В. Кюнера, т. I—III, М.—Л., 1950—1953.

Галстян, *Армянские источники.* — *Армянские источники о монголах.* Извлечения из рукописей XIII—XIV вв. Перевод с древнеармянского, предисловие и примечания А. Г. Галстяна, М., 1962.

История монголов по армянским источникам.— История монголов по армянским источникам. Вып. 1, заключающий в себе *извлечения из трудов Вардана, Стефача Орбелиана и Конетабля Сембата.* Перевод и объяснения К. П. Патканова, СПб., 1873; вып. 2, заключающий в себе *извлечения из истории Киракоса Гандзакеци.* Перевод и объяснения К. П. Патканова, СПб., 1874.

*Малов, *Древнетюркская письменность Монголии.*— С. Е. Малов, *Памятники древнетюркской письменности Монголии и Киргизии,* М.—Л., 1959.

*Малов, *Енисейская письменность.* — С. Е. Малов, *Енисейская письменность тюрков.* Тексты и переводы, М.—Л., 1952.

*Малов, *Памятники.* — С. Е. Малов, *Памятники древнетюркской письменности.* Тексты и исследования, М.—Л., 1951.

*МИТТ, I—II. — «Материалы по истории туркмен и Туркмении», т. I, VII—XV вв. Арабские и персидские источники. Под ред. С. Л. Волина, А. А. Ромаскевича и А. Ю. Якубовского, М.—Л., 1939; т. II,XVI—XIX вв. Иранские, бухарские и хивинские источники. Под ред. В. В. Струве, А. К. Боровкова, А. А. Ромаскевича и П. П. Иванова, М.—Л., 1938.

*МИУТТ. — «Материалы по истории Узбекской, Таджикской и Туркменской ССР», ч. I, Торговля с Московским государством и международное положение Средней Азии в XVI—XVII вв., Л., 1932.

ПДТС, I—III. — «Памятники дипломатических и торговых сношений Московской Руси с Персией». Изданы под ред. Н. И. Веселовского, т. I, Царствование Федора Иоанновича, СПб., 1890; т. II, Царствования Бориса Годунова, Василия Шуйского и начало царствования Михаила Федоровича, СПб., 1892; т. III, Царствование Михаила Федоровича (продолжение), СПб., 1898 (ТВОРАО, т. XX—XXII).

СМИЗО, I. — В. Тизенгаузен, *Сборник материалов, относящихся к истории Золотой Орды,* т. I. *Извлечения из сочинений арабских,* СПб., 1884. R619

---

① 本书注文中提到的史料汇编或史料选辑，分别用简称或略语标出，其有新版本或有旧版本而未经B·巴托尔德征引者各加星标以资区别。

*СМИЗО, II. — *Сборник материалов, относящихся к истории Золотой Орды. II. Извлечения из персидских сочинений,* собранные В. Г. Тизенгаузеном и обработанные А. А. Ромаскевичем и С. Л. Волиным, М.—Л., 1941.

Тексты. — В. В. Бартольд, *Туркестан в эпоху монгольского нашествия,* ч. I. *Тексты,* СПб., 1898.

Bretschneider, *Researches.*— E. Bretschneider, *Mediaeval Researches from Eastern Asiatic Sources. Fragments towards the knowledge of the geography and history of Central and Western Asia from the 13th to the 17th century,* vol. I—II, London, 1888; 2d ed.: 1910.

Chavannes, *Documents. — Documents sur les Tou-Kiue (Turcs) occidentaux.* Recueillis et commentés par Ed. Chavannes, St.-Pbg., 1903 (Сб. трудов Орхонской экспедиции. VI).

Elliot, *The History of India* — см. ниже, раздел 2.

Ferrand, *Relations.— Relations de voyages et textes géographiques arabes, persans et turks relatifs à l'Extrême-Orient du VIII*ᵉ *au XVIII*ᵉ *siècles,* traduits, revus et annotés par G. Ferrand, t. I—II, Paris, 1913—1914.

Fragmenta, I—II. — *Fragmenta historicorum arabicorum.* T. I, *continens partem tertiam operis Kitábo 'l-Oyun wa 'l-hadäik fi akhbári 'lhakäik,* quem ediderunt M. J. de Goeje et P. de Jong, Lugduni Batavorum, 1869; t. II, *continens partem sextam operis Tadjáribo 'l-Omami,* auctore Ibn Maskowaih, cum indicibus et glossario, quem edidit M. J. de Goeje, Lugduni Batavorum, 1871.

Purchas, XI.— *Hakluytus Posthumus or Purchas His Pilgrimes. Containing a History of the World in Sea Voyages and Lande Travells by Englishmen and others.* By S. Purchas, new ed., vol. XI, Glasgow, 1906 (HS, extra series).

Reinaud, *Fragments.— Fragments arabes et persans inédits relatifs à l'Inde, antérieurement au XI*ᵉ *siècle de l'ère Chrétienne,* recueillis par M. Reinaud, Paris, 1845 (Extrait du JA, sér. 4, t. IV, 1844, pp. 114—209, 221—300; t. V, 1845, pp. 121—192).

de Sacy, *Chrestomathie arabe.*— S. de Sacy, *Chrestomathie arabe, ou extraits de divers écrivains arabes, tant en prose qu'en vers, avec une traduction française et des notes,* 2ᵉ éd., t. I—III, [Paris], 1825—1827.

Schefer, *Chrestomathie persane.— Chrestomathie persane à l'usage des élèves de l'École spéciale des langues orientales vivantes,* publiée par Ch. Schefer, t. I—II, Paris, 1883—1885 (PÉLOV, IIᵉ sér., vol. VI—VII).

Yule, *Cathay* — см. ниже, раздел 2.

乙. 抄本与刊本

Б. Рукописи и издания отдельных источников①

Абд ал-Керим Бухари.—*Histoire de l'Asie Centrale* (*Afghanistan, Boukhara, Khiva, Khoqand*). *Depuis les dernières années du règne de Nadir Châh* (*1153*), *jusqu'en 1233 de l'Hégire* (*1740—1818*), par Mir Abdoul Kerim Boukhary. Publiée, traduite et annotée par Ch. Schefer, t. I. Texte persan, [Boulaq, 1290/1873-74 (литогр.)]; t. II. Traduction française, Paris, 1876 (PÉLOV, vol. I).

---

① 凡属前亚洲博物馆(今苏联科学院亚洲民族研究所)所藏诸抄本均先标出新书号，然后在括弧中标出(亚洲博物馆的)旧书号。在B·巴托尔德原文的脚注中均先标出亚洲博物馆的旧书号。凡系列宁格勒国立公共图书馆的抄本，亦先标出新书号，在括弧中标出旧书号。要说明的是,在B·巴托尔德原作的脚注中，只标出了旧书号。

R620

*Абд ар-Раззак, изд. Шафиʿ. — مطلع السعدين ومجمع بحرين تأليف مولانا كمال الدين عبد الرزّاق سمرقندى... بتصحيح محمد شفيع، جلد ١—٢، لاهور، ١٣٦٠—١٣٦٨/١٩٤١—١٩٤٩.

Абд ар-Раззак, пер. Катрмера. — *Notice de l'ouvrage persan qui a pour titre Matla-assaadeïn ou-madjma-albahreïn* مطلع السعدين ومجمع البحرين *et qui contient l'histoire des deux sultans Schah-Rokh et Abou-Saïd*, par M. Quatremère,—Notices et extraits, t. XIV, partie 1, Paris, 1843.

*Абу Дулеф, изд. Булгакова—Халидова. — *Вторая записка Абу Дулафа*. Издание текста, перевод, введение и комментарии П. Г. Булгакова и А. Б. Халидова, М., 1960 (ПЛНВ, Тексты, Малая серия, V).

*Абу Дулеф, изд. Минорского. — *Abū-Dulaf Misʿar Ibn Muhalhil's Travels in Iran (circa A. D. 950)*. Arabic text with an English translation and commentary by V. Minorsky, Cairo, 1955.

*Абу Дулеф, пер. Рор-Зауера. — A. Rohr-Sauer, *Des Abû Dulaf Bericht über seine Reise nach Turkestan, China und Indien, neu übersetzt und untersucht*, Stuttgart, 1939 (Bonner Orientalistische Studien, H. 26).

Абу-л-Маʿали, *Байан ал-адйан*, извлеч. в изд. Шефера. — Schefer, *Chrestomathie persane*, t. I, pp. 131—171 [texte], 132—189 [notes].

Абу-л-Маʿали, *Байан ал-адйан*, пер. Кристенсена.—Abû-l-Maâlî, *Fremstilling af Religionerne*, oversat af A. Christensen, København, 1915 (Studier fra Sprog- og Oldtidsforskning udgivne af Det philologisk-historiske Samfund, № 101).

*Абу-л-Маʿали, *Байан ал-адйан*, пер. Массе. — H. Massé, *L'exposé des religions par Abou'l Maâli*,—RHR, t. XCIV, 1926, 4—6, pp. 17—75.

Абу-л-Маʿали, *Байан ал-адйан*, рук.—Мухаммед Абу-л-Маʿали, *Байан ал-адйан*, рук. Нац. б-ки, Suppl. pers. 1356, № 7.

Абу Тахир-ходжа, изд. Веселовского.—*Самария*. Сочинение Абу-Тахир-ходжи. Таджицкий текст, приготовленный к печати Н. И. Веселовским. С предисловием и приложением рисунков, СПб., 1904.

*Абу Тахир-ходжа, изд. Нафиси—Афшара.— سمريه تأليف ابو طاهر ولد قاضى ابو سعيد سمرقندى با دو مقدمه از سعيد نفيسى—ايرج افشار، تهران، ١٣٣١ [=1952].

Абу Тахир-ходжа, пер. Вяткина.—Абу Тахир Ходжа, «*Самария*», *описание древностей и мусульманских святынь Самарканда*, пер. В. Л. Вяткина,— СКСО, вып. VI, 1899, стр. 153—259.

Абу-л-Фарадж—см. Barhebraei *Chronicon Syriacum*.

Абу-л-Фарадж, *Мухтасар*, изд. Покока.—تاريخ مختصر الدول *Historia compendiosa dynastiarum*, authore Gregorio Abul-Pharajio, Malatiensi Medico... Arabice edita & Latine versa, ab E. Pocockio, Oxoniae 1663; Suppl., 1672.

*Абу-л-Фарадж, *Мухтасар*, изд. Сальхани.—تاريخ مختصر الدول للعلامة غريغوريوس ابى الفرج بن اهرون الطبيب الملطى المعروف بابن العبرى، وقف على طبعه الاب انطون صالحانى اليسوعى، بيروت، ١٨٩٠.

Абу-л-Фида, *Мухтасар*.—Abulfedae *Annales moslemici* arabice et latine. Opera et studiis J. J. Reiskii..., ed. J. G. Chr. Adler, t. I—V, Hafniae, 1789—1794 [I—1789, II—1790, III—1791, IV—1792, V—1794].

Абу Юсуф Яʿкуб, булак. изд.— كتاب الخراج للامام صاحب أبى حنيفة القاضى أبى يوسف يعقوب بن ابراهيم، بولاق، ١٣٠٢ هجريه [=1884-85].

R621 Абу Юсуф Я'куб, пер. Фаньяна.—Abou Yousof Ya'koub, *Le Livre de l'impot foncier (Kitâb el-kharâdj)*, traduit et annoté par E. Fagnan, Paris, 1921.

*Абулгази, *Родословная туркмен*, изд. Кононова.—А. Н. Кононов, *Родословная туркмен. Сочинение Абу-л-Гази хана хивинского*, М.—Л., 1958.

Абулгази, *Родословная тюрок*, изд. Демезона.—*Histoire des Mogols et des Tatares* par Aboul-Ghâzi Bèhâdour Khan, publiée, traduite et annotée par Le Baron Desmaisons, t. I. Texte, St.-Pbg., 1871; t. II. Traduction, St.-Pbg., 1874.

Анӣс ат-ṭāлибӣн.—Анӣс ат-ṭāлибӣн, рук. ЛГУ 386.

**Арабский аноним XI в.—Арабский аноним XI века*. Издание текста, перевод, введение в изучение памятника и комментарии П. А. Грязневича, М., 1960 (ПЛНВ, Тексты, Большая серия, VI).

Асади, *Лугат-и фурс.—Asadî's neupersisches Wörterbuch Lughat-i Furs*, nach der einzigen vaticanischen Handschrift hrsg. von P. Horn, Berlin, 1897 (AKGWG, N. F., Bd 1, № 8).

Аттар, *Тазкират ал-аулийā.—The Tadhkiratu 'l-Awliyá ("Memoirs of the Saints")* of Muḥammad ibn Ibráhím Farídu'ddín 'Aṭṭár, ed. in the original Persian, with preface, indices and variants, by R. A. Nicholson, with a critical introduction by Mírzá Muḥammad b. 'Abdu 'l-Wahháb-i Qazwíní, pt I—II, London—Leide, 1905—1907 (PHT, vol. III, V).

Ауфи, *Джавāми' ал-ḥикāйāт.*—Мухаммед Ауфи, *Джавāми' ал-ḥикāйāт ва лавāми' ар-ривāйāт*, рук. ГПБ IV, 2, 33; рук. ГПБ V, 4, 31; рук. Брит. муз. Or. 4392. [См. также *Тексты*, стр. 83—101.]

Ауфи, *Лубāб ал-албāб.—Lubábu 'l-Albáb* of Muḥammad 'Awfí, ed. in the original Persian. Pt I, with indices, Persian and English prefaces, and notes, critical and historical, in Persian, by E. G. Browne and Mírzá Muhammad ibn 'Abdu 'l-Wahháb-i-Qazwíní, London—Leide, 1906 (PHT, vol. IV); pt II, with preface, indices and variants, by E. G. Browne, London—Leide, 1903 (PHT, vol. II).

Бāбур-нāме, извлеч. в пер. Вяткина.—В. Вяткин, *Самарканд и его окрестности в прошлом, по описанию Султана Бабура Мирзы. (Перевод из книги Бабур-намы)*,—СКСО, вып. IV, 1896, стр. 30—37.

Бāбур-нāме, извлеч. в пер. Пантусова.—Н. Н. Пантусов, *Фергана, по «Запискам» султана Бабура*, СПб., 1884 (отд. отт. из ЗИРГО по отд. этногр., т. VI).

Бāбур-нāме, изд. Беверидж.—*The Bábar-nāma, being the autobiography of the Emperor Bábar, the founder of the Moghul dynasty in India, written in Chaghatáy Turkish*; now reproduced in facsimile from a manuscript belonging to the late Sir Sálár Jang of Ḥaydarábád, and ed. with a preface and indices by A. S. Beveridge, Leyden—London, 1905 (GMS, I).

Бāбур-нāме, изд. Ильминского.—*Бабер-намэ или Записки Султана Бабера*. Изданы в подлинном тексте Н. И[льминским], Казань, 1857.

Бāбур-нāме, пер. Беверидж.—*The Bābur-nāma in English (Memoirs of Bābur)*. Transl. from the original Turki Text of Ẓahiru'd-dīn Muḥammad Bābur Pādshāh Ghāzī by A. S. Beveridge, vol. I—II, London, 1922.

Бāбур-нāме, пер. Лейдена—Эрскина.—*Memoirs of Zehir-ed-din Muhammed Baber Emperor of Hindustan*, written by himself, in the Jaghatai Turki and transl., partly by the late J. Leyden, partly by W. Erskine, London, 1826.

**Бāбур-нāме*, пер. Салье.—*Бабур-наме. Записки Бабура*, [пер. М. Салье], Ташкент. 1958.

*Багдади, *Китāб ат-тавассул*, изд. Бахманйара.—التوسّل الى الترسّل انشاء وتأليف

بهاء الدين محمد بن مؤيد بغدادى، مقابله وتصحيح احمد بهمنيار، تهران، ١٣١٥ [=1936]. R622

Багдади, *Китāб ат-тавассул*, рук.—Беха ад-дин Мухаммед Багдади, *Китāб ат-тавассул илā-т-тарассул*, лейденская рук. 285; лейденская рук. 586. [См. также *Тексты*, стр. 73—80.]

Балазури.—*Liber expugnationis regionum*, auctore Imámo Ahmed ibn Jahja ibn Djábir al-Beládsorí, quem e codice Leidensi et codice Musei Brittannici ed. M. J. de Goeje, Lugduni Batavorum, 1866.

*Балазури, пер. Хитти—Мурготтена.—*The origins of the Islamic state being a translation from the Arabic accompanied with annotations, geographic and historic notes of the Ḳitâb Futûḥ al-Buldân* of al-Imâm abu-l ʻAbbâs Aḥmad ibn-Jâbir al-Balâdhuri, vol. I, by Ph. Kh. Ḥitti, New York, 1916; pt [sic!] II, by F. C. Murgotten, New York, 1924 (Studies in history, economics and public law edited by the Faculty of Political Science of Columbia University, vol. LXVIII, № 163, 163A).

Балʻами, пер. Зотенберга.—*Chronique de Abou-Djafar-Moʻhammed-ben-Djarir-ben-Jezid Tabari*, traduite sur la version persane d'Abou-ʻAli Moʻhammed Belʻami, d'après les manuscrits de Paris, de Gotha, de Londres et de Canterbury par H. Zotenberg, t. I—IV, Paris, 1867—1874 [I—1867, II—1869, III—1871, IV—1874].

* Barhebraei *Chronicon Syriacum*, изд. Беджана.—Gregorii Barhebraei *Chronicon Syriacum* e codd. MSS emendatum ac punctis vocalibus adnotationibusque locupletatum Bedjan, Parisiis, 1890.

Barhebraei *Chronicon Syriacum*, изд. Брунса—Кирша.—Bar-Hebraei *Chronicon Syriacum*. E Codicibus Bodleianis, descriptum coniunctim ediderunt P. J. Bruns et G. G. Kirsch, Lipsiae, 1789 [=t. I, сирийский текст]; Gregorii Abulpharagii sive Bar Hebraei *Chronicon Syriacum*. E Codicibus Bodleianis descripsit maximam partem vertit notasque illustravit P. J. Bruns, edidit ex parte vertit notasque adiecit G. G. Kirsch, Lipsiae, 1789 [=t. II, латин. перевод].

Баҳр ал-асрāр.—*Баҳр ал-асрāр фӣ манāкиб ал-аҳйāр*, рук. India Office Library № 1496 (№ 575 по новому каталогу).

Бейхаки, Абу-л-Хасан — см. *Таʼрӣх-и Бейхаҡ*.

*Бейхаки, изд. Гани-Фейяза.— تاريخ بيهقى تصنيف خواجه ابو الفضل محمد بن حسين بيهقى دبير باهتمام دكتر غنى و دكتر فياض (متن مصحح وكامل با حواشى وتعليقات وفهرستها)، تهران، ١٣٢٤ [=1945].

Бейхаки, изд. Морлея.—*The Tárikh-i Baihaki* containing the life of Masaúd, son of sultán Mahmúd of Ghaznín. Being the 7th, 8th, 9th, and part of the 6th and 10th Vols. of the Táríkh-i Ál-i Saboktakeen. By Abu'l Fazl al-Baihaqi. Ed. by the late W. H. Morley, and printed under the supervision of W. Nassau Lees, Calcutta, 1862 (BI, vol. 32).

*Бейхаки, изд. Нафиси.— تاريخ مسعودى معروف به تاريخ بيهقى از ابو الفضل محمد بن حسين كاتب بيهقى با مقابله وتصحيح وحواشى وتعليقات سعيد نفيسى، تهران، مجلد ١، ١٣١٩ [=1940]؛ مجلد ٢، ١٣٢٦ [=1947]؛ مجلد ٣، ١٣٣٢ [=1953].

Бейхаки, тегеран. изд. 1307/1890. — [литогр.] تاريخ بيهقى، طهران، ١٣٠٧

*Бейхаки, пер. Арендса.— Абу-л-Фазл Бейхаки, *История Масʻуда. 1030—1041*. Вступительная статья, перевод и примечания А. К. Арендса, Ташкент, 1962.

*Бекран, *Джахāн-нāме*, изд. Борщевского.—Муҳаммад ибн Наджӣб Бакрāн, *Джахāн-нāме* (*Книга о мире*). Издание текста, введение и указатели Ю. Е. Борщевского, М., 1960 (ПЛНВ, Тексты, Большая серия, X).

R623 Бекран, *Джахāн-нāме*, рук.—Мухаммед ибн Неджиб Бекран, *Джахāн-нāме*, рук. Нац. б-ки, Ancien fonds persan 384; <рук. ИНА С 612 (605а)>.

Бенакети.—Бенакети, *Рауӡат ӯлӣ-л-албāб фӣ тавāрӣх ал-акāбир ва-л-ансāб*, рук. ЛГУ 285.

Бируни, *Āҫāр ал-бāкийа*, изд. Захау.—*Chronologie orientalischer Völker* von Albêrûnî. Hrsg. von Dr. C. E. Sachau, Leipzig, 1878.

Бируни, *Āҫāр ал-бāкийа*, пер. Захау.—*The Chronology of ancient nations. An English version of the Arabic text of the Athâr-ul-bâkiya of Albîrûnî, or "Vestiges of the Past,"* collected and reduced to writing by the author in A. H. 390—1, A. D. 1000. Transl. and ed., with notes and index, by Dr. C. E. Sachau, London, 1879.

*Бируни, *Āҫāр ал-бāкийа*, пер. Салье.—Абурейхан Бируни (973—1048). Избранные произведения. I [*Памятники минувших поколений*. Перевод и примечания М. А. Салье], Ташкент, 1957.

Бируни, *Индия*, изд. Захау.—Alberuni's *India. An account of the religion, philosophy, literature, chronology, astronomy, customs, laws and astrology of India about A. D. 1030*. Ed. in the Arabic original by E. Sachau, London, 1887.

Бируни, *Индия*, пер. Захау.—Alberuni's *India. An account of the religion, philosophy, literature, geography, chronology, astronomy, customs, laws and astrology of India about A. D. 1030*. An English Edition, with Notes and Indices by E. C. Sachau, vol. I—II, London, 1888 (Trübner's Oriental Series) [new ed.: London, 1910].

Бундари, изд. Хаутсма.—*Histoire des Seljoucides de l'Irâq* par al-Bondârî d'après Imâd ad-dîn al-Kâtib al-Isfahânî. Texte arabe publié d'après les Mss. d'Oxford et de Paris par M. Th. Houtsma, Leide, 1889 (RTHS, vol.II).

Бухари, Абд ал-Керим—см. Абд ал-Керим Бухари.

Вакф-нāме.—Вакф-нāме, рук. ИНА В 670 (е 574 ag).

Вассаф, бомбейское изд. — كتاب مستطاب وصاف الحضرة، بمبئی، ۱۲۴۹ [=1852-53] [перепеч.: [چاپ افست، تهران، ۱۳۳۸ (=1959)].

Вассаф, изд. Хаммера.—*Geschichte Wassaf's* Persisch hrsg. und Deutsch übers. von Hammer-Purgstall, Bd I, Wien, 1856.

Вассаф, рук.—*Та'рӣх-и Ваҫҫāф*, рук. ИНА С 387 (567 bis); рук. ГПБ ПНС 69 (V, 3, 24).

*Гардизи, изд. Казвини.—زین الاخبار تألیف ابو سعید عبد الحی بن ضحاک بن محمود گردیزی (تاریخ تألیف در حدود سال ۴۴۰ هجری) با مقدمه حضرت استا معظم آقا میرزا محمد خان قزوینی، طهران، ۱۳۱۵ [ش] [=1937].

*Гардизи, изд. Мухаммеда Назима.—*Kitab Zainu'l-Akhbar*. Composed by Abu Sa'id 'Abdu'l-Ḥayy b. aḍ-Ḍahhak b. Maḥmud Gardizi about 440 A. H., ed. by Muhammad Nazim, London, 1928.

*Гардизи, изд. Нафиси.—زین الاخبار از ابو سعید عبد الحی بن ضحاک بن محمود گردیزی (شامل تاریخ ساسانیان وسیرت رسول اکرم وخلفا واخبار امرای خراسان تا پایان دورهٔ صفاری)، با تصحیح ومقدمه و فهرست وحواشی سعید نفیسی، طهران، شهریور ماه ۱۳۳۳ [ش] [=1954].

Гардизи, рук.—Гардизи, *Зайн ал-ахбāр*, кембридж. рук. (King's College Library, 213); оксфорд. рук. (Cod. Bodleian, Ouseley, 240).

*Гарнати, изд. Дублера. — *Abū Ḥāmid el Granadino y su relación de viaje por* *tierras Eurasiaticás*. Texto arabe, traducción e interpretación por César E. Dubler, Madrid, 1953. R624

Гарнати, изд. Феррана.—*Le Tuḥfat al-albāb* de Abū Ḥāmid al-Andalusī al-Ġarnāṭī édité d'après les Mss. 2167, 2168, 2170 de la Bibliothèque Nationale et le Ms. d'Alger, par G. Ferrand, Paris, 1925 (Extrait du JA, t. CCVII, 1925, pp. 1—148, 193—304).

Гарнати, рук.—Абу Хамид ал-Андалуси ал-Гарнати, *Тух̣фат ал-албāб ва нух̣бат ал-а'джāб*, рук. Брит. муз. Or. 1528. [См. также *Тексты*, стр. 21—22.]

Гияс ад-дин Али, изд. Зимина.—*Дневник похода Тимура в Индию Гияс-ад-дина Али. С приложением соответствующих отрывков из «Зафер-намэ» Низам-ад-дина Шами*. Изд. Л. А. Зимина под ред. В. В. Бартольда, Пг., 1915 (Тексты по истории Средней Азии. Вып. I).

*Гияс ад-дин Али, пер. Семенова.—Гийāсаддӣн 'Алӣ, *Дневник похода Тӣмӯра в Индию*, пер. с персидского, предисловие и примечания А. А. Семенова, М., 1958.

Григор Акнерци—см. Магакия.

Даулетшах, изд. Броуна.—*The Tadhkiratu 'sh-Shu'ará* (*"Memoirs of the Poets"*) of Dawlatsháh bin 'Alá'u 'd-Dawla Bakhtísháh al-Ghází of Samarqand. Ed. in the original Persian with prefaces and indices by E. G. Browne, London—Leide, 1901 (PHT, vol. I).

*Даулетшах, изд. Броуна—Аббаси.—تذكرة الشعراء دولتشاه سمرقندى از روى چاپ براون با مقابلهٔ نسخ معتبر خطى قديمى بتحقيق وتصحيح محمد عباسى، تهران، ١٣٣٧ خورشيدى [=1958].

Деде Коркуд—см. *Китāб-и Деде Коркут*.

* Джами, *Нафах̣āт ал-унс*, изд. Таухиди-пура.—نفحات الانس من حضرات القدس تأليف مولانا عبد الرحمن بن احمد جامى بتصحيح ومقدّمه وپيوست مهدى توحيدى پور، [تهران]، اسفند ماه ١٣٣٦ ش [=1958].

Джами, *Нафах̣āт ал-унс*, калькут. изд.—Mawlana Noor al-Din 'Abd al-Raḥmán Jámi, *The Nafahtáal-Ons* [sic!] *min Hadharát al-Qods, or the Lives of the Soofis*. Ed. by Mawlawis Gholám 'Jísa, 'Abd al Hamíd and Ḳabír al-Dín Aḥmad, with a biographical Sketch of the Author, by W. Nassau Lees, Calcutta, 1859 (Lees' Persian Series).

Джахиз, *Мӣнāḳиб ал-атрāк*, изд. Ван Флотена.—*Tria opuscula* auctore Abu Othman Amr ibn Bahr al-Djahiz Basrensi quae edidit G. van Vloten (opus posthumum), Lugduni Batavorum, 1903.

Джахиз, *Манāḳиб ал-атрāк*, пер. Уокера.—C. T. H. Walker, *Jahiz of Basra to al-Fath ibn Ḳhaqan on the «Exploits of the Turks and the army of the Ḳhalifate in general»*,—JRAS, 1915, pp. 631—697.

Джемаль Карши, *Мулх̣аḳāт aç-çypāх̣*.—Джемаль Карши, *Мулх̣аḳāт aç-çypāх̣*, рук. ИНА B 514 (430a). [См. также *Тексты*, стр. 128—152.]

Дженнаби, *Та'рӣх̣*.—Дженнаби, *Та'рӣх̣*, рук. ИНА C 353 (528).

Джувейни, извлеч. в изд. Дефремери.—*Histoire des khans Mongols du Turkistan et de la Transoxiane, extraite du Habib essiier de Ḳhondémir*, trad. du persan et accompagnée de notes, par M. C. Defrémery,—JA, sér. 4, t. XX, 1852, pp. 370—406 [=прилож. к извлеч. из Хондемира (см.)].

Джувейни, изд. Казвини.—*The Ta'ríkh-i-Jahán-gushá* of 'Alá'u 'd-Dín 'Aṭá Malik-i-Ju-

R625 wayní (composed in A. H. 658=A. D. 1260). Ed. with an introduction, notes and indices from several old MSS. by *Mírzá* Muḥammad ibn ʻAbdu'l-Wahháb-i-Qazwíní, pt I, containing the history of Chingíz Khán and his successors, Leyden—London, 1912; pt II, containing the history of the Khwárazmsháh dynasty, Leyden—London, 1916; pt III, containing the history of Mangú Qá'án, Húlágú and the Ismá'ílís, Leyden—London, 1937 (GMS, XVI, 1—3).

*Джувейни, пер. Бойля — *The History of the World-Conqueror* by ʻAla-ad-Din ʻAta-Malik Juvaini. Transl. from the text of Mirza Muhammad Qazvini by J. A. Boyle, vol. I—II, Manchester, 1958 (UNESCO collection of representative works. Persian series).

Джувейни, рук.— Джувейни, *Та'рӣх-и джахāнгушāй*, рук. ГПБ ПНС 233 (IV, 2, 34) рук. ГПБ Ханыков 71; рук. ЛГУ 172. [См. также *Тексты*, стр. 103—119.]

Джузджани, изд. Нассау-Лиса.— *The Tabaqát-i Násiri* of Aboo 'Omar Minháj al-dín 'Othmán, ibn Siráj al-dín al-Jawzjani. Ed. by W. Nassau Lees and Mawlawis Khadim Hosain and 'Abd al-Hai, Calcutta, 1864.

Джузджани, пер. Раверти.— *Ṭabaḳāt-i-Nāṣirī*: *A General History of the Muḥammadan Dynasties of Asia, including Hindūstān, from A. H. 194* [*810 A. D.*], *to A. H. 658* [*1260 A. D.*], *and the Irruption of the Infidel Mughals into Islām*. By the Maulānā, Minhāj-ud-Dīn, Abū-'Umar-i-'Uṣmān. Transl. from Original Persian Manuscripts. By H. G. Raverty, vol. I—II, London, 1881; Index, Calcutta, 1897 (BI, NS, vol. 272—273).

Динавери.— Abû Ḥanîfa ad-Dînaweri, *Kitâb al-aḫbâr aṭ-ṭiwâl*. Publié par V. Guirgass, Leide, 1888.

Евтихий.— نظم الجوهر *Contextio Gemmarum, sive, Eutychii Patriarchae Alexandrini Annales*. Interprete E. Pocockio, t. I—II, Oxoniae, 1658.

Закария Казвини, *ʻАджā'иб ал-маҳлӯкāт*.— Zakarija Ben Muhammed Ben Mahmud el-Cazwini's *Kosmographie*. I. T. كتاب عجايب المخلوقات *Die Wunder der Schöpfung*. Aus den Handschriften der Bibliotheken zu Berlin, Gotha, Dresden und Hamburg hrsg. von F. Wüstenfeld, Göttingen, 1849; II. T. كتاب آثار البلاد *Die Denkmäler der Länder*. Aus den Handschriften des Hn. Dr. Lee und der Bibliotheken zu Berlin, Gotha und Leyden hrsg. von F. Wüstenfeld, Göttingen, 1848.

Ибн Аби Усейбиʻа.— Ibn Abi Useibia. Hrsg. von A. Müller, Königsberg i. Pr., 1884.

Ибн Арабшах, *ʻАджā'иб ал-макдӯр*, каирск. изд.— كتاب عجائب المقدور فى أخبار تيمور للفاضل الاديب الكامل الاريب وحيد عصره وفريد دهره أقضى القضاة شهاب الدين احمد بن محمد بن عبد الله الدمشقى الانصارى المعروف بابن عرب شاه، [القاهرة، ١٣٠٥] [=1887-88].

*Ибн Арабшах, *ʻАджā'иб ал-макдӯр*, пер. Сандерса.— *Tamerlane or Timur the Great Amir*. From the Arabic Life by Ahmed ibn Arabshah, transl. by J. H. Sanders, London, 1936.

Ибн Арабшах, *Фāкихат ал-ҳулафā'*.— *Liber arabicus* فاكهة الخلفاء ومفاكهة الظرفاء *seu Fructus imperatorum et iocatio ingeniosorum* auctore Ahmede filio Mohammedis cognominato Ebn-Arabschah quem primum e codicibus ed. et adnotationibus criticis instruxit G. G. Freitag, pars I—II, Bonnae, 1832—1852.

*Ибн ал-Асир, изд. Наджжара.— الكامل فى التاريخ للامام العلامة عمدة المؤرخين ابى الحسن على ابن ابى الكرم محمد بن محمد بن عبد الكريم ابن عبد الواحد الشيبانى

R626 المعروف بابن الاثير الجزرى الملقب بعز الدين المتوفى سنة ٦٣٠ هـ، صحح أصوله وكساه ملاحظات مفيدة المؤرخ الكبير فضيلة الأستاذ الشيخ عبد الوهاب النجار، [القاهرة]، الجزء ١—٩، ١٣٤٨—١٣٥٩ [= 1929-30—1940] [١—١٣٤٨؛ ٢—١٣٤٩؛ ٣—١٣٥٦؛ ٤، ٥—١٣٥٧؛ ٦، ٧—١٣٥٣؛ ٨، ٩—١٣٥٩].

Ибн ал-Асир, изд. Торнберга.— Ibn-el-Athiri *Chronicon quod perfectissimum inscribitur*, ed. C. J. Tornberg, vol. I—XIV, Upsaliae et Lugduni Batavorum, 1851—1876 [I—L. B., 1867; II—L. B., 1868; III—L. B., 1869; IV—L. B., 1870; V—L. B., 1871; VI—L. B., 1871; VII—L. B., 1865; VIII—L. B., 1862; IX—L. B., 1863; X—L. B., 1864; XI—Ups., 1851., Suppl. 1871; XII—Ups., 1853, Suppl. 1871; XIII—L. B., 1874; XIV—L. B., 1876].

Ибн ал-Асир, каирск. изд. 1301/1883-84.— تاريخ الكامل للعلامة ابى الحسن على بن ابى الكرم محمد بن محمد بن عبد الكريم بن عبد الواحد الشيبانى المعروف بابن الاثير الجزرى الملقب بعز الدين، الجزء ١—١٢، [القاهرة]، ١٣٠١ هجرية.

Ибн Баттута.— *Voyages d'Ibn Batoutah*, texte arabe, accompagné d'une traduction par C. Defrémery et B. R. Sanguinetti, t. I—IV, Paris, 1853—1858 [I—1853, II—1854, III—1855, IV—1858] (Collection d'ouvrages orientaux publiée par la Société asiatique).

*Ибн Баттута, пер. Гибба.— *The Travels of Ibn Baṭṭūṭa A. D. 1325—1354*. Transl. with revisions and notes from the Arabic text ed. by C. Defrémery and B. R. Sanguinetti by H. A. R. Gibb, vol. I,II—..., Cambridge, 1958,1961—... (HS, 2d series. CX).

Ибн Биби, извлеч. в изд. Шефера.—Ch. Schefer, *Quelques chapitres de l'abrégé du Seldjouq Namèh composé par l'Émir Nassir Eddin Yahia*,— «Recueil de textes et de traductions publié par les professeurs de l'École des langues orientales vivantes à l'occasion du VIIIe Congrès international des orientalistes tenu à Stockholmen 1889», t. I, Paris, 1889 (PÉLOV, IIIe sér., vol. V), pp. 3—107.

*Ибн Би́би, пер. Дуда.— H. W. Duda, *Die Seltschukengeschichte des Ibn Bībī*, Kopenhagen, 1959.

Ибн Биби (перс.).— *Histoire des Seldjoucides d'Asie Mineure d'après l'abrégé du Seldjouknāmeh d'Ibn-Bībī*. Texte persan publié d'après le Ms. de Paris par M. Th. Houtsma, Leide, 1902 (RTHS, vol. IV).

Ибн Биби (тур.).— *Histoire des Seldjoucides d'Asie Mineure d'après Ibn-Bībī*. Texte turc publié d'après les Mss. de Leide et de Paris par M. Th. Houtsma, Leide, 1902 (RTHS, vol. III).

Ибн ал-Джаузи, рук.— Ибн ал-Джаузи, *Китāб ал-мунтаẓам фӣ та'рӣх ал-мулӯк ва-л-умам*, каирская рук. 306.

*Ибн ал-Джаузи, хайдерабад. изд.— المنتظم فى تاريخ الملوك والأمم تأليف الشيخ الامام ابى الفرج عبد الرحمن بن على ابن محمد بن على ابن الجوزى المتوفى سنة سبع وتسعين وخمسمائة، الجزء ١—١٠، حيدرآباد، ١٣٥٧—١٣٥٩ ﻫ [=1940—1942].

*Ибн Исфендияр, изд. Аббаса Икбаля.— تاريخ طبرستان تأليف بها الدين محمد بن حسن بن اسفنديار كاتب كه در ٦١٣ هجرى تأليف شده است، بتصحيح عباس اقبال، قسم ١—٢، [تهران، ١٣٢٠ ش] [=1941].

Ибн Исфендияр, пер. Броуна.— *An abridged translation of the History of Tabaristán compiled about A. H. 613 (A. D. 1216) by Muḥammad b. al-Ḥasan b. Isfandiyár*, based on the India Office Ms. compared with two Mss. in the British Museum, by E. G. Browne, Leyden — London, 1905 (GMS, II).

R627 Ибн ал-Каланиси.— *History of Damascus 363—555 a. h. by Ibn al-Qalânisi from the Bodleian Ms. Hunt. 125. being a continuation of the history of Hilâl al-Sâbi.* Ed. with Extracts from other histories and Summary of Contents by H. F. Amedroz, Leyden, 1908.

Ибн ал-Кифти.— Ibn al-Qifṭi's *Ta'rīḫ al-Ḥukamā'*. Auf Grund der Vorarbeiten Aug. Müller's hrsg. von J. Lippert, Leipzig, 1903.

Ибн Кутейба, *Китāб ал-ма'āриф*.— Ibn Coteiba's *Handbuch der Geschichte...* hrsg. von F. Wüstenfeld, Göttingen, 1850.

Ибн Кутейба, *'Уйӯн ал-аҳбāр*.— Ibn Qutaiba's *'Ujûn al aḫbâr*. Nach den Handschriften zu Constantinopel und St. Petersburg hrsg. von C. Brockelmann, T. I, Berlin, 1900 (ZA, 18. Ergänzungsheft. Semitische Studien 18); T. II, Strassburg, 1903 (ZA, Beiheft zum XVII. Bd); T. III, Strassburg, 1906 (ZA, Beiheft zum XIX. Bd); T. IV, Strassburg, 1908 (ZA, Beiheft zum XXI. Bd).

*Ибн Кутейба, *'Уйӯн ал-аҳбāр*, каирск. изд.— كتاب عيون الاخبار تأليف ابى محمد عبد الله ابن مسلم بن قتيبة الدينورى المتوفى سنة ٢٧٦ ﻫ، المجلد ١—٤، القاهرة، ١٣٤٣ ﻫ (١٩٢٥م)—١٣٤٩ ﻫ (١٩٣٠م) [١—١٣٤٣/١٩٢٥؛ ٢—١٣٤٦/١٩٢٨؛ ٣—١٣٤٨/١٩٣٠؛ ٤—١٣٤٩/١٩٣٠].

Ибн Мискавейх, изд. Амедроза — Марголиуса.— *The concluding portion of The Experiences of the Nations* by Miskawaihi, Office-holder at the Courts of the Buwaihid Sultans, Mu'izz al-daulah, Rukn al-daulah, and 'Adud al-daulah. Arabic text, ed. by H. F. Amedroz, vol. I. *Reigns of Muqtadir, Qahir and Radi*, Oxford, 1920 (*Eclipse*, vol. I); vol. II. *Reigns of Muttaqi, Mustakfi, Muti' and Ta'i'*, Oxford, 1921 (*Eclipse*, vol. II). Translation from the Arabic by D. S. Margoliouth, vol. I. *Reigns of Muqtadir, Qahir and Razi*, Oxford, 1921 (*Eclipse*, vol. IV); vol. II. *Reigns of Muttaqi, Mustakfi, Muti' and Ta'i'*, Oxford, 1921 (*Eclipse*, vol. V).

Ибн Мискавейх, изд. Каэтани.— *The Tajârib al-Umam or History of Ibn Miskawayh (Abu 'Ali Aḥmad b. Muḥammad) ob. A. H. 421*. Reproduced in facsimile from the Ms. at Constantinople in the Âyâ Ṣûfiyya library. With a preface and summary by L. Caetani Principe di Teano, vol. I, *to A. H. 37 (= Tabari I. 3300)*, Leyden — London, 1909; vol. V (with a summary and index), *A. H. 284 to 326*, Leyden — London, 1913; vol. VI, *A. H. 326—369*, Leyden — London, 1917 (GMS, VII, 1, 5, 6).

Ибн Му'ин, *Фирдаус ат-тавāрӣх*.— Ибн Му'ин (Хусрау ибн Абаркухи), *Фирдаус ат-тавāрӣх*, рук. ГПБ Дорн 267.

Ибн ал-Мунаввар, *Асрāр ат-тауҳӣд*, изд. Жуковского.— В. А. Жуковский, *Тайны единения с богом в подвигах старца Абу-Са'ида. Толкование на четверостишие* [sic] *Абу-Са'ида*. Персидские тексты, СПб., 1899.

*Ибн ал-Мунаввар, *Асрāр ат-тауҳӣд*, изд. Сафа.— اسرار التوحيد فى مقامات الشيخ ابى سعيد تأليف محمد بن منوّر بن ابى سعد بن ابى طاهر بن ابى سعيد ميهنى با مقابلهٔ نسخ استانبول ولنين گراد وكپنهاگ باهتمام: دكتر ذبيح الله صفا، تهران، ١٣٣٢ ش [=1953].

Ибн ан-Недим — см. *Фихрист*.

Ибн Русте.— *Kitâb al-a'lâk an-nafîsa VII* auctore Abû Alî Ahmed ibn Omar ibn Rosteh et *Kitâb al-boldân* auctore Ahmed ibn abî Jakûb ibn Wâdhih al-Kâtib al-Jakûbî [ed. M. J. de Goeje], edit. 2, Lugduni Batavorum, 1892 (BGA, VII) [Ибн Русте — стр. 1—229.]

Ибн Русте, изд. Хвольсона.— *Известия о Хозарах, Буртасах, Болгарах, Мадьярах, Славянах и Руссах Абу-Али Ахмеда Бен Омар Ибн-Даста, неизвестного доселе арабского писателя начала X века*, по рукописи Британского Музея в первый раз издал, перевел и объяснил Д. А. Хвольсон, СПб., 1869. R628

Ибн Саʿд, III.— Ibn Saad, *Biographien Muhammeds, seiner Gefährten und der späteren Träger des Islams bis zum Jahre 230 der Flucht*. Bd III, T. 1. *Biographien der mekkanischen Ķämpfer Muhammeds in der Schlacht bei Bedr*, hrsg. von E. Sachau, Leiden, 1904.

Ибн Тейфур, изд. Келлера.— *Sechster Band des Ķitâb Baǧdâd* von Aḥmad ibn abî Ṭâhir Ṭaifûr. Hrsg. und übers. von H. Ķeller, T. I: Arabischer Text; T. II: Deutsche Übersetzung, Leipzig, 1908.

Ибн ат-Тиктака — см. *ал-Фаҳрӣ*.

*Ибн Фадлан (1939).— *Путешествие Ибн-Фадлана на Волгу*. Перевод и комментарий [А. П. Ковалевского] под ред. И. Ю. Крачковского, М.—Л., 1939.

*Ибн Фадлан (1956).— А. П. Ковалевский, *Книга Ахмеда Ибн-Фадлана о его путешествии на Волгу в 921—922 гг.* Статьи, переводы и комментарии, Харьков, 1956.

Ибн ал-Факих.— *Compendium libri Ķitâb al-Boldân* auctore Ibn al-Fakîh al-Hamadhânî quod edidit, indicibus et glossario instruxit M. J. de Goeje, Lugduni-Batavorum, 1885 (BGA, V).

Ибн Хазм, *Милал*, изд. 1899—1903.— كتاب الفصل فى الملل والاهواء والنحل للامام ابن محمد على بن احمد ابن حزم وبها مش الملل والنحل للشهرستانى، الجزء ١ — ٥، مصر، ١٣١٧ — ١٣٦١.

*Ибн Хазм, *Милал*, изд.1347/1929.— الفصل فى الملل والاهواء والنحل للامام ابن حزم الظاهرى الاندلسى المتوفى سنة ٤٥٦ و بها مشه الملل و النحل للشهرستانى المتوفى سنة ٥٤٨ صححه و ذيله بهوامش مفيده عبد الرحمن خليفه، الجزء ١—٤، [القاهرة]، ١٣٤٧هـ.

Ибн Халдун, *Китāб ал-ʿибар*.— كتاب العبر وديوان المبتدا والخبر فى ايام العرب والعجم والبربر ومن عاصرهم من ذوى السلطان الاكبر وهو تاريخ وحيد عصره العلامة عبد الرحمن ابن خلدون المغربى، الجزء ١ — ٧، بولاق، ١٢٨٤ [=1867-68, литогр.].

Ибн Халдун, *Муķаддама*, изд. Катрмера.— *Prolégomènes* d'Ebn-Khaldoun. Texte arabe publié, d'après les manuscrits de la Bibliothèque Impériale, par E. Quatremère,— Notices et extraits, t. XVI, partie 1; t. XVII, partie 1; t. XVIII, partie 1, Paris, 1858.

*Ибн Халдун, *Муķаддама*, пер. Розенталя.— Ibn Ķhaldûn, *The Muqaddimah. An Introduction to History*. Transl. from the Arabic by F. Rosenthal, vol. 1—3, New York, 1958 (Bollingen Series, XLIII).

Ибн Халдун, *Муķаддама*, пер. де Слэна.— *Prolégomènes historiques* d'Ibn Ķhaldoun. [Trad. M. G. de Slane],— Notices et extraits, t. XIX—XXI, Paris, 1862—1868 [XIX—1862, XX—1865, XXI—1868].

Ибн Халликан, булак. изд.— كتاب وفيات الاعيان وأنباء أبناء الزمان تأليف القاضى احمد الشهير بابن خلكان، الجزء ١ — ٢، بولاق، ١٢٧٥ [=1858-59, литогр.] (загл. т. II: ... تاريخ وفيات الاعيان).

Ибн Халликан, изд. Вюстенфельда.— Ibn Challikani *Vitae illustrium virorum*. E pluribus codicibus manuscriptis inter se collatis nunc primum arabice edidit,

R629 variis lectionibus, indicibusque locupletissimis instruxit F. Wüstenfeld, fasc. I—XIII, Gottingae, 1835—1837.

Ибн Халликан, изд. де Слэна.— *Kitab wafayat al-aiyan. Vies des hommes illustres de l'Islamisme en arabe*, par Ibn Ḳhallikan, publiées d'après les manuscrits de la Bibliothèque du Roi et d'autres Bibliothèques, par le Bon Mac Guckin de Slane, t. I, Paris, 1842.

*Ибн Халликан, каирск. изд.—وفيات الاعيان وأنباء أبناء الزمان لابى العباس شمس الدين احمد بن محمد بن أبى بكر بن خلكان المولود فى سنة ٦٠٨، والمتوفى فى سنة ٦٨١ من الهجرة، حققه، وعلق حواشيه، وصنع فهارسه محمد محيى الدين عبد الحميد، القاهرة، ١٩٤٨.

Ибн Халликан, пер. де Слэна.— كتاب وفيات الاعيان Ibn Ḳhallikan's *Biographical Dictionary*, transl. from the Arabic by B[n] Mac Guckin de Slane, vol. I—IV, Paris, 1842—1871 [I—1842, II—1843, III—1848, IV—1871].

Ибн Хаукаль. - *Viae et regna. Descriptio ditionis moslemicae* auctore Abu'l-Kásim Ibn Haukal. Ed. M. J. de Goeje, Lugduni Batavorum, 1873 (BGA, II).

*Ибн Хаукаль, изд. Крамерса.— *Opus geographicum* auctore Ibn Ḥauḳal (Abū'l-Ḳāsim Ibn Ḥauḳal al-Naṣībī). Secundum textum et imagines codicis constantinopolitani conservati in Bibliotheca Antiqui Palatii № 3346 cui titulus est «Liber imaginis terrae» edidit collatio textu primae editionis aliisque fontibus adhibitis J. H. Kramers, fasc. 1—2, Lugduni Batavorum — Lipsiae, 1938 (BGA², I—II).

Ибн Хордадбех.— *Kitâb al-Masâlik wa'l-Mamâlik* (*Liber viarum et regnorum*) auctore Abu'l-Ḳâsim Obaidallah Ibn Abdallah Ibn Khordâdhbeh et *Excerpta e Ḳitâb al-Kharâdj* auctore Kodâma ibn Dja'far quae cum versione gallica edidit indicibus et glossario instruxit M. J. de Goeje, Lugduni-Batavorum, 1889 (BGA, VI) [Ибн Хордадбех: текст — стр. 2—183; перевод — стр. 1—144].

Ибн Юнус.— Ибн Юнус, *Китāб аз-зūдж ал-кабūр ал-ҳāкимū*, лейденская рук. 143.

Идриси, пер. Жобера.— *Géographie d'Édrisi* traduite de l'arabe en français d'après deux manuscrits de la Bibliothèque du Roi et accompagné de notes, par A. Jaubert, t. I—II, Paris, 1836—1840.

Имад ад-дин ал-Исфахани, *Нусрат ал-фатра*.— Имад ад-дин Мухаммед ал-Исфахани, *Нусрат ал-фатра ва 'усрат ал-фитра*, рук. Нац. б-ки, Suppl. arabe, 772.

Имад ад-дин ал-Исфахани, *Ҳарūдат ал-ḳаср*, извлеч. в изд. Шефера.— Имад ад-дин Мухаммед ал-Исфахани, *Ҳарūдат ал-ḳаср ва джарūдат ал-'аср*,— в кн.: Низам ал-мульк, изд. Шефера, прилож., стр. 115—122.

Исма'ил ибн ал-Асир.— Исма'ил ибн ал-Асир, *Китāб 'ибрат ӯлū-л-абсāр*, рук. Брит. муз. Or. 7914.

Истахри.— *Viae regnorum. Descriptio ditionis moslemicae* auctore Abu Isḥák al-Fárisí al-Istakhrí. Ed. M. J. de Goeje, Lugduni Batavorum, 1870 (BGA, I).

Исфизари, пер. Барбье де Менара.— *Extraits de la Chronique persane d'Herat*, traduits et annotés par Barbier de Meynard,— JA, sér. 5, t. XVI, 1860, pp. 461—520; t. XVII, 1861, pp. 438—457, 473—522; t. XX, 1862, pp. 268—318.

Исфизари, рук.— Му'ин ад-дин Исфизари, *Китāб рауḍāт ал-джаннāт фū аусāф мадūнат Харāт*, рук. ИНА С 472 (574 agh); рук. ЛГУ 588. [См. также *Тексты*, стр. 165.]

*Исфизари, тегеран. изд.— روضات الجنات فى اوصاف مدينة هرات تأليف معين الدين محمد زمچى اسفزارى ٨٩٧—٨٩٩ ه، با تصحيح وحواشى وتعليقات سيّد محمد

R630 کاظم امام، بخش یکم، تهران، ۱۳۳۸ [=1959]؛ بخش دوم، تهران، ۱۳۳۹ [=1960] (انتشارات دانشگاه تهران، ۵۳۵، ۵۷٤).

Йезди, Гияс ад-дин — см. Гияс ад-дин Али.
Йезди, Шереф ад-дин — см. Шереф ад-дин Йезди.

Казвини, Закария — см. Закария Казвини.
Казвини, Хамдаллах — см. Хамдаллах Казвини.
Ḳандийа — см. Несефи.
Карпини — см. Плано Карпини.
Карши — см. Джемаль Карши.
Катиб ас-Самарканди — см. Мухаммед Самарканди.
Кашани, *Зубдат ат-таварӣх.*— Абдаллах ибн Али Кашани, *Зубдат ат-таварӣх*, рук. Берлинской б-ки, Pertsch 368.
Кашани, *Та'рӣх-и Улджāйтӯ-ҳāн.* — Абдаллах ибн Али Кашани, *Та'рӣх-и Улджāйтӯ-ҳāн*, рук. Нац. б-ки, Suppl. persan, 1419.
Керминеги — см. Мухаммед-Вефа Керминеги.
Кинди.— *The Governors and Judges of Egypt or Ḳitâb el 'Umarâ' (el Wulâh) wa Ḳitâb el Quḍâh* of El Kindî. *Together with an Appendix derived mostly from Raf' el Iṣr* by Ibn Ḥajar. Ed. by Rhuvon Guest, Leyden — London, 1912 (GMS, XIX).
*Киракос Гандзакеци, пер. Броссе.— *Deux historiens Arméniens*[:] Kiracos de Gantzac, XIIIe S., *Histoire d'Arménie*; Oukhtanès d'Ourha, Xe S., *Histoire en trois parties*; traduits par M. Brosset, livr. 1, St.-Pbg., 1870, pp. 1—205.
Киракос Гандзакеци, пер. Патканова — см. *История монголов по армянским источникам*, вып. 2.
Китāб-и Деде Коркут, изд. Бартольда.— В. Бартольд, *Китаби-Коркуд. I*,— ЗВОРАО, т. VIII, 1894, стр. 203—218; *II*,— ЗВОРАО, т. XI, 1899, стр. 175—193; *III*,— ЗВОРАО, т. XII, 1900, стр. 037—059; *IV*,—ЗВОРАО, т. XV, 1904, стр. 1—38.
**Китāб-и Деде Коркут*, пер. Бартольда, изд. 2-е. — *Книга моего деда Коркута. Огузский героический эпос*. Перевод акад. В. В. Бартольда. Издание подготовили В. М. Жирмунский, А. Н. Кононов, М.—Л., 1962 (Литературные памятники).
**Китāб-и Деде Коркут*, изд. Гёкъяя.— O. Ş. Gökyay, *Dede Ḳorkut*, İstanbul, 1938.
**Китāб-и Деде Коркут*, изд. Росси.— «*Ḳitāb-i Dede Qorqut*»; *racconti epico-cavallereschi dei Turchi Ogus*, tradotti e annotati con "facsimile" del ms. Vat. Turco 102, Città del Vaticano, Biblioteca apostolica Vaticana, 1952.
**Китāб-и Деде Коркут*, изд. Эргина.— M. Ergin, *Dede Ḳorkut kitabı*, c. I. Giriş—Metin — Faksimile, Ankara, 1958.
Китāб-и Муллā-зāде — см. Му'ин ал-фукара.
Китāб ат-тавассул — см. Багдади.
Кифти — см. Ибн ал-Кифти.
Клавихо, изд. Срезневского.— Рюи Гонзалес де Клавихо, *Дневник путешествия ко двору Тимура в Самарканд в 1403—1406 гг.* Подлинный текст с переводом и примечаниями, составленными под ред. И. И. Срезневского, СПб., 1881 (Сб. ОРЯС, т. XXVIII, № 1).
Кудама.— *Ḳitâb al-Masâlik wa'l-Mamâlik (Liber viarum et regnorum)* auctore Abu'l-Ḳâsim Obaidallah ibn Abdallah Ibn Khordâdhbeh et *Excerpta e Ḳitâb al-Kharâdj* auctore Ḳodâma ibn Dja'far quae cum versione gallica edidit, indicibus

et glossario instruxit M. J. de Goeje, Lugduni-Batavorum, 1889 (BGA, VI) [Кудама: текст — стр. 184—266; перевод — стр. 144—208].

**Кутадгу билик*, изд. Арата.— R. R. Arat, *Ķutadgu bilig*. I. *Metin*, İstanbul, 1947; II. *Tercüme*, Ankara, 1959.

Кутадгу билик, изд. Радлова.— *Das Ķudatku Bilik des Jusuf Chass-Hadschib aus Bälasagun*, hrsg. von W. Radloff, Th. I. *Der Text in Transscription*, St.-Pbg., 1891; Th. II. *Text und Übersetzung nach den Handschriften von Wien und Ķairo*, St.-Pbg., 1900—1910.

**Кутадгу билик*, факс.— *Ķutadgu Biliğ. Tıpkıbasım*. I. *Viyana nüshası*, İstanbul, 1942; II. *Fergana nüshası*, İstanbul, 1942; III. *Mısır nüshasi*, İstanbul, 1943.

Лубāб ал-албāб — см. Ауфи.

Магакия, изд. Блейка — Фрая.— *History of the Nation of the Archers* (*The Mongols*) by Grigor of Akanʻ hitherto ascribed to Marakʻia the Monk. The Armenian text edited with an English translation and notes by R. P. Blake and R. H. Frye, Cambridge, Mass., 1954 (repr. from the HJAS, vol. 12 (Dec. 1949), №№ 3 and 4, pp. 269—399).

Магакия, пер. Патканова.— *История монголов* инока Магакии, XIII века. Перевод и объяснения К. П. Патканова, СПб., 1871.

Макдиси.— *Descriptio imperii moslemici* auctore Schamso'd-dîn Abû Abdollâh Mohammed ibn Ahmed ibn abî Bekr al-Bannâ al-Basschârî al-Mokaddasi. Ed. M. J. de Goeje, Lugduni Batavorum, 1877; ed. 2: 1906 (BGA, III).

*ал-Макин, изд. Каэна.— *La «Chronique des Ayyoubides»* d'al-Makīn b. al-ʻAmīd éditée par Cl. Cahen,— «Bull. d'études orientales de l'Inst. français de Damas», t. XV, 1955—1957, pp. 109—184.

ал-Макин, изд. Эрпения.— تاريخ المسلمين... تاليف الشيخ المكين جرجس بن العميد ابو الياسر بن ابى المكارم بن ابى الطيب *id est, Historia Saracenica, qua Res Gestae Muslimorum*.... Arabicè olim exarata à Georgio Elmacino fil. Abuljaseri Elamidi f. Abulmacaremi f. Abultibi. Et Latinè reddita operâ ac studio Th. Erpenii, Lugduni Batavorum, 1625.

Макризи, *Хиṭаṭ*, изд. Вьета.— Taqî el-Dîn Aḥmad ibn ʻAlî ibn ʻAbd-el-Qadir ibn Muḥammad el-Maqrîzî, *El-Mawâʻiz wa'l-Iʻtibâr fi dhikr el-Ķhitat wa'l-Āthâr*. Édité par G. Wiet, t. I—V, Le Caire, 1911—1927 (MIFAO, XXX, XXXIII, XLVI, XLIX, LIII).

*Мар Ябалаха, пер. Пигулевской.— *История мар Ябалахи III и раббан Саумы*. Исследование, пер. с сирийского и примечания Н. В. Пигулевской, М., 1958.

*Мар Ябалаха, пер. Шабо.— *Histoire de Mar Jabalaha III, Patriarche des Nestoriens* (*1281—1317*) *et du moine Rabban Çauma Ambassadeur du roi Argoun en Occident* (*1287*), traduite du syriaque et annotée par J.-B. Chabot, Paris, 1895.

*Марко Поло, изд. Муля — Пельо.— Marco Polo, *The Description of the world*, [ed. by] A. C. Moule & P. Pelliot, vol. I—II, London, 1938.

Марко Поло, изд. Юла.— *The Book of Ser Marco Polo, the Venetian, concerning the kingdoms and marvels of the East*. Newly transl. and ed., with notes, maps and other illustrations, by H. Yule, 2d ed., revised, vol. I—II, London, 1875.

Марко Поло, пер. Минаева.— И. П. Минаев, *Путешествие Марко Поло*. Перевод старофранцузского текста. Изд. ИРГО под ред. действит. члена В. В. Бартольда, СПб., 1902 (ЗИРГО по отд. этногр., т. XXVI).

Масʻуди, *Мурӯдж*.— Maçoudi, *Les Prairies d'or*. Texte et traduction par C. Barbier de Meynard et Pavet de Courteille, t. I—IX, Paris, 1861—1877 [I—1861, II—

1863, III—1864, IV—1865, V—1869, VI—1871, VII—1873, VIII—1874, IX—1877] (Collection d'ouvrages orientaux publiée par la Société asiatique). R632

Мас'уди, *Танбӣх*.— *Kitâb at-tanbîh wa'l-ischrâf* auctore al-Masûdî..., [ed. M. J. de Goeje], Lugduni-Batavorum, 1894 (BGA, VIII).

Мас'уди, *Танбӣх*, пер.— Maçoudi, *Le Livre de l'Avertissement et de la revision*. Traduction par B. Carra de Vaux, Paris, 1896 (Collection d'ouvrages orientaux publiée par la Société asiatique).

Махди-хан, *Та'рӣх-и Нāдирӣ*, тегеран. изд. 1262/1846.— تاریخ نادری تألیف محمد مهدی خان ابن محمد نصیر استرابادی، صورت اختتام پذیرفت سنهٔ ۱۲٦۲ [литогр.]

Махмуд Кашгарский.— كتاب ديوان لغات الترك مؤلفى: محمود بن الحسين بن محمد الكاشغرى تاريخ تأليفى ٤٦٦ سنهٔ هجريه، [مصحح كليسلى معلم رفعت]، جلد ۱ — ۳، استانبول، ۱۳۳۳ — ۱۳۳۵ [= 1915—1917].

*Махмуд Кашгарский, турецк. пер.— *Divanü Lûgat-it-Türk tercümesi*. Çeviren B. Atalay, c. I—III, Ankara, 1940.

Менучехри.— *Menoutchehri. Poète persan du 11ème, siècle de notre ère (du 5ième de l'hégire)*. Texte, traduction, notes et Introduction historique par A. de Biberstein Kazimirski, Paris, 1886.

*Мервези.— *Sharaf al-Zamān Ṭāhir Marvazī on China, the Turks and India*. Arabic text (circa A. D. 1120) with an English translation and commentary by V. Minorsky, London, 1942 (James G. Forlong Fund, vol. XXII).

Мерверруди.— *Ta'rikh-i Fakhru'd-Din Mubárakshâh being The historical introduction to the Book of Genealogies of Fakhru'd-Din Mubárakshâh Marvar-rúdí completed in A. D. 1206*. Ed. from a unique Manuscript by E. D. Ross, London, 1927 (James G. Forlong Fund, vol. IV).

Мир Абд ал-Керим Бухари — см. Абд ал-Керим.

Мирхонд, бомбейское изд.— كتاب تاريخ روضة الصفا تأليف محمد خاوند شاه مشتمل بر هفت جلد وتمامى در يكجلد ومجلد منتظم كرديده، بمبئى، ۱۲٦٦ [=1849].

Мирхонд, *История Буидов*, изд. Вилькена.— [F.] Wilken, *Geschichte der Sultane aus dem Geschlechte Bujeh* nach Mirchond, Berlin, 1835.

Мирхонд, *История Газневидов*, изд. Вилькена.— Mohammedi filii Chondschahi vulgo Mirchondi *Historia Gasnevidarum persice*. Ex codicibus Berolinensibus aliisque nunc primum edidit lectionis varietate instruxit latine vertit annotationibusque historicis illustravit F. Wilken, Berolini, 1832.

Мирхонд, *История Саманидов*, изд. Дефремери.— *Histoire des Samanides* par Mirkhond. Texte persan, traduit et accompagné de notes critiques, historiques et géographiques par M. Defrémery, Paris, 1845.

*Мирхонд, *История Сельджукидов*, изд. Вуллерса.— Mirchondi *Historia Seldschukidarum persice*. E codicibus manuscriptis Parisino et Berolinensi nunc primum edidit, lectionis varietate instruxit, annotationibus criticis et philologicis illustravit J. A. Vullers, Gissae, 1837.

Мирхонд, *История хорезмшахов*, изд. Дефремери.— *Histoire des sultans du Kharezm*, par Mirkhond; texte persan, accompagné de notes historiques, géographiques et philologiques [par Defrémery], à l'usage des élèves de l'École royale et spéciale des langues orientales vivantes, Paris, 1842 (Chrestomathies orientales, [II]).

Мирхонд, *История Чингиз-хана*, изд. Жобера.— *Vie de Djenghiz-Khan*, par Mirkhond; (Texte persan [publ. par A. Jaubert]). A l'usage des élèves de l'École

R633 royale et spéciale des langues orientales vivantes, Paris, 1841 (Chrestomathies orientales, [I]).

Мирхонд, лакнауское изд.— تاریخ روضة الصفا که مشتمل است بر بدائع اخبار وغرائب آثار تالیف مولانا خاوند شاه هروی. . .، جلد ۱ — ۷ وخاتمه، لکهنو، ۱۸۹۱م/۱۳۰۸ه

*Мирхонд, тегеран. изд. 1960.— تاریخ روضة الصفا تصنیف میر محمد بن سید برهان الدین خواوند شاه الشهیر بمیر خواند شیوهٔ نثر ونگارش کم نظیر در ادبیات فارسی در سدهٔ نهم هجری از روی نسخ متعدّده مقابله گردیده و فهرست اسامی واعلام وقبایل و کتب با چاپهای دیگر متمایز میباشد، جلد ۱ — ۷، تهران، اسفند ماه ۱۳۳۸ — مرداد ماه ۱۳۳۹ ش؛ جلد ۸ — ۹، ملحقات. تاریخ روضة الصفائی ناصری تصنیف مرحوم رضا قلیخان متخلص بهدایت. . .، تهران، تیر ماه ۱۳۳۹— آذر ۱۳۳۹ ش [1960=] .

Мирхонд, тегеран. литогр.— روضة الصفائی میر خواند. . .، جلد ۱ —۱۰، [طهران]، ۱۲۷۰ — ۱۲۷٤ [=1853—1857] .

Мосхейм.— Lavrentii Moshemii *Historia Tartarorum ecclesiastica. Adjecta est Tartariae Asiaticae secundum recentiores geographos in mappa delineatio*, Helmstadt, 1741.

Мубарекшах, Фахр ад-дин — см. Мерверруди.

Муджмал ат-таварӣх, извлеч. в изд. Моля.— *Extraits du Modjmel al-Tewarikh relatifs à l'histoire de la Perse*, traduits par J. Mohl,— JA, sér. 3, t. XI, 1841, pp. 136—178, 258—301, 320—361; t. XII, 1841, pp. 497—536; t. XIV, 1842, pp. 113—152; sér. 4, t. I, 1843, pp. 385—432.

Муджмал ат-таварӣх, извлеч. в изд. Рейно.— Reinaud, *Fragments*, pp. 1—54.

**Муджмал ат-таварӣх*, изд. Бехара.— مُجمَل التواریخ والقصص تألیف سال ۵۲۰ هجری بتصحیح ملک الشعراء بهار، طهران، ۱۳۱۸ ش [=1939].

Муджмал ат-таварӣх, рук.— *Муджмал ат-таварӣх ва-л-киçаç*, рук. Нац. б-ки, Ancien fonds persan 62. [См. также *Тексты*, стр. 19—20.]

Муджмал-и Фаçӣхӣ — см. Фасих.

Муʿизз ал-ансāб.— *Муʿизз ал-ансāб фӣ шаджарат салāтӣн мугул*, рук. Нац. б-ки, Ancien fonds persan 67. [См. также *Тексты*, стр. 159.]

*Муʿин ад-дин Натанзи, изд. Обена — منتخب التواریخ معینی (تألیف ۸۱۶ و ۸۱۷ هجری قمری) منسوب به معین الدین نطنزی ومعروف به «آنونیم اسکندر»، بتصحیح ژان اوبن، تهران، دی ماه ۱۳۳۶ خورشیدی [=1957].

Муʿин ад-дин Натанзи, рук.— *Мунтахаб ат-таварӣх-и Муʿӣнӣ*, рук. ИНА С 381 (566bc); рук. Брит. муз. Or. 1566.

*Муʿин ал-фукара, *Китāб-и Муллā-зāде*, изд. Гольчина Маани.— تاریخ ملازاده در ذکر مزارات بخارا تألیف احمد بن محمود المدعو بمعین الفقراء در نیمهٔ اول قرن نهم، بامقدمه و تصحیح وتحشیه وتراجم اعلام باهتمام احمد گلچین معانی، تهران، ۱۳۳۹ [=1960].

Муʿин ал-фукара, *Китāб-и Муллā-зāде*, рук.— Муʿин ал-фукара, *Китāб-и Муллā-зāде*, рук. ЛГУ 593с; рук. ЛГУ 947b. [См. также *Тексты*, стр. 166—172.]

Мукаддаси — см. Макдиси.

Мукāтибāт-и Рашӣдӣ — см. Рашид ад-дин, *Мукāтибāт*.

Мунтаджаб ад-дин, *Муншаʾāт*,— کتاب عتبة الکتبه مجموعهٔ مراسلات دیوان سلطان سنجر بقلم مؤید الدوله منتجب الدین بدیع اتابک جوینی، باتصحیح واهتمام محمد قزوینی وعباس اقبال، [تهران]، ۱۳۲۹ ش [= 1950].

Мусеви, *Та'рӣх̮-и х̮айрāт*.— Мусеви, *Та'рӣх̮-и х̮айрāт*, рук. Брит. муз., Rieu, Suppl. Pers., 423. *R634*

Мухаммед-Вефа Керминеги, *Тух̮фат ал-х̮āнӣ*.—Мухаммед-Вефа Керминеги, *Тух̮фат ал-х̮āни*, рук. ИНА С 523 (с 581b).

Мухаммед ибн Кайс ар-Рази — см. Рази.

Мухаммед-Казим, рук.— Мухаммед-Казим, [*Та'рӣх̮-и*] *'āламāрā-йи Нāдирӣ*, рук. ИНА D 430.

*Мухаммед-Казим, факс.— Мух̣аммад-Кāз̧им, *Нāме-йи 'āламāрā-йи Нāдирӣ* (*Мироукрашающая Надирова книга*). Том I. Издание текста и предисловие Н. Д. Миклухо-Маклая. Указатели Г. В. Шитова, М., 1960 (ПЛНВ, Тексты, Большая серия, XIII).

Мухаммед-Махди-хан — см. Махди-хан.

Мухаммед Нершахи — см. Нершахи.

Мухаммед Самарканди, *А'рāḑ ас-сийāсат*.— Мухаммед Катиб ас-Самарканди, *А'рāḑ ас-сийāсат фӣ аг̣рāḑ ар-рийāсат*, лейденская рук. 904. [См. также *Тексты*, стр. 71—72.]

Мухаммед-Хайдер.— *The Tarikh-i-Rashidi* of Mirza Muhammad Haidar, Dughlát. *A History of the Moghuls of Central Asia*. An English version ed., with commentary, notes, and map by N. Elias. The translation by E. Denison Ross, London, 1895.

Мухаммед Хусейни.— *Das Geschenk aus der Saldschukengeschichte* von dem Wesir Muḥammad b. Muḥammad b. Muḥammad b. 'Abdallah b. al-Nit,ām al-Ḥusainī al-Yazdī. Zum ersten Male hrsg. und mit Anmerkungen, zwei Einleitungen und einem Anhang versehen von K. Süssheim, Leiden, 1909.

Мэн-да бэй-лу — см. ниже, разд. 2, Исследования: Васильев, *История и древности*.

Насир ад-дин Туси, *Зӣдж*.— Насир ад-дин Туси, *Зӣдж-и ильх̮āнӣ*, рук. Брит. муз. Or. 7464.

*Насир ад-дин Туси, *Трактат о финансах*.— M. Minovy and V. Minorsky, *Naṣīr al-Dīn Ṭūsī on Finance*,— BSOAS, vol. X, 1940, pt 3, pp. 755—789.

Насир-и Хусрау, *Сафар-нāме*.—*Sefer Nameh. Relation du voyage de Nassiri Khosrau en Syrie, en Palestine, en Égypte, en Arabie, et en Perse, pendant les années de l'Hégire 437—444* (*1035—1042*). Publié, traduit et annoté par Ch. Schefer, Paris, 1881.

Нершахи, бухар. литогр.— تاريخ نرشخى، [بخارا، ١٣٢٢] (Новая Бухара, 1904).

Нершахи, изд. Шефера.— *Description topographique et historique de Boukhara* par Mohammed Nerchakhy, suivie de textes relatifs à la Transoxiane. Texte persan publié par Ch. Schefer, Paris, 1892 (PÉLOV, IIIe sér., vol. XIII).

Нершахи, пер. Лыкошина.— Мухаммад Наршахи, *История Бухары*. Перевел с персидского Н. Лыкошин под ред. В. В. Бартольда, Ташкент, 1897.

*Нершахи, пер. Фрая.— *The History of Bukhara*. Transl. from a Persian abridgement of the Arabic original by Narshakhī R. N. Frye, Cambridge, Mass., 1954.

*Несеви, *Нафс̣ат ал-мас̣дӯр*.— كتاب نفثة المصدور فى فتور زمان المصدور وزمان صدور الفتور تأليف خواجه نور الدين محمد زيدرى خراسانى منشى سلطان جلال الدين خوارزمشاهى سال ٦٢٢ هجرى در انقراض دولت خوارزمشاهى و فتنهٔ مغول، بامقدّمه مرحوم رضاقلى خان هدايت طبرى لله باشى، [طهران]، ١٣٠٧ ش [=1928].

Несеви, *Сӣрат Джелāль ад-дӣн*.— *Histoire du sultan Djelal ed-Din Mankobirti*

R635 *prince du Ḳharezm* par Mohammed en-Nesawi. Texte arabe publié d'après le manuscrit de la Bibliothèque Nationale par O. Houdas, Paris, 1891; traduit de l'arabe par O. Houdas, Paris, 1895 (PÉLOV, IIIe sér., vol. IX—X).

Несефи, *Ḳандийа*, пер. Вяткина.— *Кандия Малая*, [пер. В. Вяткина],— СКСО, вып. VIII, 1906, стр. 235—290.

Несефи, *Ḳандийа*, рук.— Омар ибн Мухаммед ан-Несефи ас-Самарканди, *Китāб ал-ḳанд фū та'рūх̮ Самарḳанд*, рук. ИНА В 677 (аа 574ag); рук. ЛГУ 859. [См. также *Тексты*, стр. 48—51.]

*Низам ад-дин Шами.— *Histoire des conquêtes de Tamerlan intitulée Ẓafarnāma* par Niẓāmuddīn Šāmī *avec des additions empruntées au Zubdatu-t-tawārīḫ-i Bāysunġurī* de Ḥāfiẓ-i Abrū. Edition critique par F. Tauer, t. I: *Texte persan du Ẓafarnāma*, Praha, 1937; t. II: *Introduction, commentaire, index*, Praha, 1956 (MAOr, vol. V).

*Низам ал-мульк, изд. Казвини—Модарреси Чехардехи.— سیاست نامه اثر ابو علی حسن بن علی خواجه نظام الملک که بسال ٤٨٥ هجری تألیف شده از روی نسخه شفر چاپ پاریس ۱۸۹۱ میلادی با حواشی ویاد داشتها واشارات وتصحیح علّامه فقید محمد قزوینی با تصحیح مجدّد وتعلیقات ومقدّمه بکوشش مرتضی مدرّسی چهاردهی، تهران، ١٣٣٤ ه. ش. [=1956] (زبان وفرهنگ ایران، ١٤٠).

*Низам ал-мульк, изд. Хальхали.— سیاست نامه یا سیر الملوک تألیف ابو علی حسن بن علی نظام الملک مقتول بسال ٤٨٥ هجری قمری باهتمام این بنده سید عبد الرحیم خلخالی، طهران، ۱۳۱۰ ش [=1931].

Низам ал-мульк, изд. Шефера.— *Siasset Namèh. Traité de Gouvernement*. Composé pour le sultan Melik-Châh par le vizir Nizam oul-Moulk. *Texte persan* édité par Ch. Schefer, Paris, 1891 (PÉLOV, IIIe sér., vol. VII, 1e partie); *Supplement*, Paris, 1897 (PÉLOV, IIIe sér., vol. VII, 2e partie); *Traduit* par Ch. Schefer, Paris, 1893 (PÉLOV, IIIe sér., vol. VIII).

*Низам ал-мульк, пер. Дарка.— *The Book of Government or Rules for Kings. The Siyāsat-nāma or Siyar al-Mulūk* of Niẓām al-Mulk. Transl. from the Persian by H. Darke, London, 1960 (UNESCO collection of representative works. Persian series).

*Низам ал-мульк, пер. Заходера.— *Сиасет-намэ. Книга о правлении вазира XI столетия Низам ал-мулька*. Перевод, введение в изучение памятника и примечания Б. Н. Заходера, М.—Л., 1949 (Литературные памятники).

Низами Арузи, *Чахāр маḳāла*, изд. Казвини.— *Chahár Maqála* (''*The Four Discourses*'') of Aḥmad ibn 'Umar ibn 'Alí an-Niẓámí al-'Arúḍí as-Samarqandí, ed., with introduction, notes and indices, by Mírzá Muḥammad ibn 'Abdu 'l-Wahháb of Qazwín, Leyden—London, 1910 (GMS, XI, 1).

*Низами Арузи, *Чахāр маḳāла*, изд. Му'ина.— چهار مقاله تألیف احمد بن عمر بن علی نظامی عروضی سمرقندی در حدود سال ٥٥٠ هجری قمری طبق نسخه‌ای که بسعی واهتمام وتصحیح مرحوم محمد قزوینی بسال ۱۳۲۷ هجری قمری در قاهره چاپ شده با تصحیح مجدد وشرح لغات وعبارات وتوضیح نکات ادبی بضمیمهٔ تعلیقات چهار مقاله بقلم علّامه قزوینی وگروهی از فاضلان بنام بکوشش دکتر محمد معین، [تهران]، ۱۳۳۱ — ۱۳۳۳ [=1955—1957].

Низами Арузи, *Чаха̄р мак̣а̄ла*, пер. Броуна.— *Revised translation of the Chahár Maqála ("Four Discourses")* of Niẓámí-i-'Arúḍí of Samarqand, followed by an abridged translation of Mírzá Muḥammad's notes to the Persian text by E. G. Browne, London, 1921 (GMS, XI, 2). R636

Низами, Садр ад-дин — см. Садр ад-дин Низами.

Омари, извлеч. в пер. Катрмера.— [E.] Quatremère, *Notice de l'ouvrage qui a pour titre: Mesalek alabsar fi memalek alamsar* مسالك الابصار فى ممالك الامصار *Voyàges des yeux dans les royaumes des différentes contrées. (Manuscrit arabe de la Bibliothèque du Roi, № 583)*,— Notices et extraits, t. XIII, [partie 1, pp. 151—384.

Плано Карпини, изд. Д'[illegible]ака.— *Relation des Mongols ou Tartares* par le frère Jean du Plan de Carpin de l'ordre des Frère-Mineurs... Première édition complète publiée d'après les manuscrits de Leyde, de Paris, et de Londres, et précédée d'une notice sur les anciens voyages de Tartarie en général, et sur celui de Jean du Plan de Carpin en particulier, par M. D'Avezac,— «Recueil de voyages et de mémoires, publié par la Société de géographie», t. IV, Paris, 1839, pp. 397—779.

Плано Карпини, изд. Бизли.— *The texts and versions of John de Plano Carpini and William de Rubruquis as printed for the first time by Hakluyt in 1598 together with some shorter pieces*. Ed. by C. R. Beazley, London, 1903 (HS, extra series, I) [Плано Карпини — стр. 43—144].

Плано Карпини, изд. Языкова. — *Собрание путешествий к татарам и другим возточным* [*sic*] *народам, в XIII, XIV и XV столетиях. I. Плано-Карпини. II. Асцелин*, [изд. текста и пер. Д. Языкова], СПб., 1825.

Плано Карпини, пер. Малеина. — Иоанн де Плано Карпини, *История Монгалов* * Вильгельм де Рубрук, *Путешествие в восточные страны*. Введение, перевод и примечания А. И. Малеина, СПб., 1911 [Плано Карпини — стр. 1 — 62].

Плано Карпини, пер. Рокхилла. — *The journey of William of Rubruck to the eastern parts of the world, 1253—55, as narrated by himself, with two accounts of the earlier journey of John of Plan de Carpine*. Transl. from the Latin, and ed., with an Introductory Notice, by W. W. Rockhill, London, 1900 (HS, 2d series, IV), pp. 1—39.

Поло — см. Марко Поло.

Равенди, извлеч. в изд. Шефера. — *Tableau du règne de Moïzz eddin Aboul Harith, Sultan Sindjar*, par Mohammed ibn Aly Ravendy. Texte persan publié pour la première fois avec la traduction française, par Ch. Schefer,— „Nouveaux mélanges orientaux", pp. 1—47.

Равенди, изд. Икбаля — *The Ráḥat-uṣ-Ṣudúr wa Áyat-us-Surúr, being a history of the Saljúqs* by Muḥammad ibn 'Alí ibn Sulaymán ar-Ráwandí. Ed. with notes, glossary and indices by Muḥammad Iqbál, Leyden — London, 1921 (GMS NS, II).

Равенди, турецк. пер. — *Тава̄рӣх̮-и А̄л-и Сельджӯк̣*, рук. ИНА D 166 (590ba).

Рази, *Му'джам*, изд. Казвини — Броуна.—*Al-Mu'jam fi Ma'áyiri Ash'ári 'l-'Ajam, a treatise on the prosody and poetic art of the Persians* by Shamsu 'd-Dín Muḥammad ibn Qays ar-Rází, ed., with introduction and indices, by Mírzá Muḥammad ibn 'Abdu 'l-Wahháb of Qazwín [and E. G. Browne], Leyden — London, 1909 (GMS, X).

R637 *Рази, *Му'джам*, изд. Казвини — Разави.— كتاب المعجم فى معائير اشعار العجم تأليف شمس الدين محمد بن قيس الرازى در اوائل قرن هفتم هجرى بتصحيح . . . آقاى محمد بن عبد الوهاب قزوينى با مقابله با پنج نسخه خطى قديمى وتصحيح ثانوى مدرّس رضوى، [تهران]، ١٣١٤ ش [=1935].

Рашаҳāт.—(Ст. Ташкент, Литогр. Арифджанова) رشحات [عين الحيات]، تاشكند، ١٣٢٩

*Рашид ад-дин, изд. Али-заде. — Фазлуллах Рашид-ад-дин, *Джами-ат-таварих* (*Сборник летописей*), т. III. Составитель научно-критического текста на персидском языке А. А. Али-заде. Перевод с персидского языка А. К. Арендса, Баку, 1957.

Рашид ад-дин, изд. Березина. — *Сборник летописей. История монголов*, сочинение Рашид-Эддина. *Введение*: *о турецких и монгольских племенах. Перевод* с персидского, с введением и примечаниями, И. Н. Березина, СПб., 1858 (ТВОРАО, ч. V); [то же], персидский *текст*, с предисловием и примечаниями, И. Н. Березина, СПб., 1861 (ТВОРАО, ч. VII); *История Чингиз-хана до восшествия его на престол*. Персидский текст, с предисловием И. Н. Березина; русский перевод с предисловием и примечаниями И. Н. Березина, СПб., 1868 (ТВОРАО, ч. XIII); *История Чингиз-хана от восшествия его на престол до кончины*. Персидский текст в издании И. Н. Березина; русский перевод с примечаниями И. Н. Березина, СПб., 1888 (ТВОРАО, ч. XV).

Рашид ад-дин, изд. Блоше. — *Djami el-tévarikh. Histoire générale du monde* par Fadl Allah Rashid ed-Din. *Tarikh-i moubarek-i Ghazani. Histoire des Mongols* éditée par E. Blochet. T. II. *Contenant l'histoire des empereurs mongols successeurs de Tchinkkiz Khaghan*, Leyden—London, 1911 (GMS, XVIII, 2).

Рашид ад-дин, изд. Катрмера. — *Histoire des Mongols de la Perse* écrite en persan par Raschid-eldin. Publiée, traduite en français, accompagnée de notes et d'un mémoire sur la vie et les ouvrages de l'auteur par M. Quatremère, t. I, Paris, 1836 (Coll. orient.).

*Рашид ад-дин, изд. Яна, I. — *Ta'rīḫ-i-Mubārak-i-Ġāzānī* des Rašīd al-Dīn Faḍl Allāh Abī-l-Ḫair. *Geschichte der Ilḫāne Abāġā bis Gaiḫātū* (*1265—1295*). Kritische Ausgabe mit Einleitung, Inhaltsangabe und Indices von K. Jahn, Prag, 1941 (Abhandlungen der Deutschen Gesellschaft der Wissenschaften und Künste in Prag. Philos-hist. Abt., H. I.).

*Рашид ад-дин, изд. Яна, II.—*Geschichte Ġāzān-Ḫān's aus dem Ta'rīḫ-i-Mubārak-i-Ġāzānī* des Rašīd al-Dīn Faḍlallāh b. 'Imād al-Daula Abūl-Ḫair, hrsg. nach den Handschriften von Stambul, London, Paris und Wien mit einer Einleitung, kritischen Apparat und Indices von K. Jahn, London, 1940 (GMS NS, XIV).

*Рашид ад-дин, пер. в изд. ИВАН. — Рашид-ад-дин, *Сборник летописей*, т. I, кн. 1, перевод с персидского Л. А. Хетагурова, редакция и примечания А. А. Семенова, М. — Л., 1952; т. I, кн. 2, перевод с персидского О. И. Смирновой, примечания Б. И. Панкратова и О. И. Смирновой, редакция А. А. Семенова, М.—Л., 1952; т. II, перевод с персидского Ю. П. Верховского, примечания Ю. П. Верховского и Б. И. Панкратова, редакция И. П. Петрушевского, М. — Л., 1960; т. III, перевод с персидского А. К. Арендса, под ред. А. А. Ромаскевича, Е. Э. Бертельса и А. Ю. Якубовского, М. — Л., 1946.

Рашид ад-дин, рук. — Фазлаллах Рашид ад-дин, *Джāми' ат-таварūх*, рук. ИНА D 66 (а 566); рук. ГПБ Дорн 289; рук. ГПБ ПНС 46 (V, 3, 1); рук. ГПБ ПНС 47 (V, 3, 2); рук. Брит. муз. Add. 7628; рук. Брит. муз. Add. 16 688; рук. Бодлеянской б-ки, Elliot 377. [См. также *Тексты*, стр. 120—127.]

*Рашид ад-дин, *Мукāтибāт*, изд. Шафиʻ.— كتاب مكاتبات رشيدى يعنى رسائلى كه R638
وزير دانشمند خواجه رشيد الدين فضل الله طبيب بپرسان وعمّال ودوستان وديگران
سواى ايشان نوشته ومولانا محمد ابرقوهى آنهارا جمع نموده، بسعى واهتمام
وتصحيح اقل العباد محمد شفيع باضافهٔ حواشى وفهارس، لاهور، ١٣٦٤ ه/١٩٤٥ م.

Рашид ад-дин, *Мукāтибāт*, рук. —*Мунша'āт-и Рашūдū*, рук. ИНА В 938 (734).

Рубрук, изд. Бизли. — *The texts and versions of John de Plano Carpini and William de Rubruquis as printed for the first time by Hakluyt in 1598 together with some shorter pieces*. Ed. by C. R. Beazley, London, 1903 (HS, extra series, I) [Рубрук — стр. 144—234].

Рубрук, изд. Мишеля — Райта. — *Itinerarium Willelmi de Rubruk*, — «Recueil de voyages et de mémoires, publié par la Société de géographie», t. IV, Paris, 1839, pp. 213—396.

Рубрук, пер. Малеина. — Иоанн де Плано Карпини, *История Монгалов* * Вильгельм де Рубрук, *Путешествие в восточные страны*. Введение, перевод и примечания А. И. Малеина, СПб., 1911 [Рубрук — стр. 65 — 201].

Рубрук, пер. Рокхилла. — *The journey of William of Rubruck to the eastern parts of the world, 1253—55, as narrated by himself, with two accounts of the earlier journey of John of Plan de Carpine*. Transl. from the Latin, and ed., with an Introductory Notice, by W. W. Rockhill, London, 1900 (HS, 2d series, IV), pp. 40—282.

Саʻалиби, *Гурар*. — Aboû Manṣoûr ʻAbd al-Malik ibn Moḥammad ibn Ismàʻìl al-Thaʻâlibî غرر اخبار ملوک الفرس وسيرهم *Histoire des Rois des Perses*. Texte arabe publié et traduit par H. Zotenberg, Paris, 1900.

Саʻалиби, *Йатūма*, бейрут. изд. — يتيمة الدهر فى شعراء اهل العصر تأليف من
جلت فضائله عن التعدادى الحصر ابى منصور عبد الملک بن محمد بن اسمعيل
النيسابورى الثعالبى، الجزء ١—٤، [بيروت (؟)، ١٨٨٣ (؟)].

Саʻалиби, *Йатūма*, извлеч. в пер. Барбье де Менара. — C. Barbier de Meynard, *Tableau littéraire du Khorassan et de la Transoxiane au IVe siècle de l'hégire*, — JA, sér. 5, t. I, pp. 169 — 239; t. III, pp. 291—361.

*Саʻалиби, *Йатūма*, изд. Абд ал-Хамида.— يتيمة الدهر فى محاسن أهل العصر لأبى
منصور عبد الملک بن محمد بن اسماعيل الثعالبى النيسابورى بتحقيق محمد
محيى الدين عبد الحميد، الجزء ١—٤، القاهرة، ١٩٤٧ م/١٣٦٦ ه.

*Саʻалиби, *Йатūма*, изд. Валетона. — *Specimen e litteris orientalibus, exhibens Ta:ālībī Syntagma dictorum brevium et auctorum*, quod... ex codice Ms. Bibliothecae Leidensis arabice ed., latine reddidit, et annotatione illustravit J. J. Ph. Valeton, Lugduni Batavorum, 1844.

Саʻалиби, *Латā'иф*. — *Latâifo 'l-ma'ârif*, auctore Abu Mançur Abdolmalik ibn Mohammed ibn Ismá'íl at-Tha'álibí, quem librum e codd. Leyd. et Goth. ed. P. de Jong, Lugduni Batavorum, 1867.

*Саʻди, *Гулистāн*, изд. Алиева. — Саʻдū, *Гулистāн*. Критический текст, перевод, предисловие и примечания Р. М. Алиева, М., 1959 (ПЛНВ, Тексты, Большая серия, III).

Саʻди, *Гулистāн*, изд. Семеле. — *Le Parterre de Fleurs* du Cheïkh-Moslih-eddin Sâdi de Chiraz. Edition autographique publiée par N. Semelet, Paris, 1828.

R639 *Са'ди, *Гулистāн*, изд. Форуги.— شیخ مصلح الدین سعدی شیرازی، گلستان، از روی نسخهٔ تصحیح شده مرحوم محمد علی فروغی، [طهران، ۱۳۲۹] [=1950, литогр.].

Са'ди, *Гулистāн*, пер. Холмогорова. — *Гюлистан* [т. е. «Цветник роз». Творение шейха Мослихуддина Саади Ширазского]. С персидского подлинника перевел И. Холмогоров, М., 1882.

Садр ад-дин Низами. — Садр ад-дин Низами, *Тāдж ал-ма'āṣир*, рук. ЛГУ 578.

*Садр ад-дин Хусейни, *Зубдат ат-тавāрӣх*, изд. Икбаля.— Sadr 'uddin Abu'l Hasan 'Ali Ibn Nāṣir Ibn 'Ali al-Ḥusaini, *Akhbār 'ud-dawlat as-saljūqiyya*, ed. by Muhammad Iqbal, Lahore, 1933.

Садр ад-дин Хусейни, *Зубдат ат-тавāрӣх*, рук.—Садр ад-дин Хусейни, *Зубдат ат-тавāрӣх*, рук. Брит. муз., Stowe, Orient. 7.

Сам'ани, изд. Вюстенфельда. — *Specimen el-Lobabi sive Genealogiarum Arabum*, quas conscriptas ab Abu Sa'd Sam'anense abbreviavit et emendavit Ibn el-Athir. E codice Ms. Bibl. Duc. Gothan. nunc primum arabice ed. et praefatus est F. Wüstenfeld, Gottingae, 1835.

Сам'ани, изд. Марголиуса. — *The Ḳitāb al-Ansāb* of 'Abd al-Ḳarīm ibn Muḥammad al-Sam'ānī reproduced in facsimile from the manuscript in the British Museum Add. 23,355 with an introduction by D. S. Margoliouth, Leyden — London, 1912 (GMS, XX).

Сам'ани, рук. — Абу Са'д Абд ал-Керим Мухаммед ас-Сам'ани, *Китāб ал-ансāб*, рук. ИНА С 361 (543а). [См. также *Тексты*, стр. 52—69.]

Самарийа — см. Абу Тахир-ходжа.

Сафи ад-дин, *Фаẓā'ил-и Балх̣*, извлеч. в изд. Шефера. — Schefer, *Chrestomathie persane*, t. I, pp. 65—103 [texte], 56—94 [notes].

Сафи ад-дин, *Фаẓā'ил-и Балх̣*, рук. — Абдаллах ибн Омȧр Ṡафи ад-дин, *Фаẓā'ил-и Балх̣*, рук. Нац. б-ки, Ancien fonds persan 115.

**Сведения о черных татарах*. — «*Краткие сведения о черных татарах*» *Пэн Да-я и Сюй Тина*. [Публикация Линь Кюн-и и Н. Ц. Мункуева], — ПВ, 1960, № 5, стр. 133—158.

*Сейфи ал-Хереви. — *The Ta'rikh Náma-i-Harát* (*The History of Harát*) of Sayf ibn Muḥammad ibn Ya'qúb al-Harawí. Ed. with introduction by Moḥammad Zubayr aṣ-Ṣiddíqí, Calcutta, 1944.

**Сокровенное сказание*, изд. Козина. — С. А. Козин, *Сокровенное сказание. Монгольская хроника 1240 г. под названием Mongɣol-un niɣuča tobčiyan Юань чао би ши. Монгольский обыденный изборник*. Т. I. *Введение в изучение памятника, перевод, тексты, глоссарии*, М. — Л., 1941.

**Сокровенное сказание*, изд. Пельо. — *Histoire secrète des mongols*. Restitution du texte mongol et traduction française des chapitres I à VI [par P. Pelliot], Paris, 1949 (Oeuvres posthumes de Paul Pelliot. I).

**Сокровенное сказание*, изд. Хениша. — *Manghol un Niuca Tobca'an* (*Yüan-ch'ao pi-shi*). *Die Geheime Geschichte der Mongolen*. Aus der chinesischen Transkription (Ausgabe Ye Têh-hui) im mongolischen Wortlaut wiederhergestellt von E. Haenisch, T. I: *Text*, Leipzig, 1937; [т. II]: *Wörterbuch*, Leipzig, 1939; т. III: *Übersetzung*, Leipzig, 1941 [2. verbess. Aufl.: Leipzig, 1948].

Сокровенное сказание, пер. Кафарова. — *Старинное монгольское сказание о Чингисхане*. [Перевел с китайского, с примечаниями, архимандрит Палладий],—ТЧРДМ, т. IV, СПб., 1866, стр. 3—258.

*Стефан Орбелиан, *История Сюнии*. — *Histoire de la Siounie* par Stéphanos Orbelian, traduite de l'Arménien par M. Brosset, St.-Pbg., 1866.

*Сюань Цзан, пер. Била. — *Si-Yu-Ki. Buddhist records of the Western World.* Transl. from the Chinese of Hiuen Tsiang (A. D. 629) by S. Beal, vol. I—II, London, 1906 (Trübner's Oriental Series). R640
Сюань Цзан, пер. Жюльена. — *Mémoires sur les contrées occidentales*, traduits du sanscrit en chinois, en l'an 648, par Hiouen-thsang, et du chinois en francais, par S. Julien, t. I—II, Paris, 1857—1858 (Voyages de pèlerins bouddhistes. II—III).

Табаḳāт-и Нāçирū — см. Джузджани.
Табари. — *Annales* quos scripsit Abu Djafar Mohammed ibn Djarir at-Tabari cum aliis ed. M. J. de Goeje, Lugduni Batavorum, series I, t. I—VI, 1879—1890; series II, t. I—III, 1881—1889; series III, t. I—IV, 1879—1890; *Introductio, glossarium, addenda et emendanda*, 1901; *Indices*, 1901.
*Табари, пер. Нёльдеке. — *Geschichte der Perser und Araber zur Zeit der Sasaniden.* Aus der arabischen Chronik des Tabari übersetzt und mit ausführlichen Erläuterungen und Ergänzungen versehn von Th. Nöldeke, Leyden, 1879.
Тāдж ал-ʻарӯс. — شرح القاموس المسمى تاج العروس من جواهر القاموس للامام اللغوى محب الدين ابى الفيض السيد محمد مرتضى الحسينى الواسطى الزبيدى الحنفى، جلد ١ — ١٠، [القاهرة]، ١٣٠٦—١٣٠٧.
Та'рӣх-и арбаʻ улӯс — см. *Шаджарат ал-атрāк.*
**Та'рӣх-и Бейхаḳ*, изд. Бахманйара. — تاريخ بيهق تأليف ابو الحسن على بن زيد بيهقى معروف بابن فندق با تصحيح وتعليقات احمد بهمنيار، [تهران]، ١٣١٧ خورشيدى [=1938].
Та'рӣх-и Бейхаḳ, рук. — Абу-л-Хасан Али ибн Фундук Бейхаки, *Та'рӣх-и Бейхаḳ*, рук. Брит. муз., Or. 3587; < рук. Ин-та востоковедения АН УзССР, 1524>.
**Та'рӣх-и Джурджāн*, изд. Низамуддина.—Ḥamza b. Yūsuf b. Ibrāhīm al-Sahmī (died 427/1036), *Ta'rīkh-i Jurjān, or Kitāb-i Maʻrifat-i ʻUlamā-i Ahl-i Jurjān.* Based on the unique Arabic MS (Lane № 276) in the Bodleian Library, Oxford, ed. and published by the Dā'iratu Maʻārif-il-Osmania [by Nizam al-dīn], Hyderabad, 1950.
Та'рӣх-и Рашӣдӣ — см. Мухаммед-Хайдер.
Та'рӣх-и ҳайрāт — см. Мусеви.
*Товма Мецопеци, изд. Шахназаряна. — *История Ланк Тʻамура и его преемников*, сочиненная вардапетом Тʻовмой Мецʼопеци. Издал с примечаниями вардапет К. Шахназарян, Париж, 1860 [на армянском яз.].
*Товма Мецопеци, пер. Тер-Григорьяна. — Фома Мецопский, *История Тимур-ланка и его преемников.* [Перевод с армянского на русский Т. И. Тер-Григорьяна. Перевод с русского на азербайджанский У. Бакиханова], Баку, 1957.
Тун-цзянь ган-му, IX — XI.—*Histoire générale de la Chine, ou Annales de cet empire*; traduites du Tong-kien-kang-mou, par le feu Père J.-A.-M. de Moyriac de Mailla... Publiées par M. le Roux des Hautesrayes, t. IX — XI, Paris, 1779—1780.

Утби, изд. Шпренгера. — *Al-Kitab al-Yemīnī*, ed. Mawlawī Mamlûk and A. Sprenger, Delhi, 1847 (литогр.)
Утби, рук. — Абу Наср ал-Утби, *Та'рӣх ал-Йамӣнӣ*, рук. ИНА С 342 (510).
*Утби — Джербадекани.— ترجمه تاريخ يمينى تصنيف ابو الشرف ناصح بن ظفر بن سعيد المنشى الجرفادقانى، طهران، ١٢٧٢ [= 1855-56, литогр.].

R641 *Утби — Джербадекани, изд. Али Кавима. — تاريخ يمينى تأليف ابو النصر محمد بن عبد الجبار العتبى در شرح مواقف ومقامات ومغازى ناصر الدين ابو منصور سبكتكين وسلطان يمين الدوله ابو القاسم محمود غزنوى وبرخى از اخبار آل سامان وآل زيار وآل بويه وملوك وامراء اطراف، ترجمهٔ ابو الشرف ناصح بن ظفر بن سعد جُرفادقانى بتصحيح وتحشيهٔ على قويم، تهران، ۱۳۳٤ ش [=1955].

Утби — Джербадекани, пер. Рейнольдса. — *The Kitab-i-Yamini, Historical Memoirs of the Amir Sabaktagin and the sultan Mahmúd of Ghazna, Early Conquerors of Hindustan, and Founders of the Ghaznavide dynasty*. Transl. from the Persian version of the contemporary Arabic Chronicle of al Utbi by J. Reynolds, London, 1858 (OTF).

Утби — Манини. — شرح اليمينى المسمى بالفتح الوهبى على تاريخ أبى نصر العتبى للشيخ المنينى، [القاهرة، ۱۲٦۸ [=1869].

Фасих. — *Муджмал-и Фасӣхӣ*, рук. ИНА В 709 (581a). [См. также *Тексты*, стр. 160 – 161.]

*Фасих, изд. Фарроха. — مجمل فصيحى مؤلف فصيح احمد بن جلال الدين محمد خوافى بتصحيح وتحشيه محمود فرخ، مشهد، [۱۹٦۱].

Фахр ад-дин Мубарекшах — см. Мерверруди.

Ал-Фахрӣ, изд. Альвардта. — *Elfachri. Geschichte der islamischen Reiche vom Anfang bis zum Ende des Chalifates* von Ibn etthiqthaqa. Arabisch. Hrsg. nach der Pariser Handschrift von W. Ahlwardt, Gotha, 1860.

**Ал-Фахрӣ*, изд. Деренбурга. — *Al-Fakhrî. Histoire du khalifat et du vizirat depuis leurs origines jusqu'à la chute du khalifat 'abbaside de Baghdâdh (11—656 de l'hégire = 632 - 1258 de notre ère)*... par Ibn at-Ṭiḳṭaḳa. Nouvelle édition du texte arabe par H. Derenbourg, Paris, 1895.

Фихрист. — *Kitâb al-Fihrist*. Mit Anmerkungen hrsg. von G. Flügel, nach dessen Tode besorgt von J. Roediger und A. Müller. Bd I: den Text enthaltend, von J. Roediger, Leipzig, 1871; Bd II: die Anmerkungen und Indices enthaltend, von A. Müller, Leipzig, 1872.

Фома Мецопский — см. Товма Мецопеци.

Хаджи Халифа. — كشف الظنون عن اسامى الكتب والفنون *Lexicon bibliographicum et encyclopaedicum* a Mustafa Ben Abdallah Katib Jelebi dicto et nomine Haji Khalfa celebrato compositum. Ad codicum Vindobonensium, Parisiensium et Berolinensis fidem primum edidit, latine vertit et commentario indicibusque instruxit G. Fluegel, t. I, Leipzig, 1835; t. II, Leipzig, 1837; t. III, London, 1842; t. IV, London, 1845; t. V, London, 1850; t. VI, London, 1852; t. VII (Indices), London, 1858.

Хайдер Рази, *Та'рӣх-и Ҳайдарӣ*. — Хайдер Рази, *Та'рӣх-и Ҳайдарӣ* (*Маджма' ат-тавāрӣх*), рук. Берлинской б-ки 418; рук. Брит. муз. Or. 4508.

Хамадани — см. Ибн ал-Факих.

*Хамдаллах Казвини, *Нузхат ал-кулӯб*, изд. Дабира Сияки. — بخش نخست از مقاله سوم نزهة القلوب تأليف حمد الله بن ابى بكر بن محمد بن نصر مستوفى قزوينى (٧٤٠ هجرى قمرى) با مقابله وحواشى وتعليقات وفهارس بكوشش محمد دبير سياقى، تهران، اسفند ماه ۱۳۳٦ خورشيدى [=1958] (زبان وفرهنگ ايران، ۲۱).

Хамдаллах Казвини, *Нузхат ал-ķулӯб*, изд. Ле Стрэнджа, I—II. — *The geographical part of the Nuzhat-al-Qulūb* composed by Ḥamd-Allāh Mustawfī of Qazwīn in 740 (1340). Ed. by G. Le Strange, Leyden — London, 1915; transl. by G. Le Strange, Leyden — London, 1919 (GMS, XXIII, 1—2). R642

Хамдаллах Казвини, *Та'рӣх̮-и гузӣде*, извлеч. в пер. Дефремери. — *Histoire des Seldjoukides et des Ismaéliens ou Assasins de l'Iran. Extraite du Tarikhi Guzideh ou Histoire Choisie d'Hamd-Allah Mustaufi*. Traduite du persan et accompagnée de notes historiques et géographiques par M. Defrémery, Paris, 1849 (extrait du JA, sér. 4, t. XI, 1848, pp. 417—462; t. XII, 1848, pp. 259—279, 334—370; t. XIII, 1849, pp. 15—55).

Хамдаллах Казвини, *Та'рӣх̮-и гузӣде*, изд. Броуна.— *The Ta'rikh-i-Guzida or "Select History"* of Ḥamdu'lláh Mustawfí-i-Qazwíní compiled in A. H. 730 (A. D. 1330), and now reproduced in fac-simile from a manuscript dated A. H. 857 (A. D. 1453) with an introduction by E. G. Browne. Vol. I, containing the text, Leyden — London, 1910 (GMS, XIV, 1).

*Хамдаллах Казвини, *Та'рӣх̮-и гузӣде*, изд. Наваи. — تاریخ گزیده تألیف حمد الله بن ابی بکر بن احمد بن نصر مستوفی قزوینی در سنهٔ ۷۳۰ هجری، با مقابله با چندین نسخه بضمیمه فهارس وحواشی باهتمام... عبد الحسین نوائی، [تهران]، آذر ماه ۱۳۳۹ ش [=1960].

Хамдаллах Казвини, *Та'рӣх̮-и гузӣде*, пер. Броуна.— *The Ta'rikh-i-Guzida or "Select History"* of Ḥamdu'lláh Mustawfí-i-Qazwíní compiled in A. H. 730 (A. D. 1330) and now abridged in English from a manuscript dated A. H. 857 (A. D. 1453) by E. G. Browne, with indices of the fac-simile text by R. A. Nicholson. Part [sic] II, containing the abridged translation and indices, Leyden — London, 1913 (GMS, XIV, 2).

Хамдаллах Казвини, *Та'рӣх̮-и гузӣде*, рук.—Хамдаллах Мустауфи Казвини, *Та'рӣх̮-и гузӣде*, рук. ЛГУ 153; рук. ИНА С 503 (578b). [См. также *Тексты*, стр. 153.]

Хамза Исфахани. — Hamsae Ispahanensis *Annalium libri X*. Ed. J. M. E. Gottwaldt, t. I. Textus arabicus, Petropoli, 1844; t. II. Translatio latina, Lipsiae, 1848 [t. I переизд.: Berlin, «Kaviani», 1340/1921-22].

*Хафиз-и Абру, *З̱айл-и Джāмиʻ ат-тавāрӣх̮*, изд. Баяни. — ذیل جامع التواریخ رشیدی تألیف شهاب الدین عبد الله بن لطف الله بن عبد الرشید الخوافی المدّعو بحافظ ابرو مؤلف زبدة التواریخ، بخش نخستین با مقدمه وحواشی وتعلیقات... خانبابا بیانی، تهران، ۱۳۱۷ ش [=1938].

*Хафиз-и Абру, *З̱айл-и Джāмиʻ ат-тавāрӣх̮*, пер. Баяни. — Hâfiz-i Abrû, *Chronique des Rois Mongols en Iran*. Texte persan édité et traduit par K. Bayani. II. Traduction et Notes, Paris, 1936.

*Хафиз-и Абру, *З̱айл-и Ẓафар-нāме*, изд. Керими. — ذیل کتاب ظفر نامه نظام الدین شامی تألیف عبد الله بن لطف الله بن عبد الرشید المدعو بحافظ ابرو از روی نسخه عکس برداری شده استانبول، با مقدمه وتصحیح دکتر [بهمن] کریمی، تهران، [تیر ما ۱۳۲۸ ش] [=1949; копия издания Тауэра].

*Хафиз-и Абру, *З̱айл-и Ẓафар-нāме*, изд. Тауэра. — *Continuation du Ẓafarnāma de Niẓāmuddīn Šāmī* par Ḥāfiz-i Abrū. Editée d'après les manuscrits de Stamboul par F. Tauer, — AOr, vol. VI, 1934, № 3, pp. 429—465.

*Хафиз-и Абру, *Маджмӯʻа*, извлеч. в изд. Тауэра. — *Cinq opuscules de Ḥāfiẓ-i Abrū concernant l'histoire de l'Iran au temps de Tamerlan*. Edition critique par F. Tauer, Prague, 1959 [AOr, Supplementa, V (1959)].

R643 Хафиз-и Абру, рук. — Хафиз-и Абру, [географич. сочинение], рук. ГПБ Дорн 290. [См. также *Тексты*, стр. 157—158.]

Хафиз-и Таныш, *'Абдуллā-нāме*. — Хафиз-и Таныш, *'Абдуллā-нāме*, рук. ИНА D 88 (574 age).

Хетум, текст.—Haithoni Armeni *Historia Orientalis*. Quae eadem & De Tartaris inscribitur, [ed. A. Mülleri Greiffenhagii], Coloniae Brandenburgicae, 1671 (издано в одном перепл. с кн.: Marci Pauli Veneti, Historici fidelissimi juxta ac praestantissimi, *De Regionibus Orientalibus Libri III*..., Coloniae Brandenburgicae, 1671).

Хетум, франц. пер. — *Histoire Orientale ou des Tartares*, de Haiton, Parent du Roi d'Armenie... décrit par la main de Nicolas Salcon, & traduit suivant l'Edition Latine de A. Müller Greiffenhag, — в кн.: *Voyages faits principalement en Asie dans les XII, XIII, XIV, et XV siècles*, par Benjamin de Tudele, Jean du Plan-Carpin, N. Ascelin, Guillaume de Rubruquis, Marc Paul Venitien, Haiton, Jean de Mandeville, et Ambroise Contarini. Accompagnés de l'Histoire des Sarasins et des Tartares, et précédez [sic] d'une Introduction... par P. Bergeron, La Haye, 1735 (разд. паг.).

Хилаль ас-Саби, *Вузарā'*. — *The historical remains of Hilāl al-Sâbi. First part of his Kitab al-Wuzara (Gotha Ms. 1756) and fragment of his History 389—393 A. H. (B. M. Ms, add. 19360)*. Ed. with notes and glossary by H. F. Amedroz, Leyden, 1904.

Хилаль ас-Саби, *Та'рӣх*. — *Continuation of the Experiences of the Nations* by Abu Shuja' Rudhrawari Vizier of Muqtadi, and Hilal b. Muhassin Vizier's Secretary in Baghdad. *Arabic Text* ed. by H. F. Amedroz and D. S. Margoliouth. Reigns of Ta'i' and Qadir, Oxford, 1921 (*Eclipse*, vol. III); *Translation* from the Original Arabic by D. S. Margoliouth. Reigns of Ta'i' and Qadir, Oxford, 1921 (*Eclipse*, vol. VI).

Хондемир, извлеч. в пер. Дефремери. — *Histoire des khans Mongols du Turkistan et de la Transoxiane, extraite du Habib essiier de Khondémir*, traduite du persan et accompagnée de notes, par M. C. Defrémery, — JA, sér. 4, t. XIX, 1852, pp. 58—94, 216—288.

Хондемир, тегеран. изд. 1271/1854-55. — كتاب مستطاب حبيب السيّر مرقوم رقم... غياث الدين بن همام الدين الشهير بخواندامير..، جلد ١—٣، طهران، ١٢٧٠—١٢٧١ [литогр.]

*Хондемир, тегеран. изд. 1333/1954.— تاريخ حبيب السير فى اخبار افراد بشر تأليف غياث الدين بن همام الدين الحسينى المدّعو به خواندامير، با مقدمه بقلم: آقاى جلال الدين همائى، جلد ١—٤، [تهران]، ١٣٣٣ ش [=1954].

Хорезми, *Мафāтӣх*. — *Liber Mafâtîh al-olûm explicans vocabula technica scientiarum tam arabum tam peregrinorum* auctore Abû Abdallah Mohammed ibn Ahmed ibn Jûsof al-Kâtib al-Khowarezmi. Ed., indices adjecit G. van Vloten, Lugduni-Batavorum, 1895.

**Худӯд ал-'āлам*, пер. Минорского.—*Hudūd al-'Ālam. 'The Regions of the World'. A Persian Geography 372 A. H. — 982 A. D.* Transl. and explained by V. Minorsky. With the preface by V. V. Barthold (✝1930) transl. from the Russian, London, 1937 (GMS NS, XI).

Худӯд ал-'āлам, [рук.] — *Худӯд ал-'āлем. Рукопись Туманского*. С введением и указателем В. Бартольда, Л., 1930.

Хусейни, Мухаммед — см. Мухаммед Хусейни.

Хусейни, Садр ад-дин — см. Садр ад-дин Хусейни.

Чан-чунь, пер. Кафарова. — *Си ю цзи, или описание путешествия на Запад.* [Перевел с китайского, с примечаниями, архимандрит Палладий], — ТЧРДМ, т. IV, СПб., 1866, стр. 259—436. R644
*Чан-чунь, пер. Уэли. — *The Travels of an Alchemist. The Journey of the Taoist Ch'ang-ch'un from China to the Hindukush at the summons of Chingiz Khan. Recorded by His Disciple Li Chih-ch'ang.* Transl. with an Introduction by A. Waley, London, 1931 (The Broadway Travellers).

Шаджарат ал-атрāк, пер. Майлса. — *The Shajrat ul-Atrak, or genealogical tree of the Turks and Tatars*; transl. and abridged by Col. Miles, London, 1838.
Шаджарат ал-атрāк, рук. — *Шаджарат ал-атрāк*, рук. Брит. муз. Or. 8166; рук. Брит. муз. Add. 26190. [См. также *Тексты*, стр. 162—164.]
Шами — см. Низам ад-дин Шами.
Шахристани, изд. Кертона. — كتاب الملل و النحل *Book of Religious and Philosophical Sects*, by Muhammad al-Shahrastáni. Now first ed. from the collation of several MSS by... W. Cureton, London, 1842—1846.
Шахристани, пер. Хаарбрюкера. — Abu-'l-Fath' Muh'ammad asch-Schahrastâni's *Religionspartheien und Philosophen-Schulen.* Zum ersten Male vollständig aus dem Arabischen übersetzt und mit erklärenden Anmerkungen versehen von T. Haarbrücker, T. I—II, Halle, 1850—1851.
Шебангараи. — Мухаммед Шебангараи, *Маджма' ал-ансāб*, рук. ИНА 372 (d 566).
*Шереф ад-дин Йезди, изд. Аббаси. — ظفر نامه، تاریخ عمومی مفصّل ایران در دورهٔ تیموریان لمولانا شرف الدین علی یزدی از روی نسخی که در عصر مصنف نوشته شده بتصحیح واهتمام محمد عباسی، جلد ۱—۲، تهران، ۱۳۳۶ ش [=1957].
Шереф ад-дин Йезди, калькут. изд. — *The Ẓafarnámah* by Mauláná Sharfuddín [sic] 'Alí of Yazd. Ed... by Maulawí Muḥammad Ilahdád, vol. I—II, Calcutta, 1887—1888.
Шереф ад-дин Йезди, пер. Пети де ля Круа. — *Histoire de Timur-Bec, connu sous le nom du Grand Tamerlan, Empereur des Mogols et Tartares.* Ecrite en Persan par Cherefeddin Ali, natif d'Yezd, Auteur contemporain. Traduite en François par feu M. Petis de la Croix... Avec des Notes Historiques, & des Cartes Geographiques, t. I—IV, Delf, 1723.
Шэн-у цинь-чжэн лу, пер. Кафарова. — *Старинное китайское сказание о Чингисхане.* Перевод с китайского архимандрита Палладия, — «Восточный сборник», [изд. Мин-ва иностр. дел], т. I, СПб., 1877, стр. 149—202.
**Шэн-у цинь-чжэн лу*, пер. Пельо — Амби. — *Histoire des campagnes de Gengis khan Cheng-wou ts'in-tcheng lou.* Traduit et annoté par P. Pelliot et L. Hambis, t. I, Leiden, 1951.

Юань-ши, пер. Бичурина. — *История первых четырех ханов из дома Чингисова*, переведено с китайского монахом Иакинфом, СПб., 1829.
Юсуф Баласагунский — см. *Кутадгу билик.*

Я'куби, *Китāб ал-булдāн.* — *Kitâb al-a'lâk an-nafîsa VII* auctore Abû Alî Ahmed ibn Omar ibn Rosteh et *Kitâb al-boldân* auctore Ahmed ibn abî Jakûb ibn Wâdhih al-Kâtib al-Jakûbî [ed. M. J. de Goeje], edit. 2, Lugduni Batavorum, 1892 (BGA, VII) [Я'куби — стр. 231—373].
*Я'куби, *Китāб ал-булдāн*, пер. Вьета. — Ya'kûbî, *Les Pays.* Traduit par G. Wiet,

R645 Le Caire, 1937 (Publications de l'Institut français d'archéologie orientale. Textes et traductions d'auteurs orientaux. T. I).

Я'куби, *Та'рӣх*. — Ibn Wādhih qui dicitur al-Ja'qubī, *Historiae*. Ed. M. Th. Houtsma, pars 1, historiam ante-islamicam continens; pars 2, historiam islamicam continens, Lugduni Batavorum, 1883.

Якут, *Иршāд*. – *The Irshād al-arib ilā ma'rifat al-adib or Dictionary of learned men* of Yáqút. Ed. by D. S. Margoliouth, vol. I–VII, Leyden—London, 1907–1927 (GMS, VI, 1–7) [I—1907, II—1909, III—1910, IV (London) — 1927, V—1911, VI—1913, VII (London) — 1926].

Якут, *Му'джам*. — *Yacut's geographisches Wörterbuch* aus den Handschriften zu Berlin, St. Petersburg, Paris, London und Oxford... hrsg. von F. Wüstenfeld, Bd I—VI, Leipzig, 1866—1873 [I (aus den Handschriften zu Berlin, St. Petersburg und Paris) — 1866, II—1867, III—1868, IV—1869, V—1873, VI—1870].

Яфи'и, *Мир'āт ал-джаннāн*. — Абдаллах ибн Али Яфи'и, *Мир'āт ал-джаннāн фӣ ма'рифат ḥавāдис ал-инсāн*, рук. ЛГУ 302. [См. также *Тексты*, 154—155.]

R646

2.研究著作与参考书

(ИССЛЕДОВАНИЯ И СПРАВОЧНЫЕ ИЗДАНИЯ)①

* Адыков, *Главные станции* — К. А. Адыков, *Главные станции на средневековом торговом пути из Серахса в Мерв (по археологическим данным)*,— СА, 1959, № 4, стр. 212—227.

*Адыков, *Койне Серахс*.— К. А. Адыков, *Койне Серахс (краткий путеводитель)*, Ашхабад, 1960.

*Айнӣ, *Исьёни Муканнаъ*. — С. Айнӣ, *Исьёни Муқаннаъ. Очерки таърихӣ-тадқиқӣ*, Сталинобод, 1944.

* Айнӣ, *Қаҳрамони халқи тоҷик*. — С. Айнӣ, *Қаҳрамони халқи тоҷик Темурмалик. Очерки адабӣ-таърихӣ*, Сталинобод, 1944.

*Айнӣ, *Шайхурраис Абӯалӣ Сино*.— С. Айнӣ, *Шайхурраис Абӯалӣ Сино*, Сталинобод -- Ленинград, 1941.

*Али-заде, *Из истории*.— А. Али-заде, *Из истории феодальных отношений в Азербайджане в XIII—XIV вв. Термин «харадж»*, — ИАН АзССР, 1953, № 3, стр. 107—116.

*Али-заде, *К вопросу об институте «икта'»*. — А. А. Али-заде, *К вопросу об институте «икта'» в Азербайджане при ильханах (XIII—XIV вв.)*,— «Изв. АзФАН», 1942, № 5, стр. 19—28; то же: ССИА, стр. 127—135.

*Али-заде, *К вопросу об институте инджу*.— А. А. Али-заде, *К вопросу об институте инджу в Азербайджане в XIII—XIV вв.*,— «Изв. АзФАН», 1943, № 8, стр. 62—76; то же: ССИА, стр. 95—108.

*Али-заде, *Социально-экономическая и политическая история Азербайджана*.— А. Али-заде, *Социально-экономическая и политическая история Азербайджана XIII--XIV вв.*, Баку, 1956.

* Альхамова, *Клад*. — З. А. Альхамова, *Клад медных посеребрённых Самаркандских дирхемов 663 г. х.*,— «Труды САГУ», вып. XI, 1950, стр. 69—74.

Андреев, *Местности Туркестана*. — М. Андреев, *Местности Туркестана, интересные в археологическом отношении*, — «Средне-Азиатский вестник», Ташкент, 1896, май, стр. 16—28.

Андреев, *По поводу процесса образования цехов*.— М. С. Андреев, *По поводу процесса образования примитивных среднеазиатских древних цехов и цеховых сказаний (рисаля)*,— «Этнография», М.—Л., 1927, № 2, стр. 323—326.

*Андрианов, *К вопросу о причинах запустения земель древнего орошения*. — Б. В. Андрианов, *К вопросу о причинах запустения земель древнего орошения на Куня-дарье и Жаны-дарье*,— ИВГО, т. 86, вып. 5, 1954, стр. 442—447.

---

① 在新版本以及一些未经W・巴托尔德征引的旧版本中，本文献目录的这一部分包括:(甲)与七至十三世纪的历史及考古学有关的著述和刊物;(乙)与中亚接壤的诸地区的历史撰述，这些撰述曾处理过B・巴托尔德在《突厥斯坦》一书中触及的历史问题;(丙)本书校订者在注释中征引的若干著作。

R647 Арандаренко, *Досуги*. — Г. А. Арандаренко, *Досуги в Туркестане. 1874—1889*, СПб., 1889.

Аристов, *Заметки об этническом составе*. — Н. А. Аристов, *Заметки об этническом составе тюркских племен и народностей и сведения об их численности*,— «Живая старина», год VI, СПб., 1896, вып. III—IV, стр. 277—456.

Бартольд, *Абу-Михнаф*. — В. Бартольд, *Абу-Михнаф*, — ЗВОРАО, т. XVII, 1906, стр. 0147—0149.

*Бартольд, *Археологические работы в Самарканде*.— В. В. Бартольд, *Археологические работы в Самарканде летом 1924 г.*,— ИРАИМК, т. IV, 1922, стр. 119—132.

Бартольд, «Восток», кн. 5 [стр. 251—256].— В. В. Бартольд, [рец. на:] Б. Я. Владимирцов. Чингис-хан, Берлин — С. Петербург — Москва. 1922, — журн. «Восток», кн. 5. 1925, стр. 251—256.

*Бартольд, *Восточно-Иранский вопрос*.— В. В. Бартольд, *Восточно-Иранский вопрос*,— ИРАИМК, т. II, 1922, стр. 361—384.

Бартольд, *Греко-бактрийское государство*. — В. В. Бартольд, *Греко-бактрийское государство и его распространение на северо-восток*,— ИАН, сер. VI, т. X, 1916, стр. 823—828.

*Бартольд, *Еще об «анониме» Искендера*.— В. В. Бартольд, *Еще об «анониме» Искендера*,— ИАН СССР, Отд. гуманитарных наук, 1929, стр. 165—180.

Бартольд, ЖМНП, 1896 [стр. 366—381].— В. В. Бартольд, [рец. на:] L. Cahun. Introduction à l'histoire de l'Asie. Turcs et Mongols des origines à 1405. Paris, 1896,— ЖМНП, ч. CCCV, 1896, июнь, отд. II, стр. 365—384.

Бартольд, ЗВОРАО, т. X [стр. 215—226]. — В. Бартольд, [рец. на:] Mirzá Muḥammad Ḥaidar, Dughlát. The Tarikh-i Rashidi... An English version... by N. Elias. The Translation by E. Denison Ross. London. 1895,— ЗВОРАО, т. X, 1897, стр. 215—226.

Бартольд, ЗВОРАО, т. XI [стр. 341—356]. — В. Бартольд, [рец. на:] Н. А. Аристов. Заметки об этническом составе тюркских племен и народностей и сведения об их численности. СПб. 1897,— ЗВОРАО, т. XI, 1899, стр. 341—356.

Бартольд, ЗВОРАО, т. XII [стр. 0122—0125]. — В. Б[артольд], [рец. на:] Справочная книжка Самаркандской области 1898... Вып. VI. Самарканд 1899, — ЗВОРАО, т. XII, 1900, стр. 0122—0125.

Бартольд, ЗВОРАО, т. XII [стр. 0130—0138]. — В. Б[артольд], [рец. на:] F. H. Skrine and E. D. Ross. The Heart of Asia... London 1899,— ЗВОРАО, т. XII, 1900, стр. 0130—0138.

Бартольд, ЗВОРАО, т. XIII [стр. 0115—0117]. — В. Б[артольд], [рец. на:] Известия Туркестанского отдела Императорского Русского Географического общества, т. I, 1899, вып. II. Ташкент. 1900,— ЗВОРАО, т. XIII, 1901, стр. 0115—0117.

Бартольд, ЗВОРАО, т. XV [стр. 050—056]. — В. Б[артольд], [рец. на:] Справочная книжка Самаркандской области. 1902... Вып. VII, – ЗВОРАО, т. XV, 1903, стр. 050—056.

Бартольд, ЗВОРАО, т. XVII [стр. 0102—0107]. — В. Б[артольд], [рец. на:] G. Le Strange, The lands of the Eastern Caliphate... Cambridge 1905, — ЗВОРАО, т. XVII, 1906, стр. 0102—0107.

Бартольд, ЗВОРАО, т. XVIII [стр. 0181—0191]. — В. Б[артольд], [рец. на:] Справочная книжка Самаркандской области. 1906 г. ... Вып. VIII—IX. Самарканд 1906—1907, — ЗВОРАО, т. XVIII, 1908, стр. 0181—0191.

Бартольд, ЗВОРАО, т. XXI [стр. 0145—0150]. — В. Б[артольд], [рец. на:] Л. С. Багров. Материалы к историческому обзору карт Каспийского моря. СПб. 1912,— ЗВОРАО, т. XXI, 1913, стр. 0145—0150.

R648

Бартольд, ЗВОРАО, т. XXII [стр. 357—361]. — В. Б[артольд], [рец. на:] Albert Herrmann. Alte Geographie des unteren Oxusgebiets. Berlin 1914,— ЗВОРАО, т. XXII, 1915, стр. 357—361.

Бартольд, ЗВОРАО, т. XXIII [стр. 413—419].— В. В. Бартольд, [рец. на:] В. Ф. Караваев. Голодная степь в ее прошлом и настоящем... Пг. 1914,— ЗВОРАО, т. XXIII, 1916, стр. 413—419.

Бартольд, *Из минц-кабинета*, II—III.— В. Бартольд, *Из минц-кабинета при С.-Петербургском Университете. II. Неизданный саманидский фельс. III. Фельс Исмаила б. Ахмеда*,— ЗВОРАО, т. XII, 1900, стр. 059—060.

*Бартольд, *Иран*.— В. В. Бартольд, *Иран. Исторический обзор*, Ташкент, 1926.

Бартольд, «Иран», т. II [стр. 181—185].— В. В. Бартольд, [рец. на:] В. Л. Вяткин. Городище Афрасиаб. Самарканд. 1928,— «Иран», т. II, 1928, стр. 181—185.

Бартольд, *Ислам*.— В. В. Бартольд, *Ислам*, Пг., 1918.

Бартольд, *Историк Мусеви*.— В.В. Бартольд, *Историк Мусеви, как автор* تاريخ خيرات, — ИАН, сер. VI, т. IX, 1915, стр. 1365—1370.

Бартольд, *Историко-географический обзор Ирана*.— В. В. Бартольд, *Историко-географический обзор Ирана*, СПб., 1903.

*Бартольд, *История изучения Востока*.— В. В. Бартольд, *История изучения Востока в Европе и в России*, СПб., 1911; изд. 2-е: Л., 1925.

*Бартольд, *История культурной жизни Туркестана*.— В. В. Бартольд, *История культурной жизни Туркестана*, Л., 1927.

*Бартольд, *История турецко-монгольских народов*.— В. В. Бартольд, *История турецко-монгольских народов. Конспект лекций, читанных студентам Казакского высшего педагогического института в 1926/1927 учебном году*, Ташкент, 1928.

*Бартольд, *История Туркестана*.— В. В. Бартольд, *История Туркестана*, Ташкент, 1922 (Труды Туркестанского гос. ун-та, вып. 2).

*Бартольд, *К вопросу о погребальных обрядах*. — В. Бартольд, *К вопросу о погребальных обрядах турков и монголов*,— ЗВОРАО, т. XXV, 1921, стр. 55—76.

*Бартольд, *К вопросу о феодализме в Иране*.— В. В. Бартольд, *К вопросу о феодализме в Иране*.— «Новый Восток», № 28, 1930, стр. 108—116.

*Бартольд. *К вопросу о Чингизидах-христианах*. — В. Бартольд, *К вопросу о Чингизидах-христианах*,— ЗВОРАО, т. XXII, 1914, стр 171—172.

*Бартольд, *К вопросу об археологических исследованиях*.— В. В. Бартольд, *К вопросу об археологических исследованиях в Туркестане*,— ТВ, 1894, № 5—7 (то же: отд. отт., стр. 1—34).

*Бартольд, *К вопросу об уйгурской литературе*. — В. В. Бартольд, *К вопросу об уйгурской литературе и ее влиянии на монголов*,— «Живая старина», год XVIII, 1909, вып. II—III, стр. 42—46.

Бартольд, *К истории арабских завоеваний*. — В. Бартольд, *К истории арабских завоеваний в Средней Азии*,— ЗВОРАО, т. XVII, 1906, стр. 0140—0147.

*Бартольд, *К истории крестьянских движений*. — В. В. Бартольд, *К истории крестьянских движений в Персии*,— «Из далекого и близкого прошлого. Сборник этюдов из всеобщей истории в честь 50-летия научной жизни Н. И. Кареева», Пг.—М., 1923, стр. 54—62.

Бартольд, *К истории Мерва*. — В. Бартольд, *К истории Мерва*, — ЗВОРАО, т. XIX, 1910, стр. 115—138.

*Бартольд, *Киргизы*. — В. В. Бартольд, *Киргизы. (Исторический очерк)*, Фрунзе, 1927; изд. 2-е: Фрунзе, 1943.

Бартольд, *Культура мусульманства*. — В. В, Бартольд, *Культура мусульманства*, Пг., 1918.

R649 Бартольд, *Мерверруд*. — В. Бартольд, *Мерверруд*, — ЗВОРАО, т. XIV, СПб., 1902, стр. 028—032.

Бартольд, *Место Прикаспийских областей*. — В. В. Бартольд, *Место Прикаспийских областей в истории мусульманского мира*, Баку, 1925.

Бартольд, «Мир ислама», т. I [стр. 56—107]. — В. В. Бартольд, [рец. на:] E. Blochet. Introduction à l'histoire des Mongols de Fadl Allah Rashid ed-Din. Leyden — London, 1910, — «Мир ислама», т. I, 1912, стр. 56—107.

Бартольд, *Мир-Али-Шир*. — В. В. Бартольд, *Мир-Али-Шир и политическая жизнь*, — «Мир-Али-Шир. Сборник к пятисотлетию со дня рождения», Л., 1928, стр. 100—164.

Бартольд, *Мулхакâт-ас-Сурâх*. — В. Бартольд, *Мулхакâт-ас-Сурâх*, — ЗВОРАО, т XI, 1899, стр. 283—287.

Бартольд, *Мусульманский мир*. — В. В. Бартольд, *Мусульманский мир*, Пб., 1922 (Введение в науку. История).

Бартольд, *Народное движение в Самарканде*. — В. Бартольд, *Народное движение в Самарканде в 1365 г.*, — ЗВОРАО, т. XVII, 1906, стр. 01—019.

Бартольд, *Несколько слов об арийской культуре*. — В. Бартольд, *Несколько слов об арийской культуре в Средней Азии*, — «Средне-Азиатский вестник», 1896, июнь, стр. 20—33; то же: отд. отт., стр. 1—16.

Бартольд, *Новое мусульманское известие о русских*. — В. Бартольд, *Новое мусульманское известие о русских*, — ЗВОРАО, т. IX, 1896, стр. 262—267.

*Бартольд, *Новый источник по истории Тимуридов*. — В. В. Бартольд, *Новый источник по истории Тимуридов*, — ЗИВАН, т. V, Л., 1935, стр. 5—42.

Бартольд, *Новый труд о половцах*. — В. В. Бартольд, *Новый труд о половцах*: W. Bang и J. Marquart. Osttürkische Dialektstudien. Berlin. 1914, — «Русский исторический журнал», изд. Российской Акад. наук, кн. 7, 1921, стр. 138—156.

*Бартольд, *О колесном и верховом движении*. — В. В. Бартольд, *О колесном и верховом движении в Средней Азии*, — ЗИВАН, т. VI, 1936, стр. 5—7.

Бартольд, *О некоторых восточных рукописях*. — В. В. Бартольд, *О некоторых восточных рукописях*, — ИРАН, сер. VI, т. XIII, 1919, стр. 923—930.

Бартольд, *О некоторых восточных рукописях в библиотеках Константинополя и Каира*. — В. Бартольд, *О некоторых восточных рукописях в библиотеках Константинополя и Каира*. [*Отчет о командировке*], — ЗВОРАО, т. XVIII, 1908, стр. 0115—0154.

Бартольд, *О погребении Тимура*. — В. Бартольд, *О погребении Тимура*, — ЗВОРАО, т. XXIII, 1916, стр. 1—32.

Бартольд, *О христианстве в Туркестане*. — В. Бартольд, *О христианстве в Туркестане в до-монгольский период. (По поводу семиреченских надписей)*, — ЗВОРАО, т. VIII, 1894, стр. 1—32. [Нем. пер. см.: Barthold, *Zur Geschichte*.]

*Бартольд, *Об одном документе*, — В. В. Бартольд, *Об одном уйгурском документе*, — ПТКЛА, год VII, 1902, стр. 34—36.

Бартольд, *Образование империи Чингиз-хана*. — В. Бартольд, *Образование империи Чингиз-хана*, — ЗВОРАО, т. X, 1897, стр. 105—119.

*Бартольд, *Определение «анонима Искендера»*. — В. В. Бартольд, *Определение «анонима Искендера»*, — ДАН-В, 1927, стр. 115—116.

Бартольд, *Орошение*. — В. В. Бартольд, *К истории орошения Туркестана*, СПб., 1914; то же: журн. «Сельское хозяйство и лесоводство», 1914, т. CCXLIV, № 1, стр. 5—33; № 2, стр. 211—226; № 3, стр. 405—429; № 4, стр. 595—626; т. CCXLV, № 5, стр. 5—31; № 6, стр. 189—215.

Бартольд, *Ответ Г. Е. Груму-Гржимайло*. — В. В. Бартольд, *Ответ Г. Е Груму-Гржимайло*, — ИИРГО, т. XXXV, 1899, стр. 694—710.

Бартольд, *Отчет о командировке в Туркестан (1902 г.).*— В. В. Бартольд, *Отчет о командировке в Туркестан. [Лето 1902 г.]*, — ЗВОРАО, т. XV, 1904, стр. 173—280. R650
Бартольд, *Отчет о командировке в Лондон.* — В. Бартольд, *Отчет о командировке в Лондон,*— ИАН, сер. VI, т. VIII, 1914, стр. 879—882.
Бартольд, *Отчет о командировке в Туркестан (1920 г.).*— В. В. Бартольд, *Отчет о командировке в Туркестан. Август — декабрь 1920 г.,*— ИРАН, сер. VI, т. XV, 1921, стр. 188—219.
Бартольд, *Отчет о командировке в Туркестанский край.*— В. В. Бартольд, *Отчет о командировке в Туркестанский край летом 1916 года,*— ИАН, сер. VI, т. X, 1916, стр. 1239—1242.
Бартольд, *Отчет о поездке в Самарканд.*— В. В. Бартольд, *Отчет о поездке в Самарканд летом 1904 г.,*— ИРКСА, № 4, СПб., 1904, стр. 21—24.
Бартольд, *Отчет о поездке в Среднюю Азию.*— В. В. Бартольд, *Отчет о поездке в Среднюю Азию с научной целью. 1893—1894 гг.,* СПб., 1897 (ЗИАН, ОИФ, сер. VIII, т. I, № 4).
Бартольд, *Очерк истории Семиречья.* — В. В. Бартольд, *Очерк истории Семиречья,*— ПКСОСК на 1898 г., т. II, стр. 74—175; то же: отд. отт., стр. 1—102.
*Бартольд, *Очерк истории туркменского народа.* — В. В Бартольд, *Очерк истории туркменского народа,*— сб. «Туркмения», I, Л., 1929, стр. 1—69.
Бартольд, *Персидская надпись.* — В. В. Бартольд, *Персидская надпись на стене анийской мечети Мануче,* СПб., 1911 (Анийская серия, № 5).
*Бартольд, *Персидское арк.* — В. В. Бартольд, *Персидское арк «крепость, цитадель»,*— ИРАИМК, т. I, № 5, Пг., 1921, стр. 29—32.
*Бартольд, *По поводу статьи «Догадка о прошлом Отрара».* — В. В. Бартольд, *По поводу статьи «Догадка о прошлом Отрара»,*— ТВ, 1900, № 3; то же: ПТКЛА, год IV, 1900, стр. 175—176.
Бартольд, *Поездка в Самарканд.* — В. В. Бартольд, *Поездка в Самарканд с археологическою целью* [доклад в заседании РАО 28 октября 1904 г.],— ЗВОРАО, т. XVI, 1906, стр. XXXIV—XXXV.
Бартольд, *Сведения об Аральском море.* — В. В. Бартольд, *Сведения об Аральском море и низовьях Аму-Дарьи с древнейших времен до XVII века,* Ташкент, 1902 (ИТОРГО, т. IV. Научные разультаты Аральской экспедиции, вып. II). [Нем. пер. см.: Barthold, *Nachrichten*].
*Бартольд, *Связь общественного быта с хозяйственным укладом.* — В. В. Бартольд *Связь общественного быта с хозяйственным укладом у турок и монголов,*— ИОАИЭК, т. XXXIV, 1929, вып. 3—4, стр. 1—4.
Бартольд, *Султан Синджар.* — В. Бартольд, *Султан Синджар и гузы (По поводу статьи К. А. Иностранцева),*— ЗВОРАО, т. XX, 1912, стр. 046—049.
*Бартольд, *Таджики.* — В. В. Бартольд, *Таджики. Исторический очерк,* — «Таджикистан. Сборник статей», под ред. Н. Л. Корженевского, Ташкент, 1925, стр. 93—111.
*Бартольд, *Текст первой надписи.* — В. В. Бартольд, *Текст первой надписи в Варухском ущелье,*— ПТКЛА, год IX, 1904, стр. 46—47.
Бартольд, *Туркестан.* — В. Бартольд, *Туркестан в эпоху монгольского нашествия,* ч. I, Тексты, СПб., 1898; ч. II, Исследование, СПб., 1900. [Англ. пер. см.: Barthold, *Turkestan*].
Бартольд, *Улугбек.* — В. В. Бартольд, *Улугбек и его время,* Пг., 1918 (ЗРАН по историко-филолог. отд., т. XIII, № 5).
*Бартольд, *Халиф и султан.* — В. В. Бартольд, *Халиф и султан.* — «Мир ислама», т. I, СПб., 1912, № 2. стр. 203—226; № 5, стр. 345—400.

R651 Бартольд, *Хафизи-Абру.*— В. В. Бартольд, *Хафизи-Абру и его сочинения.*— «Ал-Музаффарийя», стр. 1—28.

*Бартольд, *Хлопководство.* — В. В. Бартольд, *Хлопководство в Средней Азии с исторических времен до прихода русских,*— «Хлопковое дело», 1924, № 11—12, стр. 3—13.

*Беленицкий, *Из археологических работ.* — А. М. Беленицкий, *Из археологических работ в Пянджикенте 1951 г.,*— СА, XVIII, 1953, стр. 326—341.

*Беленицкий, *Историко-географический очерк Хутталя.* — А. М. Беленицкий, *Историко-географический очерк Хутталя с древнейших времен до X в. н. э.,*— «Труды СТАЭ», т. I, 1946—1947 (МИА, № 15), 1950, стр. 109—127.

*Беленицкий, *К вопросу о социальных отношениях в Иране.* — А. М. Беленицкий, *К вопросу о социальных отношениях в Иране в хулагуидскую эпоху,*— СВ, т. V, 1948, стр. 111—128.

*Беленицкий, *К истории феодального землевладения.* — А. Беленицкий, *К истории феодального землевладения в Средней Азии и Иране в Тимуридскую эпоху (XIV—XV вв.). (Образование института «суюргал»),*— «Историк-марксист», 1941, № 4, стр. 43—58.

*Беленицкий, *О домусульманских культах.* — А. М. Беленицкий, *О домусульманских культах Средней Азии,*— КСИИМК, вып. XXVIII, 1949, стр. 83—85.

*Беленицкий, *О пянджикентских храмах.* — А. М. Беленицкий, *О пянджикентских храмах,*— КСИИМК, вып. XLV, 1952, стр. 119—126.

*Беляев, *Анонимная историческая рукопись.*— В. Беляев, *Анонимная историческая рукопись коллекции В. А. Иванова в Азиатском музее,*— ЗКВ, т. V, 1930, стр. 15—37.

*Беляев, *Арабские источники по истории туркмен.* — В. И. Беляев, *Арабские источники по истории туркмен и Туркмении IX—XIII вв.,*— МИТТ, I, стр. 12—40.

*Беляев, *Арабские рукописи Бухарской коллекции.* — В. И. Беляев, *Арабские рукописи Бухарской коллекции Азиатского музея Института востоковедения АН СССР,* Л., 1932 (ТИВАН, т. II).

*Беляев, *Арабские рукописи в собрании ИВАН.* — В. И. Беляев, *Арабские рукописи в собрании Института востоковедения Академии наук СССР,*— УЗИВАН, т. VI, 1953, стр. 54—103.

Березин, *Очерк внутреннего устройства.*— И. Березин, *Очерк внутреннего устройства Улуса Джучиева,* — ТВОРАО, ч. VIII, 1864, стр. 387—494, то же: отд. отт.

Берже, *Краткий каталог.*— А. Берже, *Краткий каталог Тифлисской Публичной Библиотеки. (1846—1861),* Тифлис, 1861.

*Бернштам, *Археологический очерк.*— А. Н. Бернштам, *Археологический очерк Северной Киргизии,* Фрунзе, 1941 (МИИКК, вып. IV).

*Бернштам, *Древнетюркский документ.* — А. Н. Бернштам, *Древнетюркский документ из Согда. (Предварительное сообщение),*— ЭВ, V, 1951, стр. 65—75.

*Бернштам, *Древняя Фергана.* — А. Н. Бернштам, *Древняя Фергана (Научно-популярный очерк),* Ташкент, 1951.

*Бернштам, *Историческое прошлое.* — А. Н. Бернштам, *Историческое прошлое киргизского народа,* Фрунзе, 1942.

*Бернштам, *Памятники.* — А. Н. Бернштам, *Памятники старины Таласской долины, историко-археологический очерк,* Алма-Ата, 1941.

*Бернштам, *Советская археология Средней Азии.* — А. Н. Бернштам, *Советская археология Средней Азии,*— КСИИМК, вып. XXVIII, 1949, стр. 5—17.

*Бернштам, *Социально-экономический строй.* — А. Бернштам, *Социально-экономический строй орхоно-енисейских тюрок VI—VIII веков* М.— Л., 1946

*Бернштам, *Среднеазиатская древность.* — А. Н. Бернштам, *Среднеазиатская древность и ее изучение за 30 лет,*— ВДИ, 1947, № 3, стр. 83—94. R652

*Бернштам, *Тюргешские монеты.* — А. Н. Бернштам, *Тюргешские монеты,* — ТОВЭ, т. II, Л., 1940, стр. 105—111.

*Бернштам, *Уйгурская эпиграфика.* — А. Н. Бернштам, *Уйгурская эпиграфика Семиречья.* I,— ЭВ, I, 1947, стр. 33—37; II.— ЭВ, II, 1948, стр. 102—106.

*Бернштам, *Уйгурские юридические документы.* — А.Н. Бернштам, *Уйгурские юридические документы,*— ПИ, III, 1940, стр. 61—84.

*А. Бертельс, *Насир-и Хосров.* — А. Е. Бертельс, *Насир-и Хосров и исмаилизм,* М., 1959.

*Е. Бертельс, *Авиценна.* — Е. Э. Бертельс, *Авиценна,* — «Наука и жизнь», 1952, № 5, стр. 44—45.

*Е. Бертельс, *История персидско-таджикской литературы.* — Е. Э. Бертельс, *История персидско-таджикской литературы,* М., 1960 (Избранные труды, [т. I]).

*Е. Бертельс, *Очерк.* — Е. Э. Бертельс, *Очерк истории персидской литературы,* Л., 1928.

*Е. Бертельс, *Персидская поэзия в Бухаре.* — Е. Бертельс, *Персидская поэзия в Бухаре. Х век,* М.— Л., 1935.

*Е. Бертельс, *Персидский — дари — таджикский.* — Е. Бертельс, *Персидский — дари — таджикский,*— СЭ, 1950, № 4, стр. 55—66.

*Большаков, *Заметки.* — О. Г. Большаков, *Заметки по исторической топографии долины Зеравшана в IX—X вв.,*— КСИИМК, вып. 61, 1956, стр. 17—23.

*Брагинский, *Из истории.* — И. С. Брагинский, *Из истории таджикской народной поэзии. Элементы народно-поэтического творчества в памятниках древней и средневековой письменности,* М., 1956.

Брянов, *О следах.* — А. Брянов, *О следах древнего города Касана в Ферганской области,*— ПТКЛА, год IV, 1899, стр. 142—148.

Будагов.— Л. Будагов, *Сравнительный словарь турецко-татарских наречий,* т. I—II, СПб., 1869—1871.

*Букинич, *Водоснабжение и ирригация.* — Д. Д. Букинич, *Краткие предварительные соображения о водоснабжении и ирригации старого Термеза и его района,*— «Труды УзФАН», сер. 1, вып. 2, 1940 (ТАКЭ 1936 г.), стр. 154—158.

*Булгаков, *Сведения.* — П. Г. Булгаков, *Сведения арабских географов IX — начала Х веков о маршрутах и городах Средней Азии,* Л., 1954 (кандидатская диссертация, рукопись — б-ка им. А. М. Горького, ЛГУ).

Валидов, *Мешхедская рукопись.* — А. З. Валидов, *Мешхедская рукопись Ибну-ль-Факиха,*— ИРАН, сер. VI, т. XVIII, 1924, стр. 237—251.

*Валитова, *К вопросу о классовой природе.* — А. А. Валитова, *К вопросу о классовой природе Караханидского государства,* — «Труды КирФАН», т. I, вып. 1, 1943, стр. 127—136.

*Валитова, *Юсуф Баласагунский.* — А. А. Валитова, *Юсуф Баласагунский и его «Кутадгу Билиг»,*— КСИВ, вып. IV, 1952, стр. 56—63.

Вамбери, *История Бохары.*— Г. Вамбери, *История Бохары или Трансоксании с древнейших времен до настоящего,* т. I—II, СПб., 1873.

Вамбери, *Путешествие.* — А. Вамбери, *Путешествие по Средней Азии в 1863 году,* СПб., 1865.

Васильев, *Вопросы.*— В. Васильев, *Вопросы и сомнения,*— ЗВОРАО, т. IV, 1889, стр. 379—381.

R653 Васильев, *История и древности.* — В. П. Васильев, *История и древности восточной части Средней Азии от X до XIII века, с приложением перевода китайских известий о Киданях, Джурджитах и Монголо-Татарах,*— ТВОРАО, ч. IV, 1859, стр. 1—235.

Вельяминов-Зернов, *Исследование о Касимовских царях.*— В. В. Вельяминов-Зернов, *Исследование о Касимовских царях и царевичах,* ч. 1—3, 1863—1866 (ТВОРАО, ч. IX—XI).

*Вернадский, *О составе Великой Ясы.* — Г. В. Вернадский, *О составе Великой Ясы Чингис Хана. С приложением главы о Ясе из истории Джувейни в переводе В. Ф. Минорского,* Брюссель, 1939 (Г. В. Вернадский, *Исследования и материалы по истории России и Востока.* Вып. 1).

Веселовский, ЖМНП, 1897 [стр. 466—468].— Н. Веселовский, [рец. на:] Мухаммад Наршахи. История Бухары. Перевел с персидского Н. Лыкошин под редакцией В. В. Бартольда,— ЖМНП, ч. CCCXIV, 1897, декабрь, стр. 466—468.

Веселовский, *Заметка о курганах.*— Н. Веселовский, *Заметка о курганах Туркестанского края,*— ЗВОРАО, т. II, 1888, стр. 221—226.

Веселовский, ЗВОРАО, т. VIII [стр. 159—165].— Н. Веселовский, [рец. на:] П. Шубинский. Очерки Бухары, СПб., 1892,— ЗВОРАО, т. VIII, 1894, стр. 159—165.

Веселовский, *Очерк историко-географических сведений.*— Н. Веселовский, *Очерк историко-географических сведений о Хивинском ханстве от древнейших времен до настоящего,* СПб., 1877.

*Владимирцов, *Общественный строй.* — Б. Я. Владимирцов, *Общественный строй монголов. Монгольский кочевой феодализм,* Л., 1934.

*Владимирцов, *Чингис-хан.* — Б. Я. Владимирцов, *Чингис-хан,* Берлин — Петербург — Москва, 1922.

*Волин, *К истории древнего Хорезма.* — С. Волин, *К истории древнего Хорезма,*— ВДИ, 1941, № 1, стр. 192—196.

*Волин, *К истории среднеазиатских арабов.* — С. Л. Волин, *К истории среднеазиатских арабов,*— «Труды второй сессии ассоциации арабистов 19—23 октября 1937 г.» (ТИВАН, вып. XXXVI), 1941, стр. 111—126.

*Волин, *Новый источник.* — С. Л. Волин, *Новый источник для изучения хорезмийского языка,*— ЗИВАН, т. VII, 1939, стр. 79—91.

Вяткин, *Афрасиаб.*— В. Вяткин, *Афрасиаб — городище былого Самарканда. Археологический очерк,* Ташкент, [1927].

Вяткин, *Где искать Визд?* — В. В[яткин], *Где искать Визд?* — ТВ, 1900, № 36; то же: ПТКЛА, год V, стр. 159—164.

Вяткин, *К исторической географии.* — В. В[яткин], *К исторической географии Ташкентского района,*— ТВ, 1900, № 101; ср. ПТКЛА, год V, 1900, стр. 156—159.

Вяткин, *Материалы.*— В. Л. Вяткин, *Материалы к исторической географии Самаркандского вилаета,* — СКСО, вып. VII, 1902, стр. 1—83.

*Вяткин, *Отчет о раскопках в местности Намазгох.* — В. Л. Вяткин, *Отчет о раскопках, произведенных в октябре 1904 г. в местности Намазгох, близ г. Самарканда,*— ИРКСА, № 7, 1907, стр. 12—20.

Вяткин, *Отчет о раскопках на Афрасиабе.*— В. Вяткин, *Отчет о раскопках на Афрасиабе в 1905 году,*— ИРКСА, № 8, 1908, стр. 22—36.

*Вяткин, *Памятники,* — В. Вяткин, *Памятники древностей Самарканда,* Самарканд, 1927; изд. 3-е: 1933.

Вяткин, *Самаркандские легенды.* — В. Л. Вяткин, *Самаркандские легенды (Еврейский мудрец.—Чупан-ата.—Дархан.—Шейх Мотырид.—Шахи-зинда),*—СКСО, вып. V, 1897, стр. 224—240.

Галкин, *Маршрутное описание.*— Галкин, полк., *Маршрутное описание дорог, пролегающих по долине правого берега р. Сурхана,*— СМА, вып. LVII, 1894. стр. 385—393. R654

Галкин, *Материалы.*— М. Н. Галкин, *Этнографические и исторические материалы по Средней Азии и Оренбургскому краю.* СПб., 1669.

Галсан-Гомбоев, *О древних монгольских обычаях.*— Галсан-Гомбоев, *О древних монгольских обычаях и суевериях, описанных у Плано-Карпини,*— ТВОРАО, ч. IV, 1859, стр. 236—256.

*Гафуров, *История.* — Б. Г. Гафуров, *История таджикского народа в кратком изложении,* изд. 3-е, исправл. и дополн., т. I, *С древнейших времен до Великой Октябрьской социалистической революции 1917 г.*, М., 1955.

*Гафурова, *«Китаб-и Мулла задэ».* — Р. Л. Гафурова, *«Китаб-и Мулла задэ» как исторический источник* (автореф. канд. дисс.), изд. ЛГУ, 1961.

*Гибб, *Арабская литература.* — Х. А. Р. Гибб, *Арабская литература. Классический период,* пер. с англ., М., 1960.

*Греков — Якубовский, *Золотая Орда.* — Б. Д. Греков, А Ю. Якубовский, *Золотая Орда и ее падение,* М.— Л., 1950.

Григорьев, *Караханиды.*— [В. В. Григорьев], *Караханиды в Мавераннагре, по Тарихи Мунеджим-баши,* в османском тексте, с переводом и примечаниями В. В. Григорьева,— ТВОРАО, ч. XVII, 1874, стр. 189—258.

*Григорьев, *Об арабском путешественнике.* — В. В. Григорьев, *Об арабском путешественнике X-го века Абу Долефе и странствовании его по Средней Азии,*— ЖМНП, ч. CLXIII, 1872, сентябрь, отд. II, стр. 1—45.

Грум-Гржимайло, *Историческое прошлое.*— Г. Е. Грум-Гржимайло, *Историческое прошлое Бэй-шаня в связи с историей Средней Азии,* СПб., 1898.

Гулямов, *Бируни об исторической гидрографии.*— Я. Гулямов, *Бируни об исторической гидрографии низовьев Аму-Дарьи,*— сб. «Бируни — великий узбекский ученый средневековья», Ташкент, 1950, стр. 85—92.

*Гулямов, *История орошения Хорезма.* — Я. Г. Гулямов, *История орошения Хорезма с древнейших времен до наших дней,* Ташкент, 1957.

*Гулямов, *Памятники.* — Я. Г. Гулямов, *Памятники города Хивы,* — «Труды ИЯЛИ УзФАН», сер. 1, вып. 3, Ташкент, 1941.

*Давидович, *Владетели.* — Е. А. Давидович, *Владетели Насрабада (по нумизматическим данным),*— КСИИМК, вып. 61, 1960, стр. 107—113.

*Давидович, *Из области денежного обращения.* — Е. А. Давидович, *Из области денежного обращения на территории Ферганы,*— «Труды Музея истории УзССР», вып. II, 1954, стр. 39—52.

*Давидович, *Клад медных джагатаидских монет.* — Е. А. Давидович, *Клад медных джагатаидских монет XIII в.,*— ДАН УзССР, 1949, № 6, стр. 35—38.

*Давидович, *Нумизматические материалы для истории Саманидов.* — Е. А. Давидович, *Нумизматические материалы для истории развития феодальных отношений в Средней Азии при Саманидах,*— «Труды Ин-та истории, археологии и этнографии АН ТаджССР», т. XXVII, Сталинабад, 1954, стр. 69—117.

*Давидович, *Нумизматические материалы для хронологии Караханидов.* — Е. А. Давидович, *Нумизматические материалы для хронологии и генеалогии среднеазиатских Караханидов,*— «Труды ГИМ», вып. XXVI, М., 1957 (Нумизматический сборник), стр. 91—119.

*Давидович, *Об отношении золота и серебра.* — Е. А. Давидович, *Об отношении золота и серебра в Бухаре в XII веке,*— ПВ, 1959, № 4, стр. 82—85.

R655 *Давидович, *Термезский клад.* — Е. А. Давидович, *Термезский клад медных посеребренных дирхемов 617/1220 г.,* — ЭВ, VIII, 1953, стр. 43—55.

*Денике, *Искусство Средней Азии.* — Б. П. Денике, *Искусство Средней Азии,* М., 1927.

Домбровский, *Древняя башня.* — Домбровский, к-н, *Древняя башня (минарет) в селении Узгенте Андижанского уезда,* — ПТКЛА, год II, 1897, прилож. к проток. заседания 16 октября 1897 г., стр. 1—2.

*Дьяконов, *Керамика Пайкенда.* — М. М. Дьяконов, *Керамика Пайкенда,* — КСИИМК, вып. XXVIII, 1949, стр. 89—93.

*Дьяконов, *Работы Кафирниганского отряда.* — М. М. Дьяконов, *Работы Кафирниганского отряда,* — «Труды СТАЭ», т. I, 1946—1947 (МИА, № 15), 1950, стр. 147—186.

*Дьяконов, *Росписи Пянджикента.* — М. М. Дьяконов, *Росписи Пянджикента и живопись Средней Азии,* — в кн.: «Живопись древнего Пянджикента», М., 1954, стр. 83—158.

*Жирмунский, *«Китаби Коркут».* — В. М. Жирмунский, *«Китаби Коркут» и огузская эпическая традиция,* — СВ, 1958, № 4, стр. 90—101.

*Жирмунский, *Огузский эпос.* — В. М. Жирмунский, *Огузский героический эпос и «Книга Коркута»,* — в кн.: *Китāб-и Деде* Коркут, пер. Бартольда (см. выше, разд. I, Б), стр. 131—258.

*Жирмунский — Зарифов, *Узбекский народный эпос.* — В. М. Жирмунский и Х. Т. Зарифов, *Узбекский народный героический эпос,* М., 1947.

Жуковский, *К истории персидской литературы.* — В. Жуковский, *К истории персидской литературы при Саманидах,* — ЗВОРАО, т. XII, 1900, стр. 04—07.

Жуковский, *Омар Хайам.* — В. Жуковский, *Омар Хайам и «странствующие» четверостишия,* — «Ал-Музаффарийя», стр. 325—363.

Жуковский, *Развалины Старого Мерва.* — В. А. Жуковский, *Древности Закаспийского края. Развалины Старого Мерва,* СПб., 1894 (МАР, вып. 16).

Залеман, *Легенда про Хаким-Атā.* — К. Г. Залеман, *Легенда про Хаким-Атā,* — ИАН, сер. V, т. IX, 1898, стр. 105—150.

Залеман, *Список.* — К. Залеман, *Список персидским, турецко-татарским и арабским рукописям Библиотеки И. СПБ. Университета,* [ч. I, персидские сочинения], — ЗВОРАО, т. II, 1888, стр. 241—262.

*Засыпкин, *Архитектура Средней Азии.* — Б. Н. Засыпкин, *Архитектура Средней Азии,* М., 1948.

*Засыпкин, *Памятники архитектуры.* — Б. Н. Засыпкин, *Памятники архитектуры Термезского района,* — «Культура Востока. Сборник Музея восточных культур», II, М., 1928, стр. 17—40.

*Заходер, *Денданекан.* — Б. Заходер, *Денданекан,* — ИЖ, 1943, кн. 3—4, стр. 74—77.

*Заходер, *Мухаммед Нахшаби.* — Б. Н. Заходер, *Мухаммед Нахшаби. К истории карматского движения в Средней Азии в X веке,* — «Уч. зап. МГУ», вып. 41, 1940, стр. 96—112.

*Заходер, *Хорасан.* — Б. Н. Заходер, *Хорасан и образование государства сельджуков,* — ВИ, 1945, № 5—6, стр. 119—142.

Зимин, *Кала-и-Дабус.* — Л. Зимин, *Кала-и-Дабус,* — ПТКЛА, год XXI, 1917, стр. 43—64.

Зимин, *Краткая историческая справка.* — Л. Зимин, *Краткая историческая справка о древнем Сохе,* — ПТКЛА, год XIX, [вып. 1], 1914, стр. 21—23.

Зимин, *Краткий отчет о поездке по Бухаре.* — Л. Зимин, *Краткий отчет о поездке по Бухаре в 1916 г.,* — ПТКЛА, год XXI, 1917, стр. 102—104.

Зимин, *Мусульманское сказание.* — Л. Зимин, *Мусульманское сказание о городе Оше,* — ПТКЛА, год XVIII, [вып. 1], 1913, стр. 3—16. *R656*

Зимин, *Отчет о весенних раскопках.* — Л. Зимин, *Отчет о весенних раскопках в развалинах старого Пейкенда,* — ПТКЛА, год XIX, вып. 2, 1915, стр. 63—88.

Зимин, *Отчет о двух поездках по Бухаре.* — Л. Зимин, *Отчет о двух поездках по Бухаре с археологической целью,* — ПТКЛА, год XX, вып. 2, 1916, стр. 119—156.

Зимин, *Отчет о летних раскопках.*— Л. Зимин, *Отчет о летних раскопках в развалинах старого Пейкенда,* — ПТКЛА, год XIX, вып. 2, 1915, стр. 89—131.

Зимин, *Развалины старого Пейкенда.* — Л. А. Зимин, *Развалины старого Пейкенда,* — ПТКЛА, год XVIII, вып. 2, 1913, стр. 59—89.

Зимин, *Старый Фараб.*— Л. Зимин, *Старый Фараб (Развалины у Аму-Дарьи),*— ПЗКЛА, вып. 3, 1917, стр. 1—8.

Иванин, *О военном искусстве.*— М. И. Иванин, *О военном искусстве и завоеваниях монголо-татар и средне-азиатских народов при Чингиз-хане и Тамерлане,* СПб., 1875.

*Иванов, *К вопросу о древностях.* — П. П. Иванов, *К вопросу о древностях в верховьях Таласа,*— сб. «Сергею Федоровичу Ольденбургу к пятидесятилетию научно-общественной деятельности 1882—1932», Л., 1934, стр. 241—251.

Иванов, *К вопросу об исторической топографии.*— П. П. Иванов, *К вопросу об исторической топографии Старого Сайрама,*— «В. В. Бартольду», стр. 151—164.

*Иванов, *К истории развития горного промысла.* — П. П. Иванов, *К истории развития горного промысла в Средней Азии. Краткий исторический очерк,* Л.— М., 1932.

*Иванов, *Очерк истории каракалпаков.* — П. П. Иванов, *Очерк истории каракалпаков,*— «Материалы по истории каракалпаков» (ТИВАН, т. VII), стр. 9—89.

Иванов, *Сайрам.* — П. П. Иванов, *Сайрам. Историко-археологический очерк,* — «Ал-Искендерийя», стр. 46—56.

Иностранцев, *Коркуд.*— К. Иностранцев, *Коркуд в истории и легенде,*— ЗВОРАО, т. XX, 1911, стр. 040—046.

**История МНР.* — *История Монгольской Народной Республики,* М., 1954.

**История народов Узбекистана,* т. I. — *История народов Узбекистана,* т. I, *С древнейших времен до начала XV века,* Ташкент, 1950.

**История Туркменской ССР,* т. I, кн. 1. — *История Туркменской ССР,* т. I, кн. 1. *С древнейших времен до конца XVIII века,* Ашхабад, 1957.

* *История Узбекской ССР,* т. I, кн. 1.—*История Узбекской ССР,* т. I, кн. 1, Ташкент, 1955.

К биографии. — *К биографии Абу-Абдуллы Мухаммада, сына Али-Хакимова, Термезского,* из книги خزينت الاصفيا, — ПТКЛА, год II, 1897, прилож. к проток. заседания 29 августа 1897 г., стр. 18—20.

*Кадырова, *Восстание.* — Т. Кадырова, *Восстание крестьян во главе с Хамзой ал-Хариджи на грани VIII—IX вв.,* — ИАН УзССР, 1953, № 6, стр. 91—101.

Каллаур, *Древние города, крепости и курганы.* — В. Каллаур, *Древние города, крепости и курганы по реке Сыр-Дарье, в восточной части Перовского уезда,* — ПТКЛА, год VI, 1901, стр. 69—78.

Каллаур, *Древние города Саганак, Ашнас и другие.*— В. Каллаур, *Древние города Саганак (Сунак), Ашнас или Эшнас (Асанас) и другие в Перовском уезде. разрушенные Чингис-ханом в 1219 году,* — ПТКЛА, год V, 1900, стр. 6—16.

Каллаур, *О следах древнего города «Дженд».*— В. Каллаур, *О следах древнего города «Дженд» в низовьях р. Сыр-Дарьи,* — ПТКЛА, год V, 1900, стр. 78—89.

R657 Калмыков, *Хива.*— А. Калмыков, *Хива,*— ПТКЛА, год XII, 1908, стр. 49—71.

Каль, *Персидские, арабские и тюркские рукописи.* — Е. Каль, *Персидские, арабские и тюркские рукописи Туркестанской Публичной Библиотеки,* Ташкент, 1889.

Караваев, *Голодная степь.*— В. Ф. Караваев, *Голодная степь в ее прошлом и настоящем. Статистико-экономический очерк (по исследованию 1914 г.),* Пг., 1914.

Карамзин, *История государства Российского.*— М. Н. Карамзин, *История государства Российского.* Печатано под набл. проф. П. Н. Полевого, изд. Е. Евдокимова, т. I—XII, СПб., 1892.

Караульщиков, *Маршрут.*— Караульщиков, поручик, *Маршрут от г. Денау до Патта-Гиссара,*— СМА, вып. LVII, 1894, стр. 394—398.

*Кастальский, *Историко-географический обзор.* — Б. Н. Кастальский, *Историко-географический обзор Сурханской и Ширабадской долин.*— «Вестник ирригации», Ташкент, 1930, № 2, стр. 64—88; № 3, стр. 3—19; № 4, стр. 3—21.

Кастанье, *Археологические разведки.*— И. Кастанье, *Археологические разведки в Бухарских владениях,*— ПТКЛА, год XXI, 1917, стр. 26—42.

Кастанье, *Древности.*— И. Кастанье, *Древности Ура-Тюбе и Шахристана,*— ПТКЛА, год XX, [вып. 1], 1915, стр. 32—52.

Кастанье, *Отчет.*— И. Кастанье, *Отчет о поездке в Шахрохию и местность «Канка»,*— ПТКЛА, год XVIII, вып. 2, 1903, стр. 112—123.

Катанов, *Гадания.*— Н. Катанов, *Гадания у жителей Восточного Туркестана, говорящих на татарском языке,*— ЗВОРАО, т. VIII, 1894, стр. 105—112.

Катанов, *Татарские сказания.*— Н. Катанов, *Татарские сказания о семи спящих отроках,*— ЗВОРАО, т. VIII, 1894, стр. 223—245.

Катанов, *Хорезмийская свинцовая плита.* — Н. Катанов, *Хорезмийская свинцовая плита, найденная в развалинах Куня Ургенча.* — ЗВОРАО, т. XIV, 1902, стр. 015—017.

Кафаров — см. Палладий.

*Кесати, *Раскопки на Пайкенде.* — Р. Кесати, *Раскопки на Пайкенде в 1940 году.*— СГЭ, IV, 1947, стр. 26—29.

*Киселев, *Древняя история Южной Сибири.* — С. В. Киселев, *Древняя история Южной Сибири,* [изд. 2-е], М., 1951.

*Кисляков, *Очерки по истории Каратегина.* — Н. А. Кисляков, *Очерки по истории Каратегина. К истории Таджикистана,* Сталинабад, 1941.

Кларе, *Древний Отрар.*— А. Кларе, *Древний Отрар и раскопки, произведенные в развалинах его в 1904 году,*— ПТКЛА, год IX, 1904, стр. 13—36.

*Кляшторный, *Из истории борьбы народов Средней Азии.* — С. Г. Кляшторный, *Из истории борьбы народов Средней Азии против арабов (по руническим текстам),*— ЭВ, IX, 1954, стр. 55—64.

*Кляшторный, *Историко-культурное значение Суджинской надписи.* — С. Г. Кляшторный, *Историко-культурное значение Суджинской надписи,*— ПВ, 1959, № 5, стр. 162—169.

*Кляшторный, *Яксарт.* — С. Кляшторный, *Яксарт — Сыр-Дарья,* — СЭ, 1953, № 3, стр. 189—190.

*Кононов, *Восточный факультет.* — А. Н. Кононов, *Восточный факультет Ленинградского университета,*— «Уч. зап. ЛГУ», № 296, Серия востоковедческих наук, вып. 13, Востоковедение в Ленинградском университете, Л., 1960, стр. 3—31.

*Кононов, *О семантике.* — А. Н. Кононов, *О семантике слов қ а р а и а қ в тюркской географической терминологии,* — ИАН ТаджССР, ООН, вып. 5, 1954, стр. 83—85.

*Кононов, *Тюркология в Ленинграде.* — А. Н. Кононов, *Тюркология в Ленинграде (1917—1957),* — УЗИВАН, т. XXV, 1960, стр. 278—290. R658

Костенко, *Туркестанский край.* — Л. Ф. Костенко, *Туркестанский край. Опыт военно-статистического обозрения Туркестанского военного округа,* т. I—III, СПб., 1880 (Материалы для географии и статистики России).

*Крачковская, *В. В. Бартольд.* — В. А. Крачковская, *В. В. Бартольд — нумизмат и эпиграфист,* — ЭВ, VIII, 1953, стр. 10—23.

*Крачковская, *О средневековых текстильных изделиях.* — В. А. Крачковская, *О средневековых текстильных изделиях в Средней Азии (мервские ткани IX—X вв.),* — МПВНКВ, стр. 615—620.

*Крачковская, *Памятники арабского письма.* — В. А. Крачковская, *Памятники арабского письма в Средней Азии и Закавказье до IX в.,* — ЭВ, VI, 1952, стр. 46—100.

*Крачковская и Крачковский, *Древнейший арабский документ.* — В. А. Крачковская и И. Ю. Крачковский, *Древнейший арабский документ из Средней Азии,* — Согд. сб., стр. 52—90; то же: И. Ю. Крачковский, Избранные сочинения, т. I, М.—Л., 1955, стр. 182—212.

*Крачковский, *Абӯ-Ханӣфа.* — И. Ю. Крачковский, *Абӯ-Ханӣфа ад-Дӣнаверӣ,* — ЗВОРАО, т. XXI, 1913, стр. XXXIX—XLI.

*Крачковский, *Арабская географическая литература.* — И. Ю. Крачковский, *Арабская географическая литература,* М.—Л., 1957 (Избранные сочинения, т. IV).

*Крачковский, *Арабские географы.* — И. Ю. Крачковский, *Арабские географы и путешественники,* — ИГГО, т. LXIX, 1937, вып. 5, стр. 738—765.

*Крачковский, *Бируни.* — И. Ю. Крачковский, *Бируни и его роль в истории восточной географии,* — «Бируни. Сб. статей под ред. С. П. Толстова», М.—Л., 1950, стр. 55—73.

*Крачковский, *В. В. Бартольд в истории исламоведения.* — И. Ю. Крачковский, *В. В. Бартольд в истории исламоведения,* — ИАН СССР, сер. VII, ООН, 1934, стр. 5—18; то же: И. Ю. Крачковский, Избранные сочинения, т. V, М.—Л., 1958, стр. 348—360.

*Крачковский, *Вторая записка.* — И. Ю. Крачковский, *Вторая записка Абу Дулафа в географическом словаре Йакута. (Азербайджан, Армения, Иран),* — ИАН АзССР, 1949, № 8, стр. 65—77; то же: И. Ю. Крачковский, Избранные сочинения, т. I, М.—Л., 1955, стр. 280—292.

Крачковский, *К описанию рукописей Ибн-Ṭайфӯра.* — И. Ю. Крачковский, *К описанию рукописей Ибн-Ṭайфӯра и аṣ-Ṣӯлӣ,* — ЗВОРАО, т. XXI, 1912, стр. 195—215; то же: И. Ю. Крачковский, Избранные сочинения, т. VI, М.—Л., 1960, стр. 333—354.

*Крачковский, *К переизданию.* — И. Ю. Крачковский, *К переизданию трудов В. В. Бартольда,* — ИЖ, 1944, № 1 (125), стр. 95—98; то же: И. Ю. Крачковский, Избранные сочинения, т. V, М.—Л., 1958, стр. 428—434.

*Крачковский, *Новая рукопись.* — И. Ю. Крачковский, *Новая рукопись пятого тома истории Ибн Мискавейха,* — ИАН, сер. VI, т. X, 1916, стр. 539—546; то же: И. Ю. Крачковский, Избранные сочинения, т. V, М.—Л., 1960, стр. 373—382.

*Крачковский, *Очерки по истории русской арабистики.* — И. Ю. Крачковский, *Очерки по истории русской арабистики,* М.—Л., 1950; то же: И. Ю. Крачковский, Избранные сочинения, т. V, М.—Л., 1958, стр. 7—192.

*Крачковский, *Памяти В. В. Бартольда.* — И. Ю. Крачковский, *Памяти В. В. Бартольда,* — «Красная газета» (вечерний выпуск), Л., 1930, № 192 (2555), 21 августа.

Крачковский, *Поэтическое творчество Абу-л-ʿАтāхии.* — И. Ю. Крачковский, *Поэтическое творчество Абу-л-ʿАтāхии (ок. 750—825 г.),* — ЗВОРАО, т. XVIII, 1908,

R659 стр. 73—112; то же: И. Ю. Крачковский, Избранные сочинения, т. II, М.—Л., 1956, стр. 15—51.

Крымский, *История Персии.* — А. Крымский, *История Персии, ее литературы и дервишеской теософии,* т. I—III, М., 1914—1917 (ТВЛИВЯ, вып. XVI).

Кун, *Культура оазиса низовьев Аму-Дарьи.* — А. Кун, *Культура оазиса низовьев Аму-Дарьи,* — МСТ, вып. IV, 1876, стр. 223—259.

Кун, *От Хивы до Кунграда.* — А. Л. Кун, *От Хивы до Кунграда,* — МСТ, вып. IV, 1876, стр. 203—222.

*В. Кун, *Черты военной организации.* — В. Н. Кун, *Черты военной оргинизации средневековых кочевых народов Средней Азии,* — «Уч. зап. Ташкентского гос. педагогич. и учительского ин-та им. Низами», СОН, вып. I, 1947, стр. 15—31.

Кушакевич, *Сведения.*— А. А. Кушакевич, *Сведения о Ходжентском уезде,*— ЗИРГО по общ. географии (отд. геогр. матем. и физ.), т. IV, 1871, стр. 173—265.

Лапин, *Шахи-зинда.*— С. А. Лапин, *Шахи-зинда и его намогильный памятник,*— СКСО, вып. IV, 1896, отдел IV, стр. 39—45.

Лерх, *Археологическая поездка.*— П. Лерх, *Археологическая поездка в Туркестанский край в 1867 году,* СПб., 1870.

Лерх, *Мавераннагр.*— [П. И. Лерх], *Мавераннагр, или Заречье,*— Русский энциклопедический словарь, издаваемый И. Н. Березиным, отдел III, т. II (X), СПб., 1875, стр. 577—583.

Лерх, *Монеты бухар-худатов.*— П. И. Лерх, *Монеты бухар-худатов,*— ТВОРАО, ч. XVIII, СПб., 1875—1909, стр. 1—161.

*Лившиц, *Брачный контракт.* — В. А. Лившиц, *Согдийский брачный контракт начала VIII в. н. э.,*— СЭ, 1960, № 5, стр. 76—91.

*Лившиц, *Два согдийских документа,* — В. А. Лившиц, *Два согдийских документа с горы Муг,*— ВДИ, 1960, № 2, стр. 76—86.

*Лившиц, *Согдийские письма.* — В. А. Лившиц, *Согдийские письма с горы Муг,* М., 1960 (XXV Международный конгресс востоковедов. Доклады делегации СССР).

*Лившиц, *Согдийский документ.* — В. А. Лившиц, *Согдийский документ В-4 с горы Муг,*— ПВ, 1959, № 6, стр. 123—138.

*Лившиц, *Согдийский посол.* — В. А. Лившиц, *Согдийский посол в Чаче,* — СЭ, 1960, № 2, стр. 92—109.

*Лившиц, *Три письма.* — В. А. Лившиц, *Три письма с горы Муг,* — ПВ, 1960, № 6, стр. 116—132.

*Литвинский, *Археологическое изучение Таджикистана.* — Б. А. Литвинский, *Археологическое изучение Таджикистана советской наукой* (*краткий очерк*), Сталинабад, 1954 (Труды Ин-та истории, археол. и этногр. АН ТаджССР, т. XXVI).

*Литвинский, *О некоторых моментах.* — Б. А. Литвинский, *О некоторых моментах развития средневекового города Средней Азии,* — ИАН ТаджССР, ООН, вып. IV, 1953, стр. 55—67.

Логофет, *В горах и на равнинах Бухары.*— Д. Н. Логофет, *В горах и на равнинах Бухары (Очерки Средней Азии),* СПб., 1913.

Логофет, *На границах Средней Азии.*— Д. Н. Логофет, *На границах Средней Азии,* кн. I—III, СПб., 1909.

*Лунин, *Из истории русского востоковедения.* — Б. Лунин, *Из истории русского востоковедения и археологии в Туркестане. Туркестанский кружок любителей археологии (1895—1917 гг.),* Ташкент, 1958.

*Лунин, *К истории города Термеза.* — Б. Лунин, *К истории города Термеза,* — ИЖ, 1944, кн. 4, стр. 100—103.

* Лунин, *Указатели к ПТКЛА.* — Б. В. Лунин, *Библиографический, именной и географический указатели к Протоколам и сообщениям Туркестанского Кружка любителей археологии (1895—1917 гг.),*— сб. «История материальной культуры Узбекистана», вып. I, Ташкент, 1959, стр. 231—255. R660

Лыкошин, *Очерк археологических изысканий.*— Н. Лыкошин, *Очерк археологических изысканий в Туркестанском крае, до учреждения Туркестанского кружка любителей археологии,*— «Средне-Азиатский вестник», Ташкент, 1896, июль, стр. 1—33; сентябрь, стр. 1—26; то же: ПТКЛА, год I, 1896 [прилож. к проток. заседания 28 октября 1896 г., стр. 1—51].

Лэн-Пуль, *Мусульманские династии.* — С. Лэн-Пуль, *Мусульманские династии. Хронологические и генеалогические таблицы с историческими введениями.* Перевел с английского с примечаниями и дополнениями В. Бартольд, СПб., 1899.

*Маджи, *К истории.* — А. Е. Маджи, *К истории феодального Ходжента,* — «Материалы по истории таджиков и Таджикистана. Сборник 1-й», Сталинабад, 1945, стр. 114—145.

*Майский, *Чингис-хан.* — И. М. Майский, *Чингис-хан,* — ВИ, 1962, № 5, стр. 74—83.

Маллицкий, *Несколько слов.*— Н. Маллицкий, *Несколько слов о древностях Узгента. (Историко-археологическая справка),*— ПТКЛА, год II, 1897, прилож. к проток. заседания 16 октября 1897 г., стр. 8—12.

*Малов, *Таласские эпиграфические памятники.* — С. Е. Малов, *Таласские эпиграфические памятники,*— «Материалы Узкомстариса», вып. 6—7, М.— Л., 1936, стр. 17—38.

Малов — см. разд. 1, А (Источники. Сборники и хрестоматии).

*Мандельштам, *Материалы.*— А. М. Мандельштам, *Материалы к историко-географическому обзору Памира и припамирских областей с древнейших времен до X в. н. э.,* Сталинабад, 1957 (Труды Ин-та истории, археологии и этнографии АН ТаджССР, т. LIII).

*Маргулан, *Из истории городов.* — А. Х. Маргулан, *Из истории городов и строительного искусства древнего Казахстана,* Алма-Ата, 1950.

Марков, *Инвентарный каталог.*— А. Марков, *Инвентарный каталог мусульманских монет Императорского Эрмитажа,* СПб., 1896.

*Марр, *Василий Владимирович Бартольд.* — Н. Я. Марр, *Василий Владимирович Бартольд [Вступительное слово к заседанию Академии наук СССР 13 декабря 1930, посвященному памяти В. В. Бартольда],* — «Сообщения ГАИМК», 1931, № 1, стр. 8—12.

Марр, *Надгробный камень из Семиречья.* — Н. Марр, *Надгробный камень из Семиречья с армянско-сирийской надписью 1923 г.,* — ЗВОРАО, т. VIII, 1894, стр. 344—349.

Масальский, *Туркестанский край.* — В. И. Масальский, *Туркестанский край,* СПб., 1913 (Россия. Полное географическое описание нашего отечества, под ред. В. П. Семенова-Тян-Шанского, т. XIX).

*Массон, *Археологические исследования в Узбекистане.* — М. Е. Массон, *Археологические исследования в Узбекистане,*— сб. «Наука в Узбекистане за 15 лет (1924—1939)», Ташкент, 1939, стр. 110—120.

*Массон, *Ахангеран.* — М. Е. Массон, *Ахангеран. Археолого-топографический очерк,* Ташкент, 1953.

*Массон, *Городища Нисы.* — М. Е. Массон, *Городища Нисы в селении Багир и их изучение,*— «Труды ЮТАКЭ», т. I, Ашхабад, 1949, стр. 16—105.

R661 *Массон, *Городища Старого Термеза.* — М. Е. Массон, *Городища Старого Термеза и их изучение,*— «Термезская археологическая комплексная экспедиция 1936 г.», Ташкент, 1940 («Труды УзФАН», сер. I, вып. 2), стр. 5—122.

*Массон, *К вопросу о взаимоотношениях Византии и Средней Азии.* — М. Е. Массон, *К вопросу о взаимоотношениях Византии и Средней Азии по данным нумизматики,*— «Труды САГУ», новая серия, вып. XXIII, гуманитарные науки, кн. 4 (история), Ташкент, 1951, стр. 91—104

*Массон, *К вопросу о «черных дирхемах».* — М. Е. Массон, *К вопросу о «черных дирхемах» Мусейяби,*— «Труды Ин-та истории и археологии АН УзССР», вып. 7, Ташкент, 1955, стр. 175—196.

*Массон, *К изучению археологических памятников.* — М. Е. Массон, *К изучению археологических памятников правобережного Тохаристана,*— «Социалистическая наука и техника», 1937, № 1, стр. 99—105.

*Массон, *К истории горного дела.* — М. Е. Массон, *К истории горного дела на территории Узбекистана,* Ташкент, 1953.

*Массон, *К истории добычи меди.* — М. Е. Массон, *К истории добычи меди в Средней Азии в связи с прошлым Алмалыка,*— «Труды Таджикско-Памирской экспедиции. 1934», вып. XXXVII, М.— Л., 1936.

* Массон, *К истории черной металлургии.* — М. Е. Массон, *К истории черной металлургии Узбекистана,* Ташкент, 1947.

*Массон, *К локализации Согда.* — М. Е. Массон, *К локализации Согда,* — «Труды САГУ», новая серия, вып. XI, гуманитарные науки, кн. 3, Археология Средней Азии, Ташкент, 1950, стр. 171—179.

*Массон, *К периодизации.* — М. Е. Массон, *К периодизации древней истории Самарканда,*— БДИ, 1950, № 4, стр. 155—166.

*Массон, *Монетный клад.* — М. Е. Массон, *Монетный клад XIV века из Термеза,* — «Бюлл. САГУ», вып. 18, № 7, 1929, стр. 53—68.

*Массон, *Новые данные.* — М. Е. Массон, *Новые данные по древней истории Мерва (Из работ ЮТАКЭ),*— ВДИ, 1951, № 4, стр. 89—101.

*Массон, *Прошлое Ташкента.* — М. Е. Массон, *Прошлое Ташкента (археолого-топографический и историко-архитектурный очерк),*— ИАН УзССР, 1954, № 2, стр. 105—132.

*Массон, *Работы Термезской экспедиции.* — М. Е. Массон, *Работы Термезской археологической комплексной экспедиции (ТАКЭ) 1937 и 1938 гг.,*— «Труды АН УзССР», сер. I, История, археология. Термезская археологическая экспедиция, т. II, Ташкент, 1945, стр. 3—9.

*Массон, *Самаркандский Регистан.* — М. Е. Массон, *Самаркандский Регистан,* — «Труды САГУ», новая серия, вып. XI, гуманитарные науки, кн. 31, Археология Средней Азии, Ташкент, 1950, стр. 75—90.

* Массон, *Старый Сайрам,* — М. Е. Массон, *Старый Сайрам,* — «Изв. Средазкомстариса», вып. III, Ташкент, 1928, стр. 23—42.

*Массон, *Термезская экспедиция.* — М. Е. Массон, *Термезская археологическая комплексная экспедиция (ТАКЭ),*— КСИИМК, вып. VIII, 1940, стр. 113—116.

*Массон, *Фрагмент.* — М. Е. Массон, *Фрагмент из истории распространения в древности шелкопряда Bombyx mori,*— «Белек С. Е. Малову. Сборник статей», Фрунзе, 1946, стр. 47—51.

*Массон, *Южно-Туркменистанская экспедиция.* — М. Е. Массон, *Южно-Туркменистанская археологическая комплексная экспедиция (ЮТАКЭ) 1947 г.,*— «Труды ЮТАКЭ», т. II, Ашхабад, 1951, стр. 7—72.

Мелиоранский, *Араб филолог о турецком языке.* — П. М. Мелиоранский, *Араб филолог о турецком языке,* СПб., 1900. R662

Мелиоранский, *Памятник в честь Кюль-Тегина.*— П. Мелиоранский, *Памятник в честь Кюль-Тегина,*— ЗВОРАО, т. XII, 1900, стр. 1—144.

*Миклухо-Маклай, *Географическое сочинение XIII в.* — Н. Д. Миклухо-Маклай, *Географическое сочинение XIII в. на персидском языке (Новый источник по исторической географии Азербайджана и Армении),*— УЗИВАН, т. IX, 1954, стр 175—219.

*Миклухо-Маклай, *Некоторые персидские и таджикские рукописи.* — Н. Д. Миклухо-Маклай, *Некоторые персидские и таджикские исторические и географические рукописи Института востоковедения Академии наук СССР,*— УЗИВАН, т. XVI, 1958, стр. 235—279.

*Миклухо-Маклай, *Описание.* — Н. Д. Миклухо-Маклай, *Описание таджикских и персидских рукописей Института востоковедения,* [вып. 1, *Географические и космографические сочинения*], М.— Л., 1955; вып. 2, *Биографические сочинения,* М., 1961.

Минаев, *Сведения.*— И. Минаев, *Сведения о странах по верховьям Аму-Дарьи,* СПб., 1879.

М. Р. Х., *Сведения.* — [М. Р. Х], *Сведения, сообщенные разведчиком М. Р. Х. о городах Афганистана,* — СМА, вып. XLVII, 1891, стр. 103—130.

*Мугинов, *Исторический труд.* — А. М. Мугинов, *Исторический труд Мухаммеда Шебāнгāра'ӣ,* — УЗИВАН, т. IX, 1954, стр. 220—240.

*Мугинов, *Персидская уникальная рукопись.* — А. М. Мугинов, *Персидская уникальная рукопись Рашӣд ад-дӣна,*— УЗИВАН, т. XVI, 1958, стр. 352—375.

* Мункуев, *О «Мэн-да бэй-лу».* — Н. Ц. Мункуев, *О «Мэн-да бэй-лу» и «Хэй-да ши-люе» — записках китайских путешественников XIII в. о древних монголах,*— сб. «Китай * Япония. История и филология. К семидесятилетию академика Николая Иосифовича Конрада», М., 1961, стр. 80—92.

Мухамедов, *Мудофаа иншоотлари.* — Х. Мухамедов, *Ўзбекистоннинг қадимий мудофаа иншоотлари тарихидан (Эрамиздан олдинги III асрдан бошлаб эрамизнинг Х асригача)*, Тошкент, 1961.

Мушкетов, *Туркестан.* — И. В. Мушкетов, *Туркестан. Геологическое и орографическое описание по данным, собранным во время путешествия с 1874 по 1880 г.,* т. I—II, СПб., 1886—1906; изд. 2-е: Пг., 1915.

Мюллер, *История ислама.*— А. Мюллер, *История ислама с основания до новейших времен,* т. I—IV, пер. с нем. под ред. Н. А. Медникова́, СПб., 1895—1896.

Надписи на древних могильных камнях.— *Надписи на древних могильных камнях в селении Узгенте Андижанского уезда.* — ПТКЛА, год II, 1897, прилож. к проток. заседания 16 октября 1897 г., стр. 5—7.

Надпись на памятнике в Термезе.— *Надпись на памятнике в Термезе,*— ПТКЛА, год II, 1897, прилож. к проток. заседания 29 августа 1897 г., стр. 17.

*Насонов, *Монголы и Русь.* — А. Н. Насонов, *Монголы и Русь (история татарской политики на Руси),* М.— Л., 1940.

*Негматов, *Историко-географический очерк Усрушаны.* — Н. Негматов, *Историко-географический очерк Усрушаны с древнейших времен по Х в. н. э.,*— «Труды ТАЭ», т. II, 1948—1950 (МИА, № 37), 1953, стр. 231—252.

*Негматов, *Усрушана.* — Н. Негматов, *Усрушана в древности и раннем средневековье,* Сталинабад, 1957 (Труды Ин-та истории, археологии и этнографии АН ТаджССР, т. LV).

R663 *_О патриархально-феодальных отношениях._ — _О патриархально-феодальных отношениях у кочевых народов (к итогам обсуждения)_,— ВИ, 1956, № 1, стр. 75—80.

Ольденбург, _О персидской версии._— С. Ольденбург, _О персидской прозаической версии «Книги Синдбада»_,— «Ал-Музаффарийя», стр. 252—278.

*Ошанин, _Антропологический состав._ — Л. В. Ошанин, _Антропологический состав населения Средней Азии и этногенез ее народов_, ч. I—III, Ереван, 1957—1959 (Труды САГУ, новая серия, вып. XCVI—XCVIII, исторические науки, кн. 16—18).

Палладий, _Старинные следы христианства._— Палладий, архимандрит, _Старинные следы христианства в Китае, по китайским источникам_,— «Восточный сборник», [изд. Мин-ва иностр. дел], т. I, СПб., 1877, стр. 1—64.

Петров, _Развалины Муг-тепе._ — А. Петров, _Развалины Муг-тепе около селения Сары-Курган_, — ПТКЛА, год XIX, [вып. 1], 1915, стр. 24—25.

Петровский, _Башня «Бурана»._— Н. Петровский, _Башня «Бурана» близ Токмака_,— ЗВОРАО, т. VIII, 1894, стр. 351—354.

Петровский, _Еще заметка._— Н. Петровский, _Еще заметка к статье В. Бартольда «О христианстве в Туркестане в до-монгольский период»_,— ЗВОРАО, т. VIII, 1894, стр. 354—358.

Петровский, _Заметка._— Н. Петровский, _Заметка по гидрографии Туркестанского края_,— ИИРГО, т. XXXIV, вып. IV, 1898, стр. 490—494.

*Петрушевский, _Деревня и крестьяне._ — И. П. Петрушевский, _Деревня и крестьяне средневекового Ближнего Востока в трудах ленинградских востоковедов_,— УЗИВАН, т. XXV, 1960, стр. 204—217.

*Петрушевский, _Земледелие._ — И. П. Петрушевский, _Земледелие и аграрные отношения в Иране XIII—XIV веков_, М.— Л., 1960.

*Петрушевский, _Из истории Бухары._ — И. П. Петрушевский, _Из истории Бухары в XIII в._,— «Уч. зап. ЛГУ», № 98, серия востоковедческих наук, вып. 1, Л., 1949, стр. 103—118.

*Петрушевский, _К вопросу о подлинности переписки Рашид-ад-дина._ — И. П. Петрушевский, _К вопросу о подлинности переписки Рашид-ад-дина_ (по поводу статьи Р. Леви «The letters of Rashid-ad-din Fadl-Allah», Journal of the Royal Asiatic Society, 1946, ч. 1—2, стр. 74—78),— ВЛУ, 1948, № 9, стр. 124—130.

*Петрушевский, _Новый персидский источник._ — И. Петрушевский, _Новый персидский источник по истории монгольского нашествия_,— ВИ, 1946, № 11—12, стр. 121—126.

*Петрушевский, _Рашид-ад-дин._ — И. П. Петрушевский, _Рашид-ад-дин и его исторический труд_, — в кн.: Рашид-ад-дин, _Сборник летописей_, т. I, кн. 1, М.—Л., 1952, стр. 7—37 [см. выше, разд. I, Б (Источники) — Рашид ад-дин, пер. в изд. ИВАН].

*Петрушевский, _Труд Сейфи._ — И. П. Петрушевский, _Труд Сейфи, как источник по истории Восточного Хорасана_,— «Труды ЮТАКЭ», т. V, Ашхабад, 1955, стр. 130—162.

*Пигулевская, _Византийская дипломатия_, — Н. В. Пигулевская, _Византийская дипломатия и торговля шелком в V—VII вв._, — ВВ, т. I (XXVI), М., 1947, стр. 184—214.

*Пигулевская, _Города Ирана._— Н. Пигулевская, _Города Ирана в раннем средневековье_, М.— Л., 1956.

*Пигулевская, _Зарождение феодальных отношений_, — Н. Пигулевская, _Зарождение феодальных отношений на Ближнем Востоке_, — УЗИВАН, т. XVI, 1958, стр. 5—30.

*Пигулевская, _Идея равенства._ — Н. В. Пигулевская, _Идея равенства в учении маз-_

R664

дакитов,— сб. «Из истории социально-политических идей. К семидесятипятилетию академика Вячеслава Петровича Волгина», М., 1955, стр. 97—101.

*Пигулевская, *История.* — Н. В. Пигулевская, *История мар Ябалахи и Саумы,* — ПС, вып. 2 (64—65), 1956.

*Пигулевская, *К вопросу о феодальной собственности.* — Н. В. Пигулевская, *К вопросу о феодальной собственности на землю в Иране,* — ВЛУ, 1956, № 8, стр. 79—84.

*Пигулевская, *Сирийские источники.* — Н. Пигулевская, *Сирийские источники по истории народов СССР,* М.— Л., 1941.

*Пигулевская, *Учение о докапиталистических формациях.* — Н. В. Пигулевская, *Учение о докапиталистических формациях на Ближнем и Среднем Востоке в трудах ленинградских востоковедов,* — УЗИВАН, т. XXV, 1960, стр. 192—203.

*Писарчик, *Памятники Кермине.* — А. К. Писарчик, *Памятники Кермине,* — «Сообщения Ин-та истории и теории архитектуры», М., 1944, вып. 4, стр. 22—35.

Позднеев, *О древнем китайско-монгольском памятнике.*— А. М. Позднеев, *О древнем китайско-монгольском историческом памятнике Юань-чао-ми-ши,*— ИРАО, т. X, вып. 3—6, 1884, стр. 245—259; то же: отд. отт., стр. 1—22.

* Полупанов, *Архитектурные памятники.* — С. Н. Полупанов, *Архитектурные памятники Самарканда,* М., 1948.

*Поляков, *Китайские рукописи.* — А. С. Поляков, *Китайские рукописи, найденные в 1933 г. в Таджикистане,*— Согд. сб., стр. 91—117.

Пославский, *Бухара.*— Пославский, подполк., *Бухара. Описание города и ханства,*— СМА, вып. XLVII, 1891, стр. 1—102.

Пославский, *О развалинах Термеза.*— И. Пославский, *О развалинах Термеза. (Путевой очерк),*— «Средне-Азиатский вестник», 1896, декабрь, стр. 84—100.

Поспелов, *Материалы.*— Ф. Поспелов, *Материалы к истории Самаркандской области. (Исторический очерк города Катта-Кургана.— Памятник на Зерабулакских высотах.— Освобождение рабов в Катта-Курганском отделе.— Отмена телесных наказаний в Катта-Курганском отделе.— Сеид-Хан Каримханов),*— СКСО, вып. X, 1912, стр. 108—131.

* Потапов, *О сущности патриархально-феодальных отношений.* — Л. П. Потапов, *О сущности патриархально-феодальных отношений у кочевых народов Средней Азии и Казахстана,*— ВИ, 1954, № 6, стр. 73—89.

П. Т., *Термезский арык.*— П. Т., *Термезский арык,*— ТВ, 1905, № 115.

* Пугаченкова, *Архитектурные памятники Дахистана.* — Г. А. Пугаченкова, *Архитектурные памятники Дахистана, Абиверда, Серахса,*— «Труды ЮТАКЭ», т. II, Ашхабад, 1951, стр. 192—252.

*Пугаченкова, *Архитектурные памятники Нисы.* — Г. А. Пугаченкова, *Архитектурные памятники Нисы,*— «Труды ЮТАКЭ», т. I, Ашхабад, 1949, стр. 201—259.

*Пугаченкова, *Ниса.* — Г. А. Пугаченкова, *Ниса (краткий путеводитель),* Ашхабад, 1958.

*Пугаченкова, *Ханака в Мехне.* — Г. А. Пугаченкова, *Ханака в Мехне,* — «Труды ЮТАКЭ», т. V, Ашхабад, 1955, стр. 163—170.

*Пугаченкова — Ремпель, *Бухара.* — Г. Пугаченкова и Л. Ремпель, *Бухара (Узбекистан),* М., 1949.

*Пугаченкова — Ремпель, *Выдающиеся памятники.* — Г. А. Пугаченкова, Л. И. Ремпель, *Выдающиеся памятники архитектуры Узбекистана,* Ташкент, 1958.

*Пучковский, *Монгольская историография.* — Л. С. Пучковский, *Монгольская феодальная историография XIII—XVII вв.,*— УЗИВАН, т. VI, 1953, стр. 131—166.

R665 Радлов, *К вопросу об уйгурах.* — В. В. Радлов, *К вопросу об уйгурах. (Из предисловия к изданию Кудатку-Билика)*, СПб., 1893 (прилож. к ЗИАН, т. LXXII).

Радлов, *Опыт словаря тюркских наречий.* — В. В. Радлов, *Опыт словаря тюркских наречий*, т. I—IV, СПб., 1893—1911.

Рожевиц, *Поездка.* — Р. Ю. Рожевиц, *Поездка в Южную и Среднюю Бухару в 1906 г.*, — ИИРГО, т. XLIV, 1909, стр. 593—652.

Розен, *Арабские сказания*, I—III. — В. Розен, *Арабские сказания о поражении Романа Диогена Алп-Арсланом*, — ЗВОРАО, т. I, стр. 19—22 (I. Ибн-ал-Атир); стр. 189—207 (II. Имâд-эд-дин Исфаганский); стр. 243—252 (III. Садр-эд-дин ал-Хусейни).

Розен, ЗВОРАО, т. III [стр. 146—162]. — В. Р[озен], [рец. на:] Alberuni's India... edited in Arabic original by Dr. E. Sachau, London, 1887, — ЗВОРАО, т. III, 1888, стр. 146—162.

Розен, ЗВОРАО, т. IV [стр. 129—150]. — В. Р[озен], [рец. на:] A. von Kremer. Über die philosophischen Gedichte des Abul 'Alâ Ma'arry, Wien, 1888, — ЗВОРАО, т. IV, 1890, стр. 129—150.

Розен, ЗВОРАО, т. VI [стр. 383—388]. — В. Р[озен], [рец. на:] Histoire du sultan Djelal ed-Din Mankobirti, prince du Kharezm. Par Mohammed en-Nesawi. Texte arabe publié... par O. Houdas, — ЗВОРАО, т. VI, 1892, стр. 383—388.

Розен, ЗВОРАО, т. VIII [стр. 170—194]. — В. Р[озен], [рец. на:] Ignaz Goldziher. Muhammedanische Studien, — ЗВОРАО, т. VIII, 1894, стр. 170—194.

Розен, *Рассказ Хилâля ас-Сâби.* — В. Розен, *Рассказ Хилâля ас-Сâби о взятии Бухары Богра-ханом*, — ЗВОРАО, т. II, 1888, стр. 272—275.

Розен, *Список.* — В. Розен, *Список персидским, турецко-татарским и арабским рукописям Библиотеки И. СПБ. Университета*, [ч. II, арабские сочинения], — ЗВОРАО, т. III, 1889, стр. 197—220.

Розенберг, *О согдийцах.* — Ф. Розенберг, *О согдийцах*, — ЗКВ, т. I, 1925, стр. 81—90.

*Ромаскевич, *Персидские источники.* — А. А. Ромаскевич, *Персидские источники по истории туркмен и Туркмении X—XV вв.*, — МИТТ, I, стр. 40—61.

*Ромодин, *Вклад ленинградских востоковедов.* — В. А. Ромодин, *Вклад ленинградских востоковедов в изучение истории Средней Азии*, — УЗИВАН, т. XXV, 1960, стр. 30—41.

Рудановский, *Сообщение в заседании ТКЛА.* — К. А. Рудановский, *Сообщение в заседании ТКЛА 11 декабря 1898 г.*, — ПТКЛА, год III, 1897—1898, стр. 233—234.

Руднев, *Заброшенный уголок.* — Н. Руднев, *Заброшенный уголок*, — ТВ, 1900, № 15—17; то же: *Следы древних городов по Сыр-Дарье*, — ПТКЛА, год V, 1900, стр. 57—62.

*Рудо, *К вопросу о вооружении Согда.* — К. Г. Рудо, *К вопросу о вооружении Согда VII—VIII вв.*, — «Сообщения Республиканского Историко-краеведческого музея ТаджССР», вып. I, Археология, Сталинабад, 1952, стр. 59—72.

*Рязановский, *Великая Яса.* — В. А. Рязановский, *Великая Яса Чингиз-хана*, — «Изв. Харбинского юридического фак-та», т. X, Харбин, 1933.

Савельев, *Дополнения.* — П. Савельев, *Дополнения к описанию саманидских монет*, — ТВОРАО, ч. I, 1855, стр. 238—253.

*Савельев, *Монеты Джучидов.* — П. Савельев, *Монеты Джучидов, Джагатаидов, Джелаиридов, и другие, обращавшиеся в Золотой Орде в эпоху Тохтамыша*, вып. 1—2, СПб., 1858.

*Салье, *Великий хорезмийский ученый.* — М. А. Салье, *Великий хорезмийский уче* *ный Абу-р-Рейхан аль-Бируни (973—1048),*— «Звезда Востока», Ташкент, 1950, № 6, стр. 65—74. R666

* Салье, *Хоразмлик улуғ олим.* — М. Салье, *Хоразмлик улуғ олим Абу Райхон Мухаммад ибн Ахмад ал Беруний (ижодий хаёт йулини ёритишдаги тажриба),* Тошкент, 1960.

Самойлович, *Тийишь.* — А. Н. Самойлович, *Тийишь (тишь) и другие термины крымско-татарских ярлыков,* — ИРАН, сер. VI, т. XI, 1917, стр. 1277—1282.

*Семенов, *Абу Али ибн Сина.* — А. А. Семенов, *Абу Али ибн Сина (Авиценна),* Сталинабад, 1953.

*Семенов, *Ал-Бируни.* — А. Семенов, *Ал-Бируни — величайший ученый средневекового Востока и Запада,*— «Литература и искусство Узбекистана», кн. 1, Ташкент, 1938, стр. 106—116.

* Семенов, *К вопросу о датировке Рабат-и Малика.* — А. А. Семенов, *К вопросу о датировке Рабат-и Малика в Бухаре,*— «Труды САГУ», новая серия, вып. XXIII, гуманитарные науки, кн. 4 (история), Ташкент, 1951, стр. 21—27.

*Семенов, *К вопросу о происхождении Саманидов.* — А. А. Семенов, *К вопросу о происхождении Саманидов,*— «Труды Ин-та истории, археологии и этнографии АН ТаджССР», т. XXVII, Сталинабад, 1954, стр. 3—11.

*Семенов, *К вопросу об этническом и классовом составе.* — А. А. Семенов, *К вопросу об этническом и классовом составе северных городов империи хорезм-шахов в XII в. н. э. (По актам того времени),* — ИАН ТаджССР, ООН, 1952, № 2, стр. 17—26.

*Семенов, *К истории города Нисы.* — А. А. Семенов, *К истории города Нисы в XII в. (По актам того времени)* — «Труды ЮТАКЭ», т. V, Ашхабад, 1955, стр. 108—129.

*Семенов, *Происхождение Термезских сейидов.* — А. А. Семенов, *Происхождение Термезских сейидов и их древняя усыпальница «Султан-Садат»,*— ПТКЛА, год XIX, [вып. 1], 1915, стр. 3—20.

Ситняковский, *Заметки.*— Н. Ф. Ситняковский, *Заметки о Бухарской части долины Зеравшана,* — ИТОРГО, т. I, вып. II, 1900, стр. 121—314 [стр. 179—314: *Список арыков и населенных пунктов*].

Ситняковский, *Сообщение в заседании ТКЛА 11 декабря 1896 г.* — Н. Ф. Ситняковский, [*Сообщение в заседании ТКЛА 11 декабря 1896 г.*],— ПТКЛА, год II, 1897, стр. 20.

Ситняковский, *Сообщение в заседании ТКЛА 21 апреля 1898 г.*— Н. Ф. Ситняковский, [*Сообщение в заседании ТКЛА 21 апреля 1898 г.*], — ПТКЛА, год III, 1898, стр. 89—94.

Скварский, *Несколько слов.* — П. С. Скварский, *Несколько слов о древностях Шахристана,*— «Средне-Азиатский вестник», 1896, октябрь, стр. 47—51; то же: ПТКЛА, год I, 1896, [прилож. к проток. от 25 августа 1896 г.], стр. 41—45.

Смирнов, *Дервишизм.* — Е. Т. Смирнов, *Дервишизм в Туркестане,* Ташкент, 1898 (отд. отт. из ТВ); то же: «Сборник материалов по мусульманству», под ред. В. И. Ярового-Равского, СПб., 1899, стр. 49—71.

Смирнов, *Древности в окрестностях г. Ташкента.*— Е. Т. Смирнов, *Древности в окрестностях г. Ташкента,*— ПТКЛА, год I, 1896 (прилож. к проток. от 22 января 1896 г.); то же: «Средняя Азия. Научно-литературный сборник статей по Средней Азии», под ред. Е. Т. Смирнова, Ташкент, 1896, стр. 111—136.

Смирнов, *Древности на среднем и нижнем течении р. Сыр-Дарьи.* — Е. Смирнов, *Древности на среднем и нижнем течении р. Сыр-Дарьи,*— ПТКЛА, год II, 1897, прилож. к проток. от 17 февраля 1897 г., стр. 1—14.

*Смирнова, *Археологические разведки в бассейне Заравшана.* — О. И. Смирнова,

R667 *Археологические разведки в бассейне Заравшана в 1947 г.,* — «Труды СТАЭ», т. I, 1946—1947 (МИА, № 15), 1950, стр. 67—80.

*Смирнова, *Археологические разведки в Усрушане.* — О. И. Смирнова, *Археологические разведки в Усрушане в 1950 г.,* — «Труды ТАЭ», т. II, 1948—1950 (МИА, № 37), 1953, стр. 189—230.

*Смирнова, *Вопросы исторической топографии.* — О. И Смирнова, *Вопросы исторической топографии и топонимики верхнего Зарафшана,* — «Труды СТАЭ», т. I, 1946—1947 (МИА, № 15), 1950, стр. 56—66.

*Смирнова, *Из истории арабских завоеваний.* — О. И Смирнова, *Из истории арабских завоеваний в Средней Азии. Договор арабского полководца Кутейбы с царем Согда Гӯреком, заключенный в 712 г.,* — СВ, 1957, № 2, стр. 119—134.

*Смирнова, *К истории самаркандского договора.* — О. И. Смирнова, *К истории самаркандского договора 712 г.,* — КСИВ, вып. XXXVIII, 1960, стр. 69—79.

*Смирнова, *Материалы.* — О. И. Смирнова, *Материалы к сводному каталогу согдийских монет,* — ЭВ, VI, 1952, стр. 3—45.

*Смирнова, *Монеты древнего Пянджикента.* — О. И. Смирнова, *Монеты древнего Пянджикента,* — «Труды ТАЭ», т. III, 1951—1953 гг. (МИА, № 66), 1958, стр. 216—280.

*Смирнова, *Неизданный фельс.* — О. И. Смирнова, *Неизданный фельс из раскопок на городище древнего Пянджикента,* — КСИИМК, вып. 61, 1956, стр. 103—106.

*Смирнова, *Новые данные.* — О. И. Смирнова, *Новые данные по истории Согда VIII в.,* — ВДИ, 1939, № 4, стр. 97—102.

*Смирнова, *О двух группах монет.* — О. И. Смирнова, *О двух группах монет владетелей Согда VII—VIII вв.,* — ИАН ТаджССР, ООН, вып. 14, 1957, стр. 115—135.

*Смирнова, *Согдийские монеты,* — О. И. Смирнова, *Согдийские монеты как новый источник для истории Средней Азии,* — СВ, т. VI, 1949, стр. 356—367.

*Смирнова, *Труд Табари — Бел'ами.* — О. И. Смирнова, *Труд Табари — Бел'ами как источник для изучения экономических ресурсов Согда,* — МПВНКВ, стр. 947—952.

**Собрание восточных рукописей АН УзССР.* — *Собрание восточных рукописей Академии наук Узбекской ССР.* [*Каталог*]. Под ред. и при участии А. А. Семенова, т. I—V, Ташкент, 1952—1960.

*Ставиский, *Археологическое исследование Таджикистана.* — Б. Я. Ставиский, *Археологическое исследование Таджикистана (Библиографический обзор),* — ВДИ, 1952, № 1, стр. 162—168.

*Ставиский, *Некоторые вопросы.* — Б. Ставиский, *Некоторые вопросы истории и топографии Древнего Согда,* — ВЛУ, 1948, № 3, стр. 118—126.

*Ставиский, Большаков, Мончадская. *Пянджикентский некрополь.* — Б. Я. Ставиский, О. Г. Большаков и Е. А. Мончадская, *Пянджикентский некрополь,* — «Труды ТАЭ», т. II, 1948—1950 (МИА, № 37), 1953, стр. 64—98.

*Струве, *Советское востоковедение за сорок лет.* — В. В. Струве, *Советское востоковедение за сорок лет,* — УЗИВАН, т. XXV, 1960, стр. 3—29.

*Сухарева, *К вопросу об исторической топографии Бухары.* — О. А. Сухарева, *К вопросу об исторической топографии Бухары X—XII вв. (Городские стены и ворота),* — «Труды Ин-та истории, археологии и этнографии АН ТаджССР», т. XXVII, Сталинабад, 1954, стр. 25—40.

*Сухарева, *К истории.* — О. А. Сухарева, *К истории городов Бухарского ханства (историко-этнографические очерки),* Ташкент, 1958.

*Тереножкин, *Археологическая разведка на городище Афрасиаб.* — А. И. Тереножкин, *Археологическая разведка на городище Афрасиаб в 1945 г.,* — КСИИМК, вып. XVII, 1947, стр. 116—121.

*Тереножкин, *Археологические разведки в Хорезме.* — А. Тереножкин, *Археологические разведки в Хорезме,*— СА, 1940. № 6, стр. 168—189. R668

*Тереножкин, *Вопросы.* — А. Тереножкин, *Вопросы историко-археологической периодизации древнего Самарканда.*— ВДИ, 1947, № 4, стр. 127—135.

*Тереножкин, *Литература по археологии в Узбекистане,* — А. Тереножкин, *Литература по археологии в Узбекистане,*— ВДИ, 1939, № 1, стр. 186—191.

*Тереножкин, *Раскопки в кухендизе Пянджикента.* — А. И. Тереножкин, Раскопки *в кухендизе Пянджикента,* — «Труды СТАЭ» (МИА, № 15), 1950, стр. 81—93.

*Тереножкин, *Раскопки на городище Афрасиабе.* — А. И. Тереножкин, *Раскопки на городище Афрасиабе,*— КСИИМК, вып. XXXVI, 1951, стр. 136—140.

*Тереножкин, *Согд и Чач.* — А. И. Тереножкин, *Согд и Чач* (Автореф. канд. дисс.), — КСИИМК, вып. XXXIII, 1950, стр. 152—169.

Тизенгаузен, ЗВОРАО, т. XI [стр. 327—333].— В. Г. Тизенгаузен, [рец. на:] В. А. Жуковский, Древности Закаспийского края. Развалины Старого Мерва. СПб., 1894, — ЗВОРАО, т. XI, 1899, стр. 327—333.

Тизенгаузен, *Монеты восточного халифата.*— В. Тизенгаузен, *Монеты восточного халифата,* СПб., 1873.

Тизенгаузен, *Нумизматические новинки.*— В. Тизенгаузен, *Нумизматические новинки,*— ЗВОРАО, т. VI, 1892, стр. 229—264.

Тизенгаузен, *О саманидских монетах.*— В. Г. Тизенгаузен, *О саманидских монетах,*— ТВОРАО, ч. I, 1855, стр. 1—238.

*Толстов, *Аральский узел.* — С. П. Толстов, *Аральский узел этногонического процесса (тезисы доклада),*— СЭ, 1947, VI—VII, стр. 308—310.

Толстов, *Бируни и его время.* — С. П. Толстов, *Бируни и его время,* — «Вестник АН СССР», 1949, № 4, стр. 42—57.

*Толстов, *Бируни и проблема истории Хорезма.* — С. П. Толстов, *Бируни и проблема древней [и] средневековой истории Хорезма,* — МПВНКВ, стр. 125—130.

*Толстов, *Генезис феодализма.* — С. П. Толстов, *Генезис феодализма в кочевых скотоводческих обществах,*— сб. «Основные проблемы генезиса и развития феодального общества», М.— Л., 1934 (ИГАИМК, вып. 103), стр. 165—199.

*Толстов, *Города гузов.* — С. П. Толстов, *Города гузов (Историко-этнографические этюды),*— СЭ, 1947, № 3, стр. 55—102.

*Толстов, *Древний Хорезм.* — С. П. Толстов, *Древний Хорезм. Опыт историко-археологического исследования,* М., 1948.

*Толстов, *К вопросу о происхождении каракалпакского народа.* — С. П. Толстов, *К вопросу о происхождении каракалпакского народа,*— КСИЭ, 1947, вып. II, стр. 69—75.

*Толстов, *К истории древнетюркской социальной терминологии.* — С. П. Толстов, *К истории древнетюркской социальной терминологии (Qa-ɣan//qoš-un∨tar-gan//tür-k),* — ВДИ, 1938, № 1, стр. 72—81.

*Толстов, *Монеты шахов древнего Хорезма.* — С. П. Толстов, *Монеты шахов Древнего Хорезма и древнехорезмийский алфавит,* — ВДИ, 1938, № 4, стр. 120—145.

*Толстов, *Новогодний праздник «каландас».* — С. П. Толстов, *Новогодний праздник «каландас» у хорезмийских христиан начала XI века (В связи с историей хорезмийско-хазарских отношений),*— СЭ, 1946, № 2, стр. 87—108.

*Толстов, *Огузы.* — С. П. Толстов, *Огузы, печенеги, море Даукара (Заметки по исторической этнонимике восточного Приаралья),*— СЭ, 1950, № 4, стр. 49—54.

*Толстов, *Основные вопросы.* — С. П. Толстов, *Основные вопросы древней истории Средней Азии,*— ВДИ, 1938, № 1, стр. 176—203.

R669 *Толстов, *Основные проблемы этногенеза.* — С. П. Толстов, *Основные проблемы этногенеза народов Средней Азии,* — СЭ, 1947, VI—VII, стр. 303—305.

*Толстов, *Периодизация.* — С. П. Толстов, *Периодизация древней истории Средней Азии,*— ҚСИИМҚ, вып. XXVIII, 1949, стр. 18—29.

*Толстов, *По следам.* — С. П. Толстов, *По следам древнехорезмийской цивилизации,* М.— Л., 1948.

*Толстов, *Хорезмийская генеалогия.* — С. П. Толстов, *Хорезмийская генеалогия Самуила Абы (Еще раз к вопросу о каварах-хорезмийцах),*— СЭ, 1947, № 1, стр 104—107.

*Толстов, *Хорезмская экспедиция 1947 г.* — С. П. Толстов, *Хорезмская археолого-этнографическая экспедиция Академии Наук СССР 1947 года (Предварительное сообщение),* — ИАН СССР, СИФ, т. 5, № 2, 1948, стр. 182—192.

*Толстов, *Хорезмская экспедиция 1949 г.* — С. П. Толстов, *Хорезмская археолого-этнографическая экспедиция Академии Наук СССР 1949 г.,* — ИАН СССР, СИФ, т. 7, № 6, 1950, стр. 514—529.

*Толстов, *Хорезмская экспедиция 1950 г.* — С. П. Толстов, *Хорезмская археолого-этнографическая экспедиция Академии Наук СССР 1950 г.,*— СА, т. XVIII, 1953, стр. 301—325.

*Толыбеков, *О патриархально-феодальных отношениях.* — С. Е. Толыбеков, *О патриархально-феодальных отношениях у кочевых народов,*— ВИ, 1955, № 1, стр. 75—83.

Туманский, ЗВОРАО, т. IX [стр. 300—303]. — А. Туманский, [рец. на:] Древности Закаспийского края. Развалины Старого Мерва. В. А. Жуковского, СПб., 1894 (МАР, вып. 16),— ЗВОРАО, т. IX, 1896, стр. 300—303.

Туманский, *Новооткрытый персидский географ.*— А. Г. Туманский, *Новооткрытый персидский географ X столетия и известия его о славянах и руссах,*— ЗВОРАО, т. X, 1897, стр. 121—137.

Туманский, *По поводу «Китаби Қоркуд».*— А. Туманский, *По поводу «Китаби Қоркуд»,*— ЗВОРАО, т. IX, 1896, стр. 269—272.

*Умняков, *Абдулла-намэ Хафизи-Таныша.* — И. Умняков, *Абдулла-намэ Хафизи-Таныша и его исследователи,*— ЗҚВ, т. V, 1930, стр. 307—328.

*Умняков, *Архитектурные памятники.* — И. И. Умняков, *Архитектурные памятники Средней Азии. Исследование. Ремонт. Реставрация. 1920—1928 гг.,* Ташкент, 1929.

*Умняков, *В. В. Бартольд.* — И. И. Умняков, *В. В. Бартольд (По поводу 30-летия профессорской деятельности),*— «Бюлл. САГУ», вып. 14, Ташкент, 1926, стр. 175—202.

*Умняков, *Значение трудов акад. В. В. Бартольда.* — И. И. Умняков, *Значение трудов акад. В. В. Бартольда по истории Средней Азии,*— МПВНҚВ, стр. 675—682; ср.: журн. «Фан ва турмуш», 1957, № 3, стр. 19—21 (на узб. яз.).

*Умняков, *«История» Фахрэддина Мубаракшаха.* — И. Умняков, *«История» Фахрэддина Мубаракшаха,*— ВДИ, 1938, № 1, стр. 108—115.

Умняков, *К вопросу об исторической топографии.*— И. Умняков, *К вопросу об исторической топографии средневековой Бухары,* — «Ал-Искендерийя», стр. 148—157.

*Умняков, *Рабат-и Малик.* — И. И. Умняков, *Рабат-и Малик,* — «В. В. Бартольду», стр. 179—192.

*Федченко, *Топографический очерк.* — А. П. Федченко, *Топографический очерк Зерафшанской долины и заметки о соседних бекствах и памятниках Самарканда,* М., 1870.

*Фрейман, *Датированные согдийские документы.* — А. А. Фрейман, *Датированные согдийские документы с горы Муг в Таджикистане,*— «Доклады группы востоковедов на сессии Академии Наук СССР 20 марта 1935 г.», М.—Л., 1936 (ТИВАН, т. XVII), стр. 137—165. R670

*Фрейман, *К имени согдийского ихшида.* — А. А. Фрейман, *К имени согдийского ихшида Гурека,*— ВДИ, 1938, № 3, стр. 147—148.

*Халидов, *Дополнения.* — А. Б. Халидов, *Дополнения к тексту «Хронологии» ал-Бӣрӯнӣ по ленинградской и стамбульской рукописям,*— ПС, вып. 4(67), 1959, стр 147—171.

Ханыков, *Описание Бухарского ханства.* — Н. Ханыков, *Описание Бухарского ханства,* СПб., 1843.

*Чепелев, *Очерк архитектуры Средней Азии.* — В. Н. Чепелев, *Очерк архитектуры Средней Азии до Караханидов,*— сб. «Искусство Средней Азии», М., 1930, стр 86—105.

*Чехович, *Из документа XIV века.* — О. Д. Чехович, *Из документа XIV века об окрестностях Самарканда и их орошении,*— ДАН УзССР, 1948, № 6, стр. 38—42.

*Чехович, *К истории крестьян Бухары.* — О. Д. Чехович, *К истории крестьян Бухары XIV в.,* — ИАН УзССР, СОН, 1959, № 1, стр. 71—76.

*Чехович, *Новый источник.* — О. Д. Чехович, *Новый источник по истории Бухары начала XIV века,* — ПВ, 1959, № 5, стр. 148—161.

*Шишкин, *Археологические работы 1937 г.* — В. А. Шишкин, *Археологические работы 1937 г. в западной части Бухарского оазиса,* Ташкент, 1940.

*Шишкин, *Археологические работы 1947 г.* — В. А. Шишкин, *Археологические работы 1947 года на городище Варахша,*— ИАН УзССР, 1948, № 5, стр. 62—70.

*Шишкин, *Археологическое изучение Бухарского оазиса.* — В. А. Шишкин, *Археологическое изучение Бухарского оазиса,*— сб. «Научная сессия Академии Наук УзССР 9—14 июня 1947 г.», Ташкент, 1947, стр. 387—413.

*Шишкин, *Архитектурные памятники.* — В. А. Шишкин, *Архитектурные памятники Бухары,* Ташкент, 1936.

*Шишкин, *Города Узбекистана.* — В. А. Шишкин, *Города Узбекистана (Самарканд, Бухара, Ташкент),* Ташкент, 1943.

*Шишкин, *Из археологических работ.* — В. А. Шишкин, *Из археологических работ на Афросиабе. (Раскопки В. Л. Вяткина в мае — июле 1925 г.),* — «Изв. УзФАН», 1940, № 12, стр. 63—70.

*Шишкин, *Исследование городища Варахша.* — В. А. Шишкин, *Исследование городища Варахша и его окрестностей,*— КСИИМК, вып. X, 1941, стр. 3—15.

*Шишкин, *К исторической топографии.* — В. А. Шишкин, *К исторической топографии Старого Термеза,*— «Труды УзФАН», сер. I, вып. 2, 1940 (Термезская археологическая комплексная экспедиция 1936 г.), стр. 123—153.

*Щербина-Крамаренко, *В развалинах Средней Азии.* — Н. Н. Щербина-Крамаренко, *В развалинах Средней Азии,* [б. м.], 1896.

Щербина-Крамаренко, *По мусульманским святыням.*— Н. Щербина-Крамаренко, *По мусульманским святыням Средней Азии. (Путевые заметки и впечатления),*— СКСО, вып. IV, 1896, отд. IV, стр. 45—61.

R671 Эварницкий, *Путеводитель.*— Д. И. Эварницкий, *Путеводитель по Средней Азии от Баку до Ташкента в археологическом и историческом отношениях,* Ташкент, 1893.

*Якубовский, *Археологическая экспедиция.* — А. Ю. Якубовский, *Археологическая экспедиция в Зарафшанскую долину 1934 г. (Из дневника начальника экспедиции),*— ТОВЭ, т. II, 1940, стр. 113—164.

Якубовский, *Вопросы периодизации.* — А. Ю. Якубовский, *Вопросы периодизации истории Средней Азии в средние века (VI—XV вв.),*— КСИИМК, вып. XXVIII, 1949, стр. 30—43.

*Якубовский, *Восстание Муканны.* — А. Ю. Якубовский, *Восстание Муканны — движение людей в «белых одеждах»,*— СВ, т. V, 1948, стр. 35—54.

*Якубовский, *Восстание Тараби.* — А. Якубовский, *Восстание Тараби в 1238 г. (К истории крестьянских и ремесленных движений в Средней Азии),*— «Доклады группы востоковедов на сессии Академии Наук СССР 20 марта 1935 г.», М.— Л., 1936 (ТИВАН, т. XVII), стр. 101—135.

*Якубовский, *Время Авиценны.* — А. Ю. Якубовский, *Время Авиценны,* — ИАН СССР, ООН, 1938, № 3, стр. 93—108.

*Якубовский, *ГАИМК.* — А. Ю. Якубовский, *ГАИМК — ИИМК и археологическое изучение Средней Азии за 20 лет,*— КСИИМК, вып. VI, 1940, стр. 14—23.

*Якубовский, *Главные вопросы.* — А. Ю. Якубовский, *Главные вопросы изучения истории развития городов Средней Азии,* — «Труды ТаджФАН», т. XXIX, 1951, стр. 3—17.

*Якубовский, *Городище Миздахкан.* — А. Якубовский, *Городище Миздахкан,* — ЗКВ, т. V, 1930, стр. 551—581.

*Якубовский, *Ибн-Мискавейх.* — А. Ю. Якубовский, *Ибн-Мискавейх о походе Русов в Бердаа в 332 г. = 943/42 г.,*— ВВ, т. XXIV, 1926, стр. 63—92.

*Якубовский, *Из истории археологического изучения Самарканда.* — А. Ю. Якубовский, *Из истории археологического изучения Самарканда,*— ТОВЭ, т. II, 1940, стр. 285—337.

*Якубовский, *Ирак.* — А. Якубовский, *Ирак на грани VIII—IX вв. (черты социального строя халифата при аббасидах),*— «Труды первой сессии арабистов, 14—17 июня 1935 г.» (ТИВАН, вып. XXIV), 1937, стр. 25—49.

*Якубовский, *Итоги работ 1946—1947 гг.* — А. Ю. Якубовский, *Итоги работ Согдийско-Таджикской археологической экспедиции в 1946—1947 гг.,* — «Труды СТАЭ», т. I, 1946—1947 (МИА, № 15), 1950, стр. 13—55.

*Якубовский, *Итоги работ 1948—1950 гг.* — А. Ю. Якубовский, *Итоги работ Таджикской археологической экспедиции за 1948—1950 гг.,* — «Труды ТАЭ», т. II, 1948—1950 (МИА, № 37), 1953, стр. 9—20.

*Якубовский, *К вопросу об этногенезе.* — А. Ю. Якубовский, *К вопросу об этногенезе узбекского народа,* Ташкент, 1941.

*Якубовский, *Книга Б. Я. Владимирцова.* — А. Якубовский, *Книга Б. Я. Владимирцова «Общественный строй монголов» и перспективы дальнейшего изучения Золотой Орды,* — «Исторический сборник», Ин-т истории АН СССР, т. V, М.—Л., 1936, стр. 293—313.

*Якубовский, *Махмуд Газневи.* — А. Ю. Якубовский, *Махмуд Газневи. К вопросу о происхождении и характере Газневидского государства,*— сб. «Фердовси. 934—1934», Л., 1934, стр. 51—96.

*Якубовский, *Об испольных арендах.* — А. Ю. Якубовский, *Об испольных арендах в Ираке в VIII в.,*— СВ, т. IV, 1947, стр. 171—184.

*Якубовский, *Об одном раннесаманидском фельсе.* — А. Ю. Якубовский, *Об одном раннесаманидском фельсе (Из ранней истории Саманидского дома),*— КСИИМК, вып. XII, 1946, стр. 103—112. R672

*Якубовский, *Проблема.* — А. Ю. Якубовский, *Проблема социальной истории народов Востока в трудах академика В В. Бартольда,* — ВЛУ, 1947, № 12, стр. 62—79.

*Якубовский, *Развалины Сыгнака.* — А. Якубовский, *Развалины Сыгнака (Сугнака),* — «Сообщения ГАИМК», т. II, 1929, стр. 123—159.

*Якубовский, *Развалины Ургенча.* — А. Ю. Якубовский, *Развалины Ургенча,* — ИГАИМК, т. VI, вып. 2, Л., 1930.

*Якубовский, *Сельджукское движение.* — А. Якубовский, *Сельджукское движение и туркмены в XI веке,*— ИАН СССР, ООН, 1937, № 4, стр. 921—946.

*Якубовский, *Феодальное общество.* — А. Якубовский, *Феодальное общество Средней Азии и его торговля с Восточной Европой в X—XV вв.,* — МИУТТ, стр. 1—60.

Abel-Rémusat *Khaïsang.*— Abel-Rémusat, *Khaïsang, empereur de la Chine, de la dynastie des Mongols,*— в кн.: Abel-Rémusat, *Nouveaux mélanges asiatiques,* t. II, Paris, 1829, pp. 1—3.

Abel-Rémusat, *Recherches.*— Abel-Rémusat, *Recherches sur les langues tartares ou mémoires sur différents points de la grammaire et de la littérature des Mandchous, des Mongols, des Ouigours et des Tibetains,* t. I, Paris, 1820.

Abel-Rémusat, *Sur l'histoire des Mongols.*— Abel-Rémusat, *Sur l'histoire des Mongols, d'après les auteurs musulmans,* — в кн.: Abel-Rémusat, *Nouveaux mélanges asiatiques,* t. I, Paris, 1829, pp. 427—442.

Abel-Rémusat, *Tha-tha-toung-'o.* — Abel-Rémusat, *Tha-tha-toung-'o, ministre oigour,*—в кн.: Abel-Rémusat, *Nouveaux mélanges asiatiques,* t. II, Paris, 1829, pp. 61—63.

Abel-Rémusat, *Yeliu-thsou-thsai.*— Abel-Rémusat, *Yeliu-thsou-thsai, ministre tartare,*— в кн.: Abel-Rémusat, *Nouveaux mélanges asiatiques.* t. II. Paris, 1829, pp. 64—88.

Barbier de Meynard, *Tableau litteraire*— см. Са'алиби, *Йатӣма* (разд. 1, Б — Источники).

Barthold, *Abū Muslim.* — W. Barthold, *Abū Muslim,* — EI, I, S. 107—108①.

Barthold, *Akhsīkath* — W. Barthold, *Akhsīkath,*— EI, I, S. 247.

Barthold, *Die alttürkischen Inschriften.*— W. Barthold, *Die alttürkischen Inschriften und die arabischen Quellen.* — в кн.: W. Radloff, *Die alttürkischen Inschriften der Mongolei,* Zweite Folge, St.-Pbg., 1899 (разд. паг.).

Barthold, *Āmū-Daryā.*— W. Barthold, *Āmū-Daryā,*— EI, I, S. 356—359.

Barthold, *Badakhshān.*—W. Barthold, *Badakhshān,*— EI, I, S. 574—576.

Barthold, *Baihaḳī, Abū 'l-Faḍl.*— W. Barthold, *Baihaḳī, Abū 'l-Faḍl,* — EI, I, S. 616—617.

Barthold, *Baihaḳī, Abū 'l-Ḥasan.*— W. Barthold, *Baihaḳī, Abū 'l-Ḥasan,* — EI, I, S. 615—616.

Barthold, *Bal'amī.* — W. Barthold, *Bal'amī,* — EI, I, S. 638—639.

Barthold, *Bardha'a.*— W. Barthold, *Bardha'a,*— EI, I, S. 683.

Barthold, *Barmakiden.*— W. Barthold, *Barmakiden,*— EI, I, S. 691—693.

Barthold, *Bātū-Khān.*— W. Barthold, *Bātū-Khān,*— EI, I, S. 709—712.

Barthold, *The Bughra Khan.*— W. Barthold, *The Bughra Khan mentioned in the Qudatqu Bilik,*— BSOS, vol. III, pt 1, 1923, pp. 151—158.

① Страницы EI даются везде по немецкому изданию.

R673 Barthold, *Bukhārā.*— W. Barthold, *Bukhārā,* — EI, I, S. 809—816.
Barthold, *Burhān.*— W. Barthold, *Burhān,*— EI, I, S. 816—817.
Barthold, *Čaghāniyān.*— W. Barthold, *Čaghāniyān,*— EI, I, S. 845—846.
Barthold, *Čaghatāi-Ḳhān.*— W. Barthold, *Čaghatāi-Ḳhān,*— EI, I, S. 846—849.
Barthold, *Čingiz-Khān.*— W. Barthold, *Čingiz-Khān,*— EI, I, S. 892—898.
Barthold, *Djuwainī.*— W. Barthold, *Djuwainī, 'Alā al-Dīn 'Aṭā Malik,*— EI, I, S. 1115—1117.
Barthold, *Farghāna.*— W. Barthold, *Farghāna,* — EI, II, S. 64—69.
Barthold, *Ghuzz.*— W. Barthold, *Ghuzz,*— EI, II, S. 178—179.
Barthold, *Ḥāfiẓ-i Abrū.*— W. Barthold, *Ḥāfiẓ-i Abrū* — EI, II, S. 225—226.
Barthold, *Ḥaidar b. 'Alī.*— W. Barthold, *Ḥaidar b. 'Alī,*— EI, II, S. 231.
Barthold, *Ḥakīm Atā.*— W. Barthold, *Ḥakīm Atā,*— EI, II, S. 239.
Barthold, *Ismā'īl b. Aḥmedẓ*— W. Barthold, *Ismā'īl b. Aḥmed,* — EI, II, S. 583.
Barthold, *Ḳarategin.*— W. Barthold, *Ḳarategin,*— EI, II, S. 813—815.
Barthold, *Nachrichten.*— W. Barthold, *Nachrichten über den Aral-See und den unteren Lauf des Amu-Darja von den ältesten Zeiten bis zum 17. Jahrhundert.* Deutscne Ausgabe mit Berichtigungen und Ergänzungen vom Verfasser. Übers. von. H. v. Foth, Leipzig, 1910.
Barthold, *Stand und Aufgaben.*— W. Barthold, *Stand und Aufgaben der Geschichtsforschung in Turkestan,*— «Die Geisteswissenschaften», I. Jg., Leipzig, 1913/1914, H. 39, S. 1075—1080.
Barthold, *Su'ūbīja.*— W. Barthold, *Die persischeSu'ūbīja und die moderne Wissenschaft,*— ZA, Bd XXVI (Festschrift für Ignaz Goldziher), 1912, S. 249—266.
Barthold, *Türken.*— W. Barthold, *Türken,*— EI, IV, S. 969—978 *(Historisch-ethnographische Übersicht)*; S. 986—988 *(Čaghatāische Litteratur)*.
Barthold, *Turkestan.*— W. Barthold, *Turkestan down to the Mongol invasion,* 2d ed., transl. from the original Russian and revised by the author with the assistance of H. A. R. Gibb, London, 1928 (GMS NS, V); 2d ed.: London, 1958.
Barthold, *Zur Geschichte der Ṣaffāriden.*— W. Barthold, *Zur Geschichte des Ṣaffāriden,*— «Festschrift Nöldeke», Bd I, S. 171—191.
Barthold, *Zur Geschichte des Christentums.*— W. Barthold, *Zur Geschichte des Christentums in Mittel-Asien bis zur mongolischen Eroberung.* Berichtigte und vermehrte deutsche Bearbeitung von R. Stübe, Tübingen, 1901.
Barthold, *12 Vorlesungen.*— W. Barthold, *12 Vorlesungen über die Geschichte der Türken Mittelasiens.* Deutsche Bearbeitung von Th. Menzel, Berlin, 1935 (Beiband zu WI, Bd 14—17, 1932—1935).
*Beale, *An oriental biographical dictionary.*— [W. Beale], *An oriental biographical dictionary* founded on materials collected by the late Th. W. Beale. A new edition revised and enlarged by H. G. Keene, London, 1894.
Becker, *Dabīḳ.*— C. H. Becker, *Dabīḳ,*— EI, I, S. 922.
Becker, DI, Bd IV [S. 199].— C. H. Becker, [рец. на:] Herzfeld, E., Erster vorläufiger Bericht über die Ausgrabungen von Samarra, mit einem Vorwort von Friedrich Sarre... Berlin, 1912, — DI, Bd IV, 1913, S. 199.
Becker, *Dībādj.*— C. H. Becker, *Dībādj,*— EI, I, S. 1008.
Becker, *Djizya.*— C. H. Becker, *Djizya,*— EI, I, S. 1097—1098.
Becker, *Egypten.*— C. H. Becker, *Egypten,*— EI, II, S. 4—24.
Becker, *Islamstudien.*— C. H. Becker, *Islamstudien. Vom Werden und Wesen der islamischen Welt,* Bd I—II, Leipzig, 1924—1932.
Becker, *Steuerpacht.* —C. H. Becker, *Steuerpacht und Lehnswesen. Eine historische Stu-*

die über die Entstehung des islamischen Lehnswesens, — DI. Bd V, 1914, S. 81—92. R674

*Beeston, *Catalogue.*— A. F. L. Beeston, *Catalogue of the Persian, Turkish, Hindustani and Pushtu manuscripts in the Bodleian Library,* pt III. *Additional Persian manuscripts,* Oxford, 1954.

van Berchem, *La propriété.* — M. van Berchem, *La propriété territoriale et l'impot foncier sous les premiers califes. Étude sur l'impot du Kharâg,* Genève, 1886.

Biberstein-Kasimirski, *Menoutchehri*— см. Менучехри (разд. 1, Б — Источники).

Blochet, *Catalogue BN.*— E. Blochet, *Catalogue des manuscrits persans de la Bibliothèque Nationale,* t. I—IV, Paris, 1905—1912 (I — 1905, II — 1912, III — 1928, IV — 1934).

Blochet, *Catalogue de la collection Schefer.* — E. Blochet, *Catalogue de la collection de manuscrits orientaux arabes, persans et turcs formée par Ch. Schefer...* Publié par E. Blochet, Paris, 1900.

Blochet, *Les inscriptions.*— E. Blochet, *Les inscriptions de Samarkand. I. Le Goûr-i-Mîr,* گور میر, *ou tombeau de Tamerlan,*— «Revue archéologique», sér. 3, t. XXX, Paris, 1897, pp. 67—77, 202—231; то же: отд. отт.

Blochet, *Introduction.* — E. Blochet, *Introduction à l'histoire des Mongols de Fadl Allah Rashid ed-Din,* Leyden — London, 1910 (GMS, XII).

Blochet, *Liste.*— E. Blochet, *Liste géographique des villes de l'Iran,* Paris, 1895 (Extrait du «Recueil de Travaux relatifs à la Philologie et a l'Archéologie égyptiennes et assyriennes», année XVII, pp. 165—176).

Bouvat, *L'empire Mongol.*— L. Bouvat, *L'empire Mongol (2ème phase),* Paris, 1927 (Histoire du Monde publiée sous la direction de M. E. Cavaignac, t. VIII[3]).

Bretschneider, *Researches* — см. выше, разд. 1, A.

Brockelmann, GAL.— C. Brockelmann, *Geschichte der arabischen Litteratur,* Bd I—II, Weimar — Berlin, 1898—1902; Supplementbände I—III, Leiden, 1937—1942; Zweite, den Supplementbänden angepasste Aufl., Bd I—II, Leiden, 1943—1949.

Brockelmann, *Ibn Ḳutaiba.*— C. Brockelmann, *Ibn Ḳutaiba,*— EI, II, S. 424.

*Brockelmann, *Mitteltürkischer Wortschatz.* — C. Brockelmann, *Mitteltürkischer Wortschatz nach Maḥmūd al-Kāšγarīs Dīvān luγat at-Turk,* Budapest — Leipzig, 1928 (Bibliotheca Orientalis Hungarica. I).

Brockelmann, *Das Verhältnis.*— C. Brockelmann, *Das Verhältnis von Ibn-el-Aṯirs Kâmil fit-ta'riḫ zu Ṭabaris Aḫbâr errusul wal mulûk,* Strassburg, 1890.

Browne, *A Literary History.*— E. G. Browne, *A Literary History of Persia,* vol. I. *From the Earliest Times until Firdawsí,* Cambridge, 1902 [repr. 1908, 1909, 1919, 1925; re-issue 1928, repr. 1929, 1951]; vol. II. *From Firdawsí to Sa'di,* Cambridge, 1906 [repr. 1915, 1920; re-issue 1928, repr. 1951, 1956]; *A History of Persian Literature.* vol. III. *1265—1502,* Cambridge, 1920 [re-issue: *A Literary History of Persia,* vol. III. *The Tartar Dominion (1265—1502),* 1928, repr. 1951, 1956], vol. IV. *1500—1924,* Cambridge, 1924 [re-issue: *A Literary History of Persia,* vol. IV. *Modern Times (1500—1924),* 1928, repr. 1930, 1953].

Browne, *The Mujmal.*— E. G. Browne, *The Mujmal or "Compendium" of history and biography of Faṣiḥi of Khwáf* (مجمل فصيحى خوافى),— «Le Muséon», sér. 3, t. I, 1915, № 1, pp. 48—78.

Browne, *The Sources.*— E. G. Browne, *The Sources of Dawlatshāh with some Remarks on the Materials available for a Literary History of Persia, and an Excursus on Bārbad and Rūdagi,*— JRAS, 1899, pp. 37—69.

*L. Browne, *The eclipse.* — L. E. Browne, *The eclipse of Christianity in Asia. From the time of Muhammad till the Fourteenth century,* Cambridge, 1933.

R675 Burnes, *Travels.*— A. Burnes, *Travels into Bokhara; containing the narrative of a voyage on the Indus from the sea to Lahore, with presents from the King of Great Britain; and an account of a journey from India to Cabool, Tartary, and Persia.* New ed., vol. I—III, London, 1839.

* Caetani, *Annali.* — L. Caetani, *Annali dell'Islām.* vol. I—VI, Milano, 1905—1913.

*Caferoğlū, *Istılahları.*— A. Caferoğlū, *Uygurlarda hukuk ve maliye ıstılahları,*— TM, c. IV, İstanbul, 1934, ss. 1—43.

*Cahen, *L'évolution.*— C. Cahen, *L'évolution de l'iqta' du IXe au XIIIe siècle. Contribution à une histoire comparée des sociétés médiévales,* — «Annales. Économies, Sociétés, Civilisations», t. 8, № 1, Paris, 1953, pp. 25—52.

Cahun, *Introduction.*— L. Cahun, *Introduction a l'histoire de l'Asie. Turcs et Mongols des origines à 1405,* Paris, 1896.

Carra de Vaux, *Les penseurs.* — Carra de Vaux, *Les penseurs de l'Islam,* t. I. *Les souverains, l'histoire et la philosophie politique,* Paris, 1921; t. II. *Les géographes, les sciences mathématiques et naturelles,* Paris, 1921; t. III. *L'exégèse, la tradition et la jurisprudence,* Paris, 1923; t. IV. *La scolastique, la théologie et la mystique, la musique,* Paris, 1923; t. V, *Les sectes, le libéralisme moderne,* Paris, 1926.

Catalogus LB.— Catalogus codicum orientalium Bibliothecae Academiae Lugduno Batavae, vol. I—II, auctore R. P. A. Dozy, Lugduni Batavorum, 1851; vol. III, auctoribus P. de Jong et M. J. de Goeje, Lugduni Batavorum, 1865; vol. IV, auctoribus P. de Jong et M. J. de Goeje, Lugduni Batavorum, 1866; vol. V, auctore M. J. de Goeje, Lugduni Batavorum, 1873; vol. VI, auctore M. Th. Houtsma, Lugduni Batavorum, 1877.

Chavannes — Pelliot, *Un traité.* — [E. Chavannes et P. Pelliot], *Un traité Manichéen retrouvé en Chine,* traduit et annoté par Éd. Chavannes et P. Pelliot, — JA, sér. 10, t. XVIII, 1911, pp. 499—617; sér. 11, t. I, 1913, pp. 99—199, 261—394; то же: отд. отт., partie I—II, Paris, 1911—1913 [I — pp. 1—121, II — pp. 123—360].

Chwolsohn, *Die Ssabier.*— D. Chwolsohn, *Die Ssabier und der Ssabismus,* Bd I: *Die Entwicklung der Begriffe Ssabier und Ssabismus und die Geschichte der harrânischen Ssabier oder der syrohellenistischen Heiden im nördlichen Mesopotamien und in Bagdâd zur Zeit des Chalîfats;* Bd II: *Orientalische Quellen zur Geschichte der Ssabier und des Ssabismus,* St.-Pbg., 1856.

Deguignes, *Histoire générale des Huns.*— J. Deguignes, *Histoire générale des Huns, des Turcs, des Mogols, et des autres Tartares occidentaux,* t. I—IV, Paris, 1756—1758.

*Dennett, *Conversion.*— D. C. Dennett, *Conversion and Poll Tax in Early Islam,* Cambridge, Mass., 1950 (HHM, XXII).

Dieterici, *Mutanabbi.* — F. Dieterici, *Mutanabbi und Seifuddaula; aus der Edelperle des Tsaâlibi,* Leipzig, 1847.

Diez, *Churasanische Baudenkmäler.*— E. Diez, *Churasanische Baudenkmäler,* Berlin, 1918 [Arbeiten des Kunsthistorischen Instituts der k.-k. Universität Wien (Lehrkanzlei Strzygowski), Bd 7].

Donner, *Sur l'origine.*— O. Donner, *Sur l'origine de l'alphabet turc du Nord de l'Asie,*— JSFOu, XIV, 1896, 1, pp. 1—71.

Dorn, *Catalogue.*— [B. Dorn], *Catalogue des manuscrits et xylographes orientaux de la Bibliothèque Impériale Publique de St. Pétersbourg,* St.-Pbg., 1852.

Dorn, *Catalogue des ouvrages arabes, persans et turcs.*— B. Dorn, *Catalogue des ouvrages arabes, persans et turcs, publiés à Constantinople, en Egypte et en Perse, qui se trouvent en Musée asiatique de l'Academie,*— Mél. As., t. V, 1864, pp. 465—528.

Dorn, *Nachträge.*— B. Dorn, *Nachträge zu der Abhandlung über die Münzen der Ileke oder der ehemaligen Chane von Turkistan,*— Mél. As., t. IX, 1888, pp. 55—73. R676

*Dorn, *Die Sammlung Chanykov.*— B. Dorn, *Die Sammlung von morgenländischen Handschriften, welche die Kaiserliche Öffentliche Bibliothek zu St. Petersburg im Jahre 1864 von H^{m} v. Chanykov erworben hat,* St.-Pbg., 1865.

Dorn, *Ueber Mudschmel Faszihy.* — B. Dorn, *Ueber die Mudschmel Faszihy* (مجمل فصيحى) *betitelte chronologische Übersicht der Geschichte von Faszih,*— «Bull. de la classe hist.-philol. de l'Acad. Imp. des Sciences de St.-Pétersbourg», t. II, 1845, col. 1—41.

Dorn, *Über die Münzen.*— B. Dorn, *Über die Münzen der Ileke oder ehemaligen Chane von Turkistan,*— Mél. As., t. VIII, 1881, pp. 703—744.

Douglas, *The Life.* —[R. K. Douglas], *The Life of Jenghiz Khan.* Transl. from the Chinese. With an introduction. By R. K. Douglas, London, 1877.

Dozy, *Essai.*— R. Dozy, *Essai sur l'histoire de l'islamisme,* trad. du hollandais par V. Chauvin, Leyde — Paris, 1879.

Dulaurier, *Les Mongols.* — Ed. Dulaurier, *Les Mongols d'après les historiens arméniens,*— JA. sér. 5, t. XI, 1858, pp. 192—255.

Dvořák, *Abû Firâs.* — R. Dvořák, *Abû Firâs, ein arabischer Dichter und Held. Mit Taâlibî's Auswahl aus seiner Poësie (Jetîmet-ud-dahr Cap. III),* Leiden, 1895.

Edwards, *Catalogue.* — E. Edwards, *A Catalogue of the Persian printed books in the British Museum,* London, 1922.

Elliot, *The History of India.*— H. M. Elliot, *The History of India, as told by its own historians. The Muhammadan period,* vol. I—VIII, London, 1867—1877.

Erdmann, *Temudschin.*— F. Erdmann, *Temudschin der Unerschütterliche,* Leipzig, 1862.

Ethé, *Catalogue Ind. Off.*— H. Ethé, *Catalogue of Persian Manuscripts in the Library of the India Office,* vol. I, Oxford, 1903; vol. II, containing additional descriptions and indices (revised and completed by E. Edwards), Oxford, 1937.

Ethé, *Catalogue of ... the Bodleian Library* — см. Sachau — Ethé.

Ethé, *Neupersische Litteratur.* —H. Ethé, *Neupersische Litteratur,* — GIPh, Bd II, S. 212—370.

Ferrand, *Relations* — см. выше, разд. I, A.

*Field — Prostov, *Archaeological investigations.*— H. Field and E. Prostov, *Archaeological investigations in Central Asia, 1917—37,* — AI, vol. V, pt II, 1938, pp. 233—271.

Fischer, *Baṭṭûṭa.*- A Fischer, *Baṭṭûṭa, nicht Baṭûṭa,*— ZDMG, Bd LXXII, 1918, S. 289.

Fischer, *Al-Maqdisī.*— A. Fischer, *Al-Maqdisī und al-Muqaddasī,*— ZDMG, Bd LX, 1906, S. 404—410.

Fleischer, *Catalogus.*— H. O. Fleischer, *Catalogus codicum manuscriptorum orientalium Bibliothecae Regiae Dresdensis,* Lipsiae, 1831.

Flügel, *Handschriften.* — G. Flügel, *Die arabischen, persischen und türkischen Handschriften der Kaiserlich-Königlichen Hofbibliothek zu Wien,* Bd I—III, Wien, 1865—1867.

*Franke, *Geld und Wirtschaft.*— H. Franke, *Geld und Wirtschaft in China unter der Mongolen-Herrschaft. Beiträge zur Wirtschaftsgeschichte der Yüan-Zeit,* Leipzig, 1949 (Das Mongolische Weltreich. Quellen und Forschungen).

*Gabain, *Das uigurische Königreich.*— A. v. Gabain, *Das uigurische Königreich von Chotscho 850—1250,* Berlin, 1961 (SBAW Berl., Jg. 1961, Nr. 5).

*Gardet, *La cité.* — L. Gardet, *La cité musulmane. Vie sociale et politique,* Paris, 1954 (Etudes musulmanes. I).

R677 *Geiger, *Ostiranische Kultur.*— W. Geiger, *Ostiranische Kultur im Altertum*, Erlangen, 1882.

Geiger, *Die Pamir-Gebiete.* — W. Geiger, *Die Pamir-Gebiete. Eine geographische Monographie*, Wien, 1887 (Geographische Abhandlungen hrsg. von A. Penck. Bd II, H. 1).

Gibb, *The Arab Conquests.*— H. A. R. Gibb, *The Arab Conquests in Central Asia*, London, 1923 (James G. Forlong fund, vol. II).

Gibb, *The Arab Invasion of Kashgar.*— H. A. R. Gibb, *The Arab Invasion of Kashgar in A. D. 715*,— BSOS, vol. II, pt 3, 1922, pp. 467—474.

de Goeje, *Das alte Bett des Oxus.*— M. J. de Goeje, *Das alte Bett des Oxus Amû-Darja*, Leyden, 1875.

de Goeje, *Die Istakhrī — Balkhī Frage.*— M. J. de Goeje, *Die Istakhrī — Balkhī Frage*,— ZDMG, Bd XXV, 1871, S. 42—58.

de Goeje, JA, sér. 9, t. XIV [pp. 364—367]. — M. J. de Goeje, [рец. на:] Abhandlungen zur arabischen Philologie, von Ignaz Goldziher, 2. Teil,— JA, sér. 9, t. XIV, 1899, pp. 364—367.

Goldziher, *Aus der Theologie.*— I. Goldziher, *Aus der Theologie des Fachr al-dīn al-Rāzi*,— DI, Bd III, 1912, S. 213—247.

Goldziher, *Dhu 'l-Kifl.*— I. Goldziher, *Dhu 'l-Kifl*,— EI, I, S. 1003—1004.

Goldziher, *Muhammedanische Studien.*— I. Goldziher, *Muhammedanische Studien*, T. I—II, Halle, 1888—1890.

Goldziher, *Vorlesungen.*— I. Goldziher, *Vorlesungen über den Islam*, 2. umgearb. Aufl., Heidelberg, 1925.

Grenard, *La légende.*— F. Grenard, *La légende de Satok Boghra Khân et l'histoire*,— JA, sér. 9, t. XV, 1900, pp. 5—79.

Grønbech, *Chinggis Khans erobring.* — K. Grønbech, *Chinggis Khans erobring of Persien. Efter de Mongolske kilder*, — «Øst og Vest. Afhandlinger tilegnede Prof. Dr. phil. Arthur Christensen paa Halvfjerdsaarsdagen d. 9. Januar 1945 af nordiske Orientalister og Folkemindeforskere», København, 1945, ss. 94—104.

*Grousset, *Le Conquérant.*— R. Grousset, *Le Conquérant du Monde (Vie de Gengis-khan)*, Paris, 1944.

*Grousset, *L'empire Mongol.*— R. Grousset, *L'empire Mongol (1re phase)*, Paris, 1941 (Histoire du Monde publiée sous la direction de M. E. Cavaignac, t. VIII [3]).

Guest, *Relations.*— R. Guest, *Relations between Persia & Egypt under Islam up to the Fāṭimid period*,— «'Ajab-nama», pp. 163—174.

*Hamdani, *Some Rare Manuscripts.*— V. A. Hamdani, *Some Rare Manuscripts in Istanbul*,— JRAS, 1938, pp. 561—564.

*Hamilton, *Les Ouïghours.*— J. R. Hamilton, *Les Ouïghours à l'époque des Cinq dynasties d'après les documents chinois*, Paris, 1955 (Bibliothèque de l'Institut des hautes études chinoises. Vol. X).

Hammer-Purgstall, *Geschichte der Goldenen Horde.*— J. Hammer-Purgstall, *Geschichte der Goldenen Horde in Kiptschak, das ist: der Mongolen in Russland*, Pesth, 1840

Hammer-Purgstall, *Geschichte der Ilchane.*— J. Hammer-Purgstall, *Geschichte der Ilchane, das ist der Mongolen in Persien*, Bd I—II, Darmstadt, 1842—1843.

*Haenisch, *Die Mongolei.*— E. Haenisch, *Die Mongolei — Bilder aus alter und neuer Zeit*, — сб. «Der Orient in deutscher Forschung; Vorträge der Berliner Orientalistentagung, Herbst 1942. Hrsg. von H. H. Schaeder», Leipzig, 1944, S. 126—136.

*Haenisch, *Untersuchungen.*— E. Haenisch, *Untersuchungen über das Yüan-ch'ao pi-shi, die Geheime Geschichte der Mongolen*, Leipzig, 1931 (ASAW, Bd XLI, № IV).

R. Hartmann, *Balkh*.— R. Hartmann, *Balkh*,— EI, I, S. 647—648. R678
R. Hartmann, *Barīd*. — R. Hartmann, *Barīd*, — EI, I, S. 685—686.
M. Hartmann, *Der islamische Orient*.— M. Hartmann, *Der islamische Orient. Berichte und Forschungen*, Bd I—III, Berlin — Leipzig, 1905—1910.
Herrmann, *Alte Geographie*.— A. Herrmann, *Alte Geographie des unteren Oxusgebiets*, Berlin, 1914 (AKGWG, N. F., Bd XV, № 4).
*Herrmann, *Seidenstrassen*.— A. Herrmann, *Die alten Seidenstrassen zwischen China und Syrien. Beiträge zur alten Geographie Asiens*, I. Abt., Berlin, 1910 (Quellen und Forschungen zur alten Geschichte und Geographie. Hrsg. von W. Sieglin. H. 21).
*Herzfeld, *Iran*.— E. Herzfeld, *Iran in the Ancient East. Archaeological studies presented in the Lowell lectures at Boston*, London — New York, 1941.
*Hinz, *Geheimkanzlei*.— W. Hinz, *Die persische Geheimkanzlei im Mittelalter*,— «Westöstliche Abhandlungen R. Tschudi zum siebzigsten Geburtstag überreicht von Freunden und Schülern». Hrsg. von F. Meier, Wiesbaden, 1954, S. 342—355.
*Hinz, *Masse und Gewichte*.— W. Hinz, *Islamische Masse und Gewichte umgerechnet ins metrische System*, Leiden, 1955 (HOr, Ergänzungsband 1, H. 1).
Hirth, *Nachworte*.— F. Hirth, *Nachworte zur Inschrift des Tonjukuk. Beiträge zur Geschichte der Ost-Türken im 7. und 8. Jahrhundert nach chinesischen Quellen*,— в кн.: W. Radloff, *Die alttürkischen Inschriften der Mongolei*, Zweite Folge, St.-Pbg., 1899, S. 1—140 [разд. паг.]
*Hitty, *History of the Arabs*.— Ph. K. Hitty, *History of the Arabs*, 3d ed., revised, London, 1943 (repr.: 1946).
Horn, *Asadi's Wörterbuch* — см. Асади, *Лугат-и фурс* (разд. 1 Источники, А).
*Houtsma, *Bih'afrid*.— M. Th. Houtsma, *Bih'afrid*,— WZKM, Bd III, 1889, S. 30—37.
Houtsma, GGA, 1896, № 9.— M. Th. Houtsma, [рец. на:] Cahun L., Introduction à l'Histoire de l'Asie. Turcs et Mongols des origines à 1405. Paris 1896,— GGA, 1896, № 9, S. 710—718.
Houtsma, GGA, 1899, № 5.— M. Th. Houtsma, [рец. на:] Marquart J., Die Chronologie der alttürkischen Inschriften... Leipzig 1898,— GGA, 1899, № 5, S. 384—390.
*Houtsma, *Die Ghuzenstämme*.— M. Th. Houtsma, *Die Ghuzenstämme*,— WZKM, Bd II, 1888, S. 219—233.
Howorth, *History of he Mongols*. — H. H. Howorth, *History of the Mongols from the 9th to the 19th century*, pt I. *The Mongols proper and the Kalmuks*, London, 1876; pt II. *The so-called Tartars of Russia and Central Asia*. Division I—II, London, 1880; pt III. *The Mongols of Persia*, London, 1888; pt IV. *Supplement*, London, 1927.
Howorth, *The Northern Frontagers*. — H. H. Howorth, *The Northern Frontagers of China*. Pt I. *The Origines of the Mongols*,— JRAS, 1875, pp. 221—242; pt II. *The Origines of the Manchus*,— JRAS, 1875, pp. 305—328; pt II *(Supplementary Notice). The Manchus*,— JRAS, 1877, pp. 235—242; pt III. *The Kara Khitai*,— JRAS, 1876, pp. 262—290; pt IV. *The Kin or Golden Tatars*,— JRAS, 1877, pp. 243—290; pt V. *The Khitai or Khitans*, — JRAS, 1881, pp. 121—182; pt VI. *Hia or Tangut*, — JRAS, 1883, pp. 438—482; pt VII. *The Shato Turks*, — JRAS, 1885, pp. 293—338; pt VIII. *The Kirais and Prester John*, — JRAS, 1889, pp. 361—432; pt IX. *The Muhammedan Turks of Turkestan from the Tenth to the Thirteenth Century*, — JRAS, 1898, pp. 467—502.
Huart, *Djarīb*.— [Cl. Huart], *Djarīb*,— EI, I, S. 1062.

Jacob, *Handelsartikel*.— G. Jacob, *Welche Handelsartikel bezogen die Araber des Mittelalters aus den nordisch-baltischen Ländern*, 2. Aufl., Berlin, 1891.

R679 *Jacob, *Die Waaren.*— G. Jacob, *Die Waaren beim arabisch-nordischen Verkehr im Mittelalter*. Supplementheft zur zweiten Auflage von «Welche Handelsartikel bezogen die Araber des Mittelalters aus den nordisch-baltischen Ländern?», Berlin, 1891.

Jacob — Wiedemann, *Zu 'Omer-i-Chajjâm.* — B. Jacob und E. Wiedemann, *Zu 'Omer-i-Chajjâm,* — DI, Bd III, 1912, S. 42—62.

Justi, *Geschichte.*— F. Justi, *Geschichte der orientalischen Völker im Altertum,* Berlin, 1884 (Allgemeine Weltgeschichte, Bd I. Das Altertum. I. Teil).

Justi, *Iranisches Namenbuch.*— F. Justi. *Iranisches Namenbuch,* Marburg, 1895.

*Kafesoğlu, *Harezmşahlar.*— I. Kafesoğlu, *Harezmşahlar devleti tarihi (485—617/1092—1229),* Ankara, 1956.

*Kafesoğlu, *Melikşah.*— I. Kafesoğlu, *Sultan Melikşah devrinde büyük selçuklu imparatorluğu,* Istanbul, 1953.

*Kafesoğlu, *Türk tarihinde Moğollar.*— I. Kafesoğlu, *Türk tarihinde Moğollar ve Cengiz meselesi,* — «Tarih Dergisi», V/8, 1953.

Karabacek, *Das arabische Papier.* — J. Karabacek, *Das arabische Papier. (Eine historisch-antiquarische Untersuchung),* Wien, 1887 (Sonderabdr. aus «Mitteilungen aus der Sammlung der Papyrus Erzherzog Rainer», Bd II/III, S. 87—178).

*Köprülü, *Les institutions.*— M. F. Köprülü, *Les institutions juridiques Turques au Moyen-Âge. Y a-t-il un droit public Turc distinct du droit public musulman?,* Istanbul, 1937.

*Kotwicz, *Les Mongols.*— W. Kotwicz, *Les Mongols, promoteurs de l'idée de paix universelle au début du XIIIe siècle,*— RO, XVI, 1950, pp. 428—434.

*Kotwicz, *Quelques données.*— W. Kotwicz, *Quelques données nouvelles sur les relations entre les Mongols et les Ouigours,*— RO, II, 1919—1924, pp. 240—247.

*Kotwicz, *Les termes.*— W. Kotwicz, *Les termes concernant le service des relais postaux,*— в кн.: W. Kotwicz, *Contributions aux études altaïques. A—B,* Wilno, 1932, pp. 1—37 (= A).

Kratchkowsky, *Préface etc. à Abū Ḥanifa.* — [I. Kratchkovsky]. Abū Ḥanīfa ad-Dīnawerī, *Kitāb al-aḫbār aṭ-ṭiwāl. Préface, variantes et index* publiés par I. Kratchkovsky, Leide, 1912.

Krause, *Cingiz Han.*— F. E. A. Krause, *Cingiz Han. Die Geschichte seines Lebens nach den chinesischen Reichsannalen,* Heidelberg, 1922.

Krause, *Die Epoche der Mongolen.*— F. E. A. Krause, *Die Epoche der Mongolen. Ein Kapitel aus der Geschichte und Kultur Asiens,*— MSOS, Jg. XXVI—XXVII, 1924, Abt. I, S. 1—60.

Kremer, *Culturgeschichte.*— A. von Kremer, *Culturgeschichte des Orients unter den Chalifen,* Bd I—II, Wien, 1875—1877.

Kremer, *Culturgeschichtliche Streifzüge.*— A. von Kremer, *Culturgeschichtliche Streifzüge auf dem Gebiete des Islams,* Leipzig, 1873.

Kremer, *Einnahmebudget.*— A. von Kremer, *Über das Einnahmebudget des Abbasiden-Reiches vom Jahre 306 H. (918—919),*— «Denkschriften der Kais. Akademie der Wissenschaften», Philosophish-historische Classe, Bd 36, I. Abt., Wien, 1888, S. 283—362, Taf. I—III.

Kremer, *Ideen.*— A. von Kremer, *Geschichte der herrschenden Ideen des Islams,* Leipzig, 1868.

*Kurat, *Al-Kufi'nin Kitab al-futuh'u.*— A. N. Kurat, *Abu Muhammad Ahmad bin A'sam al-Kufi'nin Kitab al-futuh'u,* — «Ankara Üniversitesi Dil ve Tarih-Coğrafya Fakültesi Dergisi», c. VII, 1949, № 2, ss. 255—282.

*Kurat, *Kuteybe.*— A. N. Kurat, *Kuteybe bin Müslim'in Hᵛarizm ve Semerkand'i Zabti,*—

«Ankara Üniversitesi Dil ve Tarih-Coğrafya Fakültesi Dergisi», c. VI, 1948, № 4 ss. 387—430. R680

*Lambton, *The administration.* — A. K. S. Lambton, *The administration of Sanjar's Empire as illustrated in the 'Atabat al-kataba,*— BSOAS, vol. XX, 1957, pp. 367—388.

*Lambton, *Landlord and peasant.*— A. K. S. Lambton, *Landlord and peasant in Persia. A study of land tenure and land revenue administration,* Oxford, 1953.

Lane-Poole, *The Mohammadan Dynasties.*— S. Lane-Poole, *The Mohammadan Dynasties. Chronological and genealogical tables with historical introductions,* London, 1894

Lane Poole, *Oriental coins,* vol. I—III.— S. Lane Poole, *Catalogue of oriental coins in the British Museum,* vol. I. *The coins of the Eastern Khaleefehs,* London, 1875; vol. II. *The coins of the Mohammadan dynasties. Classes III—X,* London, 1876; vol. III. *The coins of the Turkumán houses of Seljook, Urtuk, Zengee, etc. Classes X—XIV,* London, 1877.

Langlès, *Notice.*— [L.] Langlès, *Notice des livres Tatars-Mantchoux de la Bibliothèque nationale. Première partie. Dictionarium Latino-Sinico-Mantchou [Dictionnaire Latin, Chinois et Mantchou]; 3 vol. in-fol. (Tatar, № 1),*— Notices et extraits, t. V, An VII [1798/99], pp. 581—606.

Lansdell, *Russian Central Asia.*— H. Lansdell, *Russian Central Asia including Kuldja, Bokhara, Khiva and Merv,* vol. I—II, London, 1885.

Laufer, *Arabic and Chinese Trade.*— B. Laufer, *Arabic and Chinese Trade in Walrus and Narwhal ivory,*— «T'oung Pao», vol. XIV, 1913, pp. 315—364.

Laufer, *Sino-Iranica.*— B. Laufer, *Sino-Iranica. Chinese contributions to the history of civilization in ancient Iran. With special reference to the history of cultivated plants and products,* Chicago, 1919 (Field Museum of Natural History, Publication 201 Anthropological Series. Vol. XV, № 3).

Lerch, *Ein Blick.* — P. Lerch, *Ein Blick auf die Resultate der Hissâr'schen Expedition,*— «Russische Revue», IV. Jg., Bd VII, 1875, S. 178—188.

Lerch, *Khiva oder Kharezm.*— P. Lerch, *Khiva oder Kharezm. Seine historischen und geographischen Verhältnisse,* St.-Pbg., 1873.

Lerch, *Sur les monnaies.*— P. Lerch, *Sur les monnaies des Boukhâr-Khoudahs ou princes de Boukhara avant la conquête du Maverannahr par les arabes,*— «Travaux de la troisième session du Congrès international des orientalistes. St. Pétersbourg. 1876» t. II, St.-Pbg. — Leyde, 1879, pp. 419—429.

Lerch, *Zur Bevölkerungs-Statistik.*— P. Lerch, *Zur Bevölkerungs-Statistik des Russischen Zerafschân-Districtes,*— «Russische Revue», II. Jg., Bd II, 1873, S. 77—78.

Le Strange, *Baghdad.*— G. Le Strange, *Baghdad during the Abbasid Caliphate, from contemporary Arabic and Persian sources,* 2d ed., London, 1924.

Le Strange, *The Lands.*— G. Le Strange, *The Lands of the Eastern Caliphate. Mesopotamia, Persia, and Central Asia from the Moslem conquest to the time of Timur,* Cambridge, 1905 (Cambridge Geographical Series).

*Levy, *The Letters.* — R. Levy, *The Letters of Rashīd al-Din Faḍl-Allāh,* — JRAS, 1946, pt 1—2, pp. 74—78.

*Løkkegaard, *Islamic taxation.* — Fr. Løkkegaard, *Islamic taxation in the classic period, with special reference to circumstances in Iraq,* Copenhagen, 1950.

*Macdonald, *Development.*— D. B. Macdonald, *Development of Muslim Theology, Jurisprudence and Constitutional Theory,* London, 1903; 2d ed.: New York, 1926.

Margoliouth, *The Russian Seizure of Bardha'ah.* — D. S. Margoliouth, *The Russian Seizure of Bardha'ah in 943 A. D.,* — BSOS, vol. I, pt 2, 1918, pp. 82—95.

R681 Margoliouth, *Undiscovered volume.*— D. S. Margoliouth, *A hitherto undiscovered volume of Yāqūt's Dictionary of Learned Men,* — «Islamica», ed. A. Fischer, vol. I, Lipsiae, 1925, pp. 100—105.

Marquart, *Beiträge.*— J. Marquart, *Beiträge zur Geschichte und Sage von Erān,*— ZDMG, Bd XLIX, 1895, S. 628—672.

Marquart, *Die Chronologie.*— J. Marquart, *Die Chronologie der alttürkischen Inschriften,* Leipzig, 1898.

Marquart, *Ērānšahr.* — J. Marquart, *Ērānšahr nach der Geographie des Ps. Moses Xorenacʿi,* Berlin, 1901 (AKGWG, N. F., Bd III, № 2).

Marquart, *Historische Glossen.*— J. Marquart, *Historische Glossen zu den alltürkischen Inschriften,*— WZKM, Bd XII, 1898, S. 157—200.

Marquart, *Komanen.*— J. Marquart, *Über das Volkstum der Komanen,*— в кн.: W. Bang und J. Marquart, *Osttürkische Dialektstudien,* Berlin, 1914 (AKGWG, N. F., Bd XIII, № 1), S. 25—238.

Marquart, *Streifzüge.*— J. Marquart, *Osteuropäische und ostasiatische Streifzüge. Ethnologische und historisch-topographische Studien zur Geschichte des 9. und 10. Jahrhunderts (ca. 840—940),* Leipzig, 1903.

Marquart, *Untersuchungen.*— J. Marquart, *Untersuchungen zur Geschichte von Eran,* Göttingen — Leipzig, 1869—1905 (Sonderabdr. aus dem «Philologus», Bd 54, S. 489—527; Bd 55, S. 212—240; Supplementband X, H. 1).

*Martin, *The rise.*— H. D. Martin, *The rise of Chingis Khan and his conquest of North China,* Baltimore, 1950.

Melioranskỹ, *Aḥmed Yesewī.* — P. Melioranskij, *Aḥmed Yesewī,* — EI, I, S. 217.

*Mez, *Die Renaissance.*— A. Mez, *Die Renaissance des Islâms,* Heidelberg, 1922.

*Minorsky, *Addenda.* — V. Minorsky, *Addenda to the Ḥudūd al-'Ālam,* — BSOAS, vol. XVII, pt 2, 1955, pp. 250—270.

*Minorsky, *The Alān Capital.*— V. Minorsky, *The Alān Capital *Magas and the Mongol Campaigns* (Caucasica III), — BSOAS, vol. XIV, pt 2, 1952, pp. 221—238.

* Minorsky, *Caucasica IV.* — V. Minorsky, *Caucasica IV,* — BSOAS, vol. XV, pt 3, 1952, pp. 504—529.

*Minorsky, *Les Etudes.* —V. Minorsky, *Les Etudes historiques et géographique sur la Perse,* — AO, vol. X, 1932, pp. 278—293; vol. XVI, 1938, pp. 49—58; vol. XXI, 1951, pp. 108—123; vol. XXII, 1957, pp. 105—117.

*Minorsky, *A Mongol Decree.* — V. Minorsky, *A Mongol Decree of 720/1320 to the Family of Shaykh Zāhid,* — BSOAS, vol. XVI, pt 3, 1954, pp. 515—527.

*Minorsky, *La Perse au Moyen Age.* — V. Minorsky, *La Perse au Moyen Age,* — «XII convegnio „Volta". Promosso dalla classe di scienze morali, storiche e filologiche. Oriente e occidente nel medioevo», Accademia nazionale dei Lincei, Fondazione «Alessandro Volta», Roma, 1957, pp. 411—427.

* Minorsky, *Pūr-i Bahā and his poems,* — V. Minorsky, *Pūr-i Bahā and his poems (Mongolica, 3),*— «Charisteria orientalia», pp. 186—201.

*Minorsky, *Pūr-i Bahā's 'Mongol' Ode.*— V. Minorsky, *Pūr-i Bahā's 'Mongol' Ode* (Mongolica, 2),— BSOAS, vol. XVIII, pt 2, 1956, pp. 261—278.

***Minorsky, *Tamīm ibn Baḥr's Journey.*—** V. Minorsky *Tamīm ibn Baḥr's Journey to the Uyghurs,*— BSOAS, vol. XII, pt 2, 1948, 275—305.

*Minorsky, *Une nouvelle source.*— V. Minorsky, *Une nouvelle source musulmane sur l'Asie Centrale au XI siècle,*— CRAIBL, 1937, pp. 317—324.

Morley, *A descriptive catalogue.* — W. H. Morley, *A descriptive catalogue of the historical manuscripts in the Arabic and Persian languages, preserved in the library of the Royal Asiatic Society of Great Britain and Ireland,* London, 1854.

*Mostaert, *À propos des quelques portraits.*— A. Mostaert, *A propos des quelques portraits d'empereurs mongols,*— AM, vol. IV, 1927, pp 147—156. R682
*Mostaert, *Sur quelques passages.* — A. Mostaert, *Sur quelques passages de l'Histoire secrète des Mongols,*— HJAS, vol. 13, 1950, pp. 285—361; vol. 14, 1951, pp. 329—403; vol. 15, 1952, pp. 285—407.
Müller, *Der Islam.*— A. Müller, *Der Islam im Morgen- und Abendland,* Bd I—II, Berlin, 1885—1887.

Nachrichten.— *Nachrichten über die von der Kaiserlichen Akademie der Wissenschaften zu St. Petersburg im Jahre 1898 ausgerüstete Expedition nach Turfan,* H. I, St.-Pbg., 1899.
*Nāẓim, *Sulṭān Maḥmūd.* — M. Nāẓim, *The Life and Times of Sulṭān Maḥmūd of Ghazna.* With a Foreword by... Th. Arnold, Cambridge, 1931.
*Nicholson, *A Literary History.*— R. A. Nicholson, *A Literary History of the Arabs,* Cambridge, 1930.
*Nizamu'd-Din, *Introduction,* — Muhammad Nizamu'd-Din, *Introduction to the Jawámi'u'l-Ḥikáyát wa Lawámi'u'r-Riwáyát of Sadidu'd-Din Muḥammad al-'Awfi,* London, 1929 (GMS NS, VIII).
Nöldeke, *Bemerkungen.*— Th. Nöldeke, *Bemerkungen zu Geiger's Übersetzung des Pehlewi-Buches Jatkari Zareran,*— ZDMG, Bd XLVI, 1892, S. 136—145.
Nöldeke, *Das iranische Nationalepos,*— Th. Nöldeke, *Das iranische Nationalepos,*— GIPh, Bd II, S. 130—211.
Nöldeke, *Orientalische Skizzen.* — Th. Nöldeke, *Orientalische Skizzen,* Berlin, 1892.
Nöldeke, ZDMG, Bd XLVI [S. 761—768]. — Th. Nöldeke, [рец. на:] Siasset Naméh... Texte persan édité par Charles Schefer. Paris, 1891, — ZDMG, Bd XLVI, 1892, S. 761—768.
Nöldeke, ZDMG, Bd LVI [S. 427—436].— Th. Nöldeke, [рец. на:] Ērānšahr nach der Geographie des Ps. Moses Xorenac'i von Dr. J. Marquart. Berlin, 1901,— ZDMG, Bd LVI, 1902, S. 427—436.
*Nowell, *The historical Prester John.*— Ch. E. Nowell, *The historical Prester John,*— «Speculum», vol. 28, 1953, pp. 435—445.

d'Ohsson, *Histoire des Mongols.*— C. d'Ohsson, *Histoire des Mongols, depuis Tchinguiz-khan jusqu'à Timour bey ou Tamerlan,* t. I—IV, éd. 2, La Haye et Amsterdam, 1834—1835; ed. 3: Amsterdam, 1892 (repr.: Tientsin, 1940).
Oppert, *Presbyter Johannes.*— G. Oppert, *Der Presbyter Johannes in Sage und Geschichte. Ein Beitrag zur Völker- und Kirchenhistorie und zur Heldendichtung des Mittelalters,* Berlin, 1864; 2. Aufl.: 1870.

Palmer, *Catalogue.*— E. H. Palmer, *Catalogue of the Oriental Manuscripts in the Library of King's College, Cambridge,*— JRAS, 1868, pp. 105—131.
Pelliot, *À propos des Comans.*— P. Pelliot, *À propōs des Comans,*— JA, ser. 11, t. XV, 1920, pp. 125—185.
Pelliot, *Addenda.*— P. Pelliot, *Addenda,*— «T'oung Pao», vol. XIV, 1913, pp. 365—370.
Pelliot, *Chrétiens.*— P. Pelliot, *Chrétiens d'Asie Centrale et d'Extrême-Orient,*— «T'oung Pao», vol. XV, 1914, pp. 623—644.
*Pelliot, *L'édition collective.*— P. Pelliot, *L'édition collective des oeuvres de Wang Kouo-wei,* — «T'oung Pao», vol. XXVI, 1928, pp. 113—182.
Pelliot, *Les Mongols et la Papauté.*— P. Pelliot, *Les Mongols et la Papauté. Documents*

R683 *nouveaux édités, traduits et commentés,* — ROC, sér. 3, t. III (XXIII), 1922—1923, № 1—2, pp. 3—30; t. IV (XXIV), 1924, № 3—4, pp. 225—335; t. VIII (XXVIII), 1932, № 1—2, pp. 3—84.

* Pelliot, *Notes on Marco Polo,* I. — P. Pelliot, *Notes on Marco Polo,* I, Paris, 1959 (Ouvrage posthume).

*Pelliot, *Notes sur l'histoire de la Horde d'Or.* — P. Pelliot, *Notes sur l'histoire de la Horde d'Or. Suivies de Quelques noms turcs d'hommes et de peuples finissant en «ar»,* Paris, 1949 (Oeuvres posthumes de Paul Pelliot, II).

*Pelliot, *Notes sur le «Turkestan».* — P. Pelliot, *Notes sur le «Turkestan» de M. W. Barthold,* — «T'oung Pao», vol. XXVII, 1930, pp. 12—56.

*Pelliot, *Sur yam.* — P. Pelliot, *Sur yam ou Jam, «relais postal»,* — «T'oung Pao», vol. XXVII, 1930, pp. 192—195.

*Pelliot, *Le titre mongol.* — P. Pelliot, *Le titre mongol du Yuan tch'ao pi che,* — «T'oung Pao», vol. XIV, 1913, pp. 131—132.

*Pelliot, *Un passage.* — P. Pelliot, *Un passage altéré dans le texte mongol ancien de l'Histoire secrète des Mongols,* — «T'oung Pao», vol. XXVII, 1930, pp. 199—202.

*Pelliot, *Une ville musulmane.* — P. Pelliot, *Une ville musulmane dans la Chine du Nord sous les Mongols,* — JA, t. CCXI, 1927, pp. 261—279.

Pertsch, *Verzeichniss.* — W. Pertsch, *Verzeichniss der persischen Handschriften,* Berlin, 1888 (Die Handschriften-Verzeichnisse der Königlichen Bibliothek zu Berlin. Bd IV).

Place, *Lettre.* — [Place], *Lettre de M. Place à M. Mohl, sur une expedition faite à Arbeles,* — JA, sér. 4, t. XX, 1852, pp. 441—470.

*Poliak, *Classification.* — A. N. Poliak, *Classification of lands in the Islamic law and its technical terms,* — AJSL, vol. LVII, 1940, pp. 50—62.

*Poliak, *La féodalité.* — A. N. Poliak, *La féodalité islamique,* — REI, t. 10, 1936, pp. 247—265.

*Poliak, *The influence.* — A. N. Poliak, *The influence of Chingiz-Khān's Yāsa upon the general organization of the Mamlūk state,* — BSOAS, vol. X, pt 4, 1942, pp. 862—876.

*Pritsak, *Al-i-Burhān.* — O. Pritsak, *Al-i-Burhān,* — DI, Bd XXX, 1952, S. 81—96.

*Pritsak, *Die Karachaniden.* — O. Pritsak, *Die Karachaniden,* — DI, Bd XXI, 1953, S. 17—68.

*Pritsak, *Karachanidische Streitfragen.* — O. Pritsak, *Karachanidische Streitfragen,* — «Oriens», vol. 3, 1950, pp. 209—228.

*Pritsak, *Der Untergang.* — O. Pritsak, *Der Untergang des Reiches des Oğuzischen yabğu,* — сб. «60. doğum yılı münasebetiyle Fuad Köprülü armağanı. Mélanges Fuad Köprülü», Istanbul, 1953, ss. 397—410.

Pumpelly, *Explorations.* — [R. Pumpelly], *Explorations in Turkestan, with an Account of the basin of Eastern Persia and Sistan.* Expedition of 1903, under the Direction of R. Pumpelly, Washington, 1905.

Radloff, *Die alttürkischen Inschriften der Mongolei.* — W. Radloff, *Die alttürkischen Inschriften der Mongolei,* Lief. I—III, St.-Pbg., 1894—1895; Neue Folge, St.-Pbg., 1897; Zweite Folge, St.-Pbg., 1899.

*Riasanovsky, *Customary law.* — V. A. Riasanovsky, *Customary law of the Mongol tribes (Mongols, Buriats, Kalmucks),* pt. I—III, Harbin, 1929.

*Richard, *Le début.* — J. Richard, *Le début des relations entre la papauté et les Mongols de Perse,* — JA, t. CCXXXVII, 1949, pp. 291—297.

Rieu, *Pers. MSS.*— Ch. Rieu, *Catalogue of the Persian manuscripts in the British Museum,* vol. I—III, London, 1879—1883 [I — 1879 (pp. 1—432), II — 1881 (pp. 433—877), III — 1883 (pp. 881—1229)]. R684

Rieu, *Suppl. Arab.* — Ch. Rieu, *Supplement to the Catalogue of the Arabic manuscripts in the British Museum,* London, 1894.

Rieu, *Suppl. Pers.*— Ch. Rieu, *Supplement to the Catalogue of the Persian manuscripts in the British Museum,* London, 1895.

Rickmers, *The Duab.*— W. R. Rickmers, *The Duab of Turkestan. A Physiographic sketch and account of some travels,* Cambridge, 1913.

Rosen, *Les manuscrits persans.*— [V. Rosen], *Les manuscrits persans de l'Institut des langues orientales* décrits par V. Rosen, St.-Pbg., 1886 (Collections scientifiques. t. III).

Rosen, *Notices sommaires.*— V. Rosen, *Notices sommaires des manuscrits arabes du Musée Asiatique,* St.-Pbg., 1881.

*Rosenthal, *From Arabic books.* — F. Rosenthal, *From Arabic books and manuscripts III: The Author of the Gurar as-siyar,*— JAOS, vol. 70, № 3, 1950, pp. 181—182.

*Rosenthal, *Historiography.* — F. Rosenthal, *A history of Muslim historiography,* Leiden 1952.

Ross, *The genealogies.* — E. D. Ross, *The genealogies of Fakhr-ud-Din, Mubárak Sháh,* — «'Ajab-nama», pp. 392—413.

Ross, *Prester John.* — E. D. Ross, *Prester John and the Empire of Ethiopia,* — сб. «Travel and Travellers of the Middle Ages. Ed. by A. P. Newton», London, 1926, pp. 174—194.

Ross, *A Qasida.*— E. D. Ross, *A Qasida by Rudaki,*— JRAS, 1926, pp. 213—237.

Ross — Gauthiot, *L'Alphabet sogdien.*— E. D. Ross et R. Gauthiot, *L'Alphabet sogdien d'après un témoignage du XIII-e siècle,* — JA, sér. 11, t. I, 1913, pp. 521—533.

Ruska, DI, Bd V [S. 239].— J. Ruska, [рец. на: B. Laufer,] «Arabic and Chinese Trade in Walrus and Narwhal Ivory» [«T'oung Pao», vol. XIV, p. 315 sq.],— DI, Bd V, 1914, S. 239.

Ruska, *Noch einmal al-Chutuww.*— J. Ruska, *Noch einmal al-Chutuww,*— DI, Bd IV, 1913, S. 163—164.

*Rypka, *Iranische Literaturgeschichte.*— J. Rypka u. a., *Iranische Literaturgeschichte,* [ergänzte und erweiterte deutsche Ausg.], Leipzig, 1959.

Sachau, *Studien.*— E. Sachau, *Studien zur ältesten Geschichtsüberlieferung der Araber,*— MSOS, Bd VII, 2. Abt., 1904, S. 154—196.

Sachau, *Zur Geschichte.* — E. Sachau, *Zur Geschichte und Chronologie von Khwârizm,* [Teil] I—II, Wien, 1873 (Sonderabdr. aus SBAW Wien, Bd LXXIII, S. 471—506; Bd LXXIV, S. 285—330).

Sachau — Ethé, *Catalogue.* — [E. Sachau and H. Ethé], *Catalogue of the Persian, Turkish Hindûstânî, and Pushtû manuscripts in the Bodleian Library,* begun by Ed. Sachau continued, completed and ed. by H. Ethé, pt I. *The Persian manuscripts,* Oxford, 1889.

de Sacy, *Histoire de Yémineddoula.*— A. J. S. de Sacy, كتاب يمينى *Histoire de Yémineddoula Mahmoud, fils de Sébectéghin, Traduite de l'Arabe en Persan, par Abouschéref Nassih Monschi, Djerbadécani,*— Notices et extraits, t. IV, An 7 [1798/99], pp. 325—411.

Salemann, *Zur handschriftenkunde.* — C. Salemann, *Zur handschriftenkunde, I. Al-Bîrûnî's al-Āṯâr al-bâqiyah,*— ИАН, сер. VI, т. VI, 1912, стр. 861—870.

R685 *Sauvaget, *Introduction*.— J. Sauvaget, *Introduction à l'histoire de l'Orient musulman. Éléments de bibliographie*, Paris, 1943; édition refondue et complétée par Cl. Cahen, Paris, 1961.

Schefer, *Notice*. — Ch. Schefer, *Notice sur les relations des peuples musulmans avec les chinois, depuis l'extension de l'islamisme jusqu'à la fin du XV siècle*,— «Centenaire», pp. 1—43.

* Schiratori, *Le rôle*. — K. Schiratori, *Le rôle des peuples de la Mongolie dans l'histoire du monde entier*, — «Monggolik'a», I/III, Tokio, 1937—1938.

Schmidt, *Über Rubruk's Reise*.— F. M. Schmidt, *Über Rubruk's Reise von 1253—55*, Berlin, 1885.

Schreiner, *Beiträge*.— M. Schreiner, *Beiträge zur Geschichte der theologischen Bewegungen im Islâm*,— ZDMG, Bd LII, 1898, S. 463—510, 513—563.

Schwarz, *Iran im Mittelalter*.— P. Schwarz, *Iran im Mittelalter nach den arabischen Geographen*, Bd I—IX, Leipzig — Zwickau, Stuttgart, 1896—1936.

Seybold, ZDMG, Bd LXVII [S. 538—543]. — C. F. Seybold, [рец. на:] Abū Ḥanīfa ad-Dīnawerī. Kitāb al-aḫbār aṭ-ṭiwāl. Préface, Variantes et Index publiés par Ignace Kratchkovsky. Leide, 1912,— ZDMG, Bd LXVII, 1913, S. 538—543.

Silvestre de Sacy — см. de Sacy.

Skrine and Ross, *The Heart of Asia*.— F. H. Skrine and E. D. Ross, *The Heart of Asia. A History of Russian Turkestan and the Central Asian Khanates from the Earliest Times*, London, 1899.

de Slane, *Catalogue BN*. — de Slane, le baron, *Catalogue des manuscrits arabes de la Bibliothèque Nationale*, Paris, 1883—1895.

Smirnow, *Manuscrits turcs*. — [W. D. Smirnow], *Manuscrits turcs de l'Institut des langues orientales* décrits par W. D. Smirnow, St.-Pbg., 1897 (Collections scientifiques t. VIII).

Sobernheim, *Iḳṭā'*.— M. Sobernheim, *Iḳṭā'*, — EI, II, S. 491—493.

Spiegel, *Erânische Alterthumskunde*.— F. Spiegel. *Erânische Alterthumskunde*, Bd I—III, Leipzig, 1871—1878.

*Spuler, *Die Chalifenzeit*.— B. Spuler, *Die Chalifenzeit. Entstehung und Zerfall des islamischen Weltreichs*, Leiden, 1952 (HOr, Bd VI, Geschichte der islamischen Länder, 1. Abschnitt).

*Spuler, *Die Goldene Horde*.— B. Spuler, *Die Goldene Horde. Die Mongolen in Russland. 1223—1502*, Leipzig, 1943 (Das Mongolische Weltreich. Quellen und Forschungen, II).

*Spuler, *Iran in früh-islamischer Zeit*.— B. Spuler, *Iran in früh-islamischer Zeit. Politik, Kultur, Verwaltung und öffentliches Leben zwischen der arabischen und der seldschukischen Eroberung. 633 bis 1055*, Wiesbaden, 1952 (Akademie der Wissenschaften und der Literatur, Mainz. Veröffentlichungen der Orientalischen Komission, Bd II).

*Spuler, *Die Mongolen in Iran*.— B. Spuler, *Die Mongolen in Iran. Politik, Verwaltung und Kultur der Ilchanzeit. 1220—1350*, 2. erweit. Aufl., Berlin, 1955.

*Spuler, *Die Mongolenzeit*.— B. Spuler, *Die Mongolenzeit*, Leiden, 1953 (HOr, Bd VI, Geschichte der islamischen Länder, 2. Abschnitt).

*Spuler, *Quellenkritik*.— B. Spuler, *Quellenkritik zur Mongolengeschichte Irans*,— ZDMG, Bd 92 (17), 1938, S. 219—243.

Stein, *Serindia*. — A. Stein, *Serindia. Detailed report of Explorations in Central Asia and Westernmost China*, vol. I—III, Text; vol. IV, Plates; vol. V, Maps, Oxford, 1921.

*Storey, *Persian Literature.*— C. A. Storey, *Persian Literature. A bio-bibliographical survey.* Vol. I. *Qur'ānic Literature; History and Biography.* Pt 1. *Qur'ānic Literature; History.* Section I. *Qur'ānic Literature,* London, 1927 [pp. 1—60]. Section II. [*History*]. Fasc. 1. A. *General History.* B. *The prophets and Early Islām,* London, 1935 [pp. 61—236]; fasc. 2. C—L. *Special histories of Persia, Central Asia and the remaining parts of the world except India,* London, 1936 [pp. 237—432]; fasc. 3. M. *History of India,* London, 1939 [pp. 433—780]. Pt. 2. *Biography. Additions and Corrections. Indexes,* London, 1953 [pp. 781—1444]. Vol. II, Pt 1. A. *Mathematics* B. *Weights and Measures.* C. *Astronomy and Astrology.* D. *Geography,* London 1958 [pp. 1—192]. R686

Streck, *Āmul.* — [M.] Streck, *Āmul,* — EI, I, S. 359—360.

Stübe, *Tschinghiz-Chan.*— R. Stübe, *Tschinghis-Chan, seine Staatsbildung und seine Persönlichkeit,* — «Neue Jahrbücher für das klassische Altertum, Geschichte und deutsche Literatur», hrsg. von J. Ilberg, 11. Jg., Bd XXI, Leipzig, 1908, S. 532—541.

Süssheim, *Prolegomena.*— K. Süssheim, *Prolegomena zu einer Ausgabe der im British Museum zu London verwahrten Chronik des Seldschukischen Reiches,* Leipzig, 1911.

*Tauer, *Les manuscrits persans.*— F. Tauer, *Les manuscrits persans historiques des bibliothèques de Stamboul,*— AOr, vol. III, 1931, pp. 87—118, 303—326, 462—491; vol. IV, 1932, pp. 92—107, 193—207.

Thomas, *Bilingual coins.* — E. Thomas, *Bilingual coins of Bukhara,* — «The Numismatic Chronicle and Journal of Numismatic Society», 3rd ser., vol. I, 1881, pp. 116—128.

Thomsen, *Inscriptions de l'Orkhon.* — [V. Thomsen], *Inscriptions de l'Orkhon* déchiffrées par V. Thomsen, Helsingfors, 1896 (Mémoires de la Société finno-ougrienne. V).

Tiesenhausen, *Notice.* — W. Tiesenhausen, *Notice sur une collection de monnaies orientales de M. le Comte S. Stroganoff,* St.-Pbg., 1880.

Tischendorf, *Das Lehnswesen.*— P. A. von Tischendorf, *Das Lehnswesen in den moslemischen Staaten, insbesondere im Osmanischen Reiche. Mit dem Gesetzbuche der Lehen unter Sultan Ahmed I,* Leipzig, 1872.

Tomaschek, *Sogdiana.*— W. Tomaschek, *Centralasiatische Studien. I. Sogdiana,*— SBAW Wien, Bd LXXXVII, 1877, S. 67—184.

*Vernadsky, *The Mongols.*— G. Vernadsky, *The Mongols and Russia,* New Haven, 1953.

Vivien de St.-Martin, *Les Huns Blancs.*— Vivien de St.-Martin, *Les Huns Blancs ou Ephtalites des historiens byzantins,* Paris, 1849.

van Vloten, *Zur Abbasidengeschichte.*— G. van Vloten, *Zur Abbasidengeschichte,*— ZDMG, Bd LII, 1898, S. 213—226.

*Voyevodsky, *A summary report.*— M. Voyevodsky, *A summary report of a Khwarizm expedition,*— «Bull. of the American Institute for Iranian Art and Archaeology», vol. V, № 3, 1938, pp. 235—244.

Vullers, *Lexicon.*— J. A. Vullers, *Lexicon Persico-Latinum etymologicum cum linguis maxime cognatis Sanscrita et Zendica et Pehlevica comparatum...,* t. I—II, Bonnae, 1855—1864.

*Watters, *On Yuan Chwang's travels.*— Th. Watters, *On Yuan Chwang's travels in India 629—645 A. D.,* vol. I—II, London, 1904 (OTF, NS, vol. XIV).

R687 *Weil, *Geschichte der Chalifen.*— G. Weil, *Geschichte der Chalifen. Nach handschriftlichen, größtentheils noch unbenützten Quellen bearbeitet,* Bd I—III, Mannheim, 1846—1851.

Wellhausen, *Das Arabische Reich.*— J. Wellhausen, *Das Arabische Reich und sein Sturz,* Berlin, 1902.

*Wellhausen, *Oppositionsparteien.*— J. Wellhausen, *Die religiös-politischen Oppositionsparteien im alten Islam,* Berlin, 1901 (AKGWG, N. F., Bd V, № 2).

West, *Pahlavi Literature.*— E. W. West, *Pahlavi Literature,*— GIPh, Bd II, S. 75—129.

J. Wolff, *Narrative.* — J. Wolff, *Narrative of a Mission to Bokhara, in the years 1843—1845,* 5th ed., Edinburgh and London, 1848.

O. Wolff, *Geschichte der Mongolen.* — [O. Wolff], *Geschichte der Mongolen oder Tataren, besonders ihres Vordringens nach Europa, so wie ihrer Eroberungen und Einfälle in diesem Welttheile,* kritisch bearbeitet von O. Wolff, Breslau, 1872.

Wüstenfeld, *Die Geschichtschreiber.*— F. Wüstenfeld, *Die Geschichtschreiber der Araber und ihre Werke,* Göttingen, 1882 (AKGWG, Bd XXVIII—XXIX).

Wüstenfeld, *Der Tod des Husein.*— *Der Tod des Husein ben Ali und die Rache. Ein historischer Roman aus dem Arabischen.* Nach den Handschriften zu Gotha, Leiden, Berlin und St. Petersburg übersetzt von F. Wüstenfeld, Göttingen, 1883 (AKGWG, Bd XXX).

Wüstenfeld, *Über die Quellen.*— F. Wüstenfeld, *Über die Quellen des Werkes: Ibn Challikani vitae illustrium virorum. Ein Beitrag zur Geschichte der Arabischen Literatur,* Göttingen, 1837.

Yate, *Northern Afghanistan.*— C. E. Yate, *Northern Afghanistan or letters from the Afghan Boundary Commission,* Edinburgh and London, 1888.

Yule, *Cathay.* — [H. Yule], *Cathay and the way thither;* being a collection of medieval notices of China, transl. and ed. by H. Yule. With a preliminary essay on the intercourse between China and the western nations previous to the discovery of the Cape route, vol. I—II, London, 1866 (HS, [№ XXXVI—XXXVII]); 2d ed.: vol. I—IV, London, 1913—1916 (HS, 2d ser., № XXXIII, XXXVII, XXXVIII, XLI).

Zambaur, *Dirhem.*— E. v. Zambaur, *Dirhem,*— EI, I, S. 1020.

*Zambaur, *Manuel.*— E. Zambaur, *Manuel de généalogie et de chronologie pour l'histoire de l'Islam,* Hanovre, 1927.

Zarncke, *Der Priester Johannes.*— F. Zarncke, *Der Priester Johannes.* Abh. 1. (Cap. I—III),— ASGW, Bd VII, H. 8, 1879, S. 826—1028; Abh. 2. (Cap. IV—VI),— ASGW, Bd VIII, H. 1, 1883, S. 1—184; то же: отд. отт. I (S. 1—202), II (S. 1—184).

Zaydán, *Umayyads and 'Abbásids.* — [Jurjí Zaydán], *Umayyads and 'Abbásids being the fourth part of Jurjí Zaydán's History of Islamic civilization,* transl. by D. S. Margoliouth, Leyden — London, 1907 (GMS, IV).

* تاريخ التمدّن الاسلامى تأليف جرجى زيدان، الجزء ١—٥، [القاهرة]، ١٩٠٢—١٩٠٦.

* تاريخ مفصّل ايران از استيلاى مغول تا اعلان مشروطين، جلد ١، از حمله چنگيز تا تشكيل دولت تيمورى تأليف عبّاس اقبال، طهران، ١٣١٢ ش.

* جغرافياى مفصل ايران تأليف مسعود كيهان، II، سياسى، طهران، ١٣١٠ ش.

R688 * مقاله‌ای تاریخی وانتقادی از حضرت علامهٔ استاد اقای میرزا محمد خان قزوینی در باب نسخهٔ نفثة المصدور تألیف نور الدین محمد منشی باهتمام عباس اقبال، طهران، ۱۳۰۸ ش.

* وزارت در عهد سلاطین بزرگ سلجوقی از تاریخ تشکیل این سلسله تا مرگ سلطان سنجر (۴۳۲—۵۵۲)...، تألیف عبّاس اقبال، تهران، ۱۳۳۸ ش (انتشارات دانشگاه تهران، ۵۲۰).

R601

附 录 一

1. 论文提纲①

1. 在阿拉伯征服前夕，河中地区的权力操在地主阶级——迪赫坎——手中，他们平日住在设防的堡垒以内，战时作为战士组成骑兵。除了这种世袭贵族，这里还有在生活方式上与迪赫坎没有多大差别的金融贵族。迪赫坎一词也用以称呼地方统治者，这些地方统治者只不过是名列前茅的贵族而已。

2. 乌迈亚朝（公元661—750年）诸哈里发及其总督们在治国经邦方面并无宏图大略，他们所关心的只是保持其统治阿拉伯人的政柄于不坠，并从被征服的人民身上征收赋税和向藩属敛取贡品。总督们此去彼来，更迭频繁，但是各自利用短暂的任期多方营私，包括在境内广置田产，这些田产通常都留给了他们的后嗣。

3. 公元750年以后的阿拔斯朝诸哈里发与乌迈亚朝诸哈里发相反，希望缔造一个这样的国家：使居住着波斯人的省区可以与阿拉伯人的省区同样加入这个国家的版图，彼此无分轩轾。阿拔斯朝诸哈里发

---

① （刊行于1900年的《突厥斯坦》俄文本第一版，有若干部附有这一《提纲》。巴托尔德将《突厥斯坦》作为论文提交圣彼得堡大学审查后，将此《提纲》复印，分发给出席于论文答辩会的人们。《提纲》的英语译文（V. 米诺尔斯基译）见《突厥斯坦》英译本1958年第二版与1968年第三版卷首。）

以萨珊王朝的国家组织为楷模，他们逐渐将东部各省区的施政权力委付于地方贵族的成员，而塔希尔朝与萨曼朝即兴起于这些地方贵族的行列。

4. 塔希尔朝(821—873 年)与萨曼朝(874—999 年)时期无妨称为“开明专制”时期。两个王朝的君主们没有实行任何激烈的社会改革，而只是致力于在自己的版图内维持稳定的统治与和平，保卫低层阶级不受压迫，奖励工商业与文教事业的发展。

5. 什叶派、哈瓦利吉派与“圣战者”集团体现着敌视现存制度、向往比较急进的民主的趋势。萨法尔朝(867—903 年)便靠团结形形色 R602
色的民主分子而攫得政权。

6. 萨曼朝的施政方针遭到迪赫坎与突厥禁卫军的反对。在军事贵族与君主之间的斗争中，僧侣站在军事贵族一边。这些阶层的对抗便利了突厥人征服这个国家。

7. 国家观念在哥疾宁朝，特别是在马哈茂德君临期间(998—1030年)得到了最充分的表现。全部人口分为军队与黎民。以多民族成份为主体的军队由君主手中领取薪饷，君主则要求军队忠诚服役；黎民得到君主的保护而不受外敌侵犯，反过来必须甘愿缴纳赋税以答报君主。人民被剥夺了表现任何民族—爱国情绪的权利，甚至不许有反抗外敌的意图。

8. 在塞勒术克朝(1038—1157 年)与哈拉汗朝(932—1165 年)统治时期，有种种迹象表明，由于受到在游牧人中间盛行的氏族所有制原则的影响，集权制原则有所削弱。突厥早期诸汗根本不同于波斯的专制君主；其最特殊的变化是对地方统治者的监察制度被废除和宫廷行刑官员失势。尽管个别君主抱有良好的意愿，但是，由于游牧人引进了裂土分封制度和广泛推行军事采地制度，游牧人的统治对于他们管辖的省区产生了致命的影响。地产的贬值造成地主的彻底破产，到蒙古入侵的时期，迪赫坎已不再作为一个单独的阶级而存在。

9. 突厥诸汗之逐渐转化为波斯专制君主，激起了本氏族成员的反抗。这种情况又转而促使君主与军事阶层的斗争更趋尖锐。僧侣依然支持军事阶层。在哈拉汗国,世俗权力与僧侣斗争的结果是:几位有势力的教长(谢赫)被处死,一位突厥汗由于僧侣定谳而丧命。

10. 古尔朝(1148—1215年)与花剌子模朝(1077—1231年)的固有疆土的特点有利于这两个朝代的兴起,因为从地理角度和民族角度看来,它的本土构成自主的单位。然就首尾一贯性和政治权变而言,花剌子模诸沙胜过他们的所有对手,故能逐渐称霸于木速蛮东部世界。

11. 花剌子模沙摩诃末(1200—1220年)不善为政,惹起了人民大众乃至军事集团与僧侣的敌意。他废除了韦齐尔一职,从而破坏了官僚制度的重要性。他在对外敌的斗争中,既不能倚赖行政机构中的任
R603 何成员,又不能倚赖居民中间的任何阶级。

12. 成吉思汗的军队以他从草原贵族中征调而来、加以正规编制的侍卫亲军为核心。这个帝国的军事力量的编制和民政机构的创建都是成吉思汗(卒于1227年)的个人成就。备谘询的文臣,特别是畏兀儿文化的代表人物,不过是他手中的工具而已。

13. 成吉思汗有与花剌子模沙的国家建立贸易关系的真诚愿望,殆无置疑之余地。这样一种愿望完全可以用游牧人的利益以及生活在蒙古宫廷中的木速蛮商人的利益来加以解释。但是在花剌子模沙征服东亚的野心与他的臣民的商业利益之间却没有这种和谐一致。

14. 关于哈里发纳西尔向蒙古派遣使节的报道殊不足信。总的说来,认为蒙古人与木速蛮的冲突是受到外来影响的说法并无根据。

15. 花剌子模沙的国家之所以轻易地即为蒙古人所征服(1221年),其原因既可以求之于花剌子模的国内状况,也可以求之于蒙古军事力量的优越组织。受过严格训练的蒙古战士并不追求在战友面前突出自己的机会,而是要忠实地执行他们的君主或君主任命的首领们的意旨。将领们只是成吉思汗意志的驯服而能干的执行者。根据情况的需要,成吉思汗或者划分,或者重新组合他的军队的不同兵团;偶有失败,也可以迅速采取措施挽回颓势。另一方面,木速蛮的领袖们——特

别是花剌子模沙札阑丁——能够用少量的兵力创造英勇惊人的奇迹，但是完全没有能力组织更大的兵力，也没有能力在多民族成份的军队中化除多民族感情上的隔阂。

附 录 二

R604

2. 论文答辩前的发言

尊敬的诸位女士、诸位先生：

当上个世纪中叶出现了第一部中亚通史的时候，作者德居涅不得不进行自我辩解以答复如下的责难：他所选择的研究对象是没有历史的民族，突厥诸族的历史，就像那些地区的老虎的历史一样，没有研究的价值。德居涅对此只能回答，普天之下人尽相同，那些由于我们有成见，而被我们认为习性粗野的人们，往往比文明人的缺点还少一些，他们更诚实，更淳朴，更恪守信用，总的说来，也许具有更多的优良品德。在德居涅的时代，人们还不能对历史资料提出像现在这样的要求；因此德居涅可以在回答中局限于有关道德品质的论述，当时与其说历史学家是科学家，还不如说是艺术家，所以我们也就应该用当代那样的观点来说明德居涅对待历史资料的态度。德居涅治东方史，彻底地研究了他当时所能得到的东方资料的原本，并用比较的方法对中国与木速蛮的历史家作出了就当时来说可谓出色的评述。他决不无条件地屈从中国或木速蛮历史家，他对所有的资料试用了欧洲学者（这当然是指当时的欧洲学者）处理资料的方法。正因为如此，他甚至认为他在转述历史人物的言谈时，他也有权按欧洲口味的要求来变更史料的文体，在他笔下，中国乃至突厥族的活动家往往竟操上一个世纪法国宫廷的腔调讲话。

德居涅以后,直到最近出版的已故的卡安(L. Cahun)的著作,没有人再独立承担全面叙述中亚各族历史的任务。学者们的兴趣已主要寄托在面积最广大、对欧洲的历史影响最深远的一个游牧帝国的历史上,这就是由成吉思汗建立起来的蒙古人的帝国。在德居涅著作刊行以前,关于蒙古历史的研究业已开始;早在十七世纪末,法国宫廷的土耳其语与阿拉伯语[①]译员珀蒂·德·拉·克鲁瓦(Pétis de la Croix)受科尔贝尔(Colbert)的委托,就用木速蛮的资料写出了一部《成吉思汗传》,于1710年由他的以翻译帖木儿史闻名的儿子刊印行世。其后不久,耶稣会士宋君荣神甫[②]于1739年刊出《成吉思汗的历史与元朝全史》,这是中国官修蒙古人的历史的节译,附有译者的注释。 R605

珀蒂·德·拉·克鲁瓦的著作也好,宋君荣的译述也好,都和德居涅的著作大不相同。如果我们指责德居涅笔下使亚洲人丧失了特征,变为欧洲人,那么,珀蒂·德·拉·克鲁瓦与宋君荣的记述,无论就观点而言,或就科学方法而言,都不足以表明他们了解欧洲的科学,从而有别于东方的史学家。尤其是宋君荣神甫曾在他的译作的前言中郑重说明:中国人官修史书的方式显然是编写史书的最好的方式,就检验历史叙述的真实性而言,整个纂修机构的有权威的决定,起码抵得过若干不相为谋的历史学家们的不约而同的证词。宋君荣是耶稣会的一位教士,侨居中国甚久,从而失掉了与欧洲文化的一切联系。他自己承认,在多年寄居中国期间,除汉语与满语的书籍外,其他书籍概未寓目。大家知道,在俄国的汉学家中,也有这种类型的人物;修士大司祭雅金夫·比丘林即为其中之一,他编写了多种与中亚历史有关的著作,部头最大的是1851年才出版的《古代中亚民族史料汇编》。这些学者以及与他们类似的学者们的著作,就搜集原始资料而言,当然十分可贵,不

① 〔原文如此。〕

② 〖即 A. 戈比(A. Graubil)〗

过他们没有给予各个民族的历史以科学的解释;在这方面,汉学家们在自己知识领域内所取得的成绩,至于今日,依然远远落后于阿拉伯学家为中亚西部历史所作的阐述。

在阿拉伯学家编写的这类著作中,1824 年刊行第一版的 C. 多桑(C. d' Ohsson)《蒙古史》①是向前迈了一大步的代表作。这位作者主
R606 要依据研读原本的木速蛮资料进行写作,此外,和珀蒂·德·拉·克鲁瓦一样,他把第一手资料与经过编纂的资料区分开来,又进而在史实的叙述中引进了历史考据的方法。如果说这部著作仍然不能满足现代的要求,那么,这是因为一,现在发现了为多桑所未及见的新的资料;二,作者有些观点具有片面性。与德居涅对原始民族的美德持仁爱的,也可以说是过分温情的态度恰恰相反,多桑认为蒙古人的历史只是"一幅幅令人十分厌恶的画面"。他认为蒙古史之值得注意,不过是因为它和几个帝国的历史密切相关联,这方面的知识对于了解十三、十四世纪的重大事变不可或缺。因此他几乎只讲蒙古人在中国与波斯境内建立的国家,关于中亚或东欧境内的蒙古国家,只是轻描淡写地草草带

① 〖此书作者 C. 多桑的全名为 Abraham Constantin Mouradgea d' Ohsson,1779 年生于君士坦丁堡,系亚美尼亚人后裔。其父先在君士坦丁堡经商,后任瑞典驻土耳其使馆的外交官。C. 多桑继任瑞典外交官,先驻巴黎,1816 – 35 年期间驻海牙任公使,1835 年移驻柏林任公使,1851 年卒于柏林。多桑为外交官,亦为历史家,精通英、法、德、土耳其、伊朗、阿拉伯等多种语言,特别熟悉伊朗语与阿拉伯语历史文献,故能驱遣多方面基本资料,早在十九世纪上半期即为蒙古帝国成立、发展与衰亡的过程写出一部博大而细密的历史。书用法语写成,原名 *Histoire des Mongols, depuis Tchinquiz – Khan jusqu' à Timour – bey ou Tamerlan*. 此书有旧版、新版之分,旧版刊行于 1824 年,分上、下两卷;新版为增订版,全书共四卷,于 1834—35 年在海牙与阿姆斯特丹刊出,其后有 1892 年阿姆斯特丹重印本与 1940 年天津影印本。

多桑《蒙古史》的增订版有日文与中文译本。日文译本有田中萃一郎博士(1873 – 1923)所译《トーソン蒙古史》,仅译出原著的前两卷,后两卷未译。另一日文译本为佐口透氏译注的《モンゴル帝国史》,全六卷,被收入平凡社《东洋文库》。此译注本系多桑书的全译,并于多桑的原注外增加了译者注、解说、文献案内、年表、系图及索引等,极便参考。

多桑书中文译本系冯承钧氏(1887 – 1946)所译,题名《多桑蒙古史》,分上、下两册。上册相当于原著的前两卷,下册相当于后两卷。冯氏先译出下册,下册序文写于 1933 年,上册序文则写于 1934 年。冯氏译本先由商务印书馆印行,后由中华书局于 1962 年重印。多桑书中文译本的刊行,显然曾对所谓"西域汗国"的历史知识在中国历史学界的普及起了极为显著的作用,关于这一点,可参看冯承钧,《西域南海史地考证论著汇辑》(中华书局,1957 年)页 331 以下的《评田中译〈多桑蒙古史〉》一文与向达氏为该书所撰序言。〗

过。由于他为自己的任务限定了范围，而对正确了解一个民族的历史又缺少必须具备的同情，所以他未能就蒙古人的历史意义作出完整的、面面俱到的评述。他也未能讲明蒙古人给波斯人和中国人的生活带来了哪些变化，因为要做到这一点，就必须考察这些国家在蒙古时期以前的社会状况和民族风俗，而在当时实无此可能。

多桑的著作尽管有着上述缺点，然而与在他以后的各家写成的蒙古史相比，依然远出其上。继多桑之后撰写蒙古史的人，有不具史才的东方学家，如哈默尔－普尔格施塔勒（Hammer－Purgstall）与埃尔德曼（Erdmann）是，也有既不懂得东方民族的语言、也不了解他们的习俗的历史学家，这些历史学家把自己研究欧洲历史中得来的概念随心所欲地塞入东方历史中去。豪沃思的多卷本《蒙古史》就是这样，可惜不久以前去世的卡安的著作也是这样，后者的著作出版于 1896 年，标题为 *Introduction à l' histoire de l' Asie. Turcs et Mongols des origines à* 1405[①]。已故的卡安·昂具有卓越的文学天才，他的这部引人入胜的著作，使人读起来好像看长篇小说一样。在前言中我们就看到关于突厥人和蒙古人扮演了什么角色的逸趣横生的描写，用他的话说，凡是用刀剑能够做到的事情，突厥人和蒙古人都做到了，他们体现了尚武精神，他们的美德就是真正的战士的美德：勇敢、服从、正直、理智健全；他们并不鄙视艺术和科学，恰恰相反，他们曾力求融会贯通，可是他们没有能够改造波斯和中国的文明因素并据以建立起自己的民族文化。作者也没有进而说明其所以不克致此，原因并不在于突厥人的天性与民族特征，而在于长期的草原生活带来的习惯以及由此而产生的他们的历史：他们必 *R607*
须永远竭尽全力从事征战，因此永远得不到从事和平文化所需要的余暇。作者的结论写得饶有文采，娓娓动听，然而毕竟不足以补偿存在于全书中的严重缺点。看来作者对于东方语言仅有极为肤浅的了解，于是醉心于专对地理学或民族学的名称进行想入非非的解释，也依据这

① 〖《亚洲史绪论。从起源至 1405 年的突厥人与蒙古人》。〗

些解释杜撰一些历史学的理论。他在行文中从来没有把哪些是他所引用的资料确实讲过的部分,哪些是他本人为了补充或说明那些资料而凭空想像出来的部分加以区别。见于书中的一些引文证明,作者对中古欧洲文献远比东方文献熟悉得多。他不够慎重地将一些欧洲的术语和概念用于阐述东方的历史。比较次要的失误更是不胜枚举,有的是出于对资料不够熟悉,还有的出于对资料任意曲解。

由此可见,尽管本世纪四十年代以来,在欧洲历史科学已经取得一定成绩的影响下,形成了新的东方历史学派,但是,这个新学派直到目前对于欧洲科学界进行的中亚历史研究却还几乎没有发生什么影响。这个学派的最优秀的代表人物之一克雷默尔(A. von Kremer)所列举的这个学派的奠基人有魏尔(G. Weil,著有《哈里发的历史》)、施普伦格尔(A. Sprenger,穆罕默德传的作者)和多齐(R. P. A. Dozy,著有《伊斯兰史试论》与《西班牙木速蛮的历史》)。克雷默尔认为这个学派的特点在于它向我们表明东方民族的历史是怎样一步步发展起来的,我们看到了东方人的日常穿戴,而不是像从前那样先给他们穿上戏装再看他们。这样,东方的历史固然失掉了它那种神奇的光环,可是各族人民的生活却在东方历史中得到了适当的反映;这样,我们就看到,人和人到处都是一样的,至于东西文化之所以不同,那只是因为东方各族人民的思维活动被种种情况引上了另外的道路。乞灵于先天论的臆测,说什么东方人的天性和西方人的天性根本不同,说什么二者各自具有不变不灭的特征,这是完全没有必要的。我们之所以必须为东方历史作出科学的解释,就是因为不这样做而仅仅根据欧洲历史探讨出来的规律必然带有片面性,使得我们不能达到历史研究的终极目的,也就是不能阐明那些支配着整个人类生活的规律。

R608 所有这些足以表明属于新学派的东方学家与历史学和他们的前辈们有何不同。属于新学派的学者们凭藉欧洲科学的光辉照亮了自己研讨东方历史的门径,但并不把亚洲人一变而为欧洲人,而且力图从第一手资料的真实表述中得出自己的结论;在说明典章制度与生活习俗的

场合，也坚持用东方的术语，决不任意代以欧洲的术语。对东方历史的研究，已经不再被看作是仅仅用以说明欧洲历史上此一或彼一事件的手段。东方史业已成为历史科学的分支之一，在我们说明整个世界的历史过程的时候要考虑到这一分支所提供的结论。我们深信，世界各地的生人有着彼此相同的本性，仅因历史生活的条件不同，重以历代传统的影响，以至彼此互异；这种信念会使我们避免由于高自位置而鄙视那些文化后进的民族。历史家满怀这样的信念，就能够把对于各族人民的同情纳入自己的撰述；具有这种同情，并不妨碍叙述历史生活的阴暗面，没有这种同情，就不能写出富有成果的科学著作来。

赖有这一类的历史著作，木速蛮世界西部，主要是阿拉伯诸国的历史，已在一定程度上得到了科学的阐明，并且这些东方学家与历史学家得出的结论已在世界史最新著作中有所反映；但是在中亚史方面，直到目前，还没有出现类似的情况。可是在中亚境内的乃是一些伊斯兰教势须与其他文化因素开展更为激烈的斗争的国家，其历史并非无关宏旨，而且为了解释世界历史的进程，对于创造了后来为有文化的国家所取法的军事组织的某些民族，同样也有就其历史过程加以说明的必要。这是世界史写作中一个应该填补的空白点，全世界学术界最有理由期待俄国东方学家负起这一填补空白的责任，至少就已经并入俄罗斯帝国版图的诸国而言更是如此。

俄国东方学家对调查与研究历史并不陌生，但一向主要致力于研究那些与俄国历史有直接关联的东方资料。在这里没有必要列举大家都知道的、论述阿拉伯人记载斯拉夫人和俄罗斯人的著作，或阐述金帐汗国历史的著作（此项阐述工作到现在仅仅做了应做工作的一小部分）。直至目前，东方史方面的成就与俄国近年在东方学方面取得的成就很不相称。后一方面的成就是与维克特·罗曼诺维奇·罗森男爵的大名密不可分地联系在一起的，男爵曾为俄国东方学家创办了机关刊物①，用以 R609

①〔指 ЗВОРАО 而言。〕

亲自大力宣传东方学家与历史学家新学派的观点，男爵也致力于扶掖后进，栽培了就东方学各分支努力钻研的一大批青年研究人员。摆在诸位面前的这本书也可以看作是罗森男爵从事教育与写作活动的一项成果。这本书代表一种质朴的初步尝试，试图把多齐、克雷默尔等人在其关于西亚史的著作中已经采用了的欧洲研究历史的方法，在较大规模上运用到中亚史研究上来。这本书是怎样写出来的，书的前言已有说明，在这里无须重复。此刻我只想利用机会再次向为我的研究工作指定方向的罗森爵士，也向我的别位老师，其中有此刻担任我的书的辩难人的老师①；特别是从我从事科研工作的初年起，就让我在作业上有充分自由回旋余地、并始终寄以极为深切的关怀的东方史教研室主任②，致以由衷的谢忱。诸位看了我的书，大概都会同意我曾切切实实地利用了这些对我有利的条件，尽了自己应尽的力量。有一些没有前人的撰述可资依据而又必须解决的困难，这样的困难当然也不能不反映在我的书中。有些失误，我自己已经察觉，并且已经加以订正，列入勘误表中③。不久前，我接到内尔德克教授写来的一封信，说到荷兰东方学家范·弗洛滕（Van Vloten）刊行了 *Mabātīḥ al' Ulūm* 一书，其中有关于萨曼王朝行政制度的珍贵资料，这封信使我注意到自己书中的一项脱漏。在尊敬的各位辩难人的发言中，在今后的刊物中，无疑还将指出我的一些疏失。但请允许我在这里表述我心中的一项深刻的信念：无论我的书中存在着什么样的缺点，这些缺点之所以发生，如非由于学科的新颖，就是由于我个人的计虑未周④，但无论如何，决不是因为我走的道路并不正确；我相信，在我走的道路上，经过继续不断的钻研，是一定可以得出结果来的，而且得来的结果不仅具有科学上、学术上的价

---

①〔巴托尔德论文答辩会的正式辩难人为 H. И. 韦谢洛夫斯基与 B. A. 茹科夫斯基教授。〕

②〔H. И. 韦谢洛夫斯基教授。〕

③〔巴托尔德这里所说的订正与增补，见本书 1900 年俄文版卷尾；本书 1928 年英文译本已全部照改照补。〕

④〔在巴托尔德的手稿中，“计虑未周”以后有“才力不足”的字样，经他本人用铅笔抹去。〕

值，而又具有崇高的生活上的意义。行政、外交人员可以从对过去诸国的了解中取得直接的实际利益，可是我在这里说的还不是这个，而是境界更高的生活上的意义。正如不久以前，也是在一次学术辩论会的发言中，我们科学界的另一位代表[①]曾经说过的，东方各族人民，当他们觉察到我们了解他们比他们了解他们自己还更清楚的时候，将对我们的文化的优越性深信不疑；在这里，我可以补充他的话说，当他们在我们的学者们的著作中看到确实具有真正的科学的态度——这样的态度不同于一时的温情慰藉，也根本不带任何种族、宗教以及政治的偏狭成见，而只是从整个人类的普遍真理来研讨一切生活现象——的时候，他们还会更加赞赏我们的文化的优越性。很有可能，俄国东方学家们的质朴的撰述将比俄国文化的其他成就更能推动东方各民族与俄罗斯的和平接近，更有助于促使距今还很遥远的那一天提前到来，在那一天，如我们的一位伟大诗人所想望的那样，俄罗斯所有的民族，其中包括“目前还很粗野的通古斯人与草原的朋友卡尔梅克人”，将为崇敬那位俄罗斯文化的伟大代表而团结起来，他们也将因为他“曾在那残酷无情的时代颂扬了自由，并为沉沦堕落的人们带来了宽恕”而崇敬他，也就是因为他服务于全人类的理想而对他一致赞扬。 R610

① 〔巴托尔德此处所指何人，未能查明为憾。〕

索　引①

Ābādān – kanj,[Абадан – кендж],阿巴丹 – 肯只,155

Abāghā(Abāqā,Ilkhān),[Абака],阿八哈(伊儿汗),44,387 注

Abārkath,[Абаркет],见 Bārkath 条

Abarqūh,[Абаркух],阿巴尔库赫,55 注

– Abarkūhī,[Абаркухи],阿巴尔库希,见 Ибн Му'ин 条

Ābaskūn,[Абескун],阿贝斯昆,426

'Abbās canal(后称 Yangi – ariq),[Аббас кан.(后称 Янги – арык)],阿拔斯渠,后称养吉渠),83,93 注

– 'Abbās,[Аббас],阿拔斯(阿拔斯朝的祖先),373

Abu'l – 'Abbās,[Абу – л – Аббас],阿布勒 – 阿拔斯,见'Abdalāh b. Ṭāhir, Faḍl b. Aḥmad,Faḍl b. Sulaymān,Ma'mūn b. Ma'mūn,Ma'mūn b. Muḥammad各条

Abu'l – 'Abbās gate,[Ворота Абу – л – Аббаса],阿布勒 – 阿拔斯门,171

Abu'l – 'Abbās al – Yazdādī,[Абу – л – Аббас ал – Йездади],阿布勒 – 阿拔斯・叶兹达迪,104

---

① 索引各条目均先用英文标出,其次附以俄语,置诸方括弧内以示区别,然后注出中文译解,并用正体阿拉伯数字标明各该条目见于英译本何页。英译本页数均用正体阿拉伯数字列于此中译本的页缘。有少数条目仅见于1963年俄文本者,则用斜体阿拉伯数字并于前面标 *R*,以表示见于俄文本何页,俄文本页数用斜体数码亦列于此中译本的页缘。

‘Abbāsid Caliphs,[Аббасиды],阿拔斯朝诸哈里发,91,187,193－7,217－20,224,226,227,230,231,286,293,332,344,345,346－8,349,351,373－5,380
“‘Abbāsid Corps”,[《Аббасидский корпус》],“阿拔斯兵团”203
Ab－burdan,[Аб－Бурдан],阿卜－布尔丹,82 注
‘Abdak,[Абдек],阿卜德克(撒马尔罕城街道名),90
‘Abd al－‘Azīz－Māza,[Абд ал－Азиз ал－Маза],阿卜杜－阿齐兹·马扎,326 注
‘Abd al－‘Azīz b. Nūḥ,[Абд ал－Азиз б. Нух],阿卜杜－阿齐兹·本·努赫(萨曼朝君主),246,260
‘Abd al－‘Azīz,阿卜杜－阿齐兹,见 Burhān ad－Dīn,Burhān al－Milla 各条
‘Abd al－Ghāfir b. Ḥusayn－Alma‘ī,[Абд ал－Гафир б. Хусейн Алма‘и],阿卜杜－加菲尔·本·侯赛因·阿勒马伊,18
‘Abd al－Ghāfir b. Isma‘īl－Fārisī,[Абд ал－Гафир б. Исма‘ил ал－Фариси],阿卜杜－加菲尔·本·亦思马因·法里西,16
‘Abd al－Jabbār b. ‘Abd ar－Raḥmān,[Абд ал－Джаббар б. Абд ар－Рахман],阿卜杜－贾巴尔·本·阿卜杜－拉赫曼,198,199,203
‘Abdallāh,[Абдаллах],阿卜杜拉(布哈拉萨德尔的祖先),326 注
‘Abdallāh,[Абдаллах],阿卜杜拉(昔班尼朝君主),86
‘Abdallāh b. ‘Alī(‘Alid),[Абдаллах б. Али],阿卜杜拉·本·阿里(阿里派领导人),160
‘Abdallāh b. ‘Āmir,[Абдаллах б. Амир],阿卜杜拉·本·阿米尔(总督),6,185 注
‘Abdallāh b. Faḍlallāh,[Абдаллах б. Фазлаллах],阿卜杜拉·本·法兹卢拉,见 Waṣṣāf 条
‘Abdallāh b. Ḥasan－Jandī,[Абдаллах б. Хасанал－Дженди],阿卜杜拉·本·哈桑·毡的,395 注

‘Abdallāh b. Ḥumayd, [Абдаллах б. Хумейд], 阿卜杜拉·本·胡麦德, 172
‘Abdallāh b. Khāzim, [Абдаллах б. Хазим], 阿卜杜拉·本·哈齐木, 184, 187, 520
‘Abdallāh b. Ma‘mar - Yashkurī, [Абдаллах б. Ма‘мар ал - Йешкури], 阿卜杜拉·本·马阿马尔·叶什库里, 188
‘Abdallāh b. Muḥammad b‘ Uzayr, [Абдаллах б. Мухаммад б. Узейр], 阿卜杜拉·本·穆罕默德·本·乌宰尔, 253, 259, 263, 264
‘Abdallāh b. Ṭāhir, [Абдаллах б. Тахир], 阿卜杜拉·本·塔希尔, 154, 208, 209, 212, 213, 220, 242
‘Abdallāh - Khān of Bukhārā, [Абдалла - хан бухарский], (布哈拉的) 阿卜杜拉 - 汗, 70 注, 80
‘Abdallāh Pārsī (khatīb), [Абдаллах Парси(хатиб)], 阿卜杜拉·帕尔西(海推布), 299
Abū ‘Abdallāh, [Абу Абдаллах, хорезмшах], 阿布·阿卜杜拉(花剌子模沙), 263
Abū ‘Abdallāh, 阿布·阿卜杜拉, 见 - Bayyi‘, - Jayhānī, Muḥammad b. Karrām 各条
Abū ‘Abdallāh b. Abū Ḥafṣ, [Абу Абдаллах б. Абу Хафс], 阿布·阿卜杜拉·本·阿布·哈弗斯, 222
‘Abd al - Malik, [Абд ал - Мелик], 阿卜拉 - 麦利克(哈里发), 184, 187
‘Abd al - Malik I b. Nūḥ, [Абд ал - Мелик I б. Нух], 阿卜杜 - 麦利克一世·本·努赫(萨曼朝君主), 10, 110, 249 - 50, 255
‘Abd al - Malik II b. Nūḥ II, [АбдалМеликф II б. Нух], 阿卜杜 - 麦利克二世·本·努赫二世(萨曼朝君主) 266 - 8
‘Abd ar - Raḥmān, [Абд ар - Рахман], 阿卜杜 - 拉赫曼(旧译奥都 - 剌合蛮), 包税者, 467, 475, 476

‘Abd ar – Raḥmān b. Muslim,[Абдал – Рахман б. Муслим],阿卜拉·拉赫曼·本·穆斯林,见 Abū Muslim 条
‘Abd ar – Raḥmān b. Nu‘aym,[Абд ар – Рахман б. Ну‘айм],阿卜杜 – 拉赫曼·本·努艾木,188
Abū ‘Abd ar – Raḥmān,阿布·阿卜杜 – 拉赫曼,见 Mu‘ādh b. Ya‘qub 条
‘Abd ar – Rashīd,[Абд ар – Рашид],阿卜杜 – 拉施德(哥疾宁朝君主),23
‘Abd ar – Razzāq,[Абд ар – Раззак Самарканди],阿卜杜 – 拉扎克,见 Samarqandī 条
‘Abd as – Salām (ra’īs),[Абд ас – Селям],阿卜杜 – 塞拉木(莱伊斯),299
Abel – Rémusat,阿贝尔 – 雷暮沙,40,467 注
Abghar,[Абгар],阿卜加尔,92,93,125
– Ābī,Manṣūr b. al – Ḥusayn,[ал – Аби,Мансур б. ал – Хусейн],阿比,曼苏尔·本·侯赛因(韦齐尔),8 注
Abīshqa,[Абишка],阿必失合,察合台之曾孙,木阿秃干之孙,不里之子),487 – 8
Abiward,[Абиверд],阿比韦尔德,230 注,261,270,449
Abkhāz,[Абхаз],阿卜哈兹,348 注
Āb – i Raḥmat,[Аб – и Рахмат],阿卜 – 伊·拉赫马特,89
Abraham,[Авраам],亚伯拉罕,79
Abūqsha,[Абукша],阿布克沙,143
Achaemenid dynasty,[Ахемениды],阿黑美尼朝,64,76
Ādhakhkath,[Адахкет],阿达赫凯特,174
Ādharbāyjān,[Азербайджан],阿塞拜疆,169,426,489
Adīb Ṣābir,[Адиб – Сабир],阿迪卜,萨比尔,327
‘Adnān,Majd ad – Dīn,[Аднан, Меджд ад – дин],阿德南,麦只杜丁,

131
ʻAḍud ad – Dawla, [Адуд ад – дауля], 阿杜德 – 道拉(布伊朝君主), 8, 12, 252
Afarīnkath, [Афаринкет], 阿法林凯特, 96
Afārūn, [Афарун], 阿法仑, 96
Afghanistan, [Афганистан], 阿富汗, 488
Afghāns, 阿富汗人, [Афганцы], 291 注, 441, 449
Afrakhshah, [Афрахша], 阿弗拉赫沙, 见 Farakhshah 条
Afrāsiyāb, [Афрасиаб], 阿弗拉锡亚卜(神话中的英雄), 101, 107, 116
Afrāsiyāb, 阿弗拉锡亚卜(地名), 86, 91, 413 注
Afrāwa rabāṭ, 阿弗拉瓦拉巴特, 见 Farāwa rabāṭ 条
Afshawān, [Афщаван], 阿弗沙宛, 121
afshīn, [афшин], 阿弗申(乌什鲁桑那王公的称号), 202, 211
– Afshīn (Ḥaydar b. Kāwus), [Афшин (Хайдер б. Кавус)], 阿弗申(海德尔·本·卡乌斯), 95 注, 167, 168, 211, 521
Afshīna, [Афшина], 阿弗施那:
在撒马尔罕境内, 87
在布哈拉境内, 119
Āfurān, [Афуран], 阿福兰, 139
Āghdūn (Aghzūn), [Агдун (Агзун)], 阿格敦, 一作阿格宗, 121
Aghrāq – malik, [Аграк – мелик], 阿格拉克 – 麦利克, 见 Sayf ad – Dīn 条
Ahai, [Ахай], 阿海(哈剌契丹人), 451, 455
Āhangarān (Angren) river, [Ахенгеран (Ангрен) р.], 阿痕葛兰(安格伦)河, 169
aḥdāth, 临时税收, 221 注
Aḥmad b. ʻAbd al – ʻAzīz (ṣadr), [Ахмед б. Абд ал – Азиз], 艾哈迈德·本·阿卜杜 – 阿齐兹(萨德尔), 354

Aḥmad b. ‘Alī (Quṭb ad – Dawla), [Ахмед б. Али (Кутб ад – дауля)],艾哈迈德·本·阿里(库特卜·道拉,哈剌汗朝君主),258 注,274,279 注,281 注

Aḥmad b. Arslān – Khān Muḥammad,艾哈迈德·本·阿尔斯兰 – 汗·穆罕默德,320,321,322 注

Aḥmad b. Asad,[Ахмед б. Асад],艾哈迈德·本·阿萨德(司令官),201

Aḥmad b. Asad,[Ахмед б. Асад],艾哈迈德·本·阿萨德(萨曼朝君主),164,209,210,211,241

Aḥmad b. Farīghūn,[Ахмед б. Феригуп],艾哈迈德·本·费里贡,234

Aḥmad b. Ḥamūya,[Ахмед б. Хамуя],艾哈迈德·本·哈穆亚,247,523

Aḥmad b. Ḥasan (of Kāshghar),[Ахмед б. Хасан, кашгарский],艾哈迈德·本·哈桑(喀什噶尔汗),323

Aḥmad b. Ḥasan,艾哈迈德·本·哈桑,见 – ‘Utbī(Abū Ja‘far)条

Aḥmad b. Isma‘īl,[Ахмед б. Исма‘ил],艾哈迈德·本·亦思马因(萨曼朝君主),240

Aḥmad b. Abū Khālid,[Ахмед б. Абу Халид],艾哈迈德·本·阿布·哈利德,208,210 – 11

Aḥmad b. Khiḍr,[Ахмед б. Хизр],艾哈迈德·本·希兹尔(哈剌汗朝君主),111,316 – 18

Aḥmad b. Manṣūr b. Qara – tagīn,[Ахмед б. Мансур б. Кара – тегин],艾哈迈德·本·曼苏尔·本·哈剌的斤,251

Aḥmad b. Muḥammad (Abu’l – Fatḥ),[Ахмед б. Мухаммед (Абу – л – Фатх)],艾哈迈德·本·穆罕默德(阿布勒 – 法特赫),260 注

Aḥmad b. Muḥammad b. Abū Zayd (Abū Naṣr),[Ахмед б. Мухаммед б. Абу Зейд (Абу Наср)],艾哈迈德·本·穆罕默德·本·阿布·扎伊德(阿布·纳斯尔),263,264,523

Aḥmad b. Muḥammad (Mu'īn al – fuqarā), [Ахмед б. Мухаммед Му'ин ал – фукара], 艾哈迈德·本·穆罕默德(诨名"贫汉的恩主")58
Aḥmad b. Muḥammad b. Khalaf, 艾哈迈德·本·穆罕默德·本·哈拉费(总督), 248 注
Aḥmad b. Muḥammad, 艾哈迈德·本·穆罕默德, 见 Amīrak, Qadir – Khān – Qubawī, Abū 'Alī – Chaghānī 各条
Aḥmad b. Naṣr (Abū Muḥammad), [Ахмед б. Наср], 艾哈迈德·本·纳斯尔(阿布·穆罕默德, 萨曼朝君主), 248
Aḥmad b. Nūḥ, [Ахмед б. Нух], 艾哈迈德·本·努赫(萨曼朝君主) 115, 249
Aḥmad b. Sahl, [Ахмед б. Сахль], 艾哈迈德·本·萨赫勒, 21 注, 241, 522
Aḥmad Balchīch, [Ахмед Балчич], 艾哈迈德·巴勒契奇, 395 – 6
Ahmad – Jāmijī, [Ахмед ал – Джамиджи], 艾哈迈德·贾米吉(韦齐尔), 364 注
Aḥmad Khujandī, [Ахмед Ходженди], 艾哈迈德·忽毡迪, 395
Aḥmad Yasawī, [Ахмед Ясеви], 艾哈迈德·亚塞维, 376
Aḥmad Zakī Wālidī, [Ахмед Зеки Валиди], 艾哈迈德·泽基·瓦利迪, 16 注, 47 注
Aḥmad, 艾哈迈德, 见 Khīnah 条
Abū Aḥmad (rabāṭ), [Абу Ахмед Рабат], 阿布·艾哈迈德拉巴特, 165
Abū Aḥmad b. Sa'īd al – Qāḍī, [Абу Ахмед б. Са'ид ал – Кади], 阿布·艾哈迈德·本·赛义德·哈迪, 17
Abū Aḥmad, 阿布·艾哈迈德, 见 Muwaffaq 条
Aḥnaf b. Qays, [Ахнаф б. Кайс], 阿赫纳甫·本·凯斯(堡), 80
Āhū – pūsh, [Аху – Пуш], 阿胡 – 普什, 328
– Aḥwal, Abu'l – 'Alā, [Ахвал, Абу – л – Ала], 阿赫瓦勒, 阿布勒 – 阿拉, 30

Akharūn (Kharūn, Ho - lu - mo), [Ахарун (Харун, Холумо)], 阿哈仑（亦译哈仑，忽露摩），74，185
Akhshū(? Āq -ṣu) river, [Ахшу (? Аксу) р.], 阿赫舒(? 阿克苏)河，68
Akhsi, [Ахси], 阿赫西，161 注
Akhsīkath, [Ахсикет], 阿赫锡凯特，旧译西鞬，156，159，161 - 2，164，285，286，315，402
Akhsīsak, [Ахсисек], 阿赫西塞克，80
'Alā ad - Dīn ('Alā al - Mulk), [Ала ад - дин (Ала ал - мульк)], 阿老丁，亦作阿老 - 穆勒克（昆都士的统治者），420
'Alā ad - Dīn，阿老丁，见Muḥammad (Khwārazm - shāh)条
'Alā al - Mulk - Tirmidhī, [Ала ал - мульк Термези], 阿老 - 穆勒克 · 忒耳迷齐，374
Alā - Qamaq, [Ала - камак], 阿剌 - 哈马克，478，479，R*596*
'Alā Ṣa'dī, [Ала Са'ди], 阿拉 · 萨迪，106
Alai mts., [Алай горы], 阿赖山脉，70
Ibn 'Alamdār, [Ибн Алемдар], 伊本 · 阿雷木达尔，270
Alamūt, [Аламут], 阿剌模忒，8
Alaq - noyon, [Алак - нойон], 阿剌黑那颜，416，417，419
Alexander of Macedon, [Александр Македонский], 马其顿王亚历山大，1 注，66 注，76，84，167 注，315，363
Alexandria，亚历山大里亚，6 注
Alghu, [Алгуй], 阿鲁忽（察合台之孙，拜答儿之子），485，488 - 90
'Alī, [Али], 阿里（村名），81
'Alī, [Али], 阿里（哈剌汗朝君主），274 注
'Alī b. Abū Ṭālib, tomb of, 阿里 · 本 · 阿布 · 塔利卜的陵墓，79
'Alī b. Ḥusayn, [Алм б. Хусейн], 阿里 · 本 · 侯赛因，见'Alī - tagīn（哈剌汗朝君主）条

‘Alī b. ‘Īsā b. Māhān, [Али б. Иса б. Махан], 阿里 · 本 · 伊萨 · 本 · 马罕, 7, 203
‘Alī b. Layth, [Али б. Лейс], [Али б. Мамун], 阿里 · 本 · 莱思(萨法尔朝君主), 216
‘Alī b. Ma’mūn, [Али б. Мамун], 阿里 · 本 · 马蒙(花剌子模沙), 147, 269, 272, 275
‘Alī b. Mujāhid, [Али б. Муджахид], 阿里 · 本 · 穆贾希德(历史家), 5
‘Alī b. Muḥammad, [Али б. Мухаммед], 阿里 · 本 · 穆罕默德(哈剌汗朝君主), 282
Abū ‘Alī – Chaqhānī, [Чагани, Абу Али], 阿布 · 阿里 · 查甘尼, 10, 228, 242, 243 注, 246 – 9
Abū ‘Alī, 阿布 · 阿里, 见 – Bal‘amī, – Dāmghānī, – Jayhānī, – Sīmjūrī, Ḥasan b. Muḥammad (ra‘īs)各条
‘Alī ad – Dīn Khayyāṭī, [Али ад – дин Хайяти], 阿里丁 · 海亚提, 435
‘Alī Durūghī, [Али Дуруги], 阿里 · 杜鲁吉, 431, 433
‘Alī – khwājah, [Али – ходжа], 阿里 – 火者(布哈拉人), 396, 415
‘Alī – Sultan, [Али – султан], 阿里 · 苏勒坦, 53
‘Alī – tagīn, [Али – тегин], 阿里的斤(哈剌汗朝君主), 280 – 2, 284 – 5, 294 – 8
阿里的斤诸子, 298 – 302
‘Alī – tagīn b. ‘Abdallāh, [Али – тегин б. Абдаллах], 阿里的斤 · 本 · 阿卜杜拉(将军), 297, 301
‘Alī Tārābī, 阿里 · 塔拉比, 471
‘Alids, [Алиды], 阿里派, 119, 193, 195, 198, 214, 225, 242, 374
– Alma‘i, [Алма'и], 阿勒马伊, 见 Abd al – Ghāfir 条
Almāliq (Almāligh), [Алмалык], 阿力麻里, 401, 403, 483, 489
Alp – Arslān, [Алп – Арслан], 阿勒普 – 阿尔斯兰(塞勒术克朝君主),

24,305,306,310 注,313 – 14,315 注
Alp – Darak,[Алп – Дерек],阿勒普 – 德雷克,343,参见 Alp – Qarā – Ūrān 条
Alp – Er – Khān (Alp – Khān),[Алп – Эр – хан (Алп – хан)],阿勒鲁 – 埃尔 – 汗(阿勒普 – 汗),412
Alp – Qarā,[Алп – Кара],阿勒普 – 哈剌(将军),297
Alp – Qarā – Ūrān,[Алп – Кара Уран],阿勒普 – 哈剌 – 乌兰,340,341,343
Alp – tagīn of Bukhārā (ḥājib),[Алп – Тегин,Хаджиб бухарский],阿勒普 – 的斤(布哈拉的首席哈吉卜),277 – 9
Alp – tagīn,[Алп – тегин],阿勒普 – 的斤(哥疾宁统治者),228,233,239,249 – 251,261,523
Alp – tagīn,[Алп – тегин],阿勒普 – 的斤(哈剌汗朝专使),299
Alp – tagīn (Atmā – tagin?),[Алп – тегин(Атма – тегин?)],阿勒普 – 的斤,亦作阿特马 – 的斤,哈剌契丹行政官,100,327,354
'Alqama,Castle of,[Замок Алкамы],阿勒卡玛堡,96
Altai mts.,阿尔泰山脉,393,480
Altalun – kaan,[Алтылун – каан],阿勒塔伦 – 罕,479
Altan – Khān,[Алтан – хап],阿勒坛 – 汗,394
Altūntāsh,[Алтунташ],阿勒嗷塔什(花剌子模沙),279,280,282,294 – 6,298
阿勒嗷塔什之子,297
'Am'aq Bukhārī,[Ам'ак Бухари],阿马克 · 布哈里,27
Amards,[Амарды],阿玛尔德人,81 注
Amdīza,[Амдиза],阿姆迪扎,118,154
'*Amīd al – Mulk*, Office of,国家栋梁部,230
Amīn ad – Dīn Harawī,[Амин ад – дин Хереви],阿敏丁 · 赫雷维,397
Amīn al – Mulk (Amīn – malik),[Амин – мульк (Амин – мелик)],阿

敏－穆勒克,亦作阿敏－麦利克,423,439－43,446
amīr (ameer),[Эмир (амӣр)],埃米尔(阿拉伯语,亦译异密,意为司令官或首领,相当于蒙古语的那颜,散见149
Amīrak Bayhaqī,[Эмирек Бейхаки],埃米雷克·拜哈吉,303－4
'Amr b. Jamīl,[Амр б. Джемиль],阿慕尔·本·杰米勒,202
'Amr b. Layth,[Амр б. Лейс],阿慕尔·本·莱思(萨法尔朝君主),21,216,219－22,224－5,226,230,522
Abū 'Amr,阿布·阿慕尔,见Muḥammad b. Asad条
Amu－Darya (Jayhūn, Oxus),[Аму－Дарья, Аму (Джейхун, Окс)],阿母河(质浑河,乌浒水),64,65,66,76,77,80,并多处散见。名称,65,81注
河道的变迁,146,150,150注,152,337注,437,457
峡口,142注,143,154注,155注
三角洲,151,152
渡口,69,71,72,76,80,81,137,142注
浮桥,282,301,451,452,455
下游流经诸省,142－55
河以北诸省,68－76
河以南诸省,66－8
Āmul(今名 Charjuy),[Амуль хорасанский, Амуе, Амуй,后名Чарджуй,今名Чарджоу],阿模里,在呼罗珊境内,亦名阿模伊,今名查尔周,76,80－82,117注,142,143,148,154,213,259,261,262,265,269,270,278,296,330,360注,416
Āmul (Māzandarān),[Амуль мазандеранский],阿模里(在马赞德兰境内),425
Amza,[Амза],阿姆扎,154,参见Amdīza[Амдиза]条
Ananda, prince,[Ананда],阿楠达(王子),436注
Anbār,[Анбар],安巴尔,79,80,193

Anbarduwān,[Анбердуван],安贝尔杜宛,121

anda,[анда],安答,493

Andadī,[Андеди],安德迪,139

Andāq,[Андак],安达克,121,参见 Urguī 条

Andāq,[Андек],安德克,121

Andarāb (Andarāba),[Андераб (Андераба)],安德拉卜,亦作安德拉巴,旧译安呾罗缚,67,444

Andarastān,[Андерастан],安德拉斯坦,146,155

Andijan,[Андижан],安集延,见 Andukān 条

Andījārāgh,[Андиджараг],安迪贾拉格(河名又村名),68,69

Andiyār - Kandmān,[Андияр - Кендман],安迪亚尔 - 肯德曼,116

Andkhūd (Ankhud,Andkhuy),[Андхуд (Анхуд, Андхой)],安德赡德,一作安胡德,后称安德胡伊,旧译俺都淮,80 - 1,298,336,351,364,419

Andkhudī,安德胡迪,见 Yūsuf b. ʻAbdallāh 条

Andreev,M. S.,[Андреев,M. C.],安德列耶夫,M. S.,52

Andukān (Andijan),[Андукан (Андижан)],安杜坎(安集延),158,160

Anfuran rabāṭ,[Анфуран рабат],安弗拉拉巴特,175

Angara river,[Ангара],安加拉河,392

Angren river,安格伦河,见 Āhangarān river 条

Anhār,Volost of,[Ангарская вол.],安加尔州,88,452

Anikfardar,[Аникфардар],阿尼克法尔达尔,121

Anīsūn,[Анисун],阿尼松,121

Anjāfarīn (Anjufarīn),[Анджаферин (Анджуфарин)],安贾法林(安术法林),121

Anonym of Iskandar,[Аноним Искендера],《伊斯肯德尔佚名之书》,54,56

Anshamīthan,[Аншамитан],安沙米坦,139
Anūdhkath,[Анудкет],阿努德凯特,174
Anūshirwān,阿努施尔宛,315
Anūsh – tagīn Gharja,[Ануш – тегин Гарджа],阿努什 – 的斤 ·加尔札,323 – 4
Aolo – botzile,[Аоло – боцзиле],敖罗 – 孛极烈,381
Āq – Kutal,[Ак – Кӧтель],阿克 – 库帖勒,315
Āq – malik,[Ак – мелик],阿克 – 麦利克,一译阿黑 – 灭里,449
Āq – rabāṭ pass,[Ак – рабат перевал],阿克 – 拉巴特山口,68
Āq – Shāh,[Ак – шах],阿克 – 沙,432,437 – 8
Āq –ṣū river,[Аксу р.],阿克苏河,68,参见 Akhshū 河
Arabic language,阿拉伯语,1,9,240,291
'Arab – Khāna,[Араб – хана],阿拉卜 – 汗那(村名)113 注
Arabs,阿拉伯人,77,79,96 注,168,233,255,278 注
部落间的冲突,182,184,189,193
拓居地与村庄,81,94 – 5,101,106,159 注,185,270
入侵中亚,6,77,182 – 92
与中国人的冲突,3,185,188,195 – 6
与突厥人的冲突,186 – 7,188,190 – 1,192
对阿拔斯朝的反抗,194 – 5,198
Arafāt,[Арафат г.],阿拉法特(山),354,374
Aral Sea,[Аральское море],咸海,151,152,238
Aral – Payghambar,[Арал – Пейгамбер о – в],阿拉勒 – 培甘贝尔岛,75,76,80 注,301
Āranj fabrics,[ткань āрандж],阿兰只织物,235
Arbīlakh,[Арбилах],阿尔比拉赫,174
Arbinjan,阿尔宾詹,见 Rabinjan 条
Ardabīl,[Ардебиль],阿尔德比勒,145,426

Ardahan, [Ардахан], 阿尔达罕, 422
Ardakhīwa, [Ардахива], 阿尔达希瓦, 149, 150
Ardakhushmīthan, [Ардахушмитан], 阿尔达胡什米坦, 148, 149
Ardakuwā, [Ардакува], 阿尔达库瓦, 153 注, 154
Ardlānkath, [Ардланкет], 阿尔德兰凯特,
在费尔干纳境内, 163
在赭时境内, 163, 174
Arfūd, [Арфуд], 阿尔福德, 98
Arghān, [Арган], 阿尔甘, 135
Arghūn, [Аргун], 阿儿浑, 455 注, 476, 482, 483
Argun, river, [Аргунь р.], 额尔古纳河, 414 注
Ārḥan ford, [Архен (Архенг) перевал], 阿尔痕渡口, 68, 69, 70
'*Āriḍ*, ['āриз], 阿里兹(发放军饷的军需官), 221, 230
Arïgh Böke, [Арик – Бука], 阿里不哥, 466, 479, 487 – 90
arïq, [арык], 水渠, 83 注
aris, [арыс р.], 阿里斯河, 175, 408
Aristeis (tribe), 阿里斯泰斯(部落), 159
Aristocracy (pre – Islamic) in Central Asia, (伊斯兰教兴起前)中亚地区的贵族, 180 – 1
Arkand, 阿尔坎德, 165, 参见 Rukund 条
Armenian historical sources, 亚美尼亚的历史资料, 37, 459
Armenians, [армяне], 亚美尼亚人, 487
Arrān, [Арран], 阿兰, 489
Arslān, [Арслан], (塞勒术克朝苏勒坦)阿尔斯兰, 30, 335
Arslān of Merv, [Арслан, мервский], (马鲁城贵族)阿尔斯兰, 449
Arslān – Īlak, [Арслан – илек], 阿尔斯兰 – 乙力, 见Naṣr b. 'Alī, 'Alī – tagīn(哈拉汗朝君主)各条
Arslān – Jādhib, [Арслан – Джазиб], 阿尔斯兰贾齐卜, 272 注, 279, 448

注
Arslān – Khān（Qarluq），[Арслан – хан，карлукский]，(葛逻禄部）阿尔斯兰 – 汗 403，404，442
Arslān – Khān ʻAlī，[Арслан – хан Али]，阿尔斯兰 – 汗 · 阿里（哈拉汗朝君主），268
Arslān – Khān Maḥmūd，[Арслан – хан Махмуд]，阿尔斯兰 – 汗 · 马哈茂德（哈拉汗朝君主?）328
Arslān – Khān Muḥammad b. ʻAlī，[Арслан – хан Мухаммед б. Али]，阿尔思兰 – 汗 · 穆罕默德 · 本 · 阿里，275，280 – 2
Arslān – khān Muḥammad b. Sulaymān，[Арслан – хан Мухаммед б. Сулейман]，阿尔斯兰 – 汗 · 穆罕默德 · 本 · 苏莱曼，319 – 21，333
所兴修的建筑物，99，100，103，109，111，118，319
Arslān – Khān Muḥammad b. Yūsuf，阿尔斯兰 – 汗 · 穆罕默德 · 本 · 优素福（喀什噶尔汗），366
Arslān – Khān Sulaymān b. Yūsuf（Bughrātagīn），[Арслан – хан Сулейман б. Юсуф（Богра – тегин）]，阿尔斯兰 – 汗 · 苏莱曼 · 本 · 优素福（博格拉 – 的斤），295，296，299，300，303，524
Arslān – Khān Yūsuf（of Kāshghar），阿尔斯兰 – 汗 · 优素福（喀什噶尔汗），363
Arslān b. Seljuk，阿尔斯兰 · 本 · 塞勒术克，280，285，参见 Isrāʼīl b. Seljuk 条
Arslān – tagīn，阿尔斯兰 – 的斤，见ʻAlī – tagīn（哈剌汗朝君主）条
Arslān – Yālū（ḥājib），[Арслан – Ялу]，阿尔斯兰 – 亚卢（哈吉卜），269
Arsmanda，[Арсменда]，阿尔斯门达，168
Arsubānīkat，[Арсубаникет]，阿尔苏巴尼凯特，167，176
Artakhushmīthan，阿尔塔胡什米坦，见 Ardakhushmīthan 条
Arū，[Ару]，阿鲁，135
Arwān，[Арван]，阿尔宛，115，116

Aryans,[Арийцы],阿利安人,64,66,76,168

Asad b. ‘Abdallāh,[Асад б. Абдаллах],阿萨德·本·阿卜杜拉,5,77,78 注,83,189,191,193,209,520

Asad b. Sāmān – Khudāt,[Асад б. Саман – худат],阿萨德·本·萨曼 – 胡达特,209

Asan,[Асань],阿三,414,参见Ḥasan – ḥājī 条

Asangīn ariq,[Асенгин кан.],阿森金渠,89

Asbās,[Асбас],阿斯巴斯,142

Asfizār,[Асфизар],阿斯菲扎尔,90

Abu’l – Ash‘ath b. Aḥmad,[Абу – л – Аш‘ас б. Ахмед],阿布勒 – 阿什阿思·本·艾哈迈德(萨曼朝君主)210

Ashbīnghū,[Ашбингу],阿什宾古,174

Ashiyār,[Ашияр],阿施亚尔,455

Ashnas,[Ашнас],阿什纳斯(宗教运动的首领),198,521

Ashnās,[Ашнас],阿什纳斯(地名),179,414

Ashraf ad – Dīn, Syyyid,[Ашраф ад – дин, сеиид],阿什拉弗丁,赛伊德,486

Ashraf b. Muḥammad – Samarqandī,[Ашраф б. Мухаммед ас – Самарканди],阿什拉弗·本·穆罕默德·撒马尔罕迪,320

Ashras b. ‘Abdallāh,[Ашраф б. Абдаллах ас – Сулами],阿什拉斯·本·阿卜杜拉,189 – 90

Asht,[Ашт],阿什特,163

Ashur – Ade island,[Ашур – Адэ о – в],阿舒尔 – 阿德岛,426

Āsīb,[Асиб равн.],阿西卜,302

‘Āṣim b. ‘Abdallāh,[Асим б. Абдаллах ал – Хилали],阿西木·本·阿卜杜拉,191

Askān,[Аскан],阿斯坎,130

Asmand,[Асменд],阿斯门德,见 Usmand 条

Asrūd,[Асруд (Суруд)],阿斯鲁德,134,135

Āstāna (rabāṭ),[Астана рабат],阿斯塔那(拉巴特),137 注

Astrābād,[Астрабад],阿斯特拉巴德,15

Asutay,[Асутай],阿速歹,蒙哥之子,487,489

atābeg,[Атабек],阿塔伯克,325,332,347,422,479

Ātashkhān,[Атешхан(?)],阿塔什罕,164 注

Ātbāsh,[Атбаш],阿特巴什,157,317

Ibn al - Athīr, Izz ad - Dīn,[Ибн ал - Асир, Изз ад - дин],伊本·阿西尔,伊祖丁,2 - 3,4,10,17,19,21,30,31,35,37,38,39

Atmātigīn,[Атма - тегин],阿特马 - 的斤,327 注,354

Atsiz b. Muḥammad,[Атсыз б. Мухаммед],阿特西兹·本·摩诃末(花剌子模沙),33,100,323 - 31,332

Avicenna,[Авиценна],阿维森纳,见 Ibn Ṣīnā 条

Awāl,[Авал],阿瓦勒(县名)160,161,164

'Awfī, Muḥammad,[Ауфи, Мухаммед],奥菲,穆罕默德,17,18 注,36,50

Awhad ad - Dīn,[Аухад ад - дин],奥哈杜丁(谢赫),379

Awqāf,[вакф],奥卡弗(遗赠财产),229,231 - 2

Awshar,[Аушар],奥沙尔,120

Awzaj (Ūzaj) ford,[Аузадж (Узадж) переправа],奥扎只(一作乌扎只)渡口,71 - 2

Āyach (ḥājib),[Аяч],阿亚奇(哈吉卜),259

Ayāz (Jahān - Pahlawān),[Аяз(Джехан - Пехлеван)],阿亚兹(世界骑士),378

Ayāz b. Alp - Arslān,[Аяз б. Алп - Арслан],阿亚兹·本·阿勒普 - 阿尔斯兰,314

'Ayn ad - Dawla (Jikilī),[Айн ад - дауля],阿因·道拉(吉基勒部落的首领),317

‘Ayn ad – Dawla,[Айн ад – дауля],阿因·道拉(哈剌汗家族),300,303
Āy – tagīn,[Ай – тегин],阿伊 – 的斤,335
Āytāq,[Айтак],阿伊塔克,见 Ikhtiyār ad – Dīn 条
Āytāsh (ḥājib),[Айташ],阿伊塔什(哈吉卜),243
Ayvaj ford,[Айвадж переправа],艾瓦只渡口,72
‘Ayyār – beg,[Айяр – бек],艾亚尔 – 伯克(花剌子模人),337
‘Ayyār – beg,[Айяр – бек],艾亚尔 – 伯克(葛逻禄人),336
Ayyūb (Tomb of),[Эйюб (Иов)],艾尤卜(约伯),160
Ayyūb b. Ḥassān,[Эйюб б. Хасан],艾尤卜·本·哈散,106
A‘ẓam – malik,[А'зам – мелик],阿扎木 – 麦利克,440 – 3,453
Azrakyān,[Азракьян],阿兹拉克扬,255 注

Bāb,[Баб],巴卜,旧译巴补:
在布哈拉,121
在费尔干纳,162,163
Bāba,[Баба],巴比,121
Bāb – Dastān,[Баб – Дестан],巴卜 – 德斯坦,90
Bābish,[Бабиш],巴比什,121
Bābur,[Бабур],巴布尔,156,427
Bactrian empire,[Бактрийское государство],巴克特里亚帝国(见于中国史籍的大夏),76,参看 Graeco – Bactrian kingdom 条
Badākad (Badākadā),[Бедакед (Бедакеда)],贝达凯德,亦作贝达凯达,121
Badakhshān,[Бадахшан],巴达赫尚,65,66,67,79,403 注
Badakhshān ford,[Бадахшанская переправа],巴达赫尚渡口,69
Bādan,[Баден],巴登,121
Bādghīs,[Бадгис],巴德吉斯,198,349

Badhīkhūn,[Бедихун],贝迪洪,121

– Badī‘,Muntajab ad – Dīn,[Беди‘, Мунтаджаб ад – дин],贝迪阿,蒙塔贾卜丁,33

Bādiya – i khurdak,[Бадия – и хурдек],巴迪亚 – 伊·胡尔德克,97

Badr ad – Dīn ‘Amīd,[Бедр ад – дин Амид],贝德鲁丁·阿米德,407,419

Badr ad – Dīn Qāḍī – Khān (qāḍi),[Бедр ад – дин Кази – хан],贝德鲁丁·卡孜 – 汗(卡孜),410

Badr ad – Dīn (mudarris),[Бедр ад – дин,мударрис],贝德鲁丁(穆达里斯),342

Badyāna,[Бедьяна],贝德亚那,140

Bāf,[Баф],巴弗,153

Baga,[Бага],巴加,167 注

Baghdād,[Багдад],巴格达,208,210,212,218,422

Baghdādak (Baghdād,Bughaydid),[Багдадек (Багдад, Бугайдид)],巴格达德克(“小巴格达”),亦作巴格达或布盖伊迪德,153

– Baghdādī, Bahā ad – Dīn Muḥammad,[Багдади, Беха ад – дин Мухаммед],巴格达迪,贝哈艾丁·穆罕默德,33

– Baghdādī Abu’l – Ma‘ ālī,[Багдади, Абу – л – Ма‘али],巴格达迪,阿布勒 – 麦阿利,318 注

– Baghdādī,Majd ad – Dīn,[Багдади, Меджд ад – дин],巴格达迪,麦只杜丁,33,375 – 7,380

Baghirqān,[Бакырган],巴基尔坎,149,150

Baghlān,[Баглан],巴格兰,旧译缚伽浪,67,444 注,454

Baghūnkath,[Багункет],巴贡凯特,174

Bahā ad – Dīn Marghīnānī,[Беха ад – дин Маргинани],贝哈伊丁·马尔吉南尼,477,480

Bahā ad – Dīn Muḥammad,贝哈艾丁·穆罕默德,见 – Baghdādī 条

Bahā ad – Dīn Rāzī, [Беха ад – дин Рази], 贝哈艾丁 · 拉齐, 393 – 4, 396
Bahā ad – Dīn Sām, [Беха ад – дин Сам], 贝哈艾丁 · 萨木, 344, 352
Bahā ad – Mulk, [Беха ад – мульк], 贝哈 · 穆勒克, 448
Bāhān rabāṭ, [Бахан рабат], 巴罕拉巴特, 154
Bahrām Chūbīn, [Бехрам Чубин], 贝赫拉木 · 丘宾, 206 注, 209
Bahrām Gūr (Varahrān V), [Бехрам Гур (Варахран V)], 贝赫拉木 · 古尔(瓦拉赫兰五世), 206, 234
Bahrām – shāh, [Бехрам – шах], 贝赫拉木 – 沙, 352
Bai, [Бай], 巴伊, 444
Bāichur, [Байчур], 拜丘尔, 见 Bātījūr 条
Bakār, [Бекар], 贝卡尔(街道名), 111
– Bakharzi, Jalal ad – Dīn, [Бахарзи, Джелал ад – дин], 巴哈尔齐, 札剌勒丁, 488
Bakharzi, Sayf ad – Dīn, [Бахарзи, Сейфад – дин], 巴哈尔齐, 赛福丁, 468 – 9, 473, 488
bakhshī, [бахши], 八合识(意为书写, 录事), 51, 55 注, 388, 391, 482
Bakr b. Malik – Farghānī, [Бекр б. Мелик ал – Фергани], 贝克尔 · 本 · 麦利克 · 费尔干尼, 249, 523
Bakr b. Wā'il, [Бекр б. Ваиль], 贝克尔 · 本 · 瓦伊勒(部落名), 95
Abū Bakr, [Абу Бекр], 阿布 · 贝克尔(布哈拉人), 242
Abū Bakr b. Abū Ash'ath, [Абу Бекр б. Абу Аш'ас], 阿布 · 贝克尔 · 本 · 阿布 · 阿什阿思, 243
Abū Bakr Muḥammad b. Isḥāq, [Абу Бекр Мухаммед б. Исхак], 阿布 · 贝克尔 · 穆罕默德 · 本 · 伊斯哈克(神学家)289 – 290
Abū Bakr Muḥammad – Chaghānī, [Абу Бекр Мухаммед Чагани], 阿布 · 贝克尔 · 穆罕默德 · 查甘尼, 10, 242
Abū Bakr, [Абу Бекг], 阿布 · 贝克尔, 见 – Ḥuṣsayrī – Kallābādī 各条

Bakrān,[Бехран],贝克兰,见Muḥammad b. Najīb 条

Bala Bitikchi,[Бала – биткчи],八剌必阇赤,481

– Balādhurī,Abu'l Hasan,[Балазури, Абу – л – Хасан],巴拉祖里,阿布勒 – 哈桑,6,211

Balāj,[Бададж],巴拉只,177

Bālā – Khān,[Бала – хан],巴拉 – 汗,413

– Bal'amī,Abū 'Alī Muḥammad,[Бал'ами, Абу Али Мухаммед],巴勒阿米,阿布·阿里·穆罕默德,10,250 – 1

Bal'amī, Abu'l Faḍl Muḥammad,[Бал'ами, Абу – л – Фазл Мухаммед],巴勒阿米,阿布勒 – 法兹勒·穆罕默德,61,104,229,241,242,243 注,245

Bala – Murghab,[Бада – Мургаб（今 Мерверруд）],巴拉 – 木尔加布,79

Balāndarān,[Баландеран],巴兰德冉,135

Balāsāghūn,[Баласагун],八剌沙衮,243,254,256,257,285,294,312,326,333 注,358,363,364 注,367,402

Bālāyān,[Балаян],巴拉延,174

Bālchīch,[Балчич],巴勒奇契,见Aḥmad Bālchīch 条

bālish,[балыш],巴利什(钱币名),396 注

Baljuan,[Бальджуан],巴勒术安,69

Balkh,[Балх],巴里黑,66 – 8,72,76 – 9,80,189,191,196,217,224,248,253,254,259,263,266,272,273,276,277,280,282,285,288 – 9,291,291 注,297,303,314,331,335,336,344,345,352,352 注,375,405,423,424,438,453

Balkhāb,[Балхаб],巴勒哈卜,444

Balkhān,[Балхан],巴勒罕,137

– Balkhī, Abu Zayd Aḥmad b. Sahl,[Балхи, Абу Зейд Ахмед б. Сахль],巴里希,阿布·扎伊德·艾哈迈德·本·萨赫勒,11,246 注

Baltu,[Балту],班秃(蒙哥长子,英译本作 Batu,误,索引中亦误作 Batu),480
Bamijkath,[Бемиджкет],贝米只凯特,99,130
Bāmiyān (Bāmyān),[Бамиан],帆延,亦译梵衍那,68,191,338,443-4,454,474
Bamkākhush,[Бамкахуш],巴姆卡胡什,160
Bānab,[Банеб],巴奈卜,115
Banākath,[Бенакет],别纳凯特,169,170,174,235,407,416,416,418
-Banākatī,Dāwud b. Abu'l-Faḍl,[Бенакети, Давуд б. Абу-л-Фазл],别纳凯提,达乌德·本·阿布勒-法兹勒,49
Bandīmash,[Бендимеш],本迪麦什,121
Bandūn,班敦,见 Bīdūn 条
Banjhīr,[Бенджхир],本只希尔,见 Panjshīr 条
Bānjkhāsh,[Банджхаш],班只哈什,174
Bānkar (Bāykar) ford,[Банкер (Байкер) переправа],班凯尔(一作拜凯尔)渡口,80
Banū Ḥanẓala,[Бену-ханзала],贝努·罕扎拉(部落名),106
Banūnkath,[Банункет],巴农凯特,171
Baqirghan,[Бакырган],巴吉尔甘,150
Bārāb,[Бараб(Фараб)],巴拉卜:
在费尔干纳境内,164
在伊斯菲贾卜境内,176-8
Barābīḍ(?),[Берабид(?)],贝拉比德(?),153
Bārāb-Sār,[Бараб-Сар],巴拉卜-萨尔,149
Barāghūd,[Берагуд],贝拉古德,153
Barākad (Barākadān),[Беракед (Беракедан)],贝拉凯德(贝拉凯丹),121
Barakāt b. Mubārak,Abu'l Futūḥ,[Берекат б. Мубарек, Абу-л-

Футух]，贝雷卡特·本·穆巴雷克，阿布勒－弗图赫，27
Barakhshah，[Барахша]，巴拉赫沙，见 Farakhshah 条
Barang，[Беренг]，贝伦格，158，163
Barangī，[Баранги]，巴兰吉，74
Barātagīn，[Берaтегин]，贝拉的斤，146，151
Barāz，[Бераз]，贝拉兹，199，521
Barbān（Barsān）river，[Бербан（Берсан，Балбан，Барбан）р.]，贝尔班（亦作贝尔桑，贝勒班，贝尔班）河，68，69
Barākūh，[Беракух]，贝拉库赫，156 注
Barbier de Meynard，Ch. A. C.，巴比埃·德·梅纳尔，Ch. A. C.，4，9，57 注，260 注
Bārchinlighkant，[Барчынлыгкент.（Барчин，Барчкенд，Ба－эр－чжэн）]，巴尔钦利格肯特，亦译巴尔钦，巴耳赤邗，八儿真，179，378，414，418
Bardād，[Бердад]，贝尔达德，122
Bardha'a，[Берда'а]，贝尔达阿，283
Bārdīza，[Бардиза]，巴尔迪扎，122
Barfashkh，[Берфашх]，贝尔法什赫，122
－Barghashī，[Баргаши，Абу－л－Музаффар Мухаммед б. Ибрахим]，Muḥammad b. Ibrāhīm，巴尔加施，穆罕默德·本·伊卜拉欣，264，265，523
Bārgīn－i farākh，[Баргин－и Ферах]，巴尔金－伊·费拉赫，意为宽广的盆地。118
barīd，[барӣд]，邮传，230－1
barīd（drive），[барӣд（перегон）]，1 策（计算途程的单位），147 注
Barin tribe，[Барин]，巴阿邻部，391，416，468 注
Bārjīn（Bārjkand），[Барчин（Барчкенд）]，八儿真，巴耳赤邗，179 注
Barkad，巴尔凯德，119，122，223，参阅 Barākad，Badākad 各条

Barkanān,[Беркенан],贝尔肯楠,135
Bārkath (Abārkath),[Баркет (Абаркет)],巴尔凯特,亦作阿巴尔凯特,94,165,196
Barkūsh,[Беркуш],贝尔库什,173
Barkyārūq,[Баркьярук],巴尔克亚鲁克(塞勒术克朝君主),318,324
Barmakī,Abu'l – Qāsim,[Бармаки, Абу – л – касим],巴尔马基,阿布勒 – 卡西木(韦齐尔),265
Barmakids,[Бармакиды],巴尔马基家族,77,197
Bārmās,[Бармас],巴尔马思(蒙古将军),447 – 8
Bārmish ariq,[Бармиш кан.],巴尔米什渠,83
Barqān (Birqān),[Беркан (Биркан)],贝尔坎(比尔坎),153
Barrān (Barrānīya),[Берран (Беррания)],贝尔兰(贝尔拉尼亚),122
– Barrānī,[Беррани],贝尔拉尼,304 注
– Barsakhī Abū Bakr Manṣūr,[Берсахи, Абу Бекр мансур],贝尔萨希·阿布·贝克尔·曼苏尔,15
Barsān river,[Берсан р.],贝尔桑河,见 Barbān river 条
barshci,[барсчи],猎士,491
Barsh river,[Барш проток],巴尔什河,83
Barshūr,[Баршур],巴尔舒尔,351 注,参阅 Pashāwar 条
Bārskath,[Барскет],巴尔斯凯特,175
Barskhān (Barsukhān),[Барсхан(Брсухан)],巴尔斯罕(巴尔苏罕),122
Barskul (Barkul),[Барс – куль (Баркуль)],巴尔斯 – 库勒(巴尔库勒),175 注
Barūkat,[Берукет],贝鲁凯特,177
Barulas,[берулас],贝鲁剌思部,468
Barūqān,[Барукан],巴鲁坎(巴里黑附近地名),77,189
Bāsand,[Басенд],巴森德,74

Bāsār（Bāsara，Bāsarān），[Басар（Басара，Басаран）]，巴萨尔（巴萨拉，巴萨兰），70 注
Basar，[Басар]，巴撒儿，491
Basba，[Бесба]，贝斯巴，122
Bashbashān，[Бешбешан]，贝什贝商，163，164
Bashmīn ariq，[Башмин Кан.]，巴什敏渠，83
Bashtān，[Бештан]，贝什坦，139
Basikāyir，[Бесикаир]，贝西卡伊尔，122
basqaq，[баскак]，八思哈，意为镇守官，457，465，470，参照 darukhachi 条
Baṣra，[Басра]，巴斯拉，185 注，255 注
Ba－sze－ha（？Akhsīkath），[Басыха]，巴塞哈（？西鞬），402，参照 Akhsīkath 条
Bātījūr，[Батиджур（Байчур）]，巴蒂要尔，201
Batik，[Бетик]，贝提克，81，312 注
Batkhudān，[Бетхудан]，贝特胡丹，139
Ibn Baṭṭūṭa，[Ибн Баттута]，伊本·巴图塔，78，79，92，132，426－7，436 注，438
Bātū－khān，[Батый（Бату－хан）]，拔都汗，459，465 注，474－5，478，479，480，483，490
Bāwurchiq，[Баурчик]，巴乌尔奇克，403
Bāyān，[Баян]，巴延，139
bayat（*tiyan－nayat*），[баят（тыян－наят）]，巴亚特（提颜－纳亚特），意为普通驿传，466
Baydar，[Байдар]，拜答儿（察哈台之子，也速蒙哥之弟，阿鲁忽之父），488
Baydūn，[Байдун]，拜敦，见 Bīdūn 条
Bayhaq，[Бейхак]，拜哈克，31 注，259，304，330

– Bayhaqī, Abu'l – Faḍl, [Бейхаки, Абу – л – Фазл], 拜哈吉, 阿布勒 – 法兹勒, 20, 21, 22 – 4
– Bayhaqī, Abu'l – Ḥasan, [Бейхаки, Абу – л – Хасан], 拜哈吉, 阿布勒 – 哈桑, 22 注, 31, 32 注, 242, 326
– Bayhaqī, 拜哈吉, 见 Amīrak 条
Bāykar, [Байкер], 拜凯尔, 见 Bānkar ford 条
– Bayyi', Abū 'Abdallāh, [Бейи', Абу Абдаллах], 拜伊阿, 阿布 · 阿卜杜拉, 16, 242, 247
Bazda, [Безда], 贝兹达, 136 – 7
beg, [бек], 伯克, 96 注, 464, 476
beghate, [бекство], 伯克统治区, 135
Begtagīn, [Бег – тегин], 贝格的斤(哥疾宁朝将军), 297, 301
Begtagīn, [Бег – тегин], 贝格的斤(花剌子模将军), 426
Begtūzūn (hājib), [Беггузун], 贝格图宗(哈吉卜), 262, 263, 265, 266, 268
beki, [бики], 别吉(后妃或公主的称号)465 注 9, *R533* 注 4
Bekmish, [Бекмиш], 别克米失, 492
Bekrin (Mekrin), [бекрин (мекрин)], 别克邻或蔑克邻部(蒙古部落名), 491
Berezin, I. N., [Березин, И. Н.], 别列津, I. N., 43, 63 注
Berke (Barak'ay); [Берке (Беркай)], 别儿哥, 481, 484 – 5, 487, 488, 489, 490, 491
Berkecher (Barkačay), [Беркеджар], 别儿怯札尔, 484, R*568*
Biberstein – Kazimirsky, A., [Биберштейн – Казимирский, А.], 比贝尔施泰恩 – 卡齐米尔斯基, A., 24, 302 注
Ibn al – Bībī, [Ибн Биби], 伊本 · 比比, 29 注, 346 注
Bichurin, Iakinth (Yakinf), [Бичурин, Н. Я. (Иакинф)], 比丘林 · 雅金夫, 6 注, 467 注, 605

Bīdūn（Bukhār－Khudāt），[Бидун]，比敦，100
Bīgān，[Биган]，比干，164
bige（*bigi*），[биге（биги）]，别吉（后妃或公主的称号），392 注，R*459* 注
Bīh－Afarīd，[Бих－Аферид]，比赫－阿费里德，194，198
Bīk，[Бик]，比克，69
biki，[бики]，别乞，391 及 392 注，R*458*－*459* 注
Bildishini，[Билдишини]，必勒迪失尼，474
Bilgā－beg，[Бильгя－бек]，比勒伽－伯克，见 Bilga－tagīn，amīr 条
Bilgā－khān，[Бильгя－хан]，比勒伽－汗，见 Tajad－Dīn Bilgā－khāh 条
Bilgā－tagīn（Bilgā－beg），amīr，[Бильгя－тегин（Бильгя－бек）]，比勒伽－的斤（比勒伽亦译毗伽或苾伽），埃米尔，323
Bilgā－tagīn ḥājib，[Бильгя－тегин]，比勒伽－的斤，哈吉卜，285
Bilgutay，[Билгутэй]，别勒古台，383，385
biliks，[билик]，必里克（成吉思汗的训言），42，391
Binkat，[Бинкет]，宾凯特（在粟特境内），122
Binkath，[Бинкет]，宾凯特（在赭时境内），170－3，215
Binqān，[Бинкан]，宾坎（省名），72 注
Bīrān，[Биран]，比兰，139
Birmas，[Бирмес]，比尔麦斯，122
Bīrūn，well of，[Бирун кол.]，比仑井，155
－Bīrūnī，Abū Rayḥān，[Бируни，Абу Рейхан]，比鲁尼，阿布·赖汉，1，20，65 注，214，275－6
Bīshbāliq，[Бишбалык]，别失八里，368，474，478，480，481，483
Bish－Qalach（英译本作 Besh－Qulach），[Биш－Калач]，比什－凯拉奇，474
Biskām mts.，[Бискам горы]，比斯卡姆山脉，169
Bīskand，[Бискенд]，比斯肯德，156，177 注

Biskath,[Бискет],比斯凯特,174
Bisṭām,[Бистам],比斯塔姆,335,422
Bīsutūn (Ziyārid),[Бисутун],比苏暾(齐亚尔朝君主),251
bitikchi,[битикчи],必阇赤,意为书记。44,488
Bizdūn,[Биэдун],比兹敦,128
Blochet,E.,布洛舍,E.,26 注,48 注,87 注
Boldoq - Qasïr,后改称 Yeke - Ündür,[Болдок - Хэсэр,后改称 Екэ - Оир],孛勒朵克 - 赫薛儿,后改称也克 - 云都儿,473
Bolor,[Болор],博洛尔,又译钵露,338
Boraq,[Борак],八剌,491 - 3,R*597*
Boraqchin Khatun,[Боракчин - хатун],巴儿忽真 - 可敦,484
Bossu ariq,[Боссу кан.],博苏渠,173
Brahmans,[брахманы],婆罗门,96 注
Bretschneider,E. V.,[Бретшнейдер,Э. В.],布雷特施奈德,E. V.,37,179 注,362 注,469
Brockelmann,C.,布罗克尔曼,C.,2 - 3,11 注
Browne,E. G.,布朗,E. G.,27,50
Bud rabāṭ,[Буд(Будина)Рабат],布德拉巴特,155
Budakhkath,[Будахкет],布达赫凯特,164 注
Buddhism,Buddhists,佛教,佛教徒,51,71,77,102 注,107,108,108 注,116,180,387 - 90,474,477,481
Būdīna,[Будина],布迪那,155 注
Būgh,[Бут],布格(村名),73
Bughaydid,[Бугайдид],布盖伊迪德,153
Bughrā,[Богра],博格拉,见 Ibn Kafraj 条
Bughrāchuk,[Богрaчук],博格拉丘克(埃米尔),263
Bughra - Khān,Satūq,[Богра - хан, Сатук],博格拉 - 汗,萨图克,255,257,523

Bughrā – Khān,博格拉 – 汗,300 注

Bughrā – khān,博格拉 – 汗(非伊斯兰教徒),286

Bughrā – khān (Bughrā – qārā – Khāqān) Hārūn b. Mūsā,[Богра – хан (Богра – Кара – хакан) Харун б. Муса],博格拉 – 汗(博格拉 – 哈剌 – 可汗)·哈仑·本·穆萨,60 注,254 注,257 – 60,268,274 注,280,523

Bughrā – khān Hārūn b. Yūsuf,[Богра – хан Харун б. Юсуф],博格拉 – 汗·哈龙·本·优素福,315

Bughrā – Khān Muḥammed (Yagān – tagīn),[Богра – Хан Мухаммед (Яган – тегин)],博格拉 – 汗·穆罕默德(亚甘 – 的斤),284,285,294 – 6,299 – 300,304,318 – 9,524

Bughrāq,[Бограк],441 注;参照 Sayf ad – Dīn Aghrāq – malik 条

Bughrā – tagīn Sulaymān,[Богра – тегин Сулейман],博格拉 – 的斤·苏莱曼,见 Arslān – Khān Sulaymān 条

Bughurji – noyon,[Бугурджи – нойон],博尔术 – 那颜,亦译孛斡儿出 – 那颜,383,386,404,433,452

Buir – Nor,[Буир – нор],捕鱼儿海子,382

Būkand,[Букенд],布肯德,163

Bukhārā,[Бухара],布哈拉,亦译不花剌:

有关的历史文献,13,14,58

作为人文荟萃的中心,9

布哈拉概况,100 – 112

郊区,112 – 20

布哈拉被阿拉伯人征服,185

被哈剌汗朝征服,8,259,268

被哈剌契丹人征服,326 – 7

被花剌子模沙摩诃末征服,360

被成吉思汗征服,406,407,409 – 11

铸币,204 – 7

商业,235

(一般记述)80,82 注,83,96,98,99,181,186,190,194 – 5,198,199,200,201,210,213,222 – 3,229,235,239,242,247,248,251,253,254,258,260,262,263,265,266,269,270,271,275,280,285,296,304,314,315,316,317,320,325,334,336,341 – 2,344,345 – 6,353 – 5,358,359,360,363,370,372 注,375,379,396 注,398,399,413,417,427,430,433,447,448,456,457,469 – 71,485,488 以下

Bukhārā, Old, 旧布哈拉,116

– Bukhārī, Abū ʻAbdallāh Muḥammad b. Aḥmad, [Бухари, Абу Абдаллах Мухаммед б. Ахмед б. Сулейман], 布哈里, 阿布 · 阿卜杜拉 · 穆罕默德 · 本 · 艾哈迈德,13

– Bukhārī, Muḥammad b. Ismāʻīl, [Бухари, Мухаммед б. Исмаʻйл], 布哈里, 穆罕默德 · 本 · 亦思马因,126

Bukhariyān, [Бухариян], 布哈里延,137

Bukhār – Khitfar, [Бухар – хитфер], 布哈尔 – 希特费尔, 见 Najjār – Khitfar 条

Bukhār – Khudāt, [Бухар – худат], 布哈尔 – 胡达特,110,113,115,181,204,206 – 7,235

Bū – Layth, [Бу – Лейс], 布 – 莱思(布哈拉街道名),111

Bulghān – bige, [Булган – биге], 不勒罕 – 别吉,401

Bulghārs of the Kama, [болгары камские], 卡马河畔的保加尔人,34,235

Bulghay, [Булгай], 孛鲁合,480,489

Būma, [Бума], 布玛,116

– Bundārī, Fatḥ b. ʻAlī, [Бундари, Фатх б. Али], 本达里, 法特赫 · 本 · 阿里,28,229 注,317 注

Buniyāt, [Бунйат], 布尼亚特,115,199,200

Būnjikath（Panjikath），[Бунджикет（Пянджикет）]，本吉凯特，亦名喷赤凯特，在撒马尔罕省境内，82，92，93

Būnjikath（Panjikath），[Бунджикет（Пянджикет）]，本吉凯特，亦名喷赤凯特，在乌什鲁桑那境内，166－7

Būqā－Būshā（Būqā－Nūshā），[Бука－Буша（Бука－Нуша）]，不花－不沙，亦作不花－努沙，448，469，488

Būrāb，[Бураб]，布拉卜，74

Buram，[Бурам]，布拉母，122

Burānā，[Бурана]，布拉纳，122

Burāq，[Борак]，布拉克，亦作博拉克，364

Burghar，[Бургар]，布尔加尔，82，168

'Burhān，House of'，[《Дом Бурхана》，亦作 Бурханиды]，'布尔罕家族'，326，353－5

Burhān ad－Dīn 'Abd al－'Azīz，[Бурхан ад－дин Мухаммед б. Ахмед б. Абд ал－Азиз]，布尔罕丁·阿卜杜－阿齐兹，14，342，354

Burhān ad－Dīn Muḥammad b. Aḥmad b. 'Abd al－'Azīz，[Бурхан ад－дин Мухаммед б. Ахмед б. Абдал－Азиз]，布尔罕丁·穆罕默德·本·艾哈迈德·本·阿卜杜－阿齐兹，354－5，379，430

Burhān al－milla wa'd－Dīn 'Abd al－'Azīz b. 'Omar Māza，[Бурхан ал－миллят ва－д－дин Абд ал－Азиз б. Омар Маза]，布尔罕·米拉·瓦丁·阿卜杜－阿齐兹·本·欧马尔·马扎，326

Būrī，[Бури]，不里，483 注，487

Būrī－tagīn，[Бури－тегин]，布里－的斤，见Ṭamghāch－Khān Ibrāhīm b. Naṣr条

Burjan，[Бурджен]，布尔真，167

Būrka－noyon，[Бурка－Нойон]，不儿合那颜，424

Burmādūy，[Бурмадуй]，布尔马杜伊，81

Būrnamadh，[Бурнемед]，布尔奈麦德，92，94，165，270

Būrq (? Būruq),[Бурк (? Бурук)],布尔克(? 布鲁克),116
Burqan – Qaldun,[Бурхан – халидун],不儿罕 – 哈里敦,487
Bursān,[Бурсан],布尔散,122
Burtana (amīr),[Буртана],布尔塔纳(埃米尔),356,357,365
Būsanj,[Бусандж],布桑只(村名),63 注
Būshang,[Бушенг],布申格,208,217,423,424
Bust,[Буст],布斯特,216,233,266,438
Butanīn (Butayīn),[Бутанин (Бутайин)],布泰宁,一作布泰因,122
Butkhadān,[Бутхадан],布特哈丹,139
Buttam (Butman) mts. and prov.,[Буттем (Бутман)],布特姆,亦译波旦,又作布特曼(山名与省名),72,82,134,168
Buwwah canal,[Бувве кан.],布韦渠,146
Būyids (Buwayhids),[Буиды],布伊朝,7,8,225,226,239,249,251,252,253,262,271
Būzār,[Бузар],布扎尔,368,401
Buzghām,[Бузгам],布兹加姆,139
Būzmājan ariq,[Бузмаджен кан.],布兹马真渠,83
Būzmājan,[Буэмаджен],布兹马真(县名)
在撒马尔罕省境内,92,94,133
在碣石省境内,135

Cahun,L.,加恩,L.,61
Carra de Vaux,Baron,迦拉·德·沃男爵,63 注
Caspian Sea,[Каспийское Море],里海,422,425,426,431,437,457
Catalan map,[Каталанская карта],卡塔兰地图,487
Central Asia,[Азия Средняя],中亚细亚:
穆斯林征服以前,中亚有无历史文献的问题,1,参照 Transoxania,Islam 各条

Chāch,[Чач],察赤,169 注,参见 Shāsh 条
– Chaghānī,[Чагани],查甘尼,见 Abū ‘Alī, Abū Bakr, Abū Manṣūr 各条
Chaghāniyān,[Чаганиан],查甘尼延,见Ṣaghāniyān 条
Chāghān – rūd,[Чаган – руд],查甘河,72
Chaghatay – the – Lesser,[Чагатай Малый],小察合台(蒙古埃米尔),468
Chaghirāq (Chaghrāt),[Чагырак (Чаграт)],查吉拉克,亦作查格拉特(部落名),152
Chaghrī – Khān,[Чагры – хан],查格里 – 汗,见 Jalāl ad – Dīn ‘Alī 条
Chakchak,[Чекчек],切克切克,183
Chakdālīk river,[Чекдалик р.],切克达利克河,138
Chakir – oghuz,[Чакыр – огуз],查基尔 – 乌古斯,152
chākirs (*shākirs*),[Чакиры (шакиры)],查基尔(沙基尔,意为亲卫军,唐代文献中作柘羯、赭羯),180
Ch‘am river,[Ч‘ам р.],查姆河,362 注
Chanay,[Чинай],察乃,467
Ch‘ang – Ch‘un,[Чан – чун],长春真人,38,88,89,388,390,393,450 – 3,455 – 6,459,469
Chārak,[Чарек],查雷克,163
Charikar,[Чарикар],查里卡尔,68
Charjuy ,[Чарджуй],查尔术,76,80,参照 Āmul 条
Charmangān,查尔曼干,见Ṣarmanjān 条
Chavannes,E. ,沙畹,E. ,3 注,241 注,388 注
Cherbi,[чэрби],扯儿必,意为侍从,382,383
Chichār,[Сичар(Чичар)],奇查尔(村名),119
Chigin Qorchi,[Джикен – хорчи],直斤 – 火儿赤,471
Chikils,[чикили],奇基勒,见 Jikils 条

Chimkent, [Чимкент], 奇姆肯特, 176 注

China, Chinese, [Китай, китайцы], 中国, 中国人:

有关的历史文献, 3, 6, 37, 38, 43 – 4, 45, 52, 59, 96 注, 97 注, 134 注, 161 注, 183 注, 195 – 6, 232 注, 370 – 2, 381 以下

阿拉伯人与中国人的冲突, 3, 195 – 6

中国人与河中地区诸王公的关系, 183 注, 195 – 6

中国工艺的影响, 236, 237

中国人与突厥人及蒙古人的关系, 381 – 2, 394

蒙古人入侵中国, 393 – 4, 404

河中地区的中国移民, 451

(一般记述) 56, 94, 96 注, 117, 185, 186, 202, 255 注, 286 注, 304, 311, 320 注, 387, 395, 465, 466, 467, 469, 473, 482, 483, 487, 492

Chingay (Chinqay), [Чингай], 镇海, 389, 390, 472, 475, 477 以下

Chingiz – Khān, [Чингиз – хан], 成吉思汗:

39, 42, 43, 53, 75, 78, 79, 86, 100, 361 – 2, 369, 381 – 462 散见, 463, 465, 466, 468, 472, 475, 487

朝廷与军政组织, 382 – 6

民政组织, 386 – 7, 461

对蔑儿乞部的战役, 369 – 72

在中国境内作战, 393 – 4, 404

与花剌子模沙的使节往还, 393, 394, 396 – 7, 399

西征军事非起于哈里发的煽动, 400

在河中地区作战, 403 – 20

征服布哈拉, 409 – 11

征服撒马尔罕, 411 – 14

在呼罗珊与阿富汗境内作战, 438 – 39, 443 – 5, 454 – 5

在印度河上作战, 445 – 6, 453

与长春真人会晤, 450 – 3, 455 – 6

从印度返回蒙古,453 - 6,参看蒙古人条与术赤的争议,458
成吉思汗的性格,459 - 62
死亡,459
Ching - Sang Taifu,[Чинсанг - Тайфу],钦桑太傅,469,488
Chīn - Tīmūr,[Чин - Тимур],赤因 - 帖木儿,415,457,465,475
Chirchik river,[Чирчик р.],奇尔奇克河,163,169,456
Chopan - ata,[Чопан - Ата],乔盘 - 阿塔,82 注,86,参照 Kūhak 条
Chotkal,[Чоткал],乔特卡勒,163,169,参照 Jidghil 条
Christensen A. ,克里斯滕森,A. ,26
Christians,基督教徒,94,106,214,224,255,参照 Nestorians 条
Chu river,[Чу р.],楚河,亦译吹河,362 注,450
Chuli Jalālī,[Чул - и Джелали],楚勒 - 伊·札拉利,445
Churche,Jurchits,[Чжурчжэни],女真,一译主儿扯,37,391,403
Chūr - tagīn (dihqān),[Чур - Тегин],楚尔 - 的斤(迪赫坎),157
Chwolson,D. A. ,赫沃利松,7 注
Clavijo,R. G. de,克拉维约,R. G. de,513 注
Coal,煤,161,236
Coinage,debasement of,钱币的贬值,203 - 7
Colbert,J. B. ,柯尔柏,J. B. ,605
Commerce and industry of Transoxania,河中地区的商业与工业,234 - 40,451
Commerce,Muslim,in Central Asia,中亚地区穆斯林的商业经营,386,394 - 6,399,参照 Turks (Central Asian)条
Confiscations (of property),财产的没收,218,221,291,292 - 3,参看 Requisitions 条
Copper 铜,164
Copper city,铜城,117
Curtin,Jeremiah,柯廷,杰里迈亚,62

Curtius, Quintus, 昆图斯, 84
Customs duties, 关税, 239 - 40
Cyprus, [Кипр], 塞浦路斯, 485

Dabīq, [Дабик], 达比党, 236
Dabūsiya, [Дабусия], 答不昔芽, 96 注, 97, 190, 235, 270, 282, 295, 409, 411
Dād - Ḥabashī b. Altūntāq, [Дад - Хабаши б. Алтунтак], 达德 - 哈巴施·本·阿勒暾塔克; 324
- Daghūnī, Sahl b. Aḥmad, [ад - Дагуни, Сахль б. Ахмед], 达吉尼, 萨赫勒·本·艾哈迈德, 99
Dahān - i shīr rabāṭ, [Дехан - и Шир рабат], 德罕 - 伊·施尔·拉巴特, 155
Dahbīd, [Дахбид], 达赫比德, 96 注
Ḍaḥḥāk - i Mārān, [Заххак - и Маран], 扎哈克 - 伊·马兰, 136 注
Dakhfandūn, [Дахфендун], 达赫芬敦, 115, 122, 参见 Farakhshah 条
Dāmghān, [Дамган], 达木甘, 335, 425
- Dāmghānī, Abū ' Alī Muḥammad b. ' Īsā, [Дамгани, Абу Али Мухаммед б. Иса], 达木甘尼, 阿布·阿里·穆罕默德·本·伊萨(韦齐尔), 260
Dandānqān, [Денданкан], 登丹坎, 24, 303, 525
Danfaghānkath, [Денфеганкет], 登费甘凯特, 171
dānishmand, [Данименд], 答失蛮, 意为国师或学士, 232, 299
Dānishmand -ḥājib, [Данишменд - хаджиб], 答失蛮 - 哈吉卜, 407, 430, 431, 475, 479
Dārā b. Qābūs, [Дара б. Кабус], 达拉·本·卡布斯, 261, 262 注
Dār - i Āhanīn, [Дер - и Ахенин], 德尔 - 伊·阿赫宁, 138, 参看 Iron Gate 条

Darai – Niham (mts.),[Дара – и Нихам],达拉—伊·尼哈姆(山),72

Darband,[Дербенд],代尔本德,71

dargāh,[дергах],德尔加赫,意为内廷,227,231,240,253,308 – 9

Dargham,[Даргам],达尔加姆:

渠名,326

县名,92,93,125,127

河名,83,93 注

Darghān,[Дарган(Даруган,Даруган – Ата)],达尔甘,142,155,270

Darius Hystaspes,大流士·希斯塔斯普,76

Darkhās,[Дерхас],德尔哈斯,150,151

Darsān,[Дерсан],德尔散,151

Darūghān (Darūghān – atā),[Даруган(Даруган – Ата)],达鲁甘(达鲁甘 – 阿塔),142

darukhachi,[Дарухачи],达鲁花赤(官名),401

Darwaz,[Дарваэ],达尔瓦兹,亦译达罗俄斯,65

Darwāza – i Kish,[Дервазе – и Кеш],德尔瓦泽 – 伊·碣石,86

Darwāzja,[Дервазджe],德尔瓦兹杰,103,106,111

Dārzangī,[Дарзенги],达尔增吉,74,298

Darzīw,[Дерзив],德尔齐乌,123

Dashtak,[Дештек],德什特允,110

Daskākhān – khās,[Дескахан – Хас],德斯卡罕 – 哈斯,148

David,Armenian High Constable,[Давид],大卫,亚美尼亚王室总管,485 – 6

Dawlatābād,[Даулетабад],道雷塔巴德,422,425

Dawlatshāh,[Даулетшах],道雷特沙,27,54 注,159 注,426 注

Dāwud (Dā'ud),[Давуд],达乌德(塞勒术克朝君主),297,300 注,303 – 4,307,308,313

Dāwud b. 'Abbās (Bānīchūrid),[Давуд б. Аббас],达乌德·本·阿拔

斯(巴尼楚尔家族成员)77,78
Dāwud Kūch – tagīn,[Давуд Кюч – тегин],达乌德·库奇 – 的斤(哈剌汗家族成员),318
Abū Dāwud Khālid b. Ibrāhim,[Абу Давуд Халид б. Ибрахим],阿布·达乌德·哈利德·本·伊卜拉欣,194,196,199
Abū Dāwud Muḥammad b. Aḥmad,[Абу Давуд Мухаммед б. Ахмед],阿布·达乌德·穆罕默德·本·艾哈迈德,224
Abū Dāwudid dynasty,[Абу Давудиды],阿布·达乌迪德王朝,233
Daylam, Daylamites,[Дейлем, дейлемиты],低廉,低廉人,213,214,242,318
Dayr al – ʻĀqūl,[Дейр ал – Акуль],代尔 – 阿库勒,218,522
Deguignes, J.,德吉涅,59,R*604 – 6*
Delhi,德里,19,453,486
Denaw (Dih – i naw),[Денау (Дих – и нау)],迭瑙(迪赫 – 伊·瑙),72,74,138
– Dhahabī,[Зехеби],泽赫比(历史家),16,32
Dhakhīnawa,[Дехинева],德希奈瓦,123
Dhakhkath,[Дахкет],达赫凯特,174
Dhammā,[Демма],德玛,123
Dhar,一作 Zar,[Зер],泽尔,见 Rūd – i Zar 条
Dharʻayna,[Дерʻайна],德尔艾那,123
Dhaymūn,[Деймун],代蒙,114,117
Dhibadwān,[Дибадван],迪巴德宛,123
*dhirā*ʻ,[зираʻ],齐拉(长度名)84 注,85
Dhu'l – Kifl,[Зу – л – Кифль рабат],祖勒 – 基弗勒(渡口名),80 注
Dhu'l – Kifl rabāṭ,[Зу – л Кифль рабат],祖勒 – 基弗勒拉巴特,80
Dhu'l – Qarnayn rabāṭ,[Зу – л – карнейн рабат],祖勒 – 卡尔艾恩拉巴特,80

Dīdagī,[Дидеги],迪德吉,137
Dih – i Azraq,[Дих – и Азрак],迪赫 – 伊・阿兹拉克,意为"蓝村",155
Dih – i Buzurg,迪特 – 伊・布祖尔格,意为"大村",118 注
Dīh – i naw,迪赫 – 伊・瑙,意为"新村",参见 Denaw,Yanikant 各条
Dihistān,[Дихистан],迪希斯坦,旧译的希思丹,308,335,338
dihqāns,[Дихканы],迪赫坎,73,180,181,226,307 – 8
Dijarkard,[Дигеркерд],迪葛尔凯尔德,164
Dīmas,[Димес],迪麦斯,99,122
Dimashq,[Димешки],迪麦什克,88
– Dimashqī,[Димешки],迪麦什吉,50
Dīnkot,[Динкот],丁科特,446
Dirham b. Naṣr,[Дирхем б. Наср],迪尔赫木・本・纳斯尔,216
Dirizdah,[Дириздех],迪里兹德赫,137
dīwān – i arḍ,[дӣвāн – и ʿарз̣],军政部,378
*dīwān aḍ –ḍiyā*ʻ,[Дӣвāн ад – дӣйā'],地产部,231
dīwān ar – rasā' il (*dīwān – i inshā*),[дӣвāн расā'ил (дӣвāн – и иншā')],文书部,230
Dīwār – i Qiyāmat,[Дивар – и Киямат],迪瓦尔 – 伊・吉亚马特,88
Diyā ad – Dīn ʻAlī,[Зия ад – дин Али],齐亚丁・阿里,447
Dīzak (Jīzak),[Дизак (Джизак)],迪扎克(吉扎克),123,235,270,参阅 Jīzak 条
Donner,O.,唐纳,O.,206
Doqolqu,[Доxолху],朵豁勒忽,464
drive,[перегон],1 策(计算路程的单位,相当于 2 法尔萨赫),147
Dualists,二元教派,180,200,246,255
Dūghāj rabāṭ,[Дугадж рабат],杜加只拉巴特,154
Dujākan,[Дуджакен],杜加坎,139

Duldul – atlagan, [Дульдуль – атлаган теснина], 杜勒杜勒 – 阿特拉干, 143
Dungans, [дунгане], 东干人, 436 注
Dūrbāy, [Дурбай], 都儿拜, 见 Tūrbāy 条
Durun, [Дурун], 杜龙, 430 注
Duva – Khān, [Дува – хан], 都哇汗, 53
Duzbirī, [Дузбири], 杜兹比里(韦齐尔), 281 注

Egyptian textiles, 埃及的织物, 236
Elias, N., 伊莱亚斯, N., 66 注
Emil, [Эмиль], 叶密立, 亦译额敏, 见 Īmil 条
Ephthalites, [Эфталиты], 哌哒, 96, 102 注, 108, 184
Er – Būqā Pahlawān, [Эр – Бука Пехлеван], 埃尔 – 布卡・佩赫雷宛, 433
Erdmann, F., 埃尔德曼, F., 59, R*606*
erke'ün (e – li – ku – un), [аркаун (е – ли – кэ – унь)], 也里可温(十三世纪时阿拉伯语基督教名称之蒙古语译音), 486
European assistants of Rashīd ad – Dīn, 协助拉施德丁写作的欧洲人, 45
Eutychius, [Евтихий], 尤蒂希伊, 6
Ezekiel, 以西结, 79

Faḍl b. Aḥmad – Isfarāyinī, [Фазл б. Ахмед Исфераини], 法兹勒・本・艾哈迈德・伊斯费拉伊尼(韦齐尔), 287 – 8
Faḍl b. Kāwus, [Фазл б. Кавус], 法兹勒・本・卡乌斯(乌什鲁桑那的君主), 211
Faḍl b. Sahl, [Фазл б. Сахль], 法兹勒・本・萨赫勒, 202, 208
Faḍl b. Sulaymān – Ṭusī, [Фазл б. Сулейман ат – Туси], 法兹勒・本・苏莱曼・徒锡, 112, 203

Faḍl b. Yaḥyā – Barmakī, [Фазл б. Яхья Бармаки], 法兹勒 · 本 · 叶海亚 · 巴尔马基, 108, 202, 203, 211

Abu'l – Faḍl b. Abū Yūsuf, [Абу – л – Фазл б. Абу Юсуф], 阿布勒 – 法兹勒 · 本 · 阿布 · 优素福, 241

Fāgh, [Фаг], 法格, 123

Faghāndīza, [Фагандиза], 法甘迪扎, 123

Faghāskūn gate, [Ворота Фегаскунские], 费加斯昆(城门名), 101, 102

Faghdīn (Faghdīz), [Фагдин(Фагдиз, Фигдин, Фигдиз)], 法格丁(法格迪兹), 123

Faghīdiza, [Фагидиза], 法吉迪扎(撒马尔罕城的区坊名), 90

Faghīfad, [Фагифед], 法吉费德, 123

Faghīṭūsīn, [Фагитусин], 法吉图辛, 123

Faghkath, [Фагкет], 法格凯特, 167

Faghsadara, [Фагсадере], 法格萨德雷, 101

Fāiq, [Фаик], 法伊克, 228, 251, 252 – 4, 256, 258 – 63

Fakhr ad – Dawla, [Фахр ад – дауля], 法赫鲁 · 道拉, 8, 253, 262 注

Fakhr ad – Dīn – Dīzakī – Bukharī, [Фахр ад – дин Дизеки Бухари], 法赫鲁丁 · 迪泽基 · 布哈里, 397

Fakhr ad – Dīn Ḥabash 'Inān – Nasawī, [Фахр ад – дин Хабаш Инан ан – Несеви], 法赫鲁丁 · 哈巴什 · 伊南 · 奈塞维, 427

Fakhr ad – Dīn (of Khorezmia), [Фахр ад – дин], 法赫鲁丁(花剌子模的官员), 340

Fakhr ad – Dīn Mubārak – shāh – Marwarrūdī, [Фахр ад – дин Мубарекшах ал – Мерверруди], 法赫鲁丁 · 穆巴雷克 – 沙 · 麦尔韦鲁迪, 31, 429

Fakhr ad – Dīn Mas'ūd (of Bāmiyān), [Фахр ад – дин Мас'уд], 法赫鲁丁 · 马斯乌德(帆延的统治者), 338, 351 注, 352 注

Fakhr ad – Dīn – Rāzī, [Фахр ад – дин ар – Рази], 法赫鲁丁 · 拉齐,

32,429

Faknān,[Фекнан],费克南,167

Fāmīn,[Фамин],法敏,123

Fanak,[Фенек],费奈克,87

Fan – Darya,[Фан – Дарья],凡河,82

Fankad,[Фенкед],凡凯德,139

Fanqīh,[факих],法吉(意为宗教学者,教义学家),73,213,232,244,267,277,311,318,320,355

Ibn al – Faqīh – Hamadhānī,[Ибн ал – факих Хамадани],伊本·法吉·哈马丹尼,7,77

Farāb,[Фараб самаркандский],法拉卜(在撒马尔罕境内),123,138

Fārāb,[Фараб],法拉卜(在费尔干纳境内),164

Fārāb,[Фараб],法拉卜(在伊斯菲贾卜境内),176,177,178,179

Farab (Farabr),[Фараб (Феребр)],法拉卜,亦作费雷卜尔(在布哈拉境内),81,82,117,118,240

– Fārābī,Abū Naṣr,[Фараби,Абу Наср],法拉比,阿布·纳斯尔,177

Farāchūn (Farājūn),[Фарачун (Фараджун)],法拉琼,或作法拉炯,137注

Abu'l – Faraj,(Barhebraeus),[Абу – л – Фарадж, сирийекий (Бар Эбрей)],阿布勒 – 法拉只(巴尔 – 埃卜列伊),2,30,484

Farakhshah (Afrakhshah),[Фарахша (Афрахша)],法拉赫沙,亦作阿弗拉赫沙,115,116,154,200,参照 Dakhfandūn 条

Fārān,[Фаран(?)],法兰,125

Farāna,[Ферана],费拉那,115

Farankath,[Ференкет],费伦凯特:

在赭时境内,174

在粟特境内,见 Afarīnkath 条

Faraskad,[Ферескед],费雷斯凯德,174

Farātagīn,[Фератегин],费拉的斤,见 Barātagīn 条
Farāwa (Afrāwa) rabāt,[Ферава (Афрава) рабат],费拉瓦(阿弗拉瓦)拉巴特,154,277,308
Farāwīz (Farāwaz),[Феравиз (Фераваз)],费拉维兹,或作费拉瓦兹,114,116
Fardad,[Фердед],费尔代德,123
Farghāna,[Фергана],费尔干纳,旧译怖捍,拔汗那:
概况,155-65
商业,236
穆斯林的进攻,186,187,189,192,201,202,211,256
蒙古人的军事行动,417
R162 (一般记述)186,195,200,209,210,215 注,241,285,315,317,366,369,402,419,477
Farghīdad,[Фаргидад(?)],法尔吉达德,116
Farīdūn - Ghūrī,[Феридун Гури],费里敦,古里,434
Farīghūnid dynasty,[Феригуниды],费里贡朝,79,224,233,254,338
Fāriza,法里扎(堡垒名),111,俄文本 *R162* Фарзих(法尔齐赫),与此有异,未知孰是。
Fārjak,[Фарджек],法尔杰克,103,111
Farjayā,[Ферджая],费尔贾亚,123
Farkhān gate,[Ферханские ворота],费尔罕门,175
Farkhūrdīza,[Ферхурдиза],费尔胡尔迪扎,139
Farnīfthān,[Фернифтан],费尔尼弗坦,144
Farqad,[Фаркад],法尔卡德,111 注
Farrūkh,[Фаррух],法尔鲁赫,208 注
Farrukhshīdh,[Фаррухшид],法尔鲁赫施德,87
Fārs,[Фарс],法尔斯,54,217-9,236 注,422
Farwān,[Ферван],费尔弯,见 Parwān 条

Faryāb,[Фарьяб],法尔亚卜,(在粟特境内)138
Fāryāb,[Фарьяб],法尔亚卜(在胡实健境内),79,80
Farzāmīthan,[Ферзамитан],费尔扎米坦,90
Fashīdīza ariq,[Фашидизе кан.],法施迪泽渠,104
Fāshūn,[Фшун],法顺,104
Fāshūq,[Фашук],法舒克,123
Faṣīḥ al – Khwāfī,[Фасих ал – Хавафи],法西赫·哈瓦菲,55,251 注
Abu'l Fatḥ,[Абу – л – Фатх],阿布勒 – 法特赫,见 Īl – Arslān 条
Fāṭima,[Фатима],法提玛,475,476
Fāṭimid dynasty,[Фатимиды],法提玛朝,217 注,271
在中亚的宣传,242 – 3,304 – 5
Abu'l Fawāris,[Абу – л – Фаварис],阿布勒·法瓦里斯(布伊家族民员)253
Abu'l Fawāris,阿布勒·法瓦里斯,见 Abd al – Malik Ⅱ条
Fawrān,[Фауран],缶兰,见 Barrān 条
Fayy (Payy),[Фай (Пай)],法伊,亦作帕伊,93,97,123
Fayzābād,[Файзабад],法扎巴德:
在巴达赫尚境内,66
在瓦什吉尔德境内,71,74
Ferrand,G.,费瑯,G.,11 注,34 注
Abu'l – Fidā,[Абу – л – Фида],阿布勒 – 菲达,2,50
Fiefs,采地,见 *Iqṭā'āt* 条
Fihrist al – 'Ulūm,[Фихрист ал – 'улум],《百科津逮》,4,5,26,241,244
Fījkath (Fijakath),[Фиджкет (Фиджакет)],菲只凯特,一作菲贾凯特,139
Fīl (Fīr),[Фил (Фир)],菲勒,一作菲尔(花剌子模旧京柯提的子城),144 – 5
Fire – worshippers,拜火教徒,82 注,85,98,107,108,116,180,194,255

Fiscal exactions,财物的摊派,246 – 7,293
Franks,法兰克人,45,348 注
Fred(e)rick Ⅱ,费雷德里克二世,400
Fūmā (Фума),驸马,337,339
Fūrfāra,[Фурфара],弗尔法拉,123
Fuwaydīn,[Фувайдин],弗瓦伊丁,139
Fuyādhsūn (Fiyādasūn),[Фуядсун (Фиядесун)],弗亚德松,亦作菲亚代松,123

Gāgan,[Гаген],加根,124
Gākhushtuwān,[Гахуштуван(Кахуштуван)],加胡什图宛,116
Gālūk – Andāz,[Галук – Андаз],加鲁克 – 安达兹,166
Ganja,[Гянджа],甘迦,227
Gardan – Khāst,[Герден – Хаст],格尔登 – 哈斯特,147 注
Gardīz,[Гардиз],加尔迪兹,217,264,445
– Gardīzī,[Гардизи],加尔迪齐(历史学家),12,13,17,20 – 1,26,50,61
Garkan,[Гаркан],加尔坎,71
Garm,[Гарм],加尔姆,71
Gāryāba,[Гарьяба],加尔亚巴,67
Gaubil,A.,宋君荣(戈比,A.) R*605*
Gāw – Khwārah canal,[Гавхорэ кан.],加乌 – 霍吉渠,144,150
Gaza,[Газа],加扎,167 注
Georgians,[Гружины],格鲁吉亚人,旧译谷儿只人,426
Ghadāwad,[Гадавад],加达瓦德,87
Ghadhān,[Гадан],加丹,124
Ghadrānk,[Гадранк],加德兰克,174
Ghandāb,[Гандаб],甘达卜,158

Ghārābkhashna (Ghārāmkhashna), [Гарабхашна (Гарамхашна)], 加拉卜哈什那，一作加拉姆哈什那，144
Ghardiyān (Ghardyān), [Гардиян (Гардйан)], 加尔迪延，一作加尔德延，139
Ghardmān, [Гардман], 加尔德曼，149, 150
Gharjand, [Гарджен д], 加尔金德，174
Gharjistān, [Гарджистан], 加尔吉斯坦，233, 261, 292, 323, 338, 352 注，444, 455
Gharjistān of Samarqand, 撒马尔罕的加尔吉斯坦，131
Gharkard, [Гаркерд], 加尔凯尔德，175
– Gharnāṭi, Shihāb ad – Dīn, [Гарати, Шихаб ад – дин], 加尔纳蒂，施哈卜丁，34, 79
Gharqand, [Гарканд], 加尔坎德，117
Ghashīd, [Гашид (Гашида, Гашит, Гашита)], 加施德，124
Ghassān b. ʻAbbād, [Гассан б. Аббад], 伽散·本·阿巴德，208, 209, 210
Ghātfar quarter (Samarqand), [Квартал Гатфер], 撒马尔罕城的加特费尔区坊，86, 90
Ghāw – Khitfar, [Гав – хитфер], 加乌 – 希特费尔，114
Ghawshfinj, [Гаушфиндж], 蒿什芬只，153
Ghāzān – Khān (Īlkhān), [Газан – хан], 合赞汗 (伊儿汗)，44 – 5, 49
Ghazaq (Ghazak), [Газак], 加扎克 (在赭时境内)，174
Ghazaq, [Газак], 加扎克 (在乌什鲁桑那境内)，167
Abū'l – Ghazi, [Абулгази], 阿布勒 – 加齐，142, 150, 402, 457
Ghazīniz, [Газиниз], 加齐尼兹，153
Ghāzīs, [газийан], 圣战者，又译伽齐，215, 239, 242, 287, 295, 312, 345
Ghazna, [Газна], 哥疾宁，又译伽色尼，鹤悉那，今阿富汗之加兹尼，21, 68, 217, 233, 251, 261, 265 – 304 散见，325, 338, 351, 352, 374, 405,

420,438 – 41,443 – 6

Ghaznayān,[Газнаян],加兹纳延,139

Ghaznevid dynasty,[Газневиды],哥疾宁朝:

哥疾宁朝的建立,251,261 – 4

行政管理,238,239,307

对塞勒术克的斗争,302 – 4

哥疾宁朝的历史著作,18 – 24

(一般记述)231,232,261 – 304,散见,338,参见 Maḥmūd 条

Ghijduwān (Ghujduwān),[Гиджduван(Гуджdуван)],吉只杜宛,一作古只杜宛,119,124

Ghīshtā (Ghīshtī),[Гишти(Гишта)],吉什塔,一作吉什蒂,124

Ghiṭrīf b. 'Aṭā,[Гитриф б. Ата],吉特里夫·本·阿塔,202,204,521

ghiṭrīfī dirhams,[Гитрифи],吉特里菲第尔赫姆,204 – 7

Ghiyāth ad – Dīn Maḥmud,[Гияс ад – дин Махмуд],加苏丁·马哈茂德(古尔朝君主),352 – 3,360

Ghiyāth ad – Dīn Muḥammad,[Гияс ад – дин Мухаммед],加苏丁·穆罕默德(古尔朝君主),338,340 – 2,344 – 6,349,352,429

Ghiyāth ad – Dīn Muḥammad b. Mahmud,[Гияс ад – дин Мухаммед б. Махмуд],加苏丁·穆罕默德·本·马哈茂德(塞勒术克朝君主),332 – 3

Ghiyāth ad – Dīn Pīr – Shāh,[Гияс ад – дин Пир – шах],加苏丁·皮尔 – 沙,422,429 – 30

Ghiyāth ad – Dīn,[Гияс ад – дин Али Йезди],见 – Yazdī 条

Ghoṛā – trap,[Гора – трап],戈拉 – 特拉普,意为'坐骑之一跃'。445

Ghūbar,[Губар],古巴尔,83,95

Ghūbdīn,[Губдин],古卜丁,136,140

Ghudhashfardar,[Гудашфердер],古达什费尔德尔,124

Ghujduwān,[Гудждуван(Гуджdаван)],古只杜宛,119 – 20,124

ghulām, [Гулям], 奴隶, 227, 240, 244, 258, 264, 296, 299, 309
ghulwa, length of, 古勒崴的长度, 98 注
– Ghunjār, [ал – Гунджар], 贡贾尔(历史学家), 13 注, 15
Ghunjīr, [Гунджир], 贡吉尔, 124
Ghūr, [Гур], 古尔地区, 212 注, 330, 338 – 9, 352 注, 353
Ghūrajk, [Гуреджк], 古雷只克, 124
Ghūrak (Ikhshīdh of Soghd), [Гурек], 乌勒伽, 一作乌勒(粟特的统治者), 96, 183 注, 185, 189, 190
Ghūrband, [Гурбенд], 古尔本德, 河名又村名, 68
Ghūrids, [Гуриды], 古尔, 330, 331, 338 – 46, 349 – 53, 372, 374, 400, 429
  有关的历史文献, 30 – 1, 38 注
Ghurmīnawā, [Гурминева], 古尔米奈瓦, 124
Ghūrs, [Гурцы], 古尔人, 406, 411, 439 – 43
Ghūr – Shāh, 古尔 – 沙, 338
Ghushaj, [Гушедж], 古谢只:
  城门名, 102
  水渠名, 105
Ghushdān, [Гушдан], 古什丹, 124
Ghuzkard, [Гузкерд], 古兹凯尔德, 175
Ghuzz Turks, [Гузы], 古斯突厥人, 100, 152, 177, 178, 212, 220, 269, 270, 291 注, 327, 329 – 31, 335, 339, 参看 Oghuz 条
Gīfar, [Гифер], 吉费尔, 见 Jīfar 条
Gīlān, [Гилян], 岐兰, 8
Gīra ariq, [Гире кан.], 吉雷渠, 144
Gīt (Jīt), [Гит], 吉特, 151 – 2
Gobāliq, [Гобалык], 果八里, 402, 参看 Balāsāghūn 条
de Goeje, M. J., [де Гуе, M. J.], 德 · 古耶, M. J., 6, 7, 12, 35, 84, 152, 172

Gold mines,金矿,65,164,169

Golden Book(Altan depter),[Золотая книга],金册,44

Golden Horde,[Золотая Орда],金帐汗国,62,484,492,R*608*

Goldziher,I.,戈尔德齐赫尔,I.,6 注,26

Gosset,戈塞特,484

Graeco - Bactrian kingdom,[Греко - бактрийское царство],希腊 - 巴克特里亚王国,66,76

此王国的铸币,69 注,76

Grigor of Akner,[Григор из Аканца (Акнерци)],格里果尔(阿克诺人),37 注,459 注,468 注;参见 Magakia 条

Gubdan (Gubdun),[Губдан(Губдун)],古卜丹,一作古卜敦,94

Gudfar river,[Гудфар кан.],古德法尔河,114

Gudse - ordo,[Гуцзэ - ордо],谷则斡儿朵,一译虎思斡儿朵,402,参见 Balāsāghūn 条

Guftan,[Гуфтан],古弗坦,74

Gurgān,[Гурган],古尔干,旧译朱里章,253,261,262,335,406,449,参看 Jūrjān 条

Gurgānj (Jurjānīya,Urgench),[Гургандж (Джурджания, Ургенч)],古尔干只(亦作朱里章尼亚、玉龙杰赤或兀笼格赤),146 - 7,234,237,261,262,263,277,350,355,356,429,430,432 - 7,457,469

被古尔人围攻,349 - 50

被蒙古人围攻,433 - 7

Gurgānjak (Little Gurgānj),[Гурганджек (Гургандж Малый)],古尔干杰克(小古尔干只),151 注,153

Gurgen river,[Гурген р.],古尔根河,426

Gurjmīn (Karjmīn?),[Гурджмин (Керджумин)],古尔只敏(亦作凯尔术敏?),90,315

Gūrkhān,[гурхан],葛儿罕,亦译阔儿罕、菊儿罕,320 注,326,362,363,

527
Gūrkhān,[Гурхан],古儿汗,409,410
Gurziwān [Гурзиван],古尔齐宛,79 注,443,444
Guyuk,[Гуюк],贵由,402,460,465,475 – 9,483,485 – 6
Guzār,古扎尔,见 Khuzār 条
Guzarwān,见 Gurziwān 条
Gūzgān(亦作 Guzgānān,又作 Jūzjān),[Гузган,亦作 Гузганан 或 Джузджан],胡实健,又作术兹健,79,80,193,198,224,233,248,254,261,263,265,302,338,344

Ḥabash – ‘Amīd,Qutb ad – Dīn,[Хабаш – Амид,Кутб ад – дин],哈巴什 – 阿米德,库特卜丁,431,468,474,477,480
Ḥabīb b. Muhallab,[Хабиб б. Мухаллаб],哈比卜·本·穆哈拉卜,138
Ḥadshirūn,[Хадширунские ворота],哈德施龙(城门名),102
Ḥāfiz – i Abrū,Shihab ad – Dīn,[Хафиз – и Абру,Шихаб ад – дин],哈菲兹 – 伊·阿卜鲁,施哈卜丁,22,30,54 注,55 – 6
Ḥafṣ b. Manṣūr – Marwazī,[Хафс б. Мансур Мервези],哈弗斯·本·曼苏尔·麦尔韦齐,7
Abū Ḥafṣ,[Абу Хафс,имам],阿布·哈弗斯,101,102,106,222,470,521
Haftād – Girdish pass,[Хафтад – гирдиш проход],赫弗塔德 – 吉尔迪什山口,444
Haft – dih,[Хефтдех],赫弗特 – 德赫,156,256
Ḥājib,[Хаджиб],侍从,侍从长,227,243 注
Ibn Ḥājib,[Ибн Хаджиб],伊本·哈吉卜,436 注
– Ḥajjāj,[Хаджжадж],哈贾只,184,393
Ḥājjī Khalīfa,[Хаджи Халифа],哈吉·哈里发,16,19 注,31 注,32,52,155

– Ḥākīm (Fātimid Caliph),[Хаким],哈基木(法提玛朝哈里发),271
ḥākim,[хаким],哈基木(萨曼朝省区官吏的称号,其职权与中央政府的韦齐尔相当),232
– Ḥakīm (well),[ал – Хаким (кол)],哈基姆(井名),154
Hakīm – atā,[Хаким – Ата],哈基木 – 阿塔,150 注,376
Halāward,[Халаверд],哈拉韦尔德,69,73 注
Hamadān (Hamadhān),[Хамадан],哈马丹,347,375,422,425,426
– Hamadānī,Shaykh Abū Ya'qūb Yūsuf,[ал – Хамадани, шейх Абу Я'куб Юсуф],哈马丹尼,谢赫阿布·亚库卜·优素福,376
– Hamadhānī,Muḥammad b. 'Abd al – Malik,[Хамадани, Мухаммед б. 'Абд ал – Мелик],哈马丹尼,穆罕默德·本·阿卜杜·麦利克,32 注
– Hamadhānī,哈马丹尼,见 Ibn al – Faqīh 条
Ḥamdallāh Qazwīnī,哈木杜拉·可疾云尼,见 – Qazwīnī 条
Ḥamdūna,哈木杜那,105
Ḥamīd – Pūr,[Хамид – Пур],哈米德 – 普尔,409
Ḥammāl – Marāghī,[Хаммаль Мераги],哈马勒·麦拉吉,397
Ḥammer – Purgstall, J. von,哈默尔 – 普尔格施塔尔,J. von,41 注,49,59
– Hāmulī,Abu'l – Ḥasan,[Хамули,Абу – л – Хасан],哈穆利,阿布勒 – 哈桑(韦齐尔),265
Ḥamūya b. 'Alī,[Хамуя б. Али],哈穆亚·本·阿里,240,241,247
Ḥamza,[Хамза],哈木扎,203
Ḥamza – Iṣfahānī,[Хамза Исфахани],哈木扎·亦思法杭尼,33 注
Ḥamza b. Muḥammad,哈木扎·本·穆罕默德,见 Nuṣrut ad – Dīn 条
Hanafites,[Ханифиты],哈乃菲学派,120,354
Abū Ḥanīfa,Imam,[Абу Ханифа, имам],阿布·哈尼法(伊玛目),290,300,326

Abū Ḥanīfa – Dīnawari, [Абу Ханифа ад – Динавери], 阿布·哈尼法·–迪纳韦里, 6, 183 注
Ḥaqq – rāh, [Хакк – рах ворота], 哈克 – 拉赫, 101, 106
Ḥarāmkām ariq, [Харамкам], 哈拉姆卡姆渠, 99, 114, 118, 参阅 Sāmjan 条
Ḥarāwaz, [Херавез], 赫拉韦兹, 150, 153
– Harawī, Sayfī, [ал – Хереви, Сейфи], 赫雷维, 赛菲, 57 注, 505 注
Ḥārith b. Surayj, [Харис б. Сурейдж], 哈里思·本·苏列只, 190 – 1, 193
Ḥārith, [Харис], 哈里思, 见 Ibn ‘Alamdār 条
Ḥarrūsh, [Харруш], 哈尔鲁什, 345 注
Harthama, [Харсама], 哈尔萨玛(将军), 85
Hārūn, Well of, [Харун кол.], 哈仑(旧译诃论)井, 155 注
Hārūn b. Altūntāsh, [Харун б. Алтунташ], 哈仑·本·阿勒暾塔什, 297 – 9, 302
Hārūn ar – Rashīd, [Харун ар – Рашид], 哈仑 – 拉施德, 66 注, 85, 203
Hārūn – tagīn, [Харун – тегин], 哈仑 – 的斤(哈剌汗朝君主), 318
Harwāz, 赫尔瓦兹, 见 Harāwaz 条
Ḥasan (Qarluq), [Хасан (карлук)], 哈桑(葛逻禄人), 441
Ḥasan b. ‘Alī – Sa‘dī, [Хасан б. Ала Са'ди], 哈桑·本·阿拉·赛阿迪, 106
Ḥasan b. ‘Alī – Uṭrūsh, [Хасан б. Али ал – Утруш], 哈桑·本·阿里·乌特鲁什, 214, 522
Ḥasan b. Muḥammad (ra’īs), 哈桑·本·穆罕默德(莱伊斯), 290
Ḥasan b. Muḥammad b. Ṭālūt, [Хасан б. Мухаммед б. Талут], 哈桑·本·穆罕默德·本·塔卢特, 110
Ḥasan b. Tamīm, [Хасан б. Темим], 哈桑·本·帖米木, 200
Ḥasan b. Tāq, [Хасан б. Так], 哈桑·本·塔克, 270

Ḥasan b. Yūsuf (Namad – pūsh), [Хасан б. Юсуф (Немед – пуш)], 哈桑·本·优素福(奈迈德 – 普什), 320

Ḥasan b. Zayd (ʻAlid), [Хасан б. Зейд], 哈桑·本·扎伊德(阿里派成员), 214, 218

Abu ʻl – Ḥasan – Kharaqānī, [Абу – л – Хасан Харакани], 阿布勒 – 哈桑·哈拉卡尼(谢赫), 311

Ḥasan –ḥāji, [Хасан – хаджи], 哈桑·哈吉, 414, 参照 Asan 条

Ḥasan – tagīn, [Хасан – тегин], 哈桑 – 的斤(哈剌汗家族成员), 322, 333

Hāshim b. Bānīchūr (Māhīchūr), [Хашим б. Баничур (Махичур)], 哈施木·本·巴尼丘尔(或马希丘尔), 73 注, 77

Hāshim b. Ḥākim, 哈施木·本·哈基木, 见 – Muqannaʻ 条

Hāshimgird, [Хашимгирд], 哈施木吉尔德, 73, 138

Ḥāsib(复数 Hussāb), [хасиб(复数 хуссаб)], 会计员, 230

Ḥassān brigdg, [Мост Хассана], 哈散桥, 103, 104

Abū Ḥātim – Yasārī, [Абу Хатим Йесари], 阿布·哈提木·叶萨里, 223

Ibn Ḥawqal, [Ибн Хаукаль], 伊本·豪卡勒, 11, 75, 86, 90, 93 – 5, 134, 145, 167 – 70, 172 173, 175, 176, 178

Haybak, [Хейбак], 海巴克, 见 Siminjān 条

Ḥaydar b. ʻAli – Ḥusaynī – Rāzī, [Хайдер б. Али Хусейни Рази], 海德尔·本·阿里·侯赛尼·拉齐, 37

Ḥaydar b. Kāwus, [Хайдер б. Кавус], 海德尔·本·卡乌斯, 见 – Afshīn 条

(Ibn) Hayṣam b. Muḥammad – Nābī, [(Ибн) Хейсам б. Мухаммед Наби], (伊本·)海萨木·本·穆罕默德·纳比, 31

Hayṭal, [Хайтал], 挹怛, 见 Ephthalites 条

Hayton (Hetʻum), [Гайтон (Хетум)], 海屯, 即小亚美尼亚的君主赫

图木,481,485 注
Ḥayyān – Nabaṭī,[Хайян Набати],海延·纳巴蒂,107
Abū Ḥayyān – Tawḥīdī,[Абу Хайян ат – Таухиди],阿布·海延·陶希迪,8 注
Hazārasp,[Хазарасп],哈扎拉斯普,143,155,263,277,279,325,328,350
Ibn Ḥazm,[Ибн Хазм],伊本·哈兹木,26
Hazrat – bovi pass,[Хазрет – бови перевал],哈兹雷特 – 博维山口,72
Ḥaẓrat – Imām,[Хазрет Имам],哈兹雷特 – 伊玛目,70 注
Herāt,[Герат],哈烈,亦译也里,今赫拉特,57,78,209,217,253,266,288,335,338,344,349,351,352,353,359,360 – 1,375,378,423,424,438,447
Het'um,[Хетум],赫图木,见 Hayton 条
Hilāl b. – Muḥassan,[Хилаль б. ал – Мухассан],希拉勒·本·穆哈桑,8
Himalaya mts.,[Гималаи хр.],喜马拉雅山,453
'Himyarī' inscription,[Химьяри надпись],"希姆亚里"铭文,87
Hindū – Khān b. Malik – shāh,[Хинду – хан б. Мелик – шах],兴都 – 汗·麦利克 – 沙,349
Hindu – Kush mts.,[Гиндукуш хр.],兴都库什山脉,旧称大雪山,66,67,405,439,443,444,452,454
Hisar mts.,[Гиссарский хр.],喜萨尔山脉,见 Buttam 条
Abū Hishām,Castle of,[Замок Абу Хишама],阿布·希沙木堡,103
ḥiṣn,希森(城墙),118 注,341 注
Historical narratives,character of early,早期历史记述的特征,1,182
Hiuen – Tsiang,[Сюань Цзан],玄奘,1,70,74,77,84,180
Ho – han,[Хо – Хань],喝汗,98,参照 Kharghānkath 条
Ho – sze – mai – li(? Ismā'il),[Хэсымайли(Исма'ил?)],曷思麦里

（亦思马因？），401 – 2，403

Houtsma，M. Th.，豪茨玛，M. Th.，6，27 – 29，187 注，337 注

Howorth，Sir Henry，亨利·豪沃思爵士，59 – 60，62，282 注，R*608*

Ḥudūd al – ʻĀlam，《世界境域志》，13

Hūlāgū，[Хулагу]，旭烈兀，40，49，483，487，488，489，492

Hulbuk，[Хульбук]，胡勒布克，68，69，301

Humām ad – Dīn，[Хумам ад – дин]，胡马木丁（埃米尔），340

Ḥumār – bek，[Хумар – бек]，胡马尔 – 伯克，65

Ḥumayd，well of，[Хумейда кол.]，胡麦德井，170

Ḥumayd b. Qaḥṭaba，[Хумейд б. Кахтабе]，胡麦德·本·卡赫塔巴，199

Humāyūn，[Хумаюн]，胡马云，见 Āq – malik 条

Hunger Steppe，[Голодная степвь]，饥饿草原，173，270，336，451

Huns，[Хунны]，匈奴，394

Ḥuṣām ad – Dawla，[Хусам ад – дауля]，胡萨木·道拉，304 注，参照 Shāh – Malik 条

Ḥuṣam ad – Dīn ʻOmar（ṣadr），[Хусам ад – дин Омар]，胡萨木丁·欧马尔（萨德尔），326 – 7，334，354

Ḥusayn（Timūrīd），[Хусейн（Тимурид）]，侯赛因（帖木儿朝苏勒坦），57

Ḥusayn，well of，[Хусейна кол.]，侯赛因井，170

Ḥusayn（？Ḥasan），[Хусейн（Хасан？）]，侯赛因，一作哈桑（埃米尔），396

Ḥusayn（imām），[Хусейн，имам]，侯赛因（伊玛目），374

Ḥusayn b ʻAlī – Marwazī，[Хусейн б. Али Мервези]，侯赛因·本·麦尔韦齐，241 – 3，246 注

Ḥusayn b. Kharmīl，[Изз ад – дин Хусейн б. Хармиль]，侯赛因·本·哈尔米勒（哈烈的统治者），359，360 – 1

Ḥusayn b. Muḥammad – Khawārijī，[Хусейн б. Мухаммед Хавариджи]，

侯赛因·本·穆罕默德·哈瓦里吉,222-3

Ḥusayn b. Mus'ab,[Хусейн б. Мус'аб],侯赛因·本·穆萨卜,208

Ḥusayn b. Ṭāhir -Ṭā'ī,[Хусейн б. Тахир ат-Таи],侯赛因·本·塔希尔·塔伊,218,219,222,223

- Ḥusaynī, Muḥammad b. Muḥammad,[Хусейни, Мухаммед б. Мухаммед],侯赛尼,穆罕默德·本·穆罕默德,30注

- Ḥusaynī, Ṣadr ad-Dīn,[Хусейни, Садр ад-дин],侯赛尼,萨德鲁丁(历史学家),28,32

- Ḥsaynī,侯赛尼,见Ḥaydar b. 'Alī 条

Ḥusayn-Malik (of 'Iraq),[Хусейн-мелик],(伊拉克的)侯赛因-麦利克,243

- Ḥuṣayrī, Abū Bakr,[Хусейри, Абу Бекр],侯赛里,阿布·贝克尔,285

- Ḥuṣayrī, Abu'l-Qāsim Ibrāhīm b. 'Abdallāh,[Хусейри, Абу-л-Касим б. Абдаллах],侯赛里,阿布勒-卡西米·伊卜拉欣·本·阿卜杜拉,294

Iakinth,亦作Yakinf,[Иакинф (монах)],雅金夫(修道士),6注,44注,467注,参看Bichurin条

Ībasan,亦作Ībasn,[Ибесен,亦作Ибесн],伊贝森,亦作伊贝斯思,139

Ibir-Shibir,[Ибир-Шибир],亦必儿-失必儿,392

Ibrāhīm,[Ибрахим],伊卜拉欣(哥疾宁朝君主)304

Ibrāhīm Gate (Bukhārā),(布哈拉城的)伊卜拉欣门,102

Ibrāhīm,伊卜拉欣,见Ṭamghāch-Khān条

Ibrāhīm b. Aḥmad,[Ибрахим б. Ахмед],伊卜拉欣·本·艾哈迈德(萨曼家族成员),242,247-8

Ibrāhīm b. 'Alp-tagīn,[Ибрахим б. Алп-тегин],伊卜拉欣·本·阿勒普-的斤,250

Ibrāhīm b. Hilāl,[Ибрахим б. Хилаль],伊卜拉欣·本·希拉勒,8

Ibrāhīm b. Ḥusayn,[Ибрахим б. Хусейн],伊卜拉欣·本·侯赛因(总督),216

Ibrāhīm b. Ḥusayn,[Ибрахим б. Хусейн],伊卜拉欣·本·侯赛因(哈拉汗家族成员),353–4

Ibrāhīm b. Naṣr b. Rāfi',[Ибрахим б. Наср б. Рафи'],伊卜拉欣·本·纳斯尔·本·拉菲阿,216 注

Ibrāhīm b. Sīmjūr,[Ибрахим б. Симджур],伊卜拉欣·本·西木术尔,246,248

Īdhaj (Īdhūj, Idhūkh),[Идадж (Идудж, Идух)],伊达只(伊杜只,伊杜赫),124

Īdīqūt,[идикут],亦都护,362,400 注,403,404,474,481,参见 Uighūrs 条

– Idrīsī,[Идриси],伊德里西(地理学家),305

– Idrīsī, Abū Sa'īd 'Abd ar – Rahmā,[Идриси, Абу Са'ид Абд ар – Рахман],伊德里西,阿布·赛义德·阿卜杜–拉赫曼,15

Ikhshīds of Soghd,[Ихшиды Согда],粟特的伊赫施德(伊赫施德是粟特地区统治者的称号),93,95

Ikhtiyār ad – Dīn Āytāq,[Ихтияр ад – дин Айтак],伊赫提亚鲁丁·阿伊塔克,335

Ikhtiyār ad – Dīn Kushlū,[Ихтияр ад – дин Кушлу],伊赫提亚鲁丁·库什卢,409

Ikhtiyār ad – Dīn,伊赫提亚鲁丁,见 Kharpūst 条

Ikinchī b. Quchqār,[Икинчи б. Кончар],伊金奇·本·库奇卡尔(花剌子模沙),324

Īlak – Turkman,[Илек – туркмен],乙力–突厥曼,333,334

Ilāl,[Илаль],伊拉勒,430

Īlāmish,[Иламиш],伊拉米什,159,356,358

Īlāq,[Илак],易剌克(省名),156,162,163,169 –75,200,206,210 注,
233,243,257 注,307
Īlāqā(Īlqah),[Илака (Илках)],亦剌哈,一作亦勒哈赫,362 注
Īl – Arslān b. Atsiz,[Иль – Арслан б. Атсыз],伊勒 – 阿尔斯兰·本·阿特西兹(花剌子模沙),33,97,98,329,330,332 –7,526
Īlatgū – (Īlgatū –) malik,[Илетгу – (Ильгету –) мелик],伊雷特古 –(伊勒盖图 –)麦利克,417
Ilchigiday,[Ильчигидай],宴只吉带,亦译燕只吉台(察合台汗),49 注,476,485 –6
Ilchigiday (Eljigidey),[Ильчигидай],宴只吉带,476,485 –6
Ildegizids,[ильдегизиды],伊勒德吉兹家族,346 注
Ilengir,[Иленгир],亦连吉儿,53
Ili river,[Или р.],伊犁河,393
Īlkhān,[Ильхан],伊儿汗,亦译伊利汗,44
Īl – khwājah,[Иль – ходжа],伊勒 – 火者,409
Īlmangū (ḥājib),[Ильменгу],伊勒曼古(哈吉卜),263
Īltutmish,Shams ad – Dīn,[Ильтутмыш Шемс ад – дин],伊勒图特米什,谢木斯丁,453
Ilyās b. Asad,[Ильяс б. Асад],伊勒亚斯·本·阿萨德(萨曼家族成员),209,522
Ilyās b. Isḥāq,[Ильяс б. Исхак],伊勒亚斯·本·伊斯哈克(萨曼家族成员),240 –1
'Imād ad – Dīn (mushrif),[Имад ад – дин (мушриф)],伊马杜丁(监察官),432
'Imād ad – Dīn – Iṣfahanī,[Имад ад – дин Исфахани],伊马杜丁·亦思法杭尼,27 –8,29,33
'Imād ad – Dīn 'Omar (of Balkh),[Имад ад – дин Омар],伊马杜丁·欧马尔(巴里黑总督),352,440

‘Imād ad – Dīn (‘Alid),伊马杜丁(阿里派成员),见‘Alā al – Mulk – Tirmidhī 条

–‘Imādī, Muḥammad b. ‘Alī, [Имади, Мухаммед б. Али],伊马迪,穆罕默德·本·阿里,24

Īmīl, [Эмиль],叶密立(亦译也迷里,额敏)320 注,362 注,393,431

Īnālchik (Īnāl – Khān), [Иналчик(Инал – хан)],伊纳勒奇克(伊纳勒–汗),398 – 9,412

Īnānch – khān Oghūl –ḥajib, [Инанч – хаи Огул – хаджиб],伊南奇 – 汗·欧古勒 – 哈吉卜,409,432,433,434 注,449

Īnanch – Payghū, [Инанч – Пейгу],伊南奇 – 培古,见 Yūsuf (Saljūqid) 条

India,印度,36,39,83,196,300,303,387,405,467,487,488

关于印度的历史及地理著作,5,20,26,45

印度方面关于蒙古人的记载,45

印度人,291 注,352

哥疾宁朝在印度的征战,261,272,279,285,287,288,290 – 1

古尔朝在印度的征战,344,349,352

蒙古人在印度的征战,445 – 6,449 注,453 – 4

Indus, river, [Инд р.],印度河,一译申河,66,185,443,445 – 6,453,454,527

injü, [инджу],“引者”亦译“滕哲”,465,472

iqṭā(复数 *iqṭā'at*), [икта'(复数 икта'ат)],伊克塔,意为封地,238 – 9,307,332,378

Īrān, [Иран],伊朗,64

‘Irāq, [Ирак],伊拉克,5,7,343,348,379,398,420,422,424,456,526

Irghiz river, [Иргиз р.],伊尔吉兹河,370 注,372

Iron,铁,164,169

Iron Gate, [Железные ворота],铁门(在赭时北部卡拉斯草原中),175

Iron Gate,铁门(在粟特境内),73,138,186,299,452,453

Irtysh river,[Иртыш р.],也儿的石河,即额尔齐斯河,178,361,392,393,403,450,456,473

Isaac,以撒,79

'Iṣām b. 'Abdallāh,[Исам б. Абдаллах ад – Бахили],伊萨木·本·阿卜杜拉,186

Isbaskath (Isbiskath),[Исбаскет (Исбискет)],伊斯巴斯凯特,一作伊斯比斯凯特,87,124

Isbisk,[Исбиск],伊斯比斯克,87

Isfahān (Ispahān),[Исфахан (Испахан)],亦思法杭,193,219,317

Isfara (Ispara),[Исфара (Испара)],伊斯法拉,亦作伊斯帕拉,160 – 1,186,189

Isfaranj,[Исфарандж],伊斯法兰只,124

– Isfarāyinī,Faḍl b. Aḥmad,[Исфераини, Фазл б. Ахмед],伊斯费拉伊尼,法兹勒·本·艾哈达德(韦齐尔),287 – 8

Isfījāb,[Исфиджаб],伊斯菲贾卜(省名,亦为城名,作为城名,即见于中国史籍之白水城或白水胡城,175 – 8,201,211 – 2,233,234,236,241 注,256,257,258,264,295,366,369,450 注

– Isfizārī, Mu'īn ad – Dīn Muḥammad,[Исфизари, Му'ин ад – дин Мухаммед],伊斯菲扎里,穆因丁·穆罕默德,57,468 注

Isḥāq 'the Turk',[Исхак –《тюрк》],"突厥人"伊斯哈克,199

Isḥāq b. Aḥmad,[Исхак б. Ахмед],伊斯哈克·本·艾哈迈德(萨曼家族成员),232 注,240,522

Isḥāq b. Alptagīn,[Исхак б. Алп – тегин],伊斯哈克·本·阿勒普的斤,251,523

Isḥaq b. Ibrāhīm,伊斯哈克·本·伊卜拉欣,见上条

Ibn Isḥaq (Muḥammad b. Isḥāq),伊本·伊斯哈克,即穆罕默德·本·伊斯哈克,5,57 – 8

Ishsh,[Ишш],伊什什,153

Ishtīkhān,[Иштихан],瑟底痕,94,95,96

Ishtīkhān ariq,[Иштихан кан.],瑟底痕渠,83,95

Iskandar,[Искендер],伊斯肯德尔(帖木儿之孙)54

Iskandargham ariq,[Искендергам кан.],伊斯肯德尔加姆渠,89

Iskāran,[Искарен],伊斯卡伦,124

Iskīfaghn,[Искифагн],伊斯基法根,135,136

Iskijkath,[Искиджкет],伊斯基只凯特,99

Islām,[Ислам],伊斯兰教

伊斯兰教在中亚的传布,65,70,160,178,188,189-92,254-6,281,286,305,338,362,368,386-7,436 注

蒙古人与伊斯兰教的关系,54,92,402,413,451,458,477-8,480,481,483,483-5

参看 Priesthood ('Ulamā)条

Isma'īl b. Aḥmad,[Исма'ил б. Ахмед,Саманид],亦思马因·本·艾哈迈德(萨曼朝君主),108,110,111,113,115,119,211,222-5,226,228,235,240,256,267

Ismā'īl Khandān,[Исма'ил Хандан],亦思马因·罕丹,302,524

Isma'īl b. Nūḥ II,[Исма'ил б. Нух II],亦思马因·本·努赫二世,见-Muntaṣir 条

Ismā'īl b. Sabuktagīn,[Исма'ил б. Себук-тегин],亦思马因·本·塞布克的斤,265

Ismā'īl(?),亦思马因(?),见 Ho-sze-mai-li 条

Isma'ilites,[исмаилиты],亦思马因派,25,40,41 注,310,327,352,374,参看 Alamūt 条

Ismīthan,[Исмитан],伊斯米坦,124

Ispīd-bulān,[Испид-Булан],伊斯皮德-布兰,160

Isrā'īl(一作 Arslān) b. Seljuk,[Исраил(一作 Арслан) б. Сельджук],

以色列(一作阿尔斯兰)·本·塞勒术克,280,285
Issyk – kul,[Иссык – Куль оз.],伊塞克湖,27,487
Istā(一作 Istān),[Иста(Истан)],伊斯塔,一作伊斯坦,124
– Iṣṭakhrī,[Истахри],伊斯塔赫里(地理学家),11,68 – 9,78,79,80
Istalif,[Исталиф],伊斯塔利夫,68
Iswāna,[Исвана],伊斯瓦那,119
Ivanin,M. I.,[Иванин М. И.],伊宛宁,M. I.,63 注,425 注
'Izz ad – Dīn Ṭughrā'ī,[Изз ад – дин Тограи],伊祖丁·托格拉伊,330
'Izz ad – Dīn Ṭughrul,[Изз ад – дин Тогрул],伊祖丁·托格鲁勒,379
'Izz ad – Dīn,伊祖丁,见Ḥusayn b. Kharmīl 条

Jabghū,[Джабгу],叶护,见 Yabghū 条
Jabghūkath,[Джабгукет],叶护凯特,173
Jabir b. Hārūn,[Джаблир б. Харун],贾比尔·本·哈仑,214
Jabūzan,[Джабзен],贾布增,174
Jacob,[Иаков],雅各,79
Jacob de Vitry,[Яков де Витри],雅各·德·维特里,375 注
Ja'far,[Джа'фар],贾法尔,241 注
Ja'farband,[Джа'фарбенд],贾法尔本德,278
Ja'far rabāṭ,[Джа'фара рабат],贾法尔拉巴特,154
Ja'far – tagīn,[Джа'фар – тегин],贾法尔 – 的斤,269,272 – 3
Jaghatāy,jaghatayids,[Чагатай, Чагатаиды],察合台,察合台汗国,40 – 1,42,48,51,52,53,54,157,391,393,412,417,427,428,431,433 – 5,437,438,439,443,452,455,458,460,462,463,467 – 8,469,471 – 4,477,479,480,483,486,492,493 – 4
Jahān – Pahlawān,[Джехан – Пехлеван],杰罕 – 佩赫雷宛,意为世界的勇士,378
Jāhiz,[Джахиз],贾希兹,197 注

Jājan，[Джакжен]，贾真，124

Jāj - rūd，[Джадж - руд]，贾只 - 鲁德(河名又县名)，134，135

Jākardīza ariq and quarter，[Джакердиза]，加凯尔迪扎(撒马尔罕城的渠名与区坊名)，89，413

Jakhzan (Jakhzana)，[Дхахзен (Джахзена)]，贾赫增，一作贾赫增那，124

Jalair (一作 Jalayir) tribe，[племя джалаиров]，札剌亦儿部，419，424注

Jalāl ad - Dīn (Shaykh)，[Джелаль ад - дин，шейх ал - ислам]，杰拉勒丁(谢赫)，379

Jalāl ad - Dīn 'Alī b. Ḥasan (Chaghrī - Khān)，[Джелаль ад - дин Али б. Хасан (Чагры - хан)]，杰拉勒丁·阿里·本·哈桑(即查格里 - 汗)，333，334，526

Jalāl ad - Dīn 'Alī b. Ḥasan (Ḥusayn) Zandī，[Джелаль ад - дин Али б. Хасан (Хусейн) Зенди]，杰拉勒丁·阿里·本·哈桑(侯赛因)·增迪(伊玛目)，410

Jalāl ad - Dīn Bakharzī，[Джелаль ад - дин Бахарзи]，杰拉勒丁·巴哈尔齐，488

Jalāl ad - Dīn Ḥasan (Isma'ilite)，[Джелаль ад - дин Хасан]，杰拉勒丁·哈桑(亦思马因派首领)，374

Jalal ad - Dīn Mangubirtī，[Джелаль ад - дин Мангуберти]，札阑丁·曼古贝尔蒂：由花剌子模逃亡外地，432，437 - 8

在阿富汗境内的军事行动，439 - 44，446

在印度河岸败于成吉思汗，445 - 6

(一般记述)39，97，372，378，418，419，420，447，448，451，460

Jalāl ad - Dīn Muḥammad b. Maḥmūd，[Джелаль ад - дин Мухаммед б. Махмуд]，杰拉勒丁·穆罕默德·本·马哈茂德，335

Jalāl ad - Dīn Qadir - Khān，[Джелаль ад - дин Кадыр - хан]，杰拉勒丁

· 卡迪尔 - 汗(讹迹邗的统治者),366
Jalāl ad - Dīn,杰拉勒丁,见 Maḥmud Khān (Rukn ad - Dīn)条
Jalalabad,[Джелалябад],杰拉拉巴德,160
Jalāl - dīza Castle,[Замок Джелаль - дизе],杰拉勒 - 迪泽堡寨,105
Jamāl ad - Dīn ‘Omar (of Wakhsh),[Джемаль ад - дин Омар],杰马勒丁·欧马尔(瓦赫什的统治者),372
Jamāl Qarshī,[Джемаль Карши],杰马勒·卡尔希,51 - 2,160,254 - 5,268,363,366 - 7,401
Jambalik (Janbalik),[Джамбалык (Джанбалык)],彰八里,362 注
Jami‘ at - Tawārīkh (The Collection of Chronicles),《史集》,44 - 8,参阅 Rashīd ad - Dīn 条
- Jāmijī,贾米吉,见Aḥmad条
jamūk (джамук),札穆克(布哈拉贵族的称号),181 注
Jamuqa,[Чжамуха],札木合,384,409
Jan water,[Джен водоем],溱水,82
Jand,[Дженд],毡的,153,178,179,257,298,302,314,324,325,338 - 9,331,333,340,342,343,356,363,369,370,415,416,418,432,433
jāndār,[джāндāр],詹达尔,意为行刑官,312 注,378
Jānids (Ūzbegs),[Джаниды],札恩家族,亦称乌孜别克人,系札恩(Jā)的后裔,札恩的祖先为术赤的长子鄂尔达(Orda),130 注
Jankākath,[Дженкакет],甄卡凯特,169
Jankent,[Джанкент],詹肯特,178
- Jannābī,[Дженнаби],甄纳比,52,88
Jān Qal‘a,[Джан - кала],詹 - 卡拉,178
Jargh,[Джарг],贾尔格,99,114,141
Jarghiyān,[Джаргиян],贾尔吉延,141
jarīb,[джериб],杰里卜(是面积的单位),84 注
Jar - kurgan,[Джар - курган],贾尔 - 库尔干,73

Jarm,[Джерм],杰尔姆,66

–Jarrāh b.‘Abdallāh,[Джаррах б. Абдаллах],伽拉赫,本·阿卜杜拉,188

Jaryāb(Panj)river,[Джерьяб(Пяндж)р.],杰尔亚卜河,今名喷赤河,65,68,69,70,301

Jashīr,[Джешира],杰施尔,153

–Jawharī,[Джаухари],昭哈里(阿拉伯语词典的编纂者),51,473

–Jayhānī, Abū ‘Abdallāh Aḥmad b. Muḥammad,[Джейхани, Абу Абдаллах Ахмед б. Мухаммед],杰伊哈尼,阿布·阿卜杜拉·艾哈迈德·本·穆罕默德,251–2,265

–Jayhānī, Abū ‘Abdallāh Muḥammad,[Джейхани, Абу Абдаллах Мухаммед],杰伊哈尼,阿布·阿卜杜拉·穆罕默德,12–3,109,196注,226,229,240,243注,245,246注,252

–Jayhānī,Abū ‘Alī Muḥammad,[Джейхани,Абу Али Мухаммед],杰伊哈尼,阿布·阿里·穆罕默德,12注,245注,246,252

–Jayhānī,Abu'l–Faḍl Muḥammad b. Aḥmad,[Джейхани, Абу–л–Фазл Мухаммед б. Ахмед],杰伊哈尼,阿布勒·法兹勒·穆罕默德·本·艾哈迈德,265

Jayhūn,[Джейхун],质浑河,118注,352,参阅 Amu Darya 条

Jayqan Müren river,[Джайкан Мурен р.],斋坎木伦河,489

Jāz,[Джаз],贾兹,152

Jazza(?),[Джезза],杰扎(?),117

Jebe–noyon,[Чжэбэ–нойон],哲别那颜,400–3,419–26,431,458

Jelme,[Чжэлме],者勒蔑,383

Jews,[евреи],犹太人,289,388,481

Jida–noyon,[Джида–нойон],哲歹(?)–那颜,416注,参看 Ulūs–Īdī条

Jidghil,[Джидгиль],吉德吉勒,163

Jīfar,[Джифер],济费尔,115,132
Jigarband,[Джигербенд],吉格尔本德,142,155,278 注
Jigarband rabāṭ,吉格尔本德拉巴特,154
Jikam,[Джикем],吉凯姆,137
Jikils,[джикили(чикили)],吉基勒,254 注,317
Jilanuta defile,[Джиланутинское ущ.],吉拉努塔隘口,407
Jīnānjkath,[Джинанджкет],吉南只凯特,170
Jīrākhasht,[Джирахашт],吉拉哈什特,124
Jird,[Джирд],吉尔德(撒马尔罕的古桥名),86
Jīt,[Джит],吉特,151,参看 Gīt 条
Jīzak 亦作 Dīzak,[Джизак,亦作 Дизак],吉扎克,亦作迪扎克,165,166,167,169,170,173,315 注;参看 Dīzak 条
John XXII,Pope,[Иоанн XXII,папа],约翰二十二世,教皇,486
Jū-i Mūliyān,[Джу-и Мулиян],术-伊·穆利延,110,111,259
Jūbaq,[Джубак],术巴克,139
Jubār,[Джубар],术巴尔,见 Jūybār 条
Jūchī,Juchids,[Джучи,Джучиды],术赤
术赤汗国,39,49,52,370-2,386,392,401,407,414-6,430-5,437,455,457-8,463,480,489-90,491 以下
Jūchī-Qasar,[Джучи-Хасар],术赤-合撒儿,383,385
Jūdī,[Джуди],术迪(省名),445
Jū-Ghushaj ariq,[Джу-Гушедж кан.],术-古谢只渠,105
Jumushlāghū,[Джумушлагу],术穆什拉古,176 注
Junayd b. 'Abd ar-Raḥmān,[Джунейд б. Абд ар-Рахман],术奈德·本·阿卜杜-拉赫曼,190
Junqān Akhashsha,[Джункан Ахашша],准坎·阿哈什沙,153
-Jurbādhaqānī,[Джербадекани],杰尔巴德卡尼,20
Jurchits,[Чжурчжэни],女真人,见 Churche 条

Jurjān,[Джурджан],朱里章(亦译古尔干),218;参见 Gurgān 条
Jurjānīya,[Джурджания],朱里章尼亚,见 Gurgānj 条
Jurjānīya, Lake of,[Джурджанийское озеро],朱里章尼亚湖,146
Juwāra,一作 Khuwāra,[Джувара(Хувара)],术瓦拉,178
– Juwaynī,[Джувейни],术外尼(亦译志费尼,历史学家),8,10,31,32,37,39 – 41,42,45,48,49,54,58
Juwīk,[Джувик],术维克,140
Juwīqān,[Джувикан],术维坎,151
Jūybār,[Джуйбар],术伊巴尔:
在那色波城内,140
在撒马尔罕城附近,124
Jūybār(亦作 Jūbār) of Abū Ibrāhīm,[Джуйбар(亦作 Джубар) Абу Ибрахим],阿布·伊卜拉欣的术伊巴尔(亦作术巴尔,直译水道),在布哈拉,104,111,318
Jūybār al – ‘Āriḍ,[Джуйбар ал – Ариз],术伊巴尔·阿里兹,在布哈拉,见 Ju – Ghushaj ariq 条
Jūybār – Bakār ariq,[Джуйбар – Бекар кан.],术伊巴尔 – 贝卡尔渠,在布哈拉,104
Jūybār al – Qawārīrīyīn,[Джуйбар ал – Каваририйин],术伊巴尔 – 卡瓦里里因(在布哈拉),104
Jūzjān,[Джузджан],术兹健,见 Gūzgān 条
– Jūzjānī, Minhaj ad – Dīn,[Джузджани, Минхадж ад – дин],术兹贾尼,敏哈术丁,22,24,31,38,39,60

Ka‘b steppe of,[Ка‘ба степь],凯尔卜草原,439
Kabadian,[Кабадиан],卡巴迪安,见 Quwādhiyān 条
Kabak (Jaghatāy – Khān),[Кебек],凯贝克,旧译怯伯,136
Kabarna,[Каберна],凯贝尔那,174

– Ka‘bī, Abu’l – Qāsim ‘Abdallāh, [Ка‘би Абу – л – Касим Абдаллах], 卡尔比,阿布勒 – 卡西木 · 阿卜杜拉,11

Kābud,今名 Besh – arik, [Кебуд,今名 Беш – арык],卡布德,村名,今名贝什 – 阿里克,94 注

Kabūdh, [Кебуд],凯布德,125

Kabūdhanjakath, [Кебуданджакет],凯布丹加凯特,旧译劫布坦那,92,93,94

Kabūdjamah, [Кебуд – джаме],凯布德贾迈,357

Kābul, [Кабул],喀布尔,旧译可不里,68,217,440,444,453

Kābul river,喀布尔河,68

Kābul – shāh, [Кабуʌ – шах],喀布尔 – 沙,77,202

Kadāk, [Кедак],凯达克,174,175

Kadar, [Кедер],凯德尔,176,177

Kafarov, [Кафаров],卡法罗夫,见 Palladius 条

Kafirnihan (Rāmīdh, Ramit, Roumit) river, [Кафирниган (Рамид, Рамит, Роумит) р.],卡菲尔尼干河(又名拉米德、拉米特、饶米特河),70,71,72,74

Ibn Kafraj Bughrā, [Ибн Кефредж Богра],伊本 · 凯弗雷只 · 博格拉,399

Kafsīsiwān, [Кефсисиван],凯弗西西宛,125

Kājar, [Каджер],卡杰尔,140

Kākh, [Ках]卡赫,160

Kākhushtuwān,卡胡什图宛,116,200 注

– Kalamātī, Muḥammad b. Sufyān, [Келимати, Мухаммед б. Суфьян],凯利马提,穆罕默德 · 本 · 苏弗延,255

Kalashjik, [Келещджик],凯莱什吉克,174

Kālif, [Келиф],凯利夫,80,137,138,419,437 注

Kalka river, [Калка р.]卡勒卡河,395

Kallābād,[Келлябад],凯拉巴德,102,103,327 注,333

– Kallābādī, Abū Bakr,[Келлябади, Абу Бекр],凯拉巴迪,阿布·贝克尔(谢赫),320

kām,[кам],卡姆(布哈拉居民称水渠为卡姆),113 注

Kamāl ad – Dīn,[Кемаль ад – дин],凯马卢丁(毡的的统治者),328

Kamalashri,[Камалашри],卡马拉什里,45

Kamara (Kamarā),[Кемере (Кемера)],凯麦雷,亦作凯麦拉,125

Kamard,[Кемерд],凯麦尔德,125

Kamarja,[Кемерджа],凯麦尔加,125

Kāmdad (Kāmdiz),[Камдед (Камдиз)],卡姆达德,亦作卡姆迪兹,125

Kānā (Bukhār – Khudāt),[Кана],卡纳(布哈尔 – 胡达特),204

Kand (Kan – i Bādām),[Кенд (Канибадам)],肯德(今名坎 – 伊·叭哒姆),157 – 8,163,165

Kandak,[Кендек],肯德克,137,138

Kandākīn,[Кендакин],肯达金,183 注

Kandasarwān,[Кендасерван],肯达塞尔宛,125

Kandukīn,[Кендукин],肯杜金,125

Kan – i Gil, plain of,[Кан – и гиль, равн.],坎 – 伊·吉勒平原,483

Kanjīda,[Кенджида],肯吉达,176,178

Kankrāq,[Кенкрак],肯科拉克,173

Kanwan,[Канван],坎宛,90

Kao – Hsien – chih,高仙芝,195 – 6

Kārak – i ‘Alawīyān,[Карек – и Алевиян],卡雷克 – 伊·阿莱维延,111

Karategin,[Каратегин],哈剌的斤,旧译喀剌提锦,70,71;参看 Rāsht 条

Kārbang,[Карбенг(Кардар)],卡尔本格,70

Karbar – malik,[Кербер – мелик],凯尔贝尔 – 麦利克,439

Kārdār,[Кардар],卡尔达尔,153

Kardarān – Khās, [Кердеран – хас], 凯尔德兰 – 哈斯, 143, 147, 148
Karjumīn, [Керджумин], 凯尔术敏, 90, 315
Karkūh (Kerki), [Керкух (Кегки)], 克尔库赫(Kerki 渡口之旧称), 80, 81
– Karmānī, Juday' b. 'Alī, [Кермани, Джудеи' б. Али], 凯尔马尼, 术德伊阿 · 本 · 阿里, 193, 194
Karmīnīya (Kermine), [Керминия (Кермине)], 凯尔米尼亚, 今名凯尔米涅, 97, 98, 113, 114, 116, 222, 235, 248 注, 282, 471
Karmuchīn, [Кермучин], 凯尔穆钦, 140
Karrāmites, [Керрамийцы], 凯拉米派(亦译卡拉米叶派), 267 注, 289 – 90
Karrān, [Керран], 凯尔兰, 65
Karwān, [Керван], 凯尔宛, 163
Kārzan, [Карзен], 凯尔增, 125
Kasādun, [Кесадун], 凯萨敦, 125
Kāsān, [Касан], 柯散(在费尔干纳境内), 162 – 3, 202, 211, 318, 369, 402
Kāsan, [Касен], 卡森(在那色波境内), 140, 142, 437 注
– Kāsānī, Abū Naṣr, [Касани, Абу Наср], 柯散尼, 阿布 · 纳斯尔(韦齐尔), 316
Kasba, [Кесба], 凯斯巴, 136 – 7
– Kāshānī, 'Abdallāh b. 'Alī, [Кашани, Абдаллах б. Али], 卡沙尼, 阿布杜拉 · 本 · 阿里, 46 – 7
– Kāshānī, Anūshirwān b. Khālīd, [Кашани, Ануширван б. Халид], 卡沙尼, 阿努施尔宛 · 本 · 哈利德, 27
Kashgaria, [Кашгария], 喀什噶里亚, 401, 402
Kāshghar, [Кашгар], 喀什噶尔, 18, 52, 66, 71 注, 185, 201, 241, 254, 256, 274, 275, 281, 282, 294, 295, 317, 322, 323, 334, 352 注, 357, 363,

366,368,395,401,454,488

– Kāshgharī, Maḥmud,[Кашгари, Махмуд,或作 Махмуд Кашгарский],喀什噶里,马哈茂德,36 注,317 注,450 注

Kashk,[Кешк],凯什克,135

Kashk – rūd,[Кешк – руд],凯什克 – 鲁德,134,135

Kashka – darya,[Кашка – Дарья],卡什卡河,16,80,134 – 42,189

Kāshkan,[Кашкен],卡什肯,125

Kash – Kushans,[Кеш – Кушаны],凯什 – 贵霜人,108

Kashmīr,[Кашмир],克什米尔,352 注,465 注

Katāk,[Кетак],凯塔克,见 Kadāk 条

Kāth,[Кят],柯提(在花剌子模),144 – 5,150,234,277,279,457

Kathīr b. Raqqāq,[Кесир б. Раккак],凯西尔·本·拉卡克,216

Kaththa,[Кетта],凯塔,125

– Kātib – Samarqandī, Muḥammad b. ' Ali,[ал – Катиб ас – Самарканди, Мухаммед б. Али],卡提卜·撒马尔罕迪,穆罕默德·本·阿里,18

katkhudā,[кетхуда],凯特胡达(领主或地主的称号),226,232

Katta – Kurgan,[Катта – Курган],卡塔 – 库尔干,97,127

Kawād,亦作 Qubad,[Кавад,亦作 Кубад],卡瓦德或库巴德,旧译居和多,183 注

Kāwus,[Кавус],卡乌斯(乌什鲁桑那的君主)211

Kayishkan,[Каишкен],卡伊什肯,125

Kay – Khusraw,[Кайхусрау],凯伊 – 胡斯老,116

Kazlī (Kazlik),[Кезли (Кезлик)],凯兹利,亦作凯兹利克,359,361

Kchi – Surkhāb,[Кчи – Сурхаб],克奇 – 苏尔哈卜河,68,69;参看 Parghār river 条

Kem – Kemchik (Kem – Kemjiyūt),[Кем – Кемчик (Кем – Кемджиют)],谦谦奇克,即谦谦州,370

Kempirak，今名 Kempir – duval，[Кемпирех，今名 Кемпир – дувал]，凯姆皮雷克，今名凯姆皮尔 – 杜瓦勒，113
Keraits，亦作 Karayits，[кераиты]，克烈部，362 注，381 – 2，383，386
Kerki，[Керки]，克尔基，见 Zamm 条
Khabūshān，[Хабушан]，哈布苫，330，331
Khājistān，[Хаджистан]，哈吉斯坦，162，171，172
Khakanja，[Хаканджа]，哈坎加，125
Khākhsar，[Хахсар]，哈赫萨尔，125
Khalaji，[Халаджи]，哈拉吉人，291 注，411，440，449
Ibn Khaldūn，[Ибн Халдун]，伊本·哈勒敦，3 – 4
Khalījān，[Халиджан]，哈利詹，152
Khalīl – Allāh，[Халилаллах]，哈利勒 – 阿拉，75 注
Ibn Khallikān，[Ибн Халликан]，伊本·哈利坎，3，10
Khāma，[Хама]，哈玛，116
Khandashtar，[Хандештер]，罕德什泰尔，126
Khāniyya madrasa，[медресе Ханийе]，汗尼耶经文学院(亦作汗尼耶·马德拉沙)，473
Khān – malik，[Хан – мелик]，汗 – 麦利克，见 Amīn al – Mulk 条
Khān – Sālār，[Хан – Салар]，汗 – 萨拉尔，99
Khān – Sulṭan，[Хан – Султан]，汗 – 苏勒坦(花剌子模沙摩诃末之女)，356，364，– 6，431
Kharāchār – noyon，[Харачар – нойон]，哈剌察儿那颜，52，53
Kharādīn，[Харадин]，哈拉丁，125
kharāj，[харадж]，哈拉只，意为赋税，特指田赋，188
Kharājar，[Хараджер]，哈拉杰尔，125
Kharashkath，[Харашкет]，哈拉什凯特，169
Kharāzmiyān，[Хорезмиян]，花拉子米延，137
Khargānkat，[Харганкет]，哈尔干凯特，173

Kharghānkath,[Харганкет],哈尔甘凯特,旧译喝汗,98,114
Kharghūn,[Харгун],哈尔贡,125,213
Kharijites,[хариджиты],哈里吉派,亦译军事民主派,194,198,213,216,222
Kharjam,[Харджем],哈尔杰木,345注
Kharjang,[Хардженг],哈尔真格,248,259,315
Khar－Khān,[Хар－хан],哈尔－汗,98注
Kharlukh Turks,哈尔卢赫突厥人(葛逻禄突厥人之阿拉伯语名称),见Qarluq Turks条
Kharmaythan (Khurmithan),[Хармейтан (Хурмитан)],哈尔麦坦,亦作胡尔米坦,114,126
Kharpūst,Ikhtiyār ad－Dīn Muḥammad b. ‘Ali,[Харпуст, Ихтияр ад－дин Мухаммед б. Али],哈尔普斯特,伊赫提亚鲁丁·穆罕默德·本·阿里,439－40
Kharqān (Kharqāna),[Харкан (Харкана)],哈尔坎(亦作哈尔坎那),125,165,166,167
Kharqān,[Харкан],哈尔坎(在呼罗珊境内),449
Kharqān,[Харкан],哈尔坎(布哈拉的巴扎尔),108
Kharqān－rūd,[Харкан－руд],哈尔坎－鲁德,114,120
Kharqāna,Upper,[Харкаи Верхняя],上哈尔坎那,114,117
Kharqāna,Lower,[Харкан Нижняя],下哈尔坎那,114,116,120
Khartang,[Хартенг],哈尔滕格,126,248
Kharūn (Ākharūn),[Харун (Ахарун)],哈龙,亦作阿哈龙,即玄奘《西域记》中之忽露摩国,74
Kharūr,[Харур],哈鲁尔,153
Khās,[Хас],哈斯,149,150
Khāsh,[Хаш],哈什,174
Khashart,(Jaxartes),[Хашарт],哈沙尔特,即药杀水,155注,174注

Khashyandīza，[Хашьяндиза]，哈什扬迪扎，140
khaṭib，[хатиб]，海推布，233，240，266－8，342，353，355
－Khatūnī，Abū Ṭāhir，[Хатуни，Абу Тахир]，可敦尼，阿布·塔希尔，27
Khātūnkath，[Хатункет]，可敦凯特，173
Khāwak pass，[Хавак перевал]，哈瓦克山口，67
Khāwar－rūd，[Хавер－руд]，哈韦尔河，72
Khāwas，[Хавас(Хаваст)]，哈瓦斯，166，169，270
Khāwuṣ，[Хавус]，哈乌斯，126
Khaydhashtar，[Хайдештер]，海德什泰尔，126
Khaylām（Khayrlām），[Хайлам，（Хайрлам）]，海拉姆，亦作海尔拉姆，156，158，163
Khaylām river，[Хайлам р.，后称 Нарын р.]，海拉姆河，后称纳林河，155
Khayr，[Хайр]，海尔(村名)，79
Khayrābād，[Хайрабад]，海拉巴德，179
Khazar(s)，[хазар(ы)]，哈扎尔人，238
Khazar－Buqa，[Хазар－Бука]，哈扎儿－不花，469
Khazwān，[Хазван(Хажван)]，哈兹宛，126
Khiḍr－Khān，[Хизр－хан]，希兹尔－汗(哈剌汗朝君主)，110，316，318
Khīnah（Aḥmad），dihqān，[Хина（Ахмед），дихкан]，希纳(后改名艾哈迈德)，迪赫坎，106
Khisht，[Хишт]，希什特，167
Khiṭā Turks，[хитайские тюрки]，契丹突厥人，320 注，350 注，364 注
Khiṭāy，[Хитай]，契丹，17
Khiṭāy－Khān，[Хитай－хан]，契丹汗，330
Khīwa，[Хива]，基发，143，144，148，207
Khīwa ariq，[Хивинский кан.]，基发渠，143

Khōja - Baqirghan,[Ходжа - Бакырган],火者 - 巴克尔甘(水渠名),165
Khojend,[Ходженд],忽毡,157,164 - 5,166,171,189,200,206,207,210 注,315,323,407,419,465,470,483,484
被蒙古人围困,417 - 8
Khokand,[Коканд],浩罕,158,160,162
Khorezmia,[Хорезм],花剌子模;
有关的历史文献,17,20,30 - 6,39
地理概况,142 - 55
地理位置的孤立,154,296
恃泄洪以御敌,154,325,337,339,349
被阿拉伯人征服,1,181 注,185
被哥疾宁朝的马哈茂德征服,275 - 9
被塞勒术克人征服,304
被蒙古人征服,416,426,433 - 7
哈剌契丹人入侵,327,336 - 7,339,345
古尔人入侵,349 - 51
商业的发展,235,236,236 - 8
花剌子模诸沙统治下的文化发展,428 - 9
(一般记述)195,200,213,218,222,233 - 4,246,249,269,296 - 8,302,305,314,316,323 - 80 散见,393 - 400,428 - 32,456 - 7,473,475,488;参看 Khwārazm - shāhs 条
Khorezmian coinage,花剌子模的币制,204 - 6
Khorezmians,[Хорезмийцы],花拉子模人:
在商业与才智方面的卓越发展,238
Khoshuq - Noyan,[Хошук - нойон],豁舒克 - 那颜,468,472
Khotan,[Хотан],和田,旧名于阗、和阗,旧译斡端、忽炭,273,281,357,368,473 注,492,R597

Khotanese music,和田的音乐,273
Khudābād,[Худабад],胡达巴德,126
Khudaynkath,[Худейнкет],胡代恩凯特("夫人城"),170
Khudaysar rabāṭ,[Худайсер рабат],胡代塞尔拉巴特,167
Khudfirān,[Худфиран(Худфаран)],胡德菲兰,126
Khudhānd,[Худанд],胡丹德,126
Khudīmankan,[Худименкен],胡迪门肯(村名),98
Khudīsar,[Худисер],胡迪塞尔,126
Khujāda,[Худжада],胡贾达(村名),117
Khujanda,[Худжанда],忽毡达(忽毡之别称),164,参看 Khojend 条
– Khujandī,[Ходженди],忽毡迪,《大埃米尔》,52
Khulm,[Хульм],胡勒姆,旧译昏磨,67,68
Khumār – tagīn,[Хумар – тегин],胡马尔 – 的斤,433,434
Khumār – Tāsh Sharābī,[Хумар – таш Шераби],胡马尔 – 塔什·谢拉比,278 – 9
Khumīthan,[Хумитан],胡米坦,126
Khumkhīsara,[Хумхисера],胡姆希塞拉,126
Khumrak,[Хумрек],胡姆雷克,174
Khunāmata,[Хунамета],胡纳麦塔,126
Khunbūn,[Хунбун],洪本,115 注,117
Khunuk – Khudāt,[Хунук – худат],胡努克 – 胡达特,115
Khūqand,[Хоканд,后称 Коканд],霍坎德,后称浩罕,158;参见 Khokand 条
Khurāsān,[Хорасан],呼罗珊,亦译忽儿珊:
先伊斯兰时期呼罗珊的政区界划,77,183 注
阿拔斯朝早期呼罗珊的重要性,197 – 8
下列王朝均奠基于呼罗珊:
塔希尔朝,208

萨法尔朝,217 - 8,219
塞勒术克朝,297 - 8,299,302 - 4
哈剌汗朝入侵,272 - 3,280,289,344,350 - 1
哈剌契丹人入侵,339,344,350 - 1
呼罗珊境内的贵族阶级,307 - 8
古斯突厥人的劫掠,329
花剌子模沙与古尔人在呼罗珊的军事行动,338,339,340,342,346,349,351,352 - 3
蒙古人在呼罗珊的军事行动,419 - 26,437 - 9,446 - 9,456,457,465,468,474,475,482,487,490
Ibn Khurdāhbih,[Ибн Хордадбех],伊本·霍尔达德贝赫,7,12,13
Khūrlūgh,[Хурлут],胡尔卢格,176 注
Khurmīthan,[Хурмитан],胡尔米坦,114,126
Khurramābādī,[Хуррамабади],胡尔拉马巴迪(诗人),406 注
Khurshāb,[Хуршаб],胡尔沙卜(城镇名与河名),159,160
Khushāghar,[Хушагар],胡沙加尔,126
Khushk - rūd,[Хушк - руд],胡什克 - 鲁德,134
Khushminjakath,[Хушминджакет],胡什敏加凯特,140
Khushmīthan,胡什米坦,见 Ardakhushmīthan 条
Khushtuwān ,[Хуштуван],胡什图宛,200 注
Khushūfaghn,[Хушуфагн],胡舒法根,126,165
Khushūnanjakath,[Хушуненджакет],胡舒南加凯特,140
Khushurtā,[Хушурта],胡舒尔塔,127
Khusraw b. ‘Ābid,[Хусрау б. Абид],胡斯老·本·阿比拉,见 Ibn Mu‘īn 条
Khusrū Ⅱ,[Хосрой Ⅱ],库萨和二世,207
- Khuṭabī,[Хутаби],胡塔比(历史学家),8
Khuttal,[Хутталь],珂咄罗(亦译骨咄),69,71,72,184,189,194,196,

200,233,234,236,248,263,278,281 注,285,295,297,299,301,313,334

Khuttalān,[Хутталян],珂咄兰,69

khutuww, horns of the,[рог хуту],骨触角,272 注,396

Khuwāra (Juwāra),[Хувара (Джувара)],胡瓦拉,一作术瓦拉,178

Khuzānd,[Хузанд],胡赞德,127

Khuzār (后改称 Guzār),[Хузар(后改称 Гузар)],胡扎尔,后改称古扎尔,135,427

Khuzār – rūd,[Хузар – руд],胡扎尔 – 鲁德,134,135

Khūzistān,[Хузистан],胡齐斯坦,348

Khūzyān,[Хузьян],胡兹延,140

Khwājah ‘Abdī Bīrūn,火者阿卜迪·比龙,88

Khwājah ‘Abdī Darūn,火者阿卜迪·达龙,88

Khwājah – i ‘amid,[ходжа – йи амид],文书部长官,230

Khwājah – i buzurg,[Ходжа – йи бузург],大火者(即韦齐尔),229

Khwāndamīr,[Хондемир],洪德米尔,56,57

Khwārazm,[Хорезм],花剌子模,见 Kāth,Khorezmia 各条

– Khwārazmī,Maḥmud b. Muḥammad b. Arslān,[Хорезми, Махмуд б. Мухаммед б. Арслан],花剌子米,马哈茂德·本·穆罕默德·本·阿尔斯兰,32

Khwārazm – shāhs,[Хорезмшахи],花剌子模诸沙,185,219,233 – 4,261,263,270,275 – 9,294 – 9,305,323 – 80

有关的历史文献,30 – 6,39,40,49,58

与古尔朝的斗争,338 – 9,349 – 53,360

与阿拔斯朝哈里发的斗争,346 – 8,373 – 5

参看Muḥammad (Khwārazm – shāh)条

Kīmāk Turks,[Кимаки],基马克突厥人,177,178,369 注

Kin dynasty,金朝,381,383,394

Kirakos of Ganjak,[Киракос Гандзакский],甘扎克人契拉科斯,37 注,179 注,389 注,482,484,490

Kirghiz Turks,[Киргизы],乞儿吉思突厥人,369 – 71,392 注,459,480,488

Kirmān,[Керман],起儿漫,217,219

Kish,[Кеш],碣石,16,134 – 5,185,189,196,199,200,206,210 注,261,263,336,427,452,453,483

碣石山口(在通往撒马尔罕的道路上),133,137 – 8

碣石省,111,135 – 42

Kīsh,[Киш],怯失,395

kitāb al – Qunīy,[Китаб ал – Куний],《水渠之书》,213

Kiu – mi – tho,[Цзюймито],拘谜陀,70

Köchü,[Куджу],阔出,475

Kok – jar,[Кок – джар],科克贾尔(峡谷名),74

Kokosos,[Кокосос],阔阔搠思,468

Kök – Serāi palace,[Дворец Кöк – сарай],蓝宫,412

Kök – tamgha,[кöк – тамга],青印(音译阔阔谈哈),387

Komēdi (tribe),Κομηδϖυ 'ορειωη',科米迪(部落名),70

Kong – Khotan tribe,[хонгхотан],晃豁坛部,416

Körgüz,一作 Kurkuz,[Куркуз],阔尔吉思,旧译阔里吉思,389,469 注,474 – 5,476

Köten,[Кутан],阔端,475,476,479,482

Kubindā – Ma'qal,[Кубинда – Ма'каль],库宾达 – 马阿卡勒,140

Kubrā,[Кубра],库卜拉,见 Najm ad – Dīn 条

Kūch – bughā – Khān,[Кюч – Бука – хан],库奇 – 布伽 – 汗,426

Kūchluk,[Кучлук],屈出律(一译古出鲁克),356 – 9,361 – 3,366 – 70,375 注,393,395,400 – 3,406 注

Kuch – tagīn,[Куч – тегин],库奇 – 的斤,366 注

Kudatku - bilik, [Кутадгу билиг],《福乐智慧》,312,323 注
Kufīn, [Куфин],库芬,127
Kugart pass, [Кугарт перевал],库加尔特山口,156
Kūhak, [Кухек],库赫克,意为小山。后称 Chopan - ata,86
Kūhak river, [Кухек р.],库赫克河,82 注;参看 Zarafshān 条
Kūh - i durūghān, [Кух - и дуруган],库赫一伊 · 杜鲁甘,意为"谎言之山",见'Alī Durūghī 条
Kūh - i sīm, [Кух - и сим],库赫一伊 · 锡姆(直译"银山"),172,174
Kūjāgh, [Куджаг],库贾格,151
Kūk (Kūkshībaghan), [Кук(Кукшибаган)],库克,亦作库克施巴甘,99
Kūkar, [Кукер],库凯尔,312 注
Kulāb, [Куляб],库拉卜,419
Kulāb - Darya, [Куляб - Дарья],库拉卜河,68,69
Kul - i Maghāk,后称 Kul - i Magiyan, [Кул - и Магак,后称 Кул - и Магиян],库勒 - 伊 · 马加克,后称库勒 - 伊 · 马吉延,452
Kulja, district of, [Кульджинский край],固勒札地区,353,368,401,402,450,480
Kül - tegīn, [Кюль - тегин],阙特勤,461 注
Kumādh, [Кумед],库麦德,旧译拘谜陀,70
Kumgānān, [Кумганан],库姆加南,74
Kumījīs, [Кумиджии],库米吉人,70,248,297,298,301
Kum - Kurgan, [Кум - курган],库姆 - 库尔干,74
Kum - rūd, [Кум - руд],库姆河,72
Kund (Kunda), [Кунд (Кунда)],昆德,一作昆达,127
Kunddiram, [Кунддирем],昆迪雷姆,79
Kundīkath, [Кундикет],昆迪凯特,127
Kungrad, [Кунград],昆格拉德,151
Kunya - Urgench, [Куня - Ургенч],库尼亚 - 兀笼格赤,146,148,457

Kurān,[Куран],库兰,旧译俱兰,见 Karrān 条
Kurdar,[Курдер],库尔德尔,146,150 注,151
Kurdar canal,[Курдер кан.],库尔德尔渠,146,150,152
Kurdistan,Kurds,[Курдистан, Курды],库尔迪斯坦(旧译曲儿忒),库尔德人,375
Kurgan - tübe,[Курган - Тюбе],库尔干 - 提尤别,69
Kurkath (Kurdkath),[Куркет (Курдкет)],库尔凯特,一作库尔德凯特,166
Kūrṣūl,[Курсул],库尔苏勒,旧译古尔苏,191,192
Kurt kings,[Куртские мелики],库尔特诸王,57 注,414
Kushānīya,[Кушания],贵霜匿,95,96
Kushān - shāh,[Кушан - шах],贵霜沙,96
Kushans,[Кушаны],贵霜人,96,108,183
- Kūshī,[ал - Куши],库施,18
Kushk - i Mughān,[Кёшк - и Муган],穆护宅堡,108
Kushna ariq,[Кушна кан.],库什那渠,105,116
Kushtagīn - Pahlawān,[Куш - тегин Пехлеван],库什的斤 - 佩赫雷宛,448 - 9
Kūtān,[Кутан],阔端,41 注,475,476,479,482

Lāchīn - beg,[Лачин - бек],拉钦伯克(葛逻禄头人),333
Lāmish,拉米什,159,参看 Ilāmish 条
Lapis - lazuli mines,天青石矿,66
Lārjān,[Ларджан],拉尔詹,430
Layth (ancestor of Saffārids),[Лейс],莱思(萨法尔朝的祖先),216 注
Layth b. Naṣr b. Sayyār,[Леис б. Наср б. Сеияр],莱思·本·纳斯尔·本·赛亚尔,200,201
Lēwkand,[Левкенд],利乌肯德,69

Lurīs,[Луры],卢里人(或译罗耳人),422
Luristān,[Луристан],卢里斯坦,旧译罗耳,422

Abu'l – Ma'ālī,[Абу – л – Ма'али],阿布勒 – 麦阿利,见 – Baghdādī,Ḥasan – tagīn,Muḥammad b. 'Ubaydallāh 各条
Mābā – Yalavāch,[Маба – Ялавач],马八 – 牙剌瓦赤,444
Ma'bid al – Khayl,[Ма'бид ал – Хайль],马阿比杜 – 海勒,101
Ma'bid gate,[Ворота Ма'бида],马阿比德门(布哈拉),101,108
Macha,[Мача],麦恰,168
– Madā'inī,[Мадаини],马达伊尼,5,6,14
Madar,[Мадер],马德尔,68
Madder,[марена],茜草,71
Madhmīnīya (Madhkamīnīya),[Медминия (Медкаминия)],麦德米尼亚,一作麦德卡米尼亚,151,152
Madhyāmjakath,[Медьямджакет],麦德亚姆贾凯特,98,127
Madhyānkan,[медьянкен],麦德延肯,128
madīna,[медина],麦迪那,意为本城或内城,78
Madrā ariq,[Медра кан.],麦德拉渠,144
Madrā – kāth (Madrāmīthan),[Медракет, (Медрамитан)],麦德拉凯特,一作麦德拉米坦,144 注
Madwa,[Медва],麦德瓦,157,159
Magakia,[Магакия],马加基亚,37 注,459 注;参见 Grigor of Akner 条
Magians,[маг, маги],穆护,见 Fire – worshippers 条
Māh – Āfarīd,[Мах – Аферид],马赫 – 阿费里德,194;参看 Bīh – Āfarīd 条
mahalla,[махалля (махалла)],城市内的区或坊,90,470
Mahdī rabaṭ,[Махди рабат],马赫迪拉巴特,154
Mahdīya,[Махдия],玛赫迪亚,217 注

Maḥmud,[Махмуд],马哈茂德,旧译马合木,哥疾宁朝君主,19,62,79,159 注,258 注,262,263,265,269 - 93,296,300,305,306
马哈茂德的统治,265 - 6,271 - 85
夺取花剌子模,275 - 9
在河中地区的军事行动,280 - 1,282 - 5
行政管理,286 - 93
Mahmūd (Khorezmian),马哈茂德(花剌子模人),396 - 7;参看 Maḥmūd Yalavāch 条
Maḥmūd - bāy,[Махмуд - бай],马哈茂德 - 巴伊,357,358,359,361
Maḥmūd - ʿImādī,[Махмуд Имади],马哈茂德·伊马迪,24
Maḥmūd - Kāshgharī,[Махмуд Кашгарский],马哈茂德·喀什噶里,36 注,280,317 注,450 注
Maḥmūd - Khān, Rukn ad - Dīn,[Махмуд - хан, Рукн ад - дин],马哈茂德 - 汗,鲁克努丁;322,323,326,330 - 2,335
Maḥmūd - tagīn,[Махмуд - тегин],马哈茂德 - 的斤,318
Maḥmud Tarābī,[Махмуд Тараби],马哈茂德·塔拉比,469 - 71
Maḥmūd - Warrāq,[Махмуд Варрак],马哈茂德·瓦拉克,21,22
Maḥmud Yalavāch Khwārazmī,[Махмуд Ялавач Хорезми],马哈茂德·牙剌瓦赤·花剌子米,396,444,465,467 注,469 - 73,475,476
Mājan,[Маджен],马真,167
Mājandān,[Маджендан],马真丹,127
Mājarm,[Маджерм],马杰尔姆,127
Majbas (Majbast),[Меджбес (Меджбест)],麦只贝斯,亦作麦只贝斯特,127
Majd ad - Dīn,[Меджд ад - дин],麦只杜丁(医士),473
Majd ad - Dīn Masʿūd b. Ṣāliḥ al - Farāwī,[Меджд ад - дин Масʿуд б. Салих ал - Ферави],麦只杜丁·马斯乌德·本·萨利赫·费拉维,379,410

Majd ad – Dīn, Shaykh, 麦只杜丁(谢赫), 见 – Baghdādī, ‘Adnān 各条
Mākh, [Max], 马赫(礼拜寺名), 103, 107
Mākh – rūz, [Max – руз], 马赫 – 鲁兹(巴扎尔名), 107
– Makīn, [ал – Макин], 马金, 2, 6
Makrān, [Мекран], 麦克兰, 217, 304
Ibn Mākūlā, [Ибн Макула], 伊本·马库拉, 10 注, 134 注
Malik, [Мелик], 灭里(窝阔台之子), 483
Malik steppe, [Мелик степь], 麦利克草原, 248 注
Malik – A‘ẕam, 麦利克 – 阿扎木, 见 A‘ẕam – malik 条
Malik – Khān, 麦利克 – 汗(亦译蔑力克 – 汗), 见 Amīn al – Mulk 条
Malik – Shāh, [Малик – шах], 麦利克 – 沙, 亦译灭力沙, 塞勒术克朝君主, 305, 308, 310, 322, 323, 360
　进攻河中, 110, 310, 315, 316 – 7
Malik – Shāh, [Мелик – шах], 麦利克 – 沙(瓦赫什的统治者), 372
Malik – Shāh b. Takash, [Мелик – шах. б. Текеш], 麦利克 – 沙·本·泰凯什, 340, 342, 346, 349
Malik – Shīr, [Мелик – Шир], 麦利克 – 施尔, 440
Ma’mūn, [Мамун], 马蒙(哈里发), 177, 201, 202, 207 – 12, 228, 237
– Ma’mūn b. – Ma’mūn, [Мамун б. Мамун], 马蒙·本·马蒙(花剌子模沙), 147 注, 275 – 8
– Mamūn b. Mūḥammad, [Мамун б. Мухаммед], 马蒙·本·穆罕默德(花剌子模沙), 147, 262, 263, 269, 275
– Ma’munī, [Мамуни], 马蒙尼, 258
Mandajān, [Мандаджан], 曼达詹(省名), 72 注
Mangishlāq, [Мангышлак], 曼吉什拉克, 见 Manqishlāgh 条
Mangit, [Мангыт], 曼吉特, 150
Mangū (Möngke), [Мункэ], 蒙哥, 49, 467, 473, 476, 479 – 84, 486, 487
Manichaeans, [Манихеи], 摩尼教徒, 387 – 9; 参看 Dualists 条

Mānk,[Манк],曼克,168
Mankath,[Менкет],曼凯特(在布哈拉),127
Mankath,[Менкет],曼凯特(在伊斯菲贾卜),176 注
Manqishlāgh,[Мангышлак],曼吉什拉克(半岛名),324,325,330,331,432
Manṣūr b. ʻAbdallāh,[Мансур б. Абдаллах б. Юсуд],曼苏尔·本·阿卜杜拉,198
Manṣūr b. Aḥmad,[Мансур б. Ахмед],曼苏尔·本·艾哈迈德(萨曼家族成员),242
Manṣūr b. Bāyqarā,[Мансур б. Байкара],曼苏尔·本·拜卡拉,250
Manṣūr b. Iṣḥāq,曼苏尔·本·伊斯哈克(萨曼家族成员),241
Manṣūr I. b. Nūḥ I,[Мансур I б. Нух I],曼苏尔一世·本·努赫一世(萨曼朝君主),10,109,110,111,249,250 注,251 –2,261
Mansūr Ⅱ b. Nūḥ Ⅱ,[Мансур Ⅱ б. Нух Ⅱ],曼苏尔二世·本·努赫二世(萨曼朝君主),264 –6
Manṣūr b. Qarā – tagīn,[Мансур б. Кара – тегин],曼苏尔·本·哈剌 – 的斤,176,228,248 –9,251,523
Manṣūr b. Ṭalḥa,[Мансур б. Тальха],曼苏尔·本·塔勒哈(塔希尔家族成员),213
Abū Manṣur – Chaghānī,[Абу Мансур Чагани],阿布·曼苏尔·查甘尼,243,249
Abū Manṣūr Muḥammad b. ʻAbdar – Razzāq,[Абу Мансур Мухаммед б. Абд ар – Раззак],阿布·曼苏尔·穆罕默德·本·阿卜杜·拉扎克,250 –1
Abū Manṣūr,阿布·曼苏尔,见 – Māturīdī,Muḥammad b. Ḥusayn,Muḥammad b. ʻUzayr,Yūsuf b. Ishāq 各条
Manṣūr – Kūh,曼苏尔 – 库赫,439 注
– Maqdisī,[Макдиси],马克迪西(地理学家),11,12,249,252 注

– Maqrīzī, Taqī ad – Dīn Aḥmad, [Макризи, Таки ад – дин Ахмед], 马克里齐, 塔吉丁 · 艾哈迈德, 42

Marāgha, [Мерага], 麦拉加; 448

Maracanda(Samarqand), 马拉坎达, 97 注

Marco Polo, 马可 · 波罗, 65, 66 注, 486

Mardāwīj (Ziyārid), [Мердавидж], 麦尔达维只(齐亚尔朝君主), 225 注

Mardkushān Gate (Akhsīkath), [Ворота Мердкушийские в Ахсикете], 西鞬城的麦尔德训珊门, 161

Mardkushān (Mardqusha) Gate, [Ворота Мердкушан (Мердкуша)], 麦尔德库珊, 亦作麦尔德库沙, 布哈拉城门名, 102

Mardūs, [Мердус], 麦尔杜斯, 142

Margelan, [Маргелан], 马尔格兰, 原名 Marghinān, 见该条

Marghbūn, [Маргбун], 马尔格本, 127

Marghibān, [Маргибан], 马尔吉班, 140

Marghinān, [Маргинан], 马尔吉南, 旧译马耳亦囊, 158, 161, 163, 315

Margiana, [Маргиана], 马尔吉安那, 76

Margoliouth D. S., 马戈利乌思, 8 注, 32 注, 35

Marquart, J., 马夸特, J., 4 注, 7 注, 73 注, 292 注, 320 注

Marsmanda, [Мерсменда], 麦尔斯门达, 168

Marwarrūd, [Мерверруд], 麦尔韦鲁德; 79, 80, 198, 199, 218, 253, 351, 449

– Marwarrūdī, [Мерверруди], 麦尔韦鲁迪, 见 Fakhr ad – Dīn 条

– Marwazī, Sharaf az – Zamān Tāhir, [Мервези, Шереф аз – Заман Тахир], 麦尔韦齐, 谢雷甫 · 扎曼 · 塔希尔, 286 注

– Marwazī, [Мервези], 麦尔韦齐, 见Ḥafṣ b. Manṣūr Ḥusayn b. ' Ali 各条

marzbān, [марзбан], 玛尔兹班, 意为负镇守之责的官员, 77

Marzbān, [Марзбан], 玛尔兹班(地名), 92, 94, 95

Marzbān b. Turgash,[Марзбан б. Тюргеш],玛尔兹班·本·突骑施,95
Masāsān,[Месасан],麦萨散,153
Mash rabāṭ,[Машрабаг],马什·拉巴特,149,150,298
Masjid,[Месджид],麦斯吉德,119
Masjid ash – Shām,[Месджид аш – Шам],麦斯吉德·莎木(布哈拉城内叙利亚礼拜寺的名称),110
Maskhā(Mascha),[Месха(Месча)],麦斯哈,河名,亦作麦斯恰,82,168
Māstīn(Mastī),[Мастин(Масти)],马斯廷,村名,一作马斯蒂,117
Mas'ūd b. Maḥmūd,[Мас'уд б. Махмуд],马德乌德·本·马哈茂德(哥疾宁朝君主),23,271,280,282,284,290 注,292,293 – 303,305,306,326 注,338
Mas'ūd,[Мас'уд],马斯乌德(塞功术克朝君主),27,30,325 注,332
Mas'ūd,[Мас'уд],马斯乌德,见 Fakhr ad – Dīn, Qilich – Ṭanghāch – Khān 各条
Mas'ūd – Beg b. Maḥmūd Yalavāch,[Мас'уд – бек б. Махмуд Ялавач],马斯乌德—别乞·本·马哈茂德·牙剌瓦赤,469,473,476,481,483,488,489,490,491,493,*R595*,*596*
Mas'ūdī,[Мас'уди],马斯乌迪,4,5,6
Mas'ūd – Khan,[Мас'уд – хан],马斯乌德 – 汗(哈剌汗朝君主),318
Mas'ūdiyya madrasa in Kāshghar,[Медресе Мас'удийе в Кашгаре],马斯乌迪耶经文学院(在喀什噶尔),473
Masūs(Maswas),[Месус(Месвес)],麦苏斯,一作麦斯韦斯,319 注
Māturīd,[Матурид(Матурит)],马图里德,90
– Māturīdī, Abū Manṣūr,[Матуриди, Абу Мансур],马图里迪,阿布·曼苏尔(神学家),90 注,267 注
Māwarā'an – nahr,[Мавераннахр],河中,64 页以下多处出现此名
Mawdūd,[Маудуд б. Мас'уд],毛杜德,20,294,303 – 4

Mayāchuk,[Маячук],马牙丘克,348
Maymana(Maymand),[Меймене(Мейменд)],麦门奈,旧称奈门德,80注,444
–Maymandī,Abu'l–Qāsim Aḥmad b. Ḥasan,[Мейменди,Абу–л–Касим Ахмед б. Хасан],麦门迪,阿布勒–卡西木·艾哈迈德·本·哈森(韦齐尔),275,277,278,282,291,292
Māymurgh,[Маймург],弭末贺,即昭武九姓中之米国,在撒马尔罕附近,6,92–3,124
Māymurgh,[Маймург],弭末贺,在那色波附近,105,135,137,427
Mazandarān,[Мазандеран],马赞德兰(旧译祃椤答而),335,357,379,425,430,431,457
Mazār–iShāh,[Мазар–и шах],麻扎–伊·沙,意为王公之墓,见Qutham b.'Abbās条
Mazār–i Sharīf,[Мазари–шериф],麻扎–伊·谢里甫,79
Mazdākhīn,马兹达欣,见Muzākhīn条
Maznawā,[Мезнева],麦兹奈瓦,128
Mazrankan,[Мезренкен],麦兹伦肯,127
Mazrīn,[Мезрин],麦兹林,128
Mecca,[Мекка],麦加,354,374
Me–ch'ue(Khān),[Мочжо],默啜可汗,187
Mēla ford,[Мела переправа],迈拉渡口,72,297
Melioransky,P.,[Мелиоранский,П. М.],麦利奥兰斯基,286注
Mengeser–noyan,[Мункэсер–нойон],忙哥撒儿–那颜,479
Meng–Hung,应作Zhao–Hung,[Мэн Хун,应作 Джао Хун],孟珙,应作赵珙,37,38,382,459,460
Mergīts,[Мергиты],蔑儿乞部,361–2,370–2,392,393,415,486注
Meruchak,[Меручак],麦鲁查克,79
Merv,[Мерв],马鲁,亦译木鹿,6注,76,78,79,80,185,252,260,270,

285,297,319,320,321,327,328,329,335,339,342,347,349,375,416,429

被蒙古人攻陷并残毁,446-9,454

Midhyāmajkath,[Мидямаджкет],米德亚马只凯特,127,参照 Madhyāmjakath 条

Mīgh,[Миг],米格,127

Mighān,[Миган],米甘,127

Mijdūn,[Мидждун],米只敦,128

Mikā'īl b. Ja'far,[Микаил б. Джа'фар],米卡伊勒·本·贾法尔,241 注

Abū Mikhnaf Lūṭ b. Yaḥyā,[Абу Михнаф Лут б. Яхья],阿布·米赫纳甫·卢特·本·叶海亚,5

Mināra,[Минара],米纳拉,163

Mīnk,[Минк(Манк)],敏克,168

Mīnūchihrī,[Менучехри],麦努切赫里,24,300 注

Mīrkhwānd,[Мирхонд],米尔洪德,17,57-8,400,481,491

Mīrkī,[Мерке],麦尔基,256

Miskān,[Мискан],米斯坎,161,164

Ibn Miskawayh,[Ибн Мискавейх],伊本·米斯卡韦赫,8 注,32,255 注

Misnān,[Миснан],米斯南,140

Miyānkal,[Миянкаль],米延卡勒(省名),127

Miyānkāl,[Миянкаль],米延卡勒,137

Miyān-Kish,[Миян-Кеш],米延-碣石(县名),135

Miyān-rūdān,[Миян-рудан],米延-鲁丹,155,156,163

Miyān-shāh rabāṭ,[Миян-шах рабат],米延-沙拉巴特,154

Mīz,[Миз],米兹,128

Mīzdākhqān,[Миздахкан],米兹达赫坎,149,150,151

Mīzdākhqān district,[Миздахканская волость],米兹达赫坎县,146,149

注
Mobāliq,[Мобалык],莫八里(意为"恶城"),443
Mö'etüken (Mutugen),[Мутугэн],木阿秃干,443,474
Möge Khatun,[Мука - хатун],木格 - 可敦,473
Möge - Noyan,[Мукэ - нойон],木格那颜,468
Moghultay,[Могултай],蒙兀勒台,492
Monas ariq,[Монас кан.],莫纳斯渠,83
Möngke,[Мункэ],蒙哥,见 Mangū 条
Möngke - Temür,[Менгу - Тимур],忙哥 - 帖木儿,492,493
Mongku - tata,[Мынгу (Мэнгу) - дада],蒙古 - 鞑靼,381,382
Mongolia,蒙古,381 - 2,384,394,395,450,456,458
Mongolian Chronicle,蒙古史,43,44,45,381,382,423,426
蒙古语,50,461
Mongols,[Монголы],蒙古人或蒙古族:
英雄史诗,42 - 3,52
与蒙古人有关的东方史籍,37 - 58,459
与蒙古人有关的西方史籍,59 - 63,459
蒙古人的军队,383 - 6,403 - 4,419
与中国人的关系,381 - 2,393 - 4
与穆斯林的关系,54,92,402,413,431,451,458
在乞卜察克境内与花剌子模沙摩诃末的军队发生小规模的战斗,369 - 72
讨伐屈出律,400 - 3
追击摩诃末,419 - 26
呼罗珊境内诸战役,419 - 26,437 - 9,446 - 9
阿富汗境内诸战役,440 - 5,454 - 5
信德境内诸战役,445 - 6,449 注,453
(一般记述)229,312,348,365,381 - 462 散见,464 - 494;散见,参看

Chingiz – Khān 条

Mu ʻ ādh b. Ya ʻ qūb, [Му'аз б. Я'куб], 穆阿兹 · 本 · 亚尔库卜, 142

Mu ʻ āwiya, [Муавия], 穆阿维亚(哈里发), 77, 228

Mu ʻ ayyid ad – Dawla Āy – Āba, [Муайид ад – дауля Ай – Аба], 穆艾伊德 · 道拉 · 阿伊 – 阿巴, 335, 337, 338 注

Mu ʻ ayyid ad – Dīn, [Муайид ад – дин], 穆艾伊丁(韦齐尔), 347 – 8

Mubārak – Shāh, [Мубарек – шах], 木八剌沙, 480, 483, 491

– *mubayyīḍa*, [ал – мубайийида], 穆拜伊达, 意为"着白衣者"。见 *sapīd – jāmagān* 条

Mūdā, [Муда], 穆达, 140

Mudhyānkan, [Мудьянкен], 穆德延肯, 128

Mudhyānkath, [Мудьянкет], 穆德延凯特, 128

Mufaḍḍal b. Muhallab, [Муфаддаль б. Мухаллаб], 穆法达勒 · 本 · 穆哈拉卜, 184

Mugh, [Муг], 穆护(见于中国史籍之琐罗亚斯德教祭司的称号), 163

Mughān, [Муган], 穆甘, 426

Mughkada Gate, [Ворота Мугкеде в Оше], 奥什城的穆护凯德门, 156

Mughkada – i Panjikath, [Мугкеде – и Пянджикет], 穆护凯德 – 伊 · 喷赫凯特, 82 注

Mughkān, [мугкан], 穆护坎, 113, 117, 121

Mughūl –ḥājib, [Мугул – хаджиб], 穆古勒 · 哈吉卜, 见 Īnānch – Khān 条

Muhadhdhib ad – Dīn – Bāstabādī, [Мухаззиб ад – дин Бастабади], 穆哈齐卜丁 · 巴斯塔巴迪, 448

Muhallab b. Abī Sufra, [Мухаллаб б. Абу Суфра], 穆哈拉卜 · 本 · 苏费拉, 138

Muḥammad (Prophet), [Мухаммед (пророк)], 穆罕默德(先知), 91, 199

假借先知名义的一些传说,13,14,16,313,466 - 8
Muḥammad (Khwārazm - shāh),[Мухаммед, Ала ад - дин (Кутб ад - дин)],摩诃末(花剌子模沙),343,346,348,437,439,450,468
摩诃末君临花剌子模,349 - 80,393 - 426
行政制度,377 - 80
建筑物的修造,100,103,366
与军方派系的关系,377,380,405 - 6,407,428
与僧侣的关系,373 - 7,379,380,407
对哈里发的斗争,373 - 5
对阿富汗与波斯作战的胜利,352 - 3
在河中地区作战的胜利,360,363,365 - 6
对哈剌契丹人作战,159,355 - 60,363 - 7,393
对屈出律作战,367 - 9
对乞卜察克人作战,369 - 72
在乞卜察克地区与蒙古人的遭遇战,369 - 72
摩诃末与成吉思汗相互间的使节往还,393,394,396 - 7,399
自锡尔河流域诸省撤退,369,402 注
自河中地区撤退,404 - 6
对蒙古人作战望风而逃,419 - 27,435
摩诃末的死亡,426
摩诃末的事迹不见于蒙古史记载,426 - 7
Muḥammad b. ʻAbdallāh,[Мухаммед б. Абдаллах],穆罕默德·本·阿卜杜拉(塔希尔朝君主),214
Muḥammad b. ʻAdnān, Majd ad - Dīn,[Мухаммед б. Аднан, Меджд ад - дин],穆罕默德·本·阿德南,麦只杜丁,17,18
Muḥammad b. Aḥmad (ʻAlid),[Абу - л - Хусейн Мухаммед б. Ахмед, Алид],穆罕默德·本·艾哈迈德(阿里派成员),242
Muḥammad b. Aḥmad - Nakhshabī (- Nasafī),[Мухаммед б. Ахмед

Нахшеби（Несефи）]，穆罕默德·本·艾哈迈德·那黑沙比（那色非），243－4，245

Muḥammad b. Aḥmad b. Farīghūn，[Мухаммед б. Ахмед б. Феригун]，穆罕默德·本·艾哈迈德·本·费里贡，13，254

Muḥammad b. 'Alī b. Ma'mūn，[Мухаммед б. Али б. Мамун]，穆罕默德·本·阿里·本·马蒙（花剌子模沙），277，279

Muḥammad b. 'Alī，穆罕默德·本·阿里，见 Arslān－Khān，－'Imādī，－Shabāngārāī 各条

Muḥammad b. Anūsh－tagīn，[Мухаммед б. Ануш－тегин]，穆罕默德·本·阿努什－的斤，324

Muḥammad b. Asad，[Мухаммед б. Асад]，穆罕默德·本·阿萨德（萨曼家族成员），241

Muḥammad Bāqir，[Мухаммед Бакир]，穆罕默德·巴吉尔，160

Muḥammad b. Bāshār，[Мухаммед б. Башар]，穆罕默德·本·巴沙尔，221 注，225

Muḥammad b. Dahda，[Мухаммед б. Дехда]，穆罕默德·本·德赫达，205，207

Muḥammad Ḥaydar，[Мухаммед Хайдер]，穆罕默德·海德尔，66 注

Muḥammad b. Hilāl，[Мухаммед б. Хилаль]，穆罕默德·本·希拉勒，8

Muḥammad b. Ḥusayn，Abū Isḥāq，[Мухаммед б. Хусейи，Абу Исхак]，穆罕默德·本·侯塞因，阿布·伊斯哈克，288

Muḥammad b. Ḥusayn b. Mut，[Мухаммед б. Хусейн б. Мут]，穆罕默德·本·侯塞因·本·穆特，241

Muḥammad b. Ḥusayn b. Mut，Abū Manṣ ūr，[Мухаммед б. Хусейн б. Мут，Абу Мансур]，穆罕默德·本·侯赛因·本穆特，阿布·曼苏尔，264

Muḥammad b. Ibrāhīm，Abū Ḥāmid，[Мухаммед б. Ибрахим，Абу Хамид]，穆罕默德·本·伊卜拉欣，阿布·哈米德，30 注

Muḥammad b. Ibrāhīm – A‘rabī (– Ṭā’ī), [Мухаммед б. Ибрахим ат – Таи(– А‘раби)], 穆罕默德・本・伊卜拉欣・阿拉比(– 塔伊), 278
Muḥammad b. Jarīr, [Мухаммед б. Джерир], 穆罕默德・本・杰里尔, 160
Muḥammad b. Karrām, Abū ‘Abdallāh, [Мухаммед б. Керрам, Абу Абдаллах], 穆罕默德・本・凯拉木, 阿布・阿卜杜拉, 289 – 90
Muḥammad b. Kharnāk, [Мухаммед б. Харнак], 穆罕默德・本・哈尔纳克, 345 注
Muḥammad b. Layth, [Мухаммед б. Лейс], 穆罕默德・本・莱思, 225 注
Muḥammad b. Luqmān, [Мухаммед б. Локман], 穆罕默德・本・罗克曼, 87
Muḥammad – Maghribī, [Мухаммед Магриби], 穆罕默德・马格里比, 25
Muḥammad b. Maḥmūd, [Мухаммед б. Махмуд], 穆罕默德・本・马哈茂德(哥疾宁朝君主), 20, 284, 293, 295, 303
Muḥammad – Maraghanī, [Мухаммед Марагани], 穆罕默德・马拉加尼 455
Muḥammad b. Mas‘ūd – Harawī, Niẓām al – Mulk, [Мухаммед б. мас‘уд ал – Хереви, Низам ал – мульк], 穆罕默德・本・马斯乌德・赫雷维, 尼扎木・穆勒克, 378
Muḥammad b. Najib Bakrān, [Мухаммед б. Неджиб Бекран], 穆罕默德・本・奈吉卜・贝克兰 36
Muḥammad b. Naṣr, Abū Ja‘far, [Мухаммед б. Наср, Абу Джа‘фар], 穆罕默德・本・纳斯尔, 阿布・贾法尔(萨曼家族成员), 247 – 8
Muḥammad b. ‘Omar, [Мухаммед б. Омар], 穆罕默德・本・欧马尔(布哈拉的萨德尔), 334, 354

Muḥammad Pahlawān – jahān (Pahlawān of ʻIrāq), [Мухаммед Пехлеван – Джехан (Пехлеван чранский)], 穆罕默德·佩赫雷宛 – 杰罕(伊拉克的勇士), 341, 346 – 7

Muḥammad b. Qarā – Qāsim – Nasawī, [Мухаммед б. Кара – Касим Несеви], 穆罕默德·本·卡拉 – 卡西木·奈塞维, 367

Muḥammad b. Qāsim, [Мухаммед б. Касим], 穆罕默德·本·卡西木, 15

Muḥammad Raḥīm Khān, [Мухаммед Рахим – хан], 穆罕默德·拉希木 – 汗, 75 注

Muḥammad b. Ṣāliḥ (Niẓam al – mulk, wazīr), [Мухаммад б. Салих (Низам ал – мульк, везир)], 穆罕默德·本·萨利赫(尼扎木·穆勒克, 韦齐尔), 378 – 80, 410, 431

Muḥammad – Sulamī (al –ḥākim ash – shahīd), [Мухаммед ас – Сулами (ал – хāким аш – шахид)], 穆罕默德·苏拉米(殉道的统治者), 246 – 7

Muḥammad b. Sulaymān, Abu'l – Ḥusayn, [Мухаммед б. Сулейман, Абу – л – Хусейн], 穆罕默德·本·苏莱曼, 阿布勒·侯赛因, 11 注

Muḥammad b. Sulaymān (Muḥammad – tagīn), 穆罕默德·本·苏莱曼, 即穆罕默德 – 的斤, 见 Arslān – Khān 条

Muḥammad b. Ṭāhir, [Мухаммед б. Тахир], 穆罕默德·本·塔希尔, 95, 99, 212, 214, 217 – 9

Muḥammad b. ʻUbaydallāh, Abū Maʻālī, [Мухаммед б. Убейдаллах, Абу Маʻали], 穆罕默德·本·乌拜杜拉, 阿布·麦阿利, 26

Muḥammad b. ʻUzayr, [Мухаммед б. Узейр], 穆罕默德·本·乌宰尔(韦齐尔), 249, 253

Muḥammad b. Yaḥyā (ʻAlid), [Мухаммед б. Яхья], 穆罕默德·本·叶海亚(阿里派成员), 242

Muḥammad b. Yūsuf – Khwārizmī, [Мухаммед б. Юсуф ал – Хорезми],

穆罕默德·本·优素福·花剌子米,9 注

Muḥammad b. Ẓufar,[Мухаммед б. Зуфер],穆罕默德·本·祖费尔,14,354

Abū Muḥammad (Bukhār – Khudāt),[Абу Мухаммед, Бухар – худат],阿布·穆罕默德(布哈尔–胡达特),223

muhammadī dirhams [мухаммеди дирхемы],穆罕默德第尔赫姆,205–6

Muḥammad – tagīn,穆罕默德–的斤,见 Arslān – Khān Muḥammad b. Sulaymān 条

Muḥammad Tārābī,[Мухаммед Тараби],穆罕默德·塔拉比,471

Mūḥinān,[Мухинан, замок],穆希南,172

Muhra gate (Bukhārā),[Ворота Мюхре],(布哈拉城的)穆赫雷门,101

Muḥtājid dynasty (Āl – Muḥtaj),[Мухтаджиды],穆赫塔只朝,234,254

Muḥtariqa,[Мухтарика],穆赫塔里卡(村名),138

Muḥtasib,[мухтасиб],穆赫塔西卜(意为公安长官),231,435

Ibn Mu'īn (Khusraw b. 'Ābid – Abarkūhī),[Ибн Му'ин (Хусрау б. Абид Абаркухи)],伊本·穆因(胡斯罗·本·阿比德·阿巴尔库希),19 注,54–5,216 注,220

Mu'īn al – fuqarā ("Benefactor of the poor"),[Му'ин ал – фукара],"贫汉的恩主",见Aḥmad b. Muḥammad条

Mu'izz ad – Dīn,[Му'изз ад – дин],穆伊祖丁(古尔朝君主),见 Shihāb ad – Dīn 条

Mujāshi' b. Ḥurayth,[Муджаши' б. Хурейс],穆贾施阿·本·胡莱思,198,521

Mujduwān,[Муджduван],穆只杜宛,140

Mujīr ad – Dīn 'Omar b. S'ad,[Муджир ад – дин Омар б. Са'д],穆吉鲁丁·欧马尔·本·赛阿德,373

Mujīr al – Mulk Sharaf ad – Dīn – Muẓaffar,[Муджир ал – мульк Шереф ад – дин Музаффар],穆吉鲁 – 穆勒克·谢雷甫丁·穆扎法尔,447

Mujmil at – Tawārīkh wa'l Qisas,《年代记与叙事文汇要》26

Müller, A., [Мюллер, А.],米勒·A.,19,22,62 – 3,287 – 9,305,399,405,426

Multān, [Мультан],穆勒坦,272,446

Mu'min, [Мумин],木敏,491

Munhī, [мунхӣ],邮传部长官,见*Ṣaḥib – barīd* 条

Munk, [Мунк],蒙克,69

– Muntaṣir, Isma'īl, [Мунтасир, Исма'ил],蒙塔西尔,亦思马因(萨曼家族成员),119,269 – 70,272

– Muqaddasī,穆卡达西,见 Maqdisī 条(11 注)

– Muqanna', [Муканна'],穆坎纳,15,134,199 – 200

Muqātil b. Sulaymān, [Мукатиль б. Сулейман],穆卡提勒·本·苏莱曼,107

Muqtadī,穆克塔迪(哈里发),450 注

Muqtafī, [Муктафи],穆克塔菲(哈里发),332

Muquli, [Мухули],木华黎,亦译木公黎,386,404

Murghāb river, [Мургаб р.],木尔加卜河,79,80,233,448

Murzīn, [Мурзин],穆尔津,128

Mūsā b. 'Abdallāh b. Khāzim, [Муса б. Абдаллах б. Хазим],穆萨·本·阿卜杜拉·本·哈齐木,183,184

Mūsā b. Satūq, [Муса б. Сатук],穆萨·本·萨图克,257 注

Mus'ab b. Rāziq, [Мус'аб б. Разик],穆斯阿卜·本·拉齐克,208

Muṣ'abī, Abu'ṭ – Ṭayyib Muḥammad b. Ḥātim, [Мус'аби, Абу – т – Тайиб Мухаммед б. Хатим],穆斯阿比,阿布 – 泰伊卜·穆哈默德·本·哈提木,245

– Musawī, Muḥammad b. Faḍlallāh, [Мусеви, Мухаммед б. Фазлаллах],穆塞维,穆罕默德·本·法兹卢拉,56,218 注

Musayyab b. Zuhayr,[Мусейяб б. Зухейр],穆赛亚卜·本·祖海尔,200,201 注,203,205,207
musayyabī dirhams,[мусейяби дирхемы],穆塞亚比第尔赫姆,205 - 6
Mushrif,[мушриф],穆什里甫,意为监察官,231,376 - 8
Musk,麝香,66,237
Muslim b. Sa'īd,[Муслим б. Са'ид],穆斯林·本·赛义德,189
Abū Muslim,[Абу Муслим],阿布·穆斯林,84,85,102,193 - 9,208,212,217 注
阿布·穆斯林党,197 - 200
- Mustaghfirī,Abu'l - 'Abbās,[Мустагфири, Абу - л - Аббас],穆斯塔格菲里,阿布勒 - 阿拔斯(历史学家),15,16
- Mustanṣir,[Мустансир],穆斯坦西尔(法提玛朝哈里发),304
mustawfi,[мустауфи],穆斯陶菲,意为财务长官,27 注,229,377
- Mu'taḍid,[Му'тадид],穆阿塔迪德(哈里发),219
- Mu'tamid,[Му'тамид],穆阿塔米德(哈里发),95,210,217
- Mu'taṣim,[Му'тасим],穆阿塔西木(哈里发),95,208,212
- Mu'tazz,[Му'тазз],穆阿塔兹(哈里发),217
Mutugen,[Мутугэн],木阿秃干,见 Mö'etüken 条
- Muwaffaq,[Муваффак],穆瓦法克,217,218
Muwān,[Муван],穆宛,140
- Muẓaffar,[Музаффар],穆扎法尔,见 Mujīr al - Mulk 条
Muẓaffar - malik,[Музаффар - мелик],穆扎法尔 - 麦利克,441,443
Abu'l - Muẓaffar,阿布勒 - 穆扎法尔,见 - Barghashī,Muḥammad b. Luqmān,Naṣr b. Sabuktagīn,Qilich - Ṭamghāgh - khān,Ṭamghāch - Bughrā - Khān 各条
Abū Muzāḥim,[Абу Музахим],阿布·穆扎希木,见 Suba'b. an - Naḍr,Sulu 各条
Muzākhīn ariq,[Музахин(Маздахин)кан.],穆扎欣渠,89

Muzn,[Музн],穆兹恩,123,128

Muznuwā(Maznawā),[Музнува(Мезнева)],穆兹努瓦,一作麦兹奈瓦,128

Nābādghīn rabāṭ,[Набадгин рабат],纳巴德金拉巴特,143

Nabataeans,[Набатейцы],纳巴泰人,107

– Nadīm, Abu'l – Faraj,[Недим, Абу – л – Фарадж],奈迪木,阿布勒–法拉只,4,26

Nāfakhs,[Нафахс],纳法赫斯,128

Naḥl,[Нахль],纳赫勒,128

Nāimāns,[Найманы],乃蛮部,356,361,382 注,384,386 – 7,393,402,403

Najākath,[Неджакет],奈贾凯特,169

Najjār – Khitfar,[Неджжар – хитфер],奈贾尔–希特费尔,114,116

Najm,[Неджм],奈只木,163

Najm ad – Dīn Kubrā,[Неджм ад – дин Кубра],奈只木丁·库卜拉(苏菲派谢赫),51 注,376,436

Najm al – Mulk Lawḥī,[Неджм ал – Мульк Лаухи],奈只木·穆勒克·劳希,330

Nakabūn,[Некабун],奈卡本,128

Nakālik,[Некалик],奈卡利克,174

Nakhshab,[Нахшаб),那黑沙不,一译那色波,136,319,336,449,469,参看 Nasaf 条

– Nakhshabī,那黑沙比,见Muḥammad b. Aḥmad条

Namad – pūsh,[Немед – пуш],奈迈德–普什,见Ḥasan b. Yūsuf 条

Namangan,[Наманган],纳曼干,156

Namik(Nāmiq),[Намик(На – ми, Намиз)],那密克,又作那密,那密兹,82

Namūdhligh,[Немудлик],奈穆德利克,174

Naqabūn,[Некабун],奈卡本,128

Naqād,[Некад],奈卡德,160,161,164

Naqshband,Bahā ad – Dīn,[Накшбенд, Беха ад – дин],纳克什本德,贝哈丁,129,137 注

Naqu,[Наку],脑忽(贵由第二子),479,483

narit (barin – tarit),[нарыт (барын – тарыт)],纳里特(巴林 – 塔里特),意为专用于运粮的驿站,466

Narpay,[Нарпай],纳尔帕伊(渠名),93 注,97 注,参看 Fayy 条

Narshakh (Narjak),[Нершах (Нерджак)],奈尔沙赫(奈尔贾克),120,128,199

– Narshakhī,[Нершахи],奈尔沙希(历史学家),14

Nasā,[Неса],奈萨,153 注,154,238,245 注,261,270,277,308,330,335,340,364,424,429,437,449

Nasaf,[Несеф],那色波,16,102,105,136 – 42,185,189,199,200,203,210 注,243,247,262,263,426,449,454,参见 Nakhshab 条

– Nasafī,Abū Ḥafṣ ʻOmar b. Muḥammad,[Несефи, Абу Хафс Омар б. Мухаммед],那色非,阿布·哈弗斯·欧马尔·本·穆罕默德,15,84,85,89

– Nasafī,那色非,见Muḥammad b. Aḥmad条

– Nasawī,[Несеви],奈塞维(历史学家),38 – 9,429

– Nāṣir,[Насир],纳西尔(哈里发),346,351,373 – 5,400

Nāṣir ad – Dīn,[Насир ад – дин],纳西尔丁,见Muḥammad b. Ṣalih,Ibn ad – Bībī, – Samarqandī (Abu'l – Qāsim), – Ṭūsī 各条

Nāṣir ad – Dīn b. Ḥabash – ʻAmīd,[Насир ад – дин б. Хабаш – Амид],纳西尔丁·本·哈巴什 – 阿米德,480

Nāṣir al – Ḥaqq Naṣr,[Насир ал – Хакк Наср],纳西尔·哈克·纳斯尔,274,参看Naṣr b. ʻAlī 条

– Nāṣir – Uṭrush，[ал – Насир ал – Утриш]，纳西尔·乌特鲁什，见 Ḥasan b. ‘Alī al – Uṭrush条

Naṣr b. ‘Abd al – Malik，[Наср б. Абд ал – Мелик]，纳斯尔·本·阿卜杜·麦利克(萨曼朝君主)，250

Naṣr I b. Aḥmad，[Наср I б. Ахмед]，纳斯尔一世·本·艾哈迈德，164，210，222 – 3，228，241

Naṣr II b. Aḥmad，[Наср II б. Ахмед]，纳斯尔二世·本·艾哈迈德，10，12，25，87，109，110，112，176，240 – 6

Naṣr b. Aḥmad，纳斯尔·本·艾哈迈德，见 Abū Manṣūr – Chaghānī 条

Naṣr b. ‘Alī (Arslān – Īlak)，[Наср б. Али (Арслан – илек)]，纳斯尔·本·阿里(阿尔斯兰 – 乙力)，257 注，258，264，267 – 8，270，272，274，282，285，300，311

Naṣr b. Arslān – Khān Muḥammad，纳斯尔·本·阿尔斯兰 – 汗·穆罕默德，320

Naṣr b. Isḥāq，Abu'l – Ḥasan，[Наср б. Исхак，Абу – л – Хасан]，纳斯尔·本·伊斯哈克，阿布勒 – 哈桑，240

Naṣr b. Nūḥ，[Наср б. Нух]，纳斯尔·本·努赫(萨曼家族成员)，249，256

Naṣr b. Sabuktagīn，Abu‘l Muẓaffar，[Наср б. Себук – тегин，Абу – л – Музаффар]，纳斯尔·本·塞布克的斤，阿布勒 – 穆扎法尔，19，266，269，374，299

Naṣr b. Sayyār，[Наср б. Сейяр]，纳斯尔·本·赛亚尔，5，192 – 4，200，201

Naṣr，纳斯尔，见 Shams al – Mulk 条

Naṣr al – Milla，[Наср ал – Милля]，纳西尔·米拉(哈剌汗家族成员)，274 注

Abū Naṣr Mishkān，[Абу Наср Мишкан]，阿布·纳斯尔·米什坎，23，288 – 9

Abu'n – Naṣr – Sāmānī, [Абу – н – Наср Самани], 阿布恩 – 纳斯尔 · 萨曼尼, 256 注
Abū Naṣr, 阿布 · 纳斯尔, 见 Aḥmad b. Muḥammad, – Fārābī, – Kāsānī, – Qubāwī, Manṣur b. Bāyqarā, – 'Utbī 各条
Naṣrābād, [Насрабад], 纳斯拉巴德, 163, 164
Naṣrat ad – Dīn Hazārasp, [Насрет ад – дин Хазарасп], 纳斯雷特丁 · 哈扎拉斯普, 422
Nasyā, Upper, [Несья Верхняя], 上奈斯亚, 158, 163
Nasyā, Lower, [Несья Нижняя], 下奈斯亚, 158
Nawa, [Нева], 奈瓦, 128
Nawbahār, [Наубехар], 瑙贝哈尔(寺名, 位于巴里黑附近), 77, 102 注
Nawbahār gate, [Наубехарские ворота], 瑙贝哈尔门:
  在布哈拉, 102
  在撒马尔罕, 85, 86
Nawfar, [Науфар], 瑙法尔, 128
Nawjābādh, [Науджабад], 瑙贾巴德, 128
Nawkadak, [Наукедек], 瑙凯德克, 128
Nawkanda ariq, [Наукенде кан.] 瑙肯达渠, 104, 105, 115
Nawkhas, [Наухас], 瑙哈斯, 128
Nawqad, [Наукад] 瑙卡德(此词见于若干村名中), 136 注
Nawqād – Miskān, [Наукад – Мискан], 瑙卡德 – 米斯坎, 164, 参看 Naqād 条
Nawqad – Quraysh, [Наукад – Курейш], 瑙卡德 – 古莱氏, 135, 136
Nawrūz 'of the Agriculturists', [Науруз], 瑙茹兹, 意为"农家"的正旦, 107, 116
Nawzābad, [Наузабад], 瑙扎巴德, 128
Naya, [Ная], 纳牙, 386
Naydūn, [Найдун], 奈敦, 见 Bīdūn 条

Negübey – Oqhul,[Никпей – огул],捏古伯 – 斡兀立(察合台第四子 Sarban 之子),488

Nestorians,聂斯脱里派教徒,94,170,180,375 注,387 – 90,参照 Christians 条

Nihām,[Нихам],尼哈姆(省),72 注

Nihām – rūd,[Нихам – руд],尼哈姆河,72

Nīlāb,[Ниляб],尼拉卜,446

Nīshāpūr(Naysābūr),[Нишапур],你沙不儿,一译乃沙不耳,145 注,219,229,241,242,255,261,262,266,272,287,289 – 90,327,335,346,359,361,375,379,420 注,421,423,424,437,438

有关的历史文献,16

为古斯人所残毁,27,329

为蒙古人所残毁,447

– Nīshāpūrī,Abu'l – Ḥasan ʻAbd ar – Raḥmān,[Нишапури,Абу – л – Хасан Абд ар – Рахмам],你沙不里,阿布勒 – 哈桑 · 阿布杜 – 拉赫曼,15,112

– Nīshāpūrī,Ẓahīr ad – Dīn,[Нишапури, Захир ад – дин],你沙不里,扎希鲁丁,30

Niyāza,[Нияза],尼亚扎,140

Niyazbek,[Ниязбек],尼亚兹贝克,143

Niẓām ad – Dīn,尼扎木丁,见 – Shāmī 条

Niẓām al – Mulk,尼扎木 · 穆勒克,见Muḥammad b. Masʻūd,Muḥammad b. Sāliḥ各条

Niẓām al – Mulk Abū ʻAlī Ḥasan b. ʻAlī – Ṭūsī,[Низам ал – мульк Абу Али Хасан б. Али Туси],尼扎木 · 穆勒克 · 阿布 · 阿里 · 哈桑 · 本 · 阿里 · 徒锡(韦齐尔),25,216 注,227 – 31,238,239,241,243 注,244,250 注,251 注,271 注,286,287,291,306 – 10,315,360

Niẓām al – Mulk Muḥammad b. Masʻūd al – Harawī,[Низам ал – мульк

Мухаммед б. Мас'уд ал – Хереви],尼扎木·穆勒克·穆罕默德·本·马斯乌德·赫雷维,378
Niẕāmī –' Arūḍī – Samarqandī,[Низами Арузи Самарканди],尼扎米·阿鲁齐·撒马尔罕迪,316,354,355
Niẕāmī,Sadr ad – Dīn,[Низами, Садр ад – дин],尼扎米,萨德鲁丁(历史学家),352 注
Nöldeke Th. ,内尔德克,Th. 25
Novgorod annals,[Новгородская летопись],《诺夫哥罗德年代记》,430 注
Nūbagh,[Нубаг],努巴格,149
Nūbāgh al – Amīr,[Нубаг ал – амир],努巴格·埃米尔,115
Nūdiz,[Нудиз],努迪兹,意为"新堡",71
Nūghkath,[Нугкет],努格凯特,174 注
Nūḥ b. Asad,[Нух б. Асад],努赫·本·阿萨德(萨曼朝君主),206,209 – 11,256
Nūḥ b. Manṣūr,[Нух б. Мансур],努赫·本·曼苏尔(萨曼朝君主),9,252 – 4,258 – 64
Nūḥ b. Naṣr,[Нух б. Наср],努赫·本·纳斯尔(萨曼朝君主),10,14,108,109,243 – 4,246 – 9,259
Nujānīkath,[Нуджаникет],努贾尼凯特,128
Nūjkath,[Нуджкет],努只凯特:
在乌什鲁桑那,166 注,167
在赭时,174
Nūkand,[Нукенд],努肯德,128
Nūkath,[Нукет],努凯特,174
Nūkbāgh (Nūkfāgh),[Нукбаг (Нукфаг)],努克巴格,一作努克法格,149,150
Nūkhās,[Нухас],努哈斯(村名,在花剌子模),153,378

Nukkath,[Нуккет],努克凯特,174
Nu'mān,hillock of,[Ну'мана холм],努阿曼山丘,439
Abū Nu'mān,[Абу Ну'ман],阿布·努阿曼,85
– Numayrī,Abū Zayd 'Omar b. Shabba,[Нумейри, Абу Зейд Омар б. Шебба],努迈里,阿布·扎伊德·欧马尔·本·谢巴,5
Nūr,[Нур],努尔,114,119,257,270,408
Nūr ad – Dīn Khwarazmī,[Нур ад – дин Хорезми],努尔丁·花剌子米,477 – 8
Nūsār,[Нусар],努萨尔,77
Nūshā – Basqāq,[Нуша – баскак],努沙 – 巴思哈黑,427,448
Nūshākir (Nūshākird) rabāṭ,[Нушакир (Нушакирд) рабат],努沙基尔(一作努沙基尔德)拉巴特,155
Nushī,[Нуши],努失,492
Nūshtagīn,[Нуштагин],努什的斤,301 注
Nuṣrat ad – Dīn Ḥamza b. Muḥammad,[Нусрет ад – дин Хамза б. Мухаммед],努斯雷特丁·哈木扎·本·穆罕默德,449
Nuṣrat – Kūh,[Нусрет – кух],努斯雷特 – 库赫(堡),439,440
Nūzkāt,[Нузкат],努兹卡特,149
Nūzwar,[Нузвар],努兹瓦尔,148,155

Obburdan,[Оббурдан],奥卜布丹,168
Obi – garm,[Оби – Гарм],奥比 – 加尔姆,71
Odo,[Одон],奥多(主教),486
Oghul – beg(atābeg),[Огул – бек],斡兀勒 – 伯克(阿塔伯克),332
Oghul – Ghaymish Khatun,[Огул – Гаймыш Хатун],斡兀立 – 海米失可敦,478,479,481,486
Oghūl –ḥājib,乌古勒 – 哈吉卜,见 Īnānch – Khān 条
Oghulmish,[Огулмыш],乌古勒米什,374

Oghuz Turks,[Огузы],乌古斯突厥人,201,254,256 - 7;参照 Ghuzz Turks 条
Oghuz - Khān,[Огуз - хан],乌古斯 - 汗,461
Ogūnch,[Укендж],乌只,481
d'Ohsson,Baron C.,[д'Оссон К.],C. 多桑男爵,40,59,60,359,464,469,R*605*,R*606*
Oirats,[Ойраты],斡亦剌部,392
Öljeytu Khān,[Улджэйту - хан],完者都汗,471 注
'Omān,[Оман],阿曼,373
'Omar ('Omayr),Castle of,[Замок Омара (Омейра)],乌迈尔堡,200
'Omar Ⅰ,[Омар Ⅰ],欧马尔一世(哈里发),182,326
'Omar Ⅱ,[Омар Ⅱ],欧马尔二世(哈里发),188,190
'Omar b. Mas'ūd (ṣadr),[Омар б. Мас'уд]',欧马尔·本·马斯乌德(萨德尔),354 注
'Omar b. Sa'd,欧马尔·本·赛阿德,见 Mujīr ad - Dīn 条
'Omar b. Shabba,欧马尔·本·谢巴,见 Numayrī 条
'Omar,欧马尔,见Ḥusām ad - Dīn,Tajad - Dīn 各条
'Omar - Khwājah - Utrārī,[Омар - ходжа Отрари],欧马尔 - 火者·讹答里,397
Onguts,[Онгуты],汪古部,414 注,415
Oppert,G.,奥佩尔特,G.,58
Ordū,[Орду],斡耳朵(城名),234
Ordū,[Орда(орду)],斡耳朵,意为牧地,封疆或禹儿惕,355,392,393,396,402,473,475,479,481,483,484,487,490
Ordū b. Jūchī,[Орду, сын Джучи],斡鲁朵·本·术赤(术赤的长子),392,476
Orghana Khatun,[Эргэнэ - Хатун],斡儿干纳可敦(察合台之孙哈剌 - 旭烈兀之妃),480,483,487 - 8,489 以下

Orkhon inscriptions,[орхонские надписи],鄂尔浑碑文,461
Ormuz,[Ормуз],忽里模子,395
Orna,[Орнас],奥尔纳(城名),437 注;参看 Gurganj 条
Osmanlis,[османы],奥斯曼人,52,461
Otchigin,[Отчигин],斡赤斤,464 注,476
'Othmān,[Осман],奥斯曼(哈里发),6,77,160,185 注
'Othmān b. Ibrāhīm,[Осман б. Ибрахим],奥斯曼·本·伊卜拉欣(撒马尔罕统治者),305-1,353,355-6,358,360,363,364-8,431
'Othmān b. Mas'ūd,[Осман б. Мас'уд],奥斯曼·本·马斯乌德,75,184
Otrār,[Отрар],讹答剌,见 Utrār 条
Oxus,[Окс],乌浒水,81 注,82 注
Ōzār,[Озар],欧扎尔,368

Padyāna,[Педьяна],佩德亚那,140
Pahlawān of 'Iraq,[Пехлеван иракский],伊拉克的佩赫雷宛,意为伊拉克的勇士,见Muḥammad Pahlawān - Jahān 条
Palghar,[Пальгар],帕勒加尔,168
Palladius, archimandrite (Kafarov), [Палладий, архимандрит (Кафаров)],鲍乃迪,修士大司祭(卡法罗夫),38 注,43 注,388,392,465
Pāmir province,帕米尔,70
Panj (Panj - rūdak),[Пяндж (Пяндж - рудек)],喷赤,一作喷赤 - 鲁德克(村名),129
Panj river,[Пяндж р.],喷赤河,见 Jaryāb river 条
Panjāb,[Пенджаб],盆贾卜(在乌浒水盆地),72,420;参看 Mēla Ford 条
Panjdīh,[Пянджех],喷赤迪赫(在呼罗珊境内),449

Panjikath,[Пяджикет],喷赤凯特,见 Būnjikath 条
Panjkhīn,[Пянджхин],喷赤欣,90
Panj – rudak,[Пяндж – рудек],喷赤 – 鲁德克,见 Panj 条
Panjshīr river,[Пянджшир р.],喷赤施尔河,67,441 注,442,444 注
Pap,[Пар],帕普,见 Bāb 条
Paper (of Samarqand),(撒马尔罕的)纸张,236 – 7
Parak river,[Парак р.],帕拉克河,见 Chirchik river 条
Parchin,[Парчин],帕尔钦,见 Bārchinlighkant 条
Parghar (Farghar),[Парrap (Фаргар)],帕尔加尔,一作法尔加尔,见 Burghar 条
Parghār (Parkhār),[Парrap (Пархар)],帕尔加尔,亦作帕尔哈尔,69
Parghār river,[Парrap р.],帕尔加尔河,68,69,168
Parkent,[Паркент],帕尔肯特,175
Paropamisus mts.,[Паропамиз хр.],帕罗帕米兹山脉,439
Parwān,[Перван],八鲁弯,67,68,441 – 2,444
Pashāwar,[Пешавер],白沙瓦,亦名巴尔舒尔,351 注,439,440,445,453,参阅 Barshūr 条
Payghū,[Пейгу],培护(可能系 Yabghū[Ябгу]叶护之误书),269,308
Payghū – Khān (Qarluq),[Пейгу – хан],培护一汗(葛逻禄人),333
Paykān,[Пейкан],培坎,114
Paykand,[Пейкенд],培肯德,104,105,114,117 – 8,120,181,223
Paykand,New,新培肯德,119 注
Payy,[Пай],帕伊,见 Fayy 条
Pechenegs,[. Печенеги],佩切涅格人 238
Peking,中都(今北京),393 – 4
Pelliot,P.,伯希和,37 注,38 注,43 注,370 注
Persia,[Персия],波斯:
早期文献,1

语言,1,291
群众与宗教运动,194 以下,291
Pétis de la Croix,珀蒂·德·拉·克鲁瓦,R*605*,*606*
Pīrī,[Пири],毗里(埃米尔),261
Plano Carpini,普朗·迦尔宾,179 注,386 注,388,392,421,423,437 注
Poslavsky,I. T.,[Пославский,И. Т.],波斯拉夫斯基,I. T.,75
Prester John,长老约翰,58
Priesthood('*Ulamā*),[улемы],伊斯兰教的僧侣(乌莱玛):
游牧人对僧侣的态度,267
僧侣对官僚统治的反抗,17,19
僧侣与萨曼朝的关系,17,232,240,243-4,258,264 注,267
与哥疾宁朝的关系,289-90
与哈剌汗朝的关系,310-1,313,316-8,320
与花剌子模朝的关系,349,373-7,379,380,407
与蒙古人的关系,413
Priesthood(non-Muslim),非伊斯兰教僧侣,1,180-1,388-9
Pronunciation of place-names,地名的发音,120 注
Ptolemy,托勒密(地理学家),69 注,70,159
Pūlād(Fūlād)-chink-sank,[Пулад(Фулад)-чэнсян],孛罗(亦作福罗)丞相,45
Pumpelly,R.,潘佩里,R.,119 注
Pūr-tagīn(应作 Būrī-tagīn),[Пур-тегин(应作 Бури-тегин)],普尔-的斤(应作布里-的斤),300 注

Qabāy-Ilchi,[Кабай-Ильчи],哈拜-亦勒赤,449
Qāchār-bāshī,[Качар-баши],卡查尔-巴施,见 Quchqār-bāshī 条
Qāchūlī,[Хачули],哈出来,53
Qadan,[Кадан],合丹(窝阔台之子),483,492

Qadan – noyon, [Хадан – нойон], 哈丹 – 那颜, 433
Qadaq, [Кадак], 合答, 476 注, 477, 479
Qadaq – Oghul (应作 Qadan – Oghul), [Кадак – огул (应作 Кадан – огул)], 合答 – 斡兀立, 应作合丹一斡兀立, 479, 483, 492, 参照 Qadan 条
Qadaqī (Sechen), [Кадаки (Сэцэн)], 合答吉(薛禅), 483
Qadaqach Khatun, [Кадакач – хатун], 合答合赤可敦(窝阔台子阔出之妃,失烈门之母), 479
qādī, [казий], 卡孜, 亦译卡迪, 旧译哈的, 意为伊斯兰教教法执行官。232
– Qāḍī, [ал – Кади], 卡迪(历史学家), 17
– Qādir, [Кадир], 卡迪尔(哈里发), 266, 271, 272, 275, 281, 286
Qadir – Khān Aḥmad b. Arslān – Khān Muḥammad, [Кадыр – хан Ахмед б. Арслан – хан Мухаммед], 卡迪尔 – 汗 · 艾哈迈德 · 本 · 阿尔斯兰 – 汗 · 穆罕默德, 320
Qadir – Khān Jibrā'īl, [Кадыр – хан Джибраил], 卡迪尔 – 汗 · 吉卜拉伊勒, 318 – 9, 525
Qadir – Khān Yūsuf, [Кадыр – хан Юсуф], 卡迪尔 – 汗 · 优素福, 273, 275, 280 – 6, 294 – 5, 315, 524
Qadir – Khān b. Yūsuf (Qadir – Khān b. Tafaktan Yimek), [Кадыр – хан б. Юсуф (кадыр – хан б. Тафактан Йимак)], 卡迪尔 – 汗 · 本 · 优素福, 即卡迪尔 – 汗 · 本 · 塔法克坦 · 伊迈克, 356, 369 注
Qadir – Khān, [Кадыр – хан], 卡迪尔 – 汗, 见 Jalāl ad – Dīn, Qāyir – Khān 各条
– Qā'im, [Каим], 卡伊木(法提玛朝哈里发), 243
Qal'a – i Dabūs, [Кала – и Дабус], 卡拉 – 伊 · 答不斯(废墟), 97
Qal'a – i Ziya ad – Dīn, [Кала – и Зия ад – дин], 卡拉 – 伊 · 齐亚丁, 97

Ibn al – Qalānisī, [Ибн ал – Каланиси], 伊本·卡兰尼西, 281 注
Qalāṣ steppe, [Калас степь], 卡拉斯草原, 172, 173, 175
Qalāsī, [Каласи], 卡拉锡, 140
Qanat, [Ханат], 哈那惕(贵由之孙, 脑忽之子), 483
Qandahār, [Кандагар], 坎大哈, 438
Qandīya, [《Кандийа》], 《坎迪埃》, 15, 91 注
Qanghlī, [Канглы], 康里人, 370, 415, 参照 Qipchaq Turks and district 条
Qara – bagh, [Кара – баг], 哈剌 – 巴格, 136
Qara – Buqa, [Кара – Бука], 哈剌不花, 489
Qara – darya, [Кара – Дарья], 哈剌河, 155, 157, 160, 164
Qara – Hülegü, [Хара – Хулагу], 哈剌 – 旭烈兀, 474, 476, 477, 479, 480, 483
Qarā – Khān, [Кара – хан], 哈剌 – 汗, 17, 274 注
Qarā – Khānids, [Караханиды], 哈剌汗朝: – 哈剌汗朝纪年问题, 268, 274
写成于哈剌汗朝时期的文献与著作, 17, 18
进攻河中, 234, 257 – 60, 263 – 4, 282, 318 – 9
征服河中, 267 – 8
行政组织, 268, 305
改奉伊斯兰教, 250 – 5
与乌莱玛的关系, 310 – 1, 313, 316 – 8, 320
进攻呼罗珊, 272 – 3, 280, 289, 290
附属于花剌子模沙摩诃末的诸君王, 355 – 6, 358, 360
(一般记述) 8, 24, 36, 37, 60 注, 88, 111, 254 – 5, 257 注, 262, 264, 269 – 86, 293 – 306, 307, 310 – 26, 328, 330 – 6, 353 – 4, 355 – 6, 358, 360, 364 – 6
Qara – khāqān, [Кара – хакан], 哈剌 – 可汗, 254 注, 274 注
Qarā – Khiṭāys, [Кара – китаи], 哈剌契丹人:

哈刺契丹人的历史纪年难以确定,30
在讹迹邗的国库,157
苏勒坦辛贾尔败于哈剌契丹人之手,326
占领河中,326
进攻花剌子模与呼罗珊,327,336－7,339,344,345,350－1
对花剌子模沙摩诃末的斗争,159,355－60,363－7,393
作为成吉思汗的辅佐人员,391,415 注
(一般记述)17,37,58,320 注,323,326－7,333,335－7,339,344－5,350－67,393,395,402,420,451
Qarā－Khoja,[Кара－ходжа],哈剌－火者,362,473 注
Qarā－kūl,[Кара－куль],哈剌－库勒,亦称喀拉湖,118,333,455
Qarā－ṣū,[Кара－су],哈剌－苏,349,350 注
Qarācha－noyon,[Карача－нойон],哈剌察那颜,见 Qarāja－noyon 条
Qarāchār,[Харачар],合剌察儿,53,468
Qarāchūn,[Карачун],卡拉琼,137
Qarāja,[Караджа(хаджиб)],哈剌札(哈吉卜),412
Qarāja－noyon,[Караджа－нойон],哈剌札那颜,418,448－9
Qarāqorum,[Каракорум (монголский)],哈剌科鲁姆,即哈剌和林,463,466,479,480
Qarāqorum (Qaraqum),[Каракорум (кипчакский),亦作 Каракум],哈剌科鲁姆,在乞卜察克地区,亦作哈剌库姆,415,416
Qaratagh－darya (Kūm－rud),[Каратаг－Дарья (Кум－руд)],哈剌塔格河,又名库姆河,70,72,134
Qarātagīn,[Кара－тагин],哈剌的斤,176,228
Qarātagīn rabāṭ,[Кара－тагин рабат],哈剌的斤拉巴特,176
Qarātagīn province,哈剌的斤省,旧译喀剌提锦,见 Karategin 条
Qarāunās canal,[Караунас кан.],哈剌乌纳斯渠,83
Qarluq Turks,[карлуки],葛逻禄突厥人,70,177,200,201,202,224 注,

254,321,326,333-4,336,362,363,411,441,442

qarmaṭ,[Карматы],伊斯兰教卡尔玛特派,243

Qarna,[Карна],卡尔那(村名)

Qarnīn,[Карнин],卡尔宁,216

Qarshī,[Карши],卡尔希,旧译喀尔什,83,134,136,427,参看 Nasaf 条

Qārūn,[Карун кр.],卡伦堡,422,425

Qashin,[Хашин],合失,窝阔台之子,海都之父,490

Abu'l-Qāsim (of Ṣaghāniyān),[Абу-л-Касим саганианский],(石汗那的)阿布勒-卡西木,298,299

Abu'l-Qāsim Kathīr,[Абу-л-Касим Кесир],阿布勒-卡西木·凯西尔,292

Abu'l-Qāsim,[Абу-л-Касим],阿布勒-卡西木,见-Barmakī,-Ḥuṣayrī -Maymandī, -Samarqandī, -Sīmjūrī, Maḥmūd of Ghazna 各条

Qātlish,[Катлиш],卡特利什,138

Qaṭwān,[Катван],卡特宛,129

Qaṭwān steppe,[Катванская степь],卡特宛草原,127 注,129 注,165,264,326,327,333,493

Qaṭwān-dīza,[Катван-дизе],卡特宛-迪泽,165

Qayā-Khān,[Кыя-хан],纥亚汗,286,524

Qayālīgh,[Каялыг],海押立,362 注,403,478,480

Qāydū,[Хауду],海都,58,473,478 注,483,490-3

Qāyin,[Каин],卡因,438

Qāyir-Khān,[Каир-хан],卡伊尔-汗,见 Īnālchik 条

Qāyir-Tūqū-Khān,[Каир-Туку-хан],卡伊尔-图库-汗,343

Qaylī river,[Кайлы р.],凯利河,372

Qazwīn,[Казвин],可疾云,今德黑兰西北方之加兹温,422,425,426

-Qazwinī,Ḥamdallāh,[Казвини, Хамдаллах],可疾云尼,哈木杜拉,

17,30,49－51,54,311

－Qazwīnī,Zakarīyā b. Muḥammad,[Казвини, Закария б. Мухаммед],可疾云尼,扎卡里亚·本·穆罕默德,36,350注

－Qazwīnī,Zayn ad－Dīn,[Казвини, Зейн ад－дин],可疾云尼,扎伊恩丁,50

Qibāb,[Кибаб],齐巴卜,90

－Qiftī,‘Alī b. Yūsuf,[Кифти, Али б. Юсуф],吉弗蒂,阿里·本·优素福,30

Qilich－Ṭamghāch－Khān,Abu’l－Ma‘ālī Ḥasan b. ‘Alī,[Кылыч－Тамгач－хан, Абу－л－Ма‘али Хасан б. Али],吉利奇－桃花石汗,阿布勒－马阿利·哈桑·本·阿里,见Ḥasan－tagīn条

Qilich－Ṭamghāch－Khān Mas‘ūd,[Кылыч－Тамгач－хан Мас‘уд],吉利奇－桃花石汗·马斯乌德,18,103,334,336,353,354

Qīmach river,[Кимач р.],吉马奇河,372

Qipchāq Turks,Qipchāq district,Qipchāq steppe,[Кипчаки, Кипчак, Кипчакская степь],乞卜察克突厥人(钦察人),乞卜察克地区(钦察地区),乞卜察克草原,45,179,296,320,328,330,340,341－3,349,356,357,358,361,363,369－71,395,415,455,458,484,R*596*

Qïpchaq (son of Qadan),乞卜察克(窝阔台之孙,合丹之子),492－3

Qïshlïq,[Кышлык,亦作 Киших],乞失里黑,一译启昔礼,468

Qobuq,[Кобук],霍博,一译火孛,362注,393

Qocha,[Коджа],忽察(贵由之子),479

Qongqïran Oghul,[Куйкуран－огул],匡气阑·斡兀立,480

Qoyaq,[Кояк],科亚克,484

Qoyunchi,[Коюнчи],阔云赤,492

Quatremère,E.,卡特勒梅尔,E.,42注,44注,47,61注

Qubā,[Куба],库巴,157,159,161－3

－Qubāwī,Abū Naṣr Aḥmad b. Muḥammad,[Кубави, Абу Наср Ахмед

6. Мухаммед],库巴维,阿布·纳斯尔·艾哈迈德·本·穆罕默德,14

qubchur,[купчур],牧民捐,畜产税,465

Qūbilāy – noyon,[Хубилай – нойон],忽必烈那颜,365

Qūbilāy – Qā'ān,[Хубилай, каан],忽必烈可汗,49,466,483,487 以下

Quchqār – bāshī,[Кочкар – баши],廓奇卡尔 – 巴施,260

Qudatku Bilik,[Кутадгу билик],《福乐智慧》,312,323 注

Qudū – Khān (Qudū),[Худу – хан (Куду, Хо – ду)],火都 – 汗,370 注

Quhistān,[Кухистан],库希斯坦,238,252,253,265,438

Quicksilver,水银,164

Qulān,[Кулан],库兰(城镇名),202

Qulān (Qulān – bāshī) plain,[Кулан – баши степь],库兰(或库兰 – 巴施)平原(或草原),455,456,458

Qūl – tughān (Qūltughān – Markan),[Хултуган (Хултуган – Мерген)],呼勒 – 图甘(呼勒图甘 – 蔑儿根),蔑儿乞部王公,370,371

Qunduz,[Кундуз],昆都士,67,420

Qurayshites,[корейшиты],古莱氏人,旧译孤列族,102,107,187

Qurmishī,[Курмиши],库尔米施,49

qurultay (quriltay),[курултай],忽鲁勒台(忽邻勒台),393,455,463,465,476,479,482,483,492,493

Qushuq – noyan,[Хошук – нойон],豁舒克那颜,472

Qutayba (Bukhār – Khudāt),[Кутейба],库泰巴(布哈尔 – 胡达特),195

Qutayba b. Muslim,[Кутейба б. Муслим],屈底波·本·穆斯林,1,5,74,106,107,108,119,138,168,181 – 3,192

进攻中亚的战役,184 – 7

墓葬,160

Ibn Qutayba,[Ибн Кутейба],伊本·库泰巴,4 – 5

Quṭb ad – Dawla,[Кутб ад – дауля],库特卜·道拉,意为国家的枢轴,

见Aḥmad b. ʻAlī 条
Quṭb ad - Dīn Habash - ʻAmīd,库特卜丁·哈巴什 - 阿米德,见 Habash - ʻAmīd 条
Quṭb ad - Dīn Muḥammad b. Anūsh - tagīn,[Кутб ад - дин Мухаммад б. Ануш - тегин],库特卜丁·穆罕默德·本·阿努什 - 的斤,324
Quṭb d - Dīn,库特卜丁,见Muḥammad Khwārazm - shāh,Uzlāgh - Shāh 各条
Quṭb ad - Dīn of Kirmān,[Кутб ад - дин керманскии],(起儿漫的)库特卜丁,468,469,473
Qutham b. ʻAbbās,[Кусам б. Аббас],库萨木·木·阿拔斯,90 注,91,92
Qultugh - bāliq,[Кутлуг - балык],库特鲁格八里,意为幸福城,408;参照 Zarnūq 条
Qutlugh - Bilgā - beg,[Кутлуг - Бильгя - бек],库特鲁格 - 比勒伽 - 伯克,见 Qilich - Ṭamghāch - Khān Masʻūd 条
Qutlugh - Īnānch (atābeg),[Кутлуг Инанч],库特鲁格 - 伊南奇(阿塔伯克),346
Qutlugh - khān,[Кутлуг - хан],库特鲁格 - 汗,415,432
Qutula - Qaghan,[Хутула - Каган],忽图剌 - 合罕,381,382
Qutuqu - noyon,[Хутуху - нойон],忽秃忽那颜,见 Shiki - Qutuqu - noyon 条
Quwādhiyān province,[Кувадиан (Кабадиан)],库瓦迪延,旧译久越得健(省名),71 - 2,285,297
Quwādhiyān town,库瓦迪延,旧译久越得健(城名),71 - 2,278
Quzghund,[Кузгунд],库兹贡德,117 注,129

rabaḍ,[рабад],拉巴德,意为城镇的外城,78
Rabāḥ ariq,[Рабах кан.],拉巴赫渠,105,110

rabāṭ,[рабат],拉巴特,意为军站或货栈,117-8

Rabāṭ-i malik,[Рабат-и Мелик],王家拉巴特,248 注,315

Rabāṭ-i Sarhang,[Рабат-и Серхенг],拉巴特-伊·塞尔亨格,160

Rabāṭ-Ṭughānīn (Rabāṭāt),[Рабат-Туганин (Рабатат)],拉巴特-图加宁(可能即拉巴塔特),179,378

Rabī' Malik, palace of,[дворец Раби'и-мелика в Бухаре],拉比阿·麦利克宫(在布哈拉),471

Rabinjan (Arbinjan),[Ребинджан (Арбинджан)],雷宾詹,即阿尔宾詹,96,97,235,334

Raḍ al-Mulk (qāḍī),[Рази ал-мульк],拉齐·穆勒克(卡孜),440-1

Raḍraḍa,[Радрада],拉德拉达,90

Rāfi' b. Harthama,[Рафи' б. Харсама],拉菲尔·本·哈尔萨玛,219

Rāfi' b. Layth,[Рафи' б. Лейс],拉菲尔·本·莱思,85,91,95 注,200-1,208,209,216 注

Rāghin,[Рагин],拉金,129

Rāghsirisna,[Рагсирисна],拉格西里斯那,140

ra'īs,[реис],莱伊斯,234,243,288-290,320,326,353,354

Rakhīnawā (Rakhīnūn),[Рехинева (Рехинун)],雷希奈瓦,一作雷希农,129

Rakhushmīthan,[Рахушмитан],拉胡什米坦,148,参照 Ardakhushmīthan 条

Rakund,[Рекунд],雷昆德,129

Rāman (Rāmanī),[Рамен (Рамани)],拉门,一作拉曼尼,129

Rāmand,[Раменд],拉门德,117

Rāmīdh (Ramit, Roumit) river,[Рамид (Рамит, Раумит) р.],拉米德(拉米特、饶米特)河,71,参照 Kafirnihan river 条

Ramitan (Rāmīthana),[Рамитан, Рамитана],拉米坦,一作拉米坦那,

114,116,117,223
Rāmush,[Рамуш],拉穆什,116
Rang (fortress),[Ранг кр.],兰格堡,443 注
Ranjad,[Ренджед],伦杰德,163,164
Ra's al - Qanṭara,[Рас ал - Кантара],赖斯 · 坎塔拉,意为"桥头",126
Ra's aṭ - Ṭaq,[Рас ат - Так],赖斯 · 塔克,意为"拱头",85,86
Ra's al - Waragh,[Рас ал - Варағ],赖斯 · 瓦拉格,意为"坝头",104,106
Rashīd ad - Dīn,Fadlallāh,[Рашид ад - дин, Фазлаллах],拉施德丁,法兹卢拉(历史学家),17,40,42,44 - 8,49,50,52,54,58,464,465
年代学上的失误,371
Rāsht,[Рашт],拉什特,后称哈剌的斤,70,71,201,233,248;参看 Karategīn 条
Rasmāyin,[Расмаин],拉斯马因,135
Rastaghfar,[Рестагфер],雷斯塔格费尔,129
Raverty,H. G.,雷沃蒂,13 注,60 - 1
- Rāwandī,Muḥammad b. ' Alī,[Равенди, Мухаммед б. Али],拉文迪,穆罕默德 · 本 · 阿里,29
Rayy,[Рей],剌夷,218,262 注,346,347,422,425,431
- Rāzī,[ар - Рази],拉齐,见 Fakhr ad - Dīn,Ḥaydar b. ' Alī 各条
Rāzīk rabāṭ,[Разик рабат],拉齐克拉巴特,138
Razīq,[Разик],拉齐克,208
Razmānākh,[Резманах],雷兹马纳赫,129
Razmāz (Razmān),[Резмаз (Резман)],雷兹马兹,一作雷兹曼,129
Requisitions,摊派,239,293,参看 Confiscations 条
Reynolds,J.,雷诺兹,J.,20,265 注,272 注
Rieu,Ch.,里欧,Ch.,20,56
Rīghdamūn,[Ригдамун],里格达蒙,129

Rūgistān,[Ригистан],里吉斯坦(在布哈拉),101,107,108,110,111,147,229,263,473
Rīgistān ariq,[Ригистанский кан.],里吉斯坦渠,105
Rīkdasht,[Рикдешт],里克德什特,74
Rīkhshan,[Рихшен],里赫申,129
Rishtān,[Риштан],里什坦,157－8,163
Rīw,[Рив],里乌,102,111
Rīwartūn,[Ривартун],里瓦尔暾,129
Rīwda (Rīwd),[Ривда (Ривд)],里乌达,一作黑乌德,129
Rīwdād,[Ривдад],里乌达德,88,93
Rīwqān,[Ривкан],里乌坎,114 注
Rosen, Baron V. R.,[Розен, В. Р.],罗森男爵,8,33,267
Roshan,[Рошан],罗善,65
Ross, Sir E. Denison,罗斯,爵士 E. 丹尼森,61－2
Rubruk, W. de,鲁卜鲁克,W. de,388,389,390,403,467,480,481,483 以下
－Rūdakī,[Рудеки],鲁德基(诗人),35,129,248 注
Rūd－i Zar,[Руд－и Зер],鲁德－伊·泽尔,意为金河或挟金河,布哈拉干渠名,103,104,115,118 注
Rūdh,[Руд],鲁德,135
Rūdhān,[Рудан],鲁丹,153
Rūdhbār,[Рудбар],鲁德巴尔,174 注
Rūdhfaghkad,[Рудфагкед],鲁德法格凯德,129
Rufūn,[Руфун],鲁弗恩,130
Rukhna gate,[ворота Рухна],(布哈拉城的)鲁赫那门,103
Rukhshabūdh,[Рухшабуд],鲁赫沙布德,73 注
Rukn ad－Dīn Ghūrshānchī,[Рукн ад－дин Гуршанчи],鲁克努丁·古尔珊奇,420,422

Rukn ad – Dīn Imām – zādah, [Рукн ад – дин Имам – заде], 鲁克努丁·伊玛目–扎德, 410, 469

Rukn ad – Dīn Kurt, [Рукн ад – дин Курт], 鲁克努丁·库尔特, 414

Rukn ad – Dīn, 鲁克努丁, 见 Maḥmūd – Khān 条

Rukund, [Рукунд], 鲁昆德, 166

Ibn Rusta, [Ибн Русте], 伊本·鲁斯泰, 7, 72, 146, 150, 152

Rustam, [Рустем], 鲁斯泰木, 208 注

rustāq, [рустак], 鲁斯塔克(一簇村落的合称, 相当于汉语之"乡"), 69, 81, 435

Rustufaghn (Rustaghfaghn), [Рустуфагн (Рустагфагн)], 鲁斯图法根, 一作鲁斯塔格法根, 130

– Rustufaghnī, 'Alī b. Sa'īd, [Рустуфагни, Али б. Са'ид], 鲁斯图法格尼, 阿里·本·赛义德, 130

Rutbīl, 或作 Zunbīl, native ruler of Sijistān, [Рутбиль, 或作 Зунбиль], 鲁特比勒, 或作尊比勒, 塞吉斯坦地方王公的称号, 216

Rūyjan, [Руйджен], 鲁伊真, 167

Rūzund, [Рузунд], 鲁宗德, 148

Sabadhmūn (Sabadhūn), [Себедмун (Себедун)], 塞贝德蒙, 一作赛贝敦, 130

Sabaghduwān, [Себагдуван], 塞巴格杜宛, 133

Sābāṭ, [Сабат], 萨巴特, 165, 166, 336

Sabīra, [Себира], 塞比拉, 130

Sablik mts., [Саблык горы], 萨卜利克山脉, 172

Sabrān, 萨卜兰, 见 Sawrān 条

Sabuktagīn, [Себук – тегин], 塞布克的斤, 22 注, 261 – 5, 290, 301 注

Sabzawār, [Себзевар], 塞卜泽瓦尔, 424, 449

Sachau, C. E., 扎豪, C. E., 1 注, 20, 23, 272 注

Banū Ṣa' d gate, [ворота Бену Са'д], 贝努 · 赛阿德门(布哈拉城), 101,106,111
Ṣa' d rabāṭ, [Са'д рабат], 赛阿德拉巴特,165
Ṣa' dābād, [Са'дабад], 赛阿达巴德,111
Saday Ilchi, [Садай - ильчи], 撒歹 - 亦勒赤,488
Sadfar, [Седфер], 塞德费尔,148
- Sa' dī, [Са'ди], 萨迪(诗人),231 注,395
- Sa' dī, [Са'ди], 萨迪,见 Hasan b. 'Alī 条
Sadīd A' war, [Седид А'вар], 塞迪德 · 阿瓦尔(诗人),474
sadr, [садр], 萨德尔,亦译萨都剌,意为支柱,326,353 - 5,360,379, 407,469,471
Ṣadr - Jahān, [Садр - джахан], 萨德尔 - 贾罕,意为世界的支柱,353, 354,471 注,参看"Burhān, House of"条
Ṣadr ad - Dīn - Khān, [Садр ад - дин - хан], 萨德鲁丁 - 汗(卡孜), 410
Ṣadr ad - Dīn, [Садр ад - дин], 萨德鲁丁,见 - Ḥusaynī, - Niẓāmī各条
Sadūr (Sadwar), [Садур (Садвар)], 萨杜尔,亦作萨德瓦尔,142 注, 143,155
Sāfardiz, [Сафердиз], 萨费尔迪兹,148
Safarī, [Сафари], 萨法里,155
- Ṣaffār, Ibrāhīm b. Ismā' īl, [ас - Саффар, Ибрахим б. Исма'ил], 萨法尔,伊卜拉欣 · 本 · 亦思马因(伊玛目),320,525
- Ṣaffār, Ismā' īl b. Abū Naṣr, [ас - Саффар, Исма'ил б. Абу Наср], 萨法尔,亦思马因 · 本 · 阿布 · 纳斯尔(伊玛目),316,320
Ṣaffārid dynasty, [Саффариды], 萨法尔朝,31,77,209,215 - 22,224 - 6
- Ṣaffārūn, [ас - Саффарун], "铜匠坊"(在撒马尔罕),85
Ṣaffron, [шафран], 番红花,71
Ṣāfī (ḥājib), [Сафи], 萨菲(哈吉人),270

Safī ‘Aqra‘,[Сафи Акра‘],萨菲·阿克拉,407

Ṣafī ad – Dīn ‘Abdallāh b. ‘Omar,[Сафи ад – дин Абдаллах б. Омар],萨菲艾丁·阿卜杜拉·本·欧马尔,36

Saghanāq,[Саганак],萨甘纳克,179 注

Ṣaghāniyān (Chaghāniyān) province,[Саганиан (Чаганиан)],石汗那(斫汗那)省,72 – 4,82,135,191,200,233,234,247,248 – 9,254,263,282,285,298,299,301,313,336,338,491

Ṣaghaniyān town,石汗那城,72,73,74,138,139,301

Ṣaghan – Khudāt,[саган – худат],石汗 – 胡达特,72,191,234

Sāgharj,[Сагардж],萨加尔只,96,130

Sāgharj mts.,[Сагардж горы],萨加尔只山,95

Sāghdara,[Саг – дере],萨格 – 德雷,179

Sāghir – beg,[Сагыр – бек],萨吉尔 – 伯克,319

Ṣāḥib – barīd (*Ṣāḥib – Khabar*),[сахиб – барид (сахиб – хабар)],邮传官员,230 – 1,306

Ṣāḥib –ḥaras,[сахиб – харас],侍卫处长官,228,306,312 注

Ṣāḥib ash – shuraṭ,[сахиб аш – шурат],禁卫军长官,228,230

Sahl b. Aḥmad ad – Daghūnī,[Сахль б. Ахмед ад – Дагуни],萨赫勒·本·艾哈迈德·达古尼,99

Abū Sahl rabāṭ,[Абу Сахля рабат],阿布·萨赫勒拉巴特,154

Sā‘īd (qāḍī),[Са‘ид],萨伊德(卡孜),290 注

Sa‘īd b. ‘Abd al – ‘Azīz,[Са‘ид б. Абд ал – Азиз],赛义德·本·阿卜杜 – 阿齐兹,188,520

Sa‘īd b. ‘Amr,[Са‘ид б. Амр],赛义德·本·阿慕尔,189,520

Sa‘īd b. Mas‘ud,[Са‘ид б. Мас‘уд],赛义德·本·马斯乌德,297,299

Sa‘īd b. ‘Othmān,[Са‘ид б. Осман],赛义德·本·奥斯曼,91,206 注

Sa‘īd,well of,[Са‘ида кол.],赛义德井,137

Abū Sa‘īd,[Абу Са‘ид],不赛因(伊儿汗),46

Abū Sa'īd Mayhanī,[Абу Са'ид Мейхени],阿布·赛义德·麦赫尼(谢赫),290 注,311
Ibn Sa'īd,[Ибн Са'ид],伊本·赛义德,71 注
Abu's – Sāj Dīwdād,[Абу – с – Садж Дивдад],阿布 – 萨只·迪乌达德,169
Sājids,[Саджиды],萨只朝,169
Sakākath,[Секакет],塞卡凯特,174
Sakān,[Секан],塞坎,130
Sākbadyāzū,[Сакбадьязу],萨克巴德亚祖,140
Sakbiyān,[Секбиян],塞克比延,99,130
Sakhar,[Сахар],萨哈尔,116
Sakmatīn,[Сакматин],萨克马廷,119
Sal ammoniac,[нашатырь],硇砂,164,169
Ṣalāḥ ad – Dīn Muḥammad – Nasā'ī,[Салах ад – дин Мухаммед Несаи],萨拉哈丁·穆罕默德·奈萨伊,439,440,441
Salāt,[Селат],塞拉特,156
Salbak – Turkān,[Сельбек – Туркан],塞勒贝克 – 图尔坎,401
Sali – Bahādur,[Сали – бахадур],撒里 – 把阿秃儿,488
Sālī – Sarāy,[Сали – Сарай],撒里 – 撒莱,428
Saljūqids,[Сельджукиды],塞勒术克朝:有关的历史文献,25 – 30,31
起源,24,256 – 7,285,293,295,297 – 300,302
与乌古斯突厥人的关系,254
在呼罗珊境内逐渐强大,297 – 8,299,302 – 4
对河中地区的进攻,313 – 5,316 – 7,321,326
体制与组织,305 – 10
(一般记述)77,229,313 – 5,319,332,338,339,346 – 7,426;参看 Sinjar 条
– Sallāmī,[Селлами],塞拉米(历史学家),10,11,21,220,221

Salm b. Ziyād, [Сельм б. Зиядх], 塞拉木·本·齐亚德, 183, 184, 208
Salmūya (Salmawayh), [Сельмуя (Сельмавейх)], 塞勒穆亚, 一作塞勒麦韦赫, 112
Salt mines, 盐矿, 162
– Ṣa'lūkī, Abū Ṭayyib Sahl b. Muḥammad, [Са'луки, Абу Таийб Сахль б. Мухаммед], 萨阿卢基, 阿布·泰伊卜·萨赫勒·本·穆罕默德, 272
Sām, 萨木, 见 Bahā ad – Dīn 条
Sāmān, [Саман], 萨曼(村名), 209
Sāmān – Khudāt, [Саман – худат], 萨曼 – 胡达特, 209
Samand, [Семенд], 塞门德, 132
– Sam'ānī, Abū Sa'd, [Сам'ани, Абу Са'д], 萨木阿尼, 阿布·赛阿德, 8, 15, 16, 34 – 5, 120 注
Sāmānid dynasty, [Саманиды], 67, 83, 88, 198, 209 – 10, 211, 212, 215, 220, 222 – 68, 286, 307
有关的历史及其他文献, 7 – 17, 31
萨曼朝的兴起, 209 – 10, 222 – 5
萨曼朝与人民大众的关系, 212 – 13, 225 – 6, 257 – 8, 267 – 8, 270 与僧侣(乌莱玛)的关系, 17, 232, 240, 243 – 4, 258, 264 注, 267
与阿拔斯哈里发朝廷的关系, 226, 271
与突厥人的关系, 255 – 7
河中地区在萨曼朝治下的繁荣, 234 以下
呼罗珊的丧失, 改归哥疾宁朝领有, 264, 266
萨曼朝政府组织与行政管理, 227 – 33, 238 – 40
财政收入与赋税制度, 238 – 40, 254 注, 259
萨曼朝诸附庸, 233 – 4, 246, 248, 253 – 4
复辟运动及其失败, 269 – 70
Samarqand, [Самарканд], 撒马尔罕:

有关的历史文献,15,16
撒马尔罕概况,83 -92
撒马尔罕被阿拉伯人征服,185,187
被花剌子模沙摩诃末征服,365 -6
被成吉思汗征服,411 -4,419
商业,235,236 -7
撒马尔罕省,92 -5,111,140
(一般记述)9 注,81,82,83,95,96,97 注,112,165,181,185,186,190,191,195,199,200,202,203,209,215,223,239,240,241,241 注,247,258,264,268,269,280,282,283,285,296,304,314,315,316,317,318,320,333,334,353 -4,355 -6,358,359,363,365 -6,369,370,375,379,405,406,407,417,419,427,430,450 -3,455,469,483,485 -7,490 以下
Samarqand,撒马尔罕(在别失八里附近),478
– Samarqandī,'Abd ar – Razzāq,[Самарканди, Абд ар – Раззак],撒马尔罕迪,阿卜杜 – 拉扎克(历史学家),56
– Samarqandī,Abu'l – Faḍl Muḥammad,[Самарканди, Абу – л – Фазл Мухаммед],撒马尔罕迪,阿布勒 – 法兹勒·穆罕默德(历史学家),15
– Samarqandī,Abu'l – Qāsim,[Самарканди, Абу – л – Касим],撒马尔罕迪,阿布勒 – 卡西木,撒曼朝神学家,267 注
哈剌汗朝神学家,313
– Samarqandī, Ashraf b. Muḥammad,[Самарканди, Ашраф б. Мухаммед],撒马尔罕迪,阿什拉弗·本·穆罕默德(法吉赫),320
– Samarqandī,撒马尔罕迪,参看 – Kātib,Niẓāmī各条
Sāmdūn,[Самдун],萨姆敦,119
Ṣamghār,[Самгар],萨姆加尔,162
Samījan,[Семиджен],塞米真,130

Sāmjan (Hither and Further), [Самджен (Передний и Задний)], 萨姆真(前萨姆真与后萨姆真)县,114,116
Sāmjan ariq, [Самджен кан.], 萨姆真渠,99,参看Ḥarāmkām 条
Sāmjan lake, [Самджен оз.], 萨姆真湖,114,118
Samnān, [Семнан], 西模娘,425
Sāmsīrak, [Самсирек], 萨姆西雷克,174
Samtīn, [Самтин], 萨姆廷,109,119
Sanbukjan, [Сенбукджен], 森布克真,167
Sanda rabāṭ, [Сенде рабат], 森德拉巴特,149
Sangābād, [Сенгабад], 森加巴德,155
Sangān – Akhsak, [Сенган – Ахсек], 森干 – 阿赫塞克,153
Sangbast, [Сенгбест], 森格贝斯特,448
Sangbāth, [Сенгбат], 森格巴特,130
Sangdīza, [Сенгдиза], 森格迪扎,90
Sang – gardak (Inner and Outer), [Санг – гардак (Внутренний и Внешний)], 桑格 – 加尔达克(内桑格 – 加尔达克与外桑格 – 加尔达克)区,135
Sang – gardak, 桑格 – 加尔达克(村名),74
Sang – gardak – darya, 桑格 – 加尔达克河,72,74,135,139
Sangrasān ariq, [Сенгресан кан.], 森格雷散渠,89
Sang – tuda, [Санг – туда], 桑格 – 图达(村名),69
Sānjan, [Санджен], 散真,141
Sanjarfaghān, [Санджарфеган], 桑贾尔费甘,92,93
Sanjar Malik, [Санджар – мелик], 桑贾尔·麦利克,见 Sinjar – malik 条
Sanjufīn, [Сенджуфин], 森术芬,130
Sankjan, [Сенгджен], 森克真,167
sapīd – jāmagān, [сапид – джамеган], 萨皮德 – 伽麦干(意为"着白衣者"),197,198 – 200

Sapīd - Māsha,[Сепид - Маша],塞皮德 - 马沙,106
Sarakhs,[Серахс],塞拉赫斯,旧译撒剌哈夕 262,266,302,335,339,340,351,375,447,448
Saraquṣṭa,[Саракуста],萨拉库斯塔,153
Sar - Chāhān,[Сер - Чахан],塞尔 - 察罕(堡垒名),422,425
Sardar,[Сердер],塞尔德尔,130
Sar - i pul,[Сер - и пуль],塞尔 - 伊·普勒,126 - 7,127 注,411
Sārīn,[Сарин],萨林,167
Sarkath,[Саркас],萨尔凯特,141
Sārkūn,[Саркун],萨尔昆,130
Ṣarmanjān,[Сарманган],萨尔曼干,73,74
Ṣarmanjī,[Сарманджи],萨尔曼吉,73 注
Sarsanda,[Серсенда],塞尔森达,167
Sartaq,[Сартак],撒儿塔黑,483 - 4
Sary - Kamish, Lake,[Сарыкамыш оз.],萨里 - 卡米什湖,146,152
Sārykūl,[Сарык - кол (Сарык - кул)],色勒库尔,369,403
Sary - su,[Сары - су],萨里 - 苏,392
Sāsānid dynasty,[Сасаниды],萨珊朝,1,77,78,183,186,197 - 8,206,207,209,221,225 注,232,234
Satūq,[Сатук],萨图克,见 Bughrā - Khān 条
Sāwkān,[Савкан],萨乌坎,149,153
Sawrān,[Сауран],扫兰,176 - 8,314
Sayf ad - Dīn,[Сеиф ад - дин, бишбалыкский],赛福丁(别失八里的长官),481
Sayf ad - Dīn Aghrāq - malik,[Сейф ад - дин Аграк - мелик],赛福丁·阿格拉克 - 麦利克,440 - 3,453
Saylik mts.,[Сайлык горы],赛利克山脉,172
Sayr b. 'Abdallāh (afshīn),[Сейр б. Абдаллах],赛尔·本·阿卜杜拉

(阿弗申),212
Sayrām,[Сайрам],塞蓝,亦译赛蓝或赛兰,175,450 – 1,456
Sayrām (Sum – Köl),赛拉姆湖,亦译赛里木湖,又名苏姆 – 库勒,489
Ṣayyād – tagīn Khānī,[Сайяд – тегин Хани],赛亚德 – 的斤 · 哈尼,279
Schefer, Ch.,[Шефер, Ш.],舍费尔,Ch.,14,20,25 – 6,29,36,37,40,50,238 注,317 注
Scythians,[Скифы],斯基泰人,亦译西徐亚人,38
Secret history of the Mongols,[Юань – чао би – ши],《元朝秘史》或《蒙古秘史》77 注,391,414,416 注,423,433 注,435 注,464 以下
Selenga river,[Селенга],薛凉格河,今译色楞格河,392
Seljuk,[Сельджук],塞勒术克,178,257,269,280,285,297
Semiryechye,[Семиречье],七河流域,64,157,201,234,281,317,323,353,358,363,365,368,393,395,401 – 2,450,467,480,487
Sengūn,[Сенгун],桑昆(克烈部王公)362 注
Sergius,[Сергий],塞尔吉伊(亚美尼亚僧徒),389,487 注
– Shabāngāraī, Muḥammad b. ʻAlī,[Шебангараи, Мухаммед б. Али],谢班加拉伊,穆罕默德 · 本 · 阿里,46
Shābjan,[Шабджен],沙卜真,130
Shāfiʻites,[Шафииты],沙斐仪派(伊斯兰教四大教法学派之一),98,143
Shaghljan,[Шагльджан],沙格勒詹,177
Shāh – bakhsh,[Шах – бахш],沙 – 巴赫什,117
Shāh – Khātūn,[Шах – хатун],沙 – 可敦,295
Shāh – Malik,[Шах – мелик],沙 – 麦利克(毡的的统治者),178,298,302,303,304
Shāh – rāh,[Шах – рах],"王家大路",96
Shahrikhān,[Шахрихан],沙赫里罕(渠名),160
Shahrisabz,[Шахрисябз],沙赫里夏卜兹,134,参看 Kish 条

shahristān,[шахристан],沙赫里斯坦,78
Shahristān (Kāth),沙赫里斯坦(花剌子模京城柯提的别称),145
Shahristān (Khurāsān),沙赫里斯坦(在呼罗珊境内),153,330,337 注
Shahristān (Ushrūsana),沙赫里斯坦(乌什鲁桑那首府的遗址),166
Shahristānī,[Шахристани],沙赫里斯坦尼,32,428 – 9
Shahrkant,[Шехркент],谢赫尔肯特,178,415;参看 Yanikant 条
Shāh – rūd,[Шахруд],沙赫鲁德,115
Shāhrukh,[Шахрух],沙赫鲁,一译沙哈鲁,47,48,55,56,57 注,494
Shāhrukhīya,[Шахрухия],沙赫鲁希亚,169
Shāh – Zinda,[Шах – зинде],沙 – 津德,意为"活着的王公",见 Qutham b. 'Abbās 条
Shajarat al – Atrāk,《突厥世系谱》,56 注,57
Shakdālīk river,[Шекдалик р.],谢克达利克河,138
Shākhākh,[Шехах],谢哈赫,175
shākir,[шакир],沙基尔,意为侍从亲随,唐代文献中作柘羯、赭羯,180,183
Shakrāna Gate (Isfījāb),[Шакранские Ворота],伊斯菲贾卜城沙克拉那门,175
Shalji,[шельджи],谢勒吉,236
Shamākhā,[Шемаха],谢马哈,152 注
– Shāmī,Niẓām ad – Dīn,[Шами, Низам ад – дин],沙米,尼扎木丁,54,62
Shamīdīza,[Шемидиза],谢米迪扎,130
Shamsābād,[Шемсабад],谢木斯阿巴德,109,111,316,318,319
Shams ad – Dīn,[Шемс ад – дин],谢木斯丁,一译苫思丁(谢赫),379
Shams ad – Dīn Kart of Herat,[Шемс ад – дин Курт],哈烈的谢木斯丁·卡尔特(俄文本作谢木斯丁·库尔特),475 注,483
Shams ad – Dīn Mahbūbī,[Шемс ад – дин Махбуби],谢木斯丁·马赫

布比,470 - 1

Shams ad - Dīn Muḥammad,[Шемс ад - дин Мухаммед,Гурид],谢木斯丁·穆罕默德(帆延地区的统治者),338

Shams al - Mulk Naṣr b. Ibrāhīm,[Шемс ал - мульк Наср б. Ибрахим],谢木斯·穆勒克·纳斯尔·本·伊卜拉欣)哈剌汗朝君主),99,109,111,248 注,304,314 - 6

Shams al - Mulk Shihāb ad - Dīn Alp - Sarakhsī,[Шемс ал - мульк Шихаб ад - дин Алп Серахси],谢木斯·穆勒克·施哈卜丁·阿勒普·塞拉赫西,439,440

Shamsī A'raj Bukhārī,[Шемси А'радж Бухари],谢木西·阿拉只·布哈里(诗人),355 注

Shāpūr,[Шапур],沙普尔(萨珊朝王公),113

Shāpūrkām,[Шапуркам кан.],沙普尔卡姆,113

Shapurqān,[Шапуркан],沙普尔坎,79,80,297

Shaqīq b. Ibrāhīm - Balkhī,[Шекик б. Ибрахим Балхи],谢吉克·本·伊卜拉欣·巴里希(谢赫),202,389 注

Sharaf ad - Dīn 'Alī Yazdī,[Шереф ад - дин Али Йезди],谢雷甫丁·阿里·叶兹迪,53 - 4,55,56,58,75,177 注,445

Sharaf ad - Dīn Khwārazmī,谢雷甫丁·花剌子米,475

Sharaf ad - Dīn (wakīl),[Шереф ад - дин,векиль],谢雷甫丁(宫内大臣),432

Sharafdan,[Шерефдан],谢雷甫丹,130

Shargh,[Шарг],沙尔格,99,141;参看 Jargh 条

Sharghiyān,[Шаргиян],沙尔吉延,141

Sharīk b. Shaykh - Mahrī,[Шерик б. Шейх ал - Мехри],谢里克·本·谢赫·麦赫里,195,198

Sharkhiyān bridge,[Шархиян мост],沙尔希延桥(在巴里黑),273

Shāsh,[Шаш (Чач)],赭时,省名,亦译察赤,即今塔什干,98,162,169

-75,178,179 注,195,200-2,209,210,212,215 注,241 注,369
阿拉伯人进攻赭时,185,187,192
赭时的商业,235-6
Shāwdān,[Шавдан],沙乌丹,164
Shāwdār,[Шавдар],沙乌达尔,94,210
Shāwghar,[Шавгар],沙乌加尔,177,256
Shāwkam,[Шавкем],沙乌凯木,一译沙监,362
Shāwkān,[Шаукан],沙乌坎,130
Shāwkath,[Шаукет],沙乌凯特,
在乌什鲁桑那境内,165
在伊勒阿克境内,175
Shāwkharān,[Шавхаран],沙乌哈兰,141
Shaybānī-Khān,[Шейбани-хан],昔班尼汗,86
Shaykh-'Abbās-Walī,[Шейх-Аббас-вели],谢赫-阿巴斯-韦利,146,150,参看 Kāth 条
Shaykh-Khān,[Шейх-хан],谢赫-汗,412
Shibir,[Шибир],失必儿,392
Shihāb ad-Dīn,亦名 Mu'izz ad-Dīn,[Шихаб ад-дин,亦名 Му'изз ад-дин],施哈卜丁,亦名穆伊祖丁(古尔朝君主),338,344,349-52,353
Shihāb ad-Dīn Abū 'Abddallāh al-Hamawī,[Шихаб ад-дин Абу Абдаллах ал-Хамави],施哈卜丁·阿布·阿卜杜拉·-哈马维,见 Yāqūt 条
Shihāb ad-Dīn-Khīwakī,[Шихаб ад-дин Хиваки],施哈卜丁·希瓦基,350,376,404,429
Shihāb ad-Dīn-Suhrawardī,[Шихаб ад-дин Сухраверди],施哈卜丁·苏赫拉韦尔迪,373
Shihāb ad-Dīn,施哈卜丁,见 Shams al-Mulk 条

Shihābī Ghazal Khujandī, [Шихаби Газаль Ходженди], 施哈比·加扎勒·忽毡迪(诗人), 360 注
Ibn Shiḥna, [Ибн Шихна], 伊本·施赫那, 39 注
Shi'ite, [Шииты], 什叶派:
什叶派在中亚地区的活动, 190, 193, 194-5, 197, 198, 212, 217 注, 241, 242-4, 267, 304-5
在塔巴里斯坦与低廉的活动, 213, 214
什叶派活动之民主的性质, 212, 267
Shikān, [Шикан], 施坎, 131
Shiki-Qutuqu-noyon, [Шики-Хутуху-нойон], 失吉忽秃忽那颜, 391, 442-3, 449, 454
Shikistān, [Шикистан], 施基斯坦, 131
Shikit, [Шикит], 施基特, 156, 163
Shīra, [Шире], 失列(撒马尔罕的阿里派教徒), 476
Shirabad, [Ширабад], 施拉巴德, 74
Shīrāz, [Шираз], 施拉兹(村名, 在粟特境内), 94 注
Shīrāz, [Шираз], 泄剌失, 一译失剌思, 今设拉子, 471
Shiremün, [Ширамун], 失烈门, 475, 479
Shīrghāwshūn, [Ширгавшун], 施尔加乌顺, 131
Shīrkath, [Ширкет], 施尔凯特, 141
Shīrwān, [Ширван], 施尔宛, 131
Shiyā (Shiyān), [Шия (Шиян)], 施亚, 一作施延, 131
Shu'ayth b. Ibrāhīm, [Шу'айс б. Ибрахим], 舒艾思·本·伊卜拉欣(哈剌汗家族成员), 314
Shughnān (Shighnan), [Шугнан (Шикинан)], 舒格南, 旧译识匿, 65, 66, 338
Abū Shujā', [Абу Шуджа'], 阿布·舒伽阿(宣教师), 311
Abū Shuja' Farrukh-shāh, [Абу Шуджа' Фаррух-шах], 阿布·舒伽阿

·法尔鲁赫-沙(珂咄罗的统治者),334

Abū Shujā ʻ Muḥammad b. Ḥusayn, [Абу Шуджа ʻ Мухаммед б. Хусейн],阿布·舒伽阿·穆罕默德·本·侯赛因(历史家),32 注

Shūkhnāk (Shūkhanān), [Шухнак (Шуханан)],舒赫纳克,一作舒哈南,131

Shukrallāh Zakī, [Шукраллах Зеки],舒克拉拉·泽基,18

Shūlīs, [Шулы],舒利人,422

Shulluk (Shuldug), [Шуллук (Шулдук)],舒鲁克,亦作舒鲁笃克,136 注

Shūmān (Su-man), [Шуман (Сумань, Шумань)],舒曼,亦作苏曼,旧译数瞒、愉漫,74,185

-Shūmānī, Zayn aṣ-Ṣāliḥīn Muḥammad b. ʻ Abdallāh, [аш-Шумани, Зейн ас-салихин Мухаммед б. Абдаллах],舒曼尼,扎伊恩·萨利欣·穆罕默德·本·阿卜杜拉,316 注

Shūniyān pass, [Шуниян ущ.],舒尼延山口,302

Shurākhān, [Шурахан],舒拉罕,149,150,298

Shūrūkh, [Шурух],舒鲁赫,154

Shutūrkath, [Шутуркет],舒图尔凯特,170-1

Shūzyān (Shūziyān), [Шузьян (Шузиян)],舒兹延,一作舒齐延,141

Sīb, [Сиб],锡卜,153

Sibā ʻ b. an-Nu ʻ man, [Сибаʻ б. ан-Нуʻман],锡巴·本·努尔曼,196

Sibāra, [Сибара],锡巴拉,130

Siberia, [Сибирь],西伯利亚,392 注

Sichār (Chichar), [Сичар (Чичар)],希查尔,亦作奇查尔,119

Sifāya (Sipāya), [Сифая (Сипая)],锡法亚,亦作锡帕亚,142

Sighnāq, [Сыгнак],昔格纳黑,179,328,342,369,414,415

Sihūn (Sayhūn), [Сихун (Сейхун)],细浑,亦译赛浑,皆锡尔河之异称,155

Sijistān,[Седжестан],塞吉斯坦,194,198,208,209,213,216,219,233,248 注,330 – 1,333 注,427,438,439
Sikijkath,[Сикиджкет],锡基只凯特,99
Silesia,[Силезия],西里西亚,488
Silver mines,银矿,65,164,168,169,171 – 2
Siminjān (Simingān),今名 Haybad,[Семенджан (Семенган)],今名 Хейбак,悉泯健,一作悉泯干,今名海巴克,67,248
– Sīmjūrī,Abū ‘Alī,[Симджури, Абу Али],西木术里,阿布·阿里,10 注,253 – 4,257 – 64,267
– Sīmjūrī,Abu’l – Ḥasan,[Симджури,Абу – л – Хасан],西木术里,阿布勒 – 哈桑,250,251 – 3
– Sīmjūrī,Abu’l – Qasim,[Симджури,Абу – л – Касим],西木术里,阿布勒 – 卡西木,262 注,265,266,524
– Sīmjūrī,西木术里,参看 Ibrāhīm b. Sīmjūr 条
Sīmjūrid dynasty,[Симджуриды],西木术里朝,228,239
Ibn Sīnā (Avicenna),[Ибн Сина (Авиценна)],伊本·锡纳,9,267,311;参看 Avicenna 条
Sinām,[Синам],锡纳姆,135
Sinām mts.,锡纳姆山,72,134
Sināwāb ariq,[Синаваб кан.],锡纳瓦卜渠,83,94
Sind,[Синд],信德,12,185,217,219;参看 Indus river 条
Sīnīz (Fārs),[Синиз],西尼兹(在法尔斯省境内)236 注
Sinjar,[Синджар],辛贾尔(塞勒术克朝苏勒坦),33,92 注,308,319,320 – 32,335,363 – 4,376
Sinjar – malik,[Синджар – мелик],辛贾尔 – 麦利克(布哈拉民主运动的领导人),355,360,469 – 70
Sinjar – shāh b. Ṭughān – shāh,[Синаджар – шах б. Туган – шах],辛贾尔 – 沙·本·图甘 – 沙,346

Sipah - sālār,[сипех - салар],昔培赫 - 萨拉尔(官名,相当于统帅),229,243 注,433

Siqnāq,[Сыкнак],昔克纳黑,见 Sighnāq 条

Sīstān, *Ta' rīkh - i*,[Ta' рих - и Систан],《塞斯坦史》,248 注

Sīwanch,[Сиванч],西宛奇,119

Siyāb (Siyāh Āb),[Сияб (Сиях - аб)],锡亚卜,一作锡亚赫 - 阿卜,意为黑水,89

Siyāhgird,[Сияхгирд],锡亚赫吉尔德,76

Siyāh - kūh,[Сиях - кух],锡亚赫 - 库赫,152

Siyām,[Сиям],锡亚姆,135

Siyām mts,[Сиям горы],锡亚姆山,134

Siyāra (Siyāza),[Сияра (Сияза)],锡亚拉,一作锡亚扎,131

Siyāsat - nāmah,[Сийасат - наме],《治国策》,25;参看Niẓam al - Mulk Abū' Alī 条

Siyāwush,[Сиявуш],锡亚乌什,107

Slave armies (Turkish),(由突厥人组成的)奴隶军队,227,291,320 注

Slaves (Slavonic),斯拉夫族的奴隶,235

Slaves (Turkish),突厥族的奴隶,220,222,227,228,236,240,253,261,284

Smbat,[Сембат],塞木巴特,485 注,486

Soghd,Sogdiana,[Согд, Согдиана],粟特,1,93,95,100 注,112,181 - 2,185,187,190,199,202,206,210 注,212;参看 Samarqand 条

Soghdian coinage,粟特的币制,206 - 7

Soghdian Colony in Mongolia,居于蒙古境内的粟特人,478

Sönit,[Сунит],蒙古族雪你惕部,468

Sorkhanshira,[Сорханьшира],锁儿罕失剌,43 注

Sorqoqtani Beki,[Сиюркуктени - бики],莎儿合黑帖尼 - 别吉(拖雷之妻),465 注,473,476,478 以下,487,490

Sprenger, A. ,施普伦格尔, A. ,11,19

St. Louis, [Людовик Ⅸ Святой],圣路易九世(法兰西王),486 –6

Stein, Sir M. Aurel, M. 奥里勒·斯坦因爵士,237,255 注

Stone bridge (over Wakhsh river),(瓦赫什河上的)石桥,69,71

le Strange, G. ,勒·斯特仑只, G. ,50,63 注

Subā'b. an – Naḍr, [Суба' б. ан – Надр],苏巴·本·纳德尔,95

Subā'ites, [Суба'ийцы],苏巴伊人,95

Sūbakh, [Субах],苏巴赫,135,137,199

Subānīkath, [Субаникет],苏巴尼凯特,176

Sūbarlī(?), [Сюберли],苏贝尔利(?),337

Sūbashītagīn (of Bukhārā), [Сюбаши – тегин бухарский],苏巴施的斤(布哈拉某突厥族王公),101

Sūbāshītagīn, [Сюбаши – тегин, полководец],苏巴施的斤(将军),269,272 –3

Subīdhguk, [Субидгук],苏比德古克,131

Sūbuday – bahādur, [Субудай – бахадур],速不台 – 巴阿秃儿,370,371,385,408,420 –6,431,458

Suburnā (Sūbarna), [Субурна (Субарна)],苏布尔那,一作苏巴尔那,153,337 注

Sufna, [Суфна],苏弗那,119

Sufradān (Sufrādan), [Суфредан (Суфрадан)],苏弗雷丹,一作苏弗拉丹,131

Sughd,粟特,见 Soghd 条

Sughd river, [Согдийская река],粟特河,87

Sughdabīl, [Сугдабиль],粟特阿比勒,183 注

Sughdān, [Сугдан],粟格丹,131

Suketu – cherbi, [Сукэту – чэрби],雪亦客秃 – 扯儿必,416

Sūkh, [Сох],莎赫,157,158,160,161,164

Sūkhashīn,[Ворота Сухашин],(撒马儿罕的)苏哈欣门,87

– Sulamī, Abu ' l – Fa ḍ l Muḥammad,[Сулами, Абу – л – Фазл Мухаммед],苏拉米,阿布勒 – 穆罕默德(韦齐尔),246

Sulaymān,[Сулейман],苏来曼(哈里发),186

Sulaymān,苏莱曼(哈吉卜),270

Sulaymān,苏莱曼(哈拉汗朝君主),316 注;参照Aḥmad b. Khidr 条

Sulaymān b. ' Abdallāh,[Сулейман б. Абдаллах],苏莱曼·本·阿卜杜拉(塔希尔家族成员),214

Sulaymān b. Muḥummad,[Сулейман б. Мухаммед],苏莱曼·本·穆罕默德(塞勒术克家族成员),325,525

Sulaymān Beg,[Сулейман – бек],苏莱曼 – 别乞(Ḥabash – 'Amid 之子),488

Sulaymān – shāh b. Atsiz,[Сулейман – шах б. Атсыз],苏莱曼 – 沙·本·阿特西兹,332

Sulaymān – tagīn,[Сулейман – тегин],苏莱曼 – 的斤(哈剌汗朝君主),318,319

Sūldūs,[Солдус],速勒都思部,468

– Ṣūlī, Abū Bakr Muḥammad b. Yaḥyā,[Сули, Абу Бекр Мухаммед б. Яхья],苏利,阿布·贝克尔·穆罕默德·本·叶海亚,15 注

– Ṣūlī, Abū Isḥaq Ibrāhīm,[Сули, Абу Исхак Ибрахим],苏利,阿布·伊斯哈克·伊卜拉欣,15

Sulṭan,[Султан],苏勒坦,亦译算端、苏丹等,271(关于此一称号的用例)

Sultān – shāh b. Īl – Arslān,[Султан – шах б. Иль – Арслан],苏勒坦 – 沙·本·伊勒 – 阿尔斯兰,337 – 8,339 – 40,342,346

Su – lu,[Сулу],苏禄(突骑施可汗),187,191,201,520

Sumerkent,[Сумеркент],苏迈尔肯特,484

Sum – Köl,[Сум – Куль],苏姆 – 库勒,见 Sayrām 条

Sūmnāt,[Сомнат],索姆纳特,285
Sūnaj,[Сунадж],苏纳只,141
Sunak – ata (Sunak – kurgan),[Сунак – ата (Сунак – курган)],苏纳克 – 阿塔,亦作苏纳克 – 库尔干,179
Sunit (Sönit) tribe,[Племя Сунит],雪你惕部,433,468
Ṣū – qarā,[Су – кара],苏 – 哈剌,349 注;参看 Qarā –ṣū 条
Suqnāq – tagīn,[Сукнак – тегин],苏克纳克 – 的斤,401,403,404
Suqrī(Safarī),[Сукри (Сафари)],苏克里,亦作萨法里,155
Sūrān rabāṭ,[Суран рабат],苏兰拉巴特,155
– Sūrī,Abu'l – Faḍl,[Сури, Абу – л – Фазл],苏里,阿布勒 – 法兹勒,293
Surkhāb river,[Сурхаб р.],苏尔哈卜河,即瓦赫什河,见 Wakhsh river 条
Ibn Surkhak,[Ибн Сурхак],伊本·苏尔哈克(萨曼家族成员),270
Surkhān river,[Сурхан р.],苏尔罕河,70,72,73 注,74,75,452
Surkhkat,[Сурхкет],苏尔赫凯特,131
Surmārā,[Сурмара],苏尔玛拉,121,131
Surūd,苏鲁德,见 Asrūd 条
Surūda,[Суруда],苏鲁达,135
Süssheim K. ,齐斯海木,29 注
Sutīfaghn,[Сутифагн],苏提法根,131
Sutīkan,[Сутикен],苏提肯,131
Sutkand,[Сюткенд],休特肯德,177
Sūtkhan,[Сутхан],苏特罕,131
Sutrūshana,[Сутрушана],苏对沙那,165 注;参看 Ushrūsana 条
Sūyāb,[Суяб],碎叶,195,201
Sūyanj,[Суяндж],苏扬只,131
Sūydak,[Суйдак],苏伊达克,169

Suyunch – Khān,[Суюнч – хан],苏云奇 – 汗,409

Syr – Darya(Sihūn 或 Sayhūn,Yaxartes),[Сыр – Дарья(Сыр,Сихун 或 Сейхун,Яксарт)],锡尔河(亦名细浑河、药杀水)

锡尔河的名称,155

锡尔河流域概况,155 – 65,169 – 179

哈剌汗人征服锡尔河流域,264

锡尔河的河口,152,178

穆斯林征服锡尔河的河口,178,257

术赤沿锡尔河行军,39,407,414 – 16

(一般记述)64,82,83,94,186,192,201,315,324,328,329,356,357,369,375 注,404,407,408,417 – 8,420,450,451,455

– Tabānī,Abū Ṣādiq,[Тебани,Абу Садик],泰巴尼,阿布·萨迪克(伊玛目),300

– Tabānī,Abū Ṭāhir ʻAbdallāh б. Aḥmad,[Тебани,Абу Тахир Абдаллах б. Ахмед],泰巴尼,阿布·塔希尔·阿卜杜拉·本·艾哈迈德,294

Ṭabaqāt – i Nāṣirī,[Табакат – и Насири],《纳西尔大事记》,21 注,31,38 注,39,60 – 1;参看 – Jūzjānī 条

– Ṭabarī,Muḥammad b. Jarīr,[Табари,Мухаммед б. Джерир],塔巴里,穆罕默德·本·杰里尔,2 – 3,5,6,10,14,62

Ṭabaristān,[Табаристан],塔巴里斯坦,旧译陀拔斯单,213,214,218

Tabrīz,[Тебриз],大不里士,47

Tādhan,[Таден],塔登,131

Tādīza,[Тадиза],塔迪扎,131

Tadyāna,[Тедьяна],泰德亚那

Ṭafghāch – Khātūn,[Тафган – хатун],塔甫花石 – 可敦,(或译桃花石 – 可敦)367

Taghāma, [Тагама], 塔加玛, 132

tagīn (tegīn), [тегин], 的斤, 亦译特勤, 意为"王公", 261 注

Tagīn – Khān, [Тегин – хан], 的斤 – 汗, 269

Ta – hia, 大夏, 66 注, 参见 Bactrian empire 条

Ṭāhir b 'Abdallāh, [Тахир б. Абдаллах], 塔希尔·本·阿卜杜拉(塔希尔朝君主), 212, 214, 216

Ṭāhir b. 'Alī (rabāṭ of), [Рабат Тахира б. Али], 塔布尔·本·阿里的拉巴特, 81

Ṭāhir b. Faḍl (of Ṣaghāniyān), [Тахир б. Фазл], (石汗那的)塔希尔·本·法兹勒, 254

Ṭāhir b. Ḥusayn b. Mus'ab, [Тахир б. Хусейн б. Мус'аб], 塔希尔·本·侯赛因·本·穆斯阿卜, 10, 203, 208, 210

Ṭāhir b. Ḥusayn b. Ṭāhir, [Тахир б. Хусейн б. Тахир], 塔希尔·本·侯赛因·本·塔希尔, 217

Ṭāhir b. Layth, [Тахир б. Лейс], 塔希尔·本·莱思(萨法尔家族成员), 216

Abū Ṭahīr b. Ilk, [Абу Тахир б. Илк], 阿布·塔希尔·本·伊勒克(法吉), 316

Abū Ṭāhir, 塔希尔, 见 – Khātūnī, – Tabānī 各条

Ṭahirid dynasty, [Тахириды], 塔希尔朝, 31, 78, 198, 207 – 11, 212 – 22, 224, 226, 380

Ṭāhirīya, [Тахирия], 塔希里亚, 142, 155

Ṭāir – bahādur, [Таир – бахадур], 塔亦儿 – 把阿秃儿, 408

Ta' ir –ṣu river, [Таир – су р.], 塔伊尔 – 苏河, 69, 参看 Andījārāgh 条

taishi, 太师, 391, 451

Tāj ad – Dīn Bilgā – Khān (of Utrār), [Тадж ад – дин Бильгя – хан], 塔术丁·比勒伽 – 汗(讹答剌的统治者), 364

Tāj ad – Dīn 'Omar – Bisṭāmī, [Тадж ад – дин Омар Бистами], 塔术丁

·欧马尔·比斯塔米,422
Tāj ad – Dīn ‘Omar b. Mas‘ūd,[Тадж ад – дин Омар б. Мас'уд],塔术丁·欧马尔·本·马斯乌德,449
Tāj ad – Dīn Ṭughan,[Тадж ад – дин Туган],塔术丁·图甘,422
Tāj ad – Dīn Zangī,[Таджи ад – дин Зенги],塔木丁·增吉,351
Tājī – beg,[Таджи – бек],塔吉 – 别乞,433
Tajiks,[Таджики],塔吉克人,96 注,411,447,468
Takash,[Текеш],泰凯什,亦译帖乞失(花剌子模沙),28,32,33,179,337 – 49,373,378
其陵墓,361,436
Takhsānjkath,[Тахсанджкет],塔赫散只凯特,132
Takhsī,[Тахси],塔赫西,132
Ṭākhūna ariq,[Тахуна кан.],磨房渠,105,118 注
Talas,[Талас],塔拉斯,旧译怛逻斯,224,295,492,493;参阅Ṭarāz 条
Talas river,[Талас р.],塔拉斯河,176,363,367,450,480
Ṭalḥa b. ‘Abdallāh – Khuzā‘ī,[Тальха б. ‘Абдаллах ал – Хуза'и],塔勒哈·本·阿卜杜拉·胡扎伊,208
Ṭalḥa b. Ṭāhir,[Тальха б. Тахир],塔勒哈·本·塔希尔,208,210,211
Abū Tālib,[Абу Талиб],阿布·塔利卜,294 注;参看 – Tabānī 条
Talki pass,[Талки перевол],塔勒基山口,489;参看 Temür – Qalqa 条
Ṭālqān,[Талькан хорасанский],塔里寒,在呼罗珊境内,79,198,437,439,443,444,446,449,454
Ṭālqān,[Талькан(原名 Тайкан,后称 Тальхан) тохаристанский],塔里寒,在吐火罗斯坦境内,原名塔伊坎,后称塔里寒,今译塔利坎,67,417,419
Ṭamākhush,[Тамахуш],塔马胡什,160
Ṭamghāch,[Тамгач],桃花石(城名),397
Ṭamghāch – Bughrā – Khān Ibrāhīm,[Тамгач – Богра – хан Ибрахим],

桃花石－布格拉－汗·伊卜拉欣,322
Ṭamghāch（亦作Ṭabghāch 或Ṭafghāch）－Khān,[Тамгач（亦作 Тафгач 或 Тангач）－хан],桃花石汗(中古时期中亚地区若干君主采用的称号,意为“中国的汗”),304,319 注
Ṭamghāch－Khān Ḥasan,[Тамгач－хан Хасан],桃花石汗·哈桑,323 注
Ṭamghāch－Khān Ibrāhīm b. Ḥusayn,[Тамгач－хан Ибрахим б. Хусейи],桃花石汗·伊卜拉欣·本·侯赛因,17,90,315
Ṭamghāch－Khān Ibrāhīm b. Muḥammad,[Тамгач－хан Ибрахим б. Мухаммед],桃花石汗·伊卜拉欣·本·穆罕默德,33,336
Ṭamghāch－Khān Ibrāhīm b. Naṣr（Būri－tagīn）,[Тамгач－хан Ибрахим б. Наср（Бури－тегин）],桃花石汗·伊卜拉欣·本·纳斯尔(即布里－的斤),36,109,300－4,311－4,315,318,525
Tamliyāt,[Темлият],泰姆利亚特,69
Ta－mo(应作 Tu－mo),独莫水,134 注
Tamuchin,[Темучин],铁木真,382－4;参看 Chingiz－Khān 条
Tang－i ḥarām,[Тенг－и Харам],滕格－伊·哈拉姆,138
tangmachi,[таньмачи],探马赤,465
Tangut,[Тангуты],唐古忒,亦译唐兀,404,436 注,453,458,483,487
Taoists,道士,388,450,参看 Ch‘ang－Ch‘un 条
Ṭāq Kisrā,[Так－кесра],塔克·凯斯拉,315
Ṭārāb,[Тараб],塔拉卜(村名),115 注,117,132
－Tārābī,Maḥmud,[Тараби, Махмуд],塔拉比,马哈茂德,360,465 注,469－71
Ṭarāz（Talas）,[Тараз（Талас）],塔拉兹(塔拉斯),159,224,236,241,256,281,323 注,341,358;参看 Talas 条
Ṭārband,[Тарбенд],塔尔本德,171 注
targhū,[таргу],塔尔古

意为“驼毛织物”,396
意为“丝料”(科差之一种),465
Ṭa'rīkh - i Jahān - gushāy, [Та'рих - и джахангушаи],《世界征服者史》,39 - 40;参看 - Juwaynī 条
Ta'rīkh - i Khayrāt, [Та'рих - и хайрат],《善事系年》,54 注,56;参看 - Musawī 条
Ta'rīkh al - Yamīnī, [Та'рих ал - Йамини],《亚敏尼史》,19 - 20,32 注;参看 -'Utbī, Abū Naṣr条
tarkhān, [тархан],答剌罕(亦译达干,意为军事贵族),202,385 - 6
Tarkhūn (Ikhshīdh of Soghd), [Тархун],塔尔洪(粟特的伊赫施德),184
Tarmashīrīn, [Тармаширин],答儿麻失里(察合台后王)54,460
Ṭarwākh, [Тарвах],塔尔瓦赫,132
Tāsh, [Таш],塔什(哈吉卜),228,252 - 3,270
Tāsh rabāṭ, [Таш рабат],塔什拉巴特,154
Tashatun (应作 Tatatun'), [Ташатун (应作 та - та - тун - а)],塔沙统(应作塔塔统阿),387
- Tashkandī, Muḥammad, [Ташкенди, Мухаммед],塔什肯迪,穆罕默德,52
Tashkent, [Ташкент],塔什干,14,171,参看 Shāsh 条
Tash - Kurgan, [Таш - курган],塔什库尔干,97
Tatars, [татары],鞑靼人,又称达靼,又称达怛,达旦、达达、塔塔儿等,92,369 - 70,381 - 2,387,389 注,391,399,406,419,424,432
Tavvaz, [Тавваз],塔乌瓦兹,306 注
Ṭawāwīs, [Тававис],塔瓦维斯,97,98,99,112,115,116,317
Taxation,税制:
乌迈亚朝时期,187 - 8,189 - 90,192
阿拔斯朝时期,204,210 注,220

萨曼朝时期,220,238 – 40
哥疾宁朝时期,287 – 9,291 – 3
蒙古人治下,465 – 6,482
Ṭāyankū – Ṭaraz,[Таянку – Тараз],太阳古 – 塔拉兹(哈剌契丹朝将领),344,350,356,358 – 9,363 – 4
Ibn Ṭayfūr,[Ибн Тейфур],伊本·泰福尔,196 注
Tayghu,[Тайгу],泰忽,492
Tayjiut tribe,[Тайджиют],泰亦赤兀惕部,44
Tāynāl – noyon,[Тайнал – нойон],泰那勒 – 那颜,416
Ṭāyqān,[Тайкан],塔伊坎,67;参看Ṭālqān(在吐火罗斯坦境内)条
Abū Tayyib,[Абу Тайиб],阿布·泰伊卜,见 – Sa'lūkī 条
Abū't – Ṭayyib,[Абу – т – тайиб],阿布特 – 泰伊卜,见 Muṣ',abī 条
Tegmish,[Текмиш],帖克米什,482
Temuga,[Тэмуга],帖木格(成吉思汗同母弟),385
Temür – Qadaq,[Тимур – Кадак],帖木儿 – 合答,479
Temür – Qalqa,[Тимур – Кахалька],帖木儿 – 哈勒哈(意为"铁门"),489;参看 Talki pass 条
– Tha'ālibī,'Abd al – malik b. Muḥammad,[Са'алиби, Абд ал – Мелик б. Мухаммед],萨阿利比,阿卜杜·麦利克·本·穆罕默德,9,10,19 注,196 注
– Tha'ālibī,Ḥusayn b. Muḥammad,[Са'алиби,Хусейн б. Мухаммед],萨阿利比,侯赛因·本·穆罕默德,18,24
Thābit b. Quṭba,[Сабит б. Кутба],萨比特·本·库特巴,183,184
Thābit b. Ṣinān – Ṣabi',[Сабит б. Синан ас – Саби],萨比特·本·锡南·萨比,7,8,255 注
Thafaqtān (Yimek),[Тафактан Йимак],(伊麦克人)塔法克坦,369 注;参看 Yūsuf (? Tatar)条
Tibet,[Тибет],吐蕃,65,66,200,202,453

Tiesenhausen, Baron V. G., [Тизенгаузен. В. Г.], V. G. 蒂森豪森男爵,38 注,63 注
Tiflis, [Тифлис],第比利斯,446
Tīm, [Тим],提姆,132
Timūr, [Тимур],铁穆耳,忽必烈之孙,即元成宗,48 注
Tīmūr, [Тимур],帖木儿,50,53,54,55,56,86,88,169,215,407,408,412,417,445 – 6,454
Timūr – malik, [Тимур – мелик],帖木儿 – 麦利克,417 – 8,432,437,483
Timūrids, [Тимуриды],帖木儿朝,51,55
帖木儿朝时期的历史撰述,52 – 8
Tirmidh, [Термез (Тармиз)],忒耳迷,亦译呾密,今名帖尔梅兹,71 – 6,80,138,184,191,235,241,249,254,259,266,272,278,285,297,298,301 注,302,303 – 4,314,315,319,326,330,334,336,352,419,427,440
– Tirmidhī, Abū ‘Abdallāh Muḥammad b. ‘Alī, [Термези, Абу Абдаллах Мухаммед б. Али],忒耳迷齐,阿布・阿卜杜拉・穆罕默德・本・阿里,75
– Tirmidhī, Abū ’Īsā Muḥammad b. ‘Īsā, [Термези, Абу Иса Мухаммед б. Иса],忒耳迷齐,阿布・伊萨・穆罕默德・本・伊萨,75 注
– Tirmidhī,忒耳迷齐,见‘Alā al – Mulk 条
Tirmidh – shāh, [Термез – шах],忒耳迷沙,73 注
Tiskhān(?), [Тисхан],提斯罕(?),164
Toghan Khān, [Туган – хан]脱甘汗(哈剌汗朝君主),477
Tokhari, [тохары],吐火罗人,66
Tomaschek, W.,托玛舍克,69 注,70,71 注,82,96 注,98,102 注,108
Toqashi Khatun, [Тукаши – хатун],脱哈失可敦,477,480
Toquchar – bahādūr (Toquchar – noyon), [Тохучар – бахадур (Тохучар

– нойон)],脱忽察儿 – 巴阿秃儿(脱忽察儿 – 那颜),371,419 – 24,429,437,447

Toquz – Oghuz Turks,[токуз – огузы],托库斯 – 乌古斯突厥人,200 – 2,211,254,521

Töregene Khatun,[Туракина – хатун],脱列哥那可敦(贵由之母),467 注,473,475,476

toyins,[тойны],道人,389 注

Transoxania,[Мавераннахр],河中:

政治变迁,64 – 5

土著统治者,180,182,183,186,188,190,195 – 6,201,202,210 – 1,223,224,233

河中的贵族,180 – 1,223,226,227,307 – 8,316

河中概况

阿拉伯人征服以前的时期,180 – 3

乌迈亚朝时期,187 – 8

阿拔斯期早期,19 – 8,203

马蒙在位时期,202 – 3,210

塔希尔朝与萨曼朝时期,212 – 5,226 – 7,234 – 40

哈拉汗朝时期,17,268 – 75,279 – 86,295 – 6,298 – 9,300 – 5,307 – 8,310 – 22

哈拉契丹朝时期,339,353 – 6,362 – 3

花剌子模沙摩诃末在位时期,363 – 6,368 – 9,395

蒙古人统治时期,417,427,450 – 3,456 – 7,465,469,471,472,476,482,483,487,488,491,493

河中被征服

被阿拉伯人征服,182 – 92

被哈拉汗人征服,257 – 68

被塞勒术克人征服,313 – 4,316 – 7,318

被蒙古人征服,403 – 20
河中最后归顺穆斯林统治,310 – 2
花拉子模诸沙进攻河中的经过,333 – 4,341 – 2,355 – 60,363 – 6
民族与宗教运动,194 – 5,199,199 – 20,248,270
铸币,203 – 7
商业与工业,234 – 40,256
参看 China,Maḥmūd,Shi‘ites,Ṭurks 各条
Trebizond,[Трапезунд],特雷比宗德,395
Tūban,[Тубен],图本,141
Tubkār,[Тубкар],图卜卡尔,163
Tūdh,[Туд],图德,132
Ṭughān (ḥājib),[Туган],图甘(哈吉卜),248
Ṭughān,[Туган],图甘,见 Tāj ad – Dīn 条
Ṭughān rabāṭ,[Туган рабат],图甘拉巴特,154
Ṭughānchik,[Туганчик],图甘奇克,272
Ṭughān – Khān I (of Kāshghar),[Туган – хан Ⅰ],(喀什噶尔的)图甘汗(一译脱欢汗)一世,274 – 5,279 – 82,524
Ṭughān – Khān Ⅱ (of Semiryechye),[Туган – хан Ⅱ],(七河流域的)图甘汗(一译脱欢汗)二世,282,285,294,524
Ṭughān – Khān,图甘汗,即 Sulaymān – tagīn,318 注
Ṭughān – Shāh Abū Bakr,[Туган – шах Абу Бекр],图甘 – 沙·阿布·贝克尔,338,339,340,346
Ṭughān – tagīn (of Kāshghar),[Туган – тегин кашгарский],(喀什噶尔的)图甘 – 的斤,241,256
Ṭughān – tagīn b. Ṭamghāch – Khān Ibrāhīm,[Туган – тегин (Туган – хан), Караханид],图甘 – 的斤·本·桃花石汗·伊卜拉欣,314 注,参看 Shu‘ayth b Ibrāhīm 条
Tughāy,[Тугай],秃海,416

Tughāy – Khān,[Тигай – хан],图海汗,411,413,414

Ṭughrul b. Arslān,[Тогрул б. Арслан],托格鲁勒·本·阿尔斯兰(塞勒术克朝君主),346 – 7

Ṭughrul b. Mikā'īl,[Тогрул б. Микаил],托格鲁勒·本·米卡伊勒(塞勒术克君主),297,300,303,305,306 注,307,308,310

Ṭughrul,托格鲁勒,见'Izz ad – Dīn 条

Ṭughrul – Khān,[Тогрул – хан],托格鲁勒 – 汗,见 Būzār 条

Ṭughrul – Qarā – Khān Yūsuf,[Тогрул – Кара – хан Юсуф],托格鲁勒 – 哈剌 – 汗·优素福(哈剌汗朝君主),315

Ṭughrul – tagīn,[Тогрул – тегин],托格鲁勒 – 的斤(哈剌汗家族成员),315

Ṭughrul – tagīn b. Ikinchī,[Тогрул – тегин б. Икинчи],托格鲁勒·本·伊金奇,324

Ṭughrul – Yanāl – Beg,[Тогрул – Янал – бек],托格鲁勒 – 扬纳勒 – 伯克(总督),318

Tūjī – Pahlawān,[Туджи – Пехлеван],图吉 – 佩赫雷宛,432,参照 Qutlugh – Khān 条

Ṭukhāristān,[Тохаристан],吐火罗斯坦,66 – 8,191,217,303,338,439 注,444 注

Tūkhtā – bīkī,[Тухта – бики],图赫塔 – 别乞,旧译脱黑脱阿别乞,见 Tūqtā – bīkī 条

Tukkath,[Туккет],图克凯特,174

Tulun – cherbi,[Тулун чэрби],脱仑 – 扯儿必,433,442

Tūluy(Toluy),[Тулуй],拖雷,52,385,407,424 注,438 – 9,442 注,446 – 7,462,463,473,476,479,487

Tumansky,A. G.,[Туманский, А. Г.],图曼斯基,A. G.,13,159,200,338,

Tumtar,[Тумтар],图姆塔尔,132

Tumurtāsh,[Тумурташ],图穆尔塔什,153
Tumushkath,[Тумушкет],图穆什凯特,132
Tūnkath,[Тункет],通凯特,172,173,223,315
Tupalang – Darya,[Тупаланг р.],图帕兰格河,72
Tūqtā – Bīkī,[Тухта – бики],图克塔 – 别乞,亦作图赫塔 – 别乞,361 – 2,370 注
Tūq – tughān (Qūl – tughān),[Туктуган (Хултуган – Мерген)],图克 – 图甘(一作呼勒图甘 – 蔑儿根,与 Qudū – Khān 同为 Tūqtā – bīkī 之子),370
Tūrān,[Туран],突朗,64
Turār,[Турар],图拉尔,177
Turbān,[Турбан],图尔班,132
Tūrbāy (Dūrbāy,Tūrtāy?),[Турбай (Туртай)],秃儿拜,一作都儿拜或秃儿台,449
Turgesh Turks,[Тюргеши],突骑施突厥人,187,201
Turk b. Japhet,[Тюрк, сын Яфета],突厥·本·雅弗,27
Turkān,[туркан],图尔坎(突厥语王后的称号),337 注
Turkān,[Туркан],图尔坎(花剌子模沙伊勒 – 阿尔斯兰之妻),337 – 8
Turkān – Khātūn,[Туркан – хатун],图尔坎 – 可敦(花剌子模沙泰凯什之妻,摩诃末之母),349,350,356,357 – 8,361,364,366,375 – 7,378 – 80,398,407,411,419,428,430,431,433
Turkestan,[Туркестан],著者前言(俄文本 *R 39 – 41*),17,39,40,51,64,83,236,316,366,464,469 – 70,480
Turkestan (modern town),[Туркестан, город],近代的突厥斯坦城,177 注
Turkestan mts.,[Туркестанский хр.],突厥斯坦山脉,82
Turkish calender,突厥历法,286 注
Turkmenia,[Туркмения],土库曼尼亚,430

Turkmens,[Туркмены],土库曼人,178,234,254 注,257,284 – 5;293,295,297 – 300,301 – 2,306 注,333,408,416,440,449;参看 Saljūqids 条
Turks,Central – Asian,[тюрки],(居于中亚的)突厥人:
有关的历史与地理撰述,13,17,20,26,31,36
与中国的关系,381 – 2,394
与萨曼朝的关系,256
侵入河中地区,186 – 7,190 – 1,192,200 – 1,256 – 60,263 – 4
伊斯兰教在突厥人中间的传布,178,254 – 6,257,267
与河中地区的贸易,236,237 – 8,255 注,256
(一般记述)64,66,70,71,77,96 注,99,112,113,117,156,162,177 – 8,195,199,201,209,211 – 2,234,236,246,254,258,273,279,283,286,291 注,296,297,305 – 7,309 – 10,320,369 – 72;参看 Ghuzz Turks,Qarluqs,Qipchāqs,Saljūqids,Slaves,Turgesh Turks,Turkmens,Uighūrs,Uzbegs 各条
Turks,Osmanli,[османы],奥斯曼突厥人,52,461
Turmuqān,[Турмукан],图尔穆坎,162
Turnāwadh,[Турнавед],图尔纳韦德,132
Ṭus,[Тус],徒思,亦译途思,251,262,272,335,339,344,425
Ṭūsan,[Тусан],图桑,132
Tūshā – Basqāq,[Туша – баскак],秃沙 – 巴思哈黑,见 Nūshā – Basqāq 条
Tushkīdaza,[Тушкидаза],图什基达扎,132
– Ṭūsī,Nāṣir ad – Dīn,[Туси, Насир ад – дин],徒锡·纳西尔丁,39,40 注,362 注
Tūskās,[Тускас],图斯卡斯,132
Ṭūṭi – beg,[Тути – бек],图提 – 伯克,330

Abū ' Ubayda, [Абу Убейда], 阿布 · 乌拜达, 6, 192 注

' Ubaydallāh b. ' Abdallāh b. Ṭāhir, [Убейдаллах б. Абдаллах б. Тахир], 乌拜杜拉 · 本 · 阿卜杜拉 · 本 · 塔希尔, 218, 219

Ubburdan, [Оббурдан], 奥卜布尔丹, 168

Ūbūqār, [Убукар], 乌布卡尔, 114

Uchachar, [Учачар], 兀察察儿, 488

Ūdana, [Удана], 乌丹那, 115, 132

Ughnāq (?), [Угнак], 乌格纳克, 356, 363

Uguday (Ögedey), [Угэдэй], 窝阔台, 43, 44, 52, 393, 412, 417, 433 – 5, 437, 438, 439, 441 注, 445, 448, 455, 458, 460, 462, 463 以下, 469, 471 以下, 478, 479, 480, 483, 490, R*595*, R*597*

Uighuria, [Уйгурия], 畏兀儿地, 40, 362, 387 – 90, 393 注, 401, 450, 473, 481

Uighūrs, [уйгуьы], 畏兀儿人, 又译回纥, 回鹘, 维吾尔, 36, 45, 51, 52, 53, 102 注, 311 – 2, 362, 394, 400 注, 403, 404, 407, 416 注, 455, 467, 472 以下, 481, 483, 491

畏兀儿人的著作, 51 – 3, 54

畏兀儿的文化和宗教信仰, 487 – 91

畏兀儿字母为蒙古人所采用, 41, 51, 387, 391, 424

' Ujayf b ' Anbasa, [Уджейф б. Анбаса], 乌杰伊夫 · 本 · 安巴萨, 95

Ūjna, (Ūjana), [Уджна (Уджена)], 乌只那, 亦作乌真那, 161

Ukhun, [Ухуна], 兀忽那, 399 注

Ulaghchi, ("Ulavchiy"), [Улакчи (《Улавчий》)], 兀剌克赤, 一作"兀剌乌赤伊", 484

' *ulamā*, [улемы], 乌莱玛, 伊斯兰教教法学家, 贤明博学之权威人士, 见 Priesthood 条

Uljākant (Unjākant), [Ульджакент (Унджакет)], 乌勒贾肯特, 亦作翁贾凯特, 170

Ūljāytū (Öljeytu), [Улджэйту], 完者都, 45 – 6, 47 – 9, 471 注
Ulughbeg, [Улугбек], 兀鲁伯, 41 注, 52, 53, 56 – 7, 458 注, 485 注
Ulugh – Ev, [Улуг – Иф], 兀鲁格 – 亦弗, 475
Ulugh – Khān, [Улуг – хан], 乌鲁格 – 汗, 443 注
Ulūq – Khātūn, [Улук – хатун], 兀鲁克 – 可敦, 401
Ulūs – Īdī, [Улус – Иди], 兀鲁思 – 亦迪, 416, 418
'Umar ('Umayr), [Омар (Омейр)], 乌迈尔, 见'Omar, Castle of 条
Ummayyad dynasty, [Омейяды], 乌迈亚朝, 197, 228, 255
 乌迈亚朝历史撰述, 4
 乌迈亚朝统治下的河中, 182 – 94
'Umdat al – Mulk, [Умдат ал – мульк], 乌木达特 · 穆勒克, 440
'Umrānī, 'Alī b. Muḥammad, [Умрани, Али б. Мухаммед], 乌木拉尼, 阿里 · 本 · 穆罕默德, 32 注, 133
Ūrast, [Урест], 乌雷斯特, 159, 211
Ura – tube, [Ура – Тюбе], 乌拉 – 提尤别, 166
Urgench, [Ургенч], 兀笼格赤, 见 Gurgānj 条
Ūrkhān, [Урхан], 乌尔汗, 445
Urukhs, [Урухс], 乌鲁赫斯, 132
Ürüngtash, [Урунгташ], 玉龙答失(蒙哥之子), 489
Usbānīkath, [Усбаникет], 乌斯巴尼凯特, 176
– Usbānīkatī, Sa'īd b. Ḥātim, [Усбаникети, Са'ид б. Хатим], 乌斯巴尼凯提, 赛义德 · 本 · 哈提木, 256
Ūsh, [Ош], 奥什, 156, 157, 159, 163
Ushmūnayn, [Ушмунейн], 乌什穆奈恩, 235 注
Ushpurqān, [Ушпупкан], 乌什普尔坎, 79, 参看 Shapurqān 条
Ushrūsana, [Осрушана], 乌什鲁桑那, 旧译苏对沙那, 82, 94, 124, 128, 165 – 9, 191, 192, 196, 200, 202, 210 – 1, 212, 224, 274 注
Ushtābdīza, [Уштабдиза], 乌什塔卜迪扎, 90

Ushtīqān,[Уштикан],乌什提坎,158,162,163,164
Ushturj,[Уштурдж],乌什图尔只,81
Ushtūrkath,[Уштуркет],乌什图尔凯特,170
Usmand,[Усменд],乌斯门德,121,132
Usrūshana,[Осрушана],乌斯鲁沙那,见 Ushrūsana 条
ustādh,[устад],乌斯塔德(太傅的称号),30,232
Ustughdādīza,[Устугдадиза],乌斯图格迪扎,141
Ustun –(? Usun –) noyoh,[Устун –(? Усун –) нойон],兀思屯 –(? 兀孙 –)那颜,433
–'Utbī (family),[Утби, династия везиров],乌特比家族,229,248,253
–'Utbī, Abu'l – Ḥusayn,[Утби, Абу – л – Хусейн],乌特比,阿布勒 – 侯赛因(韦齐尔),17,252,253 注
–'Utbī, Abū Ja'far,[Утби, Абу Джа'фар],乌特比,阿布·贾法尔(韦齐尔),110,250,251
–'Utbī, Abū Naṣr,[Утби, Абу Наср],乌特比,阿布·纳斯尔(历史学家),17,19 – 20,50,252;参看 Ta'rīkh al – Yamīnī 条
Utrār (Uṭrār),[Отрар],讹答剌,旧译兀提剌耳,39,177,179,202,356,364,369,397 – 8,406,407,408,410,412,414,417
Uṭrār – banda,[Отрар – бенде],讹答剌 – 本德,177
– Uṭrush,[Утруш],乌特鲁什,见Ḥasan b. 'Alī 条
Utshund,[Утшунд],乌特顺德,141
Ūtūqā,[Утука],兀秃哈,455 注
Uy'urtay,[Уйуртай],畏兀儿台,467
Uzārmand,[Узарменд],乌扎尔门德
Uzbegs,[узбеки],乌孜别克人,旧译月即别人,68,75,130 注,150
Uzboi,[Узбой],乌兹博伊,150 注,154
Ūzgand,[Узгенд (Юзгенд)],讹迹邗(在费尔干纳境内),156,157,161

注,163,164,179 注,268,269,270,272,274,275,285,300,317,353,363,366,491,524,526,R597

Ūzgand,[Узгенд кр.],讹迹邗(位于锡尔河畔),179,414

Ūzlāgh – Shāh,Quṭb ad – Dīn,[Озлаг – шах, Кутб ад – дин],奥兹拉格 – 沙,库特卜丁,378 – 9,432,437 – 8

V – see W –,字母 V 打头的条目可参看字母 W 打头的条目

Vakhshu (Wakshu),[Вахш],瓦赫舒或瓦克舒,阿母河之古代阿利安语名称,旧译缚刍河,65

Vambery,A.,冯贝里,A.,(匈牙利旅行家与东方学家),81 注,490 注

Varahrān V,[Варахран V],瓦拉赫兰五世,见 Bahrām Gūr 条

Vardan (Vartan),[Вардан],瓦尔丹,一译瓦尔坦,420 注,484

Vardanzi,[Варданзи],瓦尔丹齐,113

Vasil'ev W. P.,[Васильев, В. П.],瓦西里耶夫,W. P.,37 注,42 注,381

Veselovsky N.,[Веселовский, Н. И.],韦谢洛夫斯基,N.,127,207

Vladimir,St.,[Владимир Святой],圣弗拉迪米尔,305

Volga river,[Волга р.],伏尔加河,484

Vyatkin, V.,[Вяткин, В. Л.],维亚特金,V.,15 注,63 注,91,145,170,413 注

Wābkana (Wābakna),[Вабкена (Вабекна)],瓦卜肯那,一作瓦贝克那,128,132

Wābkand – Darya channel,[Вабкенд – Дарья кан.],瓦卜肯德达里亚渠,114

Wadhāk canal,[Ведак кан.],韦达克渠,144,146

Wadhār,[Ведар],维达尔,92,94,128,235

Wādī – s – Sughd,[Вади – с – Сугд],瓦迪 – 斯 – 粟特,89

Wāfkand,[Вафкенд],瓦弗肯德,114
Wāghiz,[Вагиз],瓦吉兹,163
Waghkath,[Вагкет],瓦格凯特,167 注,参照 Faghkath 条
Waḥīd ad – Dīn – Būshanjī (qāḍī),[Вахид ад – дин Бушенджи],瓦希杜丁·布申吉(卡孜),460
Wajāz,[Веджаз],韦贾兹,152
Wakhāb river,[Вахаб р.],瓦哈卜河,65
Wakhān,[Вахан],瓦罕,65,66
Wakhsh,[Вахш],瓦赫什,旧译镬沙、沃沙,69,301,338,417,419
Wakhsh (Surkhab) river,[Вахш (Сурхаб) р.],瓦赫什河,又名苏尔哈布河,旧译镬沙河,65,68 – 71,72,74 注,81 注
Wakhsūn,[Вахсун],瓦赫苏,120
wakīl of the court,[Векиль двора],宫内大臣,229,231,307,377 – 8,379 – 80
Wakshu,瓦克舒,见 Vakhshu 条
Walī,Sayyid Aḥmad b. Amīr,[Вели, Сейид Ахмед б. Эмир],韦利,赛伊德·艾哈迈德·本·埃米尔,15 注
Wāliyān (Walishtān) fortress,[Валиян (Валиштан) кр.],瓦利延堡,亦称瓦利什坦堡,441,443,444
Walkh fortress,[Валх кр.],瓦勒赫堡,442
Walls for protection from Turks,为防御突厥人而建造的城墙,71,112,172 – 3,201,211
Wana,亦作 Wanaj,[Вена,亦作 Венадж],韦纳,亦作韦纳只,141
Wanandūn,[Вanендун],瓦南敦,133
Wang – Khān,[Ван – хан],王罕(克烈部首领),382,468
Wānkath,[Ванкет],宛凯特,156,158,163
Wanūfāgh,[Ванyфаг],瓦努法格,115,133
Wanūfakh,[Ванyфах],瓦努法赫,133

Waragh,[Варар],瓦拉格,见 Fāshūn,Ra's al – Waragh 各条
Waraghchan,[Варагчен],瓦拉格钦,141
Waraghdih,[Варагдех],瓦拉格德赫,153
Waraghsar,[Варагсер],瓦拉格塞尔,83,92,93,191
Warakhshah,[Варахша],瓦拉赫沙,115,116
Wardāna (Vardanzi),[Вардана (Варданзи)],瓦尔达那,亦作瓦尔丹齐,113
Wardān – Khudāt,[Вардан – худат],瓦尔丹 – 胡达特,113
Wardrāgh,[Вардраг],瓦尔德拉格,151
Wardūk,[Вердук],韦尔杜克,174
Warka,[Варка],瓦尔卡,
山名,111
村名,111,114
Warqūd (Waraqūd),[Варкуд (Варакуд)],瓦尔库德,一作瓦拉库德,98注
Warsnīn,[Варснин],瓦尔斯宁,87,88,90
Warthīn,[Версин],韦尔辛,16,141
– Warthīnī, Abu'l – Hārith Asad b. Hamduya,[Версини, Абу – л – Харис Асад б. Хамдуя],韦尔辛尼,阿布勒 – 哈里思 · 阿萨德 · 本 · 哈木杜亚(历史学家),16
Warwālīz,[Варвализ],瓦尔瓦利兹,旧译遏换、阿缓,67
Wāshgird,[Вашгирд],瓦什吉尔德,71,74
Wasīj,[Весидж],韦西只,176 注,177
Waṣṣāf,[Вассаф],瓦萨夫(那色波城街道名),141
– Waṣṣāf,[Вассаф],瓦萨夫(历史学家)40,47,48 – 9,54,58,490 以下
– Wāthiqī,'Abdallāh b. 'Uthmān,[Васики, Абдаллах б. Осман],瓦西吉,阿卜杜拉 · 本 · 奥斯曼,258
Waṭwāṭ,Rashīd ad – Dīn,[Ватват, Рашид ад – дин],瓦特瓦特,拉施德

丁,33
Wāykhān,[Вайхан],瓦伊罕,149,150
Wazāghar,[Вазагар],瓦扎加尔,133
Wazārmand,[Везарменд],韦扎尔门德,148
Wāzd,[Вазд],瓦兹德,94
Wazghajn,[Вазгаджн],瓦兹加只恩,141
wazīr,[везир],韦齐尔,意为宰相或国务大臣,197,229,308-9,377,379-80,471-3
Wazīr,[Везир],韦齐尔(城名),152
Wazīr b. Ayyūb b. Ḥassān,[Везир б. Эйюб б. Хасан],韦齐尔·本·艾尤卜·本·哈散,106
Wāzkard,[Вазкерд],瓦兹凯尔德,94
Wazwīn,[Вазвин],瓦兹温,133
Wībawd,[Вибауд],维保德,133
Wīnkard,[Винкерд],文凯尔德,170
wiqr,[викр],维克尔(一匹驴的驮量),161
Wīza,[Виза],维扎,142
Wīzd,[Визд],维兹德,94
Wolff O.,沃尔夫,O.,59
Wüstenfeld F.,维斯滕费尔德,5,36

Yabghū (Jabghū),[Ябгу (Джабгу)],叶护,173,202
Yadhakhkath (Yadhukhkath),[Йедахкет (Иедухкет)],叶达赫凯特,一作叶杜赫凯特,164
-Yāfiʻī, Abū Saʻādat,[Яфиʻи, Абу Саʻадат],亚菲尔伊,阿布·赛阿达特,51注
Yaghān-Dughdū,[Яган-Догду],亚甘-朵格笃,378
Yaghān-tagīn,[Яган-тегин],亚甘-的斤,见Bughra-Khān

Muḥammad条
Yaghmā,[ягма],样磨(突厥部落名),254
Yaghmūr – Khān,[Ягмур – хан],亚格穆尔汗,335
Yaghnā,[Ягна],亚格纳,141
Yahūdīya [Йехудийя],叶胡迪亚,79,80,193
Yaḥyā b. Aḥmad,[Яхья б. Ахмед],叶海亚·本·艾哈迈德(萨曼家族成员),242
Yaḥyā b. Asad,[Яхья б. Асад],叶海亚·本·阿萨德(萨曼家族成员),209,210
Yaḥyā b. Zayd,[Яхья б. Зейд],叶海亚·本·扎伊德(阿里派成员),193
Yalavāch,[Ялавач],牙剌瓦赤,见 Mābā – Yalavāch,Maḥmūd Yalavāch 各条
Yanāl – tagīn,[Янал – тегин],扬纳勒 – 的斤(萨曼朝将领),268
Yanāl – tagīn,扬纳勒 – 的斤(花剌子模人),330
Yangi – Ariq,[Янги – арык],养吉渠,8,93 注;参照'Abbās canal 条
Yanikant (Shahrkant),[Яныкент (Шехркент)],养尼肯特,即谢赫尔肯特,178,415,416,432,437
Ya'qūb b. Aḥmad,[Я'куб б. Ахмед],亚尔库卜·本·艾哈迈德(萨曼朝君主),210
Ya'qūb b. Layth,[Я'куб б. Лейс],亚尔库卜·本·莱思(萨法尔朝君主),77,216 – 19,223,238
Abū Ya'qūb Yūsuf,[Абу Я'куб Юсуф],阿布·亚尔库卜·优素福,见 Hamadānī 条
– Ya'qūbī,[Я'куби],亚尔库比,6,7,65
Ya'qūb – tagīn,[Я'куб – тегин],亚尔库卜 – 的斤,317
Yāqūt,[Якут],亚库特,8 注,32,34,35 – 6,120 注
yarghuchi,[яргучи],扎儿忽赤,意为断事官,391,479

Yārkand,[Яркенд],鸭儿看,一译也里虔,281,487
Yārkath,[Яркет],亚儿凯特
撒马尔罕城的区坊名,90
撒马尔罕省属县名,92,94
yarlīq,[ярлык],亚尔利克,意为诏令,472,476,479,482,491
Yarliq,[Ярлык],亚尔利克,村名,旧译耶勒,474
Yāsā,亦作 yasāq,又称"Great Yasa",蒙语作 Dzasak,[Яса(Ясак),《Великая Яса》],扎撒,亦称"大扎撒",41-2,54,391,461,463,468,479,481,485,493
Yasawur,[Ясавур],牙撒兀儿,419
Yasīr,[Йесир],叶西尔,113,117
Yasīrkath,[Йесиркет],叶西尔凯特,133
Yaxartes,[Яксарт],药杀水(锡尔河之别称),155 注,174 注
-Yazdī,Ghiyāth ad-Dīn,[Йезди, Гияс ад-дин],叶兹迪,加苏丁,54 注
-Yazdī,叶兹迪,见 Sharaf ad-Dīn 'Alī 条
Yāzghir,[Язгыр],亚兹吉尔,见 Yāzir 条
Yazīd b. Ghūrak,[Йезид б. Гурек],叶齐德·本·乌勒伽,112
Yazīd b. Muhallab,[Йезид б. Мухаллаб],叶齐德·本·穆哈拉卜,184
Yazīd Ⅰ,[Йезид Ⅰ],叶齐德一世(哈里发),184
Yazīd Ⅱ,[Йезид Ⅱ],叶齐德二世(哈里发),188
Yāzīr (Yāzghir),[Язык (Язгыр)],亚齐尔,一作亚兹吉尔,430,449
Yazn (?),[Йезн(?)],叶兹恩(?),123
Yeh-lü Ch'ü-ts'ai,[Елюй Чу-цай],耶律楚材,463,465,467,469
Yeke ghuruq,[еке гурук],也克·忽鲁克,意为广大禁区。487
Ye-li-K'ien,[Ели-цянь],也里虔,489,参看 Yarkand 条
Yemenite Kings,[Йеменские цари],也门君王,85,87
Yenisei river,[Енисей р.],叶尼塞河,392,394,488

Yesü – Möngke,[Есу – Мункэ],也速 – 蒙哥,477,479,480
Yesülün Khatun,[Есулун – хатун],也速伦可敦,473,474,475
Yesün Toqa (Yesü To'a),[Есун Тува (Есу Тува)],也孙 – 都哇,亦作也速 – 都哇(察合台之孙,木阿秃干之子),491
Yïldïz Noyan,[Илдыз – нойон],亦勒迪思那颜,471
Yimek (tribe),[йимак],伊麦克部落,369 注
Yüan – ch'ao – pi – shi,《元朝秘史》,43,382,423
Yüan – shi,《元史》,44,45
Yueh – Chih,[юечжийцы],月氏,见 Kushans 条
Yūghank [Юганк],尤甘克,133,356 注
Yūghūr,[Югур],尤古尔(地名)370
Yūghūrs,[югуры],尤古尔人(用于某些乞卜察克人的称号),340,370
Yūkhasūn,[Юхасун],尤哈松,133
Yu – ku,[Юй – гу],玉峪(见《元史》卷 12《速不台传》),370;参照 Yūghūr 条
Ibn Yūnus,[Ибн Юнус],伊本·尤努斯,271
yurt,[юрт],禹儿惕,311,392,479,487,491,493
Yūsuf,[Юсуф],优素福(塞勒术克家族成员),297,参照 Īnanch Payghū 条
Yūsuf (? Tatar),优素福(? 鞑靼人),369
Yūsuf b. 'Abdallāh – Andkhudī,[Юсуф б. Абдаллах Андхуди],优素福·本·阿卜杜拉·安德胡迪,329 注,335
Yūsuf b. 'Alī,[Юсуф б. Али],优素福·本·阿里(哈拉汗家族成员),282
Yūsuf al – Barm,[Юсуф ал – Берм],优素福·贝尔木,198,201,208
Yūsuf b. Hārūn,[Юсуф б. Харун],优素福·本·哈仑,见 Qadir – Khān 条
Yūsuf b. Isḥāq,[Юсуф б. Исхак],优素福·本·伊斯哈克,250,251

Yūsuf Kankā,[Юсуф Кенка],优素福·肯卡,396
Yūsuf b. Sabūk – tagīn,[Юсуф б. Себук – тегин],优素福·本·塞布克–的斤,286
Abū Yūsuf,阿布·优素福,见 Ya'qūb b. Aḥmad条

Zabaghduwān,[Зебагдуван],泽巴格杜宛,133
Zādhak,[Задек],扎德克,141
Ẓafar – nāmah,[Зафар – наме],《胜利之书》,见 – Shāmī(Nizam ad – Dīn),Sharaf ad – Dīn 'Alī 各条
Zāgharsars(Zāgharsawsan),[Загарсерс(Загарсаусен)],扎加尔塞尔斯(扎加尔扫森),133
Zaghrīmāsh,[Загримаш],扎格里马什,90
Zakān,[Зекан],泽坎,133
Zakī,[Зеки],泽基,见Aḥmad Zakī,Shukrallāh 各条
Zalthīkath,[Залтикет],扎勒提凯特,171
Zamakhshar,[Замахшар],扎马赫沙尔,148,149
Zāmīn,[Замин],扎敏,94,165,166,167,336
Zāmīthan,[Замитан],扎米坦,133
Zamm,[Земм],泽姆,80,81
Zand,[Зенд],增德,133
Zandāna(Zandān),[Зендана],增达那,一作增丹,113,114 – 125,227,396
Zandarāmsh,[Зендерамш],增德拉姆什,157,158,163,164
Zandarmīthan,[Зендермитан],增德尔米坦,133
Zandīya(Zandīna),[Зендийя(Зендина)],增迪亚,一作增迪那,141
Zangī,[Зенги],增吉,见 Tāj ad – Dīn 条
Zangī b. 'Alī,[Зенги б. Али],增吉·本·阿里,325
Zangī b. Abū Ḥafṣ,[Zенгн б. Абу Хафс],增吉·本·阿布·哈弗斯,

427
Zanjān,[Зенджан],赞章,426
Zar,[Зер],泽尔,103,104,115,116;参看 Rūd – i Zar 条
Zār,[Зар],扎尔;见 Zāz 条
Zarafshān mts.,[Зеравшанский хр.],泽拉夫尚山脉,82,452
Zarafshan river,[Зеравшан р.],泽拉夫尚河,65 注,80,82
灌溉系统,83,93,94
沿河诸省,82 – 133,165 – 9
参看 Namik 条
Zarākh,[Зерах],泽拉赫,177
Zarakhsh,[Зерахш],泽拉赫什,133
Zaranj,[Зерендж],泽伦只,216
Zaranjara,[Зеренгера],泽伦葛拉,133
Zarānkath,[Зеранкет],泽兰凯特,175
Zardūkh,[Зердух],泽尔杜赫,147,148
Zārkān,[Заркан],扎尔坎,163,164
Zarkarān,[Зеркеран],泽尔凯兰,133
Zarmān,[Зерман],泽尔曼,96,97,200
Zarmāz,[Зермаz],泽尔马兹,200
Zarmītan,[Зермитан],泽尔米坦,120
Zarnūq,[Зернук],泽尔努克,407 – 8
Zarūdīza,[Зерудиза],泽鲁迪扎,133
Zāwa,[Зава],扎瓦,423,424
Zāwir,[Завир],扎维尔,133
Abū Zayd,[Абу Зейд],阿布・扎伊德,见 Balkhī 条
Zayn ad – Dīn,[Zейн ад – дин],扎伊恩丁,见 – Qazwīnī 条
Zayn aṣ – Ṣāliḥīn,[Зейн ас – Салихин],扎伊恩萨利欣,见 – Shūmānī 条
Zaynab,[Зейнаб],扎伊纳卜(哥疾宁朝君主马哈茂德之女),284,299

Zāz (Zār),[Заз(Зар)],扎兹,亦作扎尔,133
Zhukovsky,V. A.,[Жуковский. В. А.],茹科夫斯基,V. A.,63,449
Zīkūn,[Зикун],齐孔,141
Zimliq,[Зимлик],齐姆利克,133
Zinwar,[Зинвер],津韦尔(村名),74
Ziyād b. Ṣaliḥ,[Зияд б. Салих],齐亚德·本·萨利赫,194,195,196,237
Ziyārid dynasty,[Зияриды],齐亚尔朝,225,251
Zoroaster,[Зороастр],琐罗阿斯特,199
Zubayda,[Зубейда],祖拜达(Hārūn ar－Rashīd 之妻),66 注
Zughārkanda ariq,[Зугаркенде кан.],祖加尔肯德渠,106
Zūsh,[Зуш],祖什(村名),114
Zūzan,[Зузен],祖任,438

跋　　语

俄国东方学大家瓦·弗·巴托尔德的代表作《蒙古入侵时期的突厥斯坦》中文译本，历经数十年坚持不懈的努力，终于得以与中国学术界和广大读者见面，作为本书的责任编辑，我们感到十分高兴。

本书译者张锡彤、张广达父子是著名的中亚史学者。张锡彤先生生前任中央民族学院（现中央民族大学）教授，从上个世纪 50 年代末、60 年代初开始，克服重重困难，精心翻译本书，至 80 年代初才基本译成。张广达先生对中译本进行了仔细修改和校订，于 1983 年竣工，正式交付出版者。但是由于排版、校对工作极其繁复和其他种种原因，一直未能出书。张锡彤先生于 1988 年逝世，未能见到这个译本的问世，颇以为憾。2005 年下半年，上海古籍出版社得知这一情况，毅然将本书列入该社出版计划，并安排了相应的编辑、校对力量，又重新设计了版式，使本书得以在一年多的时间里刊行，实现了中国相关学人了解这本在世界学林久享盛誉的名著的愿望，这无疑是对我国中亚研究的重要贡献。

关于本书的版本依据、翻译经过和译文体例等，《中文版译者序言》已经作了详细叙述，这里不再重复。译者原已译制了附于俄文版《巴托尔德院士全集》第 9 卷中与本书特别有关的《九至十三世纪的中亚》地图一幅，置于卷末，但出于技术原因，最后决定采用 1968 年英文版的地图，依原图复制，不再翻译，供读者阅读中译本时查检参考，这是需要说明的。

在本书编辑出版过程中，得到上海古籍出版社社长王兴康先生、总编辑赵昌平先生、副总编辑王立翔先生的鼎力支持。上海社会科学院传统中国研究中心主任芮传明先生、上海图书馆历史文献中心许全胜先生、上海社会科学院出版社总编辑承载先生、中国社会科学院历史研究所余太山先生、北京大学历史系荣新江先生在借阅图书资料和有关本书出版的前期工作中提供了种种便利，给予了种种帮助。香港中文大学历史系博士朱丽双女士和留英归来的原上海汉语大词典编纂处编辑陈乳燕女士协助校对，上海古籍出版社《中华文史论丛》编辑部王媛媛女士通读最后校样，皆备极辛劳。另有许多学术界、出版界的先生与同仁对本书的出版表示了关切、期许之情。由于本书作者巴托尔德征引繁富而译者张广达先生远在异域，许多技术问题均由我们辗转求师或率尔操觚处理，凡有失当之处，均请读者方家不吝指正。对此，我们谨代表张广达先生，并以我们个人名义，向诸君表示深切的谢意。

徐文堪

蒋维崧

2006 年 10 月

图书在版编目(CIP)数据

蒙古入侵时期的突厥斯坦 /（俄罗斯）巴托尔德著；张锡彤，张广达译. —上海：上海古籍出版社，2011.7（2025.7 重印）
（西域历史语言研究译丛）
ISBN 978-7-5325-5936-7

Ⅰ.①蒙… Ⅱ.①巴… ②张… ③张… Ⅲ.①突厥—民族历史—研究 Ⅳ.①K289

中国版本图书馆 CIP 数据核字(2011)第 097257 号

西域历史语言研究译丛
蒙古入侵时期的突厥斯坦
（全二册）
［俄罗斯］巴托尔德 著
张锡彤 张广达 译
上海古籍出版社出版发行
（上海市闵行区号景路 159 弄 1-5 号 A 座 5F 邮政编码 201101）
（1）网址：www.guji.com.cn
（2）E-mail：guji1@guji.com.cn
（3）易文网网址：www.ewen.co
上海惠敦印务科技有限公司印刷
开本 890×1240 1/32 印张 28.5 插页 13 字数 782,000
2011 年 7 月第 1 版 2025 年 7 月第 6 次印刷
印数：6,151—6,750
ISBN 978-7-5325-5936-7
K·1393 定价：138.00 元
如有质量问题，请与承印公司联系